获2020年全国高校老年大学优秀教材奖

都市旅游文化
上海篇
（第2版）

金守郡　主编

上海交通大学出版社
SHANGHAI JIAO TONG UNIVERSITY PRESS

内容提要

本书为适应我国都市旅游的发展,满足旅游高等教育发展的需求、满足在上海旅游的中老年旅游者的需求,培养应用型的高级旅游人才而编写。全书共分九章,内容包括:都市旅游文化概述、上海都市旅游开发条件分析、上海都市旅游的介体文化特色、上海独具特色的近现代建筑文化和建筑景观、上海的产业旅游文化和主要产业旅游景观、上海的都市休闲娱乐体验和主要体验景观、上海的历史文化、上海城乡休闲文化和主要游览景观、借鉴国际大都市经验推动上海都市旅游大发展。本书着重从文化的角度,对都市旅游三要素(主体文化、客体文化和介体文化)作了分析,并重点说明了上海的客体文化。

本教材为普通高等院校旅游专业教材,也可作为成人教育(老年大学)旅游文化课程的教材,或可作为旅游行业专业人员的培训教材。

图书在版编目(CIP)数据

都市旅游文化. 上海篇 / 金守郡主编. —2 版. —
上海: 上海交通大学出版社, 2022.12
　　ISBN 978 - 7 - 313 - 27319 - 2

　　Ⅰ.①都… Ⅱ.①金… Ⅲ.①城市旅游—旅游文化—
中国—高等学校—教材②城市旅游—旅游文化—上海—高
等学校—教材 Ⅳ.①F592②F592.751

　　中国版本图书馆 CIP 数据核字(2022)第 155656 号

都市旅游文化——上海篇(第 2 版)
DUSHI LUYOU WENHUA——SHANGHAIPIAN (DI 2 BAN)

主　　编: 金守郡
出版发行 上海交通大学出版社　　　　　　地　　址: 上海市番禺路 951 号
邮政编码 200030　　　　　　　　　　　　电　　话: 021-64071208
印　　制: 常熟市文化印刷有限公司　　　　经　　销: 全国新华书店
开　　本: 787 mm×1092 mm　1/16　　　　印　　张: 21.75
字　　数: 542 千字
版　　次: 2009 年 10 月第 1 版　2022 年 12 月第 2 版　　印　　次: 2022 年 12 月第 3 次印刷
书　　号: ISBN 978 - 7 - 313 - 27319 - 2
定　　价: 78.00 元

再 版 前 言

都市旅游是指在现代化综合型国际大都市所开展的、能吸纳海内外旅游者近悦远来的高层次旅游活动。它既具有鲜明的经济特色,又具有特征性的文化特色,而这个特征文化就是都市旅游文化,是文化与都市旅游相结合的产物。所以,都市旅游的发展离不开都市旅游文化的支撑,而随着都市旅游的深入发展也促进了都市旅游文化的发展。

上海的旅游业从业人员、旅游院校的学生,尤其是一线的导游人员,在了解中华民族的传统文化、中国旅游文化的知识的同时,更要了解上海自身的都市旅游文化的知识;上海的众多中老年旅游者也需要了解我们上海自身的旅游资源和旅游特色。为适应上海都市旅游发展的需求、满足旅游高等教育发展的需求,为培养应用型的中高级旅游人才,为满足上海中老年旅游者认识自己家乡的需要,上海交通大学出版社决定出版《都市旅游文化》系列丛书,于2009年出版了第一本《都市旅游文化——上海篇》教材,并为2010年上海世博会的召开做了一些知识准备。

随着2010年上海世博会的展开,大大推动了上海旅游服务设施的建设和都市旅游的深化发展,全市出现了许多新的旅游景点、新的旅游度假区和新的交通设施,上海的都市旅游面貌发生了许多新的变化,兴起了许多新的专业旅游项目。尤其是近五年来,本市旅游行业全面贯彻和落实党的十八大、十九大精神,深刻领会习近平新时代中国特色社会主义思想,牢固树立"创新、协调、绿色、开放、共享"五大发展理念,按照努力当好新时代排头兵、先行者的要求,围绕建设具有全球影响力的世界著名旅游城市目标,积极推进旅游业发展规划的落实,促使上海的都市旅游进入一个新的发展阶段。上海正在构建"大旅游"产业格局,大力推进全域旅游的发展、加快推进旅游产业融合发展,打造更具国际影响力的世界级旅游精品(如黄浦江旅游、滨江岸线游、上海市中国邮轮旅游母港建设、放大迪士尼乐园的辐射效应等等),促进上海都市旅游转型升级。为此,旅游教材建设必须跟上旅游形势发展的需要,原书必须进行修订,调整和增加一些新的内容,如智慧旅游的发展、迪士尼乐园和其他一些新的主题乐园的建设、黄浦江和苏州河滨江岸线游的开通等内容必须增加,以适应上海都市旅游发展的需求,广大旅游工作者和众多旅游者的需求。故本书由七章增至九章,增加了附录。

本书由金守郡教授主编,李中华、郭家秀和陈素霞等参加修订。全书共分九章:第一章是都市旅游文化概述;第二章是上海都市旅游发展的生态环境和文化背景分析,着重分析上海发展都市旅游的优势条件(区位条件、地质基础条件、生态环境条件),阐述上海的深厚历史文化底蕴和独特的海派文化背景,以及发展都市旅游的重要介体条件;第三章是上海都市旅游的介体和介体文化,分析上海都市旅游介体的双重角色,阐述上海的旅行社文化、饭店文化和"行"文化,进一步认识这些介体的特色和其所蕴含的文化内涵;第四章是上海近现代建筑文化和主要建筑景观,阐述上海最具特色的建筑旅游资源,展示上海"万国建筑博览会"的精彩篇章,显示上海城市个性和海派建筑的魅力;第五章是上海的产业旅游文化和主要产业旅游景观(景点),向人们展示上海特色的专业旅游——工业旅游、农业旅游、高科技旅游和智慧旅游,显示上海这个综合性大都市的优势;第六章是上海都市休闲风情体验文化和主要体验景观,如都市风情文化、节庆文化和商业文化等相关的体验旅游;第七章是上海的历史文化(如历史古迹、纪念地、古建筑、古园林、名人故居和宗教文化等)和主要游览景观;第八章是上海的都市休闲(文体、医药)旅游文化和主要旅游景观体验(包括古镇、主题公园、休闲度假、康乐文化等);第九章是借鉴世界著名国际旅游大都市经验,分析这些大都市的旅游特色,找出上海与他们的差距,推动上海都市旅游的进一步发展。最后为附录(列入国家级重点文物保护单位名录、国家5A、4A级旅游景点名录、国家旅游度假区名录、中国历史文化名镇名录、国家森林公园名录、国家级非物质文化遗产名录、市属星级公园名录和上海都市旅游的精品线路)。

　　本书第一章、第四章和第五章由金守郡编写;第二章、第三章由金守郡、郭家秀共同编写;第六章、第七章由李中华编写;第八章由李中华、金守郡共同编写;第九章由陈素霞编写。附录由金守郡编写。倪华、张勇为本书做了大量编务工作;上海市民族和宗教事务委员会杨学军和缪忠鹤同志对本书宗教部分内容作了审阅和修改;孙礼遂高级教师曾为本书提供了许多照片,因限于篇幅,这次再版,不再配图。在此谨表感谢!

　　本书既可作为高校旅游专业的教材,又可为旅游从业人员提供参考,还可为广大的中老年旅游者在上海旅游、了解上海都市风情的参考。在编写修改本书的过程中,作者广泛吸取了上海许多同仁、专家的研究成果,并承蒙有关专家学者的审阅,在此表示衷心的感谢!由于水平所限,本书定有许多不足之处,望读者给予批评指正。本书曾参阅和引用了不少文献中的材料,无法一一列出,只能将主要的参考文献目录列于书后。在此,也向他们表示深深的谢意!

编　者

2021 年 11 月

目　录

第一章 都市旅游文化概述

文化是一个民族的灵魂,是民族亲和力和凝聚力的重要源泉,中华文化是中华民族的灵魂,是中华民族凝聚力的重要源泉。旅游业作为现代服务业中的一大产业,其文化属性日益凸显。因为旅游从本质上讲是一种文化活动。《中国大百科全书·人文地理学》中的"旅游文化"条目对旅游与文化的关系作了如下的阐述:"旅游与文化有着不可分割的关系,而旅游本身就是一种大规模的文化交流活动。从原始文化到现代文化都可以成为吸引游客的因素。"

中国是世界上旅游资源极为丰富的国家,而且这些旅游资源有着极为丰富的文化内涵,例如,我国有着众多的国家级山水风景名胜区和历史人文景观,其中有不少被联合国教科文组织列入《世界遗产名录》。它们都是经过人类的开发利用、进行必要的文化和商业包装所形成的;有着大量的文物古迹和历史遗存,如国家重点文物保护单位、历史文化名城、历史文化名镇和纪念地。它们作为文化的物质要素所形成的物质层面,文化底蕴深厚;有着由文化的行为要素(包括风俗习惯、生活制度和行为规范等)所凝结成的多种民俗风情,也是发展旅游的重要旅游资源基础;还有,由价值观念、审美趣味、道德情操、宗教情结和民族性格等组成的文化心理因素,通过一些文化名人及其实践创作,如伏羲、文王的八卦,孔子的伦理道德学说,老庄的哲学思想,邹衍的阴阳五行学说,董仲舒的天人合一观念,孙中山的"天下为公"思想等,都是极具吸引力的文化旅游资源。上述这些自然和人文旅游资源都是中华传统文化的体现,中华文化的特质决定了它们的旅游功能。

文化作为人类劳动和智慧所创造的结晶,贯穿于人类的发展和演化的整个过程。随着现代社会的发展,城市逐渐成为人们向往的旅游目的地,城市旅游得以兴起。这里既包括历史文化名城,也包括现代城市。现代城市代表社会生产力发展的最高水平,拥有最为发展的社会文化,拥有强大的经济影响力、辐射力和凝聚力,已成为一个具有枢纽功能、金融功能、信息功能,产业功能合理、关联作用明显,人力资源富集,拥有高效城市管理系统和高质量城市生态系统的聚居地。与此同时,现代都市因拥有先进而完善的旅游基础设施、独具特色的都市旅游资源、完善的旅游服务系统及友好文明的社会文化环境,而成为旅游热点城市,都市旅游业正成为许多现代化大都市的支柱产业。它们正成为海内外游客日益向往的地方。例如,纽约、巴黎、伦敦、东京以及我国的上海、香港等,皆成为世界人们颇想一游为快的旅游热点城市。各国都把发展都市旅游作为旅游业发展的一个重点。因而,我们应该对都市旅游多加研究,并从文化的角度去探索都市旅游发展的特色,以使现代都市能拥有更多的旅游吸引物,并成为旅游中心城市。

第一节 都市旅游和都市旅游文化

城市旅游是指以一个城市作为旅游目的地的旅游。旅游城市已经成为现代经济活动、现代生活和现代旅游活动的中心,成为海内外旅游者的旅游目的地,也成为国内旅游和出境旅游的客源输出地。

一、都市旅游属于城市旅游的范畴

这儿的都市不是一般的城市,而是具备一定条件的大城市,即人口数量超过 300 万—500万的特大城市;必须具有巨大的经济实力——某地区、某国家的中心城市;必须是历史文化名城——指那些在历史上曾占有一定地位、在历史发展过程中发挥过重要作用或发生过重大历史事件,并且保存有能够反映其历史作用的、较为丰富历史文物的城市;必须具有一流的城市建设——完善的城市基础设施、旅游服务设施、与市场经济相适应的城市建设和管理体制,以及有一个良好的旅游社会环境、人和自然较为和谐的生态环境。把这样的都市作为一个主要的旅游目的地所进行的旅游活动,称为都市旅游。它们是海内外旅游者的主要旅游目的地、国内旅游和出境旅游的主要客源输出地,也都会成为中国旅游业发展前进的基地。例如,上海、香港、北京、广州、大连等,都已将发展都市旅游业作为该城市发展的新的经济增长点,并将成为该城市经济发展的支柱产业。

从整个世界而言,早在 1964 年,Stansfield 在其《美国旅游研究中的城乡不平衡》一文中,首次提出城市旅游环境。到 70 年代初,Peter hall 曾预言,20 世纪八九十年代,城市不仅是经济、文化、政治中心,且将成为旅游活动中心;90 年代 Mullins 提出,旅游开始"城市化",城市成了旅游目的地与客源地的统一体。1995 年,Page 提出,"城市是现代旅游的支撑点"。在这些理论的指导下,世界各国的许多城市,特别是大都市,把发展都市型旅游业作为旅游业发展的重点。例如:美国的纽约以多元化都市风光成为旅游吸引力的核心;英国的伦敦,城市遗产与泰晤士河的结合体现出自然风光与人类风光的结合,透视出伦敦都市风光的特色;法国的巴黎,"时尚之都"、"优雅之都"的都市特质成为吸引众多海内外游客的核心,使其迅速成为一个国际旅游大都市;有"动感之都"之誉的香港,把发展都市型旅游业作为支柱产业,大力营造都市人工景观,为我们树立了一个成功的范例。上述各大都市发展都市旅游的共同经验,就是要发挥现代化大都市的优势,挖掘和营造都市自身的优势和特色。这可作为发展我国都市旅游的重要借鉴。

二、都市旅游的鲜明特征

所谓"都市旅游"是指在现代化综合型国际大都市开展的、能吸收海内外广大旅游者近悦远来的高层次旅游活动。它是以都市旅游资源为凭借,由会奖旅游、商务旅游、高新科技旅游、产业旅游(现代工业旅游、现代农业旅游、传统农业观光行)、现代化大都市风貌旅游等精髓性、支柱性、特征性的都市旅游品牌所支撑的,将观光、休闲度假和专项特色旅游产品相结合的有着都市旅游新格局的旅游活动。这类旅游既具有鲜明的经济特色,又具有特征性的文化特色,既是带动都市经济发展的催化剂,又是带动都市的精神文化活动的推进剂。由此定义可知:要称得上"都市旅游",离不开三个条件:一是现代化综合型国际大都市;二是由许多支柱性旅游品牌支撑;三是鲜明的经济特色和特征性文化相结合。三个方面是相辅相成、缺一不可的。

作为旅游资源原始状态的大千世界是孕育文化的母体,而文化的产业需要通过人的社会行为,这些行为之中包括旅游活动。都市旅游的蓬勃开展,必然会造就都市旅游文化。借鉴"旅游文化"的定义,都市旅游文化是文化与都市旅游相结合、相融合的产物。它是指在都市旅游过程中,与其紧密相关的一切物质文明和精神文明成果,包括都市旅游主体、都市旅游客体和旅游介体相互作用所产生的一切物质和精神成果。

从旅游主体而言,都市旅游的主体是海外旅游者、广大的中小城市和乡村的旅游者,海外旅游者的主要旅游动机是文化因素,而众多的中小城市和乡村旅游者的旅游动机则是出于对大城市风光的向往,观光、购物,其中也包括下意识的精神追求,因而,对于这部分旅游者而言,重在提高他们的文化素质,以激起更多潜在旅游者的旅游动机。

从旅游客体而言,都市旅游客体文化之所以能对海内外旅游者产生强大的吸引力,就在于它们所含的文化属性,而它在很大程度上取决于都市旅游资源的文化含量及其特性。都市旅游资源是以都市风光、都市文化和都市商业为主体的旅游资源,其中,优秀历史建筑旅游资源、产业旅游资源、建设新成就旅游资源、休闲娱乐旅游资源、博物馆类旅游资源、园林类旅游资源、活动类(会展、节庆、赛事)旅游资源和非物质文化遗产类旅游资源,都是人类生产和生活活动的产物,都属于文化的范畴,且它们的文化含量极高,贯穿于整个都市旅游活动之中。正是这些独特的都市旅游资源,成为发展都市旅游的凭借,形成都市型旅游的魅力。

从旅游介体而言,都市旅游者的主要追求是求和、求美、求新,不少旅游城市是美食天堂、购物天堂、娱乐天堂,可以满足都市旅游者的这些需求,但关键是都市的旅游企业能否为旅游者提供高质量的产品和服务,而这又取决于这些企业对文化的认识和理解。如果人们在开发旅游资源时,没有抓住旅游文化的特殊性,任意改造文物古迹、旧区街巷,搞破坏性建设,建千篇一律的楼堂馆所,造一个模子倒出来的主题公园,卖毫无地方特色的旅游纪念品,提供无法显示企业文化品位的服务。旅游管理人员、服务人员对景区内丰富的自然、人文资源不了解、不介绍,讲解员、导游员也只会毫无表情地背诵解说词。这一切都会使都市旅游失去了灵魂,会使游客感到索然无味。因此,作为旅游企业,不仅应把自己的设备、设施看作是一种普通的服务硬件,还应该重视它的文化内涵,不应只追求时髦的"现代化",而应注重把"现代化"融入地方特色之中,突出个性。要将硬件建设当作软件建设充实其文化含量,以增加产品的吸引力,满足旅游者的需求。

由上述讨论可知,都市旅游文化是贯穿在整个都市旅游活动中的一个内在因素。它既是都市旅游活动的物质基础,也是海内外广大旅游者外出旅游的动因,又是都市旅游活动的结果。因为都市旅游本身就是一种文化活动,是一种观赏都市风光、了解都市特征性文化、挖掘都市自身特色、满足旅游者审美需求和物质需求的活动,受益者首先是旅游者,而旅游资源得以开发和保护,旅游企业(包括人员和设施)的文化素养得以提高,精神境界得以提升,整个社会都将受益,都市全体市民的素质也会得以提高。所以,都市旅游文化是指在整个都市旅游的过程中,由文化与旅游相结合所产生的一切物质文明和精神文明成果,包括都市旅游主体、都市旅游客体和旅游介体相互作用所产生的一切物质和精神成果。

第二节 都市旅游的要素和品牌

都市旅游自 20 世纪 60 年代在西方发达国家开始盛行,至今经过 50 多年的发展,已成为全球现代旅游的重要产品。在西方发达国家,它已经达到与传统的山水风光观光旅游并驾齐驱的程度,并且开始出现超越传统观光旅游的趋势。都市旅游在我国的发展虽然刚刚开始,也已在蓬勃发展,并显示其巨大的生命力。都市旅游已成为整个国家旅游业的窗口和"辐射中心"。都市旅游从全球到中国的如此迅速地发展,其动力来自都市旅游资源、都市旅游文化和都市旅游人才所蕴含的能量,而都市旅游资源、都市旅游文化和都市旅游人才也可看作是都市旅游的三个基本要素,是它们在推动着都市旅游的蓬勃发展。

一、都市旅游三要素

1. 都市旅游资源

都市旅游资源是发展都市旅游的重要依托。它与传统的自然山水风光旅游资源、传统的人文旅游资源有着本质的不同。传统的自然山水风光旅游资源是传统的自然山水风光旅游的基石,而这种自然山水风光旅游是快节奏的走马灯式的为欣赏景点而疲于奔命的旅游,是比较单一而单调的传统旅游。同样,传统的人文旅游资源主要是指历史人文古迹,也是传统的历史古迹观光旅游的基础,而这也是快节奏的比较单调的传统旅游。

相比之下,都市旅游资源是现代都市在成长发展过程中凸显出来的都市风貌资源、经济产业资源、社会活动资源、人文活动资源(含社会风情、文学艺术、革命遗址与纪念地、婚俗与特色食俗、传统节庆与现代节庆活动、会展活动等)的总称。以此为依托所开展的都市旅游,是旅游中有经济活动,有文化活动,有科普教育活动,有自己业务的结合,同时旅游中有观光、享受都市文明生活和娱乐,参与都市的各种节庆活动,从而在参加这些活动中获得现代科技知识,革命历史知识、增长见识,得到启示。

都市旅游资源是现代都市主要的旅游吸引物,其中比较突出的是代表都市风貌的标志性建筑、开展商务与会展旅游的经济活动设施、享受生活与娱乐的休闲娱乐设施、满足人们精神生活需求的科技文化体育设施和产业观光旅游资源。

(1)标志性建筑。它是都市综合形象的代表,能够反映都市的旅游主题,强化都市的个性特征,体现大都市风貌。世界上的一些著名的国际旅游大都市都有自己的城市的标志物,如纽约的自由女神像、巴黎的埃菲尔铁塔、新加坡的鱼尾狮身雕像、哥本哈根的美人鱼雕像、吉隆坡的双塔大厦等都是世界著名的城市标志。我国上海的东方明珠广播电视塔、金茂大厦、环球金融中心、上海中心大厦,北京的天安门广场,南京的长江大桥,西安的钟楼、大雁塔,武汉的黄鹤楼,拉萨的布达拉宫等,是这些都市的标志性建筑。它们往往成为都市旅游的必游景点。

(2)经济和会展活动设施。随着都市经济、文化和旅游事业的发展,都市的经济活动设施越来越丰富多样,趋向多功能化。其中,与购物、商务旅游和会展旅游等旅游活动密切相关的设施有现代商厦、大型会议活动中心、展览活动中心、地域性市场、名优特店铺、特色市场与商业街区等。如现代商厦是一个富有现代气息、集中了各类商品的巨大购物场所,是购物旅游的好去处。在这样的商厦中购物,明码标价,周到服务,微笑接待,无疑是一种轻松舒服的享受。我国各地的著名商厦有上海第一百货商店、上海新世界商城、上海港汇广场、上海梅龙镇广场、上海豫园旅游商城等,西安的世纪金花购物中心,郑州的亚细亚商厦,武汉的中南商厦,北京的东单商场等特色市场,是指各大城市专门经营某类商品的购物场所,如中国广西北海"南珠宫"是专门经营珍珠的市场;福建石狮的服装城是巨大的服装市场;浙江的海宁皮革城、义乌小商品市场是著名的小商品市场;上海的云洲古玩城是大型收藏品市场,上海旅游纪念品展示市场,上海旅游纪念品展示中心,是全年356天运营的旅游纪念品展示基地;南京的夫子庙是古玩字画市场等。还有一些著名的商业街,如北京的王府井大街,上海的南京路步行街、淮海中路商业街、徐家汇商城,武汉的汉正街,山东威海的韩国城,辽宁大连的韩国城等。

(3)休闲娱乐设施。主要是指各类游乐场、主题公园、城市公园、大剧院与健身场所等,它们是为了满足游客休闲和娱乐的要求而建造的,是具有很大吸引力的场所。我国著名的都市休闲娱乐设施有上海迪士尼乐园,香港的迪士尼乐园、海洋公园,深圳的锦绣中华、世纪之窗、欢乐谷,江苏的苏州乐园,山东的潍坊富华游乐城、青岛海豚馆、杭州宋城等。

上海迪士尼乐园位于上海市浦东新区川沙镇,2016 年 6 月开始运营,是一个有七个主题园区的全球迪士尼中规模处于第三的主题公园,其中有些是上海迪士尼所特有的。

香港迪士尼乐园,位于香港大屿山岛,2005 年 9 月开幕,是一个有四个主题区的主题公园。人们身在其中能尽情体验到童话和电影世界的奇趣,各种迪士尼人物会随时出现在游客身边,给人带来奇妙的体验。

深圳的锦绣中华,位处深圳湾畔,是目前世界面积最大、内容最丰富的实景微缩区。建于 1989 年。它是中国最早的主题公园之一,是中国自然风光与人文历史精粹结合的缩影。游客在一天之内可以领略中华五千年历史风云,畅游大江南北锦绣河山。锦绣中华是绿的世界、美的世界,更是中国的历史之窗、文化之窗、旅游之窗,成为著名旅游热点之一。

苏州乐园,位于苏州市新区中心,分为水上世界和欢乐世界两个活动区。它是一座集欧美建筑风格、迪士尼乐园风采、现代化游乐城于一体的综合性游乐天堂。其中,水上世界是目前国内投资规模最大、项目最齐全、设备最先进的水上游乐园。

(4) 科教文化体育设施。它主要是指能够满足人们的读书求知、审美消遣、高雅休闲等精神生活需求的文化艺术中心、博物馆、美术馆、图书馆、书城、体育场馆、大型影视拍摄基地等。它们可以使人了解科学、获得知识、开阔眼界和享受艺术,从而启迪智慧、陶冶情操、健身康体和提高文化消费品位。我国著名的科教文化体育设施有北京故宫博物院,陕西历史博物馆,上海博物馆,四川自贡恐龙博物馆,陕西秦始皇兵马俑博物馆,中国国家图书馆,上海天文馆、上海图书馆、上海美术馆、上海书城、上海东方艺术中心、上海马戏城、上海体育场、上海体育馆,北京国家奥林匹克体育中心等。

北京故宫博物院,原为明清两朝京城的皇宫,建成于永乐十八年(1420 年),为我国现存最大最完整的古建筑群,收藏历代文物 91 万件,是世界上最大的博物馆之一。

陕西历史博物馆,位于西安市大雁塔附近,是中国第一座拥有现代化设施的国家级历史博物馆,有着极高的史学、科学和艺术研究价值。

上海博物馆是一座跨世纪的标志性宏伟建筑,矗立在上海的城市中心广场——人民广场。它是享誉世界的中国古代艺术博物馆,馆藏 12 万件珍贵文物、80 余万件一般文物,是上海重点标志性文化设施、国家 4A 级旅游景区,是旅游热点之一。

大型公共图书馆是一个国家或地区、城市社会文明程度的重要标志。也是人们求知休闲、汲取精神营养的理想场所。中国国家图书馆是中国目前中文图书和外文文献藏量最大的图书馆,也是世界第五和亚洲最大的现代化图书馆;上海图书馆在国内名列第二、世界排名第十位。它是现代化新上海的标志性文化建筑之一,是上海物质文明、精神文明飞速发展的象征。

北京国家奥林匹克体育中心,位处北京北部,与亚运村隔路相望。中心由田径场、综合体育馆、英东游泳馆、曲棍球场、网球场等大中型场馆和人工湖、若干配套练习场馆及中国体育历史博物馆、体育档案馆等构成。这是为迎接 2008 年奥运会所修建的,是国内最大的、设施最先进的综合型体育场馆,对 2008 年奥运会的顺利进行起到很大作用。

上海体育场,是我国目前规模最大、设施最先进的体育场所。它的体育场地好,观众席位多,俗称八万人体育场。全国第八届运动会、世界中学生运动会、大型歌舞剧"阿依达"都在此举行和演出。

（5）产业观光旅游资源。主要是指某些国际或国内知名的产业、产业文化、产业发展历程、产业生产过程，对消费者有强大的吸引力。例如，传统农业观光、都市设施型农业观光，传统手工业观光、现代工业观光、创意产业观光，以及高新技术观光等。

传统农业观光是在传统的农、林、牧、渔的基础上发展起来的供游客参观和参与的旅游项目。例如天津塘沽区渔业旅游，江苏江阴华西村农业旅游，浙江仙乐山农家乐旅游，上海崇明前卫农家乐等。它们可以满足城市人回归自然、享受田园风光的心理需要，已成为城市市民旅游的热点。

现代设施型农业观光，是指借用农村的自然环境、田园景观，通过发展现代高科技农业来吸引游客观光游览的项目。如上海孙桥现代农业开发区，全国第一个农业现代化开发区，2004年被评为首批全国农业旅游示范点；上海申隆生态园，2005年被评为全国农业旅游示范点。

传统手工业观光，是指由传统手工作坊发展起来的、拥有独特民间传统工艺的、有极大的观赏性和艺术性的生产企业。它可以让游客了解手工业制品的制作过程，懂得如何鉴别手工业制品，以满足人们的强烈求知欲和好奇心，并方便顾客的购买。例如，江西景德镇雕塑瓷厂工业旅游，辽宁大连盛道玻璃制品工业旅游等。

现代工业观光，是指将能展示现代化大工业的成就，让游客了解现代化的生产条件、美丽的厂矿环境、深厚的企业文化等的大企业作为参观的对象的项目。它可以扩大企业的社会影响，树立良好的企业形象，可以促进企业的内部管理，推动文明生产，加强企业文化的建设，带动相关产业的发展，促进整个企业的发展。例如，上海以宝钢（集团）公司为首的钢铁工业基地，2004年被评为全国首批工业旅游示范点；上海以嘉定安亭汽车城为首的汽车工业基地，其中的大众汽车有限公司被评为全国工业旅游示范点；黑龙江大庆油田，是弘扬民族精神、开展爱国主义教育的理想基地。

创意产业观光，是指利用一些废弃的老厂房、旧仓库创新发展起来的新兴文化产业的观光。在上海已有了很多新的创意产业园，如泰康路艺术街、8号桥、M50艺术创意园区，对市民游客有很大的吸引力。

高新技术观光，是指把许多高新技术开发区、高科技产业园区作为参观游览的对象，让普通游客也能对高新技术（包括电子、光机电一体化、生物医药、新材料、节能技术等）产生关注、受到启迪、拓宽眼界的项目。例如，上海市的张江高科技园区工业旅游、上海虹桥经济技术开发区旅游，西安高科技开发区的工业旅游，武汉市经济技术开发区的工业旅游等。

2. 都市旅游文化

一个都市的文化特色决定着一个城市的吸引力的大小，其文化特色愈突出，则其吸引力也愈大。都市文化是都市旅游的文化内涵，并具有独特的旅游功能。例如，上海的都市文化特色是海派文化、红色文化和江南文化，其中海派文化是在上海开埠以后，经历了古老与时尚、传统与现代、物质与精神、封建礼教与西方文明等相互碰撞与融合，所形成的具有"海纳百川""兼容并蓄""开拓创新"精神的地方文化。它还向艺术、建筑、商业、娱乐、饮食、服饰、民俗、语言等各个领域延伸，而且与时俱进，不断更新。这样一种文化的特性，有着独特的魅力和持久的生命力，从而成为上海都市旅游的重要资源，成为上海发展都市型旅游业的重要资源依据之一。如海派文化的这种多元化的文化形态，形成了丰富的文化旅游资源。近十多年来，像上海大剧院、上海博物馆、上海图书馆、东方艺术中心、上海科技馆、上海城市规划展示馆、上海天文馆等一批现代化文化设施相继建成；一批如银行博物馆、钱币博物馆、公安博物馆、铁路博物馆、气象博物馆等行业博物馆和主题特色博物馆陆续开放。还有一批如"奇木斋"胡氏根艺馆、"百履堂"古鞋博物馆、四海壶博物馆等私人博物馆的兴起，显示了办馆主体日趋多元化。这些现代文化设施和历史遗留下来的文化遗址、名人故居、纪念地等，成为海内外广大游客了解上海海派文化和中国传统文化、中西方进行文化交流最厚实的载体。上海是一座英雄城市，中国共产党的诞生地，革命文物资源源远流长，点多面广，在中国革命史上的位置举足轻重。所以，上海的红色文化是都市文化的一个重要组成部分，要充分利用这个特色对市民和游客进行革命传统教育和爱国主义教育，策划上海的红色文旅路线，发展红色旅游。又如，近年来，西方的时尚创意文化为上海注入了新的活力。运用新的设计和模式对老厂房进行改造，为历史的留存注入时尚、创意的元素，使保留下来的老厂房成为都市的新景观。因而，时尚创意文化旅游已成为一种新的文化旅游产品。另外，考古调查得悉上海的先民早在六千年前已居住在此，古代受吴越文化和楚文化的影响很深，在各个方面都体现了江南文化的影响，故江南文化也是上海都市文化的组成部分之一。

我国其他一些都市，由于它们的文化特色不同，因而都市旅游特色也不同。北京是京派文化，它映衬的是千年古都，其特色是宏伟博大，体现中华文化的正统、大气。因而北京的旅游形象是东方古都、长城故乡。当然，北京在改革开放以后，传统与时尚、民族与西洋、高尚与低下也相互碰撞与融合，所有的文化领域中的东西，只要你想要，都可找到；广州的文化，则既不同于北京，又不同于上海。它的文化始终徘徊在古老与现代、传统与创新之间，在中华大文化之林中独树一帜。它是在土著南越文化的基础上，以中原汉文化为主体，博采其他民族和地域文化之精华，经过长期融合、整合、创新、升华而成的。广州是我国最早的港口和对外贸易的城市，既具有 2 000 多年古城深厚的文化历史积淀，又是最早接受西方现代文化的前沿阵地。因此，讲究实际，以人为本，是广州文化的特色。在广州旅游，感到的是一种"世俗的浪漫"，世俗在这里与"以人为本"同义。广州所开展的一些旅游节庆活动，如广东美食节、广东迎春花市、广州国际旅游展销会等都体现了重实际这一特色。有人说广州不及北京、上海的大气，不及苏杭的诗情画意，但广州却是最重视生活实际、适合生活的城市，从城市的总体规划、小区环境设计到公共交通的上下车，无不让人感到舒适。

3. 都市旅游人才

都市旅游是靠一些特征性的支柱性的品牌，尤其是上海都是靠下列这些品牌，如商贸旅游、会展旅游、高新科技旅游、产业旅游等品牌来支撑的。这些品牌的创立，需要众多的高层次的旅游产品策划人员、营销人员、导游人员，因为这些人员都是高度专业化的旅游从业人才，不是一般的旅游从业人员所能代替的。

例如，会展会奖旅游活动的开展，需要有一批强有力的、高效率的会务专业人员，他们对开拓国际性的会议、展览是关键性的条件，对于促进会展旅游的发展是极其重要的动力。又如，上述这些旅游活动，都需要导游人员作专业性的讲解，需要他们向国内外游客宣传、介绍。这不是一般的普通导游所能胜任的。所以，专业导游人才的培养，对于都市旅游的发展是非常重要的一个要素。

二、都市旅游的品牌

品牌是为广大消费者所公认的质量高、服务好的产品。旅游品牌则是为广大海内外游客所信任和喜爱的能满足他们的审美需求的旅游产品。有旅游产品不一定有品牌,但没有产品肯定不会产生品牌。因而,品牌是以产品为载体,只有质量过硬、性能卓越、能够得到消费者的认可与接受的产品,才能称得上品牌。

都市旅游必须有众多的特征性、支柱性的旅游品牌来支撑,才能吸引广大的海内外游客。所以,都市旅游品牌是都市旅游的核心竞争力。例如,长三角地区正在迅速成为一个以上海为龙头、由16个城市组成的世界第六大城市群。它有着雄厚的经济实力,目前它是我国经济最发达的地区,也是世界上最具活力和发展前途的经济区之一。从我国的旅游发展格局而言,它是我国目前最富实力的旅游目的地区域之一。上海作为长江三角洲的龙头,正在把发展都市型旅游业作为新的经济增长点。它正在以其强大的辐射力,影响和带动长三角其他都市,如杭州、南京、苏州、无锡、宁波等地。各地可以根据资源与区位的特点进行适度分工,形成各地区具有不同风格的旅游区,如会展型的、度假型的、观光型的等等。实际上,也就是每个城市有自己的独特旅游品牌。但它们的优势是一种城市群旅游,即它们共同的品牌是都市旅游的品牌,靠此来提高长三角旅游业的核心竞争力。

都市旅游的品牌可以有多个,其中,都市风光观光游、休闲旅游、会展旅游、节庆旅游、购物旅游、产业旅游、文化旅游(红色旅游和海派文化旅游)、教育旅游、体育旅游、科普旅游、美食旅游和保健旅游等,都可以作为都市旅游的特征性、支柱性品牌。

1. 都市风貌观光旅游

都市是一个地区政治、经济和文化的中心,是现代科技、知识、信息的集中地,对本市市民及其周围中小城市和农村的广大旅游者有着极大的吸引力。

都市也往往是旅游资源比较集中的地方,不仅人文旅游资源比较丰富,有的都市自然风景也十分美好,如全球有不少大都市都有河流穿过城区,形成自然景观与人文景观相结合的美景,伦敦、巴黎、上海皆是如此。不少地区均以都市为中心,形成了一个辐射状的旅游区。因此,都市往往成为旅游者最为集中和旅游活动最为密集的地方。广大的中小城市和乡村的旅游者来到都市,首先就是要一睹大都市的都市风貌,如都市的标志性建筑、现代化的交通设施(高架、地铁、地下隧道、磁悬浮等)、大型工程设施、大型的文化体育设施等等。它们往往能体现大都市的传统与现代风格的交融、自然风光与人造景观的和谐、东西方文化的互动,吸引无数海内外的游客。

2. 会展会奖旅游

会议、展览、大型会议活动和奖励旅游四者融为一体,被称为会奖旅游。它是目前全世界一种独立的、日渐繁荣的,同时又充满激烈竞争的新旅游市场,也是高利润、高外汇收入、含金量品位极高的旅游产品。对于都市旅游而言,发展会展会奖旅游应是一个重点发展的方向,应把它看作是一个极其重要的旅游品牌。

会展会奖旅游之所以能成为都市旅游的品牌,其一是与会奖旅游本身的特点和作用有关。由于会展旅游本身属于典型的高收入、高盈利行业。许多著名的大都市,如巴黎、伦敦、纽约、日内瓦、慕尼黑、新加坡、中国香港等,都从会展旅游的市场运作中获得了繁荣和便利。会展旅游不仅可以使都市获得直接的经济效益,还可以产生明显的社会效益,如有利于城市建设的加速前进,尤其是随着大型国际性会展活动的举行,将使城市景观和公共交通都将得到巨大的改善,有利于城市的产业结构向更高的层次发展,有利于缓解城市就业问题。此外,会展旅游对相关行业有明显的拉动作用,能持续提高都市在海内外的知名度。所以,会展旅游又被称为

"城市的面包";其二,大都市有着会展旅游发展的优越条件。首先要有雄厚的经济实力,从国际上看,会展业发达的城市基本上都是区域经济中心的代表,如北京、上海、广州等地;其次,一些进行科学技术交流的会展活动,必须有充足的科学技术条件作保障,否则会成为无源之水;再次,是政府的作用。政府的重视和支持是开展会展活动的首要条件。以上海为例,"APEC会议和财富500强会议"在上海的召开,充分显示了上海组织高规格、大型化国际会议的实力,体现了政府的重视和支持;最后,有许多成为会展旅游中心的城市得益于它们的区位和自然条件。如展览业的发展需要优越的地理区位和强大的运输能力,以加速商品在该地区的流动和交易。香港地处太平洋与印度洋航运要冲,地理位置优越,并有优良的深水良港、全球吞吐量最大的集装箱码头,拥有全世界最繁忙的空运港,为其成为国际的会展旅游中心奠定了基础。由上述分析可知,一个都市要想成为一个全国性或者国际性会展旅游中心城市,即把会展旅游作为自己都市旅游的品牌,通常需具有这样几个共同的条件:一是区位和自然条件优越,交通便捷;二是经济文化发达,在国际上有相当的知名度;三是有较高的对外开放度;四是要有发达的会展硬件设施和相关的会展服务业。因此,从我国各大城市的发展状况看,不是所有的城市都能成为会展旅游中心的,在未来较长一段时间内,北京、上海、广州、深圳、南京、杭州等,将占据较大的优势。

3. 休闲度假旅游

改革开放以来,随着经济的飞速发展,城市居民的生活水平有了明显提高。与此同时,居民的法定假日有了明显的增加,有了休闲度假旅游的可能性。近年来,不少都市都在大力发展休闲旅游设施,如建造旅游度假区、度假村、休闲街区(步行街、文化名人街、老街)、城市公园、森林公园等,以适应海内外游客回归大自然的需求。例如,上海已形成了一批各具特色的休闲街区,如南京路步行街、上海老街、滨江大道、多伦路文化名人街、衡山路特色休闲街、七宝老街、朱家角北大街;建成了一批城市公园,如延中绿地、新虹桥花园、大宁灵石公园、黄兴公园、徐家汇公园等;在郊区建成了一批综合水上旅游、休闲度假、参与娱乐、康复疗养等多种功能的旅游度假区,如崇明东平国家森林公园、南汇滨海旅游度假区、奉贤海湾旅游度假区、佘山国家旅游度假区,最近又在建立以上海迪士尼为中心上海国际旅游度假区等。市区与郊区相互补充、自然与人文相互融合、历史与现代相互辉映,形成了多种多样、各具特色的休闲旅游产品。因而,休闲度假旅游可以作为都市旅游的一个重要品牌,对海内外游客有很大的吸引力。

4. 节庆旅游

节庆旅游是以民族文化、民俗风情为基础,以娱乐内容为主要形式的综合性旅游产品。它在较短的时间内,可以同文艺、体育、商贸等活动结合,形成旅游热点,还会产生更大的轰动效应和综合效益,大大提高都市的知名度。例如,上海旅游节、青岛啤酒节、哈尔滨冰雪节、广州迎春花会、大连国际服装节、景德镇国际陶瓷节、潍坊国际风筝节等。其中,一些大型的国际性的旅游节往往带有狂欢的性质,它们不仅参与性强、影响力大,也带来极为可观的综合经济效益。它们都已成为这些都市发展都市旅游的品牌之一,吸引了千千万万海内外旅游者的积极参与。

旅游节庆活动是节庆旅游的具体体现。它又称为旅游节。盛世活动,是指规模不等、有特定主题、在特定时间和同一区域内定期或不定期地举办、能吸引海内外大量游客的各种节日庆典、集会、交易会、博览会、运动会、文化生活等。它们的特点是:规模大、影响大、参与者多,主题鲜明、特色突出,强调欢快、热闹、雅俗共赏,参与性强,受价格影响因素较小。它们的作用突出,主要表现为:节庆活动能够提高和完善旅游接待设施,如北京举办亚运会,兴建亚运村,使北京市政设施从整体上上了一个台阶。上海举办 2010 上海世博会,使上海的面貌发生了很大的变化,市政设施、交通设施和旅游设施焕然一新,促进了整个城市的快速发展。节庆活动往往会成为旅游目的地一种动态性的旅游吸引物,众多游客就是冲着它们而去的,如列为全国三大音乐会的"上海之春"、"哈尔滨之夏"、"羊城音乐会"等,每年都吸引大量海内外游客的参与;节庆活动促进这些城市的经济增长,并大大提高了它们的知名度。

5. 购物旅游

营建购物天堂,是众多都市发展都市旅游最重要的内容之一。从整个世界而言,一些国际旅游大都市都具有"购物天堂"的美誉。如巴黎(国际时装之都、香水之都)、新加坡市(花园城市、时尚购物中心)、中国香港(亚太地区的百货总汇、万国市场)等。上海素有"购物天堂"的美称,购物旅游更成为上海都市旅游的重要品牌。

旅游购物是旅游者旅游经历中的重要组成部分。旅游购物,从广义上讲指在整个旅游过程中所购买的商品,包括日用品和旅游纪念品。尤其是旅游纪念品,它会让旅游者回忆起在旅游过程中的种种经历。如果旅游者在旅游中没有购买到称心的纪念品,则心中会感到一种缺憾,也就是他们的心理需求没有得到满足。目前,从总体讲我国旅游购物是比较落后的,与世界旅游发达国家相比,购物收入占旅游总收入的比重不到发达国家的一半。其主要原因是我国旅游纪念品的品位不高,缺乏特色、包装简陋、做工粗糙,难以满足海内外旅游者的购物要求。因而,都市旅游中的购物旅游,除日用商品的购物外,提高旅游纪念品的水平,使其能代表所在都市的优秀文化,具有较高的文化品位,是发展购物旅游的一个重要方面。例如,上海已成立了上海市旅游纪念品展示中心,努力进行旅游纪念品开发,发展特色购物,将大大促进旅游纪念品市场的开发,推动购物旅游的发展。上海还准备邀请长三角同行一起开发世博旅游纪念品,2009 年"老凤祥杯"旅游纪念品设计大赛作品征集延伸到长三角地区,这也是苏浙沪三地首次围绕旅游纪念品产业发展而进行的深度合作。

目前许多旅游大都市正在为各地旅游者提供优越的休闲购物环境,如商街、商城、购物中心、专业特色街等,并提供丰富多样的产品,从日常用品到精美绝伦的艺术品、特色纪念品应有尽有,展示了繁荣的都市商业氛围,令海内外旅游者体验全新的购物感受。

6. 产业旅游

对于都市旅游而言,利用大都市的科技文化产业优势,发展现代工业旅游、创意产业旅游、现代农业旅游和高科技旅游,是都市旅游的重要品牌。

工业旅游是指以都市现有的工厂、企业、公司及在建工程等工业场所作为旅游资源的一种专项旅游。通过让游客了解现代工业生产的流程与工业操作等全过程,获取知识、开阔眼界,满足旅游者的精神要求,提供集求知、观光、购物等多方面结合的综合型旅游产品。它是现代生产力不断发展的产物。世界上的一些发达国家,现代工业旅游早已兴起且发展迅速。例如,法国的标致、雷诺、雪铁龙三大汽车公司年接待游客 20 余万人次,阿丽亚娜火箭和"空中客车"的制造也极受欢迎;美国造币厂对友人的开放,让游客了解造币的历史、过程及鉴别真假的办法,并且还有独特的旅游纪念品——经过特殊处理而无法流通的真钞,特别受到游客的欢迎。我国上海的宝钢集团公司、大众汽车集团公司,四川绵阳的长虹电视机厂,新疆的塔里木油田等都已对游客开放,受到游客的欢迎。在我国的工业旅游中,都市综合型工业旅游是一主要品牌。因为都市有丰富的工业旅游资源,种类齐全,且以综合性见长。其中的一些大型名牌企业有着较高的旅游价值,如北京的首钢、燕山化工,上海的宝钢、大众汽车、金山石化等。都市工业旅游的兴起,拉近了现代工业与普通居民的距离,在向世人展示现代企业卓越成就和神奇美丽的同时,也逐渐培养着人们崭新的现代工业意识,使人类更有效、更快捷地迈向新的工业时代。另外。还有受市民游客欢迎的创意产业旅游,又有随着现代航天技术发展而产生的太空旅游等等,也属工业旅游的范畴。

农业旅游是一种以农业为媒介的新兴旅游业,是旅游业与农业合而为一的新兴产业,是顺应城市居民短途休闲旅游的要求发展起来的,是都市专项旅游中的一个重要发展方向,有着广阔的前景和强大的生命力。现代农业旅游具有多种功能,如观光、休闲、度假、科学教育、示范、购物等。为此,现代农业旅游的类型很多,按照其旅游目的来划分,可有现代农业观光旅游、田园休闲旅游、农业体验和教育旅游和自助购物旅游等。其中,现代农业观光旅游是以设施型农业为主要对象,这是一种以现代科技装备的工厂化、设施化的农业,无土栽培,温湿自动控制,产品无公害、零污染,有极大的观光价值。上海浦东新区孙桥现代农业园区的农业观光旅游就是农业旅游的代表品牌之一,是首批的全国农业旅游示范点。

田园休闲度假旅游,是为了满足城市居民周末休闲度假和娱乐开发的农业旅游产品。如各地搞的"农家乐",几十户农家建立家庭旅馆(现称为民宿),游客住农家屋、吃农家饭、学农家活、看农家景、购农家物,身心得到愉悦,深受城市游客的欢迎。例如,浙江仙乐山农家乐、上海崇明区前卫村农家乐、瀛东村农家乐等,都是田园休闲度假农业旅游的品牌。

农业体验和教育旅游,是让城市游客直接参与少量的农田体验性劳动,如松土、除草、摘菜等轻微劳动,使其既具新鲜感,又能增长一些农田知识,起到一定的教育作用。例如,上海浦东新区南汇地区推出的彭镇乡六村的农村生活体验旅游,广东白藤湖农民度假村的农业旅游等。

自助购物旅游,是一种休闲观光和购物相结合的农业旅游品牌,在专辟的现代农业园区、开放式农场里,游客自己动手采摘喜爱的蔬菜、瓜果、花卉,按价付款。例如,上海孙桥现代农业园区、南汇现代农业园区等。

农业节庆活动,也是现代农业旅游的一种形式。举办一系列农业节庆活动和富有特色的旅游活动,也是现代农业旅游的一种产品。例如,2005 年 9 月 25 日至 10 月 6 日上海主办的、主题为"精彩大上海、休闲崇明岛"的第八届上海崇明森林旅游节,在崇明区举行。它的主要活动包括在东平国家森林公园举办首届崇明森林米酒节、第三届森林滑草赛、第七届攀岩挑战赛等,崇明绿华镇举办崇明西沙风情游、"民主湖"杯崇明农家美食节暨崇明农产品推介会和"明珠湖"杯郊野垂钓赛。期间,还组织了一些参观活动。崇明区还举办了第十二届金秋生态文化旅游节暨崇明农家乐风采摄影展;近年来,金山区推出首届"缤纷百果节",打造"百花""百果""百菜""丰收"等主题节庆系列。奉贤区的菜花节至今已办到第五届,已成了农业旅游的一个品牌。上海郊区农民欢庆丰收节,通过活动共庆物质文化双丰收,这是上海唯一一个入选首届"中国农民丰收节"的系列活动。在浦东新区大团镇举行的浦东美丽乡村嘉年华节庆等活动。这些活动吸引了众多的上海市民和海内外旅游者,也为现代农业旅游的发展开拓了新的方向。

高新科技旅游,也是产业旅游的一种旅游品牌。它是将成熟的高新科技园区对普通旅游者开放,所进行的观光考察旅游活动,是都市旅游中新的专业品牌。它对境内外的商界和专业人士而言,是考察投资的热点;对于广大城市的市民和国内的民众,则是增长知识、扩展眼界的好去处。例如,上海张江高科技旅游就是一个有名的品牌,包含有国家上海生物医药科技产业基地(中国"药谷")、张江科技创新创业区(企业孵化和转化科技成果的基地)、国家张江信息产业基地和许多国内外著名的技术创新性的企业和公司等。

7. 教育旅游

一些大都市都拥有丰富的教育资源,其中有各类特色的院校,如著名的高校、著名的中小学和幼儿园,有名校、名校长和名教师。这为都市发展特色的教育旅游产品奠定了良好的基础。

随着改革开放以后我国教育改革的深入发展,人民群众对高质量、多样化、优质教育的需求日益增长,教育旅游的市场逐渐形成。以上海为例,近年来,外地的一些教育旅行社纷纷组织当地的师生来上海进行学习考察交流。如上海市杨浦区推出的教育旅游品牌,有区内 15 所办学有特色的中小学、幼儿园,开辟了学校教育、学校管理、学科教学、现代信息和科技教育、艺术教育、体育教育等教育旅游品牌。2005 年,杨浦区接待了来自韩国、新加坡、中国香港与澳门及国内各地的教育考察团,承办了全国性的"三名工程"展示交流活动。上海杨浦休养旅行社获得了中国教育旅游集团"最佳旅行社"称号。

在这些教育旅游品牌中,除了基础教育考察游之外,教育专题游也是很重要的品牌。如素质教育游、高校游、修学游等。其中,高校游是以参观高校校园、观摩实验室、体验大学生活为主的旅游;上海的复旦大学、上海交通大学、华东师范大学、同济大学均值得参观。素质教育游是以介绍教育经验、座谈、观摩素质教育活动为主的旅游活动,如 2005 年 6 月,香港汇知中学"上海戏剧考察交流团"以"音乐交流为主题与上海的学生进行音乐方面的交流,使香港学生对上海学生的音乐素质有了直观的认识;修学游是组织海内外学生来国内的一些都市参加夏令营的旅游活动,如 2005 年 8 月在上海东方绿洲由上海大剧院艺术中心举办、众多知名艺术机构和音乐大师携手合作的上海第一个融音乐、教育于一体的上海国际音乐夏令营,吸收学员百余人,采用国际化管理与教学模式,由法国、波兰、俄罗斯、芬兰、日本、新加坡及中国等七个国家的十位世界著名教育家及音乐家担任钢琴、小提琴、大提琴、长笛等专业领域"大师班"教授,使学员从中汲取了中西方音乐的艺术营养,取得了良好的效果。另外,上海许多高校利用暑假吸纳外国学生到校进行短期汉语学习,并对周边城市和本市进行民俗文化观光的旅游活动。这种短期修学旅游活动,深受海外学生的欢迎,已成为一项有一定潜力的旅游品牌。上海著名高校一日游,如杨浦区的复旦大学、同济大学;虹口区的上海财经大学、上海外国语大学大连路校区;闵行区的上海交通大学、华东师范大学;松江区的松江大学城;浦东新区临港大学城、南汇大学城等,均可接待参观。

8. 体育旅游

它是指海内外参与现代体育竞技比赛的运动员、教练员和体育爱好者来此参与、观赏体育比赛活动,并在比赛地进行游览观光的旅游活动。它是都市旅游产业与体育产业交叉渗透的一个新的领域,是以体育资源为基础,吸引人们参加与感受体育活动和大自然情趣的一种新的旅游形式。这是目前都市旅游中一个有较大潜力方面的旅游品牌。在都市举行的一些规模宏大的综合性运动会和国际体育活动,如汽车拉力赛、城市马拉松赛、自行车环城越野赛,甚至奥运会、亚运会、世界杯足球赛、世界锦标赛等,可以吸引全球各地游客,带来巨大的商机,还能充分展示城市的景观风貌和文化底蕴,激发市民的空前热情,提高城市的综合素质。这使体育与旅游相结合,成为目前国际上颇为流行的一种时尚,具有极大的吸引力。

以上海为例,目前有许多著名的赛事品牌,如 F1 中国大奖赛(世界三大顶级赛事之一)、国际田径黄金大奖赛、国际高尔夫球赛、上海网球大师杯公开赛、上海国际马拉松赛、世界斯诺克大师杯赛等。它们不仅提升了上海的形象,还为上海带来了巨大的客源,带动了吃、住、行等相关旅游行业的经济效益,推动了这些产业的发展。如 2005 年 10 月 14—16 日在上海国际赛车场举办了 F1 世界锦标赛 2005 中国大奖赛。三天里,现场观众超过 27 万人次,其中国外观众超过 5 万人次,门票收入 2.16 亿元。至今为止,这些体育赛事的举办皆已超过 5 届,且在世界上有了一定影响,对上海体育旅游的发展起了很大的推动作用。

此外,不少城市开展的形式多样的休闲体育旅游活动,也已成为体育旅游产品的一部分。例如,上海在 2016 年 10 月主办的"欢乐上赛场,赛车嘉年华"活动,在上海国际赛车场举行,著名歌手郭富城进行了演唱,共有 6 000 名游客参加了赛场参观、赛道观光、赛道自驾、卡丁车比赛、品牌车会友等活动,受到人们的好评,也取得了良好的经济效益,2005 年 11 月开展的上海市全民健身节活动,其主题为"人人运动增添城市活力、全民健身构建和谐社会",直接参与健身节活动的市民达到 40 万人次。至 2019 年年底已举办了第二十四届上海市全民健身节。每年都有迎接"全民健身热"的主题活动。2016 年上海市迎接"全民健身日"主题活动在 7 月底启动,60 余名医生、专家共同指导市民科学健身,让市民享受奥运服务,受到市民们的热烈欢迎。

9. 科普旅游

随着经济的迅速增长、物质生活水平的提高,人民群众对精神生活的需求不断增长,集科学性、知识性和教育性为一体的"科普旅游"迅速开展,受到城市广大市民尤其是青少年学生的喜爱。它也成为都市旅游的一个有潜力的品牌。

对一般的都市而言,它们的科普旅游资源都是很丰富的。以上海为例,现有市级科普教育基地 131 个,其中有 43 处已向旅游者开放。在这些开放的市级科普教育基地中,有科普教育场馆,如上海科技馆、上海天文馆、上海超级计算中心、上海美术电影制片厂、上海昆虫博物馆、佘山天文台等;科技园区,如陆家嘴金融贸易区、外高桥保税区、金桥出口加工区、张江高科技园区、孙桥现代农业开发区、农业科学院科普教育基地、上海飞机制造厂等;高校教育基地,如上海交大慧谷计算机博物馆、上海大学机器人研究科普教育基地、上海工程技术大学汽车航空机械科普基地等。2021 年 7 月 17 日,上海天文馆正式开馆,迎来了大客流,全国各地游客聚拢起来,队伍蜿蜒。它的开放标志着上海科技馆迈入集科技馆、自然博物馆、天文馆三馆合一的超大型综合性科学技术博物馆集群发展新阶段,将进一步提升上海的软实力,更好地满足人民群众日益增长的精神文化生活需要,进一步促进上海科普旅游的发展。

为了方便广大市民了解和参观科普教育基地,上海还专门编制了上海科普教育基地地图和 1 万张公益参观卡,免费向社会发放。这张公益参观卡好似一本"科普护照",其本身既具备门票性质,还可作为公益参观的凭证。市民每参观一家博物馆,卡上就会加盖一枚纪念章。此外,上海还举办各种科普活动,吸引海内外游客和市民参观。如 2005 年 5 月 14—21 日举办了上海科技节活动周。活动周期间,来自澳大利亚的流动科技馆首次在上海科技馆内亮相,受到市民们和游客的欢迎。2016 年 5 月 14 日,在上海科技馆举行了 2016 年上海科技活动周仪式,科学红毯秀由 23 位嘉宾出席,与往年不同的是首次出现了在沪工作的外国科学家和世界 500 强在沪研发机构负责人的身影。活动周从 5 月 14 日—21 日,持续 8 天,十大板块,共 1 000 多项科技活动。

10. 美食旅游

美食旅游也是都市旅游的一个重要的品牌。源远流长、异彩纷呈的饮食文化,可为都市增添新的魅力。漫步香港、巴黎、上海等大都市的街头，到处都可感受到饮食文化的浓烈氛围。中国的饮食文化历史悠久，类型多样，是中国灿烂传统文化的结晶。在中国香港、上海、广州等大都市中，不但汇集了中国的各种菜系，同时荟萃了西方英、法、德、意、俄和东方日、韩等国的各式菜肴，还有各种特色点心和风味小吃，有品茶、饮酒和其他各种饮料。各类饮食文化相互渗透，各大菜系相互借鉴，烹饪更加精致，口味更加多样，从而形成了美食天地，有了"美食天堂"的美誉。海内外游客在观光休闲购物之余，可在这儿享受中外各种风味美食。

在这些大都市中，为了满足游客的美食需求，开辟了众多的美食街，既有名特酒楼吧座的聚合，又有大众化的摊档餐厅的汇集，既丰富又具特色，深受海内外游客的喜爱。

以上海为例，上海菜肴在海派文化的影响下，既能取长补短，又能融会贯通。各地的菜系来沪后，为适应上海人的口味，都相应地做了一些改变，形成了"海派菜"。而上海自身发展形成的上海菜，也吸取各地菜肴之长，形成自己的"本帮菜"。博采众长的上海"本帮菜"，以红烧、蒸、煨、炸、糟等烹饪方式，制作了"生煸草头""红烧回鱼""椒盐排骨""糟钵头"等名菜，均脍炙人口。沪上的西菜社为适应广大中国顾客的口味，也只能走"洋为中用"的道路，成为具有中国风味特点的西菜。因此，在上海汇聚了国内外诸多菜系的特色菜肴，而且是经过"同化"的特色本帮菜肴——八宝鸭、扣三丝、青鱼秃肺、八宝辣酱等，燕云楼的京帮菜——北京烤鸭、醋椒鳜鱼、拔丝苹果等，扬州饭店的淮扬菜——鸡火干丝、松仁鱼米、水晶肴肉、狮子头等，梅龙镇酒家的海派川菜——蟹粉鱼翅盅、回锅肉夹饼、富贵鱼镶面、干烧明虾等，新雅粤菜馆、杏花楼、美心酒家的粤菜——清炒虾仁、烤乳猪、蚝油牛肉、八珍烩蛇羹、八宝片皮鸭、冬瓜盅等，知味观、张生记等杭州特色菜——东坡肉、芙蓉鱼片、西湖醋鱼、龙井虾仁、西湖莼菜汤等。

上海的风味小吃颇具特色，老城隍庙是闻名海内外的"小吃王国"，南翔小笼包、蟹壳黄、枣泥酥饼、猪油百果松糕、五香豆等兼具南北特色。坐落在老城隍庙内的绿波廊酒楼，以选料精细、制作考究、质量稳定、特色鲜明的上海点心而享有盛誉，如眉毛酥、萝卜丝酥饼、枣泥酥、香菇菜包、桂花拉糕等点心体现了博采众长、趋时应世的海派风格，已接待过美、英、日等四十余批外国元首、贵宾来此品尝。

上海有许多特色小吃店，其中不乏百年老店，如五芳斋、沈大成、乔家栅等。每逢节庆，推出不同的时令美食。如端午节五芳斋的粽子、中秋节杏花楼的月饼、重阳节沈大成的糕团等。上海郊区有许多古镇的风味小吃，近年来名声日隆。如七宝古镇的方糕、老酒和白切羊肉，金山区枫泾古镇的丁蹄，青浦区朱家角古镇的黄栗肉粽、扎肉和熏豆，嘉定区南翔古镇的南翔小笼包等，备受海内外游客的欢迎。每逢节假日，供不应求。

第三节　都市旅游的特点和功能

一、都市旅游的特点

都市旅游是以都市作为旅游目的地而开展的旅游活动。它不同于主要以山水风光、历史古迹等为旅游目的地的旅游，应该拥有自己特有的产品品牌，以区别于传统的观光旅游。它凭借都市特有的都市旅游资源：它的产品品牌，应明显地具有大都市的风貌和特色，尤其是具有大都市的经济、商贸、金融、现代科技、现代工业、现代都市风貌等色彩和特点。因而，这一类旅游应具有鲜明的经济特色，应具有都市的特征性文化特色，应有许多精髓性、支柱性、特征性的旅游品牌所支撑。这几个方面应是相辅相成、缺一不可的。

1. 鲜明的经济特色

都市旅游是由众多的都市旅游产品所推动的,其中占有重要地位的是商贸金融旅游、会展会奖旅游、现代工业旅游、现代农业旅游、现代高新科技游等产品。这些产品自身有着极高的经济效益和社会效益。例如,会展会奖旅游有着明显的经济效益,据国际大会和会议协会统计,每年全世界举办各种国际会议(指参加国超过 4 个、与会外宾人数超过 50 人的会议)约有 40 万个以上,会议总支出超过 2 800 亿美元。据欧洲的一项会展业评估表明,发达国家会展旅游业的产值约占其 GDP 产值的 0.2%左右。以展览业为例,2000 年全美参展人数为 4 122 万人,而每个参展人员花在相关展览外活动上的费用平均为 1 200 美元,其中,住宿费用占比例最高,为 46.8%;餐饮为 24.2%;个人消费(观光、购物、娱乐)为 16.5%;交通运输为 6.2%。这一年,展馆的租金收入、广告赞助及其他会展服务收入为 84 亿美元,而与会展相关的住宿、餐饮、观光等收入为 495 亿美元。可见,会展旅游的经济效益是多么明显。又如,中国香港的会展业近年来迅速崛起,带来的收益巨大。1999 年展览业为香港带来的收入已达到 10 亿美元以上,其中 8 亿美元是展览活动之外的其他活动的收入,即展览旅游的收入。再如上海,2005 年在上海举办了 276 个国际展览会,参观人数约 760 万人次,其中境外游客约 46 万人次,占 6%。展览会成交额达到 650 亿元,而与展览相关的旅游饭店、餐饮、商业、旅游纪念品,展览会门票等相关营业收入更是大幅增长,而这些产品的旅游活动又带动了这些都市的其他服务行业的发展,成为都市发展的经济助推器。例如,随着国际性会展活动的举行,大量的参观观众和参展人员,带动了包括旅游、商贸、交通、广告、咨询等相关产业的发展。到 2017 年,上海主要会展场馆举办各类会展活动 1 020 个,其中国际会展 293 个;国际会展面积 1 329.16 万平方米。据国际质协调查显示,亚洲一半以上的会展净面积在中国,其中上海的数量和面积等指标均居国内首位。上海获得"2017 亚洲领先会议目的地"大奖。上海全年的旅游外汇收入多数是会展旅游收入。因此,世界会展业的业内人士认为,会展业是一个航空、旅游、商业、餐饮、住宿等多方受益的产业,如果展览会本身效益收入为"1"的话,则带动其他产业的经济收入将有"10"。这种 1∶10 的带动效应使会展业成为经济发展的"助推器"。

2. 体现大都市风采特色

作为旅游目的地的现代化大都市,本身就是旅游资源。它拥有国际水准的旅游基础设施,有独具特色的旅游吸引物,有完善的旅游服务系统,有友好文明的社会环境,有较清洁的绿色生态环境,是展现现代化大都市风貌的极好的标志。其中,尤其是都市建筑,包括都市的标志性建筑、标志性文化设施、重大的交通基础工程等,是都市综合形象的代表。许多大都市都有自己的标志性建筑,都成为都市旅游的必游景点。例如,上海作为 20 世纪二三十年代的世界六大都市之一,外滩的万国建筑博览群、南京路上的国际饭店,是上海的标志性建筑。它们展现了近代上海的都市风貌,黄浦江及其岸边的"万国建筑博览群"展现了动静结合的都市风貌,国际饭店代表了当时上海的第一高度。今天的上海,随着浦东新区的开发开放,上百幢超高层现代建筑拔地而起,其中的东方明珠广播电视塔、金茂大厦、环球金融中心、上海中心大厦成为新上海的城市标志性建筑,成为新上海的第一高度,而黄浦江两岸的浦西欧洲古典风情建筑群和浦东的现代海派高层建筑群的对峙和结合,成了新上海都市风光的大亮点,凸显了新上海的都市风光。它们成为海内外游客观赏的旅游热点,东方明珠广播电视塔和金茂大厦已成为人气最旺、接待人次最多的景点。

3. 具有自己的特征性文化

不同的都市处在不同的地区,而不同的地区,由于自然环境和人文环境的差异,因而也造就了不同的地域文化和都市文化。从我们中华民族而言,中华民族的形成是一个多民族融合的过程,中华文化的形成也是一个多种文化融合的过程。其中不仅有以中原文化为核心的黄河流域的华夏文化,还有以稻作文化为基础发展起来的楚文化和越文化,以及游牧民族的草原文化。从我国的一些都市而言,由于它们所处的区域的差异和历史进程的差异,因而也在中华文化的大前提下,形成了各具特色的都市文化。例如,北京在继承了黄河文化的基础上,形成了京派文化;上海在源于楚文化的基础上,形成了江南文化和海派文化;广州在源于珠江文化的基础上,形成了岭南文化。这些都市的这些文化特色影响到都市的各个方面,因而都市旅游也必然要体现各自的文化特色,而这些文化特色也是吸引海内外游客的魅力所在。

以上海为例,自上海开埠后,中国的东方文化与外国的西方文化在上海这块土地上冲突、碰撞,进而相互交融,形成了"海纳百川""兼容并蓄""开拓创新"的独具特色的海派文化。海派文化最早来源于"海上画派",后从京剧开始向各个方面延伸,于近代形成了上海的海派文化。这种文化特色向上海的商业、建筑、艺术、饮食、娱乐、服饰、习俗、语言等各个领域延伸,形成了海派景观。以文化的载体建筑为例,上海不仅有我国古代的传统建筑,如三国时期建筑的龙华寺、龙华塔,唐代的陀罗尼经幢,宋代的兴圣教寺塔,元代的松江清真寺和明代的豫园、秋霞圃、古猗园等,还有许多近代的优秀建筑,以及具有欧洲古典风情的各国建筑。各种有代表性的欧洲建筑风格几乎都可以在上海的近代建筑中找到。如外滩的"万国建筑博览群",虹桥路地区的乡村别墅,山阴路地区溧阳路花园住宅,愚园路地区的花园别墅,新华路地区的"外国弄堂"内的花园住宅和近代上海的民居石库门建筑等;改革开放后的今天,上海又有了许多新的超高层建筑,这是中西现代建筑艺术与现代高科技相结合的产物。如东方明珠、上海中心大厦、金茂大厦、环球金融中心、中银大厦、证券大厦、上海图书馆、上海博物馆、上海大剧院、上海马戏城等等。这些从古到今、从中到外的包罗万象的各种都市建筑,体现了海派文化的特色,成为受海内外游客来大都市旅游必要一睹的旅游热点——现代海派建筑景观,受到他们的高度赞赏。正如许多外国友人所说"很多西方建筑在他们自己的国家已见不到,但在上海却保存完好"。

再以文化艺术为例,20世纪90年代以来,在上海开展的文艺展演旅游,也体现了海派文化,展示了真正的海派精神。例如,在上海组织和举办了多次超大型的文艺展演活动,如大型歌舞剧"阿依达"的演出,世界三大男高音歌唱家卡雷拉斯、帕瓦罗蒂、多明戈在上海大剧院的演出,在上海世纪公园举办的上海国际音乐焰火节的演出等。它们所表现出来的恢宏气势、产生的轰动效应,展示了继承经典、积极创新、追求精致的海派精神。同样,在上海美术馆举办的上海美术双年展和艺术博览会上,为所有来上海的中外艺术家提供了一个展示、交流、交易的公平竞争的舞台,体现了海纳百川的宽容,并产生了对各国文化艺术、对国内各种文化艺术风格流派的聚集效应。在上海国际艺术节期间,英国苏格兰BBC交响乐团举行了一次音乐会,会上演奏了我国江南民间小调"紫竹调",并把这首小调与地方小调"喜洋洋"相串接,令听众兴奋异常,并在这次国际艺术节上引起极大反响,产生了所谓的"紫竹调现象"。这种现象就是中西文化在音乐上的交流和融合现象,也是海派文化的"兼容并蓄"在音乐上的体现。上述这些展演活动,大大地吸引了海内外游客,推动了文艺展演旅游的发展,使其成为推动上海都市旅游发展的独特产品和强大动力。

4. 都市旅游有自己的特征性品牌所支撑

都市旅游与传统旅游的最大区别,在于它的产品品牌的特有性,即它的一些产品品牌是传统旅游所没有的,也是一般城市旅游所不具备的。如商贸金融旅游、会展会奖旅游、现代大工业旅游、现代创意产业旅游、现代高科技游、现代农业旅游、现代大都市风貌观光游和高校修学旅游等,都是都市旅游所特有的,是都市旅游的支柱。以上海为例,前几年紧紧抓住筹备和举办 2010 上海世博会这个重要契机,借助举办世博会,发展世博旅游特色产品,打造国际旅游会展城市品牌形象。这是上海都市旅游发展的一个特有品牌,是国内其他城市旅游不能具备的。近几年,结合上海迪士尼乐园的开园,建立上海国际旅游度假区,也成为上海的一个特征性品牌。另外,上海结合黄浦江和苏州河两岸旅游文化功能的开发,在建设水上旅游公共码头等项目的同时,建设国际邮轮码头,发展邮轮旅游;开发黄浦江和苏州河两岸的滨江岸线游。这是上海都市旅游发展中的又一个精品,也是上海都市旅游所特有的。

5. 都市旅游的特色链

商旅文结合,融都市风光、都市文化和都市商业于一体,是都市旅游的特色链。都市旅游是由很多特色旅游产品所推动的旅游,而这些产品也不是孤立的。它们可以相互连接、融为一体,如都市风光的观光旅游,可以与都市文化旅游、都市购物旅游相结合,组成一条旅游链,使其相互串接,形成一个整体的都市旅游产品。以上海为例,如果要组织游客游览外滩地区,则可以把参观浦东东方明珠景区的新上海观光游,与参观外滩"万国建筑博览群、体验欧洲古典建筑风情"的建筑文化,以及到南京路步行街的购物旅游结合起来,使海内外游客既领略了新上海的大都市风貌,又体验了海派建筑文化,并在中国商业第一街购买到自己中意的商品和旅游纪念品。这是力求做到商旅文结合,使都市风光、都市文化和都市商业融为一体的具体体现。

二、都市旅游的功能

都市旅游的产生和发展,与现代都市的旅游功能是分不开的。由于都市是一个地区的政治、经济和文化的中心,是现代科技、知识、信息的集中地,又往往是人文旅游资源比较集中的地方。因此,它往往成为旅游者最为集中和旅游活动最密集的地方;由于都市的各类基础设施相当完善,交通、通讯、医疗、金融及生活供应等均较便利,能为旅游者提供其所需的各方面的服务,因而,都市旅游有完善的旅游保障服务,能成为旅游活动的中心;由于都市往往是旅游交通枢纽,车站、港口、码头等都在城市内部及其外围,因而,提高了旅游地的可进入性,成为旅游者的集散中心;由于都市建立了各种旅游服务设施,使旅游者的主要活动区域在都市,因而,都市往往成为一个地区旅游业的中心,并以此向外辐射,形成一个辐射状的旅游区。现代都市由于具备这些旅游功能,所以,以它为旅游目的地发展起来的都市旅游业,有着广阔的发展天地,并能大大促进整个都市的经济发展,提高都市的综合实力。

都市旅游的功能可概括为以下几个方面。

1. 都市旅游有明显的产业带动效应和经济助推器作用

都市旅游中的一些精品,如商贸金融旅游、会展会奖旅游等,不仅促进了本行业的发展,还可带动交通、电信、宾馆、餐饮、广告、文体娱乐等其他服务行业的发展,起到整个都市经济助推器的作用。

2. 都市旅游的辐射示范效应

都市作为一个地区的旅游中心,它的一些产品会对整个地区和其他地区产生辐射示范效应。例如,都市旅游中的产业观光旅游(包括现代工业旅游、现代农业旅游和高科技游),可为其他地区、城市发展这方面的旅游起到示范作用。如现代农业旅游,主要去观光的是设施型农业。这种农业的基本设施是塑料大棚和温室,采用的是无土栽培、配方施肥、温湿度自动调控等方法,生产出来的菜蔬瓜果是绿色食品,零污染,无公害。这对于我国广大的农村和中小城市居民有很大的示范和辐射效应;现代工业旅游中的现代创意产业观光,把旧的厂房改造成为现代创意产业园,也可为其他城市的旧厂区的改造和发展创意产业提供范例;现代大都市风貌的一些景观区,也会对其他城市的旅游发展产生强大的辐射效应。

3. 都市旅游的催化剂作用

旅游业已成为现代服务业的一个支柱产业,在促进人流、物流、资金流、信息流的流动和增长中,发挥着越来越大的作用。都市旅游业的发展,对于加速都市的经济、商贸、金融、文化、科技发展起到一种催化剂的作用。例如,上海浦东新区在浦东开发开放的大前提下,从都市旅游的角度,推出以东方明珠广播电视塔、金茂大厦、环球金融中心和上海中心大厦等新上海城市标志性建筑和成百幢超高层建筑组成的现代都市风光观光游,以上海国际会议中心和上海新国际博览中心为主体的会展旅游和设在各种银行大厦、证券大厦内的世界大公司的商务考察游,实施商旅文结合,推出信息咨询、会议咨询、投资咨询、考察观光旅游纪念品购物等多种服务,进一步促进了浦东新区的经济发展。以 2015 年为例,全年旅行社、旅游饭店和旅游景区接待海内外游客近五千万人次,实现旅游直接收入 145.36 亿元。考虑旅游相关产业收入,总收入为 581.44 亿元。

4. 都市旅游的起爆作用

所谓起爆作用,是指都市旅游的超乎寻常的大发展对整个都市发展所起的巨大推动作用。从全球而言,几乎所有的国际性大都市均举办过世界博览会(专业性的或综合性的国际博览会),通过举办国际性的博览会均使这些城市的经济发展更上一个层次。因而,安排和申办世博会或规模大的国际博览会是发展都市经济的起爆剂。

以日本爱知世博会为例,世博会给旅游带来的经济效益是巨大的,给举办地爱知的发展的影响也是巨大的。2005 年爱知世博会经济效益总额为 7 兆 7 千亿日元,其中 2 000 万游客的消费为 5 000 亿日元。2005 年来日本旅游的海外游客超过 672 万人,比 2004 年增加了 9.6%。

上海举办 2010 年世博会,对于上海成为一个国际大都市起着重要的推进作用,对于上海都市旅游的发展起到更大的起爆作用。以 7 300 万人次作为 2010 年世博会的游客数来进行统计,所带来的经济效益可达 1 455 亿元人民币(相当于 2 兆 4 千亿日元)。可见,2010年世博会给上海带来"大大上海综合效应"。它无疑是运用、传递"大上海品牌"的一个良好契机。它不仅对于上海的旅游经济发展,对于整个长三角地区的旅游联动发展,都将到巨大的起爆作用。

第四节　都市旅游文化的种类和作用

都市旅游文化是以都市旅游主体为中心,由旅游者、都市旅游资源(客体)与旅游介体广大员工共同参与的旅游活动状态的文化。据此,可把它分成都市旅游主体文化、都市旅游客体文化和都市旅游介体文化三类。

一、都市旅游主体文化

旅游主体是通常所说的旅游者,是旅游客体的游览主体。旅游主体文化是与旅游者的思想观念、心理特征和行为方式有关的文化。都市旅游的主体是广大中小城市的居民和乡村的农民以及海外旅游者。他们向往大城市,盼望能到大城市去观赏城市风貌、购物和认识大城市的民俗风情。因而,都市旅游主体文化是与这些旅游者的思想观念、心理特征和行为方式有关的文化。它可以包括:旅游者的文化素质和思想信仰,旅游者的心理、性格与爱好,旅游者的生活方式与消费习惯、旅游动机和需求。

都市旅游主体文化,从本质上来说,就是都市旅游者的文化。这些旅游者在都市旅游活动的过程中产生了欢快愉悦的心理状态和审美情趣,才使他们会对都市旅游产生更大的兴趣,才能使他们的队伍不断壮大。这种心态和情趣是旅游客体和介体所没有的。所以,都市旅游主体文化在都市旅游文化中处于核心地位。

1. 都市旅游者类型

都市旅游的旅游者,就其需求的目的和行为的文化性质而言,可分为以下类型:

(1) 文化观光型旅游者。就国内而言,去都市旅游的旅游者大部分是中小城市和乡村居民,他们所在地的文化与都市文化有很大距离,而把都市这个旅游地的文化作为一种观赏对象,满足其文化的新鲜感。

(2) 商务会展投资型旅游者。对多数海外游客而言,到都市进行投资咨询、会议洽谈、参加大型会议展览和博览活动,观看大型文艺展演和体育比赛等活动,应是其主要目的。

(3) 购物旅游者。他们到都市来旅游,把购物作为主要目的,而把旅游作为次要目的,为追求一种经济利益而来,可称为购物旅游者。从中小城市和乡村来的旅游者多属于这一类旅游者。

(4) 探亲访友旅游者。现代社会的流动性大,许多人远离自己的居住地到都市来工作。而居住地的亲友为了保持情感联系、维护必要的人际关系、满足人的道德需求,通过探亲访友来都市进行寻亲旅游活动,被称为探亲访友旅游者。这种旅游活动的实质是一种道德行为,是为了满足旅游者的伦理需求。

2. 旅游者的兴趣

为了发展都市旅游,能吸引更多的游客,研究都市旅游的游客的心理也是都市旅游主体文化的重要内容之一。首先,探究游客的兴趣是必要的,只有了解游客的兴趣,才能去创造条件满足其正当兴趣,游客的兴趣主要表现在物质兴趣和精神兴趣两方面:

(1) 游客的物质兴趣,包括食、住、行、购物等多方面。在饮食方面,都市的饮食文化是游客最感兴趣的极想体验的一项重要内容。不少都市都是"美食天堂",各种菜肴和特色风味小吃,应有尽有,你想吃什么都可满足。海外游客来中国,想吃中国的特色食品,如饺子、春卷和汤圆等;内地中小城市来的游客,想吃各色菜肴和各地风味小吃。到广州,想吃久负盛名的广州早茶;到北京,吃全聚德烤鸭;到上海,吃海派菜肴,吃南翔小笼包,吃排骨年糕、生煎馒头、鸽蛋圆子和五香豆。在住的方面,北京的四合院、上海的石库门,以及高星级饭店,也是游客们所偏爱的。在行的方面,到都市以后,第一次选用某一种交通工具时,也会给你带来快感。如乘地铁、轻轨、磁悬浮等。在购物方面,大都市的购物环境和海内外高、中、低各种档次的商品,会使游客产生浓厚的兴趣,尤其是特色商品、价廉物美的商品和特色的旅游纪念品。

（2）游客的精神兴趣，包括认识兴趣和休闲兴趣。在都市旅游的各项旅游活动中，游客对于满足认识兴趣的专项旅游活动表现出特别浓厚的兴趣。如参观博物馆、纪念馆和历史建筑，满足他们对于自然和社会的认识兴趣以及对于当地历史的兴趣；参观都市风光——现代超高层建筑、高速发展的现代化交通工程等，满足他们了解大都市的认识兴趣。游客在参观、游览过程中，还会表现出强烈的认识自我的兴趣，即亲自参与、亲自实践、检验自我、发现自我的兴趣。在参观博物馆或工厂车间等生产场所时，自身亲自参加操作体验生产过程的兴趣，去大型游乐场所参加一些亲自参与的活动的兴趣。还有，来都市观看或参加大型文艺活动、体育表演的兴趣，也是精神兴趣的一种。有些游客甚至还参加到文艺表演之中，如海外游客学习我国京剧的表演艺术，参加街头群众的歌舞活动，观看体育比赛、当啦啦队成员，等等。

（3）游客的旅游动机和旅游需求也是很值得我们去研究的。一般人们的旅游动机的发生，是为了满足人们的需要。根据人的内在的某种需要，人们的动机可归纳为：生理动机和社会性动机；根据外在的某种刺激，人的动机又可分为物质需要与精神需要两类。可见，人的需要是多方面的、复杂的。人们从事旅游活动是与其旅游需要相联系的。

首先，人们从事旅游活动出自他们追求满足生理需要。如现代掀起的体育旅游，虽有多方面的动机，但其中最基本的动机是强身健体、永葆青春、生理需求动机占据了首要位置；游客热衷于到大都市购物，在旅游中购置各种商品和旅游纪念品，实际上是通过旅游追求物质需求的动机。

其次，人们从事旅游的动机是追求心理需求、精神需求的满足。它包括认知需求、求美心理、满足爱的需求（含社交友谊的需求）和自我实现的需求。在都市旅游活动中，人们的这些需求成分越来越多。其中，认知动机是引发都市旅游行为的最重要的动机。如到都市进行产业旅游，到工厂参观，到创意产业园参观，到高科技创业园参观，就是为了考察那里的一切，了解现代工厂的生产流程、科技的发展。百闻不如一见，旅游对一个人的认知、开阔眼界，有着特殊的意义。

第三，求美心理也是引发旅游动机之一。这儿是指游客寻求情感满足的心理，是一种不带功利目的的心理。大多数游客到大自然中去，是为了回归自然，体会大自然的美好，从而带来身心的愉悦和轻松等感受。同样，多数游客到西安是为了了解中国千年的历史，到北京是为了了解500年的历史，到上海是为了了解中国百年来的近现代史，以唤起他们对中华文化的崇高、伟大和悲壮的美感。许多人到上海迪士尼乐园、香港迪士尼乐园、上海嘉年华游乐场和其他一些游乐场所，也主要是为了寻求精神的刺激，获得内心情感的满足。另如，很多海内外客来都市进行观光，如上海的"都市新景观游""外滩观光游""浦东新区观光游""人民广场观光游""滨江岸线游""浦江大桥游""都市夜景游""东海大桥观光游"等，都是为了满足游客对都市风貌、对人文景观美、民俗风情美的需求，从而扩大阅历，调节身心。

第四，满足爱的需求也是引发旅游的动机之一。如一些伴侣到都市来进行蜜月旅游，参加"玫瑰婚典"等男女婚恋之游，就是为了满足爱的需求；全家老老少少、亲属、朋友或同事的结伴旅游，通过旅游，加深了亲情或友情，也是满足爱的需要的动机。

第五，满足自我实现的需求，也是引发旅游动机的一种动机。有的人认为，能够走遍天下是他们的夙愿，是实现自己人生价值的一种标志。他们要走遍国内的都市、风景名胜、历史文化名城，有的要走出国门，到东南亚、欧美等国一游。这些旅游的动机多半都是与此相关。另外，不少大公司、大企业把旅游作为一种奖励手段，开展奖励旅游，实际上也是将自我实现与旅游结合起来。

在引发都市旅游活动的动机中,常常是多种动机并存的。如来上海旅游,既有满足物质需要的动机(购物),也有满足精神需求的动机。一个人往往同时具备认知、求美、自我实现等几种动机,只不过是某一种动机为主罢了。

二、都市旅游客体文化

旅游客体文化是与旅游资源有密切关系的文化,而都市旅游客体文化是与都市旅游资源有密切关系的文化,具体包括:都市旅游风貌文化(含都市新老建筑文化),都市经贸会展文化,都市产业观光文化,都市商业购物文化,都市旅游娱乐文化,都市节庆风情文化等。

1. 都市风貌文化

现代都市风貌主要由建筑景观、街道景观、商业景观、交通景观和游乐景观等构成。与这些景观相联系的文化,称为都市风貌文化。其中,城市建筑景观是现代城市中最主要的景观。现代都市中有许多中外各种类型、各种风格的建筑。最能代表城市景观的是标志性建筑。它往往造型美观、功能先进,代表这一时期城市文明发展的结果,是该城市综合形象的代表。许多著名的国际大都市都有自己的标志性建筑,如纽约的自由女神像、哥本哈根的美人鱼雕塑、巴黎的埃菲尔铁塔等都是这些世界著名都市的标志。我国一些大都市的标志性建筑,也是这些都市的都市风貌的代表,是都市旅游的必游景点。如北京的天安门广场,上海的东方明珠广播电视塔、金茂大厦,南京的长江大桥,西安的钟楼、大雁塔,武汉的黄鹤楼,拉萨的布达拉宫等。上海的东方明珠广播电视塔位于黄浦江东岸,与浦西外滩万国建筑博览群隔江相望,塔高468米,居亚洲第一、世界第三。其高大的塔身由三根擎天立柱,把十一个大小圆球串联在一起,蕴含着中国圆文化的含义,寓意吉祥圆满,成为上海改革开放的标志,也成为上海最具有代表性的都市观光的新景点,成为上海人气最旺的旅游观光新景点。

2. 都市商贸购物文化

都市商业在都市旅游中占据很重要的地位。从现代旅游的发展趋势讲,大都市的时尚、丰富的商品、优越的购物环境,越来越受到旅游者的青睐。随着我国对外开放的深入,国内外客商逐年增加,国际上众多的金融机构、跨国公司纷纷先后在我国的一些大都市(上海、北京、广州、深圳、杭州等)设立办事处和发展机构,越来越多的国际经济商贸展览、洽谈和会议选择在这些大都市进行。商贸、会展和购物旅游正在成为我国都市旅游的重要活动形式。与这些活动相联系的文化,称为都市商贸购物旅游文化。这儿要注意:要拓展经贸、会议、展览等商务活动,不能在商言商,要纳入旅游产品的整体范畴中;另一方面,拓展商务、购物旅游,也要跳出单纯商业的观念,要看到商务旅游所面对的主体,不是单纯的商务客或购物者,而同时也是一个旅游者,这就不仅要满足他们作为商务客的需求,还要让他们在商务活动的同时也能观光游览,以得到精神上的满足。因此,要能使商务和购物旅游真正姓旅,就一定要把都市商业和都市风光、都市文化有机地融合起来。例如,我们在上海世贸商城、上海国际会议中心、上海新国际博览中心等会展场馆,举行会议展览活动,就不能把它们当作是一个单纯的厅堂展馆,而应和上海的虹桥开发区、浦东陆家嘴金融贸易区的景观融为一体,向国内外和商务会展客人充分展示新上海的都市风貌,展示上海近十多年来日新月异的巨大变化,满足他们了解和认识改革开放后中国的需求。第三,组织都市商贸旅游,为要满足不同旅游者的具体要求,更要注意增加文化气息和文化内涵。如在上海的和平饭店接待商务客人,让客人去听一下饭店内的老年爵士乐队的演出,既满足了客人的娱乐需求,又让客人了解到上海这座城市海派文化的内涵,对上海的历史渊源和时代特征有了进一步的认识。

3. 都市产业观光文化

都市产业观光旅游是都市旅游中出现的新产品,正在成为都市旅游的一大热点。在这些产业中,某些国际或国内知名的产业有着庞大的消费群和忠诚的顾客。他们对于产业发展历程、产品的生产过程和产业文化有着强烈的了解愿望。因此,发展产业观光旅游,研究与它有关的产业观光文化非常必要。

都市产业观光文化的内容有:都市农业观光文化、都市现代工业观光文化和高新技术观光文化。其中,都市农业观光是通过发展现代高科技农业(或称为设施农业)来吸引游客的观光度假旅游。它是人们在进入后工业社会以后产生的需求,是适应城市居民渴望"世外桃源"式的生活、渴望回归自然以求身心放松的一种旅游产品。它有提供优质的鲜活农产品,提高农民收入的经济功能,有营造绿色景观、改善自然环境、维护生态平衡的生态功能,还有让游客在参观中接受科学知识教育的科普功能;都市工业观光是展示中国现代工业成就,了解现代工业生产过程、认识企业文化,缅怀历史和感悟未来的观光旅游。它可以扩大企业的社会影响,树立良好的企业现象,促进企业的内部管理,推动文明生产,带动相关产业,促进经济发展,企业对环保、绿化和投入得到了回报;都市高新产业旅游是通过高新科技产业观光、让人们真正体会到高科技的巨大作用、开阔眼界、增长知识的观光旅游。发展这种旅游,不仅增加了都市旅游的新意,也为高新企业对外交流与招商引资开辟了一条重要途径。这是都市旅游中新的专业品牌。

4. 都市文体娱乐旅游文化

都市有大量的文化艺术、体育设施和休闲娱乐设施,包括能满足人们读书求知、扩大眼界和高雅休闲等精神需求的博物馆、美术馆、图书馆、书城、大型影视拍摄基地,能满足人们休闲娱乐需求的各类游乐场、主题公园、城市公园、大剧院、体育场馆、健身中心、高尔夫球场等。开展这方面的旅游活动,不仅可以满足人们休闲娱乐的需要,还可使人们了解科学、获得知识和享受艺术,从而启迪智慧、陶冶情操和提高文化消费品位、满足人们的审美需求。例如,上海博物馆是一座跨世纪的标志性文化建筑,矗立在上海的城市中心广场——人民广场。它的建筑造型、馆内展品象征着中国和上海的文化底蕴,使其成为享誉世界的中国古代艺术博物馆。每年的参观人数一直保持在一百万人次左右,其中还有不少世界各国元首或政府首脑。通过参观这种一流文化设施所带动的旅游活动,是一种高品位的文化艺术活动,所产生的影响是深远的,带来的有形和无形的收益是令人欣喜和振奋的。

5. 都市节庆风情文化

都市节庆风情旅游是一种以民族文化、民族风情为基础,以娱乐内容为主要形式的综合性旅游产品,是属于一种动态的参与性质的旅游资源。与它有关的文化,称为都市节庆风情文化。它包括传统节庆和现代节庆,传统节庆主要是指岁时风俗,即民间的传统性节日,如春节、元宵节、端午节、七夕节、中秋节和重阳节等;现代节庆是指原来习俗中所没有的、由现代人所策划、创制出来的,或是在传统习俗的基础上,依托一定的文化基础创造出来的。其中有一些地区性节日是近年来一些地区为宣传本地区、提高本地区的知名度、振兴本地区经济文化的发展而有意识、有目的地创建的各种活动。如我国各地的著名的现代节庆有上海旅游节、中国上海国际艺术节、哈尔滨冰雪节、广州迎春花会、青岛啤酒节、大连国际服装节、潍坊国际风筝节等。这些节庆活动的开展,有助于提高这些城市的都市旅游的整体形象和知名度,能使都市旅游的主题和特色更具可感知性,从而促进都市旅游的整体促销。

三、都市旅游介体文化

都市旅游介体是指在都市旅游活动中,向旅游主体提供服务、辅助旅游主体顺利完成旅游活动的媒介。它包括旅行社、旅游饭店、旅游交通企业、旅游商业企业、景区管理或营销机构,也包括市区两级旅游行政管理机构、旅游行业协会、旅游培训中心、旅游集散中心、旅游咨询服务中心和旅游信息中心等;都市旅游介体文化,则是指上述各种旅游介体在长期的都市旅游实践活动中形成和不断完善的共同的价值取向、行业精神、行业环境、行业规范等方面的总和,是都市旅游文化的重要组成部分。

由于旅游介体的众多和其职能的不同,其旅游实践行为也自然不同,因而必然也影响到文化的不同。这样就形成了丰富多彩的都市旅游介体文化。主要有:旅游管理文化、旅游自律文化、旅游企业文化、旅游教育文化和旅游法律文化等。其中,旅游企业文化是一种比较典型的旅游介体文化。它不仅是都市文化旅游的一部分,同时也是一种特殊类型的企业文化。根据企业文化的理论,旅游企业文化应包括旅游企业环境、旅游企业目标、旅游企业形象和旅游企业文化网络等精神文化、行为文化和物质文化的内容,而其中的旅游企业价值观、旅游企业精神、旅游企业道德等是最核心的内容,对于旅游企业迎接市场挑战、扩大旅游市场的份额、追求快速的发展是极其重要的。

都市旅游介体文化是都市旅游文化中不可缺少的组成部分,有着很多重要的功能,其导向功能、约束功能、凝聚功能和激励功能是非常突出的。因而,旅游介体文化的打造是非常重要的。在旅游介体文化的打造中,旅游企业文化的建构是最为重要的。它的建构就是要以人为本,培育共同的旅游价值观,发扬积极的旅游企业精神,树立良好的旅游企业道德风尚,塑造良好的旅游企业形象,创造优良的旅游企业环境等。其中,坚持以人为本,重视发挥人的作用,是建构旅游企业文化的出发点,培育共同的旅游企业价值观、充分调动全体旅游员工的积极性是建构旅游企业文化的核心任务;发扬积极的旅游企业精神是构建旅游企业文化的关键,塑造良好的旅游企业形象是一项重大的战略措施,有助于提升旅游企业的竞争力。

都市旅游的介体文化中的不少旅游介体,它们是介体,要为主体服务,也兼具客体的性质。他们都会成为市民游客的观赏对象。如上海中心大厦,环球金融中心,金茂大厦等、重大的交通工程设施——轨交、磁悬浮、东海大桥等都已成为主要的旅游吸引物,都会大大提升都市旅游的竞争力。

第二章　上海都市旅游发展的生态
环境和文化背景分析

上海是中国最大的经济、金融、商业和国际航运中心,是一座世界级的国际化大都市。改革开放以后,借助于深厚的历史文化底蕴、雄厚的经济实力和上海世博会召开的发展机遇,上海都市的经济与文化建设迅速发展。为呼应和联动上海都市总体的建设和发展,上海市政府于 1997 年正式提出将上海旅游业的发展定位为"都市旅游业"。由此,上海旅游业拉开了营建和推进"都市旅游"的序幕。

上海发展都市旅游有着许多的优越条件,其中最主要的条件是优越的地理区位、适宜旅游的自然环境、丰富的都市旅游资源、独具地方特色的海派文化底蕴、上海城市精神风貌和完善的旅游基础设施、旅游公共服务。还有不可忽视的旅游本体,即有众多的具有较高的文化修养的市民旅游者。本章就着重对这些条件加以分析。

第一节　上海都市旅游发展的生态环境背景分析

上海都市旅游发展的环境背景是指其区位条件、地质地貌基础、气象气候条件和环境生态条件。它们对上海能否吸引众多的海内外客源起着重要的作用。

一、得天独厚的区位条件

所谓区位,人们一般理解为地理区位,即地理位置,但实际上区位的含义已大大扩展,可包括地理区位、经济区位和交通区位等几个部分。上海的区位条件得天独厚,包含以下这几个方面。

1. 得天独厚的地理区位条件

上海位于我国南北海岸线的中部、长江三角洲的东部边缘、世界第三长河长江的入海口。北起崇明岛的西北端,南至金山区大金山岛屿,东至长江口佘山岛以东的鸡骨礁,西达青浦西部商榻乡。其地理坐标:南北横跨北纬 30°40′至 31°53′区间,相距 120 余千米;东西纵贯东经 120°51′至 122°12′区间,相距约 140 千米。在这样的范围里,至 2007 年底,上海的面积已达 6 340.5 平方千米,约相当于 6 个香港、10 个新加坡,为上海的发展提供了较多的土地资源。因此,地处扬子江(长江)入海口、长江三角洲前缘,面向太平洋,优越地理位置得天独厚。长江和东海在给上海带来了内河及海洋商务航运便利的同时,也给上海迎来了来自五湖四海的内地游客及世界各地的国际友人。然而,促使上海成长为国际旅游大都市的优势条件,绝非简单的地理位置的优越,更在于此优越地理区位条件下所创造形成的都市经济建设的区位优势,以及创造这一独特经济区位优势的人们的都市生活理念和生活情态。

2. 腹地广大的经济区位优势

上海位居长江入海口、长江三角洲的前缘,溯江而上,可直入长江中下游地区,深入中国华中、西南地区,腹地广大,而腹地内的大量物资均可通过上海流向海外各地,世界各地的产品也可据此进入广大的长江中上游的腹地,上海借此可成为东西方物质财富相会、中外精神文明交流的桥头堡,也可成为中外游客、内地和沿海游客相互聚会交流的聚集地。这不仅促进了长三角地区的经济建设的发展,也可溯黄浦江和苏州河而上,直达太湖流域,深入长三角腹地。

3. 江河海洋四水交汇的交通区位优势

上海地处长江口、杭州湾、长江和黄浦江四水交汇的地区,是中国走出国门、走向世界的港口,也是世界登陆上海进入中国的口岸;上海地处太平洋西岸,拥有位居世界前列的港口、长江口和杭州湾中的深水码头,均有助于上海成为国际航运中心,成为发展邮轮母港旅游的停泊港之一;上海地处亚欧美三角航线的中心,有助于上海成为世界主要的航空枢纽港,利于世界各国的交流和人员的往来。至 2014 年底,上海已与世界结成友好城市或建立友好交流关系。在上海设有领事机构的国家已达 69 个。

正是由于上海具有上述三方面的区位优势,才使上海能在 21 世纪之初迅速成为我国最具有活力的一个国际化的大都市,从而也使上海都市旅游业进入深化时期。

历经千万年,生生不息的长江携高原黄沙厚土自西向东奔流入海,在上海长江口孕育造就的不只是一座"上海",沿海江回溯,清晰可见与"上海"相互毗邻依靠的姐妹城市所共同构成的坦荡、宽阔形似"三角形"的陆地区域——"长江三角洲"。

"长江三角洲"这一大自然的"慷慨馈赠",原本是一个"地理概念",如今"长江三角洲"更是一个由位于其间的上海市、江苏(南京、苏州、扬州、镇江、泰州、无锡、常州、南通)、浙江(杭州、宁波、湖州、嘉兴、舟山、绍兴、台州)等 16 座城市所组成的"都市经济圈"的经济概念,形成了我国最大的长三角城市群,而在这个都市圈中,上海位居龙头地位,起着重要的推动和引领作用。

二、上海的地质基础稳定,不会有大面积的强地震产生

在距今约一亿八千万年的中生代上三叠纪地质时期中,上海同长江下游的苏浙临近地区都曾是古老陆地,系由花岗岩构成的坚硬基底;在新生代第四纪以来的 200 万年中,上海地壳变动的总趋势是脉动式的下降,海水大幅度进退,在不同的海面进退时期,由于河口的位置不同,形成了相互重叠的古三角洲。在距今约 2 万多年到 1.5 万多年的大理冰期,由于地球气候变冷,冰块覆盖着亚欧大陆北部和北美洲北部,海平面下降了近百米,使包括上海大部的长江下游东部沿海大陆架完全暴露成古陆地。这由 20 世纪 70 年代考古人员在上海嘉定方泰冈峰古大陆地层层面上所发现的亚洲象、梅花鹿骨角牙等动物遗骸的亚化石可以证明。冰期过后气候迅速回暖,海平面又一次急剧上升,上海几乎遭到了灭顶之灾,东部全部入水,使上海一片汪洋;地势稍高的上海西部成为随时遭到了海侵的沼泽地,天马山、佘山等松郡九峰四面临水,只能以礁岛角色出现在水面上。

根据 20 世纪 60 年代上海考古工作者两次考古发掘,发现上海最古老的海岸线——"冈身",在今嘉定的城镇南翔,闵行的诸翟、俞塘(马桥遗址),金山的柘林(柘林遗址)南北一线,有一条稍稍隆起的砂带,下面是原应在海中生长的成片成堆的牡蛎、海螺、文蛤、青蛤、圆田螺、础螺、扁卷螺等遗骸和碎屑。这条海岸线是自然界赐予上海的最早海塘,以其有限高度客观上起到了阻止潮汐入侵的作用,使该线以西的土地逐渐高爽,为人类提供了基本的生存条件。因此,在距今约六千年,今浙北、苏南的先民开始进入今松江、青浦、金山区域,进行渔猎、耕种、开发、繁衍,相继出现了崧泽、查山、福泉山等一批古村落,产生了上海的第一批先民,此后在这块

美丽的土地上,鸡犬之声相闻,炊烟袅袅升起,出现了一派安宁兴旺的景象,拉开了上海历史的序幕。

三、上海成陆历史悠久

从上海的成陆历史来看,唐初上海大部成陆,北宋以前上海全区基本成陆。上海一系列文物遗迹的出现,为我们呈现出海塘内已经生机盎然、海塘到处还是碧波万顷的大海场景。唐代的华亭(今松江)已逐渐成为江南经济文化主镇,青龙镇(今青浦白鹤)已成为晨钟暮鼓、帆樯如林的港口,显现了东方大港的气魄,声名远播海内外;宋代上海建县建城,松江、川沙、南汇、嘉定、宝山等古镇已逐步繁荣,其间村镇、宝塔、古刹等星罗棋布,上海的版图基本成形;明代崇明岛由长江携带的泥沙冲积而成;元代崇明被建为崇明州,上海南岸的大小金山,受海浪三角潮的作用,在江湖驳岸的过程中,重新沦入江海,成为海中小岛,而原来的陆岛之间的地区曾诞生过上海地区最早的城市——康城。康城是金山古城,公元前11世纪周康王东巡大海时在大金山北麓建堡筑城,后人口增多,遂成城镇,名为康城。周康王名钊,故把大金山成为钊山。金山沧海,拥有两千多年历史的古城连同它的繁荣一起沉入海底。据自然科学家论证,这次的沧海是由于海流方向的变化所形成的一种特殊的由江水外泄、潮汐涨退所产生的涡旋淘岸现象,致使岸线迅速倒塌入水。岸边的大小金山首当其冲,很快入海,接着山与陆地之间的平原不断坍塌,使大小金山渐行渐远,成为今天缥缈在远处的礁岛奇观。这种陆地坍塌的情况,在上海西部内陆地带也同样存在,其代表就是在淀山湖底发现了人类居住的遗迹,大量的出坟场说明今淀山湖的金泽、西岑、商塌这一三角形地带曾经是一片陆地,有人类活动的遗迹,至少有四千多年的历史了。

四千年前的上海,西部松江佘山、凤凰山、天马山上树木森森,东濒碧蓝大海,中部水草丰茂,呈现一派气候宜人、清新气爽的自然生态环境。

近年来,根据复旦大学历史地理学家张秀贵、安侨生等教授的研究发现,上海旧城区成陆与全境成陆是两个不同的概念。上海市西南境内的青浦、松江、金山等,在几千年前就成为陆地。据分析,上海大陆地区的成陆过程大致可以分为五个阶段。其中金山区大部在前两个阶段就已经沉入,时间应该是在6 000多年之前,在第四纪更新世最后一次冰期的鼎盛阶段过后,世界气候回暖,海平面急剧上升,上海地区以东在海面上升过程中,曾有过几次间歇性地停顿,形成了几级明显的水下阶地。在距今14 000年前后,海面回升至负100米左右,并形成相应的平坦阶地和埋藏贝壳堤、埋藏古潟湖;距今约9 000年,海平面已上升至负25米左右,今上海东部地区开始沦为滨岸浅海;在距今7 000年前后,长江口后退至今天的镇江、扬州一带,形成一个向东开放的喇叭形河口湾,上海绝大部分地区被内倾海水淹覆,仅余西部的局部地区沦为滨海湖沼泽地。从距今7 000年开始长江三角洲南翼在沿岸流、潮流和波浪的共同作用下,自江苏常熟、福山一带以南方向形成了数条近于平行的密集的贝壳带,并延伸至今天的上海地区南部的漕泾、柘林一带的海边,其再向南的延伸中段已沦落于杭州湾之中。

总结多年来上海考古界的研究成果,可以得出一个基本结论,即早在6 000多年之前,当上海的大部分地区还是大海时,金山地区的大部就已成陆,并遗存有上海市境内第一条海岸线遗址(冈身)。冈身的形成阻挡住潮汐的西进,沙嘴无水患之忧后则成为先民最早居住的地区。大约3 000年前,冈身以西的湖沼逐渐排干,平原面积扩张,加上人口的迁移,数量的增加,先民逐渐从低丘高墩至今走向平原地带。现在发掘的新石器时代文化遗址均在此地区。

所以 4 000 年前的上海西部松江、金山一带,佘山、天马山、凤凰山等山上树木森森,东濒碧蓝大海,中部平原地区水草丰茂,呈现一派气候宜人、清新气爽的自然生态环境,大大有利于先民的生存和发展。

考古研究发现,距今 25 亿年至 11.2 亿年间,现金山地区经历了强烈的海底火山活动,使今天的朱泾、吕巷、张堰、朱行一带逐渐形成稳定的岩浆岩地层,地质学上称之为"金山群"。由此可见,上海地区的基底是中生代时期的古陆,花岗岩地层,地质基础比较稳定,因而在近 500 多年来,在上海境内发生的较大地震仅数次,不会影响上海人民的生存。

四、上海的城市生态环境质量

根据我国部分城市生态环境质量评价结果,上海的城市生态环境质量较好(见表 2 - 1)。

表 2 - 1　我国部分城市生态环境质量评价结果

项目 城市	生态服务用地指数	人均公共绿地指数	物种丰富指数	非工业用地指数	水生生境指数	空气质量指数	交通通畅指数	卫生清扫指数	城市安静指数	评价指数	定价等级
长春	73	65	72	66	37	93	44	80	36	67.6	
青岛	88	100	88	93	83	91	96	63	59	89.2	较好
昆明	98	71	75	92	43	100	41	53	79	78.4	优
成都	79	72	75	64	43	87	48	48	33	68.7	较好
重庆	77	65	75	76	54	79	22	36	71	67.0	较好
上海	75	59	83	83	50	87	83	57	37	70.5	较好

由表 2 - 1 可知,上海的城市生态环境质量评价等级为较好,从单个因子状况而言,水生生境、城市安静度、卫生清扫指数以及人均公共绿地面积为限制性因子。总的而言,上海的城市绿化率较高,城市利用本地植物资源进行城市绿化较多,城市生产布局较合理,城市生态系统物流、能源较顺畅、协调,城市环境状况处于良好水平。对那些限制性因子,需要进一步有针对性地加强城市生态环境质量与区域协调发展的调控。

上海城市绿地和人口具有不均衡分布的特点,市中心城区面积小,人口多,人均占有公共绿地面积明显低于郊区。这说明上海中心城区人口密度过高而绿地相对偏少,郊区相对人均绿地较高。城市绿地在维持碳氧平衡、净化空气与减弱噪声等服务功能上,有着一定的不可转移性。因此,在城市绿地的建设过程中,无论在中心城区还是郊区都有必要系统地因地制宜地加强城市绿化,提高绿化的数量和质量。

2015 年以来,上海市委,市政府紧紧围绕环境治理工作开展深入的调研。市领导在调研中指出:全市通过实施环保三年行动计划,重点领域重点区域生态建设取得明显成效,但仍有部分区域环境污染严重,是生态建设和城市管理领域群众反映强烈的顽症问题。为此,上海市将区域生态环境综合治理摆在突出位置,出台了《关于进一步加强本市部分区域生态环境综合治理工作的实施意见》,确定将全市 9 个区 11 个地块作为 2015 年的治理对象,总面积约 6 700 亩,涉及企业约 1 300 家,力争 3 年时间使这些重点整治区域环境污染问题得到遏制,生态环境明显改善。《2020 年上海市生态环境状况公报》中明确指出,2019 年本市生态环境质量明显改善,环境空气六项指标实测浓度首次全面达标,PM2.5 年均浓度也创下有监测记录以来的最低值。比如,2018 年空气质量指数优良天数为 319 天。优良率达到 87.2%,臭氧浓度为 152 微克/立方米,一氧化碳浓度为 1.1 毫克/立方米。

关于上海水质环境的污染现状,2019 年发布的上海市水环境污染调查情况报告,上海市骨干河道共 324 条,河湖面积为 532.47 平方千米,河面率 8.40%。全市 21 个湖泊集中分布在青浦区,河面率高达 17.2%,中心城区河道分布不多。上海市人均径流量受到地域狭小、人口密度大的影响,本地径流量严重不足。由于上游水质的不断恶化,地表水资源的污染加剧,致使上海市成为水质型缺水城市。而上海对水环境污染治理情况较为复杂,一是上海市河道多,污染断面多;二是上海受地理环境影响,人口多,经济发展压力大,对水资源的需求增多,导致水污染情况很严重;三是上海市各级河流生态系统遭到破坏,尤以黄浦江饮用水能、苏州河饮用、渔业、航道等功能都受损比较严重,亟待恢复。为此,上海至 20 世纪中后期以来,就加大投入力度,不断探索,以期实现综合治理上海市水环境污染源治理优化难度大的问题。

市政府专门成立了水务局,负责上海市水务管理的统筹工作,给出全市的水源利用计划和水政工作方案。环保局提出整治河道污染的方案。市环境监测中心应市民申请,从其关注的身边近千条小河中遴选出 100 条中小河道,让专业人员与市民共同参与水质监测。监测结果显示,有 24 条黑臭河道污染严重,市环保局据每条河道的具体情况,提出了因地制宜,一河一策的具体要求,治理责任落实到区镇。至今,近一半以上的河道已开启截污纳管、河流疏浚,关停违规企业、整顿禽兽养殖等工作。

在上海出台的《上海市清洁水行动计划》中明确指出了整治要求,计划中对黑臭河道的整治,不仅要求监测数据达标,还提出河道在外观上要有明显改善,即"水清、流畅、岸绿、景美"。2020 年,上海市普陀区"五水共治"项目实施建设 135 个项目,总投资十亿元,其中包括:治污水 60 个,防洪水 28 个,排涝水 22 个,保供水、抓节水 24 个,"五水共治"宣传 1 个。在治污水的项目中,提升水环境质量是首要任务,具体项目有:打造品质河道,打造美丽河湖,重点河道整治工程;二是创建污水零直排区;三是河道清淤;其四是农村生活污水治理和运维;其五是农业污染治理;其六是城镇垃圾分类治理;其七是近岸海域污染治理。

上海在滨江滨海有不少湿地,它们既起着保护上海的生态环境的作用,也是很有吸引力的自然旅游资源(湿地公园)。上海湿地有:浦东滴水湖湿地、青浦朱家角湿地、崇明东滩湿地公园、崇明西沙湿地、九段沙湿地。上海湿地的特征是,上海地区湿地面积比率大大高于全国平均水平;生态环境异质性高,湿地类型多;自然湿地是全国平均的近一半左右。在上海所有湿地中,面积最大的一块是上海市崇明区的长江口市级湿地,总面积 121 309.6 公顷(121 平方千米)。

湿地是城市之肺,为上海提供高质量的基础生态空间,每年的 2 月 2 日是国际湿地日。2010 年国际湿地日的主题是:湿地、生物多样性与气候变化;2021 年湿地日的主题是:湿地与水,旨在强调湿地对维持全球淡水储量和水质的重要贡献,突出水河湿地之间"同生命、互相依"的关系,鼓励公众共同行动保护和修复湿地。

湿地被誉为"地球之肾",具有蓄洪抗旱、净化水质等功能,对维护全球生态系统、动态平衡具有重要意义;湿地也是天然物种库,对保护生态平衡极为重要。上海的湿地平均每年为上海提供 71.2 亿美元的生态服务价值。

五、推进旅游资源多元化发展

1. 形成一批新的人文旅游资源

这批旅游资源是坚持生态优先,凸显特色特点,体现文化内涵,融合观光游览、民族民俗体验,展现文化研学的人文旅游资源。其中包括新增的国家3A级以上的旅游景区,如中共二大会址纪念馆,经过闭馆整修改造提升,于2017年6月30日重新开放;上海崧泽遗址博物馆于2014年5月18日正式开馆,现为上海市历史博物馆分馆之一。定位为遗址保护管理、出土文物收藏、学术研究、乡土史教育及文化休闲旅游。两者皆于2017年3月被评为国家生态及旅游景区。

2. 新增或修缮重建开放的旅游景点

这些景点是在2017年上海有序推进重点旅游景区建设取得的新成就,这是一批文化内涵深刻、年轻时尚、注重消费体验的新景观。其推出的依据:一是在保护历史文化遗产的基础上,合理开发文化功能,推出的一批人文旅游景点;二是继续完成以人造郊野公园为代表的生态旅游资源建设;三是引进国际品牌,推出一批高质量的娱乐项目;四是结合中国共产党建党96周年纪念,挖掘修缮一批红色旧址遗存。这些景区(点)具体如下。

(1)夏瑞芳故居,位于青浦朱家角镇张巷南固村,2017年2月7日开馆。夏瑞芳是商务印书馆的创办者,对该馆的发展做出重要贡献。

(2)黄道婆纪念馆,位于徐汇区龙吴路1111号的上海植物园内,2017年3月24日,改建后的黄母祠及黄道婆纪念馆重新开放。

(3)丰盛里,位于静安区南京西路历史风貌区内,2017年4月21日正式投入运行。这是修建仿建保留原有的石库门理论建筑风貌特色,融合多种元素,打造海派文化特征的城市空间。

(4)百乐门,位于静安区愚园路218号,2017年4月22日重新开业。该门原名为百乐门大饭店,舞厅始建于1932年,1933年建成开业,曾被称为远东第一乐府。

(5)上海之巅观光厅,位于浦东新区陆家嘴银城中路501号上海中心第118层,2017年4月26日起向公众开放,游客游82层,乘坐目前世界上速度最快的超高速电梯直达观光厅,在观光厅可以饱览浦江两岸风貌和苏州河、黄浦江源远流长的曲线美。还可通过多媒体探索全球著名城市的方位,并通过这里的世界最高空中邮局及许愿树向世界发出美好的祝福。

(6)上海世博会馆,位于黄浦区蒙自路818号,2017年5月又对外开放。它是世界上第一座以展示世博会发展史为主题的内容的国际性博物馆。

(7)海阔东岸文化创意产业区,位于金山区山阳镇卫清东路2312号,2017年5月2日开放。他是金山区首家文化创意园。起源于2006年的老厂房,是一个全新的具文化、艺术、旅游、教育、运动等复合功能的体验的创意园区。

(8)菊园百果园,位于嘉定区菊园区,2017年4月28日开园,其中百果园以菊园樱桃研究所的大樱桃为特色,以猕猴桃、水蜜桃、草莓、无花果和特色设施菜田为主,以花海、菖蒲(旱溪)湿地为配套的花海、湿地景观。

(9)商务印书馆第五印刷所旧址,位于静安区天通庵路190号,2017年6月8日揭牌。这个印刷所旧址落成于1923年11月。在日军128轰炸中,商务印书馆总厂、东方图书馆均被炸毁,仅第五印刷所得以保存,后改组为商务印书馆上海印刷厂。陈云曾在此当排字工。

（10）上海安徒生童话乐园,位于杨浦区国泓路200号,新江湾城国际社区,2017年6月28日开放。它是经丹麦王国官方授权,世界首座以安徒生命名、以安徒生童话为主题的大型青剧乐园。

（11）家家乐梦幻乐园,位于杨浦区安浦路615号B1滨江外滩东方渔人码头内,2017年6月28日开业。它是集趣味性、科技性、挑战性为一体的大型室内乐园。

（12）中共二大会址纪念馆,位于静安区老成都北路7弄30号,2017年8月30日起重新开放,现已是国家3A级旅游景区

（13）上海长风海岸世界艺术水族馆科普体验中心,位于普陀区大渡河路451号,长风公园内,2017年6月30日揭幕。

（14）中国3D打印文化博物馆,位于宝山区顾村镇温川路六号智慧湾科创园区内。2017年7月19日落成,由工业和信息化部工业文化发展中心正式揭牌。它是中国及全球范围内首家以真材制造、3D打印和三维文化为主题的博物馆,兼具历史文化、文化体验、文化示范、赝品消费等多种功能。

（15）浦江郊野公园,位于闵行区浦江镇浦星公路,定位为以森林、油田、滨水休闲为主要功能的近郊都市森林型郊野公园。2017年7月29日公园一期试营业。

（16）中国共产党代表团驻沪办事处旧址纪念馆（周公馆）,位于黄浦区思南路13号。1986年9月起对外开放,2005年3月被列为首批上海红色旅游基地。2017年8月25日起重新开放,2019年10月被列入第八批全国重点文物保护单位名单。

（17）嘉北郊野公园位于嘉定区主城区西北部,它是以现有生态人文资源为基础,以"野"和"趣"为主要特色,围绕园水系以及具有7 000年"历史的冈身文化",通过对"田、水、路、林、村"的统筹布局,体现"南田北林"的风貌特征,打造人文田园休闲型郊野公园。2017年4月24日,公园一期开园。

（18）上海交响乐博物馆,位于徐汇区宝庆路三号,2017年10月1日开放。

（19）红军长征纪念馆,位于奉贤区奉城镇永福园中国人民志愿军纪念广场。2017年10月9日开馆,为上海首个长征纪念馆。

（20）荣宗民故居,位于静安区陕西北路185号,靠近南京西路。它是中国近代史上白手起家、以面粉大王之名享誉中国的著名企业家荣崇敏的故居。2017年10月17日对外开放。

（21）上海生活垃圾科普馆,位于浦东新区老巷镇老港镇南滨公路2088弄288号,为上海首座以与垃圾同行为主题的科普馆。2017年10月27日开放。

（22）上海市历史博物馆、上海革命历史博物馆新馆,位于黄浦区南京西路325号,于2017年11月1日起运行。

（23）上海苏宁艺术馆,位于普陀区苏州河畔丹巴路99号,苏宁天御国际广场C3座,艺术馆是一座法式建筑,藏品以中国书画艺术作品为重点,2017年11月25日开馆。

（24）徐家汇天主教堂,位于徐汇区蒲西路158号,是上海天主教上海教区的主教堂所在地。这次修缮启动于2015年,重现哥特式建筑原貌。2013年5月被列为全国重点文物保护单位,计划2021年12月16日重新对公众开放。

（25）广富林郊野公园,位于松江区佘山国家森林公园南侧,紧邻广富林文化遗址。它是一个以遗址文化、生态休闲为核心的综合郊野休憩区。2017年12月28日开园。

（26）黄浦江滨江45千米岸线,位于杨浦大桥至徐浦大桥之间五区滨江段,2017年12月

31 日全线贯通,每个区段各具特色。

（27）上海毛泽东旧居陈列馆,位于静安区茂名北路 120 弄 5 号、7 号和 9 号,1999 年 12 月 26 日开放,2018 年 1 月 2 日重修后对公众开放。2005 年 3 月被列为上海红色旅游基地,2016 年 12 月被列入全国红色旅游经典景区名单。

3. 有很多存量旅游资源、红色旅游基地

上海是一座具有光荣革命历史传统的城市,是中国共产党的诞生地,是中国革命的摇篮、中国革命的圣地、中国工人阶级的发祥地,也是中国改革开放的前沿。中国共产党领导人民进行的英勇斗争,在上海也留下难以磨灭的红色遗迹,遗存丰富的红色旅游资源。至 2017 年末,上海共有红色旅游资源 34 个,其中在红色旅游资源景区中,十个是国家红色旅游经典景区,七个是全国重点文物保护单位。

（1）上海鲁迅纪念馆,位于虹口区甜爱路 200 号鲁迅公园内,是中华人民共和国成立后建立的第一个名人纪念馆,同时管理鲁迅故居、鲁迅墓两个文物保护单位。2005 年 3 月被列入首批上海红色旅游基地,2011 年被列入全国性红色旅游经典景区名录。

（2）韬奋纪念馆,位于黄浦区重庆南路 205 弄万宜坊 53 号 54 号,1958 年 11 月 5 日开馆,2005 年 3 月被列为首批上海红色旅游基地。

（3）中国共产党代表团驻沪办事处旧址纪念馆（周公馆）,位于黄浦区思南路 13 号（见前）。

（4）中华人民共和国名誉主席宋庆龄陵园,位于长宁区宋园路 21 号。1981 年 7 月 1 日宋庆龄墓地对外开放,1982 年 2 月 23 日被批准为全国重点文物保护单位,2005 年 3 月被列为"全国红色旅游经典景区名录"。

（5）宋庆龄故居纪念馆,位于徐汇区淮海中路 1843 号,1988 年 5 月向公众开放,2001 年 6 月被评为全国重点文物保护单位。2005 年 3 月被评为首批上海红色旅游基地,2012 年被评定为国家 4A 景区。

（6）李白烈士故居,位于虹口区黄渡路 107 弄 15 号,1987 年 5 月正式对外开放,2005 年 3 月被列为首批上海红色旅游基地。

（7）上海孙中山故居,位于黄浦区香山路 7 号,1988 年 3 月正式对外开放,1916 年 3 月 4 日被列为全国重点文物保护单位。2017 年 12 月入选第二批中国 20 世纪建筑遗产。

（8）长宁区革命文物陈列馆,位于长宁区愚园路 1376 弄 34 号,1988 年 10 月 24 日开放。这里曾是中共中央早期机关刊物《布尔塞维克》编辑部旧址,2005 年 3 月被列为上海红色旅游基地。

（9）上海工人第三次武装起义工人纠察队沪南总部——三山会馆,位于黄浦区中山南路 1551 号。1989 年 9 月 26 日会馆于修复后对外开放。它始建于 1909 年,是沪上唯一保存完好又对外开放的晚清会馆建筑。2005 年 3 月被列为"上海市红色旅游基地"。

（10）中国左翼作家联盟成立大会会址纪念馆,位于虹口区多伦路 201 弄 2 号,1990 年 3 月 2 日开放,2005 年 3 月被列为上海红色旅游基地。

（11）张闻天故居,位于浦东新区朱桥镇闻居路 50 号,1992 年 10 月对外开放,2001 年 6 月 25 日被列为全国重点文物保护单位。2005 年 3 月被列为上海红色旅游基地。

（12）中国劳动组合书记处旧址纪念馆,位于静安区成都北路 893 弄 3—7 号,1992 年 9 月 28 日开馆,2005 年 3 月被列为上海红色旅游基地,2013 年 3 月被命名为上海党史教育基地。

（13）陈毅广场，位于黄浦区外滩中山东一路、南京东路口。1993 年为纪念上海第一任市长陈毅市长而建。

（14）上海陆家嘴金融贸易区，2001 年被公布为全国红色旅游经典景区。

（15）龙华烈士陵园纪念地，位于徐汇区龙华西路 180 号，包括龙华烈士陵园和龙华烈士纪念馆，是一座集纪念瞻仰、旅游、文化、园林名胜于一体的新型陵园。2005 年被列入全国红色旅游经典景区名录，同年 3 月被列为首批上海红色旅游基地。

（16）中共一大会址纪念馆，位于黄浦区兴业路 76 号，1961 年被定为全国重点文物保护单位、1999 年 5 月 27 号正式开放，2005 年被列为上海红色旅游基地，2016 年 12 月被列入全国红色旅游经典景区名录，2021 年 6 月被中宣部命名为全国爱国主义教育示范基地。

（17）上海毛泽东旧居陈列馆（见前）。

（18）上海城市规划展示馆，位于黄浦区人民大道 100 号，2000 年 2 月正式对外开放，2011 年被公布为全国红色旅游经典景区名录。

（19）陈云纪念馆，位于青浦区练塘镇朱枫公路 3516 号，2000 年 6 月正式对外开放，2005 年 3 月被列为首批上海红色旅游基地，2016 年 12 月被列入全国红色旅游经典景区名录。被中宣部命名为全国爱国主义教育示范基地、被国家旅游局评为国家 4A 级旅游景区、被市政府命名为"上海市爱国主义教育基地"等光荣称号。

（20）中共二大会址纪念馆（见前）。

（21）中国社会主义青年团中央机关旧址纪念馆，位于黄浦区淮海中路 576 弄（渔阳里）6 号，2004 年 4 月开放，2005 年 3 月被列为首批上海红色旅游基地。

（22）中共上海地下组织斗争史陈列馆（刘长胜故居），静安区豫园路 81 号，2004 年 5 月 27 日对外开放。2013 年 3 月被命名为上海党史教育基地。

（23）新四军广场，位于青浦区外青松公路 7270 弄 600 号福奉园东园，2005 年 10 月 12 日落成。2006 年 10 月被列为上海红色旅游基地。

（24）上海国家安全教育馆，位于青浦区朱家角镇东方绿洲国防园区，2006 年 12 月正式开馆。它是目前国内规模最大的国家安全教育基地。

（25）上海解放纪念馆，位于宝山区宝杨路 599 号宝山烈士陵园内东侧。2006 年 5 月 26 日正式对外开放。2009 年 12 月被命名为上海市爱国主义教育基地。

（26）中共三大后中央局机关历史纪念馆，位于静安区浙江北路 118 号，2007 年 2 月对外开放，2005 年 3 月被称为上海红色旅游基地，2012 年 4 月被命名为上海市爱国主义教育基地。

（27）顾正红纪念馆，位于普陀区澳门路 300 号，2008 年 5 月 30 日建成开馆，2009 年 12 月被命名为上海市爱国主义教育基地。

（28）黄浦剧场，位于黄浦区北京东路 780 号，原名金城大戏院。1934 年 2 月 1 日正式开业。1957 年 12 月周总理提名改为黄浦剧场，并亲笔题写场名。金城大戏院是国歌诞生地。2009 年 12 月被命名为上海市爱国主义教育基地。

（29）益民食品一厂历史展示馆，位于虹口区香烟桥路 13 号上海益民食品一厂旧址，2009 年 5 月 1 号开放，2010 年 5 月被列为上海红色旅游基地。

（30）国歌纪念广场及国歌展示馆，位于杨浦区荆州路 151 号地下展馆，2009 年 9 月 26 日开馆。

（31）上海世博园区，位于浦东新区南浦大桥和卢浦大桥之间。上海世博会结束后，保留原来的一轴四馆,保留沙特馆和意大利馆,还将原先的非洲几个展馆建造成适合全家亲子游玩的巧克力开心乐园,2016 年被公布为"全国红色旅游经典景区"。

（32）巴金故居,位于徐汇区武康路 113 号,2011 年 12 月 2 日又对外开放,2015 年 9 月被命名为上海市爱国主义教育基地。

（33）钱学森图书馆,位于徐汇区华山路 1800 号上海交通大学徐汇校区。2011 年 12 月 11 日(钱学森诞生 100 周年)对外开放,2012 年 4 月被命名为"上海市爱国主义教育基地"。2017 年 12 月 6 日被列为第一批"全国中小学生研学实践教育基地"。

（34）中共"四大"纪念馆,位于虹口区四川北路 1468 号四川北路绿地公园内,展览面积 1 500 平方米,电序厅、文展厅、影视厅和副展厅等组成。2012 年 9 月 7 日正式开馆。2016 年 12 月被列为"全国红色旅游景点经典景区名录",2017 年 11 月被列为"全国爱国主义教育"示范基地,2021 年 6 月,被文化和旅游部确定为国家 5A 级旅游景区。

第二节　海派文化的底蕴和特色

上海的地方文化就是独具特色的"海派文化"、红色文化和江南文化的总和。其中海派文化中的"海派"一词,过去只认为是来源于南北交融、中外并蓄、自成一格的上海书画。其实,这并不全面,因为海纳百川的精神不可能是一朝一夕形成的。她一定有其深厚的历史渊源,也不可能单专注书画。这是跟几千年来上海的历史文化发展密切相关的。距今 6 000 年左右,上海始有人类活动,其周邻浙北、苏南等族民先后带来各处优秀文化,在这片土地上碰撞迸发出智慧的火花、绚烂的光彩。上海的先民有着许多重大的发明与创造。如改变人类生存状态的中国最早的水井、生产力大革命的标志物石犁,象征社会进入文明的原始文字等,上海发现出土的距今 6 000—4 000 年的"马家浜""崧泽""良渚"诸文化遗址中发现的众多的史前文物、遗迹等。文化是奠定恢宏的"海纳百川"的源头,更是"海派"文化绚烂的晨曦。本节就着重探讨海派文化的形成和发展。

一、深厚的历史文化底蕴

上海自西部冈身形成、陆地基本稳定后不久,便迎来了第一批居民。而这第一批居民是由今浙北苏南移民而来。以后经崧泽、良渚时期虽多有变化,但外来族群也在不断增多,这些外来的居民与原住民在这片土地上共同生活、繁衍,创造了先进、灿烂的远古文明。

1. 崧泽是上海历史的发祥地

崧泽遗址是上海最早进行大型科考发掘的古文化遗址之一,上海最早先民踪迹也是在此发现的。在该遗址发现了马家浜文化,把上海的史前文明推至六千年以前。在遗址的下层发现了六千年前中国最早的水井,这是一项伟大的发明。另外,在遗址下层还发现了上海最早居民的遗骸。"上海第一房"的遗迹及其他丰富的生活遗存,均表明崧泽是上海之根,是上海历史文化的发祥地。

2. 福泉山——土筑的金字塔

福泉山,其实不是山,仅是一座高仅七八米,长宽各约百米的大土墩,在这个大土墩中的几乎每一文化层都带有丰富的文物,遗迹之重,世所罕见。可以说,这是我们的祖先留给上海乃至全国人民的一份珍贵的宝藏。该遗址经过多次的发掘,尤其是 1980 年到 1988 年的第三次发掘,规模更大,意义更大,除了继续发现良渚文化墓葬和一大批精美文物外,还找到了良渚文化与崧泽文化居住遗址 1 处和反映良渚人民重大宗教活动的祭祀遗迹三处。其中的良渚大墓更为突出,经分析认为,良渚高土台墓地是从附近的田地中取土堆筑而成,显示了福泉山这个土墩的出现和形成都是由这些大墓墓主特意营造的。这种人为堆筑高土台墓地的发现是一新的型制,更是我国新石器时代考古的首次。这种动用大量人力物力专为随葬稀贵玉器、精美陶器且堆筑工程量极大的高土名墓地的现象,表明这是一种陵寝式的建筑。正如有的专家们所说:"埃及的金字塔是石头堆的,是文物;福泉山是土堆的,也是文物",可以肯定:良渚文化开创了我国以后盛行的帝王陵寝制度的先河。这一发现也足以证明,距今 4 000 多年前的良渚时期已经产生阶级,使中国文明进程的研究获得了重大突破。所以说,福泉山是一座古老神秘的山,是上海的金字塔。

3. 松江广富林遗址——南来北往的奇迹

广富林是个小村庄,位于松江佘山镇旁。在松江地区的史志上,元代已出现了广富林的名称,明代隶属华亭下辖的集贤乡管辖,清代广富林已成古镇。现属广富林街道。

20 世纪 60 年代的文物普查,在此发现了两座良渚文化墓葬和春秋战国时代的文化遗存;20 世纪 90 年代再次调查,发现了崧泽-良渚文化过渡阶段和良渚文化的遗存,为人们研究上海的良渚文化增添了丰富的考古资料。令人惊奇的是在良渚文化堆积层上新发现了一种在时序上与其前后文化没有一点承续关系的非环太湖传统的新石器时代文化类型,暂称为"广富林遗存"。该遗存所体现的文化,称之为"广富林文化"。它是指介于良渚文化与马桥文化之间的一种新的文化遗存。

广富林文化的研究表明,处于豫鲁皖交界处的王油坊类型文化南下的主因是洪灾,而上海良渚文化的消失主因也是涝灾。这为我国历史中提到的距今四千年前后有一个洪水大爆发时期提供了证据。

广富林文化的特征有三。一是古老的广富林群落有父系氏族公社的社会特征,即父亲是一家之主,白天男人从事农业生产劳动,女人从事家务家禽养殖的生产劳作。妻子从夫而居,过着一夫一妻的家庭生活,孩子的世系从父亲计算,财产由父系继承。这种社会形态称为"父系家长制"。二是墓葬风俗初步形成,古墓中发掘的随葬品有上百件之多,包括有石器生产工具、陶器生活用品和礼器,独具文化象征意义的动物类骨骼等等。但石器工艺、制陶技术等远较良渚文化落后,尤其是良渚文化辉煌的玉器工艺,在这儿未见踪影。从随葬品数量、质量与规模等差别现象来看,尊卑贵贱的区别已十分明显。三是农业经济发展、人口已较稠密,广富林地区出现了较大的建筑群,有墓葬区、居住区、耕作区、市井区等分区,逐渐形成了规模相当的广富林古镇,成为松江地区最早的古镇。

由此可见,上海先民在史前阶段经历了"马家浜文化""崧泽文化""良渚文化""广富林文化"四个阶段,从距今 6 000 多年至 4 000 年,前后约 20 个世纪。考古发掘证明,当时上海气候温暖,水草丰茂,动物众多,其生态环境极其适宜人类的生活居住,各个邻族的民众皆聚集到这儿,而一批难民因受水灾影响的难民,从黄淮流域迁至上海地区安身。这表明"海纳百川"早在史前阶段就在上海产生。

4. 海派文化形成的渊源

夏商至明代以前的两千多年,融合浙闽赣中原夏商文化因素的"马桥文化",成为"海派文化"产生的前夜;良渚文化末期,上海先民不堪洪水冲击,被迫逃离,流亡各地,上海一度杳无人迹。水灾过后不久，南来北往的文化融入上海，得以逐渐复苏。夏商之时，这块灾后土地重趋稳定，迎来四方的移民，展现出一种新的风习繁荣的社会面貌。

闵行马桥遗址的中层就是这时期的文化类型，被考古界定名为"马桥文化"。整个遗址叠压在上海6 000年前的古海岸上，总面积超过10万平方米。在遗址内发现了房屋的柱洞、陶土堆、水井、灰坑，后又发现四座墓葬。除陶器外，也发现了原始瓷器，是马桥文化的一大发明，还发现了第一座陶窑，发现的这一陶窑底部很平，留有一层乌黑的草木灰，残长3.9米的窑身，表明当时对造窑、烧窑的要求已经很高，客观上反映了马桥人建窑的娴熟程度。马桥文化的年代为距今3 000—3 200年，与夏商相当。马桥文化似乎与上海史前文化基本脱节，主要是融合周邻的外来文化而成。

周朝，上海是西周领地的一部分，几处遗址都在冈身以西，说明西周时期的上海，陆地还没有明显东扩的征途。春秋时期，中国历史进入大动乱的时期，长江下游的吴、越两国开始崛起，同样卷入了霸权之争，今上海地区先属吴地，后属楚国，被封为楚春申君的封地。春申君重视农田水利建设，开浚黄浦江。上海简称"申"与此有关。春申君将楚文化引入上海，从村落遗址到墓葬文物均体现了楚文化的特征。

唐代，上海版图的大部分已经形成，唐天宝十年（751年）从今松江城区为华亭县治，得天独厚的青龙港迅速发展，成为唐、宋时期江南重镇苏州和秀洲（今浙江嘉兴）的河口港和东南沿海举足轻重的内外贸易集散地。唐代的上海再现繁荣。

唐宋时期，上海佛教盛行，佛教建筑增多，史料记载的寺庙很多，但能留存下来的却极少，而佛塔保留得较多，如龙华塔、方塔、南翔仿木砖双塔、圆应塔、天马山护珠塔，青浦沈巷泖塔寺。宋代除佛教盛行外，道教也很盛行，有一定影响力。

元代，在至元十四年（1277年）华亭升格为府，次年又改为松江府；元至二十七年（1290年）始置上海县，与华亭县同属松江府。这反映了上海在全国地位正在快速上升。上海县官署林立，市舶司、税局、海运漕粮的万户府、酒务、商务、巡检司、水驿、急递铺一应俱全。在明代的《上海县志》中曾记载有：黄道婆革新纺织机、大型水利工程志丹苑水闸，宗教建筑纷纷矗立，绘声绘色地勾勒出一幅上海蓄势待发、即将崛起的蓝图。

5. 明清时期，上海再度崛起，重现辉煌

明初，上海一度为倭寇所扰，后经官民努力，采取一系列措施，始绝倭寇。上海处在一个相对安定的社会环境之中，科学地利用自身条件和种植豆麦、棉花，兼鱼盐雀苇之利；西部水网肥壤地带精耕细作，种植水稻。从而形成了合理的农业结构，农业风生水起。

由于元代黄道婆引进并改良了的先进棉纺技术，明代的棉纺技术进一步发展，松江市赢得了"衣被天下"的美誉。与此同时，由于上海所处的江海中枢的地理位置，直面东渐的西风，科学家徐光启引进了西方的科学理论和技术，促进了上海的科技、经济发展。到明清时期，在上海首先催发了资本主义的萌芽，交通发达，经济繁荣，科学领先，人文荟萃，四方来客，文化活跃，上海又一次走在了全国的前列。

明代，上海地区的棉织技术发达，丝绸也同样发达，源于明氏松江府顾名世家的顾绣更是上海地区丝绸工艺品中的瑰丽奇葩。明代松江画派代表人物董其昌对顾绣极为赏识，称它为"精工巧夺，同侪不能望其项背……人巧极天工，错奇矣"。顾名世曾筑园茅池得一石，石上有元代越文敏手篆"露香池"三字，因此名园（今露香园路，即为纪念此园）。故顾绣又称为"露香园顾绣"。

明代上海的科技水平也名闻全国,农学家徐光启的《农政全书》总结和保存了我国古代人在农业生产上的成就和经验。他翻译了《几何原本》《泰西水法》等西方科技著作,成为我国介绍西方科学技术的第一人;李时珍的《本草纲目》印行后,陆续被翻译或全译成日、朝、拉丁、德、英、法、俄诸种文字,英国科技史学家说:"明代最伟大的科学家成就就是李时珍的《本草纲目》"。

元明两代是中国戏曲发展史上的兴盛时期。元关汉卿的《窦娥冤》、明汤显祖(戏剧家)的牡丹亭,在世界戏剧史上具有光彩夺目的地位。上海的戏剧也丰富多彩,元明之际,昆腔传到上海,明嘉靖隆庆年间,弋阳人又带来了江西弋阳腔。花鼓戏是上海本地流行的戏曲,近代被改良发展成申曲、沪剧。明万历年间,苏州评弹已经在上海出现,到清乾隆嘉庆年间,苏州评弹、弹词又有了较大的发展。考古发现,又为上海的戏曲史增添了一些相当重要的资料。在其中发现了北京来顺堂刊印的《明成化说唱词话丛刊》,该发现在中国文学戏曲和版画史上有着重要的地位。

二、海派文化的形成和特点

1. 海派文化的形成

上海从海边一个小小渔村,经年累月,历经沧桑,发展成如今世界级的大都市,一路走来,充满艰辛。犹如上海原野累积江河奔流东海,提携沙土形成沉积陆地,上海的居住者亦是来自四面八方因缘际会。由此,海纳百川蔚然壮观,各地文化潮涌上海,吐故纳新激浊扬清,中外汇聚、各种文化于此融会贯通,多元文化的交融和合铸就海上文化奇葩——海派文化。吴越侬语洋泾浜,协唱新沪"咏叹调",新鲜、奇异、特色、变化、适宜、舒雅、谐和,使人欣然怡情,给人以美的享受。昆曲、京剧、越剧、沪剧海内唱腔荟上海;油画、歌剧、芭蕾舞、电影、西洋镜缤纷登陆上海滩,洋房、大厦、石库门,东西方建筑渐相融。移民的城市,包容和谐融合,孕育着海上"海派文化"。纳新吐故,与时俱进,追求时尚,追逐潮流,精彩华章,经典永驻。海纳百川——生生不息的智慧源流,造就上海博大的精神情怀。

可见,海派文化最早起源于戏剧、海派画派,清末鸦片战争后,东西方文化在此交汇、碰撞,逐渐形成了"海纳百川、兼容并蓄、不断创新"的海派文化,并从戏曲、绘画等领域延伸到各个领域,成为上海独具特色的地方文化——海派文化。

2. 海派文化的特点

海派文化之所以具有持续的生命力,与其有下列特征有关。

(1)交融性。体现在古今交融、各地交融、中外交融。例如,在上海的建筑文化上,既有我国古代的寺塔和宫殿建筑。又有近代西方建筑、石库门建筑和现代海派建筑;在上海的饮食文化上,既有我国各个地方菜系,又有海派菜、上海本帮菜;在上海文学艺术文化上,既有中国的戏曲、绘画、音乐作品,又有西方的歌剧、芭蕾舞和油画。

(2)综合性。海派文化体现在人们生活的各个领域,吃住行各个方面。在上海的不少地区皆有体现。例如:在豫园旅游区,既有园林文化、建筑文化,又有宗教文化、饮食文化。将旅游、购物、文化综合在一起,形成商、旅、文三者的结合。

(3)创新性。海派文化的一个重要特色是不断创新。改革开放后在浦东陆家嘴地区兴起的一幢幢超高层建筑,就是现代海派建筑。这是中西建筑风格和现代高科技融合的结果,是现代建筑的不断创新。

(4)辐射性。这一特色是指海派文化就是从戏曲、绘画领域逐渐向上海商业、建筑、艺术、饮食、娱乐、服饰、习俗各个领域延伸而形成的。从地域来说,这一特色也表现在海派文化正从上海向长三角地区辐射出来,对整个长三角地区的文化也有一定的影响。

三、现代海派文化拓展的软实力和影响力

要让一个国际性都市真正立于世界之巅,除了方便游人的现代化设施、丰富的都市旅游资源(旅游核心吸引力)之外,更重要的是有让人流连忘返的文化氛围。上海在自己的地方性文化特色——海派文化的基础上,进一步向国际扩展,举办一系列国际赛事,开展一系列重大文化活动。如中国上海国际艺术节、上海国际音乐节、上海国际电影节等知名文化品牌,它们正在不同层面彰显着上海海派文化的影响力与辐射力。

例如,上海国际电影节相比法国"戛纳"、德国"柏林"等世界老牌电影节,虽然年轻却正以强劲势头吸引了全球目光。2016 年该节举办期间,国外传统媒体的关注程度大增,传统媒体与网络媒体以 8 种语言发布了 400 多篇报道,其国际媒体的影响力正逐步接近 2016 年戛纳电影节 500 多篇的外媒报道量。在针对上海国际电影节的 7 696 份问卷中,62%的受访者认为,上海国际电影节的影响力堪比柏林电影节、日本东京电影节、釜山电影节,甚至更高。

中国上海国际艺术节现今依然是一场全民参与的艺术狂欢,尤其是深入最普通百姓生活的户外公益演出"艺术天空",自 2014 年创办以来,举办 演出 116 台 208 场。遍布上海的所有区,进入上海各大广场、公园、社区文化中心等。艺术教育品牌坚持 205 场活动。以演出、讲座、工作坊、大师班、论坛等多种形式,吸引近 50 万人次参与,真正做到让艺术大师和普通群众面对面。在针对国际艺术节 15 786 名国内外受众的调查中显示,超过 80%的受访者认为:上海国际艺术节有利于提升上海国际形象和国际影响力。上海形象在知名艺术家与艺术团体的国际自媒体平台上频繁出现。仅美国纽约幼儿园乐团在上海城市草坪的演出录像,就在脸书账号上获得 6 000 多次播放。

上海夏季音乐节"不对号入座"公益推行,亦彰显了上海大都市的气度。此外,上海国际芭蕾舞比赛,上海艾萨克·斯特恩国际小提琴比赛等专业性的比赛相对较为小众,但在提升上海文化竞争力和软实力方面,不仅起到了十分重要的作用,还体现了上海文化在专业方面的国际水平。

上海的这些国际赛事、文化盛典都属于上海的节庆活动旅游资源,同时也属于上海海派文化在节庆方面的体现。在这些活动中,许多世界级大师的身影经常出现,他们愿意来上海参加这一活动,也更看好这里的建筑、设计、时尚、美食。然而触动其心弦,却是融于建筑、设计、时尚、美食中的文化底蕴,是萦绕在整个上海这个国际化城市的艺术氛围。

"魅力上海"这一金字招牌,为本土举办的国际性赛事招徕更多重量级嘉宾,更增添了这些赛事的影响力。正如 2016 年上海国际芭蕾舞比赛,上芭团长辛丽丽接受采访时说的:"短时间内要召集这么多世界级编导,看似很难,却也没有那么难。因为'上海'这两字本身就有足够的吸引力。"所以,在上海能举办这么多的国际赛事,已充分显示了我们上海海派文化的特色,显示了我们上海这座城市所蕴含的深厚的文化意蕴。

第三节　优质的服务和完善的设施是
都市旅游的重要介体条件

优质的旅游服务和完善的旅游基础设施是都市旅游业发展的重要介体条件。

都市旅游业的发展,是旅游主体(旅游者),旅游客体(旅游资源)与旅游介体(吃住行等旅游服务)相互配合的结果。上海优质的旅游服务和完善的旅游基础设施是上海旅游介体的核心部分,正是由于有了这些介体,上海的都市旅游业才有了今天的兴旺景象。

一、上海的旅游交通

上海的旅游交通设施和服务是上海市旅游业发展的主要保障条件。上海的航空、铁路、轮船和市内外公共交通、高铁、轨道交通以及高速公路、立交桥、越江大桥等重要交通设施,保障了海内外游客能进得来,出得去,这在我国国内的大都市中也是名列前茅的。

1. 上海的两大国际机场

上海的虹桥国际机场和上海浦东国际机场是中国的三大航空枢纽之一,2017 年两大机场起降航班 76 万架次,旅客吞吐量 11 188.52 万人次,约有 110 家航空公司开通国内外 297 个通行点。客运服务质量跃居内地首位,为国内第一大航空枢纽中心。

2. 上海地铁交通

上海地铁是服务于上海市和大都市商圈的城市轨道交通系统,是世界范围内线路总长度最长的城市轨道交通系统,是国际地铁联盟的成员之一。地铁 1 号线是上海市境内第一条开通运营的地铁线路。1993 年 5 月开通试运营南段,2001 年 3 月正式运营。截至 2021 年 1 月,上海地铁运营线路共 19 条(含磁浮线),共设车站 459 座(含磁浮线 2 座),运营里程共 772 千米(含磁浮线 29 千米),位列中国第一。在上海市内出行,建议你尽量搭乘地铁,然后搭配公交车、出租车出游,非常便捷。搭乘地铁,可使用"一票通"或"一卡通"。所以地铁(轨交)交通,是上海市出行最便捷、利用率最高的交通工具,深受广大市民和海内外游客的欢迎。

3. 上海的水路交通

上海的水路客运包括内河航运和海上航运。

历史上,上海是中国内河航运条件首屈一指的地区之一。一条黄浦江,其内河航运、货运量仅次于长江、珠江和京杭大运河,排国内第四位。据上海税务局报告,全市共有河道 43 104 条,总长度 28 778.36 千米,河网密度平均 4.54 千米。黄浦江市区段水深 10 米左右,最深处 17 米左右,曾是上海航运的核心水道,有著名的十六铺码头。

上海的水路客运最先大多集中在十六铺和苏州河沿岸等地。1949 年后,上海港客运总站位于十六铺,有北向航路和南向航路之分。北向航路,如上海至青岛、烟台,大连、天津、秦皇岛、辽宁的营口等地,还有上海至朝鲜半岛的仁川、釜山和日本的长崎、下关、神户等城市;南向航路,如上海至宁波、温州、厦门、汕头、广州、香港以及台湾的淡水、安平等城市,还有上海至菲律宾地区;西行直至南亚及欧洲诸海岸。

长江一线的航路主要属于内河航运,从上海出发,逆水而上,可经南通、江阴、镇江、南京、芜湖、安庆、九江、黄石,直至汉口、宜昌。内河的航路,向北至江苏淮阴,向南至浙江海宁,向西至安徽芜湖、合肥。

原十六铺码头已于 2004 年 12 月初爆破拆除,现已改为新十六铺的标志性建筑"浦江之云"。2010 年上海世博会期间,这里曾是世博会的水门(水上门户)之一。现已成为集观光、休闲、娱乐为一体的游览平台,已成为上海的水上旅游集散中心,外滩的一个新地标。

现今上海客运水路由三部分组成:上海客运码头、上海三岛(崇明、长兴、横沙)客运码头,上海三岛车客渡码头。其主要的码头有:吴淞口客运码头、吴淞口国际邮轮码头、芦潮港车客渡码头、金山嘴车客渡码头、上海港国际客运中心码头(又称"一滴水")、宝扬码头等。

现在上海的水上客运是指黄浦江沿岸北至吴淞口,南至毛竹港的城市轮渡和上海市区往返崇明三岛的轮渡。随着上海发展邮轮旅游的定位,上海港国际客运中心与吴淞口国际邮轮港实现功能互补,已形成"一港两码头"的国际邮轮组合母港,大大促进上海邮轮旅游的发展。数据显示,在全国港口城市中,上海港的邮轮接待量和游客接待人数始终占据第一位。(见表2-2)

表2-2　历年上海邮轮接待量一览表

年　份	2016	2017	2018	2019
邮轮(艘)	504	512	403	528
游客(万人次)	294.50	297.80	274.60	189.30

数据来源:根据相关数据整理。

二、上海有众多类型的旅游饭店、规范化民宿和优质的服务

1. 上海的住宿

"吃住游购娱"是旅游活动的五大内容,缺一不可。住是旅游介体的重要组成部分。上海的住宿是由星级饭店和社会旅馆两大部分构成。

星级饭店提供多功能服务,社会旅馆提供单一的有限服务。上海的星级饭店数量很多,截至2017年底,上海市星级饭店共有229家,其中五星级72家,四星级67家、三星级66家,二星级24家。高星级饭店在上海有8个集聚区,如外滩集聚区(上海维斯汀大饭店、和平饭店、上海大厦、浦江饭店等);人民广场集聚区(上海四季酒店、上海明天广场万豪酒店、国际饭店、上海万豪虹桥大酒店、太平洋大酒店);虹桥集聚区(西郊宾馆、上海万豪虹桥大酒店、喜来登豪达太平洋大酒店、龙柏饭店等);徐家汇聚集区(富豪环球东亚大酒店、建国宾馆、衡山宾馆);静安寺集聚区(静安希尔顿大酒店、锦江饭店、锦江大酒店、花园饭店、国际贵都大饭店);陆家嘴聚集区(金茂君悦大酒店、香格里拉大酒店、锦江汤臣洲际大酒店、东方滨江大酒店、上海紫金山大酒店);上海火车站聚集区(广场长城假日酒店、远东大酒店、古井假日酒店);大柏树集聚区(宝隆宾馆、兰生大酒店、粤海大酒店)等。

2. 上海的经济型饭店发展迅猛,品牌众多

除国内最早进入的经济型酒店——锦江之星外,还有如家、莫泰168、汉庭快捷、假日快捷、速8、美兴、24k等。该类酒店最大的特点是性价比高,以优惠房价和优质的服务为最大卖点,力求清洁、舒适、实惠,适合散客游者的住宿要求。

近年来,锦江国际酒店集团精心打造经济型饭店的品牌,如锦江之星、康铂、7天、丽枫、维也纳等自主品牌,于2017年获得《环旅世界》CGT Testscl年度大奖"最佳中国连锁酒店品牌"奖项,成为国内唯一获得此奖项的酒店管理企业。

3. 上海的高星级酒店不仅设施完善,且服务独特

顾客是上帝的服务理念已植入每一个服务员的心中,吸引了大量的回头客。不仅如此,上海不少高星级酒店的建筑外观和大堂装饰,也各有特色,成为有吸引力的旅游客体,众多游客也乐意到此一游。例如,南京西路上的国际饭店曾是旧上海的标志性建筑,大堂有一标志是上海大地中心原点;徐家汇的华亭宾馆呈层波形,大堂豪华有气派;静安寺地区的新锦江大酒店

与希尔顿酒店,伟岸挺拔,富有阳刚之气;浦东新区陆家嘴地区的上海金茂凯悦大酒店,顶部像一把利剑直刺云天;位于陆家嘴地区的柏悦大酒店,处于环球金融中心的第 79 至 93 层,是上海最高的酒店,外观酷似一根牙膏,建筑主体是一个正方形主体,由 2 个巨型斜面逐渐向上缩于顶端交汇而成;位于南京路步行街起点,靠近人民广场的世贸国际广场,主体建筑高达 333米,整个建筑相对且独立,由相互吸引的几个三角形组合而成,体态壮观,气势恢宏。整栋大厦集五星级酒店和大型购物中心于一体,世贸皇家艾美酒店拥有 710 间客房和豪华套房。上述这些酒店不仅是优质服务的酒店,也是有较大吸引力的旅游吸引物,起着客体的作用。

4. 民宿步入规范化发展阶段

2017 年浦东新区川沙新镇特色民宿试点获得"准生证"(工商部门颁发的营业执照)。连民村"宿予"首批 11 栋民宿和界龙村"谧舍·拾间精品"民宿、新春村"馨庐"民宿正式营业成为率先投资建设并开门迎客的规范民宿。自此开始,民宿证照齐全,开启阳光时代。2017 年6 月 19 日—20 日由新闻晨报"周到上海"App 主办的"2017 上海国际民宿大会"在上海举行。大会主题为"本来·未来",聚焦城市与乡村的和谐共处之道,并思考海派民宿的发展路径。来自英国、日本及上海、莫干山、杭州、松阳、黟县等地的 300 多位民宿界、学界人士参加了大会,11 位嘉宾在大会上发表精彩的主题演讲。2020 年第三届中国(上海)国际民宿及乡村旅居产业博览会于 2020 年 10 月 10—12 日在上海光大会展中心举行。大会主题是"美丽乡村游,诗画民宿行"。此届展会云集了国内外民宿及乡村旅游产业市场知名品牌。三天的展览时间专业观众突破 36 810 人次的参观人数,其中境内观众人数为 32 970 人次,境外观众人数为 3 840 人次。

第三章　上海都市旅游介体和
旅游介体文化

　　都市旅游文化,既包括都市旅游主体文化,又立足于都市旅游客体文化(即吸引物),更离不开都市旅游介体文化的配合与支持。都市旅游介体文化主要是体现在由旅行社、交通客运部门和住宿业所构成的旅游业,其构成的实质是向我们展示了现代旅游业的轮廓,即凡是为满足旅游者的需要,为使旅游者顺利到达旅游目的地、实现旅游目的、赢得旅游者满意的一切设施,经营服务管理、机构制度,直至社会政治经济环境、所涉及的人、财、物共同构成了旅游介体。上海的都市旅游介体文化就是指由这些旅游介体在上海的旅游活动中发生和涉及的旅游文化现象和关系的集合,包括了这些旅游介体在旅游实践活动中形成和积聚的物质文化与精神文化的总和。它包括上海的旅行社文化、旅游饭店文化、旅游交通文化、旅游商业文化、旅游行政管理文化等等。它们不仅是沟通旅游主体和旅游客体的主要媒介,是推动上海都市旅游活动发展的主要动力,还有不少旅游介体也兼有旅游客体的性质,成为都市旅游的新的吸引物。

　　本章旨在使大家了解上海都市旅游介体的特性和介体文化的构成与作用,并通过对上海的旅行社文化、饭店文化、"行文化"等的阐述,使大家能深入了解旅游介体文化的双重角色,重视介体文化的建设,促进上海都市旅游介体文化的发展。

第一节　上海都市旅游介体的双重角色

　　上海的都市旅游之所以能发展得如此迅速,除了上海的都市旅游客体有其吸引力外,其都市旅游介体更具特色,除了有完善良好的服务设施,强而有力的行政大力调和管理保障外,更在于有很多的旅游介体充当了旅游客体的角色,对海内外游客有着很大的吸引力;也有的旅游介体既兼有旅游主体的性质,还兼有旅游客体的性质。

一、上海的导游数量多,质量高、角色多重

　　上海的导游数量多,质量高,了解游客的感受,熟悉景点,既可以更好地发挥介体的作用,又兼有着游客的身份。

　　近十几年来,上海市旅游局以全国导游资格考试、全国导游等级考核、导游年审为抓手,积极提升导游队伍整体素质。

　　截至 2019 年底,本市旅行社业有导游人员 15 525 人,领队人员 4 800 人,其中,特级导游10 人,高级导游412 人。特级导游的人数位居全国首位。

二、上海的景区导游员不仅是介体,还兼具客体性质

　　景区导游员是景区中的引导员和讲解员,他们与景区朝夕相处,几乎与景区融为一体。例如,上海豫园,有许多导游员(讲解员),她们对中国江南园林的特色、造园手法,以及豫园的特色深有研究,对园内的景点极具熟悉。她们的讲解深深打动海内外游客,使游客懂得了中国园

林文化的博大精深,认识了中国园林的精髓"天人合一、人与自然的和谐",并使游客看到了中、西古典园林之间的差异。不少游客因此也加深了对中国这个五千年文明古国的理解。她们的讲解和仪容仪表也为景区增添了一道亮丽的风景线,成了游客所欣赏的对象,就兼具了客体的性质。

三、上海特色交通既是介体也是旅游客体

上海的特色交通(包含一些重大的交通工程)是介体,也是具有独特吸引力的旅游客体。

上海的特色交通是现代化的旅游交通,有许多重大的交通工程设施是中国其他都市不能比拟的。例如,上海的地铁、高铁、高架、立交、磁悬浮列车;上海的东海大桥、洋山深水港、崇明的过江隧道与长江大桥、上海野生动物园中的防护观光车、杭州湾大桥;上海浦东的世纪大道、浦东大道等特宽景观大道;上海黄浦江上的过江大桥(尤以其中杨浦大桥、南浦大桥、徐浦大桥)、江底隧道等,都既是介体、又是有吸引力的兼具客体性质的对象。游客乘车经过这些大桥、隧道等一游,观看附近的景色,美哉、壮哉!

四、上海的星级饭店既是介体,也是重要的旅游吸引物

上海的高星级饭店在兼具客体性质这方面的影响,是中国其他城市无法与之相比的。这些饭店的建筑外观和内部装饰会给游客以很大的震撼。在浦西,如西郊宾馆内有风光迷人的园林,园内遍植名木古树、奇花异草、亭台水榭点缀着 8 万平方米的湖面;有众多别墅式建筑,成为重要国事接待、高端商务活动的首席之地;华亭宾馆建筑呈波形、大堂豪华;新锦江大酒店与静安希尔顿酒店,伟岸挺拔、富有阳刚之气;南京西路上的锦沧文华大酒店,好比大鹏展翅;南京东路上的海仑宾馆,仿佛一只高扬的风帆。

在浦东新上海的标志性建筑中,上海中心大厦、环球金融中心和金茂大厦,三足鼎立,形成了陆家嘴地区的新的天际线。它们的外观体现了中国文化和现代高科技的结合,如东方密檐式宝塔外观和现代高科技结合的金茂大厦,外观酷似一根牙膏,建筑主体呈正方形柱体,向上收缩至顶部设置一个倒梯形开口的环球金融中心;外形好似一个吉他拨片,随着高度升高呈螺旋式上升,建筑表面的开口由底部旋转至顶部的上海中心大厦,为上海的都市风貌增添了一个新的亮点"上海第一高楼"。这一高度使它与周边 400 米高的金茂大厦和 492 米高的环球金融中心在顶部呈现弧线上升。从空中往下看,这三足鼎立的都市风光将大大增加海内外游客对上海的兴趣。

第二节　上海都市的旅行社文化

旅行社(旅游公司或其他同类性质的组织)是指有盈利目的的、从事旅游业务的企业,旅行社在整个旅游行业中居于主导地位,而旅行社文化是旅游介体文化十分重要的组成部分。旅行社的文化功能的主要表现为:它是旅游活动的主要组织者、旅游产品的重要策划者和旅游文化的积极传播者。

一、上海旅行社的概况

80 年代初,我国的国内旅游才正式发展。1982 年上海共有旅行社 16 家,从业人员有 1 千

余人(不包括业余导游人员)。截至 2017 年底,全市共有旅行社 1 602 家,其中 A 级旅行社 338 家,具有经营出境旅游业务资质的旅行社 226 家。全市旅行社全年实现营业收入 1 396.37 亿元。

在国内旅游方面,2017 年上海接待国内游客 31 845.27 万人次,国内旅游收入 4 025.13 亿元;在入境旅游方面,2017 年接待入境过夜游客 49.63 万人次,自主外联入境游客 55.48 万人次。在出境旅游方面,全市有经营出境旅游业务资质的旅行社组织出境旅游 547.07 万人次。

上海的旅行社经营出现四个新的情况:一是大型旅游集团持续稳定发展,有 4 家旅游企业,如携程旅游集团、锦江国际集团、景域旅游集团和春秋国旅集团,分别名列"中国旅游集团第 1,7,10,14 名"。春秋国旅集团名列 2017 年上海企业百强、上海服务业百强、上海民营企业百强、上海民营服务业百强 4 项排行榜;在美国纳斯达克上市的携程旅行网,首次实现年度盈利;近百家中小旅行社抱团取暖,建立旅游绿色联盟;二是旅游供给侧改革,推动旅游产品创新。如国旅集团上海有限公司响应"国家一带一路"倡议,推出"一带一路"沿线国家的 84 条出境旅游产品;硕风国旅以国内游客为对象,推出欧洲内河邮轮旅游产品;锦江旅游公司抓住中国举办冬奥运契机,推出以滑雪为主题的运动旅游产品,让游客提前探秘冬季奥运赛场;携程旅游推出定制旅游升级版、跟团游新标准新品牌,全球首推的"旅行 SOS"援助服务上线等;三是传统的铁路旅游逐步趋热。如上铁国旅自 1995 年以来,累计开行旅游专列 1 500 余趟。2017 年该公司跟随我国高铁的发展步伐,加快开发铁路旅游,全年开行旅游专列 125 趟。上铁国旅还推出很多主题旅游专列产品,如"教师节感恩文旅"、"七夕之爱"和俄罗斯"逐秋之旅"等,为提升旅游品质,在旅途中举办趣味文化行、休闲自由行、全家登高行、途中拍拍秀、亲子互动游等活动,充分展现铁路旅游专列一线多游、快旅慢游的特色;四是诚信经营规范服务水平稳步提升。2017 年上海开展旅行社等级评定、复核工作,全市共有 A 级旅行社 338 家,经复核评定,比上年增加 35 家。其中,5A 级旅行社 10 家,比上年增加 1 家;4A 级旅行社 70 家,比上年增加 8 家;3A 级旅行社 258 家,比上年增加 26 家。与此同时,旅行社积极参与创建"上海品牌"产品活动,9 家旅行社、10 个品牌、67 条国内外旅游线路获得 2017 年"上海名牌"产品称号。其中携程位列 2017 Brandlz 最具价值中国品牌 100 强第 38 位。

二、上海主要旅行社简介

1. 上海锦江国际旅游股份有限公司

该公司隶属于锦江国际集团,它是目前中国规模最大的综合性旅游企业集团之一。以酒店餐饮服务、旅游客运业为核心产业,设有酒店、旅游、客运、地产、食品、金融、商贸、教育八个事业部,注册资本 20 亿元,总资产 165 亿元。

集团投资和管理 133 家酒店、3 万余间(套)客房;拥有"上海国旅"等 5 家旅行社和"锦江汽车"7 000 辆中高档客车;合资经营"麦德龙""肯德基""新亚大家乐""吉野家"等著名品牌;控股"锦江酒店""锦江投资""锦江旅游"3 家上市公司;投资参与美国环球影城集团在浦东兴建大型著名主题乐园;合资组建锦江国际 BTI 商务旅行有限公司、锦江国际理诺士酒店管理学院。其中,上海锦江国际旅游股份有限公司是锦江国际(集团)有限公司旗下主营旅行社业务的上市公司,整合了原上海中国国际旅行社股份有限公司、上海锦江旅游有限公司、上海华亭海外旅游公司、上海旅行社等上海最大、最知名的国际、国内旅行社,并依托锦江国际集团的综合资源和优势,成为中国旅行社行业的龙头企业。新组建的上海锦江国际旅游股份有限公司,注册资本1.33亿元人民币,总资产规模达8亿元,现有员工1 100人,上海地区营业网点30余家,并将在今后3到5年的时间里发展成一个拥有全国性网络和全球性品牌的"中国著名、世界知名"的旅游企业。

2. 上海春秋国际旅行社(集团)有限公司

上海春秋国旅成立于1981年,是一家民办的综合性旅游企业,目前已拥有四千余名员工和导游,年营业收入六千亿元,业务现已涉及旅游、航空、酒店预订、机票、会议、展览、商务、因私出入境、体育赛事等行业,是国际会议组织协会(ICCA)在中国旅行社中最早的会员,被授权为目前世界最早的会员,被授权为目前世界最热门赛事的2004年F1赛事中国站境内外票务代理,是第53、54、55届世界小姐大赛组委会指定接待单位,被授予上海市旅行社中唯一著名商标企业;是中国第一家全资创办航空公司的旅行社;上海5A级旅行社;国际会议协会在中国旅行社中最早的会员;2011年度全国百强旅行社综合排名第一。

自1984年至今,上海春秋国旅连续荣获全国国内旅行社百强第一名:2006年春秋国旅荣获上海国内旅游服务质量旅客满意度指数平次第一名,荣获"上海市用户满意企业服务"称号,春秋名牌被评委"最具价值的上海服务商标";2014年获颁"2013年度全国旅游服务质量标杆单位",而"春秋"商标被认定为"中国驰名商标",进一步提升了品牌的知名度和美誉度。2005年7月,春秋国旅投资的中国第一家由旅行社经营的航空公司——春秋航空公司正式运营,首创了"网络、航空、批发商"相结合的独特经营模式。

上海春秋国旅设有严格的质量监督管理机制,坚持"99+0=0"和"每团必访"的优质服务质量观,TQC部获得"中国优秀质量管理小组"称号。由于春秋国旅在企业经营、管理和发展方面取得了令人瞩目的成绩,因此十多年以来连续被授予"上海文明单位"的光荣称号。目前,年营业收入近20亿元,是国内连锁经营、最多全资公司、最具规模的旅游批发商和包机批发商。在上海有五十个连锁店,在北京、广州、西安等31个国内大中城市设有全资公司,每个公司大都有二至十个连锁店。有美国、泰国、英国、德国、日本、澳大利亚和香港等7个境外全资公司。在江浙地区有四百余个、全国有近两千个网络成员,使用自行开发的电脑系统销售旅游产品,做到"散客天天发,一个人也能游天下"便利的散客即时预订服务。拥有"纯玩团""春之旅""自由人"等多种特色旅游产品。

3. 上海中国青年旅行社

该社建立于1987年,经过30年多的发展,已成为一家综合性的旅游服务企业。它的业务涉及出入境旅游、国内旅游、机票酒店预订、汽车服务、会展服务、商务旅游服务、教育旅游服务及体育旅游服务等。通过集约化管理、专业化经营、品牌化服务和网络化建设,青旅的服务品牌不断得以优化,企业实力不断得以增强,服务体系不断得以完善。自1993年起,青旅连续被国家旅游局评为全国国际、国内旅游双百强企业,并连续多年荣获政府颁发的上海市文明单位称号。2014年获全国百强旅行社31名。

上海青旅秉承"高素质员工、高质量服务、高品位旅游"的宗旨,立足上海,服务全国,发展海外,从吃、住、行、游、购、娱等方面入手,全方位为国内外游客提供专业、周到、及时、准确的优质服务,得到了广大客户的赞誉。

4. 携程集团

携程集团(Trip.com Group)创立于1999年,总部设在中国上海,是中国最大的在线旅游服务商。携程旅行网拥有国内外六十余万家会员酒店可供预订,是中国领先的酒店预订服务中心。携程旅行网已在北京、天津、广州、深圳、成都、杭州、厦门、青岛、沈阳、南京、武汉、南通、三亚等 17 个城市设立分公司,员工超过 25 000 人。2003 年 12 月携程旅行网在美国纳斯达克成功上市。自 2014 年起,4 年蝉联中国旅游集团第 1 名、全球市值前三的在线旅行服务公司,亚洲市值最大的旅游旅行服务公司。2019 年 10 月 23 日,2019《财富》未来 50 强榜单公布,携程国际排名第 8 位。

5. 上海有 9 家旅行社试行委托代理制

根据《中华人民共和国旅游法》中关于"旅行社委托招徕"的条文精神,市旅游协会旅行社分会于 2014 年 5 月 30 日发出通知,正式启动不同经营资质的旅行社之间委托代理招徕出境旅游者试行工作。6 月 12 日,锦旅、春秋国旅、上海航空国旅、上海国旅、上海中旅、上海中青旅、巴士国际旅游、上海中妇旅国旅、职工国旅等 9 家旅行社获准开发委托代理业务。它们可以委托上海本地其他旅行社代理经营除赴台湾旅游之外的出境旅游业务和国内旅游业务,包括从事招徕、咨询、签约、收费等旅行社业务。

6. 上海有 6 家旅行社获"卓越"品牌美誉

2014 年 12 月 16 日,在市旅游行业协会支持下,旅游天地杂志社在外滩花园酒店举办"2014 年度旅行社卓越品牌颁奖典礼暨新闻发布会"。上海国旅、上海中旅国际、上海中青旅、锦游、上海航空国旅、强生国旅等 6 家旅行社以良好的服务口碑和企业形象获得旅行社"卓越"品牌荣誉。

由拥有 35 年历史的旅游专业媒体——旅游天地杂志社组织的此次评选不同于其他同类旅行社的评比活动,经过 3 个月线上、线下的市场问卷调查及采访,更多的是体现旅游消费市场的民意,以及广大消费者对他们所信赖的旅行社品牌给予的认可和评价。获得殊荣的这 6 家旅行社都有深厚的企业历史及企业文化积淀,在中外旅游业中具有很高的知名度。

7. 上海自贸试验区首家中外合资旅行社成立

2014 年 4 月,地中海邮轮旅行社(上海)有限公司成为首家在上海自贸试验区内注册的中外合资旅行社,并经国家旅游局批准,获得组织中国公民出境旅游业务的资质。

该旅行社成立于 2009 年 12 月,由上海港国际客运中心开发有限公司和地中海邮轮公司合资组建。注册资本 500 万元,双方各出资 50%,主要是为邮轮游客提供专业性服务,2013 年 10 月迁入上海自贸试验区,是首家入驻上海自贸试验区的中外合资旅行社,至 2014 年底,除地中海邮轮旅行社(上海)有限公司外,另有兴乐东岳(上海)国际旅行社、佳途国际旅行社两家中外合资旅行社落户上海自贸试验区。

三、开展"寻找最美导游"和培养"金牌导游"活动

旅行社是旅游活动的主要组织者,而在旅游活动的实施中,导游人员起着主要的作用。他们的主要职能是陪同、导向、解说,并提供相关服务。他们是每一次具体旅游活动的组织者和主导者。所以,培养一支好的导游队伍是非常重要的。

1989 年上海 60 位导游参加了强化培训及国家级统考,总合格率为 91%。1989 年底上海市二三类旅行社 2 600 名专兼职导游人员分 2 批进行了强化培训及资格考试。1994 年上海市有 1 474 名导游正式通过业务年检,2 000 余名临时导游进行了审证、换证工作,通过审证、换证,提高了导游队伍的素质;对个别经营管理混乱、服务质量低劣、游客投诉较多的三类旅行社给予了停业整顿的处罚。

2014 年 5 月 19 日,由国家旅游局、光明日报社主办,中国旅游报社承办的"寻找最美导游"活动正式启动。整个活动持续一年,最终在全国评选出 10 名"最美导游"精神文明办积极推进"最美导游"的宣传和学习推广活动,号召全市旅游企业参与其中。经过寻找。于 11 月初推送出 14 年候选人,其中 12 名来自旅行社,2 名来自景点(见表 3－1)。2015 年 4 月 29 日,该活动结果揭晓,来自全国各地的 10 位导游员荣获"最美导游"称号。上海国旅国际旅行社有限公司导游胡蓉名列其中。

2017 年 11 月 20 日,国家原旅游局发出通知,正式启动国家"金牌导游"培养项目。上海6 家旅游企业各有 1 名高级导游入选"金牌导游"培养项目名单。

表 3－1 "寻找最美导游"上海地区候选人一览表

姓　名	单　位	导游语种	导游等级
张　俊	上海中国青年旅行社	英语	中级
田英凯	上海春秋国际旅行社(集团)有限公司	英语	初级
张　拯	上海春秋国际旅行社(集团)有限公司	中文	初级
卞露韵	上海国旅国际旅行社有限公司	法语	中级
胡　蓉	上海国旅国际旅行社有限公司	日语	初级
孙　远	上海中旅国际旅行社有限公司	印尼语	初级
惠　畅	上海航空假期旅行社有限公司	中文	高级
薛　梅	锦江旅游有限公司	英语	高级
陆晓雯	大通之旅旅行社有限公司	中文	中级
殷顺麟	携程国际旅行社有限公司	中文	高级
张　帆	携程国际旅行社有限公司	中文	初级
张秋秋	江南旅游服务有限公司	英语	初级
许　盈	上海交通大学钱学森图书馆	中文	高级讲解员
吴颖嫣	上海宋庆龄故居纪念馆	中文	讲解员

资料来源:上海旅游年鉴 2016

四、开拓新的旅游线路

上海各旅行社从 2014 年以后努力开拓新的旅游线路,开展各种推广活动,促进旅行社的发展。例如,2015 年 8 月 30 日在虹口区中共四大会址纪念馆举行"铭记历史、圆满中华"全国红色旅游万里行上海分会场启动仪式,同时向社会推出十条"红色微旅行线路";2015 年金秋之际,上海旅游的创新品牌"微游上海"推出了五条精品微游线路:路线一,"异域情调·迷情风云路";路线二,"都市秘境·漫步苏河岸";路线三,"舌尖上海·寻找老味道";路线四,"文学记忆·对话张爱玲";路线五,"城市剪影·遇见邬达克",回顾邬达克在上海的建筑传奇,浏览城市与建筑的和谐风貌。

2017 年锦江旅游推出滑雪主题运动旅游产品,依托密苑云顶乐园雪道赛场的资源优势,推出 6 款以冬季滑雪为主题的运动旅游线路,让游客体验户外滑雪的乐趣。上海国旅首开元旦高铁旅游专列,活动包括在东南沿海著名的渔寮金沙滩迎接新年第一缕阳光;搭乘渔船出海,体验渔民捕鱼乐趣。

上铁国旅在农历七月初七(2017 年 8 月 28 日)中国传统的"七夕节"来临之际,推出上海—重庆"七夕之爱"高铁旅游专列。该旅游专列的行程共 4 天,包含游览中国历史文化名镇"中山古镇"、四面山的"爱情天梯"、少林寺、华夏第一高瀑"望乡台瀑布"和亚洲第一神岩"土地岩"等著名旅游景点和名胜古迹。其间还邀请 5 对不同年龄层次的名人夫妻同行,与游客们一起跨越"相思桥"、寻觅"爱情林"、"老妻少夫树",在"山盟石"许下今生不变的爱情誓言。

沪台两地旅行社在 2017 年 9 月 8 日推出"品味上海乐飨台北"旅游双城活动,在上海日月光美食广场启动。两地旅行社(上海和台北)同时向游客互售微游双城主题产品。启动当日,近千名市民游客体验了以"滨江故事"为主题的 4 条上海旅游主题线路。

线路一:"浦江风云·申城记忆"环线,分别从黄浦区、浦东新区、虹口区出发,游览十六铺水岸、外滩、外滩观光隧道、上海城市历史发展陈列馆、滨江大道、泰公轮渡线、上海犹太难民纪念馆、北外滩,观赏三区海派风情的地标;

线路二:"行道天涯·革命爱情"。游览哈同花园旧址、淮海中路行馆旧址、孙中山故居纪念馆、东余杭路旧居、宋家花园、桃江路寓所、宋庆龄故居纪念馆。了解孙中山与宋庆龄相识、相恋、携手一生的浪漫故事;

线路三:"发现上海西岸"。游览徐汇滨江岸线的龙美术馆、余德耀美术馆、上海摄影美术中心;龙华寺、龙华烈士陵园、朵云轩,体验近代工业遗存、中西文化交汇;

线路四:"梧桐影落·有位佳人"。游览杰斯、保志宁、董竹君、薛正、郑苹如、徐来、蒋梅英、陈曼丽 8 位佳人寓所,领略历史沉浮中的传奇人生。

台北的旅行社推出了 5 条以美食为主的旅游路线,分别为:"飨·台北创意料理"、"食·台北地方美味"、"喆·台北咖啡茶饮"、"味·台北异域佳肴"、"游·台北夜市小吃"。这是上海与台北第三次开展微游双城系列活动。

第三节　上海市的旅游饭店集团文化

在旅游业的各个行业中,旅游住宿业是三大支柱产业之一,"住"占有举足轻重的地位。中国饭店旅游行业的迅速发展,与整个东亚太地区的旅游业的发展几乎是同步的。除了与我国的经济持续发展有关外,东方文化中的人文服务起了巨大的作用。上海饭店的住宿发展得更为迅速,2010 上海世博会的召开,使上海饭店住宿业的发展进入一个新的发展阶段,表现出如下特点:产业规模继续扩大,行业水平不断提高,酒店的国际化竞争格局形成,经济型酒店快速扩张,饭店员工的素质进一步提高(逐渐确立顾客第一的服务观念)等。

截至 2017 年底,全市共有旅游饭店 489 家,客房 105 675 间,其中旅游星级饭店 229 家,客房 58 848 间:非星级饭店 261 家,客房 46 827 间。全市共有绿色旅游饭店 261 家,其中金叶级 68 家,银叶级 193 家。全市旅游饭店全年营业收入为 274.36 亿元,其中旅游星级饭店营业收入总计 198.15 亿元。与上海世博会召开之前的 2007 年底相比,增加数量多,发展迅速。可见 2010 上海世博会的召开对于上海饭店业的发展所起的巨大作用。

回顾上海自发展都市旅游以来,饭店住宿业的变化,我们可以体验到饭店文化的魅力,也体验到游客入住饭店的满足,他们喜欢每一家饭店的特色服务,每一家饭店的建筑、装饰,设施的个性化,感受到饭店的文化氛围和服务人员的素质,满足自己的体验。

一、上海旅游饭店集团的形象蕴含中华文化与海派文化的魅力

旅游饭店的形象,蕴含中华文化与海派文化的精髓,主要表现在其建筑外观和内部装饰中。在上海的旅游饭店中,这一点表现得尤为突出,不少饭店的外观和结构都体现了海派的建筑风格,中西风格和古今风格的融合。例如,金茂大厦、环球金融中心、上海国际会议中心、上海中心等新上海的标志性建筑,从外观到装饰都蕴含着文化内涵,体现了海派文化对建筑的影响。

1. 金茂大厦

以金茂大厦而言,其建筑外观突出了中国古代东方塔形建筑外形与现代高科技的结合。其设计吸收了中国佛塔的风格,平面呈正方形,立面外观分段收缩,类似于中国古代密檐式塔的外形,是世界摩天大楼中最具中国元素的一幢。其中的第56层至塔顶的核心,内是一直径27米、阳光可透过玻璃射进、高度达142米的中庭,是世界最大的大楼中庭,层层圆环流光溢彩,令人眩目。环绕中庭四周的是风格各异的客房和大厅等所构成的金茂君悦大酒店,据说是世界最高的五星级酒店。其中,第88层的观光厅高达340米。是上海一绝,有2台每秒运行9.1米的直达电梯,从地下一层向上只需要45秒就可将游客迅速平稳地送到观光厅。站在观光厅上,可俯视浦江两岸的都市风光和长江口的壮观海景,使其尽收眼底。

在金茂大厦里,还有星巴克金茂店,几乎占了整整一层,空间广阔,几乎成了上班白领们的食堂;在87层是九重天酒廊,环境比较幽暗,珠光点点,气氛浪漫,适合情侣们约会(2019年被评为上海新十大标志性建筑之一)。

2. 环球金融中心

上海环球金融中心是新上海标志性的建筑之一,是目前中国内地的第三高楼,其中79至93层是上海柏悦大酒店,是上海最高的酒店。环球金融中心的外观酷似一只牙膏,建筑的主体是一个正方形柱体,由2个巨型的拱形收缩逐渐向上变化,于顶端交汇而形成。建筑顶部设置一个倒梯形开口,其风格是现代海派建筑风格。它拥有世界最高的观光大厅,离地面达423米,既可一览上海风貌,又能以美丽的浦江两岸为背景举办各种展会和活动,带给你完全不同的视听感受和前所未有的身心震撼。在大楼97层,离地439米,有一道观光天桥,顶部的顶棚可以开启,两侧也是通透的玻璃墙,在这里蓝天白云仿佛触手可及,颇有遗世独立之感;大楼顶层是一条长约55米的悬空观光走廊,离地474米,是世界上最高的观景平台,内设3条透明玻璃地板,透过玻璃地面景观历历在目,走上去需要胆量。从天阁东侧望去,高耸的金茂大厦和11个球体串联在一起的体现中国古代文化的东方明珠电视塔,真有一种会当凌绝顶、一览众山小的豪情快感。

3. 上海中心大厦

上海中心大厦是上海市的一座超高层地标式摩天大楼,建筑主体为118层,总高为632米,结构高度为580米,停车位在地下,可停放2000辆。2008年11月29日开工,2016年3月12日建筑总体正式全部完工。2016年4月27日,上海中心举行了建设者荣誉墙揭幕仪式并宣布试运营。2019年被评为上海新十大标志性建筑之一。

该大厦不只是一座办公大楼,它的9个区每一个都有自己的空中大厅和中庭,夹在内外的

玻璃墙之间,其中酒店和观景台位于 7 号区至 9 号区。上海中心大厦有 2 个玻璃面,一内一外,主体为内圆外三角,形象地说,就是一根管子外面套着另一根管子,玻璃正面之间的空间在3—33 英尺之间,为空中大厅提供空间,同时充当一个类似热水瓶的隔热度,降低整栋大楼的供暖和冷气需求。不仅利于保护环境,也让这种项目具有经济可行性。

该大厦的建筑风格也是属于现代海派建筑,为巨型高层地标式摩天楼建筑。这主要表现在其建筑外观呈螺旋式上升,建筑表面的开口由底端旋转贯穿到顶部的城市天际线。这种类型也极大程度地满足了节能的需要。它摆脱了高层建筑的传统的外部结构框架,以旋转,不对称的外部立面使风载降低 24%,减少大楼结构的风力负荷,节省了工程造价。同时,与传统的直线型建筑相比,中心的内部圆形立面使其眩光度降低了 14%,且减少了消耗。

雕塑《上海少女》是已故画家、艺术家陈逸飞亲自创作的大型城市雕塑作品,陈设于上海中心的一楼办公室大堂入口,成为上海中心的重要文化标志之一。少女身着的旗袍,手中的鸟笼与香扇唤起人们对老上海以及老上海女性的怀旧情结。把此雕塑放在这儿,因上海毕竟是《上海少女》曾有的家。再者,《上海少女》修长曼妙扭动的身姿与中心缓慢扭动的外形相当吻合。

此外,中心大厦还举办高空展览、灯光展示,中心大厦 632 米高的超高层整体景观灯及肢体灯光秀,除了为建筑本身增光添彩,初步确定围绕上海创新精神的主题,进行整体灯光设计。

可见,中心大厦从建筑外观到内部装饰,不断创新,运用现代最新高科技于建筑之中。它不仅创造了上海的又一新高度、天际线,也更体现了现代海派建筑的又一显著特征。

二、上海旅游企业集团的经营理念

上海的旅游企业集团在经营管理中处处体现诚信经营,服务热情,管理真诚,继承了中国的传统美德。而这些经营理念,都是属于企业文化的范畴,尤其是属于企业的精神文化。

1. 建设自己的企业文化

运用企业文化去领导和管理旅游企业集团,增强集团的凝聚力。

企业文化是企业在经营活动中形成的经营理念、经营方针、价值观念、经营行为、社会责任、经营形象等的总和,是企业个性化的根本体现,是企业生存、竞争和发展的灵魂。

（1）企业文化的作用。首先它能激发员工的使命感。任何企业都有它的责任和使命,企业使命感是全体员工工作的目标和方向,是企业不断发展或前进的动力之源;二是企业文化能凝聚员工的归属感。要让一群来自不同地方的人共同追求同一梦想,就是要通过企业价值观的提炼和传播。而企业价值观就是企业精神文化的核心内容;三是企业文化能加强员工的责任感。企业的管理人员要通过大量的资料和文件宣传员工责任感的重要性,要给员工灌输责任意识。

（2）企业的价值观是企业或企业中的员工在从事经营活动中所秉持的价值观念,是企业文化的核心,是推动企业发展的不竭动力。企业文化由三个层次构成:物质文化(表层)、制度文化(中间层)、精神文化(核心层)。其中,精神文化包括各种行为规范、价值观、企业的群体意识、职工素质和优良传统等,有人又称其为企业精神。

（3）当今我国各行各业都有一个如何做大、做强的问题,怎样才能做大做强？怎样在发展中求稳定。首先需要解决一个问题,即不少企业缺少自己的企业文化,尤其是缺少精神层面的企业文化,即缺少自己企业的价值观。它是企业精神文化的核心,具有强大的生命力。例如,企业要进行管理,不外乎三种,即人管人、制度管人、文化管人。而文化管人就是要管灵魂、管精神。有了自己企业的价值观,员工懂得了公司的"愿景"、"使命",懂得了自己的追求,就能为企业贡献出自己的力量。当然要保证"价值观"的体现,就需要制度文化的建立,即要规范员工的行为,靠制度去制约。

案例1

<h2 align="center">上海锦江集团的企业文化</h2>

　　酒店文化是酒店无形价值的体现,只有将这种无形资产转化到具体管理实践中,才能使酒店的凝聚力和向心力不断加强,成为酒店共同价值观的核心。锦江国际集团是中国规模最大的综合性旅游企业集团之一。它以酒店、餐饮服务、旅游客运业为核心产业,并设有六个事业部(酒店、旅游、客运物流、地产、实业、金融)。注册资本20亿元,总资产170亿元。"锦江"商标为中国驰名商标。锦江国际集团在全球酒店集团三百强中排列第十七位,列亚洲第一位,获"中国最具影响力本土酒店集团"称号。其所以能取得如此成绩,有一个重要因素就是锦江重视自身的企业文化建设。其精神文化决定着酒店物质文化、行为文化和制度文化,是酒店企业的上层建筑。

　　1. 锦江集团企业文化的具体体现

　　(1) 全方位的服务——"锦江模式"的核心。全方位服务是锦江的服务特色。从提取行李、陪同进房、介绍设施、送上茶水毛巾、了解生活爱好、引领进入餐厅、转告餐厅和厨房有关客人的特点、离店前的诚恳征求意见,直至最后送别等等,看似简单琐碎并无高深技术含量可言的服务细节,锦江做得很好。这种超越常规的主动地全方位服务常会给客人留下深刻的美好印象,成为客人的"第一印象"。

　　(2) 规范化的管理——"锦江模式"的基础。锦江制定的管理规范是国际先进饭店管理经验和自身传统的结合。锦江管理人员用文字统一规定了酒店各工种、各岗位的操作规程、作业标准和职业要求。这些要求是建立在不断提高职工文化技术素养的基础之上的。锦江还通过不间断的岗位培训、考核,打破了各酒店自成习惯的纯经验型做法,逐步形成统一而鲜明的锦江风格。这种风格一方面是全集团统一的服务规范,另一方面又是各个酒店别具一格的服务特色,是双方融合的体现。

　　(3) 继承、借鉴、创新——"锦江模式"的特色。酒店是文化型的企业,建筑风格、饮食菜肴是文化,职工的仪容仪表、精神风貌也是文化。中西两种不同的文化在"锦江"这个特定的环境中不可避免地发生了碰撞。故借鉴吸收西方文化中的精华是锦江又一特色。

　　2. 锦江集团企业文化在思维理念上的体现

　　(1) 在集团的企业文化中,要求员工牢记以下理念。在外国人面前,我代表中国人;在中国人面前,我代表上海人;在上海人面前,我代表锦江人。

　　(2) 尊重自己的岗位,就就业业地工作。

　　(3) 只有真正认识到自身工作的价值,并从中得到乐趣的人,才会有深厚的职业成就和强烈的敬业精神,才能形成干好工作的精神动力,对工作倾注满腔热情。

　　(4) 干一份工作就要干好。

（5）严格执行制度。

（6）靠激发员工的主人翁责任感，自觉承担责任和义务。

（7）体贴入微的预料服务，因人而异的针对性服务。

由此，锦江人的一言一行最终赢得了顾客的满意。

锦江集团的发展可给我们这样一个启示，即一个酒店要发展就必须有自己的特色，就必须要有自己特有的酒店企业文化和精神底蕴。健康、优秀的酒店企业文化是形成酒店核心竞争力不可或缺的关键因素。只有建立独立和独特的酒店企业文化，才能真正吸引人才、留住人才，才能为企业创造更多的财富。酒店产品就其本质来说是酒店员工为顾客所提供的服务，而能影响到员工服务质量的重要因素，是如何用企业文化来管理员工、从整体上提高员工的素质。这才是酒店增强核心竞争力的重要手段。而企业文化建设就是强调尊重人、理解人、关心人、培养人。通过文化建设，使员工处在企业文化道德规范和行为规范无形约束下，产生自我控制意识，达到内在的自我管理和自我约束，激发其发自内心的执行规章制度的自觉性，统一全体员工的意志，积聚员工的智慧和力量，以达到1+1>2的效应。如果酒店的管理团队都能提高对酒店企业文化的正确认识，那企业文化势必能对中国旅游企业的前进与发展起到巨大的推动作用。

三、贯彻环保生态理念，评定绿色旅游饭店

上海旅游饭店行业积极贯彻环保生态理念，倡导低碳绿色消费，全年（2017 年）新评定绿色饭店 5 家，扩大了绿色饭店的覆盖面。至 2017 年底，全市共有绿色饭店 261 家，比上年增加 2 家，其中金叶级 68 家、银叶级 193 家。其中新评定的绿色饭店见表 3－2。

表 3－2 2017 年新评定绿色饭店

类 别	单 位 名 称	单 位 名 称
金叶级	上海华医淀山湖疗养院	上海红枫万豪酒店 （上海亨昌实业有限公司）
	上海新房子酒店管理有限公司(古华山庄)	
	上海三至酒店投资管理有限公司 虹口三至喜来登酒店	
	上海青松城大酒店	
	上海千禧海鸥大酒店	
银叶级	上海金山宾馆有限公司	上海曙光微酒店 （曙光酒店管理有限公司）
	上海金仓永华酒店管理有限公司 衡山金仓永华大酒店	
	上海华美达安可酒店管理有限公司	上海富豪会展公寓酒店
	上海和欣房地产开发有限公司 共康智逸假日酒店	上海帝盛酒店

（续表）

类　别	单　位　名　称	单　位　名　称
银叶级	上海虹桥逸郡酒店	崇明森林漫心度假酒店 （上海绿岛阳光置业有限公司 崇明林里酒店分公司）
	上海中青旅东方国际酒店	
	上海芭堤雅假日酒店有限公司	
	上海佘山森林宾馆有限公司	
	上海新桥绿地柏骊酒店	
	上海圣贤居酒店有限公司	
	上海瀛通大酒店有限公司	
	上海悦隆酒店	

（资料来源：根据《上海旅游年鉴 2016》《上海旅游年鉴（2018 年）》数据整理）

第四节　上海都市旅游介体中的"行文化"

旅游交通是发展旅游业的前提和物质基础，是旅游业发展的命脉。回顾旅游业发展的历史，交通成了旅游业发展进程的重要标志。如英国托马斯·库克于 1845 年组织的乘火车团体旅游被公认为近代旅游活动的开始；当代超高速的喷气式民航客机的普及直接推动了现代旅游业的发展，使旅游业成为世界第一大产业。所以，旅游交通在现代旅游业中的重要性不言而喻。

在中国旅游介体文化中，"行"文化占有十分重要的地位，而且中国的"行"文化在旅游交通设施中，在旅游工具、旅游线路上都有着十分独特，深厚的文化特性。在上海的都市旅游介体文化中，"行"文化更加突出，因为在上海的旅游交通设施、工具、线路中，有更加突出的客体特性。所以，我们需要更加重视上海的"行"文化的建设。

一、上海有着各种特色的旅游交通工具

1. 铁路交通

铁路交通至今仍是中国旅游交通的"铁老大"，运输能力大、安全、费用低。上海的铁路交通，近年来运力进一步提升，已经与国内其他 20 个省、自治区、直辖市直通高铁，大大缩短了运行时间，有力地带动了沿线旅游城市、旅游景区的发展，也大大地方便了来沪的游客，推动了上海都市旅游业的发展。

2017 年 4 月 16 日，上海铁路局实施新的列车运行图，上海三大火车站开行的旅客列车总数达到 461 对，其中，高铁、动车组列车 331 对，包括首次开行至成都、重庆，白天动车组卧铺列车，增开上海至黄山高铁列车 1 对。这些高铁的开通，使上海至抵达这些城市的旅游时间大大压缩，如上海到黄山最快 4 小时可到达，上海虹桥至兰州，10 小时 38 分可以到达。新列车运行图同时增开 11.5 对普通旅客列车，其中上海至伊宁、兰州、西宁的列车增多，使前往西北方向的运力大大增加。

高铁的提速如"复兴号"动车组列车实现 350 千米/时运营，使得中国成为世界高铁商业

运营速度最高的国家。

另如,沪杭城际高铁、沪宁城际高铁,大大缩短了沪杭、沪宁两地的出行时间,如沪宁高铁的运行时间也缩短为一个半小时左右;沪杭高铁的运行时间缩短为 40 分钟。城际铁路的建设,将影响人们旅游出行方式的选择,对带动城区之间的商务旅游、休闲旅游及观光旅游产生直接影响。上海郊区金山铁路动车线带动区域旅游发展,金山区全年游客大增,全年达 650 万人次,比上年增长 18%。为保障上海铁路客运的畅通无阻,上海现今主要有四个客运火车站,即上海站(又称"新客站")、上海南站、上海虹桥站和上海西站。

(1)上海站(上海火车站)。上海站始建于 1908 年,1909 年完成。现上海站建于 1987 年,由原上海东站改建而成。它是我国特大型铁路客运站之一,是旅游集散中转枢纽,隶属上海铁路局管辖。它毗邻上海长途客运总站,与上海虹桥站、上海南站并称为上海铁路三大交通枢纽。

上海站在京沪线上距离北京站 1 463 千米、距离南京西站 309 千米。上海站在沪杭线上距离杭州站 201 千米。上海站为尽头站,其接发的列车均为始发和终到的列车,其中包括 2008 年 12 月 21 日起,上海站开行至北京的高铁动卧和到香港九龙站的直达特快列车。既要运营普通列车,还负责收发部分高铁,人流压力非常突出。其日接发的列车数量仅次于上海虹桥站,居上海市第二,客流量也排在全国前列。

上海站有南北两个广场,南广场东南出口有一条通道直通轨道交通 1、3 和 4 号线,旅客下火车后可直接通过此通道同时完成火车出站检票和轨道交通进站。途经上海站的公交线路近百条,且有通宵运营的夜宵车通往上海各区。北广场也是长途客旅、出租、轨交、公交等交通搭乘地点。其主要进出口设在北广场,并通过地下过道与南广场相连。2009 年起,为适应上海世博会召开而导致的客流激增,北广场开始进行大规模改造,2010 年 5 月 29 日,北广场交通枢纽建成启用。

与上海站有关的车站轶事不少,如 1932 年出现的红帽子搬运队;1984 年起的车站候车室设有售货亭,站台设有售货车;北站地区成为"不夜城";1931 年 3 月 20 日的宋教仁北站遇刺等;在与上海有关的各类艺术作品中,经常出现上海站的描写。

(2)上海南站。位于上海市徐汇区沪闵路 289 号,是上海客运铁路枢纽的南大门。现为特等站(与上海火车站同)也是联系长江、珠江三角洲及中国南方其他城市包括港澳地区的重要交通枢纽。南站及周边地区以其独特的地理条件和投资优势,必将成为与徐家汇城市副中心功能互补的又一区域经济中心,它和上海虹桥站、上海站并称为"上海三大铁路交通枢纽",是上海的第三大火车站。

上海铁路南站最大的建筑特点是地面建筑少。三分之二的建筑面积在地下,这就可腾出很大的空间用于绿化,南站的广场绿化绝大多数属于屋顶绿化,广场下为地下两层建筑结构,地下结构顶部都要回填至少 1.5 米的绿化造型土来植绿。所以铁路南站的绿化面积总共达到了 8.5 公顷,共种植了 3 000 株乔木,50 万株花灌木,4.5 万平方米草坪,这里不仅是一个大型的交通枢纽,也成为周边居民健身休闲的好去处。南站主站屋设计为巨大圆形钢结构,高 47 米。圆顶直径 200 多米,总面积 5 万多米,建筑整体结构气势磅礴。

上海南站设计非常独特,从外观看好似一个飞碟,南站的底楼是火车停靠站;一楼就是候车室;二楼是进站口,被设计成环行并包围整个候车室。南来北往的火车可从主体建筑的架空部分穿行而过。主站屋分为三层。中层与地面同高,为站台层。上层为出发层,设有周长为

800 米的高架环形出发平台、可同时容纳一万余人候车的大空间候车区、检票通道等;下层为到达层,设有旅客出站地道、南北地下换乘大厅、地铁 1 号线、3 号线、4 号线、15 号线,部分长途客运和旅游专线等,在站内实现零换乘。南北广场总建筑面积为 12 万平方米,平面设计为园林绿地和旅游集散地,南北广场地下设计二层商铺、道路和停车场。南来北往的火车可从主体建筑的架空部分穿行而过,寓意"车轮滚滚,与时俱进"。上海南站出发至金山区金山卫的金山支线(即轨交 22 号线)为上海市城区首条铁路。

(3)上海虹桥站。位于上海虹桥机场西侧,是上海虹桥交通枢纽的重要组成部分,是一座高度现代化的中国铁路客运车站。现是亚洲超大型铁路综合枢纽,目前国内最大的铁路车站、华东地区最大的火车站,上海第一大火车站。

它于 2008 年 7 月 20 日开工建设,2010 年 7 月 1 日投入使用。其总占地面积超过 130 万平方米,站房总建筑面积约 23 万平方米,处于京沪、沪昆两大铁路交汇处,北端引接京沪高速铁路、沪汉蓉高速铁路,南端与沪昆高速铁路接轨,与沪杭甬客运专线、沪杭城际铁路接轨。它有 4 条高铁终点站,并通过高铁形成城市之间的连接线。最终形成长三角一体化及中国"两带一路"(长江经济带、丝绸之路经济带、21 世纪海上丝绸之路)的大通道。

上海虹桥站作为国内现代化程度最高的客运车站,2019 年 11 月 20 日第二批电子客票应用推广工作启动,上海虹桥站已告别纸质车票,迈入电子客票时代跨出了实质性的一步。设备设施自动化程度高,站区范围内大量设置自助售票机、自动检票系统、自动引导系统等自助服务设备。全站共设自助售票机 80 台,进出站检票闸机 196 台,其中进站 126 台,出站 70 台。虹桥站候车大厅面积达到 11 340 平方米,最高可同时容纳 1 万人候车,候车大厅是全开放的空间,不设立隔的候车室,旅客进入站厅后,可以在候车区域内等候,也可以前往商铺购物或到观光平台游览。在建设中,它还广泛应用太阳能板发电、电能余热利用等多项环保技术,成为上海市低碳经济示范点。

上海虹桥站与运营中的上海站、上海南站实现明确的功能分工,虹桥站主要负责高铁的运输,而上海站、上海南站主要为动车、普快列车旅客提供服务,最终形成长三角及国内快速、便捷的客运网。

上海虹桥站预留了沪杭磁悬浮 10 台 10 线,站型上海地铁 5 号线为通过式。配套设施部分将建成城市轨道交通(轨道交通 2 号线、10 号线及 17 号线)、磁悬浮交通、道路交通以及航空港紧密衔接的现代化客运中心。

现在上海虹桥站的客运能力大大提高,2020 年客运列车到发 260 对、年发送旅客 5 272 万人次、预计(2030 年)将达到办理列车到发 335 对,年发展旅客 7 838 万人次的客运能力。

(4)上海西站。原名真如站,始建于 1905 年。位于上海市普陀区,是沪宁城际的一个车站,隶属上海铁路局上海站管辖,现为一等站。目前上海西站是一个汇集沪宁城际高铁、上海城市轨道交通、城市公交为一体的现代化的大型综合交通枢纽,是上海市的第四大火车站。2010 年 7 月 1 日,沪宁高铁正式开通,上海西站重新启用客运业务。预计未来每年客流集散量最高可达 1 亿人次,2020 年后,旅客从南京上车 1 小时后抵沪,可以在这里轻松换乘三条上海地铁(11、15、20 号线),直奔上海市中心及各个角落。

2. 上海高铁线路

上海的高速铁路发展较快,是与整个中国高铁的发展联系在一起的,2010 年是中国高铁大规模建设逐步进入收获期的一年,沪杭、沪宁等高铁相继建成并投入运营,使中国高铁运营里程达到 8 358 千米,在建里程 1.7 万千米,无论是运营里程、运营速度还是建设速度,均居世界第一。

目前,上海的高铁线路有:京沪高速铁路、沪宁城际高速铁路、沪杭城际高速铁路、沪昆高速铁路,沪汉蓉高速铁路。

(1)京沪高铁。京沪高铁从北京南站出发至上海虹桥站,总长度 1 318 千米,总投资约 2 200 亿元,它的建成使北京和上海之间的往来时间缩短到 5 小时以内。这是新中国成立以来一次建设里程最长、投资最大、标准最高的高铁铁路。2008 年 4 月 18 日正式开工,2011 年 6 月 30 日通车。北京至上海的 G1 最快只需 4 时 48 分。

2015 年 1 月统计,2014 全年京沪高铁运送旅客超过 1 亿人次,实现利润约 12 亿,系首次实现盈利。京沪高铁运营 4 年间运送旅客达 3.3 亿人。

京沪高铁整个设计都充满着人性化,对铁路周边居民的通行和安全影响比普通铁路要小得多。同时铁路一旦进入市区或者村庄,也将进行特殊包装,如过市区须钻“隧道”,用一种特殊材料制成的“隔音罩”,以防影响居民的休息,为了防止京沪高铁开通后对周边环境造成噪声污染。在建设过程中,采用加装消声器,铺设减振垫,设置全新声屏障等措施,降低噪声对附近居民的影响,在经过市区的路段时,将用特别坚固的声屏障严密组成类似于隧道一般的隔音罩。

(2)沪宁城际高铁。它是连接上海虹桥站和南京站的高铁,正线全长 300.329 千米,其中江苏境内长 266.68 千米,上海境内长 32.05 千米。2008 年 7 月开始兴建,2010 年 7 月 1 日开通运营,是世界上标准最高、里程最长、运营速度最快的城际高速铁路,沪宁城际高速地处长江三角洲地区的核心区域,贯穿上海、苏州、无锡、常州、镇江及南京市,与既有的沪宁铁路、京沪高速铁路、沪宁高速铁路及 312 国道、京杭大运河共同构成上海至南京的主要交通运输通道。

(3)沪杭城际高铁。它连接上海与杭州,是中国“四纵四横”客运专线网络中沪昆客运专线的一个组成部分,正线全长 169 千米,其中 87% 为桥梁工程,全线设车站 9 座,全城设计时速为 350 千米,2009 年 4 月 15 日动工,2010 年 10 月 26 日正式通车运营。

该工程广泛采用了新技术、新结构、新工艺。全线软土部分分布广泛深厚,成因复杂,多处存在区域地面沉降,地基处理和工后沉降控制极为困难,全线桥梁总厂占线路长度比重高达 90%。全线特殊结构桥梁共有 155 处,其中 36 次跨越等级航道、18 次跨越高速公路、6 次跨越既有铁路,施工之复杂前所未有,创造了高速铁路拱桥跨度、单边转体自垂和软土地基上建桥的“三个世界第一”,在软土地区上首次成功应用桩-板梁结构上跨地铁隧道。

沪杭高铁是沪宁杭三角铁路网的主干线之一。本线建设将在沪杭间构筑在一条安全、方便、快捷的大运能客运通道,对于实现客货分箱运输、有效缓解运输紧张状况,推动长三角地区同城一体化、经济一体化进程有十分重要的意义。

(4)沪昆高速铁路。又名沪昆客运专线,是国家《中长期铁路网规划》中“四纵四横”的快速客运通道之一,是一条东起上海,西至昆明的东西向铁路干线。

该路线由沪杭客运专线、杭长客运专线以及长昆客运专线组成,途经上海、杭州、南昌、长沙、贵阳、昆明 6 座省会城市及直辖市,线路全长 2 264 千米,设计时速 350 km/h,是中国东西向线路里程最长、经过省份最多的高速铁路。它是分段开通,2016 年底贵昆段通车,则全线贯通。从上海坐火车前往昆明只要 10 个多小时,比现有的沪昆铁路节省 28 个小时。这一铁路的贯通将会缩小东西部经济发展的差距,迅速地促进区域经济的合作与兼容,带来经济的平衡发展。江西作为连接东西部的纽带,受益将更大。南昌到北京、广州距离缩短 4—8 个小时左右。如此一来,遥远的城市和景区离我们越来越近,不同城市之间的互访将更加频繁,游客前往景区观光游览更加方便、快捷。

3. 上海市轨道交通

上海市的轨道交通是最便捷、利用率最高的市内交通工具。随着运营里程的不断增加,上海轨交的客运量持续增长。不仅更好地发挥了介体的作用,还增加了客体的功能。截至 2021年 6 月上海轨交运营线路共 19 条(含磁浮线),运营里程共 772 千米(地铁 741 千米、磁浮 29千米)、车站增至 460 座(地铁 458 座、磁浮 2 座)。近几年来上海轨交日客流量屡创新高,多次超过 900 万人次,2019 年 3 月 8 日达到 1 329.4 万人次,在全国各大城市中位居前列。

截至 2020 年底,轨道交通年客运量达 28.34 亿人次,日均客运量为 774.51 万人次。为了使市民游客增进乘地铁中的文化体验,增强客体的功能,上海轨交部门继续推进"文化进地铁"行动,全年推出 14 列文化列车,以丰富市民游客乘坐轨交出行中的文化体验。例如,2014年 2 月 14 日,在 10 号线,开行了"京昆折子戏戏曲人物画系列文化列车",列车车壁贴画、列车拉手上有《游园惊梦》《霸王别姬》《昭君出塞》等 36 出京昆折子戏的图文介绍,以戏曲人物画的形式定格精彩的艺术瞬间。2016 年 4 月 30 日轨交 7 号线开行"十大名花列车",选取梅花、牡丹、菊花、兰花、月季、杜鹃、山茶、荷花、桂花、水仙等中国十大名花,在轨交车厢里呈现百花竞艳的氛围;2016 年 5 月 25 日,在上海解放 65 周年前夕,10 号线开出"解放号列车",从《解放日报》资料库 90 万余张老照片中精选出来的 40 张历史照片,随着列车进行为期半年、穿越城市的流动展览,为乘客讲述上海 65 年来的发展历程。10 月 31 日是首届"世界城市日",这是第一个由中国政府倡议并成功设立的国际日。2014 年 10 月 24 日至年底,"世界城市日主题列车"在 8 号线上线运营。同时发售以"世界城市日"为主题的轨交一日票。当年,轨交还开出纪念周信芳诞辰 120 周年的"流芳号文化列车"、迎接第十二届全国学生运动会的"阳光少年列车"和"活力园丁列车"、配合"2014 上海国际睡莲展暨第二届上海荷花展"的"荷花雅韵列车"、普及民族音乐的"华韵畅享列车"、展示列支敦士登王峰收藏的"列支敦士登列车",以及"张大千与毕加索列车""莫奈名画列车""爱乐号音乐文化列车""法治文化专列"等。

4. 上海的出租车服务

上海的市内旅游交通工具中,除了轨交最快、最便捷外,出租车服务也有了新的拓展,首批2 000 辆大众出租车正式为乘客提供免费上网服务,标志着上海出租车行业在全国率先进入移动互联网时代,同时也为上海加快推进智慧交通建设做出有益的尝试。大众出租此次在出租车上安装的是完全独立的 3G 移动平台,该平台全面支持高速数据输送的蜂窝移动通信技术,支持安卓、苹果、Windows 等操作系统。大众出租公司在首批 2 000 辆运行的基础上,根据乘客的建议作出进一步的改进,于 2015 年 5 月前将 Wifi 覆盖到全市 9 000 辆大众出租车上。2017年 6 月,市交通委公布关于推动出租汽车行业新一轮改革发展的实施计划,加强了出租汽车运载管理,提高了服务质量。锦江、强生等出租车公司获得过"2016 上海市质量管理奖",上海强生出租车公司连续 7 年保持上海出租汽车行业第一名。

5. 上海高速公路网实现 ETC 联网运行

目前,上海全市高速公路网通车已长达 580 多千米,城市交通运营能力不断提高,内外交通更加便捷通畅,为都市旅游业的发展起到大大的推动作用。为了使高速公路网运行更加通畅,实行 ETC 联网运行。2014 年底,全市高速公路车道已达 280 条,ETC(电子不停车收费)用户超过 45 万。全市共有 36 个 ETC 客服网点可为用户提供安装、充值维修等全方位服务。2016 年 12 月 26 日，在交通运输部统一指挥下，北京、天津、河北、山西、辽宁、上海、江苏、浙江、安徽、福建、江西、山东、湖南、陕西 14 个省市高速公路 ETC 正式互联网运行，共覆盖 5.2 万千米高速公路、6 659 条 ETC 专用车道，逾千万 ETC 用户可以实现高速路不停车快速通行。据测算，安装 ETC 装置的汽车通过收费站的平均时间由原 14 秒降到 3 秒，一条 ETC 通道相当于 5 条人工收费车道。此外，不停车收费开行可使汽车燃油消耗平均降低 20%，CO_2 排放减少约 50%，CO 减少约 70%。

6. 磁悬浮列车商业运营，在世界尚属首创

上海磁悬浮快速列车线是全新型地面高速轨道交通系统，是中德合作开发的世界上首次修建的第一条磁悬浮商业运营线，它西起上海地铁 2 号线的龙阳路站，东至浦东国际机场，整个线路呈"S"形，正线全长 29.863 千米，设计时速达 430 千米，跑完全程只需 7 分钟。2002 年 12 月建成开通，投入观光试运行，2006 年 4 月 27 日正式投入商业运行，是中国首条磁浮线路。乘坐磁悬浮，乘客不会有不适感，轨道全线两边 50 米范围内装有目前国际上最先进的隔离装置，车窗是透光率较高的高质量玻璃，更好地保证乘客的乘坐体验与安全。这条线路是上海集城市交通、观光、旅游于一体的交通建设重点项目。与其他轨交相比，工程更经济、更安全地达到较高速度，且对沿线的环境影响小、无噪声，对环境保护也比其他公共交通工具有着更为明显的优势，是一种高安全的运输工具。与汽车、飞机等交通工具相比，其能源仅是汽车的一半、飞机的四分之一；噪声小，其时速达到 1 300 千米/时以上，噪声只有 65 分贝，仅相当于一个人大声说话，比汽车驶过的声音还小。截至 2017 年 9 月 5 日，上海磁浮列车总计运输乘客 5 000 万人次，安全运行 1 688 万千米。

高速磁悬浮交通系统由于有着较高的经济运行速度，不仅适合于相距数百千米至一千多千米的交通枢纽之间的大运量快速客运交通，而且还适合于相距数十千米至数百千米的中心城市与附近重要城市之间的长距离运输。因此，在上海的"十三五"规划中，沪杭磁悬浮站也将上马。这将大大缩短城市之间的时空距离，加速沪杭之间的联系和沟通，有助于两市的旅游业的发展。

未来，上海市的公共交通体系中有望出现新角色——低速磁悬浮。据悉，低速磁悬浮车辆产业化基地项目已经纳入上海电气集团总公司近期将要开工的项目范畴，年产低速磁悬浮车辆 60 辆（每列 6 辆，编组共 10 列），年产磁悬浮架 300 个系统具有低噪声、看不见无污染、转弯半径小、不可变轨、爬坡能力强等优势，是一种非常有牟利发展前景的技术制式。与浦东已经建成的高速磁悬浮相比，低速磁悬浮设计时速在 100 千米左右，噪声低，是更适合于城市内部的轨道交通。它肯定将应用到上海市的公共交通体系中。为了展示文化特色，磁浮龙阳路站设有上海磁浮交通科技馆，展示上海磁浮有关内容，可让市民游客了解磁浮文化，并认识到它的价值意义，它是中国交通发展史上的一次恢宏创举，也是中国科技进步的一次精彩跨越。它代表了"新上海的速度"与"新上海的精神"。

二、上海的立体交通格局

现今的上海，市内交通呈现出高架—路面—地铁的上、中、下立体交通格局。所谓"上"是指市区有大部分为高架的内环线、南北高架、延安路高架和明珠线轨道交通；而市郊有外环线高架，中环线也有部分高架，所谓"中"即为路面三横三纵主干道，所谓"下"即指轨道

交通和隧道。

1. 三横三纵的主干道

上海市中心有三横三纵的主干道和密如蜘蛛网的马路。三横的北线是长宁路—长寿路—海宁路—周家嘴路;中线是延安路高架;南线是虹桥路—徐镇路—肇嘉浜路—徐家汇路—陆家浜路。三纵的西线是曹阳路—江苏北路—江苏路—华山路—漕溪北路;中线是共和新路—南北高架;东线是四平路—溧阳路—嘉兴路—吴淞路—中山东路—中山东二路—中山南路。

2. 上海的轨道交通和越江隧道

(1) 截至 2021 年 6 月,地铁已有 1 号线、2 号线、3 号线、4 号线、5 号线、6 号线、7 号线、8 号线、9 号线、10 号线、11 号线、12 号线、13 号线、15 号线、16 号线、17 号线、18 号线和浦江线。共开通线路 18 条(见表 3-3)。

表 3-3　上海轨道交通运营线路基本信息

线路名称	识别标志色(RGB)	千米	站点	运营方式	编组	通车时间	单位
1 号线	大红色	36.9	28	大小交路	8A	199.05.28	一运
2 号线	淡绿色	64	30	大小交路	4A/8A	1997.06.27	二运
3 号线	黄色	40.3	29	大小交路	6A	2000.12.26	三运
4 号线	紫罗蓝色	33.6	26	环线	6A	2005.12.31	三运
5 号线	紫红色	17.2	11	单一交路	4C	2003.11.25	一运
6 号线	粉红色	36.1	28	大小交路	4C	2007.12.29	四运
7 号线	橙色	44.3	33	大小交路	6A	2009.12.05	三运
8 号线	蓝色	37.4	30	大小交路	6C/7C	2007.12.29	四运
9 号线	天蓝色	52.0	26	大小交路	6A	2007.12.29	一运
10 号线	淡紫色	36.0	31	Y 字形	6A	2010.04.10	一运
11 号线	深棕色	82.3	38	大小交路 Y 字形	6A	2009.12.31	二运
12 号线	翠绿色	39.8	32	大小交路	6A	2013.12.29	四运
13 号线	粉红色	23.3	19	单一交路	6A	2012.12.30	二运
15 号线	香槟色	42.3	30		6A	2021.1.23	三运
16 号线	淡蓝色	58.96	13	单一交路	3A/6A	2013.12.29	三运
17 号线	浅棕色	35.3	13			2017.12.30	三运
18 号线	土黄色	14.5 (截至 2020 年底)	8			2020.12.26	三运
浦江线	灰色	6.64	6		4A	2018.3.31	申凯公交

上海轨道交通标志为圆形,标徽设计是由字母 S 和字母 M 变形组合的。字母 S 表示上海(shanghai),字母 M 表示地铁(metro)。圆弧状似地铁的圆形区门隧道,M 又像在隧道内相向行驶的两辆地铁列车。图案抽象洗练,寓意深远。

上海地铁的吉祥物是畅畅。它是一个来自未来的小机器人,圆润的流线型动感十足,微笑的眼睛透露亲切,现代化的装备科技含量十足,体育蕴含着青春与力量。畅畅,是上海的形象化身,微笑自信的表情诠释出上海地铁积极进取无限开拓的品牌形象。

(2)上海的越江隧道共有十六条,即打浦路隧道(打浦路复线隧道)、延安东路隧道、上海外环隧道、大连路隧道、复兴东路隧道、翔殷路隧道(目前中国直径最大的越江公路隧道)、军工路隧道、新建路隧道、人民路隧道、西藏南路隧道、上中路隧道、周家嘴路隧道、沿江通道隧道、龙耀路隧道、长江路隧道、虹梅南路隧道,在建的有江浦路隧道、龙水南路隧道、银都路隧道。

上海外环越江隧道是一条现代化大型沉管隧道,是上海首次采用成管法施工的越江隧道,是上海市外环线节点工程,1999年12月28日开工,与2003年6月21日建成通车,标志着总长99千米的上海城市外环线全线通车,历时10年的建设,使工程总投资达175.44亿元的外环线画上圆满句号。

上海打浦路隧道是上海市第一条穿越黄浦江水底的公路隧道,由浦西引导段,江中段及浦东引导段三部分构成,全长2 761米,其中隧道主体长1 332米,江中段江底直线长600余米。它是国内第一条水底公路隧道,也是一条采用盾构法施工的隧道,以货运为主。1966年动工,1971年6月正式通车,隧道日夜开放。黄浦江打浦路隧道是中国第一条水底隧道,上海第一条连续跨越长江和黄浦江隧道,位于上海市区西南部黄浦江江底,1965年5月动工,1970年9月建成通车,包括引道在内,全长2 761米。

2014年12月6日开工沿江通道工程,总工期60个月,总投资约72.625亿元人民币。沿江通道工程主线全长约8.421千米,西起上海宝山区,以隧道形式向东进入长江,下穿国际邮轮码头引桥、炮台湾湿地公园、吴淞岛以及黄浦江,最后在滨江森林公园处登陆。全线采用双向六车道高速公路标准设计,隧道段设计车速为80千米/每小时。

沿江通道越江隧道新建工程,隧道段长6.486千米,道外径为15.0米,内径为13.7米,刷新了上海黄浦江底隧道最大、最长的纪录。自上中路隧道开始,中国的超大直径隧道建设技术已居世界前列。本次施工将面临很多难点,要求更高。沿江通道工程是上海郊环闭合工程的关键一环。该通道建成后,将进一步完善区域公路集疏运通道网络,有利于上海国际航运中心和亚太国际航空港、枢纽港的建设。

上海翔殷路隧道,自上海浦西翔殷路、军工路交叉口起,连接浦西的中环线,越江后在浦东北路附近与五洲大道相接,隧道总长度约为2.6千米,其设计最高行车时速80千米,双向四车道。该水下公路交通隧道的江中圆隧道长约1.53千米,圆隧道外径11.36米,内径10.4米,它是目前中国直径最大采用盾构法施工的隧道。

上海市长江西路隧道位于上海市东北角,全长4 912米,连接宝山区和浦东新区。原该区域的交通供需矛盾十分突出,因该区域仅有外环隧道穿越黄浦江,离最近的翔殷路隧道约10千米。因此,该隧道的建设为缓解外环隧道、吴淞大桥的交通压力创造良好的条件。该隧道采用双管双向6车道规模,每管单向3车道。

(3)上海的越江大桥。上海的越江大桥也是上海市内交通中的一个重要的组成部分。目前,上海的跨越黄浦江大桥有南浦大桥、杨浦大桥、卢浦大桥、徐浦大桥、奉浦大桥、松浦大桥、闵浦大桥等。有一条长江隧道(全长为25.5千米,浦东新区五号沟至长兴岛为隧道,长兴岛至崇明陈家镇为长江大桥),方便了上海市区至崇明岛的交通,推动了崇明国际生态岛的建设,意义重要;有两条通向江浙的大桥——东海大桥(全长32.5千米我国第一座真正意义上的外海大桥,从芦潮港至小洋山岛)和崇启大桥(全长 51.76 千米,起于崇明陈家桥镇,南与长江隧道相连,北止于江苏省启东汇龙镇)。

三、上海的航空交通

中国在 21 世纪初,航空客运飞速发展,据国际民航组织统计,2003 年我国内地运输总周转量居世界第五位(次于美、德、英、日),如果加上港澳台,则我国民航运输总量已居世界第二(次于美国),已成为世界民航大国。上海在我国航空客运的发展中起着十分重要的作用。

上海是中国大陆同时拥有两个民用国际机场的城市,一座是上海浦东国际机场,一座是上海虹桥国际机场,分别位于城市的东西两侧。为了适应上海空港"一市两场"的新格局,1998年 5 月 28 日,经上海市人民政府批准,组建了上海机场(集团)有限公司,统一经营管理两大国际机场。

上海虹桥国际机场(代码为 SHA)是我国三大门户机场之一,是我国主要的航空枢纽机场。其始建于 1907 年,1964 年 5 月 1 日卡拉奇—上海—广州—卡拉奇国际航线开通后,它才成为初具规模的国际机场。1988 年 6 月 25 日,在中国民航管理体制进行重大改革后,上海虹桥国际机场正式成立,成为一家实行企业化管理体制的民航运输企业。1994 年,上海虹桥国际机场由民航总局移交上海市人民政府管理。

上海浦东机场是我国(包括港澳台)三大国际机场之一,与北京首都国际机场、香港国际机场并称为三大国际航空港。它位于上海浦东长江入海口南岸的滨海地带,占地 40 多平方千米,距上海市中心约 30 千米,距虹桥机场约 40 千米。浦东机场的国际代码为 PVC。2002 年10 月 27 日起,原在虹桥机场起降的国际和港澳航班全部转移到浦东机场起降。此外,部分国内航班也在浦东机场起降。虹桥机场则主要承担国内出发、到达及备降国际航班的功能,日均起降航班 540 架左右,浦东机场主要飞国际航班。两大机场的功能定位基本明确。

2007 年虹桥国际机场旅客达到 2 263 万人次,在中国国内民用机场中居第四位,货邮量达到 388 904 吨,居第 5 位,起降 187 045 架次,居第五位。2015 年,虹桥机场实现旅客 3 907 万人次,位居第六位。2015 年全年,浦东国际机场实现旅客量吞吐量 6 008 万人次,位居全国第二。从整个上海航空港而言,2015 年上海空港航班起降量、旅客吞吐量指标均列全国第一。全年航班起降 70.58 万架次;旅客吞吐量 9 918.9 万人次;民航出入境旅客 3 275.02 万人次,其中国际旅客 2 493.4 万人次,地区旅客 781.57 万人次。截至年末,上海通航 47 个国家和地区 118 个航点、137 个国内航点 70 家国际和地区航空公司、26 家国内航空公司通航上海。

上海机场集团有限公司建立了自己的企业文化,其使命是建设文明窗口,增进五洲友谊,成就上海国际航运中心的理想,提供上海乃至中国经济发展的最佳航空保障。公司精神是:至诚至善,至高志远,公司文化是:以"护航天使,专业典范"为主,由三部分组成:一是安全第一,预防为主的安全文化;二是文明在机场,满意在空港的服务文化;三是诚信经营,追求卓越的绩效文化。公司的核心价值观是:永恒的安全第一,永久的顾客至上,永远的绩效卓越;公司的经营宗旨是:追求卓越的机场管理,提供高水准的服务质量,创造最大化的市场价值。公司的承诺是:服务社会,回报股东。公司的战略规划是:未来要成为最具吸引力的亚太核心航空枢纽。浦东国际机场要形成机场运行中心(AOC)、航站楼运行中心(TOC)、交通管理中心(TMC)、市政设施管理中心(UMC)和公安指挥中心(PCC)等五个运营中心,确保世界级枢纽机场的运营。

目前,上海的民用航空市场竞争激烈,三大航竞争上海航空市场。2014 年 6 月 12 日,中国南方航空公司上海分公司正式挂牌成立,南航将进一步增加在上海地区的运力投放和服务保障。随着南航上海公司的成立,有中国内地三大航之称的中国国际航空公司、中国东方航空公司和中国南方航空公司在上海正式形成三足鼎立之势,极力占取上海市场。三大航中,东方航空总部就在上海,目前拥有大中型飞机 400 多架,每年客运量超过 7 000 万人次;国航上海分公司于 2009 年成立,2011 年建立自主飞行队伍。

浦东国际机场现已成为国内最具国际化的机场。2004 年 12 月 19 日,机场迎来当年第 5 000 万名旅客,跻身全球最大的 20 个机场之列。机场第四跑道已完成试飞,并已于 2015 年上半年正式启用。第一、二、四跑道将主要承担客运航班起降功能,第三跑道侧重于货机保障。四条跑道同时运营后,机场的单小时航班最高起降量将由 70 架次升至 82 架次以上,平均每天可增 100 个航班。据上海机场集团统计,到 2019 年,浦东机场的年旅客吞吐量突破 7 600 万人次,进入全球前三位。在全球机场旅客满意度测评的统计中,浦东国际机场名列第 5 位,虹桥国际机场名列第 17 位,虹桥国际机场的“虹式手推车服务”获评全球旅客 4.97 分,列全球第一。

四、上海的水路客运交通

上海的水陆交通码头,早先大多数集中在十六铺码头和苏州河岸等处。十六铺码头是上海外滩最著名的码头,拥有 150 年历史,曾是远东最大的码头,承载着很多关于上海的历史人文记忆。1909 年上海县实行地方自治,因为十六铺地处上海港最热闹的地方,客货运集中,码头林立,来往旅客和上海居民口耳相传将这里称作“十六铺”,作为一个地名也就存用至今。

20 世纪 70 年代,以十六铺码头为基地,重新成立的上海港客运总站。1982 年,建立了十六铺新客运站。然而随着公路的大发展,水运的衰弱也成为历史的必然。2004 年,随着十六铺客运码头长期航线全部迁至地处长江口的吴淞客运中心,十六铺一度淡出人们的视线,2004 年 12 月初,十六码头爆破拆除,这里改建为“浦江之云”天棚,作为新十六铺的标志性建筑。它有波浪状的玻璃顶棚,造型飘逸起伏,类似浮云,为外滩增添了靓丽风光。2010 年上海世博会期间,这里曾是世博会的水门(水上门户)之一。目前十六铺成为上海的水上旅游集散中心。它还具有公共滨江绿地,大型商业餐饮和大型停车库等各种功能。

“浦江之云”与三栋由石材饰面的小型建筑,在材质上形成现代与传统的对话,自然过渡了浦西老外滩建筑群和浦东陆家嘴建筑群之间的巨大时代反差;又在造型上相互穿插呼应,成为总图上一条连绵不绝的主线,也成为现代滨江表现形式的一种新体验。

上海港国际客运中心,位于黄浦江西岸,靠近外滩,拥有 880 米长的黄金沿江岸线,毗邻两条上海地铁线并与东方明珠电视塔隔江相望。该中心包括国际客运码头、港务大楼、写字楼以及艺术画廊、音乐文化中心等相关建筑和设施。其中,国际客运码头面积约 20 000 平方米,水深 9—13 米,可以同时停靠 3 艘豪华游轮。码头年通过能力达到 100 万人次,其主要设施布置在一个近 5 万平方米的绿地下面,而地上部分则为一个漂浮在绿化带上的不规则玻璃球体,在提供客运服务的同时,也已成为黄浦江边又一道靓丽的风景线。在有着 160 年装卸历史的高阳路码头区域内,打造以国际客运为中心的现代建筑群,形成新世纪上海标志性的水上门户。现在,上海港国际客运中心已正式启用,拥有岸线全长 1 200 米,可同时停泊 3 艘 7 万吨级的豪华邮轮,全天 24 小时的引航、拖轮和联检服务。现已成为亚洲数一数二的邮轮停靠基地。其内部镶嵌一块约9万平方米的开放式滨江绿地,客运综合楼外形如"水滴"状。这些都已经成为上海一个新的标志性建筑。未来市政府将在原高阳码头区域内,打造以国际客运为中心的现代建筑群,形成新世纪上海市标志性的水上门户。地铁12号线的开通运营,给这颗北外滩的明珠增添了一缕光彩。

另外,上海还有公平路码头(往返大连、温州、三沙、马尾等地),芦潮港站与金山港站泊往杭州湾南岸沿海港口的快班客轮;内河航运有吴淞码头、宝杨码头、石洞口码头,可通向崇明区。

目前上海已形成"一港两码头"的国际邮轮组合港。上海港国际客运中心与吴淞口国际邮轮港实现功能互补,虹口北外滩定位于发展高端产业服务,完善商业配套服务,构建邮轮要素市场。拓展邮轮产业链,成为上海邮轮经济商务区;上海港国际客运中心主要用于接待吨位较小的邮轮;吴淞口定位于大中型国际邮轮和沿江沿海游船以及游艇靠泊提供综合服务的长三角区域水上旅游集散中心;吴淞口国际邮轮码头则停靠7万吨级以上的国际邮轮。2011年10月15日,吴淞口国际邮轮港正式开港。2015年4月,码头扩建项目启动,2017年竣工运营后,吴淞口国际邮轮码头形成水陆联运四船同靠的能力成为亚洲最大的邮轮母港。2017年,吴淞口国际邮轮港靠泊邮轮466艘次,出入境游客291.5万人次,其中母港出入境游客288万余人次,其运营规模继续保持全球第四、亚洲第一。

五、上海旅游交通的客体性质和文化内涵

1. 轨道交通既是便捷的交通工具,也是观光体验的对象

在世界城市轨道交通的长度排名中,至2021年6月,上海的轨道交通运营线路19条,运营里程共772千米(含磁浮29千米),居世界之首。由于地铁有不少优点:节省土地、减少噪声、减少干扰、节约能源、减少污染,加之运量大、准时、速度快,因而它成为城市市内交通中最受人们欢迎的出行工具。上海的地铁线路多,换乘方便,更加受到市民游客的欢迎。对于广大的中小城市和农村的人们,来到上海乘坐地铁,更是一次非常好的体验。

另外,上海的轨道交通站点多,线路多,线路的识别标志色均不同。每个站点的布设也各有特色,有的还蕴含不少文化底蕴。例如,2014年上海轨交部门推进"文化进地铁"行动,全年逐渐推出14部文化列车,以丰富市民在乘坐轨交外出中的文化体验。在地铁10号线、7号线和8号线上皆有。如2014年4月30日,在7号线上开行十大名花列车;5月25日在10号线上,为纪念解放上海开出"解放号列车",车上有精选出40张历史照片,进行为期半年,穿越城市的流动展览等。

徐家汇站是上海轨交1号线、轨交9号线、轨交11号线的地下岛式车站。该站地处上海城市副中心徐家汇的核心,周边聚集了大量商业、办公大楼,人流量极大,是1号线上最重要的车站之一,也是地铁重要换乘站之一。在整个站内,尤其是在1号线地下岛式车站内,设有多种富含文化内涵的展览。其中最主要的是上海轨道交通公共安全知识馆三期工程设在徐家汇站1号线通道内,分四个功能板块:公共安全宣传、公共安全实物展示、公共安全经典视频播放和互动体感知识竞答四块;还有宣传上海红色之旅的视频播放,包括中国共产党的诞生之地,中共一大会址纪念馆、四大会址纪念馆等;还有上海旅游导览,如松江之旅,金山碧海银滩之旅等等。此外,还有一些广告宣传,如上海新奥斯购物村开工典礼的宣传广告等等。这表明上海的轨交站点不仅具备交通功能,还肩负着文化知识的传播。

另外,在其他一些轨交换乘站。如上海南站、人民广场站、世纪大道站、中山公园站、宜山

路站、静安寺站等换乘枢纽都有不少有关地铁文化知识的宣传。如宜山路站内设有地铁生活知识馆,有地铁是通向城市新生活的宣传广告等。例如,在轨交 2 号线,从中山公园站至张江站之间共 7 个站,有 7 组主题壁画、浮雕。静安寺站有静安八景浮雕(涌泉井、讲经台、沪渎垒、陈朝桧、绿云洞、虾子潭、赤乌碑),浮雕上贴金箔,照明设玻璃罩予以保护。南京东路站设有中华第一街(新)浮雕、十里洋场(旧)浮雕;陆家嘴站有城市地标,水晶雕塑。

在轨交 4 号线,临平路站有犹太人在上海(摩西会堂,现犹太难民纪念馆)壁画;大木桥站有百舸争流(江南制造局)壁画;东安路站有医药之光(中药药材,历史名医)壁画。

在轨交 7 号线,龙阳路站有花间飞舞(乡村)铜板壁画;后滩有炫彩添潮(它是以玻璃圆管的矩阵和风动漂浮彩球的组合,使人联想黄浦江潮起潮落的景象)。

在轨交 9 号线,马当路站有午后阳光(石库门,新天地)的氟碳添喷壁画;徐家汇站有海上印象丝网印刷壁画,艺术长廊,举办《大家风流——毕加索、张大千作品上海地铁巡展》;七宝站有七宝古镇全景剪纸。

在轨交 10 号线,同济大学站有天都云瀑歌(黄山)、梦里徽州图画,被称为“上海最美车站”;上海图书馆站 有知识之梯(印刷,书籍)浮雕。在轨交 11 号线,龙华站有龙华古寺壁画。

由上述这些地铁站线的壁画、浮雕和艺术长廊中可以看出,这些作品均和该站的历史和环境有关,体现了这些地区的文化特色。这些地铁艺术作品均配以中英文对照的招牌,有的还做了简要介绍。

截至 2021 年 12 月上海地铁共开通 20 条线路(含磁浮线),总里程达 831 千米,居世界之首。

2. 世界上首条商业运营的磁浮线

上海磁悬浮列车是世界上第一条投入商业运营的磁浮线,是中国第一条集城市交通、观光、旅游于一体的磁悬浮列车线。最高时速为 430 千米/时,从龙阳路地铁站至浦东机场,单向运营时间为 7 分 20 秒。运行中,两列车以 860 千米/时最高相对时速交会,向游客展示其“零高度飞行”的独特魅力。亲身去乘坐体验一下磁悬浮列车的平稳快速,是一次极好的旅游体验。

3. 上海有完善的交通设施

上海完善的交通设施包括:两个航空港(虹桥国际机场和浦东国际机场);三大火车站(上海新客站、上海虹桥站和上海南站);三大水路客运码头(新十六铺的标志性建筑——“浦江之云”天棚,上海港国际客运中心和吴淞口港国际邮轮码头);外滩观光隧道(我国第一条越江行人观光隧道);黄浦江上 13 座越江大桥:见表 3-4。东海大桥、洋山港码头等,它们不论从建筑外观型,结构特色,还是从其体验过程中的趣味性、娱乐性和刺激性的各个方面都会令市民游客以惊奇、震撼,成为有吸引力的观光对象。它们所体现出来的客体性质成为上海都市旅游发展中的核心吸引物,是我国其他大中城市的交通设施所不能比拟的。

表 3-4　上海黄浦江 13 座越江大桥

序号	名　称	全　长	通车时间
1	松浦大桥	铁路:3 037 米 公路:1 858 米	铁路:1975 公路:1976
2	南浦大桥	8 629 米	1991

（续表）

序号	名　称	全　长	通车时间
3	杨浦大桥	7 658 米	1993
4	奉浦大桥	2 201.8 米	1995
5	徐浦大桥	6 017 米	1997
6	卢浦大桥	3 900 米	2003
7	松浦二桥	1 045.86 米	2006
8	闵浦大桥	3 982.7 米	2010
9	闵浦二桥	4 893 米	2010
10	松浦三桥	1.65 千米	2010
11	金山铁路黄浦江特大桥	56.4 千米	2011
12	辰塔公路横潦泾大桥	1 648 米	2015
13	昆阳路越江大桥	3.49 千米	2020

例如：南浦大桥，市区黄浦江段上的第一座大桥，于 1991 年 12 月 1 日通车，总长 8 346 米，通航净高 46 米，桥下可通行 5.5 万吨级巨轮。是目前世界上第四大双塔双索面斜拉桥。主桥塔呈“H”型，高达 150 米，上有邓小平同志亲笔写的“南浦大桥”四个大字。主桥两侧各设 2 米宽的人行道，游人可乘电梯到达主桥，一览浦江西岸无限风光，它使上海人圆了“一桥飞架黄浦江”的梦想。

杨浦大桥是上海继南浦大桥之后建成的跨越市区黄浦江的第二座斜拉索公路桥，大桥全长 7 658 米。主桥 602 米，（总长 8 354 米，其中主桥全长 1 178 米）塔的两侧 32 对索连接主梁，呈扇面展开，如巨型琴弦，居世界同类型桥梁之首。邓小平同志亲自为大桥题写了桥名，他以 94 岁高龄登上杨浦大桥时感慨地说：“喜看今日路，胜读万年书。”夜晚的杨浦大桥犹如一道硕大无比的竖琴顺风弹奏。全桥设计精巧，造型优美，气势恢宏，犹如彩虹桥横跨浦江两岸，是上海旅游的著名景观（见表 3－4）。

每到夜晚，位于外滩地区浦东一侧的东方明珠广播电视塔成了灯的海洋，高大挺拔的电视塔宛如晶莹剔透的银柱屹立在黄浦江畔，与南浦大桥、杨浦大桥组成了一幅双龙戏珠的壮丽景色，两条彩带连着各光导系统闪闪发光，编制出一幅绚烂多姿的图案，如浪花飞溅，如彩云飘浮，如烟火升空，如明珠托盘。

卢浦大桥是继杨浦大桥之后的又一市区跨黄浦江大桥，大桥于 2003 年 6 月 28 日正式完工。属于集斜拉桥、拱桥和悬索桥三种不同类型于一体的桥梁结构，建成时为“世界第一拱”。车行桥上，视野开阔，心情也随之变得开朗。夜晚，大桥在灯光的衬托下越发显得气势磅礴。它也具有旅游的观光功能，游客可以登上桥顶尽赏浦江风光。

上海市内交通有很多立交桥，如莘庄立交桥、罗山路立交桥、恒丰北路立交桥、五角场立交桥等。例如：五角场立交桥位于杨浦区五角场，在五角场的中央，中环立交桥穿戴着金属的蛋形盔甲，那蛋形盔甲闪烁，变换着七彩灯光，在黑色的夜幕下流光溢彩，璀璨夺目，就像一段时光隧道。那“巨蛋”下方是一个下沉式广场，有地下通道连通四周的各大商场。

上海的一些特宽景观大道，如世纪大道、浦东大道等，也是有吸引力的旅游吸引物，起到旅游客体的作用。

（1）世纪大道，位于浦东新区，曾名中央大道，西起东方明珠广播电视塔，东至世纪公园，全长5.5千米，宽达80—100米。它是浦东新区最重要的景观道路和城市建设的标志之一，被誉为"东方的香榭丽舍大街"。

其最大特色是道路为不对称设计，中心线向南偏移10米，使其成为世界上独一无二的不对称道路。绿化带和人行道比车行道宽，使人、交通、建筑三位一体的关系更为合理。不仅气势宏大，而且具有强烈的园林景观效果。在人行道旁，建有8个180米长、20米宽的"植物园"，出行的主题突出、特色鲜明。为凸显园林景观效果，绿化景观和人行道占69米，北侧44.5米宽的人行道布置了4排行道树，常绿的香樟在外侧，沿街的内侧则是冬季落叶乔木银杏，起到了夏遮冬透的树种效果。南侧24.5米宽，布置了2排行道树，道路沿途还设置了以时间为主题的雕塑和艺术作品，景致独特，文化韵味浓厚。

世纪大道的建筑雕塑主要有：世纪辰光，位于世纪大道与崂山西路的交汇处。以中国古计时器"沙漏"为原型，9根高低不一的不锈钢镶玻璃立柱"沙漏"，呈抛物线分布，构成行星轨迹。每隔2至5天，电泵就会把漏掉的沙再打上去。这座世界罕见的古代科技与浦东的现代建筑相得益彰，别具情趣。东方之光，位于世纪大道杨高路交汇处开阔的环岛上，背靠大型广场的世纪公园，以原始日晷为原型，采用不锈钢管网架结构，令人联想到遥远的历史。日晷上小下大，椭圆的晷盘象征地球，晷针穿过的中点代表中国。据天文学家测定，晷针指向正北方；五行雕塑，以金、木、水、火、土5个甲骨文字造型为基本设计元素，5部分雕塑形象各异，"金"取三角形，呈塔形立于中央，"木"由立方体作大胆切割而成，"火"取火苗形，"水"用不锈钢做出流畅的象形文字水形曲线，"土"则取材于自然山石切凿而成。

世纪大道的建设，不仅对浦东功能开发和形态开发有重大影响和作用，而且是上海世纪之交城市形态建设的标志性景观，在大道沿线，摩天大楼拔地而起，每到夜晚，流光溢彩，繁华盛景令人赞叹。

（2）浦东大道，它是上海浦东新区乃至上海重要的干道之一，南北走向，北起滨江大道黄浦江边，南至上南路和耀华路相接，全长9 000米左右。在这条南北向略微弯曲的路上，有着众多上海标志性的区域。浦东南路以西、东昌路以北一线是陆家嘴金融贸易区的核心区域，上海中心、金茂大厦、环球金融中心、东方明珠、正大广场、花旗银行、国家开发银行、上海证券交易所等都在此区域内，轨交2号线，轨交9号线的站点也在此附近。

浦东大道、张杨路交叉区域是新型的张杨路商圈，第一八佰伴、华润时代广场、汤臣洲际大酒店、太平洋数码广场、百脑汇等都在此区域内。浦东大道，浦建路塘桥地区是正在兴起的另一个商业区。再往南就是上海世博园，轨道交通7号、8号线就在附近。

（3）上海滨江观光步道。上海滨江观光步道是在2018年初开始全线贯通的，免费向公众开放。步道全长从杨浦大桥至徐浦大桥共约45千米，涵盖了黄浦江两岸从外滩万国建筑群、陆家嘴现代商务楼宇群、上海世博会馆旧址等一系列代表性建筑，无疑是魔都观光最黄金的区域。

这里的步道包括了漫步、跑步、骑行的功能，标志分明，来去分开，还铺设了减震的塑胶跑道，人们可以沿着亲水步道散步，可以在跑步道跑步，可以沿着自行车道骑行。滨江步道的特色主要有如下几点。

一是设有便民的驿站——望江驿。上海滨江步道沿线相隔一定距离便设置有一个服务中心：望江驿。其外形是一个有着落地玻璃的小木屋，其中配备有卫生间、母婴室、饮水站、自动售货机、医疗急救等一系列功能，甚至提供借伞、充电、无线网络，是24小时免费开放。为游客歇脚提供方便。因小屋装有落地玻璃，因此，游客在休息的同时，也能透过玻璃远眺江景。

二是四季绿植丰富。滨江步道的绿植设计也十分用心，一年四季几乎都能见到些网红花卉。春天的樱花桃花飘零之后，便是初夏粉紫的绣球花，秋天又有大面积的粉黛乱子草，吸引着市民前来拍照打卡，也让人在钢筋水泥的城市里，感觉到四季变迁、自然美好。

三是丰富的工业遗存。上海黄浦江两岸留下了不少工业遗址，这些老仓库、旧水厂，在滨江步道的建设改造过程中，获得了新生，改建成了艺术展览、博物馆等文化设施。徒步还能看展，相当有格调。

可以说滨江步道兼具考量了城市风光、自然绿植、健身功能、便民设施、文化休闲等各方面，真正去做到：建筑可阅读，街区宜漫步，城市有温度。因此，上海的滨江步道必将会成为世界级的都市休闲步道的典范。不管是抵沪旅行，或者在沪居住，可千万不要错过这个亲民又绝美的徒步路线。

例如，位于浦东新区的滨江大道，于1997年建成，全长2 500米，与浦西外滩隔江相望，被人们誉为新外滩。人称之为黄浦江东安彩带。大道由亲水平台、坡地绿化、半地下厢体及景观道路等组成。还拥有21组喷口的追浪型世纪喷泉，保留了有70多年历史的船厂码头和巨型铁锚。大道可谓步步拾景。尤其是到了夜晚，在离江面最近的亲水平台上凭栏临江，眺望西岸灯火中的浦西外滩万国建筑博览群和浦东现代化的超高摩天大楼，令人流连忘返。

第四章　上海近现代建筑文化和主要建筑景观

来到上海,令人耳目一新的是现代化国际大都市的气质。而这主要反映在它的建筑上。建筑是凝固的历史,它犹如一张文化名片,述说着这个城市的故事。所以一个城市变化最突出的就是表现在它的建筑上。上海在20世纪二三十年代就已经成为当时世界六大都市之一,近代的西方老建筑、上海的传统民居、老街巷,使上海有了万国建筑的美誉。

近一个世纪过去了,上海发生了翻天覆地的变化,在浦东陆家嘴地区和浦西的不少地方出现了成百上千幢的高层建筑,高楼如雨后春笋、日新月异。人们称其为:现代海派建筑。而一些过去的老建筑、老街巷,也在城市发展过程的拆除浪潮中渐渐消失。所以我们的城市变化就体现在建筑的变化上。建筑不仅是一种工程技术,更在于它是人类社会最大的社会历史的物化。在上海黄浦区外滩万国建筑博览群中,二十几幢建筑中的每一幢都有说不尽的故事;还有上海徐汇区武康路上的每一幢别墅、洋房都述说着上海都市的记忆。走在武康路上,游览一个个欧陆风情建筑就相当于穿越了城市记忆的时间隧道,与众多名人在进行对话。著名的俄罗斯文学大师果戈理曾说:建筑是时间的年鉴,当歌曲和传统已经默然,它依旧在述说。

城市建筑是城市文化的载体,上海的城市建筑展示的是上海海派文化的特色"海纳百川、兼容并蓄、中西合璧、勇于开先、多元共存、相得益彰"的海派文化,在上海这近一世纪的建筑中予以充分体现,成为显示上海这个大都市的个性和魅力最精彩的舞台。本章将上海近现代的建筑文化呈现在大家面前,让大家分清上海主要都市建筑景观的魅力,领悟世界各国的建筑艺术,给大家带来美好的艺术享受。

第一节　上海近代传统民居建筑

一、上海的石库门建筑艺术

石库门是上海近代诸多民居建筑形式中最典型的一种,是19世纪末期到20世纪三四十年代在上海租界中风靡一时的民居建筑。通常被认为是上海市近代文明象征之一。它始于1860年前后,取西式的联排住宅格局形式,渗入江南民居中式庭院风格(如天井、正厢房)和巷弄的概念,形成了上海的石库门建筑群。

石库门之"石"是指门框以石为材质,而"库"是箍(gū)的意思。江南方言中"箍"读(kù)因而写作"库"。石库门的门上方门楣,早期石雕是青瓦压顶闼头式样,后期添加了西方建筑中的一些特性,如常用三角形、半圆形、弧形或长方形的花饰,门楣中刻上花团似锦的浮雕。因而石库门可看作是中西合璧的建筑,也是中西融合的结果。

初始的石库门以木头结构为主,后来改为砖木结构,以砖石为基础。老式石库门一栋一户,极为宽敞,进门是天井,虽小,却搭配有绿叶植物。天井之后是客堂,两旁是厢房,一般是三开间两厢房。各方之间均置有拇指落地窗。窗户打开,可见屋内外一切事物,视野极为通透。

此时的石库门,很有江南之风,颇为讲究。

从 20 年代开始,随着城市人口的激增,涌入租界寻求庇护的人越来越多,新式石库门应运而生。它将老式石库门变成单间或双间一厢;弄堂宽度略增,由 3 米宽增至 4 米宽,楼高为二层,层高降低。在楼梯平台处设亭子间,有一个立面建有阳台。这样的石库门已不再是江南之风的格调,居者也不再是富商大户,而是城市的中等阶层居民:职员、学者、工程师、记者、律师、高级工人等,这些人大多受过高等教育。

随着石库门越造越多,屋宇类别也逐渐增多,增添了石库门弄堂、新式弄堂,公寓式弄堂、花园弄堂等住宅形式。但石库门仍是上海居民建筑中最主要的建筑形式。据查,在 20 世纪 40 年代,上海大约有 9 240 条弄堂,20 万幢石库门房子,居住人口约占当时上海全市民居的四分之三以上。"石库门里弄建筑营造技艺"已列入国家级非物质文化遗产名录。

改革开放以后,有一个时期,石库门被看作是落后的代名词。原本居住一户人家的房子,早已挤进了多户人家,平均每家的居住面积甚至低于今天上海市民每人的平均面积,七十二家房客的故事已经变成现实。随着上海城市建设的发展,现在的石库门弄堂大多已经消失殆尽。这时人们开始怀旧,开始思念石库门的各种好处。老上海石库门里弄文化的"味",让人们备感珍惜。这就是石库门海派寂寥的情怀。于是人们意识到必须做一些事情,即用镜头对准这些传承文脉的建筑,记录缭绕心头最怀旧的感触,留下上海人的怀旧。

二、上海现尚存的主要石库门建筑景观

(一)老式石库面典型示例

1. 中共一大会址

中国共产党第一次全国代表大会会址(黄浦区兴业路 76 号,1921 年),全国重点文物保护单位。立帖式砖木结构,二层石库门住宅。门框为石条,门框和门头用青砖砌筑,半圆形门楣,内镶西式山花,尺度比一般石库门大。沿与之相邻的黄陂路兴业路转角处重建的树德里(黄陂南路 174 号)是相同形式的石库门建筑。树德里与树德北里相通,七转八弯可到吉平里、聿德里、永庆坊等居民稠密的里弄,有着隐蔽可转移的地形。

为了缅怀先烈,教育后代,树德里建筑全部被保留下来,现为"一大"会址纪念馆。

2. 新渔阳里

新渔阳里(位于淮海中路 567 号;1919 年),1921 年改名为铭德里,1957 年恢复原名。该建筑为二层砖木结构,五列老式石库门,其弄堂不能穿通,支弄上的房屋更宁静、秘密,是一条商业街上闹中取静的里弄。该弄的 6 号是中国社会主义青年团中央机关旧址,属全国重点文物保护单位。

3. 辅德里

辅德里(位于老成都北路 7 弄,1915 年),该里有 50 个单元石库门住宅,每个单元均为单开间门面,二层砖木结构,外墙为青砖清水墙,门套为红砖,门套上饰仿科林斯柱式,门楣上有横匾题字,外墙窗上方砌 砖拱券。

1999 年上海建延中高架,该里周围拆除了 670 户房屋,第二排、第三排保留,作为中共二大和平民女校遗址,辟为纪念馆。

4. 斯文里

斯文里(位于上海市黄浦区新闸路 632 弄,1914—1921 年),该里原来有东、西斯文里,总

面积已达 4.5 平方米,是上海最大的石库门里弄。现仅留存东斯文里。

(二) 新式石库门里弄典型实例

1. 大德里·恒安坊

大德里·恒安坊(位于上海市虹口区四川北路 1545 弄,1927 年),这是一条很特别的石库门里弄,因为有两个房产商开发,所以有一条弄堂两个里之称。

2. 步高里

步高里(位于上海市徐汇区陕西南路 287 弄,1930 年),该里总建筑面积 10 004 平方米,有 78 个单元,属于原法租界的边缘地带,总弄口设在陕西南路,支弄口设在建国西路。总弄口有一座高 8.5 米、宽 6 米的中式牌楼,歇山式屋檐下还用水泥仿造层层叠叠的斗拱,下面水泥门框下有一大二小门洞,仿佛是中国传统宫殿式大门模式。门洞上面一片白墙面用大字钉着"步高里,1930,还有法文 CITE BOURGOGNE"等字样。这种中西混合里弄牌楼在上海是仅此一处。

3. 尚贤坊

尚贤坊(位于上海市徐汇区淮海中路 358 弄,1921—1924 年),该里是在原美国传教士李佳白所建的尚贤堂原址上建成。新式石库门里弄住宅。总面积 10 180 平方米,平面布置为:沿淮海中路沿街为三层店铺和住宅,弄内为三排单开间和双开间回连排式二层住宅。总弄与支弄呈丰字形。总弄宽 6.5 米,支弄宽 2.7 米,弄口均设过街楼。沿街商铺住宅外立面做成水泥拉毛墙面,巴洛克式水泥装饰线条压顶,檐下有溜纹花饰。每开间顶部两侧竖一方尖牌。弄内住宅为两层砖混结构有 59 幢,均为红砖清水墙,简化石框门框。

三、保护石库门里弄形成的历史文化遗产

上海石库门是上海城市文化遗产中最精华部分,目前遗存的里弄住宅是保留了中西合璧的历史建筑,且具有一定的规模性。它符合世界级遗产所要求的原真性和唯一性标准。

(一) 上海石库门是中国住宅建筑的奇葩

中国传统民居在世界建筑史上有重要地位。它强烈而生动地表现了中国传统文化的特色,注重家庭尊卑有序,讲究合家团聚,崇尚天人合一。上海石库门的出现也是在格局上沿袭了这种庭院式格局,堂屋、两厢、前天井、后厨房,完全符合中国传统民居的样式,符合中国人的生活习惯。石库门建筑在租界土地上,有现代商业地产运作,因而房屋排列就是西方联排式;但房屋的群体组合又是主弄、支弄,类似中国传统的街巷,就称为里弄;在建筑装饰上用了许多西洋花饰图案,成为典型的中西合璧建筑。这是中国传统住宅在发展中的一种创造,成为大多数上海人生活的场所,是上海,是中国,也是世界珍贵的遗产。

(二) 上海石库门的城市空间特色

改革开放四十多年来,上海建造了几千幢高楼,从单个看,形式各样,标新立异,属现代海派建筑;但总体上观察,却像一堆冒出地面的竹笋,杂乱而无序。可悲的是目前中国大多数的城市都如此。"万屋一面,千城一貌"。可以说,上海的经济发展了,信息交流快速了,而城市的风貌特色,文化内涵却变得贫瘠和枯燥。

现在上海老市区还留有不少石库门里弄,从高处向下俯瞰,可看见大片矮矮的红瓦屋顶建筑,就是石库门。它是上海拥有的城市记忆的载体,延续着过去的城市肌理和结局,还居住着上海几十万石库门居民。这是上海石库门文化的积淀。高楼底下是石库门的基底,这是一幅非常美妙的图像。高低层的结合,现代和过去的交融,这是一种世界上少有的居住风情。

（三）石库门的改造和探索

近十多年来，上海的石库门也在进行一系列的改造和探索。如，新天地的开发、田子坊的创意、步高里的改造等。

1. 新天地的开发

新天地的原址是太平桥。太平桥的石库门年岁超过一个世纪。它是以条石做门框，门扇为实心厚木，上有铜环一副，颇有古风。布局仿江南的普通民宅；进门后为一天井，后面是客厅；之后又是天井，再后为灶头间和后门。天井和客厅的两侧为厢房。太平桥的石库门和别家的又有不同，独立成幢、各具风格。要把太平桥的石库门改造成为新天地，其思路是保留外观，改造内部，仿造里弄的街巷格局，迁出居民，设置高档商业休闲设施。新天地的构造布局很简单，若是贴比地图，好似一个日字。起笔马当路，以横一折是太仓路至黄陂南路，中间一横是兴业路，最后的封笔是自忠路。这实际上是以自忠路将新天地南北方为分为南北二里，北里是一些老石库门建筑；南里则是老石库门建筑和新式楼宇的综合体，老墙只在最初的左侧露了个面，余下都是新楼宇的市面。顺着正中人流最多的人行道可以贯穿新天地的南里和北里。大道旁各生出几条小弄堂通向外围。

大多数游客拜访新天地的起点都是在马当路和太仓路交叉的星巴克；北里的老石库门建筑规整，几乎都是面对面地相守着。建筑的高墙都有深颜色的墙砖和红色勾勒线。老墙不能说话，所有的故事都是慢慢自墙缝里飘出来的，再渐渐地消散于风中。两侧是各家餐饮馆，吃饭的、喝酒的、聊天的、聚会的各色人等齐备，悠哉的下午茶，沁人心脾的冰咖啡，室内刷刷摇曳椅的几层绿色树叶都只是新天地的小小片段。

新天地里有一座石库门的展示馆，切切实实地展示了石库门的构造和生活模式。它位于太仓路181号新天地广场北里25号楼。许多上海人曾特有的生活方式和生活过的生活空间，被一段段小故事串了起来，更适合曾经住过的住客前来怀旧。

新大地的南里也是游览的好去处，时尚的人楼是里面最新的楼宇，落地玻璃内的展厅和品牌店都高挂着大大的招牌，左侧仍保留的几幢石库门建筑，也都被餐馆塑造出了时尚感，藏在时尚二楼的鼎泰丰，客似云来，顶层的电影院，Godiya的巧克力香浓味都很诱人。

居住在上海的人们，也将新天地视为休闲的最佳场所，喝咖啡、吃顿饭、聊聊天、看电影，听场演唱会，去酒吧坐坐不过是平日里常做的事情，新天地里无数人迷恋的老石库门风情，已经被化进了一种纯然的感受。

新天地的开发，让人们认识到历史建筑是富有魅力的，但失去了保护历史遗产的“原真性”需求。因而，这只是改造的一种模式。

2. 田子坊的创意——一种有影响的探索

田子坊（位于上海市黄浦区泰康路210号）的创意也是一种有影响力的探索。田子坊保留了一些里弄工厂的外貌，里面有艺术作坊、艺术品销售经营。如陈逸飞工作室、尔东强工作室，还有若干酒吧、咖啡店进驻于此。目前这个社区还生活着23个国家和地区的老外及华人，经营着240家小店、小公司、每日游人无数。田子坊成了文化创意、休闲娱乐的场所，也有居民生活的里弄。它已发展成为富有特色的文化艺术、休闲、生活的历史街区，也成为中外游客热衷的好去处。

3. 步高里的改造与建业里的改造

步高里位于上海市徐汇区陕西南路287弄，建于1930年，现为上海市文物保护单位。它是典型的上海新式石库门住宅,以总弄口的中式牌坊最具特色。该里有78幢砖木结构的二层石库门建筑,形成了工整而严谨的法式里弄街坊格局。作为老上海民居建筑的代表,这里曾吸引了众多文化名人居住于此。

新中国成立以后,尤其是"文革"之后,该弄的住户增加,原有的厨卫设备已不能适应居民的日常生活需求。由于 房屋质量尚好,故只需为每户增添厨卫设备,改善居民的生活条件,居民也会满意。这实际上也是一种改造途径。但从保护历史建筑的原真性来看,这样的做法是不合适的。而且这种格局的改善,并没有真正解决民居的困难。因此,这种改造只能是一种暂时性措施。

另外,建业里的改造也在探索。建业里的房子质量不如步高里,危房也不少,为此,拆除危房,原样重建,将其改为石库门式样的服务公寓。现在这里深藏着一座奢华酒店——嘉佩乐,共55套客房,是由原石库门建筑改建而成的联排别墅。清水红砖,马头风火墙、半圆拱券风洞……这里散发着老上海独有的生活气息,却也保持着一份精致腔调。这种改造是否好,尚有待时间的检验。但在精致的石库门别墅中,既有中式元素也有法式风情,很美妙。

第二节　上海近代西方建筑的魅力

1843年上海开埠以后,大批外国人进入上海,其中有不少的外国建筑师来到上海,把西方的建筑思想、理念、技术带到了上海,推动了上海近代建筑业的发展。这时欧美各国的建筑正值西方古代晚期的建筑风格,多提倡复古之风。因而从19世纪末开始,在上海租界内建造的各种西方建筑多属于复兴古希腊、古罗马的建筑风格以及折衷主义建筑风格等。此后,直到20世纪二三十年代所建造的各种建筑,几乎广收世界各国的建筑艺术风格,且遍布在上海市区的各个角落,使上海有了"万国建筑博览"的美誉。因此,很多海外游客一到上海,就被上海的西方建筑给迷住了。这就是上海近代西方建筑的魅力。它既展示了上海国际化大都市的风貌,又显示了海纳百川、兼容并蓄的海派文化特色。

一、上海的万国建筑博览观光

上海是一座近现代著名的大都市。在近代上海几乎可找到世界上任何一种建筑形式。在外滩的万国建筑博览群中,有一些大楼使用古希腊、古罗马的建筑柱式,如使用古希腊多立克柱式的海关大楼,使用古希腊爱奥尼克柱式的春江大楼;使用古罗马爱奥尼克柱式的上海总会大楼,使用古罗马塔司干柱式的华俄道胜银行;有哥特式建筑,如中国通商银行大楼;有文艺复兴式建筑,如汇中饭店;有巴洛克式建筑,如现光大银行大楼;有新古典主义建筑,如现浦发银行大楼;有各种现代主义流派建筑,如和平饭店北楼,属美国芝加哥学派建筑风格;国际饭店属现代主义建筑风格。

在上海的人民广场地区,衡山路、武康路、南京西路、愚园路、新华路、山阴路、多伦路、虹桥路等多个地区,同样也有着诸多的西式大楼、别墅、花园洋房等西方建筑风格的建筑。所以,称"上海为万国建筑"博览,名副其实。

1. 人民广场地区

在人民广场地区附近的南京路上,有永安公司、先施公司、大新公司、新新公司、华侨饭店、国际饭店、大光明电影院、大世界、工人文化宫等各式近代西方建筑。如永安公司老楼高6层

（局部7层），英国式混凝土结构，采用折衷主义建筑风格。永安公司新楼、建成于1932年，仿美国现代摩天楼式建筑风格，是一幢钢框架结构的高层建筑，前楼22层，高72米，后面8层，有地下室；大新公司（现中百一店大楼）是一幢有中国建筑风格的近代形式的高层建筑，10层、钢筋混凝土结构、高42.3米、建筑体型壮观；新新公司（现上海市第一食品商店大楼）1925年建成。大楼坐北朝南，高30余米，属折衷主义建筑风格。建筑外貌不尚浮华，处理简洁，立面都是直线条，立柱、门窗长方形，只在二楼有水平腰线。屋顶南侧中部建有方形2层空心塔一座，是新新公司标志性建筑物。屋顶东北、西北角还建有尖顶塔楼；国际饭店（当年的"远东第一楼"）1934年建成，共24层，标高83.6米。建筑风格为装饰主义，其内部结构、功能、技术则反映现代主义建筑艺术的理念，是上海现代主义的建筑艺术的杰出代表。建筑下部外墙砌青岛崂山黑色花岗岩，色泽晶莹透亮。上部镶嵌棕色面砖，深沉端庄，另外分别在二层、三层、十四层间以巨型圆角玻璃镶贴，显示出强烈的立体感。十五层以上四面逐层收进呈阶梯状，所以从地面到塔楼近百米，显得既挺拔又秀气。屋顶为平顶，施工精致，花样繁复，特别是钢丝网花平顶，为上海之首创；大光明电影院（当时号称远东第一电影院）1932年重建，是一座钢筋混凝土框架结构的美国近代式建筑，具有美国摩登艺术派风格。2层楼连同招牌高30.5米。外观以粗细横直的线条和大面积的玻璃作强烈对比处理，以方形半透明灯塔形成不对称重心；上海市工人文化宫（原东方饭店）1929年建成，主楼7层，副楼5层。主、副楼为两块长方体合成结构。建筑的檐、角、顶为直线，直线间形成大大小小的矩形平面。为了使建筑物富于变化，在平面间采用凸或凹的半圆形窗、高高的圆柱、弧状的黑色铸铁栏杆晒台。这种直线与曲线、方与圆的融合，使整个建筑物既庄严高贵、又活泼热情。尤其是牌楼式的楼顶，似乎渗进了中国建筑的元素。在正面的立面上方三至五层之间和建筑物两侧前部三至五层之间，采用了古希腊的爱奥尼克柱式，是该建筑最精彩的部分。它属于欧洲20世纪20年代的建筑风格；大世界是海派娱乐业的代表建筑。1924年建成，3幢4层钢筋混凝土楼房相连成扇形，2幢坐东朝西，1幢坐南朝北。整个建筑高55.3米，平面呈L形。转角处有塔楼1座，6面4层，由48根圆柱组成，最上端是石钟式尖顶，气势非凡。属欧洲20世纪20年代的建筑。

在人民广场周边地区也有许多西方建筑，例如，广场西北边的上海美术馆，其建筑外观为折衷主义的建筑风格。它原为旧上海的跑马厅大楼（跑马场的管理机构所在地）。现为上海优秀近代建筑、上海市文物保护单位；人民广场南面的上海音乐厅也是西方古典风格的建筑，门厅、楼梯、圆柱、回廊等全部采用大理石，还有浮雕装饰，通体明亮典雅。

2. 衡山路

在原法租界的衡山路—复兴路地区，有一些名人故居和花园别墅等建筑，如宋庆龄故居纪念馆，位于淮海中路1843号的一座院落之中，洋房建于1920年，砖木混凝土结构。远远望去，其造型宛如停放在港湾中的一艘巨轮，其伸出屋顶的壁炉烟囱设计成轮船通风管状，室内窗户百叶帘等处镶刻有帆船和铁窗图案，属于假3层的西式建筑，被国务院列为全国重点文物保护单位，并列为上海市文化和旅游局推荐的观光景点；位于香山路的孙中山故居，是一幢灰褐色的两层楼住宅。故居有主楼、副楼各一幢，毗邻在一起，高2层，均为砖木结构。住宅建于20世纪初，为一幢近代欧洲独院式的花园住宅。它被国务院列入全国重点文物保护单位，也是上海市近代优秀建筑保护单位，并被列为上海市文化和旅游局推荐的观光景点；漫步在幽静的华山路上的丁香花园，是上海滩第一家中西合璧的花园别墅，也是上海近百年来最负盛名、保存最为完好的花园洋房之一。有主、副楼两幢，砖木结构，假3层。主楼为英国乡村式别墅，副楼为现代式花园洋房。主楼南面为宽阔草坪及大花园,是湖石草木争胜的中式园林,内有龙墙、未名湖、九曲桥、凤凰亭等小型建筑,有大小石狮多尊,有很多罕见的花木珍品数百种。它体现了19世纪后期仿英国乡村建筑花园别墅的基调,融合了我国江南园林建筑的特色;上方花园,原名沙逊花园,位于淮海中路南侧。它始建于1916年,系英籍犹太人沙逊所建私园,园中布局是西洋花园格局,内景与复兴公园相似。它是公寓式花园里弄,住宅类型多,造型活泼,有独立式、联列式、行列式等,大多是西班牙风格建筑,也有现代风格建筑;与上方花园相邻的新康花园,也建于1916年,原为英籍犹太人开设的新康洋行建造的私人花园。1933年改建为由15幢公寓组成的建筑群,为公寓式花园里弄,其中大部分为西班牙式公寓;位于黄浦区淮海中路的国泰电影院,建于1930年。钢筋混凝土结构。外墙作竖直线条处理,统长窗与深褐色面砖相间隔。立面用紫酱红色的泰山石,白浆嵌缝。立面中央是阶梯状,为法国式建筑风格,看起来庄重、坚固、素雅。今天的国泰电影院,仍保持旧时追求时尚的习惯。其装饰艺术派风格的立面巧妙地处理光线的变化,棕色外墙与金色的"CATHAY"把岁月雕刻成永恒。

3. 南京西路

在南京西路地区也有许多有名的建筑,如上海展览中心、静安别墅、百乐门舞厅、美琪大剧院等。位于上海静安区延安中路1000号的上海展览中心(原中苏友好大厦),是20世纪50年代上海建成的规模最大、气势最雄伟的古典俄罗斯风格的建筑。整个大厦由中央大厅、工业馆、东西两翼的文化馆、农业馆及电影院等五个部分组成,总建筑面积为58 900平方米。中央大厅顶部鎏金塔标高达110.4米,高度超过了当时上海最高的建筑物(国际饭店)。塔的基部塑有一座巨大的雕像,一中一苏两个举着锥子,象征中苏友谊(20世纪60年代中苏关系破裂后拆除)。1999年10月被评为新中国五十年上海十大金奖——经典建筑;位于南京西路1025弄的静安别墅,建造于1928—1932年,是新式里弄住宅。里弄为行列式布局,总弄和支弄垂直交叉。弄堂两边是3层的红砖房子,砖墙瓦顶,装饰简洁。各幢住宅前有小庭园,外墙清水红砖、假石。门框、窗框采用西欧式风格;位于南京西路、江宁路口的美琪大戏院,建于1941年,当时定名为美琪,原来是取美轮美奂、其玉无瑕之意。整个建筑两面临街,入口在转角处。它的入口好似一座圆柱形的巨塔,气势不凡。建筑造型简洁,重点突出门厅,5扇垂直长窗的玻璃有美丽的几何图案,屋檐有典雅的花纹。它以其典雅,独特的风格融合现代与古典建筑于一体,令人刮目相看。现为上海近代优秀建筑保护单位;位于静安寺地区愚园路口的百乐门舞厅,建于1932年,当时有"远东第一乐府"之称。整个建筑采用钢筋混凝土框架机构,属美国近代建筑风格。

4. 上海的西方别墅、花园洋房等近代建筑遍布市区四方

在上海的虹桥路地区、山阴路地区、愚园路地区、新华路地区、茂名北路地区还有很多别墅、花园住宅等各种近代建筑,如西郊宾馆、沙逊别墅、马勒别墅、虹口区多伦路的日式小洋房建筑、华翰公寓、新华路"外国弄堂"等。位于淮阴路200号的姚氏花园(现为西郊宾馆4号楼),建于1948年。它是上海近代很超前的现代式建筑,采用西方现代建筑"流动空间"的原理,强调平面的自由和空间的灵活。室内外均大量采用毛石墙面砌筑,以体现自然、还其自然的设计理念。主楼楼前有宽广的大草坪和花园,地形起伏,园内古木参天,四季花卉争艳,花园四周砌筑了高墙。起居室内置有假山、小桥流水及奇花异草点缀其中,创国内之最,被称为"现代式花园""石屋"。

1989年被评为上海市文物保护单位、优秀近代建筑、位于虹桥路2310号的和2409号

的两幢别墅,人们称之为沙逊别墅(现为龙柏饭店),建于 1932—1934 年,由英籍犹太人沙逊建造。他们都是英国哥特式"半木构"住宅,有典型的英国古老的乡村别墅风貌。建筑的山墙和正背面外墙上都有半露木构架作装饰,红砖勒脚,屋顶为红瓦陡坡,粉墙用黄色或白色,给人以明朗的感觉,特别是周围一片绿荫,与建筑的红、黄色彩融合在一起,显得十分自然、抒情。屋顶很高,有陡峭的双坡顶。屋檐平面悬挑于底层山墙之外。屋前是一片大草坪,草坪一端有玻璃花房。近处和设有马槽和饮水池,并点缀有小型雕塑。在寸土寸金的上海,能拥有这样一大片草坪和绿荫的乡村庄园别墅,确是凤毛麟角;位于上海黄浦区陕西南路的马勒住宅(现衡山马勒别墅饭店),1936 年建成,是一座北欧挪威建筑风情的城堡式别墅,主楼为 3 层,立面凹凸多变,屋顶陡峭,顶部矗立着高低不一的两个四坡顶。采用高尖陡直的屋顶,有利于抵御北欧寒风侵袭和减少屋面积雪。主楼南立面上还有 3 个垂直于主屋脊造型优美、装饰精细的双坡屋顶和 4 个尖顶凸窗,外墙用泰山石面砖砌贴,突出的平台栏杆砖柱上设置一个绿色圆球,屋顶上还耸立着多个壁炉烟囱。它们连同东西两座四坡屋顶交织在一起,宛如一座华丽的小宫殿。中间双坡顶的装饰木构件清晰外露,构件间抹白灰缝条。这就较典型地表现出了斯堪的纳维亚情调的乡村建筑风格,2006 年它已被列为全国重点文物保护单位;位于长海市长宁区愚园路的涌泉坊(395 弄),因旧时静安寺有一涌泉而得名。坊内有住宅 16 幢,其中 15 幢是西班牙风格的 3 层新式里弄住宅,1 幢为西班牙独立花园住宅,1936 年建成,是典型的具西班牙风格的新式里弄住宅。其中那所花园住宅,从室内外装修、园林布置和整幢建筑的立体造型,都具有新颖和高雅的时代风貌,并有着丰富的文化内涵。花园的主体仿照苏州古典园林的造园艺术,布局精巧别致,有山石池沼、小桥流水、花卉木竹,曲径通幽,动静相宜,可谓中西文化之结晶。它已被列为上海市优秀近代建筑保护单位;上海市虹口区多伦路 85 号住宅,建于 20 世纪 30 年代初,是日式小洋房,建筑形态处理简单,为复式人字形屋顶,铺盖小青瓦,中国传统的歇山式山墙、平拱木门窗,外墙立面采用现代式装修手法,贴面为拉毛水泥。北立面门廊采用罗马式风格建筑,用占罗马的券、拱及柱式。因此,它是日本洋风时期的住宅建筑,并有东西方建筑结合的特征。这也反映了日本从近代建筑向现代建筑演进过程的趋势;上海市长宁区新华路两旁各式花园别墅林立,新式花园弄堂一条接一条,高大的梧桐树遮天蔽日,使其显得静谧、幽雅、迷人、成为一条市级景观道路,也是长宁区花园洋房最为集中的道路之一。如新华路 211 弄、329 弄、时称外国弄堂,因这些弄堂在当时(20 世纪三四十年代)居住着许多国家的外侨。如 211 弄 1 号住宅是一幢西班牙式花园洋房;2 号李佳白住宅,是一幢英国乡村式花园洋房;329 弄 36 号周均时住宅,是一幢全国唯一的双层圆形花园别墅。它在 1999 年被列为市级优秀近代建筑保护单位;新华路 315 号花园洋房,是一幢英国乡村式花园住宅;483 号金润羊住宅,是一幢现代化 3 层钢筋混凝土混合建筑设计。整幢建筑立面水平线条流畅,门、窗、立面简洁,无烦琐的装饰,平面有 4 个开间,占地面积 1 900 平方米,平屋顶,四周砌筑女儿墙。所以,这是一幢现代式平屋顶建筑;593 号梅泉别墅,于 1933 年修建,有砖木结构花园洋房 20 幢,机制红平瓦屋面,是现代主义建筑风格的建筑。弄堂宽敞,每幢小楼都有汽车间。每户东面都有花园。它在 2000 年被列为上海市优秀近代建筑保护单位。

由上述的这些林立在各个地段上的建筑,可知在上海有各式外国式建筑,形成了一道靓丽的"万国建筑博览会"的风景线。它是都市风貌观光旅游的一个重要组成部分,展现了上海有深厚历史文化底蕴的情调和氛围,也成为海派文化的重要组成部分。

二、上海近代西方建筑中的各种西方建筑风格的欣赏

上海"万国建筑博览"的美誉,在于其建筑包含了欧洲从古至今各个不同时期的建筑艺术风格,展示了欧洲建筑文化的魅力。

(一)上海古希腊、古罗马建筑风格欣赏

欧洲从爱琴海文明到中世纪以前的历史时期,属西方古代时期,即指古希腊、古罗马时期。这一时期所留下的文化遗产,尤其是建筑文化遗产,其价值是不可估量的。可以说,古希腊、古罗马建筑艺术风格都属于欧洲古代早期的建筑艺术,对后来欧洲的建筑影响很大。

1. 古希腊建筑风格的欣赏

古希腊建筑艺术是西方古代早期的建筑艺术之一。在公元前15世纪中叶,自雅典联合古希腊个联邦联盟战胜波斯帝国入侵,建立以雅典为中心的联盟后,古希腊文化达到了高峰,而古希腊建筑艺术也形成了自己的体系。当时建造的一些神庙,如帕提农神庙、波塞顿神庙、伊瑞克先神庙就是典型的代表。

由上述建筑可知,这些公元前15世纪的建筑都离不开这些建筑元素:四周围有廊柱,内为高大的柱式,建筑下面有台基,柱子上为檐壁,立面顶上是三角形的山花。花饰的内容是有关守护神雅典娜和海神波塞顿的故事。整个建筑比例匀称,庄重而舒展,雄健有力,可以说是西方古典建筑形式的典范。

要欣赏古希腊建筑艺术风格,则须抓住上述建筑元素中的两种形态:柱式和山花。

(1)看柱式。古希腊有三种基本柱式:多立克、爱奥尼克和科林斯柱式。多立克柱式形态简洁,柱高是其直径的6倍,雄健有力,具阳刚之美;爱奥尼克柱式苗条纤巧,柱高是其直径的8—9倍,柱头呈现卷涡装饰,富有曲线美,具阴柔之美;科林斯柱式柱身修长,形态复杂,更具阴柔之美。

(2)看山花。山花是指屋顶正面构图像一个三角形,"山"是指中间高两边低;"花"是指三角形墙面上的雕刻,又称为"花饰"。花饰往往是一些古希腊的神话故事,如帕提农神庙正面(东立面)雕刻的内容是有关守护神雅典娜的"命运三女神"的故事;神庙背面(西立面)是"雅典娜和海神波塞顿争做雅典娜守护神"的故事。山花给人以庄严敦实的美感。

2. 古希腊建筑风格在上海近代西方建筑中的展现

在上海近代西方建筑中,没有一桩完整的古希腊建筑风格的建筑,但古希腊建筑风格的柱式和山花形态却体现在不少建筑中。例如,有一些大楼用的是科林斯柱式,丰富多彩、造型别致的柱式会让人产生美感。

从下面的实例中我们可以看到古希腊建筑艺术风格的影响。

(1)外滩的海关大楼(中山东一路13号,1927年)。整体上看这幢建筑的风格是西方古代晚期的折衷主义风格,但其正立面下部入口处有四根古希腊多立克柱式,这是我国国内最为标准的多立克柱式。说明这幢建筑的局部装饰有古希腊建筑形态。

(2)外滩的春江大楼(中山东一路18号,原麦加利银行,1923年)。春江大楼,人们习惯称它为外滩8号,原名麦加利银行,曾是英国渣打银行驻中国的总部,建于1923年。自1955年渣打银行迁址以来,历经多家单位使用。1995年,上海市政府将外滩18号大楼列为市级保护建筑。

这栋建筑整体上属于文艺复兴时期古典主义风格。外墙正立面的二根爱奥尼克柱式都是

古希腊建筑形式。它是一栋有着 92 年历史的市级经典保护建筑。

2002 年对其进行为期 2 年的修旧如旧的改造工程,将现代设计元素与原来建筑风格自然融合,2004 年 11 月底改造竣工重新开放,现为集国际知名时装、珠宝、名表、美食、娱乐、艺术中心为一体的商业休闲场所。

经改造后的春江大楼让人觉得新旧分明却又浑然一体,既能找到大楼的历史记忆又不妨碍其发挥新功能。

(3) 外滩的浦发银行大楼(中山东一路 11—12 号,1923 年)。外滩的浦发银行大楼,大家习惯称汇丰银行大楼,最初是香港上海汇丰银行于 1923 年至 1955 年在中国上海的分行大楼,位于上海外滩 12 号。1955 年,汇丰撤出上海,大楼归国有。上海市政府进驻,将其改名"上海市人民政府大楼",简称"市府大楼"。副楼在 1956 年改为上海市档案馆。1997 年,上海浦东发展银行通过置换购得该大楼的使用权。

该建筑被认为是中国近代西方古典主义建筑的最高杰作。它是一幢仿西方古代晚期的古典主义风格的建筑(也可称为西方新古典主义建筑风格)。大楼以正大门与正大门上面的穹顶为中轴线,两侧形成严格对称。主立面呈横 3 段、竖 3 段的格式。6 扇花饰细腻的铜质大门,为罗马石拱券样式。券门左右置高低圆柱灯各一,铜狮一对。大石块作外墙贴面,宽缝砌置。2 至 4 层中段中部惯以 6 根爱奥尼克立柱,其中 2 排为双柱,显示了古希腊建筑艺术的魅力。

(4) 上海邮政总局大楼(北苏州路 276 号,1924 年)。上海邮政总局大楼占地近 1 万平方米,总建筑面积为 2.53 万平方米。大厦连地下室共 5 层,井字形框架结构。采用古典罗马柱式建筑,结合 16 世纪流行的意大利巴洛克式钟塔,属西方古代折衷主义风格。但其正面两翼的柱廊中有古希腊科林斯柱式,柱高达三层,显得十分壮观,又有韵律,古老中显示出秀美而气魄。这座大楼建成后,曾是远东第一流的邮政建筑。

3. 古罗马建筑风格的赏析

古罗马建筑艺术是古希腊建筑艺术的继承和发展。早在公元前 16 世纪,罗马建立了奴隶制国家——罗马共和国。此后,他不断地向外扩张,成了沿地中海地区的一个横跨欧、亚、非三大洲的强大的国家。它废除了共和国制,建立了罗马帝国。罗马帝国的文化特征是好大喜功,统治者们一面好享受,另一面又好歌功颂德。这种文化特征反映在建筑上,便是建造了大量的古罗马建筑,如角斗场、凯旋门、纪功柱、万神庙、巴西利卡等等。

在这些建筑中,大量地继承了古罗马的建筑形态。如山花、柱式等。但对柱式又做了创新,即创立了两种新的柱式:塔司干式和组合式,而这两种新的柱式也是在原来古希腊柱式的基础上转化而来。其中,塔司干式是把原多立克柱式柱身上的齿槽去掉;组合式是将科林斯柱式的上半部分换成爱奥尼克柱式上部的卷涡,使其形态更复杂、丰富。另外古罗马的多立克柱式与前相比,在基础上添加了圆环形的柱础,在柱头下端添加上一圈环形装饰。所以在古罗马建筑艺术中,柱身变为五种:即古罗马多立克柱式、爱奥尼克柱式、科林斯柱式、塔司干式和组合式。

古罗马建筑艺术的创新还表现在工程结构上的创新,如常用拱券和穹隆顶。所以,其建筑形态比古希腊建筑风格更丰富、更倾向于晚期。

4. 古罗马建筑风格在上海近代西方建筑中的展现

在上海的西方建筑中,很少有一座完整的古罗马风格的建筑,一般都是在建筑的局部上体现。如柱式、山花、栏杆、牛腿、门窗等。

（1）东风饭店（中山东一路2号，1909年）外滩2号，原上海总会大楼。整幢建筑是西方文艺复兴时期风格，但其正面有6根罗马爱奥尼克柱式，是古罗马建筑艺术的体现。

（2）外滩友邦大厦（中山东一路17号，1923年）原字林西报社大楼。整幢建筑具有折衷主义建筑风格，但入口处有罗马多立克柱式和大理石门额，顶层有多立克式双柱廊。这是古罗马建筑艺术的体现。

（3）外滩华俄道胜银行大楼（中山东一路15号，1902年）。整幢建筑属于意大利文艺复兴时期的建筑风格，但其入口处有4根塔司干柱式，门楣有山花；有彩绘玻璃的天棚和回廊，这都是古罗马建筑艺术的体现。

（二）上海的罗马风建筑艺术风格欣赏

1. 罗马风建筑风格欣赏

罗马风建筑风格是西方中古时期建筑艺术之一。它是指西方从9世纪到12世纪的建筑风格。公元8世纪末，西欧的法兰克王国是查理大帝统治的加罗林王朝。这时在文化上渐渐复苏，形成了所谓加罗林文艺复兴文化，其实质就是古罗马文化和基督教文化的结合，被称为罗马风。在建筑上，则成为罗马风建筑艺术。

欣赏罗马风格建筑艺术，要着眼于：一是它的拉丁十字式的平面形象；二看它的柱廊是否为圆形柱廊，柱的上部是半圆形连续拱券；三是欣赏其长的圆拱形门窗；四是看其整个形体是否比古罗马建筑更高、更具敦实美感。其代表建筑是意大利的比萨大教堂，教堂平面为巴西利卡式，十字交叉处有一椭圆形穹顶。钟塔高50米，直径16米，因地基沉陷不均匀，导致塔身倾斜（被称为比萨斜塔）而闻名。

2. 罗马风建筑风格在上海近代西方建筑中的体现

上海的佘山圣母大教堂是罗马风建筑艺术在上海的实例。该建筑于1873年4月落成。教堂平面为十字形，其形式为中西结合。1925年决定拆旧建新，历时长达10年。教堂的钟楼上有穹窿形屋顶，教堂的门窗是圆拱形，整个建筑雄伟壮观。这就是罗马风建筑的特征。

（三）上海的哥特式建筑风格欣赏

1. 哥特式建筑风格欣赏

哥特式建筑风格是西方中古时期建筑艺术之一。这一时期的文化是指西方13—15世纪的西欧时期的文化，称为哥特文化。哥特式的建筑风格是哥特文化的典型标志。

由于该时期，西欧是教会统治时期，天主教高于一切，因而哥特式建筑艺术具有强烈的宗教性艺术特征，更讲究造型美。它们主要体现在以下几个方面。

（1）门窗由半圆拱改为尖拱，给人的感觉是更有向上的方向感。尖拱门窗更带有基督教语义；从造型上更具有和谐感。

（2）哥特式建筑的柱子用束柱代替圆柱。所谓束柱就是一根柱子做得好像几根柱子捆在一起成一束。它给人的垂直向上感觉更加强烈，且更减少实体感，这也符合基督教的教义。

（3）哥特式的拱顶，从筒形拱改为尖卷十字交叉或尖卷六分肋拱，使教堂更显得高耸而神秘。

（4）哥特式建筑由于追求空灵性，实墙减少，难以克服顶部的水平推力，因此在外墙与柱子之间利用飞扶壁起到斜撑作用。这种飞扶壁像一排尖拱，也起到装饰的作用。

（5）哥特式的窗饰也很有特点，它采用了两种花纹：玫瑰花和火焰纹。这两种形式都与宗教教义有关，且也做得很动人，是宗教和美学的结合。窗上还装有彩色玻璃，教堂正面中间还有一个大玫瑰窗。

（6）教堂有高高的尖塔，营造出高高向上的视觉冲击力。英国的索尔兹伯里大教堂，始建于 1220 年,1258 年建成。它是英国早期的哥特式教堂。西立面中间有三角形山花，一对细长塔楼夹峙两边，顶部冠以陡峭的尖顶。教堂正中高达 124 米的塔楼，显示了哥特式建筑的宗教力度。

2. 哥特式建筑在上海近代西方建筑中的展现

上海真正的哥特式建筑是徐家汇天主教堂，上海天主教主教座堂。它建成于 1910 年，由英国建筑师道达尔设计，属典型的法国哥特式建筑风格。

教堂平面呈拉丁十字形，巴西利卡式大厅。砖木结构，正立面外墙用红砖清水，墙基用青石。大堂进深达 79 米，宽 28 米，中间有两行列柱，为束柱。顶脊呈尖拱状，脊高离地 25 米。里面正中有大玫瑰窗，两边为对称设置的尖塔钟楼，离地高达 50 余米。顶端均设有十字架。大堂内有金山石石柱 64 根，可容 2 560 人祈祷。可见，徐家汇天主堂是典型的哥特式风格的建筑。

外滩的中国通商银行大楼（中山东一路 6 号,1906 年），是仿英国哥特式建筑风格。正立面上部有尖尖的三角形屋顶装饰（一大四小五个尖顶），上有十字架，表明欧洲宗教建筑色彩较浓。该大楼原是中国人创办的中国通商银行在上海外滩地区建造的第一所银行，现已成为一处时尚复合式的空间，国际精品店、顶级餐厅汇集于此。

（四）上海的文艺复兴建筑艺术欣赏

1. 文艺复兴建筑风格欣赏

公元 14 世纪，在意大利发生了文艺复兴运动，所谓文艺复兴，其实就是古代学术复兴。而这个文化运动的实质，则是人文主义，即反对禁欲主义，提倡世俗化，以实现"人"为中心，肯定"人"是现实生活的创造者和享受者。他们提倡人性，反对神性；提倡人权，来反对神权，提倡人道来反对神道。

文艺复兴建筑艺术是文艺复兴在建筑上的反映。所谓文艺复兴建筑，没有固定而确切的形式。它一是提倡对古希腊、古罗马的形式运用；二是强调建筑形式的思想性、观念性。在具体建筑形式上，文艺复兴提倡用水平线条，反对用垂直线条；用理性思维，反对神化，所以建筑形式多为对称、均齐。由于它强调表达人文主义思想，所以力求让建筑形象做得有亲切感，多在尺度上下功夫。

欣赏文艺复兴建筑风格，要注意以下几点。

（1）用圆顶来表达世俗化意识。

（2）用水平线为主线，取消垂直主线。

（3）以对称庄重表达理性。

（4）以宜人建筑尺度表达建筑的人情味。

在意大利的佛罗伦萨有许多文艺复兴建筑风格的建筑，其中圣玛利亚主教堂为其代表。该教堂有一个巨大圆顶，圆顶的顶端离地达 107 米，直径 42 米；下部设 12 米高的八边形鼓座。因而建筑十分高大。后来人们以这个圆顶形态作为文艺复兴的建筑符号，被认为是人类春天的象征。

2. 文艺复兴建筑艺术在近代上海西方建筑中的表现

在上海近代西方建筑中，文艺复兴建筑风格的实例有以下几种。

（1）汇中饭店（外滩中山东一路 19 号,1908 年）这是一幢在上海近代西方建筑中最典型的文艺复兴式风格的建筑。其最典型的特色是正面红白相间(墙面是白色面砖,水平腰线用红色);窗楣的形式在统一中有变化,有半圆拱的、尖拱的、平拱的,扁拱的等等。在有些窗台下有栏杆;屋顶上还有两座巴洛克式亭子,并将屋顶辟成屋顶花园。这些都是文艺复兴的手法。在外滩的众多西方建筑中,它是唯一一幢红白相间的建筑,也是外滩最早安装电梯的多层建筑。

(2)上海总会大楼(中山东一路2号,1909年)建筑正立面为三段式处理,顶端设置了巴洛克式亭子,细部的雕刻细腻优美,正立面二层有六根罗马爱奥尼克柱式。这也是文艺复兴风格的手法。大楼内部的装饰精美,仿英国王宫格调,故有"皇家总会"之称。

(五)巴洛克建筑风格的赏析

巴洛克建筑艺术是西方继文艺复兴建筑艺术之后的又一种建筑风格,是指在宗教和宫廷文化中首先显示出来的一种艺术风格。它似乎是文艺复兴风格的继续和发展,但却是变异、扭曲和蜕化。巴洛克一词的真正释义是指奇异的珍珠,即不太圆,但却比正圆、浑圆更来得美、更可贵。因此,巴洛克艺术就是要追求富贵荣华、标新立异;在思想境界上就是要追求贵族精神,甚至是文艺复兴风格的蜕化。

1. 巴洛克建筑艺术的特征

其主要表现在以下几个方面。

(1)有强烈的庄重、对称特征。

(2)有强烈的凹凸感,在立面上形成阴影,立体感强。

(3)强调曲线、曲面,产生强烈扭曲感的形象。

(4)多用许多雕塑和浮雕进行修饰,让建筑的形象更丰富、更有运动感。

(5)由于平面多扭曲,故往往采用不规则的曲线形平面构成空间。

(6)对一些古希腊、古罗马建筑形式,如山花等作某些变异,因而经常可看到一些断山花、重叠山花、巨型曲线等。

巴洛克建筑风格在近代西方建筑中的实例很多,如意大利罗马圣卡罗教堂、罗马耶稣会教堂、罗马波波罗广场等等。以意大利罗马圣卡洛教堂为例,该教堂建于1638—1667年,主厅平面是一个变形的希腊十字形状,内部空间凹凸感强烈,顶部天花呈几何形的状,在临街的西立面,波浪形檐部的前后高低起伏。凹面凸面与圆形倚柱的相互交织,非常醒目。这些都是巴洛克建筑风格的表现。

2. 巴洛克建筑风格在上海近代西方建筑中的展现

(1)外滩东方汇理银行大楼(中山东一路29号,1911年),现为上海光大银行大楼。该大楼建筑正立面以拱券形正门为主线,两边对称;入口门券上方为波浪卷涡状断山花,而二楼窗框的两侧有多立克柱式或爱奥尼克柱式,且有卷形的立体窗檐,立面凹凸感明显;窗楣内有浮雕锈蚀;顶部中间为石栏杆,两边墙上有垂花雕饰。整幢大楼显得具有强烈的立体感和运动感。

(2)上海邮政总局大楼的塔楼(北苏州路276号,1924年),全国重点文物保护单位。上海邮政总局大楼整体上是折衷主义建筑风格,但塔楼是典型的巴洛克建筑风格;塔楼高达17米,下设长方形基座,正面有钟,塔楼四周为双柱,顶作弧形,基座上部有两组雕塑,一组由三人组成,他们手持火车头、轮船铁锚和通讯电缆模型;另一组也由三个人组成,中间水星是希腊神话中的商人,左右两侧是爱神,象征着邮政是沟通人间感情的使者。

(六)新古典主义建筑风格的欣赏

新古典主义建筑风格是西方古代晚期建筑艺术风格的一种。它出现在17世纪后期,意大利衰落,法国变得强大。因为古典主义比巴洛克风格更能表现庄严、崇高、伟大,所以法国选择了古典主义风格。

1. 新古典主义建筑风格的欣赏

古典主义建筑为区别古希腊、古罗马风格,也可称为新古典主义风格。其风格的特征在于以下几个方面。

(1)崇尚古典柱式,强调柱式必须恪守古罗马的古典准则。

(2)建筑的总体布局、平面和立面造型强调主从关系,突出轴线、讲究对称。

(3)常用穹隆顶统率整座建筑,为整幢建筑的中心轴线和标志。

(4)采用横三段、纵三段的立面构图手法,造型的决定性因素是强调比例。

(5)外形追求端庄宏伟,室内装饰追求豪华。

(6)柱式采用15世纪著名建筑师维尼奥拉所制定的古希腊、罗马的柱式规则(古希腊柱式3种,古罗马柱式5种)。

在法国出现了很多雄伟壮丽的古典主义风格的建筑,例如,巴黎卢浮宫、巴黎残废军人教堂、巴黎雄狮凯旋门和英国伦敦圣保罗大教堂等等。其中巴黎卢浮宫的东立面长172米,高28米,立面构图采用横三段与纵三段手法;上面有山花。柱廊采用双柱廊,整座建筑轮廓造型整齐、庄重雄伟,成为理性美的代表。

2. 新古典主义建筑风格在上海近代西方建筑中的实例

(1)外滩原汇丰银行大楼(中山东一路11—12号,1923年),它是外滩占地面积最广、门面最宽、体型最大的建筑,曾被英国人自喻为"从远东白令海峡到苏伊士运河最讲究的一幢建筑"。属英国新古典主义风格。

该建筑正中圆穹顶为中轴线,采用纵三段横三段的分段手法,纵向是1∶3∶2的比例,横向是2∶1∶2;中部双柱廊有6根科林斯柱式;正面虚实分明,有雕塑感。

(2)横滨正金银行大楼(中山东一路24号,1924年)现在是中国工商银行上海分行所在地,属新古典主义建筑风格。楼高6层,花岗石贴面,柱廊采用爱奥尼克柱式(2根)。

(七)折衷主义建筑风格的欣赏

折衷主义建筑风格也是西方古代晚期建筑艺术之一,是19世纪中叶以后出现的一种古典风格"再现"的突出现象。有人称之为西方古代建筑的"谢幕戏"。

1. 折衷主义建筑风格的判定

(1)注意这种风格是西方各种建筑风格的糅合,即一幢建筑风格包含两种及以上的西方建筑风格。

(2)善于捕捉西方古代各种建筑风格的表现。如古典主义风格的公正无邪的气质、哥特式风格的虔诚执着思想、文艺复兴建筑风格的温文尔雅的情调;巴洛克风格显示的荣华富贵格调等等。

2. 折衷主义建筑风格在上海近代西方建筑中的实例

(1)外滩海关大楼(中山东一路13号,1927年),大楼主楼高36.2米,钟楼高43米,大楼总高度79.2米,是当时上海滩最高的建筑物。

大楼属于折衷主义建筑风格,融合好几种建筑风格的形式,其外墙用花岗岩贴面,分东西两部,东部沿外滩高7层,连钟楼高11层;东立面下部为多立克式廊柱,中部3—6层是一个整体,强调垂直线,有哥特复兴式精神,上面有一个强烈的水平檐部,檐下还有齿饰,体现文艺复兴式风格;上部钟楼层层内敛,又似简化的巴洛克式风格。

（2）上海邮政总局大楼（北苏州路 276 号,1924 年）,该大楼整体上属于折衷主义建筑艺术风格,但其塔楼是巴洛克式建筑,两侧是古典主义建筑风格,故称之为折衷主义风格。

（八）装饰主义建筑风格的欣赏

1. 装饰主义建筑艺术风格概述

随着人类文明和社会进步,西方从封建社会走向资本主义社会,生产逐渐走向工业时代。社会文化和所有上层领域、发展总要滞后一些。所以,新的建筑形态、建筑风格直到 19 世纪中叶才露出锋芒,建筑大变革是从 19 世纪中叶伦敦出现"水晶宫"建筑开始的。至 19 世纪末,出现"巴黎埃菲尔铁塔"、巴黎万国博览会机械馆;美国出现新的建筑流派:芝加哥学派（形式加功能的实用主义思想口号）;到 20 世纪初,新的建筑、流派和建筑思想相继出现。这一时期所出现的流派和思潮,如芝加哥学派、工艺美术运动、新艺术运动等。被上海人统称为"装饰主义艺术风格"。其实质是装饰主义为上海人对西方近代建筑进入上海所持有的一种美学上的观念。因为旧的装饰总会被新的装饰所取代,这也是海派的"兼容、实用、创新"建筑文化的反映。这种风格的影响持久不衰,直至 20 世纪 50 年代。

2. 装饰主义艺术风格判定

装饰主义艺术要求建筑师反对历史"形式",希望他们创造能适应工业时代精神的简约的装饰形式,判定的依据在于:一是建筑讲究实用、重视建筑平面和空间的功能性;二是创造适应工业时代精神的简约的装饰形式;三是大量地使用铸铁花纹图案。

3. 装饰主义风格在上海近代西方建筑中的展现

（1）沙逊大厦（中山东一路 20 号,1929 年）大楼高 77 米,由当时的英籍犹太人沙逊出资建造,属装饰主义艺术风格的一个流派,被称为芝加哥学派风格。当时有"远东第一楼"之称,是当时上海第一幢十层以上的高层建筑。

大楼的楼顶是 19 米高的类似金字塔形的铜顶,可以说是外滩的一个显著标志。底层西大厅和 4—9 层开设了上海顶级的饭店（当时称华懋饭分店）,内部有 9 个国家（中、美、英、法、印等）不同风格的总统套房,以豪华著称;顶楼是沙逊自己的豪华住宅。整幢大楼简洁实用,体现了装饰主义艺术风格。1956 年作为和平饭店对外开放,1965 年原汇中饭店并入和平饭店,分别称为和平饭店北楼（沙逊大厦）和南楼（汇中饭店）。饭店一楼的老年爵士酒吧和老年爵士乐队是外滩最具上海老克勒风情的地方。尤其是老年爵士乐队的演奏,深受海外贵宾的欢迎,许多外国元首、贵宾都来此倾听。在这间酒吧里,可以说老上海的爵士梦依旧在延续。

（2）上海大厦（北苏州河 20 号）,原为百老汇大厦,整幢大厦的外部轮廓线清晰而丰富,外形从下向上层层收缩;外墙下部用暗红色高级花岗岩贴面,上部用浅褐色泰山石砖贴面;屋顶檐部处用带型图案装饰收头。整幢建筑简洁、实用,以体形本身达到建筑艺术效果,体现了装饰主义手法。

还有上海电力公司大楼（江西中路 320 号,1929 年）、国泰大戏院（淮海中路 870 号,1930 年）、大陆商场（南京东路山东路口,1932 年）、汉弥登大楼和都城饭店大楼（福州路、江西路交叉路口,前者位于东南隅,后者位于东北隅 1933 年,1934 年）、中汇大楼（延安东路、河南路口,1934 年 9 月）、华懋公寓（茂名南路长乐路路口,1929 年,现为锦江饭店北楼）等等,均属装饰主义风格大楼。

（九）西方现代主义建筑风格的赏析

西方现代主义建筑风格始于 20 世纪 20 年代。当时著名的德国建筑师格罗比乌斯认为，建筑应该随着时代发展而创造出自己的新建筑形式，不应该在形式上局限于传统的样式；他明确指出，在设计建筑时，要把建筑的使用和是否经济作为重要的因素。他所设计的包豪斯学院（现代工艺美术学院）就是他的观点的典型体现。这幢建筑对于西方现代主义建筑的进程，起到重要的推动作用。

从 20 世纪 20 年代开始，西方的一批现代派建筑师开始酝酿成立一个国际组织，来完善现代主义建筑运动，到 1929 年在瑞士成立了现代主义建筑的国际组织，1933 年又在希腊首都雅典召开了一次会议，发表了《雅典宪章》，这标志着现代主义建筑发展到了顶点。

1. 现代主义建筑的风格特征

判定某建筑是否属于现代主义建筑风格，主要看以下几点。

（1）它是否强调建筑的功能核技术并通过建筑本身表现出来。

（2）它强调 国际化，不应为民族性、地方性所束缚。

当时在欧洲建造的斯占特尔住宅（德国，1924 年），巴塞罗那国际博览会德国馆（德国，1929 年）、西门子公寓（德国，1929—1930 年）等都是一些西方现代主义建筑风格的代表。

2. 西方现代主义建筑风格在上海近代建筑中的展现

（1）国际饭店（南京西路 170 号，1934 年）仿美国摩天大楼形式，雄伟挺拔。当时被誉为"远东第一高楼"。1934 年建成，大楼外表属装饰主义风格，内部的结构、功能、技术反映现代主义建筑理念。在它建成后的半个多世纪里，一直是上海市的最高建筑。大楼有 14 层，高83.6 米。整幢建筑的外形从 15 层向上四面逐层收进呈阶梯状，使其显得既挺拔又秀气。大楼屋顶为平顶，施工精致，花样繁复，特别是钢丝网花平顶为上海之首创。故国际饭店成为 20 世纪 30 年代旧上海的标志性建筑。

1950 年上海地区测绘处经过测定，国际饭店楼顶的中心旗杆为上海平面坐标系的原点，即上海的大地原点。1996 年，国际饭店按照楼顶旗杆垂直至地面的位置，设立上海市大地原点的标志，对外开放，供游客参观。

（2）大光明电影院（南京西路 216 号，1928 年始建）。1933 年由著名建筑设计大师拉斯洛·邬达克设计重建。重建后，大光明电影院成为"远东第一影院"。该建筑的外立面呈奶黄色，构成一幅像在波浪中行进的风帆；流畅的圆弧曲线，从大厅顶部围环整个影院；渐叠层呈荷花形的三层屋顶装饰别具一格。这种富有想象力的创意科学地体现在建筑的内外。

新中国成立后，大光明电影院成为我国第一家宽银幕和第一家立体声电影院。曾经连续11 年成为上海电影票房的冠军影院，见证了中国电影院发展的历史。

在影院建立后的历史进程中，京剧大师梅兰芳先生曾亲自为大光明电影院的开张剪彩。1938 年梅兰芳赴美、苏等国演出，把中国的京剧第一次带出国门。上海各界就在此影院举行欢送大会，祝梅兰芳先生演出成功。

三、上海近代西方民居建筑及其在上海的实例

在上海近代的城市建筑中，中西方文化交织相映留下了众多风格各异的建筑遗产，成为上海发展过程中所产生的独具魅力的旅游吸引物。在众多的西方建筑中，除了前述的高楼大厦外，还有众多的西方民居建筑。如别墅、花园洋房、新式里弄等，也呈现着西方各国的不同建筑

风格,值得人们去一游。这些居民建筑散布在上海的多条马路上,如南京西路、愚园路、衡山路、复兴路、武康路、多伦路、山阴路、虹桥路、新华路等等。在这些马路上,集中了许多舶来品建筑,诉说着这个城市的历史,给人们留下难以忘却的记忆。这里曾经是孙中山、黄兴等革命先驱从事革命活动的地方,也是毛泽东、周恩来、恽代英等无产阶级革命家和革命烈士战斗生活之地;还有许多名人的故居也坐落在这些马路上。如巴金、鲁迅、茅盾、夏衍等文学大师,冼星海、聂耳等音乐大师;清末的官僚遗老李鸿章、段祺瑞等也在此生活过;蒋介石、宋庆龄、宋子文、张学良等故居,民族实业巨子盛宣怀、荣德生、刘鸿生、郭琳爽等均在此留下了众多的足迹(住宅与公共建筑),其中有众多的建筑已被列为上海市级以上重点文物保护单位、近代优秀历史建筑等称号。走进这些马路,就会感到上海是一座充满传奇色彩的城市,也是一个蕴含深厚文化底蕴的城市。它会使我们更加热爱这座城市,建设这座城市,让这座城市变得更加美好。

（一）英国式传统别墅建筑风格

上海开埠后,英国人首先进占上海,建立英租界。随后大量的英国传教士、商人、建筑师等也纷纷登陆上海。因此在上海近代民居建筑中,英国式的传统别墅风格的建筑占了较大的比重。这些带有装饰趣味和田野情趣的别墅,统称为英国式乡村别墅。

1. 英国式乡村别墅的主要特征

英国式乡村别墅的特征主要表现在以下四个方面: ① 屋面坡度较陡,屋顶用红瓦覆盖; ② 屋顶上有高出屋面的砖砌烟囱,顶上有若干小烟囱作为烟囱帽子; ③ 山墙和外墙上有半露、深色木构架; ④ 外墙面色彩较淡,与屋顶色彩有明显差异。

2. 英国式乡村别墅风格在上海的实例

(1) 沙逊别墅(虹桥路 2419 号,龙柏饭店内)这是沙逊在上海的两幢别墅之一。这幢在龙柏饭店内的叫伊甸园。该楼楼层为砖木结构,地基采用砖石结构;浅色的外墙面上露出深色的木构架;屋顶为双坡顶,坡面较陡峭,檐口外挑,屋顶覆盖红瓦,色彩十分鲜明。该建筑总面积为 800 平方米,平面布局不规则,坐北朝南,中间和两侧部分为单层建筑,东侧部分为双层建筑,底层为大厅,二层为卧室,屋前是一片大草坪。1989 年,该别墅被列为第一批上海市近代优秀建筑保护单位。

沙逊别墅外文名 Sasson's Villa,位于上海西郊虹桥路 2409 号,原为潘家宅农村。这幢别墅是大中实业公司于 1930 年购进 60 亩土地兴建的私人别墅,供沙逊个人居住,外人均称沙逊别墅,是由公和洋行设计,1932 年建成,造价每平方米达 317 银元,当时可谓天价。沙逊不惜工本,从英国进口橡木和其他材料,给他的别墅取名"伊甸园"(Eden Garden),汉译"伊扶司"或"夏娃",均取自圣经名词,当时的公和洋行的建筑师完全按英国乡村别墅建造,底层基础采用砖石砌筑,楼层建筑为砖木结构,且木构架外露油棕黑色,构架间粉淡黄色外墙,楼层平面悬挑于底层外墙,底层外墙面均为红机砖清水墙,门窗一律特地选用带有疖疤的木料制作,保留制作粗糙痕迹,屋顶陡峭,挑出外墙,铺以红板瓦,格调高雅。沙逊别墅采用不规则平面,坐南朝北,南入口有一大平台,进门后设有内廊,可进入大厅,中间部分和西侧为单层建筑,里面设有书房、会客厅、餐厅;东部为二层,楼上为沙逊卧室,室内家具大都采用橡木和柚木制作,其中精巧的建筑五金均为手工制作,十分珍贵。底层大厅有 200 平方米,大厅内有一火炉供取暖用,足可以烧烤一头小牛,木构架装饰木料,保留原始采伐痕迹,以显示野趣古朴的乡土气息,其他辅助用房均在屋后。建筑的四周均为树林和草坪,园内龙柏成林,还有雪松、香樟等,是典型的英国式园林布局。

（2）丁香花园主楼（华山路 849 号），据传闻，这里是晚清北洋军机大臣李鸿章的私家花园，是李鸿章为小妾丁香所造。如今是上海滩最负盛名、最为完好的私家花园之一。花园主楼属英式乡村别墅风格，但花园内亭台点缀、景观优雅，具中国江南私家园林的特色。可以说整个花园有中西合璧之风。

（二）西班牙式传统别墅建筑艺术欣赏

20 世纪 20 年代在上海的中小型花园别洋房里，西班牙别墅风格比较流行。由于其造型活泼、色彩明亮、阳台较大，受到高层市民的喜爱。

1. 欣赏这种风格的特征

（1）外表色彩艳丽明亮，或白，或黄色。

（2）门廊、窗户皆为圆拱造型。

（3）屋顶坡度较缓，上有红色陶瓦筒覆盖。

（4）阳台空间宽敞，上有花铁栏杆围护。

（5）花园面积较大。

（6）柱子、门或窗间由特制的西班牙螺旋形柱子。

2. 西班牙民居建筑风格在上海的实例

（1）张学良住宅（皋兰路 1 号）。该住宅为三层花园洋房，外墙为白色，花园面积大，约有 1 000 平方米，展现了西班牙式传统别墅建筑风格。一楼为大厅，为宴客场所；二楼为会客厅；三楼是卧室——西班牙式套房。

（2）原丁贵堂住宅（汾阳路 45 号，1932 年）。该建筑原是海关总税务司所建造的官邸，为洋人居住。直到抗日战争时期，爱国人士丁贵堂担任了总税务司的副职以后，才入住此建筑。

该住宅高两层，假三层，占地面积较人（8 000 平方米），其中花园面积几占一半（约 4 000 平方米）；房子为砖木混合结构，屋顶坡度缓，上有红色瓦筒覆盖，建筑布局平面对称。主楼的底层有三个连续的拱形券门，形成门廊。门及窗樘内竖有西班牙螺旋形柱子，用来作外廊柱之用。券门上、屋檐下及窗周围有精巧纤细的水泥砂浆雕塑；二层有阳台，阳台用花铁栅栏杆围护；三层为阁楼，顶上竖有老虎窗。室内有壁炉，冬天可以取暖。

（三）法国式传统别墅建筑艺术欣赏

1849 年法租界建立之后，一部分法国人来到上海，也有了一些法国建筑，但仍无法与英、美抗衡。所以上海的法式建筑不多。由于法式建筑风格庄重，有仿古情调，也受到一些达官贵人的青睐。

1. 法式别墅风格的特征

（1）看其屋顶是否是孟莎式坡屋顶。所谓孟莎式坡屋顶是指屋面坡度有变化的屋顶。一般是上部较平缓，面积较小；下部坡度较陡峭，面积较大。也有采用四坡面的屋顶的。

（2）看有无老虎窗，屋顶竖有老虎窗；

（3）看建筑的风格是否庄重、对称；

（4）看建筑所用的材料，它们大多用石材贴面，或用仿石材，或用碎石粉刷。

2. 法式别墅风格在上海的实例

（1）原宋子文住宅（岳阳路 145 号，1935 年）。该住宅为法式别墅风格建筑，屋顶坡度有变化,上有红瓦覆盖,屋顶有老虎天窗;阳台较宽大,充满浓郁的欧洲情调。楼前的花园较大。

(2)原白崇禧住宅(汾阳路150号,1930年)该建筑原为法国富商所有,20世纪40年代,成为国民党高级将领白崇禧的宅邸。整个建筑的外墙都呈白色,上二楼阳台的大理石螺旋形楼梯也呈白色。古称"白宫"。建筑庄重对称,正立面三层,从下向上都有古罗马柱式,显示了法国古典主义的风格。

(四)北欧式传统别墅风格欣赏

北欧式传统别墅建筑,包括挪威、瑞典等地的建筑,是西方传统建筑艺术之一。其绚丽的色彩、特殊的造型令人惊叹。

1.北欧建筑的艺术特征

(1)屋顶陡峭、坡度大,且多塔楼。这是与北欧地区严寒多雪的气候有关。由于常年积雪,如屋顶积雪过多,负荷加大,会导致楼房坍塌,而屋顶陡峭,则会减轻积雪的压重,减少负荷,保护房屋。

(2)屋顶往往带有阁楼层。

(3)外墙色彩丰富、明亮。

(4)外墙上有暴露的木构件,并开有拱形长窗。

2.北欧建筑在上海的典型实例

今上海市徐汇区陕西南路的马勒别墅是一幢具有北欧挪威建筑风情的城堡式别墅,是该风格在上海的典型代表(现为全国重点文物保护单位)。该住宅始建于1936年,为当时的富商马勒的住宅。该建筑屋顶陡峭,上有红瓦覆盖,且屋顶种类多,有高低不一的攒尖顶,也有四坡顶,外墙上有暴露的木构件,屋顶上有大、小塔楼多个;外墙凹凸多变,棱角起翘,是一座色彩明亮、精致多变、独具一格的北欧风格的建筑。

(五)德国式传统别墅站住艺术欣赏

1.德国式别墅风格的特征

20世纪初,巴黎世界博览会开幕,轰动欧洲。其中德国馆的建筑风格大受人们的赞扬。德国式的建筑风格,多以巴伐利亚风格为主。其主要特征是:建筑的正立面是典型的折衷主义建筑风格,即综合了德国式罗马风建筑风格、文艺复兴建筑风格和巴洛克式建筑风格等多种风格的特点,或至少是具有上述两种风格的特点。

2.德国式建筑风格在上海的实例

现今上海有此风格的建筑有:上海音乐学院图书馆(汾阳路20号)、原德国工程技术学院(复兴中路1195号)、建国西路662号住宅等。

(1)上海音乐学院(汾阳路20号)。该楼是风格比较混杂的花园住宅,假三层。孟莎式双坡屋面陡峭,有双坡形老虎窗,木质构架支撑,屋顶错落有致。底层为砖墙,水泥拉毛墙面,部分墙体以毛石砌筑,半圆拱券门洞和窗洞,券身突出毛石间隔点缀,整体极富特色,局部带有北欧风格。券廊、门、窗洞口为不规则毛石砌筑,具有德国青年风格派特征。二层东、南立面设有连通外廊,露台栏杆雕饰精美,与毛石材质产生强烈对比效果。底层二层虽均有外廊环绕,但形式对比强烈,底层外廊为厚实的墙基和石拱券,粗犷有力,而二层为混凝土双柱的外廊,檐口镂空花格,轻巧剔透。这种形式并不和谐但自由随意的模仿与组合反映了当时上海的建筑特征。内部楼梯、护壁、壁炉等装饰为西式风格,做工考究。

该房屋的结构形式为砖木结构。屋顶烟囱顶部及中部设汰石子装饰线条,屋面铺红色黏土平瓦,屋顶老虎窗形式为双坡老虎窗。建筑物外立面设有连通外廊及内阳台。外墙材料为黏土砖墙,墙面主要采用拉毛饰面,局部墙面装饰有粗石料块材。外窗主要为木窗,局部外窗窗框部位装饰有粗石料,外门主要为玻璃木门。底层大厅地面面层采用红色地砖。

(2)上海理工大学图书馆,原为德国技术工程学院,位于复兴中路 1195 号,建于 1908—1916 年。建筑属于德国式教育建筑。

(3)建国西路 662 号住宅(建国西路 662 号住宅,1924 年)这是一幢带有德国青年派风格的花园洋房住宅,屋高四层,混合结构,南立面不对称,跌檐式山墙,顶层为半圆形窗楣,有由几何曲线形的阳台,都属于德国式新艺术运动风格;底层东向门廊采用砖砌立柱,入口显得挺拔、庄重、古意浓浓,表明是受德国皇家建筑风格的影响;室内装饰简朴,木装修带有中国风格;面向花园的墙面,南主面全部开窗,垂直钢窗宽敞明亮。

(六)意大利式别墅建筑风格的欣赏

意大利式建筑受罗马建筑风格影响很大,因而在造型、布局、柱式上含有较多的古罗马建筑元素。

1. 意大利式风格建筑的主要特征

(1)看有无带有柱式的长廊。

(2)看造型的构图是否按纵横三段的比例。所谓横三段是指中间突出、两边对称的构图;纵三段是指从下向上为台基、门窗或柱廊、檐部等三部分。

2. 意大利式的别墅建筑风格在上海的实例

该风格的典型实例如上海兴国宾馆 1 号楼、巨鹿路上的上海作家协会办公大楼、陕西北路的上海辞书出版社办公大楼等。

(1)上海作家协会办公大楼(巨鹿路 675 号,1931 年)该建筑假三层,混合结构,主楼南墙立面有贯通两层且带有凹槽的爱奥尼克柱式门楼。底层的门柱之间设计为大青石平台;二层设计为开敞式大阳台,用铸铁花饰栏杆围住弧形阳台。该层内为一大厅二房间,立面对称,三段式;南立面除门廊外,墙面均用清水砖砌筑。窗式有平拱、弧拱、三角形等多种样式,屋檐下有齿形带饰。可见它属于意大利式别墅风格。宅前花园里有一个带有"浴女"雕像的水池,被认为是希腊神话中的海神和航海女神,她是由设计师从欧洲定制后运来上海的。现被列为上海市优秀近代保护建筑。

(2)兴国宾馆 1 号楼(兴国路 72 号,1935 年)。该建筑为二层,混合建筑,正立面二层共有 14 根柱式,中间十根,两侧对称各为两根;从下向上为台基、柱廊、檐部;平面构图为意大利式风格。楼前有大花园。这些都表明了该建筑属意大利式风格。

综合本节所述,在上海近代西方建筑中,包含了西方各种不同的建筑艺术风格。从西方古代的建筑艺术风格(古希腊、古罗马建筑风格)、西方古代中期建筑艺术风格(罗马风、哥特式风格),西方文艺复兴和巴洛克式建筑艺术风格、西方古代晚期建筑艺术风格(新古典主义、折衷主义风格),到西方近代、现代建筑艺术风格(装饰主义艺术风格和现代主义建筑艺术风格),每种建筑风格在上海都有很多实例。因而我们把上海近代的西方建筑(大楼、别墅、花园洋房)称为"万国建筑博览",名副其实。从建筑是历史文化物化这个意义上来说,上海"万国建筑博览"是向海内外游客显示上海城市个性和魅力的最精彩舞台。它既展示了上海这个国际化的现代化大都市的风貌,又显示了上海独特的海派文化特色。

第三节　上海近代海派建筑文化和
主要海派建筑景观

一、海派建筑概述

海派建筑是指中西各种建筑风格融合在一起的建筑,是上海海派文化在建筑领域中的体现,例如,上海近代的"石库门建筑"、外滩的"中国银行大楼"、华山路的"丁香花园"等都可列入海派建筑的范畴。

海派文化是上海地方文化的特色之一,是具有"海纳百川、兼收并蓄、开拓创新"精神的地方文化。它可延伸到各个领域,延伸到建筑领域就是海派建筑。

海派建筑的特色归纳起来,主要有以下几个方面。

1. 海纳百川、兼收并蓄

1840 年上海开埠以后,保持了历史上的开放传统,尤其是在文化艺术的交流中存在着很大的宽容性和可容性。海派就是海量,在上海近代建筑领域呈现出多元化的格局。当时上海在租界领域内所选定的建筑有各国、各地的建筑风格,只要是优秀的,一概不加排斥,而是鼓励其交融发展,使得上海在 20 世纪三四十年代已成为一个"万国建筑博览"的城市。

从建筑类型而言,在近代上海几乎可以找到世界上任何一种建筑形式,从西方古代早期的古希腊、古罗马柱式到西方古代中期的拜占庭式、哥特式建筑风格,到西方文艺复兴式建筑风格、巴洛克式建筑风格,再到西方古代晚期的新古典主义建筑风格和折衷主义建筑风格,从古典型向现代的过渡时期的装饰艺术风格、最后到西方现代主义建筑风格,都可以在英、美、法租界内找到。

从地域上而言,欧美许多国家的建筑风格这儿都有,英国、法国、德国、意大利、西班牙、挪威、美国、日本等各国的别墅风格都有,甚至在同一条里弄内、同一幢建筑中也可以有多种建筑风格的房子并存。如长宁区新华路的外国弄堂式花园内就是如此。

2. 调和折衷、局部变异

近代上海的建筑师们在移植西方建筑的过程中,由于对西方建筑的历史背景和建筑的文化演变认识不够,并受到个人欣赏和建筑能力的局限,最终使移植过来的西方建筑产生不少变异,建筑本身有明显的折衷主义风格。例如,现延安西路 262 号上海生物制品研究所,是一幢在 20 世纪 20 年代后建造的花园洋房。该建筑既有西班牙别墅建筑风格的形式(如平缓屋顶,红色瓦筒,檐口的装饰等),又有意大利文艺复兴建筑风格形式(窗框有平拱、弧拱、圆弧等多种形式,正立面门窗轴对称,底层三扇尖拱券门、壁炉顶上的烟囱结构等),还有类似于美国乡村别墅风格的外墙(简洁、明快),住宅前的庭院有草坪、树木、花草,用绿化分隔空间,结合地形起伏的布局,类似中国传统庭院式的布局。这一切都表明了调和折衷的海派特色。

3. 中西合璧,意在创新

上海的建筑师们在引进西方建筑的同时,也注意吸取中国的优秀建筑传统,努力实现中西合璧。例如,上海近代兴起的石库门住宅,就是中西合璧的结果。例如,石库门的正门,是由石料门框箍住的黑色木门,是其最显著的特征,也是石库门称呼的由来之一。这是受西方建筑风格的影响之一;门楣上方的装饰(弧形、矩形或三角形山花)、里弄进口的过街楼,屋顶上的老虎天窗、欧洲联排式的布局形式等也是受西方建筑风格的影响。而石库门民居内部的布设，从进门后的天井、客堂、前楼等皆系中国庭院式民居的布局，由江南民居演变而来。所以，近代上海的石库门民居建筑成为比较典型的中西建筑文化相互融合的海派建筑。

4. 多元共存，相得益彰

上海除了有很多西方单体建筑外，还有一些海派群体建筑。在这些海派群体建筑中，多种风格和谐共存，使整个群体显得丰富多彩，又协调统一。例如，外滩的"万国建筑博览群"，它们高低不一、参差不齐、风格各异，但总体上显得和谐统一，显示了西方建筑的壮美风格。这种和谐统一的建筑形式，外形端庄华丽，轮廓线一致，正是上海近代海派建筑的基本特征之一。

二、现代海派建筑及其实例

现代海派建筑是指在新中国建立以后，尤其是在改革开放以来，在海派建筑艺术的文脉和机理的基础上，经过历史积淀和不断实践创新，融合现代高科技技术而形成的建筑。上海的现代海派建筑，实际上是展现了上海城市发展的精神面貌，展示了上海国际化大都市新的都市风貌。

改革开放以来，尤其是浦东新区的快速发展，兴起了成百上千幢现代超高层建筑，其中最有代表性的是新上海的标志性建筑和新上海的标志性文化设施。它们都是现代海派建筑的精英。我们从中选择一些实例加以剖析：

实例一：上海东方明珠广播电视塔

上海东方明珠广播电视塔位于陆家嘴中心区浦东世纪大道 1 号，其高度为 468 米，是与加拿大多伦多与俄罗斯莫斯科电视塔齐名的亚洲第一、世界第三的电视塔，是一幢充满着中国文化的意蕴、中西合璧的建筑，是上海城市的标志性的建筑，是集广播电视发射、观光、餐饮、娱乐、住宿为一体的名列上海十大新景观的旅游新景点，是目前上海人气最旺的国家 5A 级热门景点，全年接待游客为 333 万人次，是国家 5A 级旅游景区。东方明珠广播电视塔的建筑造型别具一格，它是由下球体、上球体、太空舱和三根擎天柱间的五个球，以及三根斜柱上的三个球共同串联而成的十一个大小不一的桃红色圆球体组成，与上海国际会议中心的两个球形建筑构成了"大珠小珠落玉盘"的意境。塔座地面两层为进塔大厅和百货商场，底层大厅内设有上海城市历史发展陈列馆，展示了 6 000 多年来上海历史的沿革过程，特别是展示了近代上海开埠以来的百年沧桑，是直观了解上海昔日风貌、感受上海沧桑巨变、感受上海大都市文化魅力的重要窗口。站在上球体内 267 米高度处的旋转餐厅，可以极目远眺，将申城美景尽收眼底。夜晚，耸入云端的东方明珠，华灯齐放，色彩缤纷，宛如晶莹剔透的银柱屹立在黄浦江畔，与灯光闪烁的南浦大桥、杨浦大桥两条彩带组成了一幅双龙戏珠的壮丽景色。可见，东方明珠广播电视塔充分展现了现代海派建筑的鲜明特色，是现代高科技与传统的东方文化的完美统一。2019 年被评为上海新十大标志性建筑之一。

实例二：金茂大厦

金茂大厦位于世纪大道 2 号，与毗邻的璀璨的东方明珠遥遥相对、相互呼应。楼高 420.5 米，1999 年建成开业，为当时世界第三、中国第一高楼（现是世界第五高楼、中国第三高楼）。楼由 88 层主楼、6 层裙房和 3 层地下室组成，总建筑面积达 29 万平方米，超过了外滩万国建筑博览群所有建筑面积的总和。大厦的建筑外观呈中国密檐式宝塔形状，是东方塔形建筑风格和现代高科技完美结合的现代"海派建筑"。远眺金茂大厦，它又似一把浅蓝色的宝剑直插云霄,与其裙楼合并犹如一本打开的书,书写着浦东改革开放以来日新月异的巨大变化。由于大厦集现代科技与中外文化之大成,达到了设计思想、科技含量、文化品位与建筑质量等四个一流,因此又是一座集智能化、信息化、现代化于一体的大楼。大厦的88层观光厅,高度为340.1米,是当今世界最高最大的观光厅,是国家4A级景点。临窗远眺,浦江两岸景致尽收眼底。大厦还有许多世界第一:吉尼斯世界纪录中最高的酒店——上海金茂君悦大酒店、吉尼斯世界纪录中最高的酒吧——九重天酒吧,位居86楼的金茂俱乐部、87层的空中餐厅都是世界上最高的。大厦里还设有吉尼斯世界纪录中世界最高的邮局。所以,金茂大厦是上海迈向21世纪的新的标志性建筑之一,是上海新十大标志性建筑之一,是现代"海派建筑"精华之一。

实例三:上海国际会议中心

上海国际会议中心位于滨江大道2727号,与外滩万国建筑博览群隔江相望。其建筑特色是像"两颗明珠"一样的两个球形建筑,东侧一个小的球体,上面有一幅中国版图的地图,为红色,其中的一颗五角星代表北京、圆点代表上海;西侧的大的球体,上面有一幅有东、西半球的世界地图;中间主楼是连接两个球体的纬线。这样一个用两个球体连接中间主楼的创造性的设计,寓意是表达"让上海了解世界,让世界了解上海"的良好愿望和沟通东西两半球的桥梁。中间主楼高10层,总建筑面积达11万平方米,外墙刻有上海市的市花白玉兰。主楼内的设施中有好几个上海第一,如容纳3 000人参加宴会的大宴会厅内无梁无柱;高达5米重达1吨的宴会厅的饰花大门只需用一个手指一推就能开启;会议中心门口两侧有25根花岗体的圆柱,柱帽每只重8吨,上为市花白玉兰图案;玻璃幕墙面积大,达6 000平方米,还有一块800平方米的特大玻璃等。两个球体内,设有餐厅、咖啡厅、休息厅、游泳池等。人们在"东西半球"内可以闲庭信步,品尝美酒,尽情欣赏黄浦江两岸的美丽景色。该中心建成以来,出色地完成了许多重大会议的接待工作,如20世纪最后一次"财富"世界论坛上海年会、2001年亚太经济组织(APEC)会议、2004年5月全球扶贫大会和2006年上海合作组织峰会均在此举行。因而,它的建成填补了上海召开国际性大型会议场所方面的空白,对上海开展大型会议和进行国际交流活动起着越来越重要的作用,同时也为上海成为远东的会展中心起着支撑作用。

举办大型会议和进行国际交流活动起着越来越重要的作用,同时也为上海成为远东的会展中心起着支撑作用。

实例四:上海环球金融中心

环球金融中心是目前申城的第二高楼,中国第三高楼,被高层建筑和城市住宅委员会评为2008年度最佳高层建筑,是上海市新的标志性建筑之一。现已成为上海的旅游热点之一。环球金融中心的建筑面积达38.16万平方米,高度为492米,共104层(地上101层,地下3层),内有观光、宾馆、餐厅、游泳池、写字楼、会议室等,创两项世界纪录:一是创"屋顶高度"的世界纪录;二是创"人可到达建筑高度"的世界纪录。设在第100层,距地面472米,长度55米的观光天阁是目前世界上人能到达的最高建筑高度,它和94层的面积为200平方米,厅内高度为8米的观光大厅是世界新的观光亮点,对海内外旅游客具有极大的吸引力。它超越加拿大多伦多的西恩塔观景台(高446.5米)和迪拜塔观景台(高440米),成为目前世界上人们能够到达的最高观光设施。世界最高档次的酒店设在大楼的78至93层面,因此93层的中式餐厅和85层的游泳池成为世界之最。

　　该中心的外观造型简约流畅,顶部设计了一个倒梯形的风洞,外观酷似一管牙膏。建筑主体是一个正方形柱体,有两个巨型拱形斜面逐渐向上缩窄于顶端交汇而成。可以说它是目前世界上最高的平顶式大楼。

　　上海环球金融中心以其新上海的标志性建筑——上海第二高楼的身份,为外滩陆家嘴地区的都市风光增添了新的魅力,为上海增添了一个新的旅游热点。在100层的观光天阁内,55米长的观光天阁的一部分地板是由玻璃组成,便于人们去俯视脚底下的美景。站在此处,可以平视东方明珠电视塔的塔尖,可以察觉金茂大厦的楼顶近在眼前;俯瞰地面、汽车、行人仿佛都在你的脚下蠕动。当人们漫步在这三条透明的玻璃地板上时才会真正体会到杜甫诗中:"会当凌绝顶,一览众山小"的豪言壮语。

　　由于运用了最新高科技,所以环球金融中心创造了多个"国内之最":一是国内首次运用工程质量远程验收系统;二是首次在450米的垂直竖井内进行电缆敷设;三是首次采用工厂拼装,现场预留关口对接的整体卫生间施工工艺;四是首次在中心的90层安装2台风阻尼器,抑制强风引起的建筑物的摇晃。

　　由此可见,上海环球金融中心也是现代海派建筑的精英分子,值得我们引以为豪。

　　实例五:上海中心大厦

　　上海中心大厦是上海市的一座超高层地标式摩天大楼,其设计高度超过上海环球金融中心,成为中国第二高楼(第一高楼为深圳平安国际金融中心)及世界第四高楼,建筑主体为118层,总高为632米,结构高度为580米,机动车停车位布置在地下,可停放2 000辆。2008年11月29日开工,于2016年3月12日正式全部完工。该大厦与大多数现代超高层摩天大楼一样,充分利用最新的高科技成果,采用最新的设计理念。大厦从整体上不只是一座办公大楼,它的9个区每一个都有自己的空中大厅和中庭夹在内外玻璃墙之间。空中大厅的每一层都将建有自己的零售店和餐馆,成为一个垂直商业区。大厦有两个玻璃正面,一内一外,主体形状为圆外三角形。形象地说,就是一根管子外面套着另一根管子。玻璃正面之间的空间在90厘米到10米之间,为空中大厅提供空间,同时充当一个类似热水瓶的隔热层,降低整座大楼的供暖和冷气需求,减少能耗。这不仅有利于保护环境,也让这种大型建筑更具有经济可行性。

　　大厦的地基在充分考虑上海浦东地下层情况(冲积层)的基础上,打了980个基桩,深度达86米。后又浇筑6万多立方米混凝土进行加固,形成一个约合6米厚的基础底板。这就使得大厦稳如磐石,能经得住大地震的考验。该大厦从顶部看,外形好似一个吉他拨片,随着高度升高,每层扭曲近1度,这样的设计能够延缓风流,减少摩天大楼的剧烈摇晃。据测试,这种外形设计能使侧力减少24%,让大厦经得住强台风的影响。

　　整个大厦的外观呈螺旋式上升,建筑表面的开口由底部旋转至顶部城市天际线,为上海的都市风貌又增添了一个新的亮点——上海第一高楼。这一建筑高度使得上海中心大厦与周边420米的金茂大厦、492米的上海环球金融中心在顶部呈现弧线上升。

　　大厦作为一幢综合性超高层建筑,分为五大功能区建设,包括大众商业娱乐区域,低、中、高办公区域,企业汇管区域、精品酒店区域和顶部功能体验空间。其中"世界之巅"是功能体验区,有城市展示观景台、娱乐、VIP小型酒吧、餐饮、观光会晤等功能。

　　此外,在2—8区,每区的底部每隔120度就有一个由双幕墙组成的空中大堂,全楼共有21个空中大堂。大堂内视野通透,城市景观尽收眼底。

　　2014年8月3日,大厦全面结构封顶,顺利到达632米的最高点,刷新了申城天际线新高度。2016 年 3 月 12 日大厦建筑总体正式全部完工。2016 年 4 月 27 日,上海中心举行建筑者荣誉墙揭幕仪式并宣布分步试运行。上海中心大厦正式对外开放后,地下二层是观光入口,电梯以每秒 18 米的速度将游客送至 118 层。整幢大楼共有 24 个空中花园,其中 118 层和 119 层是主要的观光层。该大厦的建筑特点可归结为:

(1) 节能环保:采用最新的可持续发展技术,达到绿色环保要求。

(2) 电梯速度:世界上速度最快的电梯。

(3) 建造技术:靠 3 个相互连接的系统保持直立(27×27 米的钢筋混凝土芯柱,钢材料超级柱构成一个环围绕芯柱,每 14 层架用一个 2 层高的带状桁架)。

(4) 高空展览:除 118 层和 119 层让游客体验观光外,125 层和 126 层也构建观光区,高度分别达到 580 米和 583 米;这儿将"举办巅峰艺术展""视听艺术表演""举办观象博物馆""金器馆""宗教馆""中西文化交流馆""瓷器馆"等,大大增加了文化内涵。

(5) 灯光展示:大厦 632 米高的超高层整体构思景观灯及主体灯光秀(4 类灯光秀,对应平时、周末、节假日以及特殊演出)。

(6) 雕塑陈列:雕塑《上海少女》是已故画家、艺术家陈逸飞亲自绘制创作的大型城市雕塑作品(完成于 2000 年),是一个立体雕塑,反映 20 世纪三四十年代上海女性形象,唤起人们对于老上海以及老上海女性的怀旧情结。该作品将陈列于上海中心一楼办公大堂入口,成为大厦的重要标志之一。

由上可见,上海中心大厦不断创新,运用最新高科技于建筑之中,使其成为上海又一新的高度,这也是现代海派建筑的又一显著特征。2020 年 1 月 6 日,入选上海新十大地标建筑。

实例六:上海大剧院

上海大剧院位于上海人民广场西北角,人民大道 100 号,是上海新的标志性文化设施之一,是现代海派建筑之精粹之一。2019 年被评为上海新十大标志性建筑之一。

整个建筑总面积 6 万多平方米,建筑高度 40 米,地下 2 层,地上 6 层,顶部 2 层,共计 10 层。它是按法国夏邦杰建筑设计所的设计方案建造的。其设计理念是"天地之间的理念,是一座开放的宫殿"。整个结构简洁流畅,顶部皇冠般的白色弧形的巨大屋顶弯翘向天际,形似吉祥纳福的聚宝盆,承接着来自宇宙和大自然的恩泽,更象征着上海吸纳世界文化艺术的宽广胸怀,焕发着上海人民拥抱蓝天、喜迎四海的无限激情。

大剧院建筑的外立面,由玻璃幕墙和大理石组成。白天,人们从外面向里望,朦朦胧胧,夜晚则晶莹剔透,像一座水晶宫殿。每当华灯初上,外立面和屋顶结合的光幕与喷水池的水光反射交相辉映,使整个建筑便变换成一座美丽的水晶宫殿。大剧院的工程精度要求高,施工难度大,既是艺术宫殿,又是高科技的结晶,仅其顶部的反翘式大屋顶就重 600 吨,相当于法国巴黎埃菲尔铁塔的重量。建筑外墙装饰用去了 799 块幕墙玻璃,这幕墙玻璃每块重达 200 千克。

大剧院于 1998 年竣工投入使用后,许多著名的中外艺术团体和艺术家们先后来到大剧院演出,为上海市民和在沪的中外游客献上了精彩的节目,显示了上海海派文化的特色。可见,大剧院是东方文化和最新科技的结合,属现代海派建筑。

实例七:上海博物馆

位于上海人民广场南端(人民大道 201 号)的上海博物馆,是上海新的标志性文化设施之一,国家 4A 级旅游景区,也是现代海派建筑精粹之一。

博物馆的建筑总面积近 4 万平方米,高度 29.5 米,地上 5 层,地下 2 层。自 2008 年 3 月起向社会免费开放。

该建筑的外部造型是方体基座与圆形出挑相结合。寓意符合中国传统文化的天圆地方的含义。整个建筑的外观造型是具有汉代的建筑风格,从远眺望,它似是一件古青铜器"鼎"。方形的台阶式建筑,逐层内缩,吸收了北京天坛的建筑风格;建筑顶部的纹饰是汉唐铜镜的图案,象征着上海博物馆像汉唐盛世一样兴旺发达;博物馆南门两侧八尊汉白玉雕饰(各三尊狮子、天禄和避邪)守护着上海博物馆珍藏的无价的文化瑰宝。

该馆是国内外著名的中国古代艺术博物馆之一,现有馆藏文物近百万件,其中珍贵文物12万件,其中青铜器、陶瓷器、书法、绘画为特色,藏品丰富,质量精湛,享有盛名。

由上可见,上海博物馆是东方文化和最新高科技结合的产物,属于现代海派建筑的精粹之一。

实例八:东方艺术中心

东方艺术中心位于丁香路425号(近世纪大道),是上海新的标志性文化设施之一,也属于现代海派建筑。它于2004年12月31日建成,为法国著名建筑设计大师保罗·安德罗设计。现已成为上海高雅艺术表演的殿堂。

东方艺术中心整个建筑充满了艺术感,从高处俯瞰犹如五片绽放的花瓣,共同组成了一朵硕大美丽的"蝴蝶兰"。建筑外表采用金属夹层玻璃幕墙,内墙装饰着特制的浅黄、朱红、棕色、灰色的陶瓷挂件。中心内部的演出设施先进,可满足不同的演出需要。中心顶部装有高科技顶灯,灯光会随旋律而变化,每到夜晚,顶部的灯光会将夜色中的东方艺术中心演绎得璀璨奇异,充满动感。可见整个东方艺术中心的建筑,从设计到建成贯穿着最高的科技成果、蕴含着东方文化的因素,充斥着新的创意,不失为一座现代海派建筑。

除上述实例外在陆家嘴中心绿地周围有大批新的超高层建筑,也是浦东改革开放的标志之一。如有许多国外金融机构进驻的船舶大厦、上海森茂国际大厦、华能总公司的华能大厦、上海信托投资公司的新上海国际大厦、交通银行的交银大厦、中国人民银行的银都大厦、中国银行的国际金融大厦、招商银行进驻的招商局大厦以及环球金融大厦等20余幢的各具特色的现代化海派建筑博览,构成了浦东金融街,与外滩万国建筑博览相呼应,成为体现上海现代化大都市的都市风貌的典型景观。

实例九:国家会展中心(上海)

位于崧泽大道333号,是集展览、会议、办公及商业服务等功能于一体的会展综合体,也是上海市新的标志性建筑之一。它于2011年12月26日动工兴建,于2014年9月28日竣工;于2016年12月1日全面运营。2019年4月28日,国家会展中心(上海)进行展览规模的提升工程;8月15日,它完成展览规模提升工程的1号馆主体结构建设工作;10月10日,1、2号馆投入使用。

它采用优美而具有吉祥寓意的"四叶草"原形,以中央广场为花心,向四个方向伸展出四片脉络分明的叶片状主体,形成更具有标志性和视觉冲击力的集中式构图,创造出高效率运营的新的会展模式,充分体现出功能性、标志性、经济性和科技性的设计原则和造型理念。在立面设计上,其建筑外形通过曲面幕墙的形态,形成浑然大气的城市界面,在最外边表层,通过两百四十根柱列使屋顶与立面虚实相间,寓意"生长中的草茎";而柱列银白色的哑光金属质感使建筑透出柔和飘逸的建筑气韵。

国家会展中心(上海)总建筑面积147万平方米,其中地上面积127万平方米,有3个近

1万平方米的多功能展馆、1万平方米的中央广场、10万平方米室外展场等多处富于变化的空间和场地,内设90至400平方米的小型会议室42个,400至600平方米的中型会议室8个。可展览面积50万平方米,包括40万平方米的室内展厅和10万平方米的室外展场;综合体共16个展厅,包括13个单位面积为3万平方米的大展厅和3个单位面积为1万平方米的多功能展厅;东厅的演艺馆总面积1万平方米,拥有近8 000个座位。

会展中心(上海)还有商业广场、办公楼宇和洲际酒店。会展场馆区域为整个建筑的核心引力空间,占据四个"叶面"的大空间。中心的1至3号馆均为单层无柱展厅,4至8号馆为双层大展厅;商业广场位于"四叶草"建筑的中央,由围绕中心广场的圆楼与环抱圆楼的8座钻石楼组成。中央圆楼与钻石楼在一至三层相互连通,展商观众可在各大展厅与商业广场之间穿梭往来。

国家会展中心(上海)是中国新时期商务发展战略布局的重要组成部分,成为立足长三角、服务全国、面向世界的国际一流的会展综合体。它是上海建设国际贸易中心的重要载体,对于加快上海现代服务业发展、促进上海"四个中心"的建设具有十分重要的意义。从2014年运行至今,已举办国内国际展览会、博览会上百个,其中最引人注目的是2018首届中国国际进口博览会在这里成功举办,至2021年11月已成功举办了四届。

第四节 上海市建筑风光旅游

熟知上海近现代建筑文化,可知建筑在上海城市景观中的地位是无可替代的。由这些不同的城市建筑可组成各种不同的建筑风光,是上海都市风光游中的重要品牌。

一、世上少见的一江两岸都市风貌旅游

在世界上的一些国际大都市中,很多城市都有一条河流穿过,河流成了这些城市的母亲河,河流两岸的都市风貌也见证了这些城市的发展历史。从审美的角度而言,河流作为自然景观,两岸的都市风貌作为人文景观,则一江两岸的都市风貌体现了自然景观和人文景观的相互映衬,动态的江面风光与静态的两岸建筑的结合,形成美丽的都市风光。黄浦江穿过上海市区,作为上海的母亲河,它哺育了上海的成长,也增添了上海的秀美。它不仅是上海灿烂文化的象征,也是上海历史发展的见证。就像伦敦的泰晤士河、法国巴黎的塞纳河一样,填满了人们的记忆。但在上海的外滩地区,我们所见的一江两岸风貌却更加独特,可说是世上所罕见的都市风光。

人们在外滩所见到的风光是:黄浦江与苏州河在外白渡桥处汇合折向东流,形成一条新月形的弧形弯道,使流动的江水显得流畅、舒展、柔和、活泼。黄浦江江面上川流不息的客、货轮,与西岸外滩一幢幢充满浓郁异国色彩的近代"万国建筑博览群"、东岸一幢幢高耸云间的现代超高层建筑相映生辉、浑然一体,展示出这一地区所独有的都市风貌。站在浦西外滩防汛墙的观光平台上观看两岸景色则是:一高一低、一中一西、现代与近代的完美融合,尤其是夜间,黄浦江江面上倒映着两岸的灯光,美丽温柔。浦西外滩的"万国建筑博览群"在泛光灯的照射下,晶莹剔透,光彩夺目,令人心旷神怡,流连忘返;而浦东陆家嘴小金三角地区的夜色更为精彩。高耸入云的东方明珠广播电视塔,成了灯的海洋,电视塔串联在一起的11个球体宛如一根银柱屹立在黄浦江畔,与南浦大桥、杨浦大桥组成了一幅双龙戏珠的壮丽景色,两条彩

带连接着各自光导系统闪闪发光,编织出一幅绚丽多彩的图案。毗邻的巍峨闪亮的金茂大厦,宛如一把银白色的利剑直刺夜空,显示了上海城市的活力。看过这样的夜景,人们都会感叹地说:外滩地区的夜景魅力无穷。人们面对的是历史的变迁,是上海的昨天和今天,是现代和古典的完美融合。这样的景色之美,香港、巴黎和伦敦也是自愧不如的。

对上述景色进一步剖析,可把它分成三个部分,即浦西外滩景色、浦东陆家嘴金三角地区景色和黄浦江江面风光。

(一) 浦西外滩景色

外滩,南起延安东路,北至苏州河口外白渡桥,即中山东一路,全长约 1 500 米。1843 年上海开埠时,这儿还是一片沿江滩地,旧时俗称"黄浦滩"。1845 年在此首先开辟了英租界,随着租界的设立,外国人大举进入,外滩得以开发。至 20 世纪 20、30 年代,沿街建造了 26 幢高低不一、巍峨参差、鳞次栉比的建筑,形成了外滩"万国建筑博览群"。有 110 多家银行、洋行等金融机构入驻这些大楼,使之有了"远东华尔街"的美誉。上海也借此成为远东地区的金融中心,并成为当时世界六大都市之一。

1949 年以后,外滩名称依旧,其内涵却发生深刻的变化。外滩已不再是外国人的天下,而成为对国人进行革命传统教育的基地,成为海内外游客的观光胜地,成为全方位、外向型的国际化外滩。而外滩的景色在 1992—1993 年的大规模改造之后,也发生了明显的变化。原来的中山东一路被拓建成十车道的宽阔道路,为减轻外白渡桥交通的重负,兴建了吴淞路闸桥,后又筑起延安东路人行立交桥和延安东路高架道路,使交通更为流畅。白天车水马龙,夜间灯光齐明,盏盏车灯不停地闪烁,形成了一道流动的交通马路线风光;临江一侧,从黄浦公园起向南构建了空箱式结构的新防汛墙和绿色长廊,在常绿树木和花卉的锦簇中,坐落有雕塑和建筑小品,使外滩更添诗情画意,形成了一条新的江堤观光风景线。这样一来,在外滩地区从西向东形成了外滩万国建筑博览群的建筑风景线、宽阔的十车道的交通马路线、绿色长廊和雕塑小品线、沿江江堤风景线和黄浦江江面风景等游路组合的外滩景观,犹如乐谱上的五线谱一样,显得非常协调有序。

在外滩景色中,最蔚为壮观的是"万国建筑博览"风景线。这是一条体现欧洲古典建筑风情的风景线,有着各种不同类型的建筑风格,如折衷主义式、文艺复兴式、哥特式、新古典主义式、美国芝加哥学派式、中西合璧式、巴洛克式和现代主义式等。尽管它们的建筑年代不同、高低不一、风格各异,但它们错落有致,线条挺拔,气势雄伟,庄重坚实,装饰豪华,色调和谐。它们凝结着各国著名建筑设计师和中外能工巧匠的心血,是人类建筑史上一份宝贵的财富。其中,最具代表性的建筑是上海总会大楼、中国通商银行大楼、汇丰银行大楼、海关大楼、华俄道胜银行大楼、沙逊大厦、中国银行大楼、东方汇理银行大楼和上海大厦等。

除了上述的外滩万国建筑群是近代建筑外,外白渡桥、黄浦公园和气象信号台也是近代建筑。外白渡桥建于 1906 年,1907 年建成通行。它是上海第一座钢铁桥,宽 18.3 米,桥跨度 52.16 米,是外滩地区苏州河两岸的交通要冲;黄浦公园,位于外白渡的南侧,建成于 1868 年,是上海最早的欧式花园,公园建成后,不准华人入内,引起了中国人的愤慨。直到 1928 年 6 月 1 日,才采用购票入内办法向中国人开放;气象信号台位于延安中路外滩防汛墙前,1907 年建成,台的总高 50 米,塔高 36.8 米,"阿脱奴婆"式的古建筑风格。它是上海的第一座气象信号台,也是上海出现的第一座报时台。1993 年 10 月,在外滩综合改造的二期工程中,为保护这座古老的建筑,采取整体移位的办法,将它向东南移 20 米,使之成为外滩的一个独特景观。

值得一提的是,在 2010 年上海世博会召开前的外滩大规模改造中,增加了不少新的建筑景观,如,"万国建筑博览群"对面的观景长廊,包括景观大道、黄浦公园广场、陈毅广场、信号台广场等。它沿黄浦江西侧自北向南展开,观景长廊宽阔时尚,令人视野明朗;四大广场如四颗明亮的珍珠,将观光长廊剪接成一个整体。

1. 观光大道

位于浦江西侧空厢式防汛墙的顶部,北起黄浦公园,南至十六铺水上旅游中心的北侧,大道总长达 1 800 米。防汛墙高达 6.9 米,已达千年一遇的防汛标准。经过世博会召开前夕改造,墙高未变,但宽度向江面拓延了 3 米,使整个防汛墙宽度达到约 15 米。

大道选用的材料,以灰色石材为主,与对面的"万国建筑博览群"所用材料完全呼应。大道的亲水栏杆高 1.2 米,曾复古、镂空形状,栏杆向内倾斜 30°,组成了一个小小的阳台。整个阳台内可容纳 2—4 人。游客站在这儿观赏江景,可以明显感受江风面,与黄浦江进行一番"亲密接触"。

大道上的景观灯呈白兰花状,显示浓厚的古典色彩,每到晚上灯光开启后,大道上灯光闪烁,照到游人身上显得非常浪漫。大道上的绿化主要以灌木种植及移动式绿化为主。

靠近北京路一侧的位置有抬高的全木地板做成休闲亲水平台,高出防汛箱体仅 1 米。其面积可达近千平方米。游客站在这个亲水平台上,不仅可以全视角看到整个"万国建筑博览群",还有登高临江的感觉,令人心旷神怡。因而,这个亲水平台成了在外滩观赏浦江两岸风光的最佳观赏点。

观景大道上有很多 T 形座凳,它形象比喻了外滩与身后的南京路的结构关系——丁字形结构。可以说,这些 T 形座凳,恰似外滩与南京路这个 T 形结构的缩写。

2. 黄浦公园广场

黄浦公园广场是原黄浦公园,建成于 1868 年,是上海最早的欧式花园。公园建成开放后,不准华人入内,引起中国人愤慨。直到 1928 年 6 月 1 日,黄浦公园才向中国人开放。新中国成立后,尤其是 20 世纪 90 年代初和 2010 年上海世博会前夕进行了两次大的改造,使黄浦公园的面貌焕然一新。

在 20 世纪 90 年代初的改造中,在浦江江堤筑起了 474 米长的防汛墙,在苏州河与黄浦江交汇口的圆岛上开辟了"新世纪广场",建立了"上海人民英雄纪念塔"。1994 年 5 月 28 日上海人民英雄纪念塔建成揭幕。该塔由三根高达 60 米的花岗石石柱组成,寓意是几十年前从鸦片战争、五四运动到解放战争以来,在上海为中国人民革命事业英勇斗争、献出生命的人民英雄们永垂不朽! 它的背景是奔腾不息的黄浦江、象征着一百多年来的革命先烈前仆后继、百折不挠的战斗精神。他所在的下沉式圆岛广场周围有上海百年风云大象型花岗石浮雕。该浮雕全长 120 米,高 3.8 米,以写实手法撷取有经典意义的历史事件,表现了从 1840 年鸦片战争至 1949 年新中国成立的革命斗争历史;浮雕两翼为装饰性花环图案,象征着上海人民对革命先烈的缅怀。浮雕分为七组,从陈化成坚守吴淞炮台英勇抗击英军,到上海市民庆祝上海解放。浮雕上共有 97 个典型人物,表现了革命先烈们伟大的革命事迹。

2010 年上海世博会召开之前,又对公园的道路、部分灌木进行局部改造,并在公园的南、北两段建造了两个广场,南段广场中是一个大型青铜圆雕"浦江潮"——一个身躯伟岸的工人,顶风破浪,奋勇搏击,给人以强烈的动感,彰显出上海的工人阶级为这座城市的繁荣所作出的辉煌业绩;北段广场内亭台楼阁、小桥流水,自然淡雅,闹中取静,构成一个私密性的空间。

3. 陈毅广场

陈毅广场位于南京路对面的江滨处,总面积约 4 457 平方米,是外滩最重要的公共活动空间,游人在此可以休憩、观瞻伟人。同时这儿也是上海市民举行群众性表演的场所。广场的中心景观是陈毅雕像。陈毅元帅是新中国成立后上海市的第一任市长。雕像坐北朝南,高 5.6 米,由青铜浇铸;底座高 3.5 米,用红色磨光大理石贴砌。雕像正面铸刻着陈毅两字及生卒年 1901—1972。雕像再现了陈毅元帅视察工作的姿态,显示了他一路风尘、勤勤恳恳的公仆形象和蔼可亲、虚怀若谷的儒将风度。陈毅元帅为解放和建设上海立下了不朽的功勋。上海人民崇敬他,对这位老市长怀着崇高的敬意和思念,立此雕像,以供观瞻。

4. 金融广场

位于福州路口对面的江滨处,总面积约 6 717 平方米,是一个新的观景休闲场所,它是以大台阶和大平台的形式进行铺装,可以满足游客在外滩进行小型庆典、节庆表演、休闲休憩、观赏对面“万国建筑博览群”的需求,是整个外滩滨江区面积最大的广场空间,可容纳较多的游客在此活动。

外滩是上海金融业的发源地,为纪念此发源地,该广场上立有一座“金融牛”铜雕,使其成为该广场的一座标志性建筑。“金融牛”是由华尔街“铜牛”设计者美籍设计师阿图罗·迪·莫迪卡设计创作,他以中国牛为原型设计,长 5.2 米,高 3.2 米,自重 2.5 吨。铜牛是力量和勇气的象征,喻意着只要铜牛在,股市就能永保牛市。设计创作此牛,用以体现上海的金融文化和金融中心的功能,并意味着整个中国经济和上海经济充满活力,牛劲十足。广场的中部有过江电缆隧道的通信设施,但设计人员采用 LED 大屏幕,即金融指数墙,遮挡通风设施的外立面,形成了一道新的景观。

5. 信号台广场

信号台广场位于外滩延安东路路口的江滨处。它是以信号为中心,在其周边布置成排的树木和喷泉,形成一个富有历史记忆及地域文化特色的空间,用以展示外滩的历史变迁。该广场总面积约 3 565 平方米,主要用来满足游客休闲休憩、小型庆典、小型表演以及人流的集散等需求。其中信号台俗称外滩天文台、外滩灯塔。外滩信号台于 1884 年 9 月 1 日正式对外服务,这是在中国领土上由外国人创办的第一个信号台。1901 年和 1906 年,信号台的木桅杆两次被台风和雷雨大风折断,后于 1907 年 3 月重新动工,在 1908 年 7 月建成,后又加以扩建,于 1927 年 8 月完工,形成了现存的信号台全貌。该台通高 50 米,塔高 36.8 米。属 20 世纪初叶的新艺术风格,是世界上最早的此类建筑之一。该信号台当时的主要任务是看未来天气和授时服务。每天 10 时 16 分在桅杆上升起不同形状和颜色的信号旗,表明长江口外洋面上的风向风力实况,后又增加了雾天情况的报告。该台建成后,成为上海的报时台和气象信号台。可以说它是上海乃至中国出现的第一座气象信号台,也是亚洲地区最早建立的气象信号台之一。有学者认为,该台在中国气象史上有里程碑意义,在亚洲气象界也有深远的影响力。该台于 1956 年被撤销,在 1993 年 10 月外滩综合改造二期工程中被整体移位 20 米,并进行装修,使其面貌一新,成为外滩一道独特的景观。二楼现为怀旧时光酒吧。是上海外滩标志性建筑之一,列入全国重点保护的建筑物。

(二)浦东新外滩景色

浦东新外滩一侧是东方明珠游览区,该区内屹立着两百多幢超高层建筑。它们鳞次栉比,造型多姿多彩,都具有现代各种不同的建筑风格,有的是中西合璧的,有的是现代高科技与建筑的结合。它们是上海城市的新建筑景观,是浦东改革开放的重大成果,是现代化大都市上海都市风貌的重要体现。它弥补了黄浦江东侧缺少对应风光的缺陷,使黄浦江一江两岸的风光成为世界上少有的都市风光。其中有代表性的是上海的新标志性建筑:上海东方明珠广播电视塔、环球金融中心、金茂大厦、上海国际会议中心和上海中心大厦;还有上海的一些新的金融大厦,如证券大厦、中银大厦、交银大厦等;上海的一些新的文化娱乐场所,如上海科技馆、海洋水族馆、野生昆虫馆、上海东方艺术中心等。它们都属于现代海派建筑风格,是海派文化在现代建筑上的体现。

二、上海现代重大交通工程设施观光游

旅游交通业是我国旅游业的三大支柱产业之一,它不但是发展旅游业不可缺少的基础行业,也是关系到旅游城市的声誉和形象的重要因素之一。从文化角度而言,旅游交通属于行文化,是旅游介体文化的重要组成部分之一;从都市旅游的角度而言,旅游交通,尤其是重大的交通工程设施,也兼具客体文化的性质,成为有极大观赏价值的旅游资源。例如,市政府投资建造的两大机场(浦东机场、虹桥机场)、杨浦大桥、南浦大桥、卢浦大桥、外滩观光隧道、上海火车南站、虹桥火车站、地铁和轻轨车站(已建成 16 条线路),莘庄立交桥、磁悬浮列车、东海大桥,洋山深水港和吴淞邮轮码头等交通设施,都成为上海都市风貌观光游的旅游热点,而它们也都属于建筑景观,是上海建筑文化的一个重要组成部分。

(一) 两大民用航空港

浦东国际机场和虹桥国际机场是上海的两大民用航空港,两大机场的功能定位已基本明确,浦东主要飞国际航班,虹桥主要飞国内航班,而虹桥机场同时也保留有国际航班备降的功能。从机场文化的角度而言,浦东国际机场不仅是航运功能,还有观光功能。浦东国际机场的航站楼是一期工程的核心和标志性建筑。航站楼以“海鸥展翅”的大型钢结构屋顶标志,象征东海之滨振翅欲飞的海鸥,体现了 21 世纪人和自然、环境和建筑的和谐统一,体现了持续发展的寓意,有着强烈的现代化航空港的气息。浦东机场一期工程完成后,机场交付使用,并对外开放,接待旅客参观。目前,机场塔台、候机大厅、规划模型陈列式等处接待旅游参观。其中,游客在导游的带领下,可以进入机场塔台,隔着玻璃观看空中管制员指挥飞机飞行。据悉,这一种吸引游客的安排已经引起世界著名机场的极大兴趣。夜晚,机场航站楼像一只玲珑剔透的海鸥,四周道路的灯光如同一串串闪光的项链,停机坪上灯火通明,机场跑道伸向夜空,在两边灯光的照耀下 与满天星斗连在一起。随着客机的不断起飞,伴随着引擎的轰炸声,机身上的灯光转眼间成了天上的移动星星。这一漂亮的夜景,使机场晚上比白天更美,也成为一个观赏的景点。

(二) 黄浦江的大桥

黄浦江是上海的母亲河,黄浦江上的大桥使母亲河过去造成的交通不便成为历史。改革开放之前,江上只有一座松浦大桥;改革开放迄今,江上又新增了十二座大桥,现有十三座跨越黄浦大桥。它们分别是南浦大桥、杨浦大桥、奉浦大桥、徐浦大桥和卢浦大桥,其中南浦大桥、杨浦大桥和卢浦大桥尤为引人注意。南浦大桥于 1991 年 12 月建成通车。全长 8 346 米,主跨424 米。上海市区第一座跨越黄浦江的大桥,为双塔双索面迭合梁斜拉桥,开创了我国建设叠合梁斜拉桥的先例;杨浦大桥于 1993 年 11 月建成通车,全长 7 654 米,主跨 602 米,为上海市区跨越黄浦江的第二座大桥,世界上跨径最长的斜拉桥。大桥主塔呈倒“Y”字形,挺拔高耸达

208 米,像一把利剑直刺苍穹,塔的两侧 32 对共 256 根彩色拉索将桥面凌空悬起,呈扇面展开,似巨型琴弦,正在弹奏着上海腾飞的奏鸣曲;卢浦大桥于 2003 年 6 月通车。全长 3 900 米,主桥长 750 米。大桥采用空间提篮中承式拱梁组合体系,创下了许多令中国人自豪的"世界第一"。如跨度最大、用钢量最多、主拱截面积最大、单件构件最重、采用的造桥技术最多等,其中,跨径达 550 米,跨度比世界著名的悉尼海湾大桥长 47 米,为"世界第一钢拱桥",一跨过江,行若彩虹,被誉为"新世纪的彩虹桥"。人们可以上拱顶平台进行观光,站在 100 多米高的拱肋顶端平台上,极目远眺,两岸美景尽收眼底,未来这里已是鸟瞰上海 2010 世博会址和徐汇滨江大道风光的最佳之处。可以称得上是上海的一条新的标志性风景线。其后,江上又修建了松浦二桥、闵浦大桥(黄浦上第一次出现的双层斜拉桥)、闵浦二桥、松浦三桥、金山铁路、黄浦江特大桥,主桥为双线铁路桥;辰塔大桥(江上第一座全混凝土斜拉桥)。现黄浦江上共有 12座大桥。

(三) 观光隧道

外滩观光隧道位于上海黄浦区南京东路外滩陈毅广场为入口处,浦东一侧是滨江大道2789 号。于 2001 年元旦开始试运营,是我国第一条江底观光隧道,全长 646.7 米,连接浦西外滩与浦东陆家嘴,过江仅需 5 分钟左右,是一个集交通与观光于一体的新颖旅游景观。游客乘上全透明的观光车,会进行一次以"穿越地球"为主题的高科技梦幻旅程,可目睹神秘星空和浩瀚海洋,穿透岩层和感受岩浆,踏进时光隧道,畅游未来世界。整个行程充满娱乐性、刺激性和趣味性,对青少年特别有影响力。

(四) 轨道交通设施

上海的城市轨道交通系统是世界范围内线路总长度最长的城市轨道交通线路。在上海的现代交通设施里,轨道交通设施不仅日益成为上海公共交通中最为重要的交通工具,也成为上海的一项重要的观光旅游资源。至 2018 年 12 月为止,上海已有 16 条轨道投入运营,共同构成"申"字形的轨道交通网。目前,已有 5 条线路延伸规划、4 条线路新建计划。它的运营里程已达 705 千米,线路四通八达,日客流量达几百万之多,大大缓解了上海的交通拥挤,方便了市民的出行。它不仅通过线路在城市地上、地下的运行,让人们感受到上海大都市近年来的巨大变化,欣赏到沿途多姿多彩的风景,还通过地铁各车站的文化内涵,了解地铁文化,感受海派文化在轨道交通的展现,从而提升它的客体功能。

(五) 磁悬浮列车线

上海磁悬浮列车线是中国第一条集城市交通、观光、旅游于一体的磁悬浮运营线。2006年 4 月开通运营。它始发于浦东龙阳路地铁站,终止于上海浦东国际机场,线路总长 30 千米。目前为吉尼斯纪录认证的"现今世界上最快的陆上交通工具"。截至 2017 年 9 月 5 日,该线共运输乘客五千万人次,安全运行 1 688 万千米。乘客不仅把它当作交通介体体验,还在意它的车站文化特色。乘客站在龙阳路站站台,可以体验到进入"时光隧道"的感觉,车站为穹隆状的金属圆弧,前后通透,似乎意味着一方通向遥远的过去,而另一方则通往神秘的未来,使人们感觉处于古往今来的时光节点,其价值意义很高。这在中国是绝无仅有的,在全世界也是独此一条。它代表了"新上海的速度"与"新上海的精神"。

(六) 东海大桥

东海大桥起始于浦东新区芦潮港,南跨杭州湾北部海域,直达浙江嵊泗县的小洋山岛,全长 32.5 千米,是我国第一座真正意义上的外海大桥,即凌驾于东海上的大桥。2005 年 12 月

10 日大桥正式通车运营。它对于洋山深水港的建成和发展有着重要的意义。大桥按双向六车道加紧急停车带的高速公路标准设计,桥宽 31.5 米,设计车速每小时 80 千米,设计荷载可抗 12 级台风,7 级烈度地震,设计基准期为 100 年。它以"东海长虹"为创意理念,宛如我国东海上一道亮丽的彩虹。大桥色彩是建筑外观形象和展示桥梁个性的直接表现,采用白、浅灰色作为大桥的主色调,使其与环境和谐统一;主航道桥"人"字形索塔,如"两根定海神针"牢固地钉在海中央。其文化特色是旅游画展及价值意义。它不仅填补了中国桥梁建造史上的一项空白,也为后来的跨海大桥建设"铺了路"。

(七) 洋山深水港

洋山深水港位于长江口外、杭州湾口,浙江省嵊泗县境内。由大洋山港口区和小洋山港口区组成。可供开发的深水岸线 4 900 米,是上海国际航运中心的深水港区。位处上海浦东新区芦潮港东南 27.5 千米处,总长 14 210 米。目前已完成三期工程,正在进行四期工程的建设。港区、大桥、芦潮港辅助作业区、海关管检区等均已完成,年吞吐量设计能力为 1 500 万标准箱,泊位总长 1 600 米,设计水深 155 米,港区前沿配置 15 台岸边集装箱装卸桥,堆场采用集箱箱轮式龙门起重机,港区堆场面积 87 万平方米;集装箱容量达到 190 万标准箱。它的建成为上海成为国际航运中心奠定了基础。

它是中国最大的集装箱亲水港。2010 年,上海港完成集装箱吞吐量 2 907 万标准,首次超过新加坡成为全球最繁忙的集装箱港口;2014 年 12 月 23 日四期工程正式开工建设,是国内首个全自动化集装箱码头,2017 年 12 月 10 日四期码头开港试生产,2018 年集装箱吞吐量已超过 200 万标准箱。自 2010 年以来连续 7 年保持世界第一。洋山深水港是世界最大的海岛型人工深水港,也是上海国际航运中心建设的战略和枢纽型工程。依托长三角和长江流域经济腹地,洋山深水港区的国际枢纽地位已经形成。2018 年,洋山深水港有国际航线 75 条,每月国际航班 325 班。目前是全球最大的智能码头,"空无一人"的全自动化码头值得人们去观赏。2019 年 11 月 30 日被评为第二届优秀海洋工程。

(八) 上海火车南站

位于徐家汇西南,距徐家汇 5 千米,为上海中心城区的南大门,是上海目前规模最大、交通组织最健全的城市交通枢纽站。它集轨道交通、铁路、磁浮、公交、出租、长途客运于一体,为各类交通工具在此零距离换乘提供了范例。

南站主站屋的设计造型为巨大圆形钢结构,其高度达 47 米,圆顶直径达 200 米,总面积为 5 万多平方米,整体结构气势磅礴。

它是世界上首座圆形火车站,拥有世界第一的超大透光圆形屋顶,南来北往的火车可从主体建筑的架空部分穿行,寓意"车轮滚滚,与时俱进"。主站屋南北贯通,高进低出,高架候车。它大致分为三层:中层为站台层,与地面同高,有 13 条铁轨和 6 个上下客站台,另有通道与火车站的南北广场相连接;上层为火车出发层,设有周长为 800 米的高架环形出发平台,可同时容纳一万余人候车的大空间候车区,检票通道等;下层为火车到达区,设有旅客出站地道、南北地下换乘大厅,地铁 1 号线、3 号线、和已建成的 15 号线、部分长途客运和旅游专线等实现零距离换乘。

南站南北广场平面设计为园林绿地和旅游集散地,地下设计二层商铺、道路和停车场,总建筑面积为 12 万平方米。现已成为国内第一个集火车、地铁、公交线路、长途客运等多种交通工具"零换乘"的枢纽。

（九）上海虹桥综合枢纽中心

位于上海虹桥机场西侧,上海虹桥铁路枢纽于 2008 年 7 月 20 日正式开工建设,总投资超过 474 亿元人民币,总占地面积超过 130 万平方米,相当于 3 个天安门广场的面积,站房总建筑面积约 24 万平方米,设高速和城际普速两个车场,共 16 站台 30 股道。它是集铁路、沪杭磁悬浮、航空、地铁、轻轨、公交、客运站和出租车为一体的综合性交通中心。而虹桥综合交通枢纽是目前国内最大的综合交通枢纽之一。它包括铁路上海虹桥站、虹桥国际机场、轨道交通(将有 5 条线)、长途巴士客站和磁悬浮客站等五个部分。集上海高铁、民用航空、城际铁路、高速公路客运、城市轨道交通、公共交通、磁悬浮等多种运输方式集中换乘功能于一体的国际一流的现代化大型综合交通枢纽。其总面积相当于 200 个足球场。2019 年上海虹桥枢纽中心被评为上海新十大地标建筑之一。

该枢纽规划范围东起外环线 520,西至华翔路,北起北翟路、北青公路,南至沪渝高速公路,总用地面积约 26.26 平方千米,整个交通枢纽集散客流量预定为 48 万人次／日。该枢纽共分五大功能层面,包括：地上二层、地上夹层、地面层、地下夹层、地下一层、地下二层、地下三层,具体包括以下几个部分：

1. 虹桥国际机场。

经过逐步扩容,在原有跑道西侧新建一条长 3 300 米的跑道和一座面积达 25 万平方米的新航站楼以及一系列公用设施,项目总投资达 153 亿元,整个机场用地约占 7.47 平方米,规划旅客吞吐量规模在 3 000 万人次／年(日平均为 8 万人次)。2020 年机场的旅客吞吐量规模可达 4 000 万人次／年(日均 12 万人次)。

2. 铁路客运

站场规模按照 30 股道设计,占地约 43 公顷,保留现状铁路外环线作为货运物通道的功能,实行客货分流;铁路设施(包括站场与线路)用地约 90 公顷;高速铁路客运规模,其年发送量达 6 000 万人次旅客,日均 16 万人次。通过这样的改造,该客站将建设成为世界最大的铁路客运中心——京沪、沪杭、沪宁城际高铁。

3. 轨道交通

将从以运营的 2 号线和十号线逐步变成五条轨道交通,即 2 号线、10 号线和投入建设的 5 号延伸线、17 号线及低速磁悬浮线和机场快速线,形成“4+2”的六线汇集布局。

4. 长途巴士可客运站

布局在铁路客站与机场之间,发车能力为 800 班次／日,未来远期的年旅客发送量可达 500 万人次。日均达 2.5 万人次(高峰日可达 3.6 万人次),占地将达 9 公顷。

由于该枢纽曲线接着沪宁、沪杭、沪嘉、G50 等高速公路通往长三角各地的交通要道,所以有 30 余条公交巴士专线汇聚于此。

5. 磁悬浮客站

拟布局在铁路客站东侧。按照 10 线 8 站台的设计规模,站台长度案 280 米考虑,站台内车站宽度为约 135 米。

总之,虹桥综合交通枢纽建好后,它不仅是上海通往长三角地区的重要门户,也是上海城市东西发展黄金走廊的西向延伸,将对上海西区的交通、商务、通讯、物流、房产等城市的发展带来深刻的影响。到 2020 年,枢纽每天将处理近 110 万人次旅客吞吐量,其特性将体现为不同交通方式之间大量的客流换乘,共有 56 种换乘模式,这将是这座“超级车站”给人带来的便利之处。

三、上海万国建筑博览风光景观实例

(一) 外滩万国建筑博览

在外滩中山东一路西侧有着 26 幢风格各异的西方建筑,其中最值得一看的建筑是(从北向南)

(1) 外白渡桥(上海第一座钢铁桥)。

(2) 上海大厦(原百老汇大厦),装饰主义艺术风格,上海滩历史变迁的见证。

(3) 外滩源 33 号(原英国领事馆),外滩最古老唯一一座 19 世纪的建筑物,英国文艺复兴风格,属典型的外廊式。

(4) 东方汇理银行大楼(外滩中山东路 29 号,现中国光大银行上海分行),法国巴洛克式风格的建筑。

(5) 中国银行大楼(中山东一路 23 号)外滩众多建筑中唯一一幢由中国人自行设计建造的大厦。主楼建筑风格为西方现代主义风格建筑,但外表和装饰上有中国民族风格,可谓是中西合璧的建筑。

(6) 沙逊大厦(中山东一路 20 号)系和平饭店北楼,属于装饰艺术运动风格(芝加哥学派分支)。

(7) 汇中饭店(中山东一路 19 号),现为和平饭店南楼,属文艺复兴建筑风格。

(8) 华俄道胜银行大楼(中山东一路 15 号),现中国外汇交易中心,属意大利文艺复兴建筑风格。

(9) 海关大楼(中山东一路 13 号),1927 年建成时是当时外滩最高的建筑物,属于折衷主义建筑风格。

(10) 汇丰银行大楼(中山东一路 12 号),现为上海浦东发展银行。它是外滩占地最广、门面最宽、体量最大的建筑,也是外滩最漂亮的建筑,属于英国新古典主义建筑风格。

(11) 中国通商银行大楼(外滩中山东一路 6 号),1906 年拆旧建新,属于英国哥特式建筑风格,现为外滩的一处时尚复合式空间,国际精品名店、顶级餐厅汇集于此。

(12) 有利大厦(中山东一路 3 号),1916 年竣工,上海第一座采用钢框架结构的建筑,属于文艺复兴建筑风格。现在是一个汇集了当代时装、艺术、餐饮、文化及音乐的都市生活地标、内有多个顶级餐厅、旗舰店。

(13) 上海总会大楼(中山东一路 2 号),建于 1909 年,有皇家总会之称,属文艺复兴建筑风格。

(14) 外滩天文台(中山东二路 1 号),又叫外滩信号台、外滩灯塔。属阿托奴婆式建筑风格。现辟为外滩历史陈列室,二层为咖啡馆。

(二) 人民广场地区的主要建筑景观

近代西方建筑和现代海派建筑并存是其特色。

1. 新世纪城(南京西路 2 - 68 号)

其前身是创建于 1915 年的新世界游乐场,是当时南京路上著名的游乐场,现在它是南京路上著名的商场之一。它保留了西式外观(文艺复兴的建筑风格),内部除了商场之外,还有溜冰场、电影院、KTV、健身会所等各种休闲娱乐场所,还有全球第六座杜莎夫人蜡像馆。

2. 上海大世界(西藏南路 1 号)

新中国成立前有一句话:"不到大世界,枉来大上海"。1917 年创办,创办人黄楚九迄今已有 90 余年历史了。建筑布局新颖独特,它是由 12 根圆柱支撑的多层六角形奶黄色尖塔构成。入口顶部另加 4 层奶白色空塔,顶部做成古钟式,显得十分夺目,成为上海近代史上一个标志性文化构筑物。大世界总高达 55 米,4 层,占地 5 637 平方米,建筑面积达 1.3 万余平方米,钢筋混凝土结构。正门入口为圆柱大厅,六角形。底层中央有露天剧场,称中央场,中央场的周围有大世界独特的天桥式斜廊,可直接通至二三层楼,最上一层为舞厅,屋顶为平台,设茶室、月光舞台等。当时它是上海最大的室内游乐场,素以游艺、杂耍、南北戏剧和曲艺为特色。门口 12 面哈哈镜是大世界独有的吸引物。新中国成立后,大世界经过改造,成为休闲文娱场所。20 世纪 70 年代,改名为青年宫,成为上海青少年重要课外活动基地和培养青年文艺人才的摇篮。1981 年 1 月 25日大世界复业,定名为"大世界游乐中心",同时保留青年宫建制和职能。20 世纪 90 年代恢复大世界名称,并成立了大世界股份有限公司。2016 年 11 月 26 日重新对外开放。现是中国唯一一座展示吉尼斯世界纪录和作品的场所。在这里创造了世界和国内众多的唯一和第一。

与 1949 年前的大世界相比,其外观:按照历史原貌无一点改动,是一座原汁原味的"大世界";其占地更大了。原老建筑占地面积约 5 740 平方米,其中主体建筑面积约 1 211 平方米。而全新的"大世界"范围将扩大至一个完整街坊,将向云南路方面扩大用地范围,将附近一带融合成一个"大世界街区";经典,12 面哈哈镜全部保留下来。

3. 上海美术馆(原址为南京西路 325 号)

此建筑原为老上海跑马总会大楼,1933 年建成,属英国新古典主义建筑风格。上海美术馆创建于 1956 年,2000 年迁入现址,2013 年 1 月上海美术馆迁到世博园的原中国馆内,并变更为中华艺术宫和上海当代艺术博物馆。但其建筑经典值得一看。

在人民广场地区,除上述西方建筑外,还有众多现代海派建筑,如前节已述的上海博物馆、上海大剧院、上海城市规划展示馆等,都很受海内外游客所欢迎,是人民广场地区的旅游热点。

(三) 南京路地区主要建筑景观

其特色也是近代西方建筑和现代海派建筑共存。

1. 四大公司的建筑景观

20 世纪一二十年代,上海的南京路上先后出现了四大公司,即:先施公司、永安公司、新新公司、大新公司,其中先施公司是四大公司中最早的一家,永安公司是最有名的一家。

(1)永安公司(南京东路 635 号),永安百货于 1918 年进驻上海,其建筑属折衷主义建筑风格,沿南京路中央顶部有一座塔楼,名为"绮云阁",是 1949 年上海解放时南京路第一面红旗升起的地方,为南京路一大人文景观。

(2)先施大厦(南京东路 257 号),1917 年先施公司分公司在上海开张,现为上海时装商店。该建筑是一座钢筋混凝土建筑,高七层,占地面积 7 025 平方米,建筑面积 30 184 平方米,大楼沿南京路一侧的立面采用了西方古典主义与巴洛克建筑相结合的风格,属于折衷主义建筑风格。大楼内部装饰华美富丽,上下有电梯,且有采暖设备,内部大部分用来做商场,一部分用作旅店、餐馆。当年在楼上建立了一个上海最早的屋顶花园,叫"先施乐园",吸引了无数上海市民。因而先施公司被称作为十里洋场的"销金窟"。

(3)大新公司(南京东路 830 号),现是上海第一百货公司。1936 年 10 月开始营业,是四大公司中最后一个开设的。大楼平面呈方形,共 10 层(包括地下室)占地面积 3 600 余平方米,建筑面积达 28 000 余平方米,属西方装饰艺术派风格。商场内部设施先进,除有当时很有吸引力的自动扶梯外,还有 8 部美国奥斯汀新出品的自平式快速电梯。从地下室至顶部还设有电动货运机。

(4) 新新公司(南京东路贵州路口),现为上海第一食品商店。1925 年建成,其建筑颇有个性。建筑为 7 层(包括地下 1 层)。建筑面积达 2 万多平方米。沿南京东路做成廊式骑楼檐部(廊跨在人行道上)。建筑顶部中间建了亭式的方形塔楼,且上面再建两层空塔,使建筑物的主体更加突出。属折衷主义建筑风格。

2. 惠罗公司(今南京东路 98 号)

它是惠罗公司 1904 年在上海设立的分公司。大楼是一座 5 层的混凝土钢筋混凝土建筑,其空间特点是底层往内缩,行人道为廊柱式,并利用南京东路四川路转角,做成圆弧形弯势,有招徕顾客之用。楼上建筑立面形象利用纵横交织来组织建筑形象,并强调垂直线、并把这些线条突出在墙外面,又冲出屋顶,使人们感觉有强烈的高耸感,类似美国的芝加哥学派建筑风格。下部门窗的处理简洁,朴实无华,体态均匀,比例得当,为上海市近代优秀保护建筑。

3. 工部局大楼(汉口路 193 号)

1922 年 10 月建成,为工部局大楼,是一圈周边式布局的花岗石外墙建筑,老上海人称之为"石头房子"。这圈石头房子,色彩明快,外形稳重,长期为上海地方政权中心。抗战前为上海公共租界最高行政机构工部局的办公大楼。1945 年抗战胜利后做过国民党市政府大楼,新中国成立后改为上海市人民政府楼。1956 年,市政府搬迁至汇丰银行大楼后,为市政府民政局、劳动局、卫生局、市政工程局的办公所在地。

该大楼为钢筋混凝土三层结构,局部四层,建筑面积 22 705 平方米,共有 400 多间办公室。建筑外观及基本上属英国的新古典主义建筑风格,如果仔细分析,实为一多种建筑风格混为一体的建筑群。如,靠福州路一侧的大楼南面多采用罗马古典主义风格,门窗多为拱券结构,显示其庄重、稳定;大楼东面(靠江西中路)多为英国巴洛克式建筑风格,用假柱和尖三角窗架,增强立体感;大楼背面(靠汉口路)一侧则为文艺复兴时期的建筑风格,强调对称,纵横轴线分明,给人以稳重、匀称、明快的深沉感。因而这幢建筑被公认为建筑用途和建筑风格统一得最好的建筑群和上海最优秀的近代建筑之一。1989 年,被公布为上海市优秀历史建筑。

1949 年 10 月 2 日,上海市人民政府为庆祝上海解放,在大楼的主入口处举行了升国旗仪式。当年任上海军管会主任、上海市市长陈毅,曾在这幢大楼的一间办公室里度过了好几个春秋,为建设新上海做出了卓越贡献。

4. 世茂国际广场(南京东路 829 号)

该大楼位于南京路步行街起点,主体建筑高达 333 米,居浦西楼宇之冠。属现代海派建筑,为南京路上又一新的标志性景观。

该广场气势恢宏,造型独特。整幢建筑由既相对独立,又互相联系的几个三角形组合而成。建筑外立面为单元式全幕墙,采用国际上最先进的低辐射镀膜中空玻璃,既能保证高度的自然采光,降低反射率,又能达到保温隔热效果,同时也保证了从市内俯瞰城市风貌的最佳视觉效果。在大楼北面南京东路的三角形广场上空,又悬挂一层可容纳 700 人的大型宴会大厅,辅以屋顶绿化。整幢大楼地上 60 层,融购物中心和五星级酒店为一体,成为一处购物天堂,吸引着众多的海内外游客。2017 年 6 月,上海世茂广场商场闭店改造;2018 年 9 月 28 日,商场重新开业。

5. 犹太人总会（南京西路 722 号）

犹太人总会原为上海犹太人总会（简称犹太商会），1949 年后收归国有，曾是市政协办公楼，上海市联谊俱乐部。改革开放后，为春兰集团总部。建于 1911 年，建筑面积为 1 800 平方米。该建筑为典型的西方仿文艺复兴式建筑风格，外观典雅庄重，仪态古朴，正立面对称均匀，屋面为四坡屋顶，红瓦覆盖。主入口有双柱拱券门廊，两翼楼层墙面后退，下端为塔什干式柱廊，上层为大阳台，用汰石子花瓶栏杆作装饰。立面用虎皮清水墙，底层用假石饰面；进户门廊带有小型古典柱式支撑，门厅中央有弧形雕饰；楼层内有装饰华丽的弹簧地板舞厅、小剧场、餐厅、酒吧等。属上海优秀历史建筑。

6. 美琪大戏院（江宁路 66 号）

美琪大戏院建于 1941 年，是上海一家历史悠久的戏院。定名美琪是取其"美轮美奂，其玉无瑕"之意。1941 年 10 月 15 日开业之际，被海内外人士誉为"亚洲第一戏院"。整个建筑造型简洁、典雅独特，重点突出门厅，5 扇垂直长窗，玻璃上有美丽的几何图案，屋檐有典雅的花纹，融合现代与古典建筑之美于一体。整个建筑面临两街，入口在转角处，其入口好似一座圆柱形巨塔，气势不凡，属美国现代式样建筑，但有装饰艺术派的风格，现为上海近代优秀保护建筑。2018 年 11 月 24 日，入选第三批"中国 20 世纪建筑遗产项目"名录。

7. 上海恒隆广场（南京西路 1266 号）

上海恒隆广场建于 2001 年，流线型玻璃主体建筑，高度 288 米，地上 66 层，地下 3 层，裙房 5 层，占地 30 788 平方米。建成时是中国上海浦西地区的第一高楼。包括写字楼和购物中心。购物中心于 2001 年 7 月 14 日正式开幕，有 5 层楼面，面积为 5.5 万平方米，集中了一批世界知名时尚品牌的旗舰店。该楼设计理念新颖，综合了现代艺术的特色，它以屋顶的巨型灯光为标志。整座建筑线条流畅，凸显出高雅挺拔的现代感，属于优秀的现代海派建筑。目前它云集了世界顶级品牌，已成为中国乃至世界的时尚高地。根据中国购物中心等级评价标准，2019 年评定为国家五星购物中心；恒隆广场的写字楼被誉为知名国际甲级商厦，并于 2007 年被选为中国第一办公楼。现已是上海的一个新地标。恒隆广场的圆形大厅和中庭是上海的时尚发布胜地之一。在这里人们可以近距离触摸世界设计大师的购物体验，甚至还可以近距离接触前来发布会捧场的大陆及港台明星。

8. 百乐门舞厅（愚园路 218 号）

百乐门舞厅是上海 20 世纪三四十年代著名的综合性娱乐场所，全称"百乐门大饭店舞厅"。有"东方第一乐府"之称。建于 1932 年，共三层。下面 2 层为享誉上海滩的大舞厅，跳舞时会产生动感，更增舞者的乐趣。三层为旅店，上面装有一个巨大的圆筒形玻璃钢塔。整座建筑属美国近代建筑风格。在上海，此舞厅名气很大，张学良、徐志摩是这里的常客，美国戏剧名家卓别林访问上海时也曾慕名而来。如今的百乐门于 2003 年 7 月 28 日经内部重新修缮，以崭新的面貌再度迎客，再现 70 多年前的老上海气息，仍有很大的吸引力。为保护这幢 70 年的历史建筑，同时也为了给上海大都市增加文化氛围，有关部门开始启动重建计划，2014 年的百乐门，包含一楼会所、二楼酒吧、三楼餐饮等。二楼的大厅音乐、演艺都不错，可同时容纳 800—1 000 人左右；四楼的百乐门舞厅还是一派老上海风味。2015 年百乐门爵士音乐中心启动改建项目，力争要让这个中心成为未来培育年轻人、年轻团队的文化孵化器，要让中心成为他们实现梦想的舞台，助推静安的精品文化。新的中心将成为一个集视、听、味为一体的海派文化综合体验馆。

9. 上海展览中心(延安中路 1000 号或南京西路 1333 号)

上海展览中心建成于 1955 年,其所在地原为英籍犹太人哈同的私人花园——爱丽园(俗称哈同花园),园中亭台楼阁,池沼小树遍布,占地达 200 多亩。据说园内景观是按《红楼梦》里的大观园设计的,有 83 景。新中国成立后,为纪念中苏友好关系,于 1955 年建成"中苏友好大厦",是当时上海市建造的首座大型建筑,属俄罗斯古典主义风格建筑,其中央大顶部镏金塔标高 110.4 米,高度超过了当时上海最高的建筑物(国际饭店)。1999 年 10 月被评为新中国五十年上海十大金奖——经典建筑,1984 年正式定名为上海展览中心。大厦坐北朝南,正面为广场,有音乐喷泉。主楼耸立正中,上部镏金钢塔,与主塔相辅辉映,金光灿烂。展厅及附属建筑,层层往后延伸,衬托出整个建筑的巍峨雄壮的气魄,2001 年,中心主建筑进行全面的大修改造。改造后,建筑风貌更迷人、环境更优美、展厅面积更大、功能更完善、设备设施更安全可靠。其中有 40 多个大型展厅、100 多间会议用房,占地面积计 22 万平方米。50 多年来有很多大型展览会和商品交易会在这里举行,是上海老城区中最重要的会展中心。这里也是众多国家首脑光临之地。大厦后部为剧场,近千个座位。宴会大厅可容纳 500 人,是大厦中的一个代表性的楼厅,现今大厦内部有友谊酒家、海洋酒家、友谊实业公司、友谊商场、友谊舞厅和夜总会、华品建筑工程公司。2016 年 9 月,中心入选首批"中国 20 世纪建筑遗产"名录。2014 年中心与 VNU 展览集团等单位联合主办、上海房展会,是目前上海乃至华东地区最具影响力的房产行业盛会,目标是打造成为中国房地产行业最具价值的品牌营销和交易平台。

(四) 衡山路—复兴中路地区的主要建筑

该地区原是法租界主要的住宅区,其特色是有众多的西方各国不同风格的别墅、花园洋房和新式里弄建筑众多,名人故居众多。

1. 宋庆龄故居纪念馆(淮海中路 1843 号)

这是一幢红瓦白墙的花园洋房,建于 1920 年,从 1948 年至 1963 年,宋庆龄在这里工作、生活达 15 年之久。该建筑砖木结构,远望此楼,其造型宛如停放在港湾中的一艘巨轮。主体建筑为一幢乳白色船型的假三层西式楼房,底层为客厅、餐厅、书房,二楼是宋庆龄的卧室、办公室和保姆的卧室。楼前有宽广的草坪,楼后有花木茂盛的花园,周围有长青的香樟树掩映,环境优美清静。屋顶上的壁炉烟囱像轮船的通风管状,室内百叶窗等处镶刻有帆船和铁窗图案,属于英国乡村别墅建筑风格。现为全国重点文物保护单位和上海市文化和旅游局推荐观光景点。

2. 孙中山故居纪念馆(香山路 7 号)

它是孙中山和宋庆龄唯一共同的住所。这是一幢灰褐色的两层楼住宅。建于 20 世纪初,由主楼、辅楼各一幢,毗邻在一起。属于近代欧洲独园式花园住宅,乡村别墅式风格。其外墙饰以灰色卵石,屋顶覆盖洋红色鸡心瓦。楼下是客厅、餐厅,楼上是书房、卧室,一个中型会客室和一个室内大阳台。楼的东面是汽车间。室内陈设都按照宋庆龄当时的回忆布置,且绝大部分是原物,布局紧凑合理。这幢楼房是当时的旅居加拿大华侨集资买下赠送给孙中山的,现为全国重点文物保护单位。故居旁边是孙中山文物纪念馆,是一幢欧式洋房改建而成。

3. 周公馆(思南路 73 号)

是当年中国共产党代表团驻沪办事处旧址纪念馆,亦称周公馆。它建于 19 世纪 20 年代,是一幢四层西式花园别墅(一底三层),红瓦屋顶,外墙上镶嵌着光滑的鹅卵石,夏天整幢楼房掩映在浓绿的爬山虎的叶丛中,显得环境幽静怡人。楼房南面有一个花园,花园中间是一片正方形草坪,草坪中央耸立着一棵于楼房一般高的大雪松,三面环绕着其他树木花卉,还有一个小的喷水池。当年周恩来曾在这幽静的花园里会见客人。一楼是会客室、卧室和饭厅,二楼整层楼面是办事处外事人员的工作室兼卧室,三楼是办事处集体宿舍,董必武的工作室兼卧室;底层还有传达室、汽车间。

周恩来在这里接待过美国总统特使马歇尔,并与国民党政府代表邵力子、吴铁城及第三方面代表沈钧儒、黄炎培等交换意见,还举行过中外招待会。1979 年 2 月,经中央批准同意,修复旧址,恢复原貌,建立纪念馆;1986 年 9 月 1 日正式对外开放。2019 年 10 月,被列入全国重点文物保护单位。

4. 张学良故居(皋兰路 1 号)

位于复兴公园门口的张学良故居,建于 20 世纪 30 年代中期,是一座三层小洋房,红瓦屋顶,乳白色外墙,属西班牙别墅风格。洋房的一层是大厅,用于宴客场所;二层是会客室,三层是卧室,装饰成西班牙式的套房。小洋楼前的花园很大,园中载有香樟、雪松、紫藤、玉兰等树木。张学良曾在此宴请各方好友和旧部属,共议救国良策。他在沪虽然时间很短,却开始了与中国共产党的接触,并积极寻找抗日救国的途径。他在上海的日子(1933 年 3 月、1934 年 1 月 8 日、1935 年 12 月中旬)对改变其一生的思想、行为,都有特别重要的意义。如今这座故居已成私人房产,游人只能从外观望、遐想他当年的风采。

5. 上海瑞金宾馆(瑞金二路 118 号)

上海瑞金宾馆建于 1917 年,是一座环境优雅、建筑典雅的西式花园别墅宾馆,由瑞金总部和太原别墅组成。总部原来是英商玛里斯的住宅,由四幢造型典雅的别墅和绿草如茵的大花园组成。其中主体建筑 1 号别墅是玛里斯自己的住所,红瓦红墙,孟莎式屋顶;楼内餐厅、卧室和书房都用桃花木雕刻护壁,配上柚木地板,显得沉稳古朴。大花园中有清澈的小湖、小桥流水、葡萄架长廊、风格各异的亭子、大理石喷水池等,与主体建筑相映成趣。每幢别墅都有宽敞明亮的客厅,餐厅、会议室等,陈设高雅。新中国成立后,上海首任市长陈毅的官邸就设在这里,后被作为接待外宾使用,如今已对外开放。原瑞金宾馆,2004 年装修,楼高 30 层,共有客房 62 间,改名为上海瑞金洲际酒店,它为洲际酒店及度假村集团大中华地区首家历史经典酒店,坐拥上海市中心 5.5 万平方米花园绿地。历经多年精细修建,酒店在原有四栋经典别墅之外,另全新修建了主楼与贵宾楼。具有百年历史的前上海瑞金宾馆秉持洲际集团“深入洞悉、知行天下”的品牌理念,独家呈现 20 世纪初黄金时代老上海的雍容华贵,为来自全球各地的尊贵宾客提供原汁原味的旅行文化体验。

太原别墅原为马歇尔公馆,号称当时上海滩最豪华的花园洋房,属法国别墅风格。

6. 国泰大戏院(淮海中路 870 号)

国泰大戏院建于 20 世纪 30 年代初,1932 年 1 月 1 日正式对外开放。是上海近代著名的高档电影院。总建筑面积 1 100 余平方米。钢筋混凝土结构,外墙采用紫酱红的泰山砖,白色嵌缝。观众厅内部陈设豪华富丽,作为宽敞,设备新颖。建筑立面的中轴线在两条马路(淮海中路和茂名南路)的转角处,成对称布局;门厅前一个大雨篷,悬挑得很深远。里面上用垂直线条处理,每个窗户自上而下一条条垂直线条显示出线条的垂直感,中间作阶梯状向上升高,表明这座建筑基本上是装饰主义艺术风格。1994 年被上海市人民政府命名为优秀历史建筑。

7. 上海新天地广场(淮海中路南侧,黄陂南路和马当路之间,太仓路 181 弄)

上海新天地广场是一个以石库门建筑旧区为基础改造而成的集国际水平的餐饮、购物、酒店、演艺等功能于一体的时尚、休闲文化娱乐中心。其中的建筑是老上海成片的石库门式里弄建筑为主,"中共一大会址"也在其范围,有一桩"新天地壹号"不属于石库门建筑,而属于弄堂公寓,这在上海老住宅中也是罕见的。20世纪中叶,使它成为上海文房四宝店铺的集中地,现是香港瑞安集团的会所。我们漫步新天地广场,青砖步行道、砖瓦老弄堂、红青相间的矮墙、厚重的乌漆大门让人仿佛置身于20世纪二三十年代的上海。但是每座建筑内部则是按照现代都市人的生活方式、生活节奏、情感世界、度身定做,成为国际画廊、时装店、主题餐馆、咖啡酒吧等时尚场所。它是以中西融合、新旧结合为基调,将传统的石库门里弄与充满现代感的新建筑融为一体的海派建筑的代表。

　　新天地分为南里和北里两部分,南里以现代建筑为主,石库门旧建筑为辅;北里地块以保留石库门旧建筑为主,新旧对话,交相辉映。南里建成了一座面积达25 000平方米的购物、娱乐、休闲中心;北里化身成为多家高级消费场所及餐厅。在南里和北里的分水岭——兴业路是中共一大会址所在地,沿街的石库门建筑也将成为凝结历史文化与艺术的城市风景线。如今她已成为上海的新地标。2020年1月6日,入选2019上海新十大地标建筑。

　　8. 上海科学会堂(南昌路47号)

　　上海科学会堂原为法国学堂、法童学校。万茨、舍伦设计,姚新记营造厂承建,砖混结构,1926年竣工,属法国古典式两层花园洋房,略具法国文艺复兴特征并结合新艺术运动的装饰,拥有大型花园。其建筑风格典雅别致,南向设有通场外廊、阳台,中部为盔式四坡顶,外墙多用券窗,檐下为木制牛腿。1958年1月18日上海科学会堂在此成立,时任上海市市长陈毅其亲自题写了"科学会堂"四个大字。科学会堂拥有四幢功能不同的大楼:一号楼(主楼)、思南楼、三号楼和四号楼,共拥有不同规格的会议、展览场所34个,功能各异,设施一流。成立至今,已成为一个科技信息的集散地,又有浓郁的人文气息,在国内外学术界享有盛誉。作为一个以服务为主的单位,它是一个集会议、展示、信息、继续教育、配套服务等五大功能于一体的开展各类科技交流和联谊活动、举办各类会议和展示、展览活动的理想场所。上海科学会堂是上海最早认定的市级建筑保护单位之一,现被命名为"历史优秀建筑"。2019年10月,被列入全国重点文物保护单位名单。

　　9. 蒋介石寓所(东平路9号)

　　坐落在东平路的一幢法国式别墅风格的建筑,蒋介石十分喜爱这座法国式花园洋房,称其为"爱庐",是宋子文送给宋美龄的陪嫁之物,蒋介石、宋美龄在上海的寓所。此建筑为二层砖木结构。如今它的一部分成为上海音乐学院附中的教学楼(9号楼);另一部分成为上海著名的老洋房餐厅——藏珑坊。1994年被列为本市第二批优秀历史建筑。

　　10. 海上小白宫(汾阳路79号)

　　海上小白宫是当年法租界最高首领、公董局总董的住宅。建于1905年,因其外形与美国华盛顿的白宫有些相似,故称之为"海上小白宫"。该楼通体洁白,主体部分为一弧形的突出圆柱体,二层的半圆拱券落地窗上有浮雕装饰,洋楼正南面是一个大花园,属法国文艺复兴式风格的洋房。被誉为上海最优秀的十大历史保护建筑之一。抗战胜利后,联合国世卫组织要将这儿作为亚太地区第一任办公地。新中国建立初,陈毅市长曾在此居住。60年代,上海民间最优秀的工艺美术家相继在此工作和传艺。70年代后为上海工艺美术品陈列室,现有的展示品及藏品为上海博物馆以后年代的近代和现代工艺美术精品,共有展示。收藏品500余件,展示主导思想是"以人为本"与传统博物馆"以物为本"的展览有所区别。现为上海市工艺美术博物馆的所在地。它可能是上海最温情的艺术馆。

11. 克莱门公寓（复兴中路 1365 号）

克莱门公寓建于 1929 年,由 5 幢几乎相同的公寓楼组成。楼房外墙上的红砖装饰,以横、竖、斜、正、侧各种方式排列,砌法考究,富有装饰性,红砖屋顶坡度不一,为孟莎式屋顶,属法式公寓里弄建筑。是一个充满浪漫情怀的地方,一个位于复兴中路上最美的法式老公寓。现为普通民宅,上海市第二批优秀历史建筑。

（五）上海市长宁区新华路地区的西方花园洋房住宅

新华路素有"上海第一花园马路"美誉,马路两旁各式花园别墅林立,其代表性建筑为"外国弄堂"内花园住宅,夏天高大的法国梧桐树在马路两边遮天蔽日,使其显得静沂、优雅、迷人,成为一条市级建筑景观道路,也是上海长宁区花园洋房最为集中的地方。这条路上共有 101 幢花园别墅,每幢风格各异。其中比较著名的外国花园式弄堂有:

1. 新华路 211 弄、1329 弄

新华路 211 弄、1329 弄,时称外国弄堂。时称外国弄堂。在当时 20 世纪三四十年代居住了许多外国侨民,如 211 弄 1 号住宅是一幢西班牙风格的花园洋房,2 号李维白住宅是一幢英国乡村别墅风格的花园洋房;329 弄 36 号周均时住宅是一幢全国唯一的双圆形花园别墅。

2. 新华路 315 号、483 号住宅

新华路 315 号花园洋房是一桩英国乡村别墅花园住宅;483 号金润羊住宅是一幢现代化三层的钢筋混凝土混合建筑。建筑立面水平线条流畅,门窗立面简洁,平屋顶,四周砌筑女儿墙,属现代平顶建筑。

3. 新华路 593 号梅泉别墅

新华路 593 号梅泉别墅是 1933 年建成。别墅内有砖木结构花园洋房 20 幢,红平瓦屋面,属现代主义风格建筑。每幢小楼都有汽车间,小楼之间的弄堂宽敞,每户都有花园,现被列为上海市近代优秀保护建筑。

（六）上海市静安区愚园路地区的主要建筑景观

愚园路地区的主要建筑是近代洋房新式里弄住宅,是静安区花园住宅比较集中的地段,主要值得一看的有涌泉坊和王伯群私宅。

1. 愚园路 395 弄涌泉坊

因旧时静安寺有一涌泉而得名。房内有住宅 16 幢,其中 15 幢是西班牙风格的新式里弄住宅,1 幢为西班牙独立花园住宅。1936 年建成。该坊为弄堂中的典型,是到上海逛弄堂的首选地之一。

2. 愚园路 1136 弄王伯群私宅

原是国民党交通部长王伯群旧居,建于 1934 年,是愚园路上最气派最豪华的房子,现在是长宁区少年宫所在地。该建筑是一幢豪华典雅的欧式城堡建筑,正立面有三个尖顶,中间一个大,两边各一个小,中轴对称;二层三个尖顶窗外有三个弧形露天阳台,像城堡状;红瓦屋顶,上有老虎窗;底层外有游廊,圆拱门,属文艺复兴建筑风格。

（七）上海市虹口区多伦路、山阴路、四川北路地区的主要建筑景观

该地区有众多的洋楼、里弄住宅。20 世纪二三十年代,中国的很多名人都曾在这儿居住,因此多伦路有"现代文化重镇"之称,成了一条有名的文化街。

1. 多伦路 250 号孔祥熙旧居

多伦路 250 号俗称孔公馆,建于 1924 年。该楼房面临多伦路,呈圆弧形,颇具伊斯兰风

格。中间门楼两侧有伊斯兰风格的券柱,上有阿拉伯纹饰雕刻;而门窗皆是拱券形式;外墙彩色贴面组合的单元式构图是该建筑最著名的特征。可以说是一幢具有浓郁伊斯兰情调的阿拉伯风格建筑。在上海近代西方建筑中是很少见的。

　　2. 多伦路 210 号白崇禧旧居

　　多伦路 210 号俗称白公馆,系白崇禧、白先勇父子旧居。该建筑和多伦路的其他公馆一样,也是欧洲风格的小洋楼。入口门廊有四根古罗马柱式,门廊西侧墙面各设一处凹进的壁龛,二层为以铸铁栏杆,图案精美,顶部假三层,中间屋檐伸出。

　　3. 多伦路 210 弄 2 号中国左联会址

　　左联全称中国左翼作家联盟。1930 年 3 月 2 日左联在此处召开成立大会。这儿是一座三层小楼,坐北朝南,砖木结构;屋顶红瓦覆盖,坡度不一,外墙为红砖砌筑,属欧式风格的洋楼——新古典主义住宅建筑的经典之作。现为左联成立大会会址纪念馆。2001 年 12 月正式对外开放。

　　4. 四川北路 203 弄 35 号汤恩伯故居

　　四川北路 203 弄 35 号俗称汤公馆,该建筑建于 20 世纪 20 年代,主楼共三层,高大的红墙,白色的立柱,两侧有半圆形壁龛,颇具特色,属法国新古典主义风格的洋房。

　　5. 横浜路 35 弄 1—30 号景云里

　　景云里是一条普通弄堂,典型的石库门建筑,3 层楼房有 32 个门牌号码,建于 1925 年。但该里弄为众多名人的旧居,如这儿有鲁迅在上海的第一处寓所,叶圣陶、茅盾、风雨风、柔石等均在这里居住过。可以说在 20 世纪 90 年代前这儿是藏龙卧虎之地。

　　6. 四川北路 2079—2099 号拉摩斯公寓

　　拉摩斯公寓位于四川北路和多伦路之间,该建筑系钢筋混凝土结构,公寓入口处上方有半圆形装饰;2—4 层的房间均有挑出阳台,均用花式铸铁栏杆围成,属西方装饰艺术派风格。1930 年鲁迅与许广平曾搬进该公寓居住,并在此撰写了大量的杂文。

(八) 徐家汇地区主要建筑景观

　　徐家汇地区的景观是徐家汇源景区,位于上海都市旅游中心圈徐家汇,东起宛平南路、天平路、华山路,南临中山南二路,西至凯旋路,北达淮海西路,主要由历史景观风貌、时尚活力购物和绿色休闲娱乐三大板块组成。其中的建筑景观主要有近代西方建筑、中国古建筑和现代海派建筑。现为国家 4A 级旅游景区,成为上海首个开放型都市旅游景区。

　　1. 徐家汇天主教堂(蒲西路 158 号)

　　这是上海第一座天主教堂,始建于 1896 年,其建筑特色是典型的欧洲中世纪哥特式建筑,尖顶、尖塔高耸入云,体现了上帝的恢宏和至高无上。教堂前部的两座钟楼高达 60 米,钟楼的尖顶上有两个十字架,精致宏伟。

　　2. 徐汇中学(虹桥路 68 号)

　　徐汇中学始创于 1850 年,是地处徐家汇商业中心的一所古老而宁静的学校。其前身是徐汇公学,是法国天主教在中国创办最早的一所教会学校。1932 年改名为上海市私立徐汇中学(简称徐汇公学),1953 年改为公立学校,更名为上海市徐汇中学。其建筑有四层大厦一所(含后加高一层)(1991 年改建为尚学楼)该建筑很有特色,按照纵三段、横三段比例构图,二层至三层之间有古罗马柱式,中间顶部为山花;底层门窗为圆拱,为法国新古典主义建筑风格,现为上海市优秀保护建筑。

3. 圣母院旧址

圣母院于 1843 年在青浦横塘建立；1864 年在徐家汇附近建立，总名徐家汇圣母院；现大楼建于 1926 年，为仅存的全体部分，欧式建筑风格。现为上海老站餐馆租赁使用，收藏两列火车车厢。

4. 徐家汇的现代海派建筑

（1）港汇广场（虹桥路 1 号），地上 6 层，地下一层，是目前上海中心规模最大的购物场所之一。位于徐家汇商业中心，两座顶级商务大厦、总商业办公建筑面积为 63.915 平方米，有两座 230 米高的现代塔楼，50 层的办公大楼，中心银灰色玻璃幕墙手法配合花岗岩石面饰，实现大厦的时尚高雅的气度。每座塔楼均设置 16 部高速名牌电梯，以服务不同层区。塔楼备有现代化设施，营造舒适不凡的办公环境，不少世界 500 强的知名企业，如微软中国、阿迪达斯、百胜餐饮等已经进驻港汇中心二座。

港汇广场由港汇购物中心、港汇中心双塔写字楼和港汇广场服务式公寓三部分组成。其中购物中心主入口宽敞明亮，正向地铁出入口，便利顾客进出。商城内分 7 个营业层面，地上 6 层和地下 1 层。商场营业面积 7 万余平方米，其余均为公共活动区域。商场内的中庭采用高 3 米的巨大玻璃采光穹顶，加之中庭两翼跨越整个商场的玻璃采光顶，使得中庭及各楼层周围均可利用天然光源，顾客身处其中，犹如闲庭信步，有明媚轻松之感。商场设有自动升降梯和自动手扶梯多达 94 部，大型地下停车场拥有近 1 400 个泊位。因而商场有极大的吸引力，吸引了大量国际国内顶级品牌入驻，成为上海市中心城区规模最大的购物中心之一。

（2）东方商厦（漕溪北路 8 号）。东方商厦有限公司成立于 1992 年，是国内首家建成开业的中外合资大型零售商业企业。东方商厦位于上海最繁华的徐家汇商圈中心，是上海最高端的百货商场之一。

（3）太平洋百货（衡山里 932 号）。上海太平洋百货公司成立于 1993 年 12 月 19 日，目前上海商圈共有三家，分别为徐汇店、淮海店、不夜城店三店总面积约为 11 万平方米。主要经营各种化妆、钻石珠宝、服饰鞋包、数码、美食等。在繁华的徐家汇，乘地铁非常方便，到了商厦，首先看到的是吃喝餐饮。上到楼上，到化妆品柜台，再到其他各层转转，老百姓对这个商场很有好感。徐汇总店面积 3 万平方米，地下一层、地上一层是及采购、休闲、餐饮、娱乐于一体的多元化大型购物场所。它凭借有利的地理位置、卓越的经营理念及灵活的促销策略，在上海百货业独树一帜，成为成功经营的典范。

（4）上海六百（肇嘉浜路 1068 号）。上海第六百货商店成立于 1952 年，坐落在徐家汇商业中心，是一家主营男女服饰、鞋包、化妆品、首饰等商品的服饰主题商店。首创自然式服务模式，坚持诚信经营，赢得了顾客的广泛赞誉，多次获得全国精神文明先进单位、市文明单位和全国百城万店无假货示范点等荣誉称号。

它共有六层营业楼层，经营面积近 1 万平方米。它以经营服饰类商品为特征，高知名度品牌为主体，流行品牌为补充，形成了大众流行的品牌形象，成为具有亲和力服务特色的主题商厦。

（5）美罗城（肇嘉浜路 1111 号）。美罗城是由新加坡 BJ 建筑设计事务所和上海华东建筑设计研究院共同设计，建筑很有特色，外形有一个硕大的玻璃球体，汇聚众多著名商家。2016 年 5 月 13 日我们看到的美罗城建筑以巨型玻璃球体为独特标志，仿若一颗璀璨的明珠镶嵌在徐家汇广场；外幕墙取凝重的美罗红为底色，在一片白静的广场建筑群中十分显眼，显示了它蓬勃盎然的青春活力。

该城共八层,美罗城、美罗大厦两栋建筑直接连接地铁,毗邻内环线高架公路和环城轻轨,距市中心近,极易商业和商务活动的开展。由于边上太平洋电脑城的开设使其消费群更集中于男青年。

(九) 武康路主要建筑景观

武康路位处徐汇区,建于 1897 年,此路北起华山路,南至淮海中路、余庆路、天平路、兴国路交汇处,原称福开森路。1943 年改名武康路,全程 1.7 千米,现为"中国历史文化名街"。

该路为百年老路,集中了西方近代的别墅、洋房、西式公寓和新式里弄等多种经典建筑,展示了西方不同时期不同风格的建筑,如新古典主义、文艺复兴、折衷主义、巴洛克式和现代主义等风格的建筑,也展示了英、意、西班牙等别墅的风格,可称为"异国建筑展示厅"。该路上的优秀历史建筑有 14 处,目前被保留的历史建筑 37 处。

该路的另一特色是这些建筑中曾居住着众多的当代名流,如黄兴、唐绍仪、陈果夫兄弟、金城银行总经理周伟民、丝业大王莫殇清、文化名人巴金、孙道临夫妇、张俊祥等,因此也可以称为文化名人街。

漫步武康路,在梧桐树树荫覆盖下,我们可以欣赏各种精美的历史建筑,从中了解历史,领悟其文化内涵。在众多建筑中,最值得一看的是武康大楼、武康路 395 号的独立花园别墅、武康路 394 号的原意大利驻沪领事官邸、武康路 395 号的黄兴旧居、武康路 240 号的开普敦公寓、武康路 117 弄(1 号和 2 号)的周作民私宅、武康路 115 号的密丹公寓、武康路 113 号的文学巨匠巴金故居、武康路 105 弄(2 号和 67 号)陈果夫兄弟旧居、武康路 99 号的原英商正广和大班住宅、武康路 40 弄 1 号的唐绍仪旧居等。

1. 武康大楼(现淮海中路 1836—1858 号)

位于武康路和淮海中路交汇的道口上,建于 1924 年,号称诺曼底公寓,据称是为纪念一战中被德国潜艇击沉的法国名声显赫的诺曼底号,也有说是为纪念二战盟军诺曼底登陆成功而命名。

该楼是由葡萄牙建筑师邬达克设计,呈法国文艺复兴建筑风格,是当时沪上少见的最高的狭长楼宇。这幢带有外廊式的公寓是沪上最早出现的,楼高 8 层,主立面为古典主义横三段,但左右不对称;底层有拱廊通道,开设商店,平面为三角形。大楼有 63 套居室,大多朝南。楼内曾居住过多位电影名人,如赵丹、秦怡、吴茵、应为云、孙道临、王文娟等。1953 年改称为武康大楼,因路而名。

2. 武康路 395 号的独立花园别墅

创建于 1932 年,为原国立北平研究院药物研究所的所在地。洋楼浅黄色,大量使用巴洛克装饰艺术,弥漫着华贵的典雅的气质。两侧都设入口,且对称;入门柱廊为缠绕着的绶带式样,中间为椭圆形镂花;三层北面挑出弧形阳台;楼顶上突出半拱形的老虎天窗;环绕着窗台的是繁复草叶纹样……这些设计充分体现巴洛克的艺术特征:对称、曲线、凹凸有致,从而产生庄重、运动、明暗强烈的感觉。

3. 武康路 393 号黄兴旧居

黄兴是孙中山先生建立的同盟会元老,辛亥革命武装起义的主要指挥者。1916 年入住该楼,为沿街白色的 4 层楼建筑,建成于 1915 年。该楼为古典主义带有古典主义的装饰艺术派的建筑风格,原先楼南是花园,苍松翠柏,绿草如茵,还有花架茅亭,景色宜人,人称黄公馆。

4. 武康路 390 号原意大利驻沪领事官邸

这是沪上仅有的地中海风格的建筑。该建筑四坡红顶,顶中央是弧形山墙的老虎窗,墙体浅黄色,勾勒洁白的边框,情调迷人。

5. 武康路 240 号开普敦公寓

这儿原是多家洋行办公场所和高级职员寓所。公寓整体犹如破浪而行的轮船,外墙浅黄色,方形窗框外凸,有利于采光。公寓平面呈锐长三角形;原本锐角转角改用弧度处理,成为建筑设计的唯一和独创两大特征。该建筑属现代主义建筑风格,是著名的公和洋行的杰作。

6. 武康路 117 弄 1 号和 2 号

这幢花园别墅是原金城银行总经理周作民的私宅,分别建于 1943 年和 1944 年,其外观以西班牙式住宅为特征的折衷主义风格的建筑,而内部装潢却是中国传统建筑风格。如四坡屋顶铺上玻璃筒瓦,低墙两侧放置一对汉氏石狮;底层室内饰有彩画和藻井。宅之东南有中国古典园林风格的庭院,内有小桥流水,种植有腊梅、桂花、香樟、广玉兰假山点缀其间。

7. 武康路 113 号文学巨匠巴金故居

巴金故居是 2 层欧洲独立式花园别墅,建于 1923 年。别墅正门朝南,外形酷似汉文“金”字,二层双坡屋面铺红色平瓦,叠檐式山墙、檐板为翠绿色,外墙以细鹅卵石贴面,开拱券,木窗、窗檐之下有 10 几个小孔,便于通风。原是一个英国人的私宅,后为苏联驻沪总领馆商务代表处。1955 年 9 月“文学巨匠”巴金由淮海坊搬入此处定居,直至 2005 年(巴金 101 岁)逝世。在此工作写作生活整整 50 年,是巴老生活时间最长、著书立说最丰之地,也是他永生难忘的人生驿站。

8. 武康路 115 号密丹公寓

密丹公寓建于 1931 年,外形似大象的仿生建筑,属西班牙式现代派建筑风格。有巴洛克式的屋顶,山墙呈曲线,颇似大象头部,门厅可做大象后脚,故被戏称为“大象屋”。现为上海优秀近代保护建筑。

9. 武康路 105 弄 2 号和 17 号陈果夫、陈立夫兄弟旧居

两者均为英国乡村式花园别墅,2 号陈果夫旧居建于 1946 年,该建筑双面陡坡红瓦屋顶,清水砖砌烟囱,山墙半露木构架,其间又用红砖砌就墙面,白色水泥外墙。其拱券门、梯形窗框和窗楣,有都带有明显的古典主义特质。67 号陈立夫旧宅与前相同(陈氏兄弟是中国现代“蒋家天下陈家党”的国民党中坚人物)。

10. 武康路 40 弄 1 号唐绍仪旧居

唐绍仪旧居建于 1930 年,曾为中华民国驻挪威公使储昌年寓所,后为民国风云人物唐绍仪旧居。该建筑是非常典型的西班牙式建筑风格,外围是树荫覆盖的竹篱笆墙,别墅面向东南,屋顶为硬山顶,双坡屋面坡度平缓,上覆红色筒瓦,屋顶上海有锯齿纹的哥特式烟囱,浅黄色拉毛外墙,在一、二层出檐很浅的屋檐下,连续排列双拱券(亦称西班牙券)。大门用螺旋柱和组合式柱的结合形式,两柱之间券门用贝壳、漩涡和卷草等洛可可艺术的精细修饰,显得富丽堂皇。大厅里悬挂着紫铜材质弯曲有致的吊灯,大气,且古色古香。宅前花园有草坪、花棚和喷水池。1938 年 9 月 30 日,此宅发生一桩轰动全国的刺唐血案[宅主唐绍仪(1861—1938)曾任民国政府第一任内阁总理]。

11. 武康路 232 号丝绸大王莫觞清旧宅

这是一幢法式花园洋楼,因楼小花园大,人称其为“玲珑别墅”。宅主莫觞清开创美亚丝绸厂,规模为全国业界之魁。后莫在此宅遭歹徒绑架惊吓而死。1965 年春,此宅为原上海市委写作组所在地,姚文元曾在此撰写评《海瑞罢官》长文,为“十年浩劫”助澜。

12. 武康路 210 号

这是一幢西班牙式住宅,浅色拉毛外墙,红褐色屋檐和拱券大门,体现了西班牙的浪漫。该宅的 2 楼是黑色铁栏杆,半圆形阳台,精巧别致,人称"罗密欧阳台"。

此外,在武康路附近还有宋庆龄故居纪念馆(淮海中路)、丁香花园(华山路)、白杨旧居(华山路)和"三毛之父"张乐平故居(五原路)等。

(十) 上海 20 世纪 30 年代的复古建筑——江湾建筑

1927 年 7 月,上海市政府通过了一个中国有史以来最庞大的城市建设计划,即决定把上海市区外东北的江湾近黄浦江的 7 000 余亩地建设成为一个"新上海"。这是以上海市政府的建设为中心向四周环状辐射成一个圆,有序而又整齐的道路弥补居中,像一个特大的蜘蛛网。整个圆按方位划分成八大块,很像中国传统的八卦。

市政府位于这个圆的中心,东西和南北轴线的交叉点上,与市立博物馆、图书馆形成一个三角形,象征龙头图案,市政府是龙额,博物馆、图书馆是龙眼,寓意是用中国传统文化探索世界未来。

现在还值得一看的建筑景观如下。

1. 原上海市立博物馆(长海路 174 号)

上海市立博物馆现为长海医院影像楼。该建筑是上海历史上第一次由国民政府拨款筹建的博物馆,建于 1936 年。

该建筑坐东朝西,建筑面积 3 430 平方米,其造型同当时的上海市立图书馆相似,仿北京的鼓楼,馆屋如城,外周长墙,中间为有黄色琉璃瓦的高大门楼一座,门楼屋顶为重檐歇山顶,屋脊高出地面约 24 米。建筑系钢筋混凝土结构,外墙用大石块砌筑。由于博物馆功能上的需要,仅底层开窗,两翼为平房,门厅及陈列厅内有朱红色柱子和彩画、梁坊、藻井。

博物馆大楼平面形状为工字形,同样前面两侧各外伸一段,形成大门前的门字形广场,底层为方形门厅,由北向内为一大厅,亦可作序言厅;第二层中央分设历史和艺术两部,两翼为陈列厅,上盖玻璃顶棚。中央二层前面陈列厅之上有夹层,由此经露天楼梯可达门楼顶层,四周设平台,可以远眺。

近代上海市立博物馆在未开馆以前,承办了一次中国最早的一个全国性建筑展览会,取得了很大成功。该建筑为上海市第二批确定的上海近代优秀保护建筑单位。

2. 杨浦区图书馆原上海市立图书馆(长海路 366 号)

该馆位于当时市政府大厦右侧前方,1936 年建成同济中学教学大楼,现为杨浦区图书馆。

该建筑平面为工字形,主楼正中设塔楼,屋顶为重檐歇山式,阳台端庄,比例均匀,与上海市立博物馆相似。主楼两侧为简洁的平顶二层楼,设计符合功能要求,建筑总面积 3 470 余平方米,全部为钢筋混凝土结构,防火性能良好,外墙改用人造石砌筑大门前设水平平台,种植花木。平台前两边各有旗杆。大厅、借书处、陈列厅等的内部装修均为中国古建筑传统风格,阅览室楼面用软木地板。

该建筑现为上海市第二批确定的上海近代优秀保护建筑单位。

3. 旧上海特别市政府(清源环路 650 号)

原是江湾大上海计划市中心区市政府大楼,属中国传统建筑风格,单檐歇山顶,5 开间,为 30 年代中国建筑师设计的代表性优秀作品。现在上海体育学院内,是上海市级文物保护单位。

（十一）世博园区的主要建筑景观

2010 年上海世博会顺利结束,盛况空前,出现了世博会历史上的多个第一,为全世界的游客留下了美好的印象。如今大部分的世博会场馆已经拆除,但有些建筑及周边的公园设施依然完整地保留。世博会后上海市政府对这些永久保留场馆进行修正,并经过规划重新开放。它们已成为上海都市旅游的新的建筑景观、新的亮点。

1. 世博轴（位于浦东世博园区中心地带,园区主入口）

它是世博园区内最大的单体建筑,是世博园区空间景观的主轴线,堪称世博园大动脉,是世博会一轴四馆五大永久建筑之一。

该建筑在设计上充分引入生态、环保和节能的理念,可称得上是一座真正的绿色建筑,其顶部是用巨大的白色膜布拼接成迄今为止世界上规模最大的连续张拉索膜结构,将 6 个阳光谷连接起来,人们从远处望去如片片云彩,晚上彩灯亮起更是灯火盏盏,美景喜人。

我们说它是一座绿色建筑,可表现在世博轴的空调系统和阳光谷对阳光的利用上。它的空调系统充分利用黄浦江的江水,用江水源热泵和地源热泵取代传统的带有冷却塔的冷水机组和锅炉,用江水取代空气进行换热,这样既节能又减少了 CO_2 和人为热量的排放;阳光谷对阳光的利用,是将阳光采集到地下用以照明,同时也将新鲜空气输送到地下。另外,雨水也可以顺着这些谷口"花朵"流入地下二层的蓄水池,经过处理后再加利用,这也充分体现了环保、节能的理念。

2. 中华艺术宫（世博轴东侧、世博园区 A 片区）

中华艺术宫（世博轴东侧、世博园区 A 片区）,可以说是一座上海新的艺术圣殿。它就是原来的世博会中国馆（称之为东方之冠）。世博会闭幕后,经过数月的整修,于 2012 年"十一"前夕重新开放。

该馆的造型采用了中国古建筑的独特构件斗拱,从上至下成层地由大变小加以环绕,蕴含了中国建筑文化的内涵,整个艺术宫的内部展示面积达 6.4 万平方米,又有多达 27 个展厅。原中国馆的镇馆之宝——多媒体版《清明上河图》也在艺术宫重新亮相,其他展厅的展出内容可不时更换。

3. 世博中心（位于世博园区 B 片区,滨江绿地内）

该建筑棱角分明、简洁大气。由西向东到底错落。其外立面全为玻璃,从外部造型来看,就像一个巨大的水晶宫。白天看上去朦朦胧胧,夜晚则晶莹剔透,极其漂亮。

中心内部有巨大的空间,可以充分满足会议、接待、活动等几大核心功能的"复合式"需求。由于中心地处滨江,从内部往外望,沿江景致尽收眼底。中心的设计也是按生态、环保、节能的理念进行的。因而,它也是"绿色"建筑的典范。许多新的环保、节能技术,如太阳能、LED照明、冰蓄冷系统、雨水采集等技术都在这儿得到了广泛的应用。

4. 世博文化中心（位于世博园区 B 片区,滨江绿地内）

世博文化中心原名试播演艺中心,2019 年被评为上海新十大地标建筑之一。该建筑造型呈飞碟状,从不同角度在不同时间观望,它就会呈现出不同的形状。白天,它就如"时空飞梭",又似"艺海贝壳",夜晚灯光绽放,则中心梦幻迷离,犹如一个"浮游都市",令人惊叹。作为国内第一个可变容量的大型室内场馆,其主场馆空间可根据需要隔成 18 000 座、12 000 座、10 000 座、8 000 座、5 000 座等不同场地,使之既能举行超大型庆典、演唱会,又能举办各种体育比赛,是目前国内座位数最多的、最现代化的,也是外观最美的 NBA 篮球场馆。

　　作为试播文化中心,即综艺表演、庆典集会、艺术交流、学术研究、休闲娱乐、旅游观光等多功能于一体,一些重要的会议可以在此进行。现中心设有音乐俱乐部、影剧院、溜冰场、世界各国美食街、安徒生儿童乐园、NBA互动馆,以及近两万平方米的商业零售、文化休闲娱乐区。

　　5. 世博展览馆(位于世博园B片区,世博轴西侧)

　　世博展览馆的前身是上海世博主题馆,该馆造型是围绕上海里弄、老虎窗的构思设计,并运用折纸手法,形成一个二维平面的立体建构,因而造型新颖、成为世博园区的一大亮点。其设计理念是:"顶级地域,助飞梦想";"非凡空间、无限可能";"高级场馆、高端服务";"大跨度无柱空间";"优雅独特,创意飞翔"。作为亚洲一流绿色建筑的展览馆引领场馆节能环保新潮流。

　　现原世博主题馆改换为世博展览馆,经过整修已成为一座设施先进、布局合理、节能环保、高规格、现代化的国际性展览场地。总建筑面积约12.9万平方米(地上8万平方米,地下4.9万平方米),建筑高度约27.7米。今后可举办各种类型的展览会,为上海成为远东会展中心打下了基础。

四、上海大都市建筑风光旅游线路

　　上海作为未来的现代化国际旅游大都市,值得一看的东西很多,但从建筑角度而言,要观赏上海大都市建筑风光,必定离不开下列几点:一是漫步外滩,观光万国建筑博览群,寻找历史印记;二是站在浦东新外滩,或黄浦江的邮轮上,对比一江两岸都市风光,感受陆家嘴时代气息;三是逛逛繁华依旧的南京路,看看上海滩延续百年的繁华;四是看看上海的城市中心广场——上海的天安门广场,绿色的海洋和造型独特的现代海派建筑;五是在衡山路的老洋房里,在百乐门的舞池中体验老上海的风情;六是漫步复兴路、武康路、新华路,经历老上海的历史,观看欧陆建筑风情;七是磁悬浮列车之旅,参观一下磁悬浮列车科技展示厅,极速体验上海的腾飞;八是享受大上海的玫瑰夜色,尤其是外滩、陆家嘴一带的浦江夜景,甚至登临上海中心、环球金融中心俯瞰上海的辉煌全景。为满足大家的需求,我们设计了以下几条线路,供大家选择。

线路一:徐家汇源景区

武康路→衡山路→淮海路→人民广场→南京东路→外滩

该线路所包含的建筑和现代海派建筑有:

- 徐家汇的近代西方建筑和现代海派建筑;
- 武康路的近代西方建筑,异国建筑展示厅(现为中国历史文化名街);
- 衡山路休闲街两侧的西方洋房、里弄住宅;
- 淮海中路上的近代西方建筑、现代海派建筑和新天地石库门里弄建筑;
- 人民广场地区的现代海派建筑和近代西方建筑;
- 南京东路的近代西方建筑;
- 外滩的万国建筑博览群和一江两岸建筑风光。

线路二:浦东陆家嘴中心地区

浦东陆家嘴正大广场→东方明珠广播电视塔→金茂大厦→上海国际会议中心→环球金融中心→上海中心→陆家嘴中心绿地(站在绿地中可以眺望周围的有代表性的超高层建筑)。

该线路主要观赏新上海的标志性建筑和其他现代海派建筑,领略改革开放以后上海的巨大变化→新上海的大都市风光。

线路一的观光后,可通过外滩观光隧道穿越黄浦江,到达陆家嘴浦东新旅游区,将两者连为一体。

线路三：大虹桥地区观光游览

中山公园→古北新区→世贸商城→虹桥开发区→龙柏饭店内的沙逊别墅→虹桥交通综合枢纽→国家展览中心

该线路主要游览改革开放后上海浦西的风貌。如古北新区、虹桥开发区等现代开发区的建筑风貌和上海重大交通设施工程。如高架、地铁、虹桥交通枢纽等兼具客体性质的介体,以及少数西方建筑等风貌。

线路四：经典老上海风情游

静安寺→南京西路→天潼路→四川北路→多伦路→鲁迅公园→五角场

该线路主要是观赏散布在这些路段的万国建筑、名人故居等。如百乐门、愚园路洋房弄堂街区、铜仁路的"绿屋",著名建筑师贝聿铭之父的旧居、上海展览中心,高档石库门住宅四明邨、上海市少年宫、多伦路文化街上的名人故居,拉摩斯公寓、山阴路鲁迅故居、上海邮政总局大楼、天潼路新亚大酒店等建筑。最后到五角场地区,主要是参观上海于20世纪二三十年代所建造的中国"复辟建筑"。如原市立博物馆、市立图书馆等。

线路五：世博文化

(1)世博轴→世博展览馆→中华艺术宫→世博中心→世博文化中心→世博公园→后滩公园

(2)白莲泾公园→世博文化中心→世博轴→中华艺术宫→世博展览馆→世博中心→世博公园→后滩公园浦江夜游

五、上海都市旅游新空间

(一)上海滨江大道

上海滨江大道全长2 500米,从泰东路沿黄浦江到东昌路,与浦西外滩隔江相望。1997年建成,是一条集观光、绿化、交通及服务设施为一体的沿江景观工程。该大道由亲水平台、坡地绿化、半地下厢体及景观道路等组成。

站在大道上,凭栏临江,观看浦东两岸百舟可争流和浦江两岸外滩万国建筑博览群的结合,体现了水与建筑,动与静的结合,令人们产生无限的遐想,有一种移步换景的意境。它犹如一条彩带飘落在浦江东岸,人们赞誉为浦东的新外滩。这是一条着眼于城市生态环境和功能的沿江景观工程,由亲水平台、坡地绿化、半地下厢体及景观道路等组成。这也是面向21世纪的上海东外滩。

滨江大道分南段、中段和北段。各段景色各有特色。

1. **南段—现代建筑艺和喷水广场的融合**

在一个80多米的水池里,布置了二十一组拱形喷泉,象征着我国昂首阔步奔向21世纪。这个别具一格的喷泉广场,在厢体顶上圆形广场内呈现水池喷出的风帆水柱,象征浦东开发的航船正在鼓帆远航。水经过坡地台阶状的叠水池,向下跌落到亲水平台中的水池里,水池里又是一组变化多姿的喷泉。沿跌水涧两侧逐级而下,可直达弧形临水平台进入临水步行道。滨江江堤富临亭、都乐轩二处尖顶小筑。兼作地面与半地下机动车道的垂直通道,乘机动车前来可经此直达滨江江堤。

在江边还有全透明的风景观光厅和可举行文艺演出的欢乐广场。特别令人发思幽情的是：这里原是有70多年历史的上海立新船厂码头的旧址，现已改建成观光码头产学研，在设计时，匠心独具地保留了缆桩特意设置了链式栏杆和巨型铁锚。望着这高高耸起的铁锚，人们的思绪既可回归过去，又可观赏当前向往未来。

2. 中段——整个浦江东岸风景中最精彩的乐章

在它的坡地绿化带中，有枝繁叶茂的树木、青翠欲滴的草坪、夺目怒放的鲜花，整个景致显得错落有致，有十分强烈的立体感。

当浦江潮起时，就可踩水去亲近浦江，感受回归大自然的乐趣。此外，该段还有多处喷水池、水幕墙，露天音乐广场等设施。亲水平台中央有个水景广场，由叠水喷泉、流水墙面和瀑布三部分组成。三景从高到低，一气呵成，给人以美的享受。人们站在亲水平台上，可以凭栏临江，面对浦江水，前靠东方明珠，眺望外滩、万国博览群，令人心旷神怡。

3. 北段——人工与自然、端庄与典雅的巧妙结合

在北段有一块近3 000平方米的大草坪，走近它，让人有豁然开朗、心旷神怡的感觉。江边还有一只似海鸥展翅飞翔的东方游船码头等景观，将人工与自然、端庄与典雅巧妙结合。船上的游客可直接在此登陆、游览滨江大道和浦东新区；在亲水平台一侧逐渐升高的坡地上，鲜花、灌森镶嵌在草丛中，给人们创造了一种远离大都市的安逸、憩静的环境；在原浦东公园内的石板路，木扶手和绿色丛林让人有回归大自然的享受；还有为迎接新世纪到来的巨大的世纪铜钟、水族馆。

每到夜晚，漫步滨江大道，浦江两岸华灯齐放，幢幢大楼晶莹剔透，五彩缤纷，江中巨轮引船高歌，这种动与静的结合令人赏心悦目。

（二）上海"滨江岸线"景观——都市旅游新空间

每逢节假日，无数的海内外游客，登临上海，每一个来上海的游客都会登船漫游黄浦江，将两岸景色尽收眼底。浦江两岸是外滩巍峨伫立的万国建筑群，高耸的人民英雄纪念塔，著名的钢铁桥外白渡桥和上海第一个欧式公园黄浦公园；而浦江东岸则是东方明珠广播电视塔，开发中的浦东新区，陆家嘴超高层高楼群。一江两岸的大都市风光成为最具特色的都市风光。

如今的上海，从杨浦大桥至徐浦大桥的浦江两岸有一条长达45千米长的滨江岸线大道，这就是上海近年来打造的滨江岸线景观。它将为浦江两岸增添一道富含文化内涵、活力四射的新风景。有人将其称为"魔都滨江岸线"。

这条滨江岸线，紧靠黄浦江，共分五段。

1. 浦东滨江段

这是浦江东岸新风情，从杨浦大桥到徐浦大桥，全长22千米，是一条世界级的滨水空间，其特色是最美的东岸，其核心是绿、蓝成网，双层岸线，高低落差；既保持东岸的传承性和文化性；又让人们多一些美的享受。这一段岸线，又分六小段，设有5个"城市客厅"，为健身锻炼的市民和观光游客们的起驻足休憩作用；这里还留有一些工业遗存，如原来的上海船厂，现已改造成为文化演艺空间；还建有地标性文化建筑，如世博文化公园、上海博物馆东馆、上海图书馆东馆等，这些都是上海的一些新的地标性文化建筑。

2. 黄浦滨江段

从苏州河至日晖港，全长8.3千米。其目的是成为带动外滩滨江服务带，成为一个充满活

力、文化韵味、休闲观光运动的空间。

该岸段分为三段：一是十六铺，这儿原是上海水上客运中心、农副产品的批发市场，现要做足水的文章，使地上的游船码头成为浦江水上旅游观光中心，而地下有上海旅游集散中心，有很多商业配套设施（商业、餐饮服务设施），还将布设一些老上海的文化；二是外滩段，主要打造运动、休闲、娱乐空间；三是世博浦江段，即利用高的防汛墙，展现一些文化长廊，使其成为滨水平台，还利用三个船坞，打造一些与公共活动相关的设施，进一步增强城市的活力。

3. 徐汇滨江段

从日晖港到徐浦大桥，建造一条长达 8.4 千米既可步行、跑步，又可骑车的滨江景观大道，其中，有一段长达 4.4 千米的滨水文化会客厅，内有大量工业遗存，如铁轨、塔吊等遗存；有一段长达 2.5 千米的健康运动跑道，增强岸线的活力；未来还将有 20 座文化馆在岸线的附近建成，如梦想巨蛋剧场、油罐艺术公园、先锋剧场等。另外还有一段正在建设"徐汇滨江建设者之家"。这将大大增加徐汇西岸滨江的文化内涵。

在徐江滨江岸段中，重点发展西岸传媒港这一块，这儿将建造美术馆、演艺中心、艺术中心，将有各种剧目的演出。日晖港是徐汇滨江岸段的起点，现已和黄浦滨江段贯通，这儿原有上海最早的火车站（南浦站），有铁轨等遗存，在这儿准备建一个星美术馆，体现原来的工业遗存，从文化先导发展为科创先导。

4. 杨浦滨江段

从杨浦大桥到秦皇岛码头，长达 5.5 千米，见证了上海"百年发展历程"，是近代工业的发祥地。这段岸线的景观串起了 24 处 66 幢工业历史建筑，可谓是"一段工业景观，串联起杨浦百年工业博览带，成为健身休闲、观光旅游的公共走廊"。

此外，这段滨江岸线的建造也很有特点，如利用废弃的自来水管做的灯，利用工业遗存建造了许多雕塑，使岸线的许多景观都具有双重功能，既增添了新的风景，又体现了过去的遗迹。如杨树浦水厂等老厂房都在这段岸线上。在岸线上还建了一段钢木结构的栈桥，下面是江水，把传统产业与现代高科技结合，使其成为未来城市的新名片，世界级的滨水空间。

5. 虹口滨江段（又称北外滩）

从秦皇岛路到外白渡桥长达 2.3 千米，该段作为海派文化发源地、名人文化的集居地，拥有丰富的文化资源和深厚的历史积淀。具有独特的优势。其"商务—航运—文化"为滨江黄金三角。在高阳路国际客运中心附近，建有 27 米长的连廊，展现码头文化；建立空中博物馆，智能程度很高的运动场。在海鸥饭店，建彩虹桥，利用其区位优势，是坐北朝南观赏陆家嘴风光的最佳之处。

（三）苏州河中心城区 42 千米岸线公共空间

2020 年年底苏州河上海中心城区段 42 千米岸线贯通并向公众开放，该岸线途经上海市的黄浦区、虹口区、静安区、普陀区、长宁区等五个中心城区；有许多历史建筑和工业遗存、学校和许多民居区。在"人民城市人民建，人民城市为人民"重要理念指引下，苏州河不仅蜿蜒出"山水人城相融"的绿色新画卷，更牵引、承托起滨水空间经济社会发展的全面绿色转型。

1. 黄浦区段：有内容，有记忆，有活力

苏州河黄浦区段东起外白渡桥，西至成都路桥，岸线总长约 3 千米，是全市苏州河岸线的重要门户，具有展示形象、承载文化信息、容纳公共活动的特质。这段滨河岸线分为三个段落：东段"苏河之门"（外白渡桥—河南路桥），突出"一江一河"交汇处的门户形象；中段"苏河之眸"(乌镇路桥—河南路桥),漫游看遍沪上百态风情;西段"苏河之驿"(乌镇路桥—成都路桥),享受滨河舒适生活。

黄浦区段在沿河的公共空间中打造一条"有内容的、有记忆的、有活力的"海派风情博览带,让游客融入于"上海辰光、风情长卷"的世界里。如,在东段,在原吴淞路闸桥拆除后遗留的桥墩上架设了一段30多米长的钢结构亭子,轴线正对东方明珠,创造了难得的观景体验和临水远眺的空间体验;在西段,打通了九子公园苏州河之间的围墙,使之成为一个开放的,融苏州河沿岸景色为一体,即融通行、垂直绿化、观景、遮阳、照明、休憩等功能为一体,使之成为市民游客出行游览、休憩、儿童玩耍的好去处;东段中有我国第一座国营加油站,现打造成为一个综合服务和景观功能的"第一加油站",除了一层的加油功能外,还复合了精品超市、二楼咖啡厅、文化展示、观景平台等功能,成为游客可以停留观景、获取知识的一大景点,此处将划船俱乐部与外白渡桥连接,将悠久船文化历史与生活艺术有机结合,打造浪漫、多彩的滨河公共空间。

2. 虹口区段:呈现"最美河畔会客厅"

苏州河虹口区段,东起外白渡桥,西至河南北路,全长约900米。该段位于黄浦江与苏州河交汇处,是黄浦江贯通空间与环苏州河贯通空间的重要转换节点,沿线优秀历史保护建筑林立,还是欣赏陆家嘴天际线和外滩旖旎风光的最佳视角点。苏州河虹口区段的特点主要表现在"共享、通达、活力、融合"四个方面。

共享是指这里有一条独一无二的共享街道,吴淞路以西,全面禁止机动车通行,沿河步廊拓展到3至5米,街道空间全线6至8米,原有狭窄的沿河栈道变得宽敞。

通达是指这个段900米岸线,原有停车场、变电站、码头办公用房、水质监测设施等沿河而设,将滨河空间都腾退出来,市民游客能够畅通无阻地沿河漫步"看河"。

活力是指该段水岸营造多元复合的活力滨河空间。如将原停车场区域打造成"河滨之源"观景平台,市民游客在那里可远眺陆家嘴天际线美景,近观苏河两岸优秀历史建筑群;原先海事码头办公用房现在是"可进入、可阅读、可体验的滨河驿站",使之成为形成集旅游休闲、文化展示、最美水站等功能于一身的公共服务空间,让市民游客能够在苏州河畔慢慢欣赏美景。

融合是指该段水岸将历史传承与现代功能相融合和谐美景。如,依托上海大厦和外白渡桥,打造多层次全视角观景平台;以酒店、驿站等休闲服务功能为特色,供大众轻松体验优质环境并坐享极致风光;以邮政大楼风貌——国宝级历史建筑为背景,滨水景观、步道、建筑相互勾连,形成宜人的滨水游憩景观步道;以历史民居建筑为基底,打造高品质的滨水生活氛围等。

3. 静安段:塑造新老时空对话场景

静安区苏州河岸线约长6.3千米。北岸西起远景路,东至河南北路(4.7千米);南岸西起安远路,东至成都北路(1.6千米)。在这段岸线,有着上海总商会旧址、四行仓库等历史文化地标,也有着蝴蝶湾公园等休闲空间。相较于其他滨水岸线,这里同时拥有南岸、北岸两面风光,可谓最有气质的滨水风貌。主要有三个区域景观段。

一是总商会旧址景观,位于河南中路至山西北路,全长约240米。这里一侧是苏州河水,一侧是银杏为主干树种构建的"金色大道",林荫步道小径旁则点缀着色彩缤纷的观赏植物,被称为"摩登花街"。

二是四行仓库景观,位于西藏北路至乌镇路,全长约400米。这里的仓库建筑与滨水栏杆源自原四行仓库建筑窗花样式,透过窗户照见历史;同时,将周边商贸特色历史街区版图,与历史建筑符号转化为地刻线条,铺设在路面上,成为滨水景观的一部分。

三是蝴蝶湾公园景观,位于昌平路与恒丰路之间,全长约 360 米。通过梳理观景视线通廊、纵向打开通行空间,延展出河岸空间,利用 1 200 平方米绿地,打造了市民驿站。

4. 普陀段:"苏河十八湾"将迎来首次贯通

普陀区苏州河岸线约 21 千米,可分为长寿路、曹家渡、长风生态商务区、长征镇 4 个区段,占中心城区岸线长度的 50%。其中 6.05 千米涉及小区、央企、院校等权属单位等。如今打通了沿岸居民小区、文创产业园区,使其与滨水公共空间相融共存,最大程度还河于民、还景于民、还绿于民。极大地提升了居民的生活品质与临河地块功能转型,重塑了生活亲水岸线,也打造出活力空间示范区,使苏河十八湾得以全面贯通。苏州河普陀区段分为东段、中段和西段,且各具特色。

东段为苏河之冠,从安远路至曹杨路,两岸岸线长度约 12 千米,集中打造长寿之湾、艺术水岸、梦清之境,凸显海派文化和艺术创意。

中段为圣大清湾,从曹杨路至内环线的 3 千米岸线,以圣约翰大学历史风貌街区为核心,集中打造圣大清湾、两水三桥,彰显人文璀璨和宜居自然。其中的圣约翰大学是现今的华东政法大学,古朴典雅、中西合璧的校园建筑散落在校园之中,苏州河穿过校园,与两岸的华政建筑群形成苏河明珠。校园的 28 幢建筑已于 2019 年 10 月被列入全国重点文物保护单位。走在岸线半岛上观望这些建筑风光也是极好的去处。

西段为上虹湾区,从内环线以西的 6 千米岸线,以中环与苏河交点处的"苏河金融岛、零碳中和城"为重点,即展现蓝绿交织、清新明亮、水城共融的江南气质,又体现艺术左岸、华师金岸的风貌。

5. 长宁段:串联沿河 10 个公园绿地

长宁区苏州河岸线约 11.2 千米,东起江苏北路,西至外环线;以苏州河沿线的 10 个公共花园,将健身步道为连线,串起一条连接市井百态的城市通途,突出了长宁的"历史、艺术、智能"独具气质。其西部连接 6.25 千米外环绿道,中部在苏州河的支流新泾港打造 3.7 千米沿线慢行系统,将整个岸线形成一张慢行生态网。

该段的景观处处体现苏州河曾是中国民族工业的重要发祥地,如机械元素"齿轮"雕塑和纺织女工的雕塑《瞬间》,铭记着苏州河闪耀的历史。另外长宁充分发挥智能网联的产业优势,在沿岸布置可以听音乐的智能坐凳,采用新型透光材料的星空驿站、智能互动灯光等,向世界展示上海与长宁的海派魅力。

第五章 上海的产业旅游文化和主要产业旅游景点

上海作为一个国际化的现代化大都市,要不断创新丰富的都市旅游产品,利用自己的优势发展都市旅游业,才能逐渐成为国际旅游大都市。其中如何融合工、农、交、科技、旅游等产业,打造展现产业交汇特点的旅游产品,才是创新都市旅游产品的重要一环。因此,发展工业旅游、农业旅游、高科技旅游等专项旅游产品就成为发展上海都市旅游的一个重要方向。这种以产业融合的方式打造出的旅游产品,将大大增强上海都市旅游业的吸引力,将会吸引更多的国外旅游者来上海一游。

第一节 上海产业旅游文化概述

一、产业旅游和旅游文化的概念

产业旅游是指旅游业与众多相关的产业相融合、发展与这些相关联系的内容为主要吸引物的旅游。与这些产业旅游相关的一切文化事项则称为产业旅游文化。

二、产业旅游的类型

1. 工业旅游

工业旅游是指以都市现有的大工业生产基地、创新型产业园和产业博物馆等作为主要旅游吸引物的专项旅游产品,通过让游客了解现代工业生产的流程与工业操作等全过程,了解创意产业的发展、认识城市工业的遗存资源,获取知识,开阔眼界,满足旅游者的精神需求,提供集观光、求知、购物、体验等多方面为一体的综合旅游产品。如来上海参观宝钢、大众汽车、上海石化等现代大工业基地;去8号桥创新产业园、泰康路田子坊等产业园体验创意产业发展;去中国烟草博物馆、造船博物馆了解中国烟草工业、造船工业的发展历史等。

2. 农业旅游

农业旅游是指旅游与农业相融合,依托农业园区、乡村农家乐等旅游资源所发展的以农业生态观赏、农业生活体验为主体的将观光、休闲度假、科普教育、示范、购物等合为一体的专项旅游产品。例如,去上海浦东新区孙桥现代农业园区的农业观光旅游,体验新的现代设施农业、品尝无污染的绿色蔬菜瓜果;去崇明前卫农家乐、瀛东村渔家乐体验田园生活;住农家屋、吃农家饭、学农家活、看农家景、购农家物,使身心愉悦;参加农村的一些节庆活动,如上海桃花节、南汇菜花节、马陆葡萄节等特色旅游活动。

3. 高科技旅游

高科技旅游是指将高科技产业与旅游相融合所产生的一种让旅游者参观成熟的高科技园区,了解现代高科技发展的一种旅游活动,是都市旅游中的一种新兴旅游产品。对游客而言,这是增长知识、扩大眼界的好去处。例如上海推出的张江高科技园区旅游,其中有参观国家上海生物科技产业基地(中国"药谷")、张江科技创新产业区、国家张江信息产业基地等,成为高科技旅游中的知名品牌。

三、产业旅游的特色

1. 产业旅游的文化基础与内涵

依托深厚的产业旅游文化基础,蕴含丰富的文化内涵。例如,上海的工业旅游是以上海深邃的工业历史文化、完整的产业链、高新科技水平和完善的工业基础设施为基础的;上海的农业旅游是以现代农业园区的科技农业、郊区的乡土文化积淀、乡村的田园风光、民俗风情为基础的。

2. 产业旅游的特点

(1)产业旅游是将观光、休闲度假、购物和参与体验结合为一体的综合旅游产品。它既可以满足游客的物质需要,又可以满足游客的精神需求。

(2)产业旅游是一年四季都可以进行的,不受季节、时间的限制。

第二节　上海的工业旅游文化和工业旅游

一、上海的工业历史文化

上海作为工业城市的历史已有 100 多年之久,积淀了大量的工业历史遗迹和工业文化。1843 年,根据 1842 年的南京条约关于五口通商的规定,上海被迫对资本主义世界开放。1845年至 1849 年,英美法三个租界先后建立,黄浦江西岸从杨树浦到虹口港形成了新的集泊岸段。1866 年前,浦西自杨树浦以上的码头、船坞、堆栈,还只有 17 座;浦东自洋泾以上也只有祥生栈、怡和栈、火轮船煤厂等 15 座。1872 年以李鸿章为首的清洋务派倡议并经清廷批准成立了中国第一家近代民族航运企业——招商局,开始自办中国新式航运业,迅速开辟了以上海为中心的第一条近海商业航线和第一条远洋商业航线。1875 年成立了中国第一家修船厂——上海同茂铁厂,开辟了中国最早的造船业务。1887 年后,一些近代大型工厂与企业开始在黄浦江两岸建立。到 1906 年,浦西已经有了中国机器面粉厂、怡和线丝厂、上海自来水厂、怡和纱厂、日本邮船会社、三菱公司码头、招商局北中栈码头、江南制造局等 32 个单位;浦东有美孚洋油栈、三井洋行基地、太古公司基地、祥生船厂等 33 个单位,上海的近代工业初见端倪。此后,随着黄浦江航道的整浚,大轮船可以从吴淞口直至东沟,为上海的发展提供了飞跃的条件。浦江两岸建立了许多新的工厂、码头和企业。到 1926 年,浦西共建立了东洋裕丰纱厂、工部局电气处、大康纱厂、汇山码头、耶山船坞、求新机器厂、江南造船厂等 53 个单位;浦东则有了亚细亚火油栈、大英烟草公司码头、日清公司码头、大来码头等 43 家单位。这一年,上海港有 50 个轮船公司、600 余艘船舶来往于上海与各地。国际航班来上海的有 23 家外国大公司。据 1928年统计,外国船舶进出上海港总吨位数为 3 484 万吨,比 1865 年增长近 20 倍。洋货进口金额占全国总值 31%,土货出口占全国总数的 30%。可见,到了 20 世纪二三十年代上海已经成为我国近代工业中心、航运中心,纺织业、造船业、机器制造业、交通运输业、电力工业等都有了较大的发展,为上海现代工业的发展奠定了基础。

新中国成立后,上海于 1956 年 1 月对全市的资本主义工商业实现了公私合营,同年底上海社会主义三大改造基本完成。1956 年至 1966 年实行了三次工业改组,上海的工业布局渐趋合理,为改革开放后的发展奠定了基础。改革开放以后上海的工业进行了产业结构调整,大力发展化学工业、钢铁工业、汽车工业、造船工业、装备工业和高科技的微电子产业,原先的食品工业、轻工业也得到了应有的发展。上海的浦东新区已成为上海新兴高科技产业和现代工业基地,成为上海新的经济增长点。因此上海不仅是近代中国产业的发源地和重镇,也是我国现代化产业的重要基地。

另外,随着改革开放的深入,上海的工业结构进行调整,许多老工业部门进行关停并转,而上海则利用很多老工业建筑、"老厂房"进行改建,把凝聚着特有的历史底蕴和文化内涵的老厂房变成吸引力很大的创意产业园区,形成创意产业文化,为关停并转的"老厂房"找到了一条新的发展之路,也为工业旅游增加了一种新的产品。

二、上海的工业旅游

(一)概述

上海的工业旅游在21世纪初已经开始,2004年开始有不少大型企业被开发为工业旅游示范点(含资源)共200余处,至2010年底被评为全国工业旅游示范点的有19家,其中在2009年评选出首批上海市工业旅游景点服务质量优秀单位8家,达标单位15家(见表5-1)。到2020年,上海工业旅游年接待游客数量突破1500万人次,建成10个工业旅游示范基地、100个工业旅游示范点,国家工业旅游遗产基地1家,围绕这些工业旅游产品,市旅游局研发了10条上海工业旅游精品线路。上海成为中国工业旅游示范城市。

表5-1　上海市工业旅游景点服务质量优秀单位名录

	景　点　名　称	评审结果	评审时间
黄浦区	8号桥创意产业园	优秀	2009年
静安区	上海美术电影制片厂	优秀	2009年
	上海铁路博物馆	优秀	2009年
普陀区	M50创意园	优秀	2009年
	红星美凯龙公元2050/2050年	优秀	2009年
	上海纺织博物馆体验馆	优秀	2010年
杨浦区	中国烟草博物馆	优秀	2009年

(二)上海有着丰富的工业旅游资源

上海工业旅游之所以发展如此迅速,前景又极美好,与上海有着丰富的有价值的工业旅游资源有关,其中主要有:近代工业遗存资源、现代大工业基地资源和创意产业旅游资源等。

1. 上海近代工业遗存资源

上海早在20世纪二三十年代就已是中国的工业中心,早在19世纪后半期就有了近代工业,不少工厂都是中国最早的企业。它们有着深厚的历史底蕴和文化内涵(见表5-2)。通过它们可以了解中国近代工业的发展史。其中比较著名的产业遗存有:江南制造局(现江南造船厂)、英商怡和纱厂(外商在沪开办最早工厂之一)、上海自来水公司(建于1883年)、工部局电气处新厂(现杨树浦煤气厂)、裕丰纺织株式会社(建于1921年)、英商正广和集团有限公司

（为当时国内最早最大的专业生产饮料的工厂之一，现为上海梅林正广和集团有限公司）等。从这些遗存单位可以看出，上海开埠后，外国洋行、大班、传教士等冒险家涌入上海，他们垄断上海的进出口贸易，走私、漏税、输入鸦片，借助买办与中国的丝茶等物品交换，发了大财；他们利用特权，输入大量洋货，摄取暴利，进而创办银行，垄断中国外汇，控制金融市场，募集华人存款，购买机器设备，开设工厂，造桥，经营煤气、电灯、自来水等公用事业，设立租界。这一次开放，使上海成为中国近代工业中心、航运中心、金融中心、商业中心，为上海现代化工业的发展奠定了基础，也使上海在短短的半个世纪中，发展成一个以资本主义近代设备建设起来的国际大都会。我们挖掘这些遗存单位的历史底蕴，有助于深刻认识这段历史；参观这些单位，可以让人接受一次上海近代史的教育，增强建设社会主义新中国的信心。

表 5-2　上海的近现代产业遗存的著名单位

名　　称	位　　置	特　　色	建立时间
英商怡和纱厂	上海杨浦区杨树浦路 670 号	外资在沪开办的最早工厂之一	1896
上海自来水公司	上海杨浦区杨树浦路 830 号	建有自来水展示馆	1883
工部局电气处新厂	上海杨浦区		1882
上海煤气公司自来火房		曾为远东第一大煤气厂	1932
裕丰纺织株式会社			1921
英商正广和集团有限公司（现为上海梅林正广和集团有限公司）	上海杨浦区通北路 400 号	为当时国内最早最大的专业生产饮料的工厂之一	
江南制造局（现江南造船厂）	上海城南高昌庙	中国第一代产业工人的摇篮，历史悠久、规模宏大、生产发达、谓江南第一厂，是我国近代造船史的缩影	1865
密丰绒线厂（现上海第 17 毛纺厂）	上海波阳路 400 号		
东区污水处理厂	上海杨浦区河间路 1283 号		

2. 上海的六大现代工业基地

改革开放至今，上海工业经过产业结构调整，大力发展化学工业、钢铁工业、汽车工业、造船工业、装备工业和高科技的微电子产业，使其进入高速持续发展阶段。其持续发展的基础是上海已经有了六大现代工业基地，即钢铁工业基地（以上海宝钢股份有限公司为首）、汽车工业基地（以嘉定安亭国际汽车城为首，包括大众汽车有限公司在内）、造船工业基地（以崇明长兴岛造船基地为主）、化学工业基地（以金山石化油化工集团为主）、微电子产业基地（主要分布在浦东新区、漕河泾、松江、青浦等地）和装备工业基地（以浦东新区临港新城工业区和闵行电器工业区为主）。

目前上海浦东新区已成为上海新兴的高科技产业和现代工业基地，成为上海新的经济增长点。因此，上海不仅是近代中国产业的发源地和重镇，有丰富的近代产业遗存资源，又是我国现代产业的重要基地，有大量现代工业生产旅游资源。

表5-3 上现代工业主要基地

名　　称	分　　布
微电子产业基地	浦东新区、漕河泾、松江、青浦等地
化工产业基地	金山、奉贤地区
钢铁产业基地	浦东新区、漕河泾、松江、青浦等地
汽车产业基地	以嘉定安亭国际汽车城为首
造船产业基地	以嘉定安亭国际汽车城为首
装备产业基地	以浦东新区临港新城工业区和闵行电器工业区为主

3. 上海的创意产业旅游资源

创意产业是上海利用老工业建筑进行改建,把凝聚着特有的历史底蕴和文化内涵的老厂房,办成吸引创意人才、激发创意灵感、集聚创意产业的新载体。2004年11月6日,上海成立了上海创意产业中心,2005年1月8日正式运行。上海开始有了从事推动上海创意产业发展的专门机构。截至2009年年底,经过市政府四次授牌的创意产业的集聚区已达75家,其中前三批50家集聚区总投资约30亿元,总产值200亿元,从业人员2.7万人,入驻企业3500多家,企业入驻率达65%。在集聚区入驻的国家和地区有30多个,设计研发创意、建筑设计创意、咨询策划创意、文化传媒创意、时尚消费创意等创意产业的主要领域。它们主要分布在中心城区,如徐家汇、虹口区、长宁区、卢湾区等,被称为创意产业典型的有:8号桥、泰康路艺术街、春明都市工业区(现称M50)、杨树浦创意走廊、上海城市雕塑艺术中心和空间188创意产业园。其中泰康路艺术街(又称田子坊)于2006年被评为"中国最佳创意产业园区"。但至2009年,上海的75个创意产业集聚区未能摆脱高空置率等问题,处境日渐艰难的,尤其是艺术类创意园区,M50、红坊,以及田子坊内的许多画廊处于交易量骤减,资金回笼困难等经营状况。

4. 上海有众多的全国工业旅游示范点

据2010年底统计,列入全国工业旅游示范点的有19家(表5-4),其中,属于代表现代工业基地的有2家(宝钢和大众汽车),代表创意产业典型的有4家(8号桥、M50艺术创意园区、1933老场坊和空间188创意产业集聚区),代表工业博物馆的有3家(中国烟草博物馆和地质博物馆),国家级开发区的1家(漕河泾新兴技术开发区),代表现代食品工业的有3家(神仙酒厂、上海益力多乳品有限公司和上海高博特生物保健品有限公司),还有五家是上海车墩影视基地。它们各具特色,如宝钢,号称中国钢铁企业的航空母舰,在2006年出版的《财富》杂志上公布的"世界最令人尊敬工业公司"中,名列第三。宝钢厂区绿化面积大,环保治理好,为全国绿化先进单位,可以说是世界上最美的、最干净的钢铁企业之一。在国内的钢铁企业中,它是唯一获得"国家环境友好企业"荣誉称号的企业;大众汽车是《财富》杂志上连续三次被评为"中国最受赞赏的外商投资企业",拥有世界一流的生产设备和工艺,销售量多年来连续保持全国第一;8号桥创意园区已有境内近百家著名设计公司和著名品牌落户,成为顶级品牌展示和信息发布的平台、中外经济文化交流的桥梁,它的改建,不但保护了老工业建筑,保留了城市发展的历史风貌,还创造了巨大的经济和社会效益。它已成为上海创意产业的新地标;M50创业园,位于苏州河边,已引进了17个国家和地区的130多位艺术家以及各种产品的设计机构,既营造了苏州河沿岸的浓厚文化气息,又形成了独具特色的工业旅游景观;中国烟草博物馆是当今世界上规模最大、陈列内容最丰富的烟草博物馆。博物馆的外形像一艘大型商船,商船与玛雅神庙、烟叶造型有机地融合,反映了世界烟草发展的历史。它以实物见证了中国烟草的发展历史。它不仅是一座了解中国烟草的知识宝库,也是一个集旅游、观光、休闲为一体的活动场所;地质博物馆,位于东海之滨的凌空农艺大观园内,是本市唯一的一家以民营企业运作的集奇石展览、地质收藏、展示、研究和科普教育为一体的地质博物馆,被列为"上海市科普教育基地"、"上海市科普示范基地"、"全国工业旅游示范点";神仙酒厂,位于优美的杭州湾畔。它是中国白酒百强企业、上海唯一的白酒生产厂,内有"中华神仙酒"的化学原理和酿酒流程,展现神仙酒厂的科学发展历史。神仙商标连续三届成为"上海市著名商标","上海老窖1608"获国际金奖。目前已纳入上海工业旅游专线、奉贤一日游旅游景点,2007 年已被评为全国工业旅游示范点;上海益力多乳品有限公司,是全球最大的活性乳酸菌饮品制造厂——日本YAKUTT 集团在中国内地投资的第三家子公司;公司下属的"养乐多"上海工厂是该公司在全球的第 35 家现代化工厂。"养乐多"是一种活性乳酸菌乳饮品,可以健肠长寿,受到人们的欢迎。"养乐多"上海工厂的参观活动是全部免费的,主要接受团体参观。公司于 2007 年被列为全国工业旅游示范点。其他一些上海的全国工业旅游示范点就不一一介绍。它们为上海工业旅游带了个好头,有力地推动了上海工业旅游的发展。

5. 上海的国家级开发区

目前上海有十个国家级开发区:其中最先建立的是位于漕河泾地区的漕河泾新兴技术开发区、位于上海市区西部的虹桥经济开发区和位于闵行区的闵行经济技术开发区。三个开发区中,除闵行经济技术开发区建立较早外,虹桥经济技术开发区建立于 20 世纪 80 世纪初,而漕河泾新兴技术开发区建立较晚。漕河泾新兴技术开发区是高新科技园区,并于 2007 年被评为全国工业旅游示范点。

(三)上海工业旅游产品特色

根据上述的工业旅游资源状况,经过开发已设计出航天、造船、汽车、科普、化工、现代工业园区、微电子、服装、钢铁、产业博物馆、创意产业、特色建筑、特色工艺、食品饮料、今昔对比等十六个工业旅游产品主题。针对目标市场构建了由"核心产品—特色产品—组合产品"等组成的相关联的三个层次的工业旅游产品系列。

1. 核心产品

该产品是上海工业旅游的主线,是体现上海工业旅游资源特色的主干产品。它共有六个主题。

(1)"沧桑"上海——中国百年工业探访之旅。这是根据上海百年的工业历史文化所蕴含的文化内涵推出的以上海最古老的工业企业和博物馆为依托,深度挖掘上海工业历史遗产,展现百年工业风采。通过它们可以了解上海近代工业的崛起、上海如何会成为中国的工业中心城市、如何会在开埠不久的半个多世纪中成为一个以资本主义近代设备建立起来的国际大都市。它们的代表景点有杨树浦自来水厂、江南造船博物馆、中国烟草博物馆和中国印刷博物馆。以中国烟草博物馆为例,这个博物馆包括烟草历程馆、烟草管理馆、烟草文化馆、烟草农业馆、吸烟与控烟馆、烟草经贸馆与烟草工业馆。它是以实物见证了中国烟草发展的历史。最早的烟草工业企业——上海卷烟厂建于 1925 年。其前身是英美烟草公司颐中三厂。几十年的风风雨雨,上海卷烟厂进行了脱胎换骨的技术改造,其技术装备已达到当今国际一流水平。从解放前至今,它生产了一个又一个的知名品牌,从"老刀牌""白锡包"到"双喜""牡丹""熊猫"和国烟"中华"等。近几年来,又相继开发了低焦油系列产品,开发了礼品烟、旅游烟等手工包装的卷烟,深受广大消费者的欢迎。上海烟草公司已被命名为"全国工业旅游示范点"。

(2)"极速"上海——中国交通工业奔驰之旅。上海的交通工业在1949年前仅是汽车、机车的修理;解放后,中国才逐渐生产汽车、火车,直到生产飞机,有了自己的交通工业。而上海则迅速地发展了自己的汽车工业,居于我国的前列。因此,了解上海交通工业50余年的历史进程,体验改革开放以来上海交通工业飞速发展的辉煌成果,也是我们开发这个产品的主要目的。其主要代表景点是磁悬浮列车、汽车工业展示馆、安亭国际汽车城、国际赛车场和大众汽车有限公司等。其中,上海大众汽车公司是中德合资的轿车生产企业,于1985年3月成立。它是我国改革开放后的第一家轿车生产中外合资企业,也是目前国内生产规模最大的现代化轿车生产基地,年生产能力超过45万辆。产品已由最初的桑塔纳系列发展到了今天的六大系列(桑塔纳、桑塔纳3000、帕桑特、波罗、高尔、途安)几十个品种,涵盖从经济型轿车到中高级轿车的全线产品,销售量多年来持续保持全国第一。目前上海大众汽车公司已形成四大生产区域(汽车一、二、三厂和发动机厂)和一个技术中心,已拥有世界一流的生产设备和工艺,并已被评为"全国工业旅游示范点",接待来自全国各地的旅游者。

(3)"起航"上海——中国船舶工业前进之旅。船舶工业是中国和上海近代工业企业中最典型的产业之一,过去的江南制造局是"江南第一厂",是上海最老的企业之一。现在的造船业也是上海现代工业基地之一,已成了上海现代工业的支柱之一。其发展的迅速、规模之大、创新能力之强,在全国也处于领先地位。因此,了解中国船舶工业的发展历程,领略世界领先的船舶制造业概况,让游人了解上海这个老工业城市焕发的新颜,是这个产品的主要目的。其代表景点是中船集团长兴岛造船基地、振华港机长兴岛基地、外高桥造船基地和崇明岛修船基地。其中,中船集团长兴岛造船基地是上海的造船工业基地、现代重要工业基地之一,是中船集团重点建设的基地;外高桥造船公司是中船集团内最现代化的大型船舶总装厂,主要产品为绿色环保型17.5万吨好望角型散装货船、10.5万吨阿芙拉型原油轮、15万吨和17万吨FPSO等,产品远销美国、日本、希腊、中国香港和中国台北等国家和地区。目前正在推行绿色船只,向世界一流船舶总装目标前进。

(4)"飞天"上海——中国航天工业梦想之旅。敦煌壁画中的"飞天"古代的神话故事"嫦娥奔月",今天已不再是梦想。随着我国神舟一号到神舟七号飞船的上天,追寻中华民族千年的"飞天"梦想已逐渐实现。这些梦想的实现,离不开中国几代航天人的努力、中国航天工业的发展,与上海航天人的努力奋斗是分不开的。为此,揭开以人造卫星、火箭、导弹、极地卫星、宇宙飞船为代表的中国航天工业的神秘面纱,了解上海航天人的创业精神和感人事迹,也是我们上海工业旅游产品的一个重要组成部分。其代表景点有上海航天科技工业展示馆、上海航天设备制造厂、上海科技馆等。其中,上海航天设备制造总厂是国有特大型独资企业,现为中国航天集团工业公司下属的一个单位,集团公司由中央直接管理,内设4个事业部,拥有6个大型研究所,共计180多个企业事业成员单位,有近10万名职工。以导弹武器系统为基业,以军民两用信息技术、卫星与卫星运用、能源与环保以及成套设备为主业。上海航天设备总厂位于闵行镇,可供参观。游人来后,首先是录像观摩,了解该厂的过去、现在及未来。接着是参观总装车间,在一枚长征系列三级火箭旁,认真听取厂方的讲解,深刻体会中国航天人的艰辛历程,尤其是他们的艰巨使命和忘我精神。对于我们国内游客而言,这也是接受爱国主义教育、增强国防观念的一个好机会;上海航天科技工业展示馆是上海航天的一个行业展馆。它地处漕河泾高科技开发园区,集中展示上海航天的型号产品,以及上海航天专家精英代表。展示馆共分六大板块(大堂展区、火箭展示、飞船展示、卫星展区、人物展区等),运用纪实和高科技手段,揭开了航天技术的神秘面纱。神七成功发射的内容也予以展示。此外,馆内还有形象生动的导弹作战阵地多层幻影的演示。还可以在这里购买航天纪念品,颇受游客欢迎。

(5)"创意"上海——中国创意产业惊奇之旅。创意产业是十多年前上海利用老厂房、老仓库、老建筑改建而成的时尚艺术产业。至今已树立了不少的现代创意产业典型,如黄浦区8号桥工业创意园区、泰康路艺术街、春明都市工业区(现称 M50 艺术创意园区)、杨树浦创意产业走廊和上海城市雕塑艺术中心。因此,零距离接触这些时尚艺术聚居地,体验上海"中国创意之都"的独特魅力,也是上海工业旅游的核心产品之一。其代表景点有黄浦区8号桥工业创意园区、M50 艺术创意园区、泰康路艺术街(又称"田子坊")、创意仓库、传媒文华园和设计工厂等。其中,黄浦区8号桥工业创意园区位于上海市建国中路8—10 号,占地 7 000 多平方米,总建筑面积 12 000 平方米,过去这里是法租界的一片旧厂房,解放后成为上汽集团所属上海汽车制动器公司所在地。改革开放进行企业重组后,留下了 7 栋旧厂房。2003 年下半年对旧厂房实施开发、改建、招商、管理。历时一年,把凝聚着历史底蕴和文化内涵的老厂房改造成为吸引创意人才、激发创意灵感、集聚创意产业的新载体。目前已有境内外近百家著名设计公司和著名品牌落户,成为顶级品牌展示和信息发布的平台,成为中外经济文化交流的桥梁。现已成为上海创意产业集聚区的新地标、上海"全国工业旅游示范点"之一、上海三家信息化示范园区之一。8号桥之所以叫"8号桥",是因为它坐落于建国中路8号,而且广东话里的"8"发谐义,取意吉祥,更重要的是该园区就是一座友谊的桥梁,连接、传递和沟通着国内外不同背景、风格的变化。

(6)"信息"上海——中国信息产业高端之旅。信息技术和生物技术是 21 世纪中前期全球范围内最新兴、活跃、具有挑战性和普惠于大众的产业之一,也是我国中长期科技发展的战略产业和关键产业之一。上海的信息产业在全国居于领先地位,上海的微电子产业基地是全国规模最大、水平最高、配套最全、出口最多的集成电路制造、设计和封装中心,在全国居于重要地位。因此,全面展现上海微电子产业基地的特色和风采,了解信息产业发展的现状和未来,也是上海工业旅游的核心产品之一。其主要景点有张江高科技园区、浦东软件园、微电子装备公司、集成电路研发中心等,其中,张江高科技园区是 1992 年 7 月成立的浦东新区四个重点开发小区之一,是国家级的高新技术园区,被誉为"中国硅谷"。经过十多年的建设,它已构筑了国家信息产业基地、国家上海生物医药科技产业基地和科技创业基地的基本框架,引进了包括国际上著名的一些高科技产业的跨国大公司和国内的大型高科技企业。在上海市政府关于"聚集张江"的战略决策的指引下,明确园区以集成电路、软件、生物医药为主导产业,至2012 年底,已有近 9 164 家企业入驻园区,吸引外资高达 200 亿元左右,成为上海提高自主创新能力、体现核心竞争力的重要载体。2010 年 经营总收入达到 1 100 亿元,年收入增速达15%左右,成为中国高科技产业化的龙头区域。2012 年实现经营收入 4 200 亿元,同比增长13.5%,成为浦东发展的重要增长极,在上海开发区综合评价中再度蝉联综合排名第一。

2. 特色产品

(1)钢铁工业考察之旅。它是让人们走进中国生产规模最大、现代化程度最高、品种规格最齐全、环保意识最强的精品钢铁生产企业——宝钢,进行科普教育,让游客了解"钢铁是怎样炼成的",寻访独具特色的宝钢绿色生态之路,增强人们的环保意识。

（2）食品工业体验之旅。它是让人们参观、体验知名品牌的食品、饮料生产制造过程,了解其现代高科技生产的工艺流程及原料的选料、加工、包装和销售的相关知识。例如,参观上海冠生园食品有限公司、上海太太乐食品有限公司、上海益力多乳品有限公司等,其中的上海益力多食品乳业有限公司,于2007年被评为全国工业旅游示范点。

（3）绿色化工感受之旅。让人们参观世界著名的化工跨国公司和国内大型骨干化工企业,深入考察化工产业链的基础设施、项目建设、管理服务等各个环节,了解化工清洁能源和化工新材料相关知识,接受科普教育,增强环保意识。例如,参观上海石化及精细化工产业基地。

（4）特色工艺寻访之旅。让人们参观爵丽紫珠美（上海）珠宝饰品有限公司,揭开珠宝饰品制作的神秘面纱,体验工艺产品巧夺天工的神奇。该公司是一家集珠宝首饰设计、生产、销售于一体的综合型外资企业。它凭借先进的设备、雄厚的技术力量、齐全的种类、新颖的款式,使爵丽紫珠美品牌在行业中深受欢迎。游人进入花园式的厂区,映入眼帘的是一片充满鲜活生命力的土地,绿野仙境般的厂区仿佛与珠宝的自然本色和优雅外形浑然一体。人们在参观中一边领略清新淳朴的风景,一边了解珠宝的知识,真是一种美的享受。

（5）公用事业发现之旅。让游人探访水、电、煤、气和环保行业,重新认识与我们每一天生活息息相关的工业企业,将会增强我们的责任感,增进我们对这些企业职工的爱心,使我们更加深刻地理解现代工业与日常生活的关系。其主要景点是杨树浦自来水厂、外高桥发电厂、浦东美商生物高科技环保有限公司等。例如,参观上海浦东美商生物高科技环保有限公司,该公司是美商国际集团在上海浦东新区投资的外商独资企业,是目前中国最大的对城市生活垃圾进行生化综合处理且最具高科技水平的环保型企业。它是以生物技术为核心,应用多功能高效降解菌群,对城市居民生活垃圾进行自动分类、资源回收再利用,使生活垃圾达到无害化处理,变废为宝,化害为利,治理污染,改善环境。因此,这是一项变废为宝、化腐朽为神奇、真正达到无公害、环保和资源的有效利用的技术,是一种形成良性循环共生互动的生态产业链,推动循环经济发展的产业,也是一项保护人类生态环境、子孙后代的公益性事业。它的建成标志着浦东生活垃圾综合处理技术已达到世界领先水平。游人在参观的过程中,看到身边的垃圾在高科技的作用下变废为宝的生产"过程",都会对垃圾和环保有新的认识和理解。该企业目前已被授予"上海市青少年科普教育基地"、"上海市科普工业示范企业"等称号。至今已有近5 000名家长及学生到公司参观学习。

（6）市政工程亲近之旅。让游人考察上海近年来的一些重大的市政基础设施和重大交通工程,展现现代建筑和高科技的完美结合和上海雄厚的科技实力。其代表景点是洋山深水港、东海大桥、杨浦大桥、卢浦大桥等。例如,洋山深水港的参观,不仅可以让游人见识这一深水港,更可以让游人了解建设洋山港的重要意义。根据上海"一个龙头四个中心"的定位,没有一个超大规模的深水大港,那是一句空话。根据2000年的预测,如果上海到2005年前后还不能拥有15米水深的深水港,则世界主要洲际干线上的超巴拿马型巨轮（5 000—8 000箱量级）不能全天候进出,那上海要成为亚洲航运中心的目标就不能实现,甚至维持现有的上海港的吞吐量都有困难。因此,在洋山岛建设深水大港,不仅盘活了上海,更是盘活了全国经济的大棋局,其意义是深远的。2002年6月,一锤落桩,跨东海,架桥梁,填沙围海,镇澜筑港;2005年5月,一期工程竣工,2006年12月10日,二期工程竣工。从此,大桥跨东海劈波斩浪,洋山港大港迎轮送舫。2006年4月,上海洋山港及东海大桥水上旅游正式开始接待游客,成为上海工业旅游的新亮点,丰富了上海都市旅游产品的内涵。目前它是全球最大的智能集装箱码头。今年上半年,洋山港集装箱吞吐量达 1 115.5 标箱。连续八年打破世界纪录,是世界最大的深海港口"洋山深水港"。从上海至此仅 2 个多小时,有四个观景平台,其中石龙景区最为迷人,十步一景,五步一观。

3. 组合产品

（1）现代建筑经典之旅。改革开放以后,上海兴起了建设高层建筑的高潮,在浦东陆家嘴地区就兴起了几百幢超高层海派现代建筑,浦西地区也出现了许多新的高层建筑。因此,以上海的现代建筑为主题,展现上海建筑工业的水平,彰显现代建筑为主题,展现上海建筑工业的水平;彰显现代化大都市之美,让游客体验现代化大都市的文化底蕴和精神风貌,是上海工业旅游的一个目标。其代表景点是上海新的标志性建筑金茂大厦、东方明珠广播电视塔、上海国际会议中心、环球金融中心和上海中心,还有上海大剧院、上海博物馆和上海城市规划展示馆等标志性文化设施,以及上海展览中心、上海东方艺术中心等。其中,金茂大厦不仅体现了现代建筑和高科技的结合,体现了四个世界一流（设计思想一流、科技含量一流、文化品位一流、建筑质量一流）,还成功地将东方塔形建筑风格和世界现代高科技的建筑艺术融合在一起,实现了"洋为中用,古为今用"的创意理念。大厦首次采用了国际超高层建筑史上的最新技术,使整幢大楼的垂直偏差仅为 2 厘米,偏差率为 1/19 600,达国际领先水平,该大厦往地下打了429 根钢桩,深达 80 多米,可以保证 12 级台风不倒,可以抗 7 级以上的大地震。大楼顶部的晃动不到半米,这在世界上也是罕见的。

（2）时尚产业接触之旅。让游人关注中国最前沿的时尚信息,感受清新的时尚氛围。例如,创意产业是工业最前沿的时尚;新天地是海派文化的新天地,是海派的民居建筑与西方现代艺术文化相融合的代表,也是一种新的时尚。把这些时尚组合起来,作为一种工业旅游的产品也是很有吸引力的。其代表景点是泰康路艺术街（又称田子坊）、8 号桥、新天地、创意仓库等。其中,田子坊是上海时尚地标性创意产业聚集区,被称为"新天地第二"。

（3）产业集群互动之旅。让游人考察上海的现代工业园区和高新技术开发区,参观这些园区内的厂区风貌,了解产业集群效应。上海有很多现代工业园区和高新技术开发区,例如,漕河泾新兴技术开发区、虹桥经济技术开发区和闵行经济技术开发区都是国家级开发区,张江高科技园区、嘉定科技园区、紫江科技园区、临港开发区等都是现代工业园区,都是值得一看的。

（4）上海文博探访之旅。上海有众多的博物馆,大致分为四类:市级博物馆、区级博物馆、行业博物馆和民间博物馆。截至 2020 年,已有 126 个博物馆。让游人参观相关文物、科技博物馆,开拓他们的眼界,增进他们的现代科技素养和人文底蕴。目前,上海有十大著名博物馆,如上海科技馆、上海博物馆、上海中国航海博物馆等,都是值得一看的。又如,中国烟草博物馆、上海地质博物馆、美特斯邦威服饰博物馆都已被评为全国工业旅游示范点。

三、上海工业旅游主要景观

（一）现代大工业企业

凡涉及钢铁、汽车、食品、医疗等行业,其中的全国工业旅游示范点都可以作为工业旅游的观赏对象（如表 5-4 所示）。

表5-4　上海的全国工业旅游示范点

名　称	地　址	特　色	建立时间
上海宝山钢铁(集团)股份有限公司	宝山区牡丹江路1398号	展示"钢铁是怎样炼成的"	2004
上海大众汽车有限公司	曹安路5288号	中国目前生产规模最大的现代化轿车生产基地	2005
"8号桥"创意产业园区	建国中路8—10号	创造旧厂房改造、保护、再利用的新模式,展示无处不在的"创意"	2005
M50现代创意园区	莫干山路50号	国际化的艺术园区,展示民族纺织工业建筑遗存	2006
上海地质博物馆	浦东新区浦东机场镇华洲路1号	全面揭示地球奥秘和大自然的神奇	2006
美特斯邦威服饰博物馆	南汇区康桥东路800号	服饰文化的展示中心、资料中心、科普素质教育的场所	2006
中国烟草博物馆	长阳路728号	展示中华烟草发展的漫长历程及其悠久的文化	2006
上海漕河泾新兴技术开发区	宜山路900号	经济技术开发区、高新技术开发区和出口加工区,推进循环经济生态的工业园	2007
"1933老场坊"	沙泾路10号,29号	建筑艺术与生产工艺完美结合,宛若迷宫却又次序分明的奇特布局和艺术空间	2007
上海车墩影视基地	松江区车墩镇北松公路4915号	展示20世纪30年代的上海滩风情	2007
神仙酒城	奉贤区四团镇新四平公路2888号	展示酒文化、酒知识	2007
上海益力多乳品有限公司工业旅游区	嘉定区伊宁路986号	展示乳酸菌饮料生产全过程,感受保健功能	2007
上海乳品八厂工业旅游区	浦东新区成山路777号	展示酸奶的起源、营养价值和各种保健功能	2007
上海高博特生物保健品有限公司工业旅游区	松江区中山街道花桥村	集研制、生产、销售现代生物工程技术为一体的高科技经济实体	2007
空间188创意产业集聚区	东江湾路188号	以研发设计创意和文化传媒创意为主,同时展示老厂房和洋房有机结合的特有建筑风格	2007

（二）行业博物馆

　　行业博物馆是我国随着20世纪80年代为保护近现代工业遗址、遗迹而兴建博物馆后开始出现的博物馆类型名称之一。作为一种富有活力、新兴的博物馆类型,在一定程度上补充并冲击了原有类型单一的局面,近年来发展迅速,目前全国已建成的已近 100 座,仅上海一地就多达 40 多座,受到关注。至今上海的行业博物馆有 40 多家,其中免费开放的有:中国烟草博物馆、上海印刷博物馆、中国民族乐器陈列馆、上海陶瓷博览中心、上海科学节能展示厅、上海电线电缆博物馆。

2010 年后新建开放的有:全球首家汽车隔热膜博物馆、上海动漫博物馆(中国第一家现代专业动漫博物馆)、中国航海博物馆、上海琉璃艺术博物馆。其中上海琉璃艺术博物馆位于田子坊对面,为一座方形的建筑,在临街的两个立面上,用近乎用透明的材料贴出了两朵巨大牡丹花,引人注目。该管的一层是琉璃产品商店,里面有各种各样做工精致创意十足的琉璃艺术产品,二、三层经常举办各种主题鲜明的展览,令人印象深刻。再上是一个露台,上有藤椅,可稍作小憩享受阳光。入夜,外墙立面上的牡丹花打开灯光,不断地变换颜色,将整座房子装点得美轮美奂。现在上海琉璃艺术博物馆为国家 3A 级旅游景区。

(三)上海创意产业集聚区

创意产业集聚区属于创意产业旅游的旅游景观。到 2010 年底,上海建成百个创意产业集聚区,其中有 80 多家授牌创意产业集聚区,园区总建筑面积超过 265 万平方米,入驻园区企业超过 8 230 家,从业人员 15 万余人。园区建有各类公共服务平台 121 个。2010 年 5 月 20 日,上海成为中国继深圳之后第二个加入联合国教科文组织"创意城市网络"城市,被授予上海"设计之都"称号。目前,上海主要创意产业及积聚区有黄浦区八号桥工业创意园区、M50 艺术创意园、上海国际时尚中心、M50 西部桃浦创意园、梅陇"439"上海时尚创意产业园、泰康路田子坊、外滩 18 号创意中心、SVA 越界(位于田林区域)等。其中 M50 艺术创意园其所在地原为建于 1937 年的春明粗纺厂,1999 年以来,利用原来的老厂房建成 6 家画廊,18 家艺术中心成为上海的动漫创作基地、上海最大的音像后期制作基地,上海最具规模的艺术创作中心。2010 年被评为国家 4A 级旅游景区,并被评为中国最具有品牌价值园区,上海创业产业发源地之一。

上海国际时尚中心位于杨树浦路原上海第十七棉纺织厂旧址,是上海乃至全国设施最完备、配套最齐全的专业秀场之一,号称"亚洲最大的秀场"。它有六大功能:时尚多功能秀场、时尚接待会所、时尚创意办公场所、时尚精品仓、时尚公寓酒店、时尚餐饮娱乐。

梅陇"439"上海时尚创意产业园,位于闵行区欣梅工业区,是国内唯一以纤维艺术编织和家纺为主要特色,集时尚产业、工业旅游、电子信息、研发设计、会展交易、休闲餐饮等功能为一体的创意产业园。它是由时尚中心、编织工艺、品牌展示、企业办公、生活服务等五大类组成。

上述这些园区结合各自特色,举办各种各样的创意活动。例如,八号桥创意产业园从2005 年至 2010 年已接待游客超过 15 万人次;M50 艺术创意园在 2010 年举行创意建园十周年,于 2010 年 9 月 10 日—12 月 31 日在虹梅路休闲街举行 M50 创意集市巡展纪念活动,吸引近 40 家国内独立原创品牌设计创意参加。据调查现在除授牌的 80 多家创意园区外,还有很多正在开发的产业集聚区,估计现在已有 100 多个创意园区。但需注意主题一定要明确,一定要有自己的特色,不能千篇一律。

四、上海工业旅游精品线路

围绕上述工业旅游主要景观和工业旅游示范点,上海市文化旅游局研发了 7 条上海工业旅游精品线路,简述如下:

（1）工业文化之旅。

（2）滨江遗存蝶变、百年工业薪火传。

（3）苏河水岸焕新颜、大国重器、中国制造、科技创新。

（4）引领未来、品位国潮、乐享经典、畅游海陆空、玩转新上海、绿色环保。

（5）生态老港、精致魔都、时尚品牌。

（6）探秘中医文化、探索生命医学。

（7）寻稻米文化、觅食品风尚。

第三节　上海的乡村文化和农业旅游

上海的农业旅游是上海的旅游业与农业相融合的产物,上海农业旅游的发展离不开上海的乡村文化,离不开上海的乡村旅游资源。农业旅游是一种专项旅游产品。它既包括现代设施农业观光游,也包括为建设社会主义新农村而发展的乡村旅游。因此,要探讨上海农业旅游的发展,必须要与探索上海的乡村旅游文化并肩而行。

一、上海的农业乡村文化概述

（一）上海地区成陆早,农业发展历史久、农业文化底蕴深厚

上海这块陆地的成陆年代最早在 7 000 年前,地点在青浦地区,越往东成陆年代越近,南汇海边的成陆时间不过 200 多年。上海最早的居民也应出现在青浦。根据对青浦菘泽古文化遗址的测定,在 5 360 年前已有上海的先民,后逐渐由西向东扩展。所以,青浦菘泽村文化遗址的古人是上海最老的"老上海"。从先民们留下的丰富的遗存中可知:除古墓葬、古文化遗址、古祭祀场所外,还有河道中的沉船、河边的码头遗址、海边遗弃的船只、海滩上的瓷器堆、废弃的水井,以及战争遗留在地下的古炮、炸弹和枪支等。还有水稻种子、农耕用的器具等。丰富的上海地下遗存,表明上海地区的历史也非常悠久,农业文化底蕴也很深厚。

公元 1291 年 8 月 19 日(元至正二十八年),上海由镇改为县,作为上海建城的开始。上海县隶属浙江省松江府,当时的范围较小,大致是:东至江湾,西至乌泥泾(今华泾镇),南至下砂场,北至青龙镇。清代开始,上海日趋繁荣,上海县的管辖范围扩大。明代上海县属松江府。松江府所属地方农业发达,稻谷丰收。松江府所属地方仅抵苏州十分之三,而赋额却抵了苏州赋额的一半。松江府只占全国 0.6% 的田地,却承担了全国 4.14% 的税粮(以明洪武二十六年实征米麦计算)。因此当时有"江南赋税甲天下,苏松赋税甲江南"之称。

（二）松江、青浦是上海的根,农业发达,文物古迹众多,乡村旅游资源丰富

在上海的广大郊区农村中,上海、青浦、南汇、川沙和松江等区历史最为悠久,尤其是青浦和松江两区,可谓是上海市的"根"。上海最古老的一些古文化遗址、古墓葬均在这些地区。松江是上海历史的发祥地,孕育着近 6 000 年的历史,人称"上海之根"。松江在明代时已成为棉纺织业中心,曾有"衣被天下"和"苏松财赋半天下"之美誉。区内文物古迹众多,历史文化底蕴深厚,文物古建筑之多居上海各区之首。"顾绣"和棉纺织技艺被列为第一批国家级非物质文化遗产名录。区内绿野平川,风光秀丽,还有松郡九峰,是上海地区唯一的一组自然群峰,如佘山、天马山、横云山、机山、小昆山等。因而,松江有丰富的乡村旅游资源,是都市人回归自然、享受自然风光、寻找祖先踪迹的极好去处,也是发展乡村旅游的极好

地区;青浦区紧邻松江,也位于上海的西南部。其历史悠久,境内的崧泽古文化遗址是上海地区迄今为止最早的古文化遗址。1 200多年前,位于青浦的青龙港是上海最早的对外贸易港口,这表明了青浦在上海历史发展中的重要地位,也是"上海的根"。区内也保留着众多文物古迹,乡村旅游资源十分丰富。最大的湖泊——淀山湖、上海四大历史文化名镇之一的朱家角古镇均在青浦。优越的位置、秀美的水乡风光、深厚的历史底蕴,吸引着众多的中外游客,使它成为一个极具魅力的乡村旅游度假地。上海的其他郊区也各有特色,均有着发展乡村旅游的乡土文化条件、自然和人文资源条件,又有着政府的大力支持。因而,上海的乡村文化内涵必将进一步被挖掘。据目前的调查,上海郊区有着众多的非物质文化遗产,有着众多的乡村民俗、节庆活动,例如在民间文学、民间美术、民间音乐、民间舞蹈、民间戏曲、民间杂技、民间手工技艺、岁时节令习俗方面均有很多丰富的文化积淀。它们均可成为有吸引力的乡村旅游资源。所以,认真地挖掘上海郊区的乡土文化积淀,并加以整合,突出其个性化特点,将会大大促进上海乡村旅游的发展。

二、上海农业旅游与乡村旅游概述

农业旅游是上海都市旅游的产业旅游的组成部分之一,也是一种专项旅游产品。上海的农业旅游既包括现代设施农业观光游,也包括为建设社会主义新农村而发展的乡村旅游。近几年来,上海在旅游规划中,已明确提出,要推出一系列的农业旅游产品,提高质量,形成品牌;要探索农业旅游多样化的发展模式,促进农业旅游集聚发展;要把现代农业园区建设和新农村建设结合在一起,把乡村旅游的发展和形成若干优秀的旅游乡镇提到重要议事日程上来。上海乡村旅游的含义是指以上海郊区的"三农"资源为依托,由农民参与经营和服务的一种旅游业态。实际上,它是一种以农村自然风光、人文遗迹、民俗风情、农业生产、农民生活及农村环境为旅游吸引物,以都市居民为目标客源,满足他们的休闲、度假、体验、观光和娱乐等需求的旅游产品。概括而言,乡村旅游就是去乡村"吃农家饭,住农家屋,干农家活,享农家乐,购农家物",都是为了满足现代都市人追求健康的物质与精神生活方式、愉悦身心的需求。它是一种综合性休闲度假旅游活动方式,是一种由传统的观光旅游向休闲旅游过渡的旅游形态。它也是一种新型的旅游业与农业相交叉的综合型的专项旅游产品。

上海的乡村旅游于20世纪90年代初开始。1991年原南汇县举办了第一届"南汇县桃花节",以乡村节庆活动为依托,迎接都市现代人,迈出了上海乡村旅游的第一步。1996年,一个以设施农业为主体的现代化农业生产方式的浦东孙桥现代农业园区正式对外接待游客,成为上海科普农业和观光新农业的起点;2001年五一黄金周旅游,原崇明县的前卫生态村"农家乐"正式挂牌对外营业。上海的第一个"农家乐"景点开始接待游客,农家乐旅游在上海兴起。至2006年底,上海已建成具有一定规模的乡村旅游景点50个,包括农家乐、渔家乐、农业主题公园、观光生态农业园、森林公园、市民参与性的体验式农业与农耕文化园等。再加上上海郊区的民俗、风俗、节俗等非物质文化资源,几乎所有的乡村旅游资源类型,上海皆已具备。2010年全年,上海乡村旅游的游客逾1 300多万人次,总收入逾19.8亿元,直接解决当地农民就业逾4万人。乡村旅游文化的这种发展势头,对于改善农村环境,推进农村产业结构调整,提高农民收入,加强城乡文化交流有积极的推动作用;对于丰富都市旅游产品、满足城市居民的休闲旅游需求也有积极的作用。目前,上海有十大乡村旅游景点,如金山嘴渔村、江南三民文化村景区、华亭人家毛桥村、奉贤区杨王村、上海浦东新区旗杆村、上海漕泾镇水库村、上海青浦蔡浜村、上海金山中洪村、上海金山中华村和青浦区张马村等。

三、上海丰富的乡村旅游资源

上海的乡村旅游资源非常丰富,一些主要的乡村旅游资源类型在上海都有,既有乡村自然风光,有山、有水、有海,又有古代文化遗址、古建筑和园林,还有丰富多彩的乡村民俗风情、民间工艺和节庆活动。具体可分为以下几种类型:

(一)乡村的自然山水

上海水系发达,岛陆比邻、山体相连,但这些自然山水多在郊区农村。例如,位于松江区的松郡九峰,是上海地区唯一的自然山林资源。在佘山已建立了上海唯一的国家旅游度假区,佘山国家森林公园就在其中,并于2001年被命名为国家4A级旅游景区。佘山有西佘山、东佘山两峰,西佘山高97.2米,东佘山海拔72.4米。西佘山茶场景色迷人,游客可在此欣赏采茶、制茶活动,游客还可参与其中,亲手采制并泡制茶水,其乐无穷。东佘山建立了东佘山园,是回归大自然的主旋律,内有一些历史古迹,有新建成的人工瀑布、龙潭、仙人洞、黄龙洞、滴水观音洞等景观,还有森林浴场、森林浴等景观,令人赏心悦目;青浦区的淀山湖是上海最大的淡水湖泊,上接阳澄湖,下接太湖,面积达62平方千米,相当于11个杭州西湖,环湖周长约36千米,水质清纯,景色秀丽,沿湖四周建立了很多度假村,是上海地区著名的旅游度假地;上海有不少区,遗存着较长的江海岸线,滨江滨海资源丰富。例如,金山区的海岸线长达23.3千米,在陆地东南6.2千米海面上的大金山、小金山和浮山三岛,是沪上仅存的一块净土,生长着上海地区陆上早已绝迹的原始植物和珍稀动植物。大金山岛于1993年被定为市级自然保护区。金山区的海岸线已成为金山得天独厚的旅游资源,规划兴建的景观海岸线长约7.2千米,岸线东部以填海造地、人工湖泊、人造森林、生态景观园为基础,建成旅游休闲区;西部营造海景、海趣、海乐等涉海娱乐项目。海岸线上建造一条全长1700米的景观长廊,用鹅卵石、火烧石铺成观海廊道,上有波浪形顶棚,动感十足。在长廊中漫步观景,海天一色,视野广阔,令人心旷神怡。"城市沙滩"只是景观海岸线上的主要景点,用人工铺设的金色沙粒又细又软,适合休闲娱乐和开展各种沙滩体育活动。它正在成为一个优质、美丽的海水浴场,吸引着众多的上海市民去游玩,原南汇区、奉贤区、宝山区、浦东新区等也有较长的海岸线,它们也都在充分利用这些滨海滩涂资源,建立旅游区,如奉贤海湾旅游区、南汇滨海旅游度假区、浦东新区滨江森林公园、吴淞炮台湾湿地森林公园等。其中,吴淞炮台湾湿地森林公园,拥有长达2千米的滨江岸线,是目前本市最大的湿地森林公园。

上海有丰富的岛沙类旅游资源,全市约有大小岛屿、滩涂、沙地20个左右,其中崇明岛、长兴岛和横沙岛三大岛屿更是宝贵的岛屿资源。崇明岛是我国第三大岛、第一大沙岛,位于长江入海口,三面环江,一面临海,东西长约80千米,南北宽13—18千米,全岛面积1200多平方千米。该岛气候温和湿润,四季分明,一年四季皆适宜观光旅游和休闲度假。岛上空气清新,水土洁净,生态环境优良,旅游资源丰富,到处都有自然风光。岛上还有一些历史古迹,有华东地区最大的平原人造森林——东平国家森林公园,有国家级的自然保护区——东滩鸟类自然保护区,有都市人乐于尝试的农家乐景点(前卫村、瀛东村、绿港村等)。因而,崇明岛将是上海最好的生态旅游区,现代都市人观光疗养、休闲度假的胜地。国家将把崇明岛建成为国际旅游生态岛。

上海郊区有许多动植物资源,如上海计划中的野生动植物家园工程全在郊区,上海的国家森林公园,除共青森林公园外,都在郊区;上海的丰富的古树名木遗产,也大部分在郊区,嘉定一棵有着1 200年树龄的银杏树,被誉为"上海树王";还有许多园艺类资源,如南汇的上海鲜花港、松江的上海青青旅游世界、奉贤的世外桃源,金山的灵芝园等等。

(二)乡村的古文化遗址、古建筑和历史遗迹

上海很多的古文化遗址、古建筑和历史遗迹都在郊区。据统计,郊区有15处古文化遗址,其中青浦的菘泽古文化遗址是迄今为止上海最早的古文化遗址;青浦的福泉山古文化遗址一层层涂色变化,反映了马家浜、菘泽、良渚文化早晚有序的文化层叠压关系,可看作是一份距今6 000年至2 000年的上海远古时代的历史年表,它被誉为上海的"金字塔";还有松江的广富林古文化遗址,其中的广富林文化弥补了环太湖地区古文化的缺陷,对研究上海的移民文化有重要意义。故三者都已被列为全国重点文物保护单位。在古建筑和历史遗迹中,在郊区有两处(松江唐经幢和兴圣教寺塔)为全国重点文物保护单位。在23处上海市文物保护单位中,有15处位于郊区,如青浦吉云禅寺塔、嘉定南翔寺砖塔、松江天马山护珠塔、嘉定孔庙、崇明学宫、青浦放生桥等。另外,还有少数革命纪念地也在郊区,如吴淞炮台遗址、山海工学团遗址在宝山区;金山卫南门日军登陆地点在金山区。

(三)郊区的历史文化风貌区

在上海的历史文化风貌区资源中,郊区有30个历史文化风貌区。其中,有四个中国历史文化名镇历史风貌区,即金山区枫泾古镇、青浦区朱家角古镇、嘉定古镇、嘉定南翔古镇,朱家角古镇、枫泾古镇、嘉定古镇还被评为国家4A级旅游景区。还有许多古镇也均是历史文化风貌区,如青浦金泽、嘉定南翔、南汇大团、奉贤奉城、闵行七宝、浦东川沙、宝山罗店等。嘉定南翔古镇古猗园历史文化风貌区,也被列为国家4A级旅游景区。

(四)上海郊区有许多农家乐景点

农家乐景点是乡村旅游的重要资源。近年来,它们是上海大力发展乡村旅游的一大品牌。郊区各区都已出现了不少新、老农家乐景点,如崇明前卫生态村、瀛东村、绿华村,浦东新区南汇洋溢村"书院人家",金山区农民画村、中华村,嘉定华亭人家、毛桥村等,吸引了众多的都市人去休闲度假。其中,金山中华村农家乐是上海第一个整体规划的农家乐,村容整洁,环境优美,在保留原味乡村风貌的同时,对房舍内部进行统一的现代化装修,成为上海郊区设施最为舒适的农家乐之一,也是上海服务最为规范的农家乐之一;崇明高家庄园,是崇明继前卫村、瀛东村之后的又一家"农家乐"。高家庄园乡村俱乐部是一座集旅游、休闲、度假、农业观光为一体的生态休闲农庄。目前,庄园已经建成科普教育实验基地、垂钓俱乐部、百果采摘园、葡萄园、渔人码头、日本庭院、鸟文化展示馆、独具特色的蒙古包、仿古烧烤城、古长城、竹文化展示馆等多个景观及游览区域。它在布局上巧妙地将野趣与时尚结合在一起。同时还特意开辟知识型园区,如科普知识园、名人字画园、奇石观赏区等,使游客在观赏美的风景的同时,也有艺术上的享受;青浦区金家农家乐,位于青浦区夏阳街道金家村,是集农文化观光、体验、农家餐饮住宿于一体的草根农家休闲度假旅游区。该旅游区占地面积1 500多亩,有金家饭店、金家客栈、金家庄园、金家青松茶楼、金家戏台、现代农业观光区、垂钓中心等项目。整个区域内明清风格建筑宅院,粉墙黑瓦,小桥流水,青砖铺地,周围有水车、古桥、护岸自然生态,四季有花果——农家自然生态草根文化,原汁原味。

(五)上海郊区的民俗节庆活动

上海郊区的民俗节庆活动是上海乡村旅游的重要资源。上海郊区农村有许多民间世代相

传、延续成风的民俗活动,如婚俗嫁娶、祝寿、岁时节庆等等,各有鲜明特色。还有一些文娱活动,如放风筝、划龙舟、赶庙会等等,对游客特别有吸引力。它们会让游客在欣赏、参与的同时,了解乡土民间千百年来积淀而成的文化传统,意义十分深远。

1. 民间美术

上海有金山农民画、南汇农民画、崇明灶花、奉城木雕、奉贤折纸、颛桥剪纸等。其中,金山农民画是长江流域农耕文明的一个重要文明现象,也是金山地域文化的一颗明珠。20世纪六七十年代,中洪村的一批农民把民间印染、刺绣、木雕、灶壁画等古老艺术巧妙地运用到绘画中,以江南农村多姿多彩的生活习俗和热火朝天的劳动场景为题材,用朴实的手法创作出一幅幅散发着泥土芳香的农民画。其后,金山地区的农民画家根据自己的审美观念,精心创作,共同培育出这一朵民间艺术奇葩——"金山农民画"。20世纪80年代,在北京中国美术馆举行了《上海金山农民画展》,引起强烈的反响。同年,金山农民画首次走出国门,在比利时布鲁塞尔的国际博览会上展出,引起轰动,被誉为"中国最优秀的民间艺术"。1988年,被文化部命名为"现代民间绘画之乡",使中洪村成为中国最具盛名的民间绘画之乡。2006年,中洪村被中国村社发展促进会命名为"中国特色村"。为了保护和传承这一画种,当地政府在中洪村建起了金山农民画村,使其成为乡村旅游的精品景区之一。

2. 民间工艺

上海有嘉定黄草编织、竹刻,松江顾绣,浦东新区的三林刺绣,闵行区的莘庄钩针编结,青浦区的蓝印花布等,其中,嘉定竹刻是明代后期我国竹雕工艺的两大流派之一,它刻艺工整,章法新颖,所雕竹器以新奇取胜;嘉定的黄草编织,色泽淡雅,脚踩不烂,手拉不断,用它编织的草制品造型别致,色泽自然;松江的顾绣是明代顾名世一家及其后嗣所创之刺绣,针法细腻,色调典雅和谐。苏绣就是吸收了它的优点而创造发展出来的。

3. 岁时节令民俗方面

上海郊区各地区都有一些活动,如宝山区罗店龙船会、农历二月十九的花神延、农历四月下旬的兰花会、农历七月十五的放水灯等。这些活动现已流传民间,需要去开发。现在值得一提的是现代节庆活动。近十多年来,上海创办了很多乡村旅游节庆活动,如在南汇桃花节基础上扩大而成的上海桃花节、上海佘山兰笋文化节、崇明森林百花展、崇明桑果节、上海风筝节、中华蟋蟀交易会、崇明森林旅游节、上海梅花节等。其中,上海桃花节的前身是南汇桃花节,是以"亲近大自然,走进桃花源"为主题,旨在向游客展示美丽的田园风光、淳朴的农家风情的节庆活动。南汇桃花源,桃林面积4万余亩,品种之多为华东之最。从1991年起每年4月,借桃花盛开之际,举行桃花节。其场所和内容有:桃园民俗村,古钟园,上海野生动物园,芦潮港看日出、观海塘,领略大海风采,南汇滨海旅游区参观游览、参与体育休闲活动。浦东新区南汇地区各景点还有丰富的民间文艺表现。2002年起南汇桃花节升格为上海桃花节,活动的内容更多,为久居闹市的人们提供了一个踏青赏花、放飞心情的佳境,受到了都市人的青睐。2006年上海桃花节于3月26日—4月16日在原南汇区举办,桃花节以"走进海洋南汇,共赏都市桃园"为主题,推出九大游园点。除原有的景点外,还增加了首次对外开放的临港新城和滨海森林公园。在领略桃花盛开美景的同时,游人还可参与"做一天都市村民"等一系列的趣味民俗活动。这一次桃花节接待游客68.98万人次,旅游收入超过3000万元。2017年3月24日—4月23日在浦东新区举行,由南汇桃花村、海上桃花源等赏花桃园主办。该节以新生代社区全面升级。开幕前推出一整套桃花节LOGO形象,并通过户外广告、电子显示屏等渠道进行发布。桃花节策划设计了"快闪桃花"、"云间桃花源"展览、"桃花专列"等主题活动;2015上海梅花节于海湾国家森林公园开幕。在上海海湾国家森林公园内,国内最大的梅园(2 000亩)开园。园内共126个品种4万余株梅花正含苞欲放,只待合适的温度就能齐齐绽放枝头。

(六) 现代农业园区观光旅游资源

现代农业园区是体验现代农业生产情趣的新的乡村旅游资源。上海有许多现代农业园区,游客来此既体验了解现代农业、扩大眼界,又可感受田园生活的悠闲,是上海农业旅游的一个重要品牌。

至2009年,上海已有12个现代农业园区,如孙桥现代农业园区、宝山现代农业园区、奉贤现代农业园区、闵行现代农业园区、嘉定现代农业园区、青浦香花桥现代农业园区、农工商现代农业园区、南汇现代农业园区和崇明现代农业园区。2010年有上海都市菜园、上海人然合一现代农业生态园和上海瑞华果园景区等。这些现代农业园区各有特色,它们已经或正在成为集观光、休闲、旅游为一体的都市型生态现代农业园区,将促进上海乡村旅游的进一步发展。

在这些园区中,上海孙桥现代农业园区,位于浦东新区孙桥镇,1996年对外开放,是全国第一个综合性现代农业开发区。经过十几年的开发建设,现已被批准为全国科普教育基地、全国青少年科技教育基地、全国农业科普示范基地、全国百家工农业旅游示范点之一。它完全摆脱了传统的农业劳作方式,采用了世界高科技来经营农业生产,无土栽培、自控温室、现代化的设施农业,生产的绿色食品无公害、零污染,产量高,投入大。进入园区,看到的是高敞亮堂的温室。整齐洁净的设备、郁郁葱葱的各种作物、散发清香的花卉、干净的地面。这就是不同于传统农业的现代农业。它不仅提供现代化的观光农业,满足旅游者回归大自然的精神需求,领略农业生产的高科技模式,还可以在此品尝绿色食品,参与自采橘子活动,分享收获的喜悦。园区内河道纵横、绿树成荫,还设有垂钓区,供游客休闲垂钓,深受休闲游客的欢迎。

四、上海乡村旅游特色和发展前景

(一) 上海乡村旅游特色

上海的乡村旅游,从20世纪90年代至今,已得到迅速的发展,并形成了一些特色,其特色主要包括以下几个方面。

1. 明确了上海乡村旅游发展的思路

根据上海市乡村旅游发展三年行动计划(2006—2008),在上海城郊大力发展生态休闲度假型乡村旅游,构筑城乡互动的都市旅游新格局,深化都市旅游的内涵。按此思路,目前上海各郊区大部分均已建成了城郊综合性乡村旅游示范区,大部分郊区均已有了现代农业园区、农家乐景点,为发展乡村休闲度假旅游奠定基础。

2. 已产生了一批乡村旅游精品项目

上海已有的一批乡村旅游精品使乡村旅游的知名度和美誉度逐渐提高。截至2012年底,上海已有全国农业旅游示范点18个,其中,奉贤都市菜园、松江五厍观光农业园、崇明明珠湖观光园和南汇洋溢村农家乐4个都是新增的。这18个全国农业旅游示范点基本上包括了乡村旅游资源的六大类型(现代农业园区、乡村主题公园、自然村落、特色农庄、生态山水、森林公园),且各有特色。有的已受到游客的广泛关注。如金山区中洪村农民画村,以其浓郁的民间文化特色和优美的江南乡村景致,获得"中国十大魅力乡村"称号。

表 5－5　上海全国农业旅游示范点一览表

名　　称	地　　址	主　要　特　色	批准时间
崇明前卫村	崇明竖新镇前卫村	让游客住农家屋、干农家活、享农家乐	2004
崇明东平国家森林公园	崇明东平林场	以"幽、静、秀、野"的特色吸引旅游者	2004
浦东孙桥现代农业园区	浦东新区沔北路 185 号	参观特色景观,体验寓教于乐和采收果实的喜悦	2004
崇明瀛东村	崇明陈家镇瀛东村	参与各种传统捕鱼活动,游览渔具博物馆、村史馆等	2005
上海市奉贤申隆生态园区	奉贤区青春镇朱蒋村	突出森林环境,展示民俗民风,展现现代化新农村	2005
金山农民新天地——中华村农家乐	金山农民新天地:金山漕廊公路 9177 号 中华村农家乐:金山漕廊公路 9188 号	金山农村新天地:集农田、果园、家产品销售、展示、休闲观光为一体,拥有梅花状的现代化玻璃温室 中华村农家乐:"白墙、黛瓦、观音兜"外貌,星级酒店标准装修的乡村新型旅馆	2006
金山农民画	金山区枫泾镇中洪村	以画为魂、以农为本	2006
南汇桃花村	浦东新区南汇惠南镇北门路 289 号	观桃花,品鲜桃,享受农家乐	2006
上海市鲜花港	浦东新区南汇东海农场振东路 2 号	一年四季看万盆鲜花	2006
嘉定华亭人家——毛桥村	华亭人家:嘉定区华亭镇霜竹公路 1268 号	华亭人家:体现"田园特色,集农业、旅游、观光为一体" 毛桥村:绿树鸟语花香,小桥流水人家	2006
上海嘉定马陆葡萄园	嘉定区大治路 27 号	以葡萄为媒,让市民在休闲中享受健康生活	2006
上海奉贤玉穗绿苑	奉贤区金海公路 1280 号	在葡萄长廊品尝或亲手酿造葡萄酒。在农业观光区参观果树林等旅游景点	2006
都市菜园	奉贤区海湾镇海兴路 888 弄 1 号	在"蔬菜树"下漫步,观赏长成"参天大树"的番茄、南瓜、茄子等草本蔬菜	2007
五库观光农业园	松江区农业园区西库路 8 号	浓郁的乡村风光让游客体验来自内蒙古、西藏、新疆等地的特色村寨风情	2007
明珠湖观光园	崇明区绿华镇河口东首	崇明岛最大的天然淡水湖,湖周垂柳依依、芳草萋萋	2007
洋溢村农家乐	南汇区书院镇洋溢村	彰显农家风情,让市民体验传统农业耕种方式的乐趣	2007

上海还利用民间的工艺、美术、饮食、节令等习俗资源,开发精品项目,发展特色旅游产品。例如,开发了金山区枫泾镇的特色农家宴"唔奴喔哩"、"灶头喔哩"等上海农家菜系列产品;开发了嘉定手工竹编、竹刻和松江刺绣等民间工艺品;精心举办了上海桃花节、崇明百花展、金山乡村嘉年华等为代表的民间节庆系列活动,以及"乡村有我一份绿"认种菜地、认栽果树"都市上班族,假日做农夫"等活动,这些都已成为乡村旅游的重要品牌,增强了乡村旅游的吸引力。

3. 已有了适合不同需求的乡村旅游精品线路

上海已有了适合不同需求的乡村旅游精品线路,可以让游客体验乡村旅游的不同魅力。为满足现代都市人的休闲度假需求,把精品旅游景区串联起来,把相关的景点连接起来,上海市旅游局于 2006 年五一黄金周期间推出了 10 条上海乡村旅游精品线路(表 5 - 6 为上海市乡村旅游 10 条精品线路)。

表 5 - 6　上海乡村旅游精品线路(10 条)

序　号		观　光　内　容	所属区
线路 1	A	金山观海踏青游:金山规划展览馆、金山海滩、施普桃源	金山区
	B	金山古镇文化游:枫泾古镇、金山农民画村	
线路 2		奉贤生态休闲游:奉贤海滩,申隆生态园、奉城万佛阁	奉贤
线路 3		南汇赏花观光游:鲜花港"滨海森林公园"、风电科普馆、临港新城	浦东新区
线路 4	A	崇明农家乐生态游:前卫生态农家乐一日游	崇明区
	B	前卫生态农家乐二日游	
	C	瀛东村渔家乐二日游	
	D	明珠湖、西沙湿地生态休闲二日游	
线路 5	A	嘉定古城文化游:上海汽车城(国际赛车场)科举博物馆、古迹园	嘉定区
	B	嘉定汽车休闲游:上海汽车城(国际赛车场)、华亭现代农业园区	
线路 6		青浦古镇生态游:朱家角、东方绿洲、大观园、陈云故居	青浦区
线路 7	A	松江度假休闲游:东佘山—西佘山—月湖雕塑公园—天马山	松江区
	B	松江观光休闲游:泰晤士小镇、五库农业休闲观光园、华东花卉流通中心	
线路 8		闵行镇农业科普游:七宝古镇、银七星滑雪场	闵行区
线路 9		浦东农业科普游:孙桥现代农业开发区、凌空农艺大观园	浦东新区
线路 10		宝山度假休闲游:绿色环区步道、东方假日田园、罗店北欧新镇(美兰湖)	宝山区

由此可见,这十条精品线路有以下特点。一是线路覆盖面广,覆盖了郊区主要乡村旅游景点;二是内容丰富,更具可看性;三是出游方式多样。实践证明,充满田园闲趣的景点成为市民度假休闲的新去处,适合都市人享受田园风光的需求。如崇明前卫生态村、瀛东村农家乐景点,金山海滩、枫泾古镇,松江佘山旅游度假区、奉贤海湾旅游区、嘉定古猗园等景点,在"五一""十一"黄金周期间所接待的游客均比往年同期增长很多,旅游收入也比往年增长很多。

4. 乡村旅游的规范化管理正在加强

随着乡村旅游的广泛开展,乡村旅游景点的增多,也出现了一些不完善的方面,如区间发展不平衡,个性化不够,主题比较单一,某些地方整体规划不够,景点分散,综合配套跟不上,许多地方景点包装宣传和促销薄弱,服务和管理人员的整体素质有待提高等。为此,市旅游和文化局采取了一系列的措施,如制定"农家乐"星级评定标准,开展评定活动,推进标准化建设,组织乡村旅游业务培训,免费培训从业人员,有针对性地开展各方面的技能培训,增强他们的服务意识,提高他们的综合素质,促进了乡村旅游的蓬勃发展。

(二) 未来的发展目标、基本思路和工作重点

1. 上海乡村旅游的目标和基本思路

针对目前上海乡村旅游发展特点,未来一个时期上海乡村旅游发展的目标是在郊区建设具有良好生态环境、特色各异的休闲度假旅游区和现代乡村旅游服务区,与中心城区联动发展,多元协调,形成更大范围、更高层次的郊区旅游发展新格局;发展的基本思路是发展与提高并举,即在继续抓好点上部分个性化重点景区建设的同时,要花大力气抓整个面上景点景区项目的内在档次和质量的提升,要加强综合配套,优化服务,加强标准化、规范化管理等。

2. 上海乡村旅游的工作重点

一是推进组团式乡村旅游服务集散区建设,开发3—4个具备现代服务功能、特色鲜明、错位经营的组团式乡村旅游集聚区。如在佘山国家旅游度假区,进一步完善主题旅游项目、配套设施、景观环境等形态和功能建设,让其在现代服务业集聚区建设中形成主体效应,发挥国家旅游度假区的示范带动作用;二是努力打造若干条串点成线、连线成片的若干个乡村精品专线。2006年已开辟了10条乡村旅游精品专线,以后仍将继续开辟精品专线,并使之与郊区其他自然人文景点串点成线,优势互补;三是进一步提高对开发乡村旅游的认识,立足三农,服务市民,使乡村旅游成为农民增收的重要通道,成为建设社会主义新农村的重要载体,成为现代都市人观光、休闲、度假、购物和回归大自然、享受田园风光的重要场所;四是要强调多样化、个性化发展,要探索农业旅游多样化的发展模式,如在推广农家乐的基础上,发展"渔家乐""林家乐""果家乐""花家乐"等产品,形成种类繁多、形式多样、特色鲜明的农家休闲度假旅游产品。要将传统农家乐升级换代,不断提升农家乐水平,一批新式"乡村酒店"不断现身郊区。除金山、崇明外,宝山罗店等地也与锦江国际(集团)有限公司联系,准备开发新型农家乐。还要进一步挖掘民间旅游资源,办好乡村旅游节庆活动,使乡村旅游与节庆活动更加紧密结合,更富文化内涵,更能满足都市现代人的精神需求;五是要继续要加强旅游与农业等相关部门的紧密合作,推进乡村旅游的基础建设、功能配套、教育培训、综合管理等工作,鼓励开发"农家乐"旅游产品,推广《农家乐旅游服务质量等级划分》标准,加强对"农家乐"的规范管理。"农家乐"将进一步走上良性发展的道路;六是要加强对乡村旅游的宣传与推广,要评选乡村旅游形象大使。2008年9月22日,滑稽笑星王汝刚被评选为首个乡村旅游形象大使,形象大使作为公众人物和代言人,将有助于沪郊乡村旅游景点的市场推广,促进乡村旅游提升品牌形象和文化内涵。

五、农业旅游的主要景观

(一) 现代农业园区的代表景观

1. 上海孙桥现代农业园区

上海孙桥现代农业园区,位于浦东新区孙桥镇,成立于1994年,是全国第一个综合性现代农业开发区。园区定位为:中国农业与世界农业接轨,传统农业与现代农业转变的桥梁。先

后被批准为全国农业科普示范基地、全国百家工农业旅游示范点之一。它已成为现代化的设施农业的典范。它不仅提供游客观光现代化农业,满足旅客回归大自然的精神需求,还可以在此品尝绿色食品,参与采橘子活动,还可供游客休闲垂钓,深受休闲游客的欢迎。孙桥品牌已成为上海市著名商标。园区现入驻企业 60 多家,已形成种子种苗、设施农业、农产品精深加工、温室制造、生物技术、休闲观光和科普教育等六大主导产业。自建立以来,已累计接待了300 多万海内外游客,上百个各级政府考察团,数十位外国政要和我国国家领导人。

2. 上海鲜花港

上海鲜花港,位于美丽的东海之滨浦东新区东海农场内,北与上海航空港相邻,南接洋山深水港。因其地处航空港和深水港之间,又从事花卉的生产、科研,故取名"鲜花港"。它是一个面向全国。服务全国,以花农培训、花卉种植、种苗出口为主的农业园区。它主要由三部分构成"电脑全控的智能化玻璃温室";郁金香等球根类花卉新品种展示园;科技研发推广核心区。整个园区以"小西湖"为中心,四面环河,园内一年四季可观赏到树木、花卉,每年 3—5 月国内种植了 300 万株新品种,有郁金香,多达 300 多个品种,可供观赏。港内值得观赏的景点有赏花长廊、湖中岛、红枫种植区,还有荷兰街、人工沙滩、小型高尔夫练习场、假山区、花卉超市等景点。其中新品种展示园占地面积为 28 公顷,园内的建筑各具特色。正对面是一座 30 米的白色人工瀑布,从岩石中喷涌而下。展示园口东侧耸立着中国木匠经典风格的风车,展示了浓郁的田园风情。每年一到春天,港内万花争妍,游人如织。现已被评为上海市郊区精品游的示范点、上海市科普教育基地、上海摄影家协会创作基地和全国农业旅游示范点。2017 年上海鲜花港又通过了 4A 级旅游景区的复核。

3. 上海都市菜园

上海都市菜园,位于奉贤区海湾镇区东面,海星路北侧,邻近杭州湾,距市中心约有 50 千米,占地面积 5 000 亩。现为国际 4A 级旅游景区,全国农业旅游示范点。它是中国最大的蔬菜主题公园之一,景区包括三个部分:主题展示参观区、休闲娱乐区和标准化蔬菜种植区。其主题展示参观区以蔬菜为主题,有农耕博览馆、博雅农园、馨香蔬苑、奇瓜异蔬园和四季果园等5 个主题展馆。在这里可以观赏奇特优的 200 多种蔬果植物,可以体验种植、采摘、品尝蔬菜的乐趣,并了解农耕历史文化、菜文化、现代农业种植技术和现代农业的种植模式等相关知识。休闲娱乐区可以为游客提供用餐、购物等服务,拥有生态迷宫、水生蔬菜区、草地足球、沙滩排球等景点。标准化蔬菜种植园面积最大,占地 4 000 多亩,种植各种各样蔬菜。在都市菜园,我们可以看到菜园蔬菜爬上墙、菜园香菇变成树、菜园冬瓜像 导弹,菜园蔬菜香满园"城里人"在此会有全新的感受,深刻的体验。他是全国首家蔬菜主题公园,他依靠自然的田园美景、丰富的人文景观,以蔬菜为灵魂,以绿色、自然、健康为底蕴,借助现代化的栽培技术,运用艺术化的写真手法,融入江南园林特有的农耕文化及蔬菜的自然美,是名副其实的蔬菜展示馆。

(二)农家乐的代表景点

1. 崇明县前卫生态村

崇明区前卫生态村,位于崇明岛中北部,是上海地区最早的生态村和最大的农业旅游景区,被批准为全国农业旅游示范点、国家 4A 级旅游景区、全国科普教育基地、全国文明村和全国生态教育基地等称号。

该村从 20 世纪 80 年代连续获得多个荣誉称号。2010 年 3 月又获国家住房和城乡建设部和国家旅游和文化部联合命名的首批"全国特色景观旅游名镇(村)"称号;2017 年前卫农家乐获得"上海名牌"产品称号。从 1999 年开始推出"农家乐"旅游,可供游客观光旅游,参与和助兴的游览项目有瀛洲古村、野生动物驯养基地、渔翁小舍、垂钓小竹屋、木化竹馆、奇石坊、根雕馆、湿地公园、生态广场等景点。它以其原汁原味的旅游项目、扎实的民风向游客展示"吃农家饭,住农家屋、干农家活、享农家乐、购农家物"的特色。2004 年胡锦涛总书记视察前卫村,赞赏农家乐旅游前途无量。2017 年也通过了国家 4A 级旅游景区的复核。

该村每年举办金秋文化旅游节,推出社戏演出,踏水车,推磨,纺纱、织布、抬轿子、踩高跷、推铁环、垂钓、捕鱼、斗鸡、湿地观鸟等许多参与性旅游项目。令游客流连忘返。2010 年 9 月,举办第十七届金秋生态旅游节暨崇明老白酒节,推出前卫村"十大农家巧厨娘"评比,"抛绣球择婿"社戏表演,喝崇明老白酒感受婚俗嫁娶风情,老白酒金秋文化嘉年华土布装特色人物展示和"精彩一瞬"摄影大赛等活动,深受游客喜爱。

2. 洋溢村农家乐(书院人家)

洋溢村农家乐位于浦东新区书院镇洋溢村,是全国农业旅游示范点和国家 3A 级旅游景区。

作为农家乐,让游客集体体验农耕文化、农家生活、采摘垂钓、品尝农家菜肴,苏农家客栈,购农家菜蔬瓜果家畜为一体的生活,并推出推磨、踏水车、滚铁圈、采摘蔬果、包汤圆、垂钓、下厨学做农家饭菜等农事活动和各类文化娱乐活动。例如,2010 年 3 月 26 日至 4 月 13 日上海桃花节期间,村里邀请了当地老艺人为游客表演浦东说唱、沪剧、越剧等传统节目;端午节期间开展游客包粽子的赛事活动。

3. 崇明瀛东村渔家乐

崇明瀛东村渔家乐位于崇明岛东端,靠近东滩湿地,是一个集观光旅游、休闲度假于一体的渔家乐景点。村内绿荫环绕,鱼塘鳞次栉比、生态环境宜人。由于位处崇明岛的最东端,也是崇明岛上每天第一个迎来日出的地方。

该村是一个以自然生态、注重环保为理念的生态村。它还原了渔民原有的生活场景,以养殖业的优势,让"渔家乐"旅游登台亮相。2001 年以来,它以生态旅游、淡水养殖和绿化种植三业并举建设了 32 幢生态别墅、现代会议中心、东湖游览区、生态景观玉堂,开发了众多游乐项目,完成了旅游配套设施。开始推出渔家乐旅游,至今作为上海市文明村、全国创建精神文明先进单位,已成为全国农业旅游示范点,3A 级国家级旅游景区,受到海内外游客的欢迎。

该村现已建成"渔家乐"休闲生活区、东湖景区、游客接待中心、农副产品销售中心、康健广场、垂钓区、斗鸡场、斗羊场、橘园等景点。酒店范围内有大面积水域——东湖景区,环境优美,乡村气息醇厚。拥有别墅、经济型房间共计 300 余间,拥有会议中心、东湖饭庄等配套设施。酒店以绿色、环保、低碳为理念,建有节水、雨水收集、风力太阳能发电系统,全年节约能源1/3 以上,那里每年举办"渔家乐"旅游节,让游客参加捕鱼,在鱼塘里浑水摸鱼,相称极大的吸引力;让游客品尝东海、长江口特有的水产品,成为该村的特色。游客来此可以做一日渔民(体验渔家生活,享渔家乐趣)、参加东湖垂钓,到东湖边上一座小山上观鸟"高阁观鸟",与渔民一起品尝渔家宴等活动;还可参观一座雕像——崇明岛精神雕像(由重 40 吨的整块大理石雕成),展示崇明人民艰苦创业精神中的旅游新景观。因此,规划整齐的农民别墅、特有的鱼塘碧波与绿树鲜花相映的美景、洁净的水土空气,有趣的垂钓捕蟹等活动项目以及"朝上海堤观日出,夕下芦荡捉螃蟹",晚宿宁静、祥和、舒适,安全的农家魅力,令市民游客流连忘返。

4. 华亭人家——毛桥村

华亭人家——毛桥村位于上海市嘉定区华亭镇,为假定现代农业园的核心区,是全国农业旅游示范点和国家3A级旅游景区。该村田园风光喜人,有小桥流水、白墙黛瓦和蜿蜒伸展的石板路,是一个集种植农业、观光农业和设施农业于一体的农家乐景区,区内景点多,活动参与性强,空气清新,给人一种心旷神怡的感觉。值得一看的景点有:钓鱼塘、龟鳖、锦鲤鱼塘、柏树坡、华亭茶馆、知情小屋、农具春秋、百年老屋、传世作坊等;推出的农家乐活动有:种菜钓鱼、采摘瓜果等。该村已开发了不少以"田园嘉定"为特色的乡村的旅游新产品,其中有2月的闹元宵,3月的桃梨花观赏,4月的郊外踏青,5月的劳作体验、6月的亲子活动、7月的荷花摄影、8月的葡萄品尝、9月的高尔夫球赛、10月的垂钓比赛、11月的橘子采摘、12月的拉网捕鱼等。它满足了当代人亲近田园、体验农业的需求。

(三)农业节庆活动游

21世纪初以来,上海郊区已经推出了众多充满乡土气息和民俗特色的节庆活动,吸引众多的市民和海外游客,其中有表达农民丰收喜悦的采摘节、品米节、赏花节、游园节、捕捞节,也有展示郊区民俗文化的水乡婚典、莲湘文化节、戏曲庙会等。整个上海郊区呈现出月月有活动、季季有庆典的特点。如春季有上海桃花节、上海樱花节、上海梅花节、上海奉贤菜花节、青浦白鹤草莓节等;夏季有上海葡萄节、奉贤庄行伏羊节、浦东品桃节、松江荷花节;秋季有浦东孙桥丰收节、奉贤上海金秋品米节、金山"吴根越角"水乡婚典、崇明上海芦粟节;冬季有嘉定外冈腊梅节等。

2010年上海崇明光明丰收节于10月16日至11月5日在崇明举行,其参观景点分东西两线:东线主要集中在长江农场及相邻的前卫村农家乐、东滩湿地等景区;西线主要集中在跃进农场及相邻的西沙湿地、明珠湖等景区。其中长江农场营造"春天踏青、夏天纳凉、秋天尝鲜、冬天观景"的田园风情,让游客欣赏金黄的万顷稻田、壮观的丰收场景,体验抓鸡、捉鱼、采摘、攀爬等农事乐趣,同时品尝"自然之子"系列农副产品的美味,感受跃进农场文化内涵。

2010年首届嘉定外冈腊梅节,于1月5日在嘉定外冈腊梅园举行。同时举行外冈腊梅园"腊梅研究所"和华东腊梅第一园揭牌仪式,在腊梅节上,游客们看到素心、乔种、红心3大类88个国内外不同品种的腊梅。除了大部分寒冬开放的腊梅品种外,还有来自浙江的春季开放的野生亮叶腊梅,初夏开放的夏季腊梅等。这种活动深受游客的欢迎。

2010年首届中国莲湘文化节,于9月27日志10月28日在金山廊下镇举办。由中国民间艺术家协会、上海市外联、金山区政府联合举办。该镇被中国民间艺术家协会命名为全国首个"中国莲湘文化乡"和"中国莲湘文化传承基地"。节日期间,金山区学生、青年、中老年组成的莲湘队和上海市长宁区、江苏省南京市六合区等莲湘队进行了精彩的表演。各省市民间艺术家协会的负责人齐聚廊下,共商中国莲湘文化的发展之道,互动莲湘文化的全国性交流。

2013年召稼楼金秋系列活动于9月27日至10月28日在召稼楼古镇牌楼广场、浦江玫瑰园等地举行。活动期间,市民游客参与了传统的放灯许愿、夜游古镇等活动,体验木船对歌、民乐演奏等演绎的上海传统民谣,还观赏了园林景观剧《梦中召稼楼》等活动。至10月27日该剧连演20场,带市民游客穿越时间隧道回顾百年前的古镇生活,共吸引了4 000人次前往观看。该镇还与玫瑰园展开互动,引入"玫瑰"元素,形成一套"日赏玫瑰、夜放花灯"的一日游线路,吸引大批游客前往。

2013年上海孔子文化节,于9月22日至28日由嘉定古镇街道承办的"风雅嘉定、儒韵州桥"——2013年上海孔子文化节在嘉定古镇州桥景区举行。该活动共分"教化州桥、游购州桥、创业州桥、民乐州桥"四大板块,18个项主题活动,集文化展示、学术研讨、旅游活动和经贸洽谈为一体,其内容覆盖各类文化讲座、民俗展示、戏曲表演、文化旅游体验等活动。

金山海鲜文化节于 2013 年 6 月 26 日至 10 月 7 日在金山嘴渔村举行。内容包括:"渔福天下"欢乐祈福活动、"上海之巅.微观察"游客体验活动、"织网达人"游客体验活动、"渔滋鱼味"鱼八样吃货行动等。活动期间共接待游客 29.18 万人次。

2013 年第九届"吴根越角"枫泾水乡婚典于 9 月 21 日在枫泾古镇举行。婚典主题是"相约星期六,风景来牵手",包括水乡巡游、"夫妻桥"下永结同心、"爱情坊"里体验浪漫、中国农民画村中品尝"天下第一桌"喜宴等传统婚典仪式,共有 20 对新人参与。

2017 年 3 月 5 日—4 月 14 日在顾村举行上海樱花节,本届樱花节以"樱满枝头花争艳"为主题,融合自然与文化之美,举办 5 项赏樱体验活动。同时,针对旅客需求,提供风味美食、休闲娱乐、自然探索、旅游购物、度假住宿、运动健身等配套服务,共计 31 天,接待游客 150 多万人次,日均游客近 5 万人次,并创下单日游客 18.29 万人次的最高纪录,接近日最大承载量 20 万人次。

第四节　上海现代高新科技产业旅游

上海的现代高科技旅游是高新科技产业和旅游业相融合的产物。上海有十个国家级开发区和许多高科技园区,是进行现代高新科技产业旅游的重要依托。改革开放以后,上海高新科技产业得到了迅速的发展,出现了很多新的高科技园区,产生了一些著名的品牌,有力地促进了高新科技产业旅游的发展。

一、上海的高新科技产业旅游资源

(一)上海已形成了以信息、生物医药、新材料为重点的高新科技产业群

随着信息产业的发展,一大批著名的中外合资企业建立,许多科技含量高的重大项目得以发展,使上海逐步成为全国微电子、通信设备和大规模集成电路的主要生产基地,成为上海的微电子产业基地;生物医药的发展,一批新的药物的研制,如基因工程药物、天然资源药物、抗艾滋病药物的研制,初步形成了一个药物创新开发体系,在全国居于领先地位;新材料的研制,如硅材料、稀土材料等,促进了这些行业的发展,在全国也居于领先地位。

(二)上海高新科技产业布局——"一区六园"的发展格局已经形成

"一区"指被国家批准的"上海市高科技产业开发区"。"六园"是指它所辖的六个高科技园区,即张江高科技园区、漕河泾新兴技术开发区、上海大学科技园、中国纺织国际科技产业园、金桥现代科技园、嘉定民营科技园。

(三)浦东新区的"一江三桥"高新科技产业走廊,系指张江和金桥、外高桥、孙桥为主体的高科技产业"走廊"

它与全市的"一区六园"有所不同,但也有交叉。

在这些高新科技园区中,已有了一些著名的品牌,如张江高新科技游可以参观以下内容:国家上海生物医药科技产业基地——中国"药谷"、张江科技创新创业区——企业孵化和转化科技成果的基地、国家张江信息产地基地——"国家浦东软件园"和其他一些国内外著名的科技创新型企业(如豪夫迈、罗氏公司、史克必成、柏林格、美敦力、麒麟、上海乔源生物制药有限公司等);金桥高科技游可以参观金桥现代科技园,园内集中了电子信息、通信、生物医药、现

代家电和汽车等方面的国内外著名的企业,如上海通用汽车公司、夏普电器、上海贝尔、上海西门子、柯达公司、理光传真机有限公司、中国华虹 NEC 电子有限公司、三维生物工程公司和上海宝丽生物制药有限公司等,可供游客参观。"游工厂,逛车间、看流程"成了许多游客的首选项目。

二、上海的高新科技旅游代表景观

(一)上海的国家级开发区

2021 年 1 月 31 日市政府发布的国家级开发区有十个,有上海闵行经济技术开发区、上海漕河泾新型技术开发区、上海金桥出口加工区、上海张江高科技园区、上海陆家嘴金融开发区(上海唯一以金融贸易区命名的开发区)、上海外高桥保税区、洋山保税港区、上海松江出口加工区、上海闵行出口加工区。其中比较早的有以下几个技术开发区。

1. 漕河泾新兴技术开发区

位于宜山路 900 号。该区建立较晚,属于高新科技园区,于 2007 年被评为全国工业旅游示范点。其特色是既是经济技术开发区、高新技术开发区,又是出口加工区,已成为一个推进循环经济生态的工业园区。

上海市以漕河泾新兴技术开发区为依托,以光大会展中心为窗口,以上海应用技术大学和上海师范大学为人才保障,结合漕河泾新兴技术开发区先进技术的开发和应用,发展旅游会展装备制造业,使其成为上海旅游会展业价值链向上海延伸的示范区。

2. 虹桥经济技术开发区

位于上海西部,建立于 20 世纪 80 年代初(1983 年),1986 年被国务院批准为国家级开发区,是国务院批准的第一批 14 个经济技术开发区之一。现已成为以外贸中心为特征的集展览、展销、办公、商务、居住餐饮、购物于一体的新型商贸业之一。并专设了涉外领馆区,是全国最早以发展服务业为核心的国家级开发区,也是全国唯一辟有领馆区的国家级开发区。今后它将借上海后世博时代经济加速转型、服务经济加快发展的机遇,主动融入大虹桥商务区的一体化发展,借助开发区商贸业发展的良好基础,为上海四个中心建设做出贡献。截至 2011 年底,它已注册外资企业 343 家,累计项目投资总额 42 亿美元,累计实际利用外资额 32 亿美元,每平方米土地实际利用外资近 5 000 美元,其土地含金量为全国开发区之最。

目前它已经初步形成了现代服务业的集聚,以世界贸易商城、国际展览中心两大展览、展销场馆为主题的展览展示区,营造了国际一流的会展贸易氛围,构筑了中外客商发展事业的理想平台,成为人流、物流、信息流的集散地,成为上海国际商贸中心之一。展览展示区中已有展览场所 3 个,其中上海贸易商城建筑面积 28 万平方米,常年展示,亚洲之最,商贸桥梁服务全国。

3. 上海闵行经济技术开发区

位于上海闵行行政区的西南面,创建于 1983 年,是 1986 年国务院批准的全国首批 14 个国家级开发区之一,是国家级开发区中占地面积最小的工业开发区。

经过二十年来的建设,至 2005 年底累计引进 168 个项目,投资金额超过 26 亿美元,平均单项超过 1 500 万美元。开发区累计销售收入 2 272 亿元,产生利润 250 亿元,累计上缴国家税收与国家投入之比为 28 倍。2006 年 2 月,经国务院批准,在临港成功扩区,规划面积为 13.3 平方平方千米,重点发展现代装备工业和先进制造业。至 2009 年底,闵行开发区累计引进项目 171,投资总额超过 31 亿美元,平均单项投资超过 1 831 万美元。经过产业结构的不断优化,已形成了以世界 500 强和著名跨国公司为投资主体,机电产业为主导,医药医疗产业和轻工产业为辅的三大产业,其单位面积企业利润、上缴税收和工业增值名列全国第一。

(二)上海高新科技游的代表景观

1. 张江高科技园区

张江高科技园区位于浦东新区中南部,是中国国家级高新技术园区,与陆家嘴、金桥和外高桥开发区同为浦东新区四个重点开发区域。

自1992年7月成立以来,一直被国际同行成为"The Silicon and Medicine Valley in China"(中国的硅谷与药谷)而享誉世界。经过二十多年的开发,其框架已基本构成,即由生物医药创新链、集成电路创业链和软件产业链构成。目前,园区已建成国家上海生物医药科技产业基地、国家信息产业基地、国家集成电路产业基地、国家半导体照明产业基地、国家863信息安全成果产业化(东部)基地、国家软件出口基地、国家软件产业基地、国家文化产业示范基地、国家网游动漫产业发展基地等多个国家级基地。在科技创新方面,园区拥有多模式、多类型的孵化器,建有国家火炬产业园、国家留学人员创业园,一批新经济产业实现了大踏步地飞跃。目前,它正向着世界级高科技园区的愿景目标阔步前进。

2010年园区经营总收入达到1 100亿元,年收入增速达15%左右,成为中国高科技产业化的龙头区域。目前园区正在全力打造十大拥有自主创新能力的国家级科技战略产业平台,如集成电路制造与装备平台;移动终端产品集成平台;多元化多模式显示终端;生物医药研发、产业化;商用大飞机设计研发;数字内容与互联网技术;金融后台服务平台;低碳技术、高端价值链;现代农业示范推广平台等。

至2012年底实现经营总收入4 200亿元,同比增长13.5%;工业总产值2 084亿元,同比增加19.75%,成为浦东发展的重要增产极。根据"2012年上海市开发区综合评价",张江高科技园区再度蝉联综合排名第一,同时在创新发展和投资环境指标上也排名第一。

园内道路畅通。离两大机场约30分钟的车程,外高桥港区距园内25千米,距上海集装箱码头30千米,航线遍及国内外,覆盖面广且密集,另外。火车、地铁、公交皆很方便,为其发展创造了优越的交通条件。

目前,张江园的主导产业是集成电路、生物医药、软件及文化创意、新能源和新材料等战略性新兴产业群,并涌现出一批自主创新的明星企业。园内研发机构积聚,集聚了9所高等院校,经认定的研发机构168家,公共服务平台42个;科技成果集聚,参与了《国家中长期科技发展规划纲要》16个重大专项中的5项,如国家级大规模集成电路制造技术及成套工艺专项、国家重大医药创制专项等;资本要素聚集,园内有众多的创业投资机构、股份公司、担保中心等。首批10家企业参与发行的用于产业化的中小企业集合票据募集资金达7亿元,是国内规模最大、企业数最多,同期成本最低的集合票据;创新创业人才集聚,到2012年底,园区从人数约27万,本科学历以上占比超过60%。其中博士4 183人,硕士2.7万人,约占园区从业人员的20%;国家级专家216人,其中两院院士18人。入选国家"千人计划"21人,占全国约2%,占全市1/8强,其中创业类18人,占全市创业类近7%。

由于园区创新要素众多,所以自主创新成果也多,2006年至2010年共有16家企业获得国家自然科学奖、科技进步奖、技术发明奖等21个奖项,其中,展讯通信、华虹集成电路分别获2006、2008年度国家科技进步一等奖。

张江园区未来还有不少新的探索,如张江物联网产业将设立百亿元级产业基金,成长为千亿元级产业集群;康桥地区将规划建设1平方千米的物联网产业化核心示范基地,带动整个园区的物联产业。张江现已构建三个国家级基地：国家生物医药科技产业基地、国家信息技术产业基地、国家科技创业基地，在园区内形成生物医药，集成电路和软件三大主导产业，建造文化科技创意、金融信息服务（银行卡）、光电子和信息安全四大关联产业，构思把张江建成"中国硅谷"和"中国药谷"。

2. 上海金桥现代科技园区

上海金桥现代科技园区（又称金桥出口加工区）。位于上海浦东新区中部，是 1990 年经国务院批准的国家级开发区，分为东西南三部分：东部为工业区，1998 年由国家科技部批准"上海金桥现代科技园"，2001 年 9 月被认定为"上海浦东软件园"。整个金桥开发区已经形成汽车、电子信息、现代家电、食品加工与生物医药四大基础产业。2006 年四大支柱产业的产值和占整个开发区工业总产值（1 467 亿元）的 88%，其中，电子信息产业 40.9%，汽车及零部件产业占 31.5%，新型家电产业占 11.2%，食品与生物医药称也占 4.7%。2010 年，随着浦东新区的调整，把金桥经济技术开发区与南汇工业园区、空港工业园区等整合为一，形成了一个先进制造业和现代生产性服务业为主导的产业组团，成为金桥"一区二园"，经济运行势头良好。目前，开发区基础设施完善，服务设施完善，生活设施完善，园区环境优美，已成为上海第一个通过 SOI4000 国际环保标准的国家示范区。它已经从单纯的制造业基地发展成为制造业与服务业并举多功能的经济技术开发区，成为上海经济发展的新的增长点。2021 年 11 月 13 日，浦东新区举行打造社会主义现代化建设引领区、金桥城市副中心，正式启动仪式暨重点项目集中开工和签约活动。2021 年金桥城市副中心 1.5 平方千米核心区详规获批。

第五节　上海智慧旅游和智慧旅游城市建设

21 世纪以来，随着经济和科技的发展，以传统方法发展都市旅游依然不能更好地吸引游客前来观光游览。因而智慧旅游逐渐发展起来。上海作为一个国际化大都市，要不断地深化发展都市旅游业，吸引成千上万的游客来沪旅游，更要把上海建设成为智慧旅游城市，发展智慧旅游。中国智慧工程研究会在国务院研究中心等二十多家有关单位的支持下，联合各领域的专家，编制出了全球第一套《中国智慧旅游城市（镇）建设标准体系》，这使得上海发展建设智慧旅游城市变得方便且有例可循。本节就上海智慧旅游的城市发展状况做一些分析，并在此基础上提出一些发展的对策和建议。

一、智慧旅游和智慧旅游城市建设的概述

（一）智慧旅游和智慧旅游城市的概念

智慧旅游是利用云计算、互联网等新技术，通过互联网/移动互联网，借助便携的终端上网设备，主动感知旅游资源、旅游经济、旅游活动、旅游者等方面的信息，及时发布，让人能及时了解这些信息，及时安排和调整工作与旅游计划，从而达到对各类旅游信息的智能感知，方便利用的效果的过程。

智慧旅游城市指的是在旅游管理、旅游服务和旅游营销的三个层面上发展智慧旅游的城市。

（二）智慧旅游城市的发展历史

国外从 2009 年开始在旅游管理、旅游信息的手机等方面注入智慧技术。如欧盟的一些国家开发了远程信息处理技术，并且建立了包括旅游信息系统，应急管理等功能在内的覆盖全欧

的旅游无线网络系统,并在游客玩的导览系统里注入了智慧技术。而在这之前,智能酒店业也早已出现了,酒店的住客可以根据需要预订周围的酒店,并且办理入住更加方便快捷,节省排队办理入住的时间等。

国内在2010年至2012年分别有18个城市入选了第一批国家智慧旅游城市的试点城市。其中有一部分城市的发展状况见表5-7。

表5-7　我国部分城市智慧旅游城市发展现状

年　份	城市	代　表　事　件
2010年	镇江	率先提出智慧旅游概念,开展智慧旅游项目建设,智慧旅游的核心技术之一,"感动芯"技术在镇江研发成功,并在北京奥运会、上海世博会上得到应用
	福州	在2010年第六届海峡旅游博览会上,福建省旅游局率先提出建设"智慧旅游"概念,并在网上建立"海峡智能旅游参建单位管理系统"
2011年	苏州	2011年9月27日苏州"智慧旅游"新闻发布会正式召开,将"玩伴手机智慧导游"引入到智慧旅游中
	黄山	2011年黄山旅游局开始建立智慧旅游综合调度中心,主要由"旅游综合服务平台"和"旅游电子商务平台"构成
	洛阳	2011年洛阳牡丹文化节期间,初步打造出"智慧旅游"的基础设施。今后将在现在的基础上进一步提升"智慧旅游"服务内容
2012年	南京	2012年初,南京旅游局全力推进"智慧旅游"项目建设,可下载"游客助手"平台

江苏的七个城市,如南京、南通、苏州、扬州、镇江等形成了智慧旅游城市联盟,共同发展智慧旅游。

(三) 目前我国智慧旅游发展状况

目前我国许多城市都在逐步建设智慧旅游城市,但是智慧旅游的城市这一概念只为部分社会大众所了解,有人对社会大众做了抽样调查,在随机抽出的300名调查对象中,只有3%的人对智慧旅游这一概念有一点了解,21%的人听说过,其余76%的人没有听说过,也不了解这个概念。即使有一点了解的人,也认为智慧旅游城市的发展与预订网站的概念相似。这说明在我国智慧旅游城市的发展还很少有人真正了解。

我国政府和某些相关部门已相当重视智慧旅游城市的建设。国家旅游局已对智慧旅游试点城市试点工作进行了部署,正式确定江苏镇江为国家智慧旅游服务中心。2012年5月25日,确定了18个国家智慧旅游试点城市,其中温州、宁波、杭州是国家智慧旅游城市建设重点城市,西溪湿地和溪口是国家智慧旅游示范景区。我国还将积极推进有条件的城市开展试点工作,并在总结一些成功数字景区的基础上,逐步提高精品旅游景区数字化水平。同时,鼓励旅游酒店、旅游车船公司、购物公司在信息化建设方面大胆探索,不断提高对游客服务的智能化水平,进一步推动国内旅游在中国大地上实现"智慧旅游城市"的建设。

二、上海智慧旅游的城市建设状况

目前上海正在大力推进智慧旅游城市建设工作,主要包括:一是市政府正在合力推进国际旅游度假区、佘山国家旅游度假区等重大旅游项目的信息基础设施配套建设,做到同步规划、同步建设、同步使用；二是继续优化网络覆盖，实现本市景区（点）移动通信网络全覆盖，重点旅游场所和游客集散区等公共场所的无线网络全覆盖，做好本市旅游景区（点）的 i-shanghai 建设，加快完成手机导游酒店版应用；三是整合全市相关部门的信息资源，探索建设上海旅游监测发布系统，为上海旅游管理增强统筹协调、服务保障、运营监测、应急调度能力，强化旅游安全管理；四是做好"旅游信息化服务进地铁"实事项目的推进工作，首期在全市 100 个地铁站设置旅游信息指引；五是开通针对来沪游客的旅游公益短信提示；六是建设集图书借阅、上网浏览、数据检索、影音视听等功能于一体的上海旅游公共图书阅览室；七是对上海旅游政务网尽快改版升级，对旅游报表信息采集系统和"黄金周"预报系统进行升级。在 2021 年制定的上海十四五规划中的上海旅游"倍增"计划中提出；开创智慧旅游新时代，加快建设智慧旅游应用场景，2021 年计划建设 20 家智慧景区、600 家智慧酒店。

三、上海建设智慧旅游城市存在的问题

（一）大众认知度不够

在我们对 15—45 岁年龄段之间的人的抽样调查中，随机抽样了 300 名调查对象，调查结果表明，3% 的人对智慧旅游城市有一点了解；21% 的人听说过这个概念；76% 的人没有听说过，也不了解这个概念。这就对我们建设智慧城市造成了阻力。

（二）社会各界没有广泛参与这个建设活动

据了解，目前旅行社并没有完全实施智慧化的系统，他们所采用的方法仍是传统的招揽旅游者的方式。如在店面打广告，在各自的网站发布相关信息，发送传单等方式；政府也没有积极地引导相关企业做好改革措施；关于建设智慧旅游城市的方案、构架等也未在社会上吸取公众参与讨论，也没有得到科技方面的支持，把此作为研究重点。

另外，全国其他参与建设的城市也正在摸索阶段，还没有成功的案例。上海也难以得到成功例子借鉴。

（三）旅游信息方面的基础设施不够完善

基础设施完善与否是建设智慧旅游城市的前提条件。但我们的景区（点）、酒店、购物商场等场所的基础设施建设尚未完善。如有些景区（点）没有电子门票，与远没有办法在线预订门票，没有及时发布交通信息的情况等。这也影响了智慧旅游城市的建设。

四、上海建设智慧旅游城市的对策

（一）应采取的措施

针对上述问题，我们认为上海智慧旅游城市的建设应在以下几方面予以重视。首先是充分利用各种传播媒体，在电视、广播、报纸上刊登这方面的有关信息、听取消费者的意见，提高公众的关注度；二是要积极拉动各界相互连接，广泛参与。如政府应该起领导者的作用，出台相关政策，下发各个领域，召集各界参与；要邀请相关科技公司协助开发某种手机 APP，将各种旅游信息整合在这个 APP 上，旅游者登录到 APP 上就可查到有关的旅游信息；旅行社也应该将智慧旅游的发展应用到自己的业务当中去，旅行社之间可以建立一个共同的网站，进行有序竞争，携程、艺龙等在线网站也应该升级系统，参与到智慧旅游的建设之中。三是要完善基础设施建设，提高信息水平。通过上述的全社会努力，相信上海能够站在智慧旅游的城市建设的前列，让来上海的国内外游客得益。

（二）探索建设智慧旅游体系

上海于2014年紧扣"中国智慧旅游年"主题，主动适应智慧城市发展格局，将智慧旅游专项建设纳入《上海市推荐智慧城市建设（2014—1016年）行动计划》，着眼城市旅游和产业创新，明确"一个中心，三个平台、六个系统"的智慧旅游建设框架，制定《上海智慧旅游标准体系》，完成地铁站点旅游导联系统，虹桥高铁站旅游咨询服务中心、旅游公共书吧、旅游统计信息系统升级等智慧旅游服务项目，继续完善旅游电子合同、旅游团队动态管理等智慧旅游监管系统，升级优化上海旅游政务网，多媒体触摸屏等服务平台。各区因地制宜，积极智慧旅游探索，推进智慧旅游功能建设。

（三）全力提升"智慧旅游"的能级

上海市政府在景区景点、旅游公共服务场所、重点旅游休闲区域等地，推进部署"互联网+"和数字化服务设施。运用人工智能、虚拟现实等技术，提高旅游体验的科技感与便捷度。完善"上海旅游信息管理与发布平台"，深化A级景区视频和数据共享。探索建立市旅游大数据中心。

2019年10月，上海为了方便中外游客，在建设智慧旅游城市中采取了一个举措，即"游上海"APP上线，在这款APP主页有15个"高频快捷入口"，包括酒店、门票、打车、美食、机票、公交等细分板块，用户可以查询上海特色美食，热门文化演出等信息，同时，APP和上海公交、地铁等城市交通系统对接，可支持生成乘车电子二维码扫码乘车。据了解，未来上海还将推出英文版APP，惠及更多海外的游客。

第六章　上海的都市休闲娱乐体验和主要体验景观

上海都市旅游的种类精彩纷呈,来上海旅游就是对上海的风情的一次体验、享受其中的愉悦,潜移默化地接受上海精妙且独特的海派文化的熏陶。在上海的一些具有特色文化风情的街道上散步、浏览及眺望,;在古色古香的饭店雅座上品味本帮美味;尝遍上海的特色小吃,领略上海的美食文化;在上海的里弄、新村的普通上海人家(家庭)做客,在上海一年四季的各种节庆活动中,进一步体验海派文化的特质,感受沪上节庆文化的精彩魅力,在上海这个全国最大商业中心,漫步四大商业街,走进四大商场,游览著名的特色商业街,亲身体验一下"购物天堂"的魅力;在游玩上海之后带一些上海的土特产,纪念品馈赠亲友,或纪念收藏,等等。这种经历和体验都能够成为你人生中的一种幸福而又温馨的记忆,可以长久回味,甚至伴随终生。

第一节　上海的都市风情文化和都市风情体验景观

一、上海的都市风情文化概述

(一) 海派文化的产生

体验上海,就会说到海派。海派风格似乎成为上海本土文化以及都市风情旅游的第一特质。诠释其义历来多有争议,然而究察渊源,大致有二。一说其源于上海清同治年间(1862—1874年)出现,被时人称为的"海上画派",简称"海派"。这是当时大画家赵之谦、任伯年等人之丹青绘作上承传统风范,又以笔墨灵巧,布局缜密,色彩浓丽而自成一家所形成的画风。然有著名画家吴友如等人附和时尚,多绘沪上风俗,擅画洋楼美人。光绪十年(1884年)10月,吴创立《申报》副刊《点石斋画报》以图像配合新闻报道。吴效法西画,刻画入微,及时反映时事世态,市井争购,影响甚大。因全然不顾家法,于是有人评解其为:"同治光绪之间,时局益坏,画风日漓。画家多蛰居上海,卖画自给,以生计所迫,不得不稍投时好,以博润资,画品遂不免日流于俗浊,或柔媚华丽,或剑拔弩张,渐有海派之目。"(俞剑华《中国绘画史》),可见这个所谓的"海派之目"其实是浅薄、恶俗、乱象的代称,而非沪上画坛自命。至吴昌硕时代,沪上的广告、月份牌、香烟牌等纯商业画类出现了,西方的水彩画、油画、漫画及连环画等形式亦趋普及。为了有别于戏画,中国传统绘画被称为"国画",此时沪上画家为了振兴国粹才接受"海上画派"的称号,并奉赵之谦、任伯年、吴昌硕三位为掌门领袖,以锐意进取的姿态活跃于中国画坛。二说其源于国剧伶界。清道光之后,京城自视京剧已为正宗,统称外地者不规范为海派。清光绪末年,沪上出现"梨园甲天下"的局面,当时广东路、福州路、法大马路(现金陵东路)及南市一带遍布戏园数十家之多,并有"戏园街"之称。一时间京剧名家在沪挂牌演出成为时尚。就欣赏而言,京津重唱腔而称听戏,沪人重做功而称看戏。之后数十年间,沪上京剧形成剧本新颖、器乐多样、行头(戏装)考究、布景逼真的四大特色异于京津流派,从而创立了全新的具有海派内涵的风格。以至于当年京城名角只有在上海舞台站稳之后,才有红遍江南乃至全国的可能,"京角不进天蟾(舞台)不成名"之说广泛流传。为了适应商业社会的需求,应付物竞天择的竞争,海派风格就是张扬其优势到淋漓尽致,并且不时飚出新意。上海滩华洋交错、五方杂处、重商好利的特殊环境,赋予海派风格极旺盛的生命力,使之能影响及涵盖整个社会及所有文化的范畴。于是海派建筑(石库门)、海派时装(中山装,旗袍)、海派菜肴及小吃、海派小说(以张爱玲为代表)、海派年画(旧校场年画),以至海派音乐、戏曲、话剧及电影,如雨后春笋,破土而出,应运而生,从而形成独特的海派文化。由于它的实质是与时俱进、雅俗共赏,因此深受沪上民众广泛好评和欢迎。致使原本就独具一格的魅力上海显得更加光彩夺目。

(二)海派文化的精神特质

当前沪上学界对海派一词的明确定义尚未确立,然而对于海派文化的精神特质可以作一约定俗成的表述,就是重视继承传统,博采众家之长,刻意开拓创新。海派的海,就是海纳百川,就是海潮汹涌,奋发进取。以海派菜形成为例,能生动地证实其所具有的巨大作用。沪人称中式菜肴为小菜,西菜为大菜,而称"上海小菜"为本帮菜。原本本帮菜名声平平,特色为物美价廉。始建于清光绪元年(1875年)的地道本帮老饭店"荣顺馆",开店在旧校场一带,一间两层民宅:底层为厨房;楼上是待客,放置三张方桌,几条狭长的长凳,其镇店名菜也仅是咸肉黄豆汤。正宗本帮名菜如槽钵头、腌笃鲜、红烧划水、生煸草头等原本就是原料低档,然而是注重烹饪技艺而已。本帮菜从来是讲究味、色、香,而不重于形,其实就是迎合沪上民众的实惠心理。通常所谓帮或帮口,今称为菜系,是指形成于一定地域之内带有明显传统特色并自成一体的地方风味菜肴系统。上海地处江浙之间,擅长河鲜菜蔬烹调,浓油赤酱,原汁原味。开埠之后,全国各地精英挟着算盘涌入仅50余万人的上海老城厢,餐饮行业随之空前繁荣。清末,(安)徽菜率先打入上海,出现了其萃楼、同庆园等10余家菜馆,以馄饨鸭、大血汤名闻沪城;继之进城的还有以太湖船菜著称的苏锡帮。直至20世纪30年代,出现16家帮口菜逐鹿上海滩的格局。而苏锡菜则以适时应世,更新进取,竟也雄踞沪上半壁江山。本帮菜则以汇天下佳肴之名品,集人间美味之精华,而独领风骚。经百年之变迁,沪城饭店已有数万家之多,涵盖京、川、鲁、苏、粤、扬、湘、闽、徽、杭、锡、豫、潮、素、清真等菜系,加之德、俄、美、意、英、法、日、韩等各式西餐社,形成一个花团锦簇般的"美食世界"。这些菜肴的品味自然融合本帮特质,然而正宗本色依旧保持,在辉煌的中华饮食文化史上,人们称之为海派菜。150余年逝过,当年的荣顺馆已成为声名显赫的"上海老饭店",寻常的本帮菜也发展成为誉满中外的海派菜。这种势不可挡的历史变化深刻体现了海派文化精神,同时也对上海城从江南古镇演变为国际都市产生了无与伦比的影响,并由此形成极其强大的推力。

体验上海都市旅游,领略沪上都市风情,遍尝海派名菜,还走进平民百姓家中,过一天正宗的上海人生活,其实质就是在品味着海派文化。在这温馨之旅的过程中,能更深沉、更真实地了解上海曲折而有趣的人文历史,以及在壮丽繁华之后的风情万种,从而享受极大的精神愉悦。

二、上海的都市风情旅游

上海都市风情万种,就连街道、弄堂、石库门住宅似乎都能成为一部引人入胜的"百科全书"。在梧桐树下,走在具有一种沧桑感的弹硌路上,在绿荫或铁栅里各具风采的楼宇边走过;或者在整洁又清静的弄堂里,在委婉动人的沪曲声中,在抑扬顿挫的沪语中,在一幢砖墙上青痕斑驳的老宅前,你也许会知晓上海特有动人心魄的人文历史,了解上海人聪慧勤奋的特质,甚至当年叱咤风云的名人们非凡的故事。

(一)旧城风情乔家路

乔家路长仅200余米,原先是乔家浜(河),位于上海老城厢大南门处。周边大致还保存着清代街市棋盘状格局,当年诸行百业云集于此,热闹繁荣,如今都成为独特而又有趣的路名,诸如火腿弄、面筋弄、篾竹弄、猪作弄、筷竹弄、糖坊弄等。与之相交的巡道街,也因设巡道衙门而得名;天灯弄更是江南豪宅"书隐楼"之所在。由东而西,草坪之中有棵历时500年的古银杏树,树干中空,然而枝叶茂盛,生机盎然。树边一座高塔台,是上海最早的消防瞭望台。石库门弄堂里有王孝和烈士故居。路上有老宅宜稼堂,是当年沪上望族称作"郁半城"的郁松年故居,有150余年历史。其子郁荣培之续弦便是红顶商人胡雪岩之女,成婚之日左宗棠亲至祝贺。"九·一八"事变之后,著名记者邹韬奋全家在此避难。著名学者于光远(原名郁钟正)乃是郁家第六代传人。与宜稼堂毗邻的梓园,是上海日清轮船公司买办、著名画家王震(字一亭,法号觉器)的私家花园。王震在1911年上海光复后,曾任上海军政府商务总长,擅画佛像,任上海居士林林长,也是上海佛学书局创始人。1922年11月13日晚,王震在梓园家中设宴招待刚得知获得诺贝尔物理学奖的爱因斯坦及夫人。梓园日式楼宇保存完好,屋顶依然铺排着日式菱形瓦,百年古树依旧绿荫如盖。在光启路口,即乔家路234—236号,为明礼部尚书兼东阁大学士徐光启故居,俗称九间楼,明万历年间(1573—1619年)建,三进九间楼房。二进毁于清初;仅存一进的两间又毁于日寇炮火,现有七间,是上海市文物保护单位。两端路口原来是沪上名园"也是园"旧址,为明代抗倭名将乔镗(川沙人)之曾孙乔炜建造,豫园水廊前的名石"积玉峰",传为园内故物,园毁于"八·一三"日寇炮火,已无可寻觅,然而路即由乔家得名。路之北,与其平行的是乔家栅,创立于清末沪上名店"乔家栅"旧址即在此处;再前便是乔家大院,主体构造尚存。地名是因此处即原乔家浜边的居民住区之外围设立栅栏而得。

(二)近代历史、文化风情南昌路

南昌路东西走向,东起重庆南路,西至襄阳南路,全场1600米,宽14—15米。它包括租界时代的陶尔斐司路和环龙路。环龙路为今雁荡路以西的南仓路大部分地段。它是为纪念1911年5月在沪作飞行表演失事身亡的法国飞行员环龙而名。这里著名住宅有110—134号的上海别墅,136—146号别墅等。南昌路69弄3号是赵丹和叶露茜在20世纪30年代的住处;100弄(老渔阳里)2号是共产党主要创始人陈独秀寓所,也是《新青年》编辑部所在地。1920年陈独秀、李达、陈望道在这里创建了中国第一个共产主义小组。8号为国民党元宿叶楚伧住所,11号曾是徐志摩与陆小曼夫妇居所,136弄1号曾是巴金居住地,148弄(原志丰里)10号是国民党元老吴稚辉故居。南昌路上还曾寓居沪上文艺及电影界著名人士,诸如章衣萍、蓝苹(江青)、唐纳、应云卫等。

(三)近代文化风情复兴中路

复兴中路原名辣斐德路。沿路为住宅区,两端多花园洋房和公寓,东段多石库门里弄。沿路有复兴公园(原名法国公园)和文华广场(原名逸园是跑狗场)等。有许多文化名人住在这儿,如复兴中路553弄复兴坊1号是著名"六君子"之一、大律师史良故居,史在建国后任中央政府第一届司法部长;8号为国民党左派廖仲恺夫人何香凝居所,1937年7月22日,在此室内成立了"中国妇女抗敌后援会",何被选为主席理事。建国后何历任全国政协副主席,全国人大常委会副委员长,全国妇联名誉主席;196号曾是中共优秀领导人、革命烈士恽代英住所;

346 弄 8 号是著名国画家陆俨少故居;424 号柳亚子曾居住过;442 号是著名翻译家林淡秋故居,1942 年林在此主编著名刊物《译》《每日译报》;512 号是法式四楼花园洋房,原是上海实业家朱葆三建造,20 个世纪 30 年代起,由著名美术教育家、画家刘海粟租借居此,直至逝世。2 楼走廊上悬挂由著名人士叶恭绰手书"艺海堂"匾,会客室内高挂着康有为题写"存天阁"匾。在餐厅正面墙上悬挂刘海粟遗像,两侧是刘 81 岁时手书的对联:"人莫心高自有成生造化;事由天定何须苦用机关";528 号,是当时著名律师吴凯声寓所。1933 年吴受何香凝之聘为其子廖承志辩护,胜诉,廖承志安然出狱,然此宅现为上海第一女子初级中学校舍。1327 号伊丽莎白公寓(复兴公寓);1963 弄克莱门公寓。

(四)弹硌路

上海最具本土风情的道路。这是碎石块、卵石紧密铺排而成的街路,主要是为当时上海主要的客货两车(上海人叫作"江北车")行驶之便。其历史可上溯至元代,近代成为沪上街道的路面。该路有许多优点,如下雨天排水相当迅速、夏天反射阳光不致像沥青那么高温,但它也有缺点,即石块与石块之间有较大的拼缝,车在路上行驶,震动跳跃在所难免,且车辆轮胎受损严重,所以这种道路需要改观。弹硌路在上海最早出现在 1848 年,之后最为密集的弹硌路分布在老城厢内,400 余条道路有 200 余条是弹硌路。20 世纪 50 年代末时鼎盛时期,有近 4 000 条,总长为 80 多万米。其中在 1958 年铺筑的河南南路场 1 617 米,宽 20 米的方块石路面是上海最宽平整的弹硌路。然而在 2004 年,市区仅存 5 条弹硌路、2 条弹硌弄堂,总长不足 600 米。在董家渡西南的新街,长有 50 米,宽 6 米,石隙间还长着杂草,是保存完好的百年之前的旧路。1922 年 11 月 13 日,大科学家爱因斯坦来沪,走在南市旧城的弹硌路上,就说:意大利的街道也铺着这样的石头。弹硌路在上海城道路发展史上有着举足轻重的地位,沪人对这种伴随童年成长的道路更是情有独钟。上海城市历史发展陈列馆在"开埠掠影"陈展部分,专辟一条由嘉定搬移而来的正宗弹硌路;上海公安博物馆也展出此路,道边还停放着一辆黄包车。在 1949—1960 年期间,上海市政建设局为改善上海市政和市民出行方便,铺设了许多弹硌路,在他们的施工报告和记录资料中一律使用"弹街路"之名。故弹硌路的规范写法应为"弹街路"。(摘自金岳春《上海陈年往事》上海辞书出版社,2007 年,第 13 页)到 1992 年末,上海共改造弹硌路 351 条,占全区道路总条数 80%。随着沥青路、水泥路的普及,弹硌路退出了上海。目前仅在新天地等一些景观道路中上有单个路的踪影。

当前怀旧成为时尚,于是产生沪上著名旧宅铺设弹硌路从而营造情调的创意。2008 年 5 月,桃江路就用 20 万块福建惠安花岗石铺就 200 米长的弹硌路,使之与路上 45 号宋庆龄故居(后门,全国重点文物保护单位)以及两边风姿绰约的花园洋房交相辉映,重现沧桑旧貌;曾经是远东最大宰牲场冷库所在地的沙泾路 10 号 1933 老场坊,也出现一条 500 米长青灰色的弹硌路。上海的弹硌路和意大利水城威尼斯弹硌路老街,德国柏林市政府前门以及法国巴黎凯旋门广场周边的弹硌路都成为诠释城市历史、传统文化的符号,也是都市独特风情的标记。另外,在上海郊区娄塘古镇(距今 600 多年的古老集市)有上海最后的"弹硌路"。

(五)尚贤坊

黄浦区(原卢湾区)淮海中路 358 弄。上海市文物保护单位,上海市优秀近代建筑保护单位。1903 年,英国长老会传教士李佳白主持建立基督教尚贤堂,英文意为"中国国际学会",堂(学会)信仰耶稣,又尊奉中国孔子,崇尚贤人,故称之"尚贤"。1924 年建造民宅"尚贤坊"占地面积为 6 120 平方米,总建筑面积为 10 180 平方米。弄内有三排单开间、双开间联排式住宅,总弄与支弄呈"丰"字形,总弄沿街设过街楼,弄口屋檐水泥压顶,立面饰以巴洛克线条和花饰,支弄弄口设发卷、砖混结构。弄内共有74幢四组联排式两层楼房,每排两端为两开间(沪上称二上二下),中间单开间(一上一下)。清水红砖墙,墙基水泥护壁高约1米。黑漆大门,天井,客堂(厅)设落地长窗(长楠窗),厅后6扇白漆屏门,最后为灶间及后门,楼梯转角处为亭子间,上则晒台。二楼为前后厢房,一般设为卧室。沿街是三层楼,立面为西班牙巴洛克风格,顶部山墙呈弧状,三层设阳台。弄口建有骑楼(沪上称过街楼),二楼之中竖额正书"尚贤坊",两侧开窗。尚贤坊列为上海新式石库门房屋的经典建筑,然其格局和老式石库门建筑几无差异,亦无卫生设施。不同之处仅是其装饰颇多采用西洋风格图案,材质及楼梯有了变化。尚贤坊40号孙百刚住宅是当时文化名人聚会之处,70余年之前,著名爱国作家郁达夫和王映霞(住在亭子间)在此演绎出轰动沪城的爱情故事。21世纪以来,大部分石库门房屋被拆除,而尚贤坊因是有代表性的里弄石库门建筑被列为市级文物保护单位而保护下来,实属不易。

(六)霞飞坊(淮海坊)

黄浦区(原卢湾区)淮海中路927弄。上海市优秀近代建筑保护单位。初称霞飞路,为纪念一战时之法军统帅霞飞。当初霞飞路之东多是老式石库门房屋,中段为新式里弄,两端多为花园洋房,生动展示出沪上石库门建筑的演变历史。霞飞坊始建于1924年,1933年翻建。三层砖木混合结构楼房,建有199幢,建筑局部具有法国式建筑风格,宅前低围墙,黑漆铁门,机制红砖外墙,钢窗,宅内木门上有西式装饰,已有卫生设施(二、三楼公用),是典型的上海新式里弄建筑。当年霞飞坊是精英荟萃之地,居此者多为学者、作家、教授、编辑。1927年10月徐悲鸿从新加坡回国入住于此(具体门号无考证),年底由田汉、欧阳予倩发起,在徐宅内召开"南国复兴运动大会",会上正式成立南国社。1936年,鲁迅逝世之后,许广平携子搬出施高塔路(山阴路),入住64号,三楼专为鲁迅藏书室。2年之后,《鲁迅全集》编委会及编辑人员就在客堂和亭子间里办公,4个月后,600余万字的《鲁迅全集》出版问世。巴金从1937年初夏起,二度入住在59号,直至1955年搬入武康路。巴金勤奋笔耕,1938年春写成《春》,1940年5月《秋》脱稿,《寒夜》也在此完成。当时著名气象学家、生物学家竺可桢住在27号,民主人士杨杏佛住在5号,"电影皇后"胡蝶也在33号住过。坊内的文化人中以当时国内四大书局之一的开明书店员工居多。开明书店老板章锡琛住在35号(新中国成立后任中华书局副总编辑),主编王伯祥(新中国成立后任中国青年出版社副总编辑)与章同住,作家、教育家夏丏尊(开明书局编辑所所长)住在3号。

1949之后,霞飞坊改名为淮海坊至今。在坊内59号门口挂牌,有中英文书写:"著名文学大师巴金1937年曾在此居住",64号门口牌上书有:"许广平曾在此居住"。

(七)新康花园

徐汇区淮海中路1273号,与上方花园毗邻,占地面积为12 987平方米,建筑面积为9 318平方米。建造于1933年。共15幢,其中有11幢2层砖木独立式建筑,4幢5层混合式结构建筑组成,由英商马海洋行设计。1937年初名"欢乐庭院",1949年改名为新康花园。花园外观为西班牙式风格,宅后拥有庭院,中间种植着高大的雪松,2层房屋全部分层分户处理,底层和楼上住户各有自家门户出入,互不干涉。这是典型新式里弄公寓住宅,布局合理,设施齐全,具有里弄住宅、花园洋房、高级公寓的特质。两层洋房,西班牙建筑风格,屋面坡度平缓,覆盖红色筒瓦,宽敞的阳台,螺旋形台柱。室内装饰精致,硬木地板。五层公寓楼群之中为中央花园。

油画家颜文樑,电影艺术家赵丹、黄宗英夫妇,及越剧袁派创始人袁雪芬都曾居住于此。

(八) 上方花园

徐汇区淮海中路1285弄,东临新康花园。大致建于1939年,是相当典型,亦非常有名的公寓式花园洋房里弄。由浙江兴业银行出资兴建,马海洋行设计。占地26 633平方米,总体布置5排整齐的行列式住宅,有74幢3层砖木结构住宅。类型多,体形活泼,有独立式、连体式、行列式等。多为三层住宅,一幢独立式四层公寓。多数建筑带有西班牙建筑风格,亦有当时非常时尚的现代派风格。住宅每层有4扇方格玻璃长窗,宽敞的黑漆铁栏阳台,房间又设计为进深浅,两侧宽的格局,因而满室通亮。宅门前小花园少则有70平方米,大有150平方米。弄口设置绿花园地,弄堂宽广,环境相当幽美和宁静。24号为上海市文物保护单位,是由当时国内最大、最为著名的出版单位——商务印书馆董事长张元济居住。张从1901年进馆主持编务,工作长达60余年。在张元济主持下,创办了《外交报》、编印中国第一部最新的小学教科书、组织翻译《汉译世界名著》(200余种)、辑印《四部丛刊》《百衲本二十四史》《丛书集成》及《四库全书珍本》。张元济在1949之后出任上海文史馆馆长。著名会计师,上海立信会计学校创办人潘序伦住过17号,台湾著名作家席慕蓉随父母住在40号。20世纪80年代席慕蓉来沪就到上方花园寻觅童年旧梦。

(九) 铜仁路咖吧街

铜仁路旧称哈同路,因在哈同花园爱俪园之西得名。在上海市静安区南部,南起延安西路,北至北京西路,全长1.1千米,处在华丽的高档商务楼群之中,是外籍人员和高级白领最为密集区域,有着相当庞大的追逐咖啡、酒吧文化等时尚消费群体,近年形成一条提供优质咖啡、正宗洋酒和精致西餐等欧式餐饮,并以咖吧为主的休闲街。铜仁路原本就具备高雅氛围,在绿荫之中掩映着百年经典的西式建筑。由邬达克设计的杰作,即建于1935年的具有现代主义风格的是吴同文住宅(吴为颜料人王贝润生之婿,建筑大师贝聿铭之姑父)门牌号为333号,这幢当年“远东第一豪宅”,被邬氏称为“一百年之后依然时尚”的绿色船形非凡建筑现已作全面而精细的整修。当年报业巨子史量才,雨巷诗人戴望舒,文坛才子郁达夫等人都曾居住于此。2002年在铜仁路上新建起欧式古典建筑,使咖吧街延伸,在高楼林立中间,展示出妩媚的摩登气派。吧屋的格局、色调、灯光甚至音乐是依照海外客人的喜好和需求而精心策划,配备桌(台)球、网络等设施,还放置多种外文报刊。“马龙”以球赛和运动游戏著称,而成为沪上运动酒吧的典型,THE SPOT餐厅酒吧以及欧风咖吧让你在舒适宁静的露台上,品尝咖啡或名酒,领略着高雅的情调,蓝蛙西餐厅则以“短饮产地”而颇为知名。

2007年,被评为20条“上海商业特色街”之铜仁路咖吧街;在上海旅游节“达人坊啤酒节”评选中获得特色项目奖。现如今,咖吧街已不再有二十年前的兴旺。铜仁路上建起了嘉里中心等高大建筑,咖啡店所剩无几,有上海咖啡馆、美浓咖啡馆等小店,店面虽小,但咖啡却是地道的老上海咖啡,很多游客闻名而来。

(十) 衡山路酒吧街

建于1922年,由法公董局修筑,旧称贝当路。1943年10月更命名为衡山路,东起桃江路,西至华山路,全长2.3千米。道路两旁繁茂的法国梧桐树和林荫中颇具特色的各类高档欧式建筑,为其增添了浓郁的异国文化气息。它是上海久负盛名的休闲娱乐一条街。其中,最具魅力的休闲文化当属衡山路的酒吧文化,被称为梧桐树下的酒吧一条街。位于东平路、乌鲁木齐路相交的路段,首开沪上酒吧之先风,并成为最为著名的酒吧街。1999年9月,衡山路被列为上海市十大专业特色街之首。这也是它最辉煌的年代。整条路上 167 户商家中,酒吧就占了近 100 家。在路边整齐排列着的梧桐树背后,草坪花丛之中是鳞次栉比的欧式花园洋房,加之红褐色的人行道地砖,黑铁花格栅栏,完美地营造出非常浪漫的怀旧情调。在霓虹灯光之中,荡漾着爵士或者蓝调乐曲声,当坐在吧屋的真皮沙发上,浅酌名酒,才是真正理解和享受着优雅和非凡。酒吧街上,小红楼酒吧是最有气派的。这幢原属于百代公司的两层法式洋楼建于 1921 年,红瓦红墙,白色的柱栏,造型雅致。当年走进小楼的是聂耳、冼星海以及周璇等在中国音乐史上不朽的人物。1935 年 2 月,百代音乐部主任聂耳经过 2 个多月的时间,为影片《风云儿女》的主题曲《义勇军进行曲》谱曲,并制成唱片,唱片的铜模编号是 A2879。新中国成立后,这首神圣的歌曲被定为中华人民共和国国歌。小红楼的装饰是时尚和怀旧并存的,墙壁上到处可见是百代灌制的经典老歌唱片,在此工作过的音乐名人的小传和肖像。整个小楼的九个式样各异的壁炉保存完好,留下了当年辉煌岁月的痕迹。小楼还提供和装置同样精致的法式菜肴。被称为蒋介石行宫的"爱庐"也开设名为芷珑坊的意大利餐厅,雕花大门和玻璃组成屏风,铜皮包角的明代家具,紫檀木鸟笼,苏式双面绣,营造出淡雅而又高贵的中国式美,特别是外国游人更会强烈地感受到异国的情调。MT3 酒吧是个波希米亚风格的"音乐超市",后现代派的迷幻光影,震撼心魄的电音,几乎使每个人产生闻乐起舞的感觉。每晚都有秀场,定期的主题派对,每月有著名艺人的驻场,因而吸引最时尚的人群,来寻找最流行的元素,得到视觉、听觉、感觉的全面享受。香樟花园的时尚厨房,坐落在百年老树和洁白建筑之中,品赏下午茶和享用正餐的人群其实是来体验喧嚣都市中一方净土的静谧和安逸。贝尼酒吧是用原木制作房梁、门窗、酒架以及吧椅,仿佛走进了森林边的乡村里的小酒吧。在很美式的星期五餐厅的露天位上,享受着灿烂的阳光,喝扎啤、聊天发呆是最佳选择。虹蕃或者浣溪莎餐厅是欣赏中外金曲的必去之地,代官山则标榜是女性餐厅,布局、装置以及紫的色调都体现着浓郁的小资情调。凯文餐厅有 10 年的店史,是金发碧眼的老外们的所爱,温馨的蜜黄色墙纸,金属框的西洋画作,鹅蛋形镜子,桌上艳丽的鲜花体现了精致的洛可可艺术风格,格调高雅。有人在此静静地喝杯咖啡,欣赏着窗外现代版海派"清明上河图",令人心旷神怡。波本街改名 QUBE,开始重新寻找新客户。和以往的复古风格大相径庭,让顾客有一种轻松的氛围,主要是吸引高档次消费的人士。未来,政府部门将挖掘各国风情特色与本土历史文化资源的融合,使衡山路成为上海秀新街的时尚经典集聚区。

随着 2001 年"新天地"的诞生,衡山路酒吧街的人气一路下滑。于是辉煌已不再有,衡山路安静下来了,但是气魄还在。

三、上海的美食文化和主要美食体验

海派美食已经成为一种时尚。它博采众长,中外贯通;注重色艳、香郁、味佳、形美,原料正宗,原汁原味;使之除以品味佳,还有赏心悦目的效能。上海本帮菜肴传统烹饪技艺已列国家级非物质文化遗产名录,沪上饭店相当强调用餐时的环境和氛围,有的曲径通幽,深藏于名宅洋楼之中;有的草篷柴门,农家小院;有的处于闹市、形似朴实的石库门里。黄浦江畔的海龙海鲜舫,底层"龙楼皇宫"金銮殿,设置龙凤座椅,以黄金雕嵌,相当豪华;新天地南里的香港彩蝶轩,以上菜讲究艺术而著称,能使品赏佳肴之时,亦为上乘的服务而陶醉。近年台式餐厅走俏沪上,店堂开阔明亮,装饰古朴典雅,自助供应酒类丰富,海鲜鲍参鱼翅质地高档,如金钱豹、鼎泰丰,在业界具有良好的口碑。

（一）海派美食

1. 本帮菜

（1）老人和（淮海中路 988 号，福建中路 355 号）。沪上本帮饭馆历史最久之百年老店。
始办于清嘉庆五年（1800 年）。"人和"之名取义于"天时不如地利，地利不如人和"，开店人和为上，"老"意为开店最早。然时人误以饭店饮食适宜于老人进用和口味，于是该店就顺势专设适合于老年人士的廉价菜肴，诸如猪油炒饭、醉糟花生、糟田螺、糟蛇段等菜品，深受民众欢迎，亦成为该店之特色名菜。

（2）上海老饭店（福祐路 242 号）。为沪上最为著名的本帮菜馆，百年老店、国家商务部首批认定的"中华老字号"企业。原名荣顺馆，光绪元年（1875 年）建于南市旧校场街上。是临街一楼一底之民宅格局，楼上三张八仙桌，数条长凳；底楼为厨房。店主兼厨师张焕荣是川沙人，擅烹浓油赤酱的本地家常菜，因味正价廉，服务优良，生意颇佳。1964 年改为现名，迁于现址。以料精技高而闻名，擅长烧蒸，以形美、味鲜、色艳、香郁而著称。1999 年整建为具有明清风貌的建筑，2 楼称之为荣顺堂，有 600 个餐位，还有 30 余个各具特色的包房，可以千余人同时进餐。包房分别以上海石库门、新式里弄和英式别墅等艺术风格装饰。有 8 间石库门样式的包房，以在明清时期形成的"沪城八景"之名命名，富有浓郁的老上海特色。新式里弄包房中间"集贤亭"，以 20 世纪 30 年代沪上电影明星为主题，展出阮玲玉、蝴蝶、周璇、王凤英、消丹桂等照片，使人产生深深怀旧的情结。2008 年 10 月 30 日，沪上十大名厨（国家级金厨奖、最佳厨师、优秀厨师、金牌选手等称号的烹饪大师）轮流坐镇于老饭店和老正兴菜馆，拿出自家绝技，集中进行本帮菜的精彩厨艺展示，国宴菜、经典菜及名点，佳肴琳琅，民众大快朵颐。
"上海名菜"有：醉鸡，白切肉，熏鱼，油爆河虾，红烧鲴鱼，虾子大乌参，蟹粉豆腐，八宝鸭，八宝辣酱，扣三丝。名菜糟钵头：在清道光年间即是沪上家常之菜。以猪耳、脑、舌、肝、肚用陶钵贮而糟之。经改进，现为老饭店中金牌名肴；红烧鲴鱼俗称江团，白吉。产于长江吴淞口，无鳞，色白。成菜之后，色质红亮，汤汁似胶，其味鲜美有似鲥鱼，然无其多刺。原以吴淞合兴馆烹制最佳，后烧法传入市内，成为老饭店的招牌名菜；名菜生煸草头：草头学名苜蓿，原本野菜，亦为家常菜，民国之初始进菜馆。先以旺火将草头煸熟，再喷白酒，成菜色泽碧绿，为沪上盛宴必上之菜。

上海老饭店本帮菜肴传统烹饪技艺入上海市非物质文化遗产名录。

（3）德兴馆（广东路 471 号）。创办于清同治十六年（1890 年），原开设在十六铺，厨师多为上海本地人，因而擅长正宗本帮菜。"上海名菜"有：清炒鳝糊，虾子大乌参，乳腐肉，走油蹄，腌笃鲜。尤以烹虾子大乌参著称。20 世纪 20 年代，沪上人士偏好河鲜，当时十六铺海味行为了推销乌参（一种名贵的海参）生意，特聘德兴馆大厨蔡福生、杨和生研制乌参的烹制技法，蔡、杨经过研究，就取乌参之营养，加之虾子之鲜味，烹制汁浓味美的"虾子大乌参"，以后就成为沪上盛宴主菜。

松云楼（豫园路 98 号）中华老字号企业。在豫园旅游商城的中心位置，荷花池畔，与九曲桥、湖心亭相邻。一本帮菜为主，有油爆虾、松鼠鳜鱼、砂锅大鱼头、蟹粉白玉、八宝辣酱、椒盐排骨年糕等名菜；兼营港式粤菜，有港式草虾、黑椒牛排、红烧鲍鱼等菜。松云楼的高点依照时令节庆供应，清明有青团，端午有咸甜粽子，重阳节有重阳糕，春节有糖年糕、松糕，元宵有白果圆子，宁波汤圆。松云楼一楼供应具有老庙风情的民间小吃，二楼可容纳 180 人同时进餐；三楼设有大小不等 8 个包间。

2. 苏锡菜

老正兴菜馆(福州路 556 号)。国家商务部首批认定的"中华老字号"企业。

始办于清同治元年(1862 年)。由本籍祝正本、蔡仁兴两人合资创设。先是设摊,经营咸肉豆腐、粉皮炒鱼等大众菜肴;后开设饭馆,店号取两人名字中各一字,称为"正兴馆"。因菜肴精致入味,生意非常兴隆,当时沪上仿号竟多达 120 余家,于是该店又号"同治老正兴",以示正宗。厨师多来自无锡,擅烹江南河鲜菜肴。由上海市烹饪协会和市商业联合会共同组织了"2007 上海名菜认定会"认定的"上海名菜"有:醉鸡,熏鱼,油爆河虾,红烧鲴鱼,红烧甩水,清炒鳝糊,虾子大乌参,烧蟹粉,八宝辣酱,草头圈子。青鱼秃肺为镇店之肴,所谓秃肺实为鱼肝。民国初,沪上有一银楼老板是店堂内常客,他提出要食青鱼肝烧制的菜肴,掌勺厨师经多次烹法终于制成,成为本帮菜系中的著名的特色菜肴。

老正兴本帮菜肴传统技艺入上海市非物质文化遗产名录。

3. 淮扬菜

(1)扬州饭店(思南路 31 号)。20 世纪 40 年代初,扬州名厨莫有赓受聘于中国银行餐厅,莫氏为适应银行职员口味清淡之需,改进淮扬菜肴重油浓汤的特征,烹制多种具有海派特色的扬菜,深受称道。50 年代初,莫氏和其弟莫有财、莫有源开设"莫有财厨房",专为工商、文艺界人士宴会、聚餐之用。1971 年改为现名,有佳肴 200 余款,其中"狮子头"一品,就有清炖、虾仁、罗汉、橄榄、蟹粉、鱼香等诸多品种。莫家菜注重刀工,名菜"鸡火干丝"之豆腐干丝(另为鸡和火腿丝),切得细如发丝。名菜三套鸭之鸭内塞入野鸭,野鸭内塞入菜鸽,加入佐料烹制。莫家菜因其主料突出,厨艺精湛,清淡入味而名扬海外。

(2)老半斋酒楼(福州路 600 号)。原名"半斋总会",清光绪三十一年(1905 年)由沪上银行界扬州籍职员所发起而建的同仁俱乐部,提供聚会、娱乐场所,供应扬州风味的菜点。民国初由扬州人张景轩接办改称"半斋菜馆",聘用扬州、镇江籍厨师掌勺,提供茶点品种新,价格廉,深受各界好评。后在店号前加"老"字,以示正宗。名馔有水晶肴肉、炝虎尾(黄鳝)、将军过桥(黑鱼)、白汁鲴鱼、虾仁煮干丝、蜜汁火方、叉烧鳜鱼等;点心有千层油糕、翡翠烧卖、蟹粉汤包及各式面类等,多为其他淮扬菜馆所无有。尤以刀鱼汁面誉满海上。刀鱼产于长江,肉细味美然多刺,因而该店先将刀鱼炒成鱼茸状,然后置于纱布袋中,和以猪骨、母鸡等在汤锅中熬煮,待至汤白汁稠,取汤,浇至汤面上,因而刀鱼鲜味犹在,而无鱼刺之虞。清乾隆帝下扬州时,品尝此面之后,大加赞赏。清明之际,刀鱼初上,老半斋刀鱼汁面也就成为招徕食客的金字招牌。

4. 四川菜

(1)梅陇镇酒家(南京西路 1081 弄 22 号)。1938 年,由俞达夫等人创办,俞氏喜好京剧,就以《游龙戏凤》中地名梅陇镇为店号,起先经营汤包、煨面、肴肉之类镇扬帮菜式点心。后由民主人士吴媚接任经理,此处亦就成为戏剧、电影界进步人士聚会的场所。抗战后期,在保持扬帮特色之外,增加了川菜的品种,发扬其鱼香、麻辣、干煸、红油等传统烧法,还以上海人口味需求进行改进,从而形成传统名菜 200 余种,独创佳肴 30 余款,使之"海派川菜"称号闻名沪上。"上海名菜"有:蟹粉鱼翅。名馔有梅陇镇鸡、椒盐八宝鸭、陈皮牛肉、干烧鳜鱼、龙圆豆腐、宫保龙尾虾、龙凤肉等。名菜茉莉鸡丝汤以鸡丝为主料,用苏州特级茉莉花茶第二泡之汁汤烹制,色香味俱佳,成为沪上宴席中之压台主菜。

(2)多利川菜馆(淮海中路 344 号)。现已发展成以"多利川菜馆"为品牌的连锁店,已有 14 家,成为四川在沪餐饮企业的领头羊。"口水鸡""夫妻肺片""辣子鸡""酸菜鱼""水煮牛肉"等系列特色菜肴,既保持了川菜的麻、辣、鲜特点,又兼顾了上海市民的口味,受到上海人的欢迎。

川菜在沪上历来深受欢迎,据 1930 年出版的《上海小志》记载:"沪上酒肆,初仅苏馆,宁官、徽馆三种,继之京官、粤馆、南京馆、扬州馆、西餐馆纷起焉……近闻则闻闽馆、川馆最为时尚。"如今上海队其百品百味、色美味鲜的特色依旧津津乐道。川菜在沪城餐饮业界仍然"最为时尚"。

5. 粤菜

(1) 杏花楼(福州路 343 号)。清咸丰三年(1851 年)由广东人徐阿润创办,原名"杏华楼",供应粤式腊味饭及粥品。民国初,店主李景海择现址重建。后有位中学教师提议取唐人杜牧"借问酒家何处有,牧童遥指杏花村"名句而改为现名,并请清代末科状元刘春霖书写店名,供应正宗粤式菜肴及广式糕点。菜肴多达 300 余款,名馔有明炉叉烧、西施虾仁、脆皮烧鸭、香葱油鸡。名菜龙虎斗,又名龙虎凤大烩最为著名。主料有眼镜蛇、金环蛇、过树榕蛇(龙)、豹或猫(虎)、鸡(凤),加之鱼肚、香菇、木耳。经多次烹制而成,食用配以薄脆饼、柠檬叶丝、白菊花瓣。风味绝佳,历有"中国稀有名菜"之誉。杏花楼月饼又以馅丰、皮薄、质酥而成为沪上月饼之冠。杏花楼广式月饼制作技艺入上海市非物质文化遗产名录。

(2) 新雅粤菜馆(南京东路 719 号)。1927 年由广东人蔡建卿创办,以广帮菜肴、小吃及中西式点心而著称,基于粤菜本色取西菜制作之长,形成鲜爽滑嫩、味正香郁的风格。店堂亦以陈设典雅、干净卫生而声誉沪上。烤乳猪为看家之菜。名馔有八宝片皮鸭、蚝油牛肉、烟鲳鱼、吉利明虾、脆皮鳜鱼、金钱鸡等。名菜炒杂碎,原称李鸿章杂碎。清光绪二十二年(1896年),李鸿章出使俄美,设宴招待来宾,由于中菜精美味绝,以至吃得盆盆见底,最后以原本弃之的动物内脏加工上桌,称之杂碎,丁是李鸿章杂碎扬名海外。

6. 浙菜

(1) 知味观杭菜馆(长寿路 831 号)。创办于 1913 年,最初是杭州西湖边上的一家馄饨小店。店主原为绍兴师爷,本无店号,只在店门楣上高悬"欲知我味,观料便知"八字,以此招徕吃客。由于料精味佳,生意兴旺,遂取"知味观"之名。除当地小吃外,聘用名厨,烧制正宗杭帮菜肴。1930 年在杭州举办西湖博览会之际,顾客盈门,外商也慕名而来,成为杭州名店。沪上知味观开设于 1930 年,厨师均为杭州烹调高手,传继杭菜传统。名馔有西湖醋鱼、龙井虾仁、黄泥烤鸡(俗称"叫化鸡")、荷叶粉蒸肉、馄饨神仙鸭、西湖莼菜汤等;并以"西湖十景"命名十款佳肴,极具创意。社会名流常有光顾,鲁迅先生曾多次在此定座宴请友人。名菜东坡肉传为宋代苏轼(自号东坡居士)在谪居黄州时自创,并总结"慢著水","少著水","火候足时它自美"13 字烧制要诀。后出任杭州知府,以绍酒代水,如法烹制,用来犒赏疏浚西湖的民工,于是"东坡肉"成为杭帮第一名菜。

(2) 沪东状元楼(平凉路 403 号)。原名甬江状元楼,1938 年由宁波人方、金两人创办。其名源于清乾隆年间,甬江最早菜馆"三江酒楼"之传说。当时有数名浙江籍举人赴京应考,路过酒楼用餐,堂倌以"红烧冰糖甲鱼"迎合而称为其"独占鳌头"。后有一人居然高中状元,旧地重来,为店题写"状元楼"。于是甬帮菜馆以此为名而成时尚,当时沪上竟有十数家之多,然以"甬江状元楼"最佳。店内主厨来自宁波,擅烹海鲜菜肴。名馔有雪菜大汤黄鱼、新风鳗鲞、剥皮大烤、油爆梅蛤、冰糖甲鱼、苔条烤肉等,具有正宗咸鲜的甬帮特色。

（3）王宝和酒店（福州路 603 号）。始建于乾隆九年（1744 年），为沪上饭馆业界百年老店之祖。原专售绍兴黄酒，后又自设酒坊，取金华糯米、绍兴鉴湖水酿制，酒质清澈醇厚，为沪人乐道。之后又供应清水大闸蟹，以品种佳服务优而闻名海上。酒店评分，蟹分五等四味，（五等：湖、江、河、溪、沟中之蟹；四味：钳、腿、肢、肚部位上肉。）大厨能准确识别蟹种产于何处何地；大闸蟹从进店之后，两天之内必须上桌。现以金秋之际的"菊花蟹宴"而著称，有"蟹大王，酒祖宗"之自称。

（4）外婆家（华山路 2038 号）创办于 1998 年。外婆家以"时尚健康"为就餐理念，在全国京津沪深等 20 余城市开设 80 余家门店，有 8 全余名员工。外婆家或"浙江省著名商标"，2010年又被国际权威杂志评为"年度 BESTSO 中国最佳餐厅"，并列入 2012 年中国餐饮百强及"中国高成长连锁企业 50 强"。外婆家的名菜有：外婆小牛肉、外婆红烧肉、龙井虾仁、花雕羊肚、宋嫂鱼羹、桂花山药和芒果芋圆等。

（5）张生记（肇嘉浜路 446 号）开办于 1988 年。依据"食药同源"的原理，烹调适当时令的具有四季特色的新、老杭帮菜肴。镇店名菜是根据祖传秘法制作的"笋干老鸭煲"，油而不腻、书而不烂、鲜美可口；被中国杭州 2000 年西湖博览会的中国美食节组委会公布为"新杭州菜"；《新时代》周刊译为"中国流行菜"，并列入"新满汉全席菜谱"；2002 年有货"国家美食金奖"。张生记名菜有：龙井虾仁、红烧肉目鱼头、蟹粉豆腐、上汤娃娃菜、西湖桂花藕、西湖桂花藕、糯米红枣等。张生记注重店堂文化情调，以明清风格的花窗，以及山水人物、花卉走兽的小件木雕装饰；走廊两侧放置明清家具，花架上摆放景德镇的华青瓷具，风韵淳朴，古色古香。张生记已有"杭州市著名商标""杭州餐饮业名店""中华餐饮业名店"等称号。

7. 素食

功德林素食处（南京西路 445—453 号）。建于 1922 年，由杭州常寂寺居士赵云韶创办，赵来沪集资后于四月八日释迦牟尼佛诞日开张。店号取意"功德如林"。掌勺为从宁波、扬州聘请来的名厨，提供素食有 300 余种，以素菜荤烧为特色。名馔有烧素鹅、白斩鸡、炒蟹粉、茄汁鱼片、鸳鸯鱼丝等。八宝全鸭以莲子、冬笋、香菇、松子、核桃、蘑菇、青豆切细拌以麻油煸炒，再加糙饭，成为八宝馅心，外包豆腐衣，制成鸭形，油炸而成，色、香、味、形俱佳。后又从"一枝香"西菜社重金聘用名厨，制作色拉、浓汤、蛋糕等素食西点，以招徕在沪洋人光顾就餐。近年功德林大厨访名山古刹，考研各派特色菜品，深究刀法火工，形成功德林素菜体系，即中西菜式并存；仿荤、仿味、仿八大菜系之名肴。传承研制百余种净素菜式及各类套餐。功德林的菜肴黄油蟹粉、樟茶卤鸭评为中国名菜，罗汉面评为中国名点，糖醋黄鱼、三丝鱼卷、西兰花素鲍鱼、素鸭定为上海名菜，黄油蟹粉、香油鳝丝、翡翠鱼片、十八罗汉评为素食名菜。功德林素食制作技艺已列国家级非物质文化遗产名录。

8. 上海西菜和西菜馆

（1）上海西菜。中国对西洋诸国菜馔统称为"西菜"，旧时称外国为番，因此亦称"番菜"。西菜进餐程序讲究礼仪和排场，沪人称之"大菜"，并以国别分类为：法式大菜、罗宋（俄）大菜等。西菜何时出现沪上史无明确记载，然明末徐光启将意大利传教士郭居静请来上海，西菜应该随之传入。沪城开埠之后，西洋来沪侨民增多，西菜逐占沪上餐饮业一席之地。随着沪人交际频繁，假座餐馆应酬以至成为时尚。清光绪八年（1882 年）中国第一家商业性西餐馆"海天春番菜馆"在沪开业；同年，"一品香番菜馆"在四马路福州路开张，"一品香"具有创意的是以中国烹调技艺制作西菜，使之适合沪人口味，深刻体现海派风格。在 20 世纪初，"一品香"已成上海名气最大、档次最高的一家供应英美大菜的西菜馆。百余年来,上海人凭着智慧和勤奋,从初期仿制西菜逐步实现正宗烹制。现在上海成为向全世界开放的国际大都市,百业兴盛,餐饮业突飞猛进,西菜系列成为海派菜肴中的一枝奇葩。西式快餐犹如雨后春笋,沪上的肯德基、麦当劳到处可见。

(2) 上海的著名西菜馆。红房子西菜馆(陕西南路 35 号),上海著名传统餐饮品牌,上海著名商标。法式名菜:牛尾汤,烙蛤蜊;德大西菜馆(淮海中路 845 号),德式名菜:德大牛排;天鹅阁西菜社(襄阳南路 322 弄 2 号),意大利式名菜:烙鸡面。新天地的西菜馆开设在石库门建筑内,布置高雅,菜品经典,有美国肋牛排、西班牙烤肉、法国大龙虾、澳洲岩烧牛肉,还有巴西和拉丁牛排。上海的宾馆内也设有异国风味餐厅,如上海宾馆河久餐厅,日本菜;锦江宾馆孟买餐厅,印度菜;锦沧文华大酒店达乐厅,东南亚菜。近年来,很多情侣约会选择在情调比较好的西餐厅出现了魔都的十大最热门西餐厅,按排名次序为:乔尔·卢布松美食坊、POP 美式厅餐酒吧、TACO BELL(丰盛里店)、萨莉亚意式餐厅(华宇弘基生活中心店)。栖蠵 qixi 创意餐厅、Le Saloft de Joel Robuchon、81/2 Ottoe Mezzo BOMBANA、ALI MEN‐TARI GRANDE、艾利爵士餐厅、Mercateby Jean Georges。其中,排名第一的乔尔·卢布松美食坊位于中山东一路外滩 18 号 3 楼,是外滩 18 号最知名的一家米其林西餐厅,是著名法国主厨乔尔·卢布松掌勺,推荐尝试。

(二) 上海特色点心和风味小吃

1. 上海特色点心店

(1) 五芳斋(四川中路 135 号)。上海最早经营苏帮糕团的百年老店。常年供应贺寿所用之寿桃、寿糕、蜜糕、糖糕等。依照时令又有花色繁多的苏式汤面,浇头以鱼虾为主,颇具江南水乡特色。鲜肉汤包、桂花糖藕、糖芋艿是五芳斋特色小吃,是闻名沪上的佳品。

(2) 沈大成(南京东路 636 号)。百年名吃老店,经营四季糕团,时令点心。以排骨年糕最有特色,名声最大。油氽小馒头制作取百家之长,皮取法如南翔小笼,馅取法如扬州汤包,形取法如生煎馒头,炸取法如本地酥饼,色泽金黄,馅鲜汁浓,为沪上小吃之名品。

(3) 乔家栅(襄阳南路 336 号)。清末,沪南乔家栅雷姓老太开设汤圆摊,为便于顾客能将熟汤圆带回家,于是将汤圆在炒熟的赤豆粉中滚拌,称之雷沙圆,生意极好,后又开店面。1937 年迁至现址,遂改进工艺,使用豆沙粉更加细腻,外形更加美观,改称擂滚沙团。著名点心还有八宝饭、猫耳朵、松糕、粽子、虾肉月饼、三鲜碧子团。

(4) 五味斋(西藏中路 7 号)。1937 年创办。起初专营本帮小吃,如糟田螺、面筋百叶、小肉面、鸡肉包和小笼馒头,价廉味美,风靡沪上,因而自号"五味斋",五味之中,糟田螺独树一帜,最为盛名。店内供应的绉沙小馄饨,皮薄馅大,配以肉骨头熬制浓汤,深受民众好评。

(5) 王家沙(南京西路 805 号)。始建于 1945 年,由本地人姚子初在旧王家开设的点心店。沪语中库,是村落之谓,为恐误读于是就用其谐音"沙"来取替。王家沙特色为猪鸡均当日活杀,虾仁取之鲜活河虾。加之服务相当到位,因而生意兴隆,至今不衰。名点有以俗称"四大名旦"最为著称,即鸡肉生煎、虾仁馄饨、蟹壳黄、两面黄。

(6) 绿波廊(豫园路 131 号)。原系豫园内旧物,荷花池边之楼廊。民国期间辟为茶楼,并供应沪式点心,名为"围圊口良"。1979 年改建,易为现名,主经营本帮菜肴。并以点心精美,独具创意而著称沪上。尤以花色"船点"为其特色,点心外形有飞禽走兽、瓜蔬花果,色质典雅,栩栩如生。名点有三丝眉毛酥、枣泥酥饼、萝卜丝饼、四喜饺子、凤尾烧卖、韭菜肉丝春卷等。

（7）小绍兴酒店（云南南路75号）。在1946年，由绍兴人章润年兄妹创办。起先是设摊，以杂碎、鸡粥供应四马路（福州路）周边戏院夜场的看客及演员作为夜宵；后在现址开设"小绍兴鸡粥店"。以青浦、南汇等地采购"九斤黄"鸡（约四斤重）为主料，以原汁鸡汤和上等白粳熬粥，加之葱姜末、上等酱油和鸡油，香浓味美，并配以鸡杂为佐食。供应的白斩鸡，皮色泛黄，滑嫩鲜美而著称，风闻沪上六十余年。

2. 上海著名小吃名点

（1）南翔小笼馒头。始创于清同治十年（1871年）。镇上"日华轩糕团店"黄明贤起初以售大肉馒头为主，后用重馅薄皮、以大改小的方法加以改进。主以精肉、芝麻为馅，根据时令又加之蟹粉、虾仁、春笋等材质，一两精白面粉只做10只馒头，每只折裥14条，馅重约一两。馒头出笼，就任取一只放入碟内，挑破外皮，流出汤汁满碟为佳，否则整笼不准外卖。经百余年的改良发展，南翔小笼馒头形成皮薄、馅丰、汤鲜的三大特点，被誉为沪上小吃一绝。2002年6月，南翔小笼馒头在吉隆坡第四届中国烹饪世界大赛中荣获金奖。上海古猗园餐厅（嘉定区沪宜路218号）制作供应正宗南翔小笼馒头。在第十二届全国厨师节获得"中国名店"的称号。传统面食制作技艺（南翔小笼馒头制作技艺）已列国家级非物质文化遗产名录。

每年在旅游节期间，举办"上海南翔小笼文化展"，出现千桌万人共尝小笼的盛况。

（2）生煎馒头。起始于清代中期，为沪上茶楼的茶食。清末，上海著名菜馆萝春阁，先以发酵有馅的小馒头，放置于加油和水的平底锅内焖煎。出锅之后，馒头底呈焦黄，上则如水蒸而成，称为"生煎馒头"。由于味道独特，深受市民好评，后来各店争仿，味色更佳，成为沪上名气最响的特色小吃。

（3）凤尾烧卖。明代因其形时人称之"纱帽"。用发面（或半发面）包馅蒸制，因用料不同，故名称各异，有鲜肉，蟹粉，虾仁，糯米等式烧卖；因造型不同亦有石榴，凤尾等名。烧卖皮薄馅嫩，形美味鲜，为沪上民众所喜好。此以绿波廊制作最为著名，馅心用猪腿和鸡脯上的鲜肉，拌和干贝、火腿、冬菇、菜梗配成。出笼烧卖馅丰汁浓，外观褶裥犹凤尾，故名。

（4）春卷。为江南著名小吃。古代每逢农历元旦（春节）和立春日，时人有合家食春饼（古人将面食统称为"饼"）之俗。春饼是以和葱、韭等辛味菜蔬制成，"辛"者和"新"谐音，有迎新寓意。沪上旧俗，过年就要吃韭黄肉丝春卷，是为食春饼风俗的传承；城郊在初春之际，还有吃荠菜春卷的习俗。春卷经沸油炸之，外观色质金黄，浓香美味。上海开埠之后，沪上小吃店常年全有供应。亦以豫园绿波廊韭菜肉丝春卷最佳。

（5）五味斋龙眼糟田螺。民国初，沪上小吃摊店在早春之际采购松江、青浦等地的上佳田螺，用茴香、桂皮再加酱油，黄酒烹制成红烧田螺，因味美价廉，生意颇好。沪上著名菜馆五味斋（南京西路226号）（现称人民饭店）再加以陈年香糟使之味佳香郁，肉质鲜嫩，因螺壳形似龙眼，故龙眼糟田螺之名，盛誉于沪上。

（6）上海馄饨。近代沪上馄饨风行一时，当时平民家庭亦有包制馄饨的习俗。点心店、摊将馄饨样式翻新，整天供应。择其要者可分三类：荠菜肉馄饨，初春，以时新荠菜和肉糜为馅，包成外形饱满的大馄饨，极具本地风味，一直为沪人所好。上海大馄饨是一道经典的汉族小吃。制作简单，口感良好，老少皆宜。绉纱小馄饨，清末民初之际由小贩手敲竹筒，肩挑"馄饨担"（俗称"骆驼担"），沿街叫卖，待有生意，停担现做，以薄皮包以肉馅捏成，汤以骨头熬制，味道更美。重油煎馄饨，清末在老城隍庙点心摊主陆海金创制，将煮熟后的菜肉大馄饨冷却，在平底锅内油煎,再配以酱、麻、辣油及香醋,食之松脆鲜美。百年以来,沪上美食界优胜劣汰,变化巨大,然馄饨仍独占鳌头,深受民众欢迎。

四、亲近市民旅游

上海有一种不可言喻的魅力,吸引着无数中外游人。亲近上海市民家庭,过一天"正宗的上海人生活",似乎更是外国游人颇为一致的愿望。远离城市喧嚣,舍弃华丽的宾馆,而走进小桥流水、在竹丛花间的小木屋里,品尝农家菜,欣赏田野风光,体验一番农家乐的生活乐趣;抑或串街走巷,进入上海普通家庭,主人热情招呼着,泡上一杯上好的龙井茶,拿出"大白兔奶糖",削个新疆糖心苹果,而后围桌而坐,聊天;正午时分,女主人会边教边做,和访客一起包饺子、馄饨,于是喝着青岛啤酒,美美品尝有着自己手印、纯手工的食品,不亦乐乎。现在上海的社区、新村以及著名的石库门民宅都非常乐意和真诚地接待来自五大洲的外国朋友和游人,也深受外国友人的欢迎和好评。

(一)曹杨新村社区游

曹杨新村是最早对外开放、接待外宾的居民小区。曹杨新村位于普陀区,这是有名的工业区,加之家属有 20 余万人之多。1949 年之前他们住的是棚户区,住家是矮小的草棚,阴湿的"滚地弄"(用竹篾扎成的蒿棚),生活在"喝(苏州河)水不清,点(煤油)灯不明,走路(道)不平,出门(世道)不太平"的"悲惨世界"。1951 年陈毅市长指令"要下决心建设大批工人新村,把棚户区从上海消灭掉"。1952 年 5 月,由政府出资为工人建造的全国第一个工人新村落成。共有三开间砖木结构两层楼房 48 幢,总面积 32 366 平方米,入住 1 002 户,因在曹杨路上,取名曹杨新村。每幢都有庭院,楼上木质地板,设两套卫生设备。6 月,辟通公交线路,建立菜场、商店,之后又建学校、诊所、图书馆以至影院、文化馆。因而它有着悠久的历史意义。许多全国劳动模范、先进工作者陆续在此安家落户。经过 60 多年的建设,新村已发展为拥有优质教育、医疗、文化、科技、环境、交通等资源的大型成熟社区,人居环境优越。它已成为上海市中心拥有 10 万余人口的大型居住社区。现在已有 9 个新村(曹阳一村至曹杨九村),总面积 2.14 平方千米,人口达 10 余万人,社区道路四通八达,有几十条公交线路通行至上海各区,上海轨道交通 3,4,11,13 号线,中山北路内环线均经过社区,交通十分便捷。在建村同时,也辟筑曹杨公园,又建立共青果园。它的环境优美,是全市第一个全面绿化的新村。被誉为银式项链的曹阳环浜依村环绕,公园、绿地相间,绿化覆盖率达 37%,在全市名列前茅。夏日莲荷亭亭而立,锦鳞游泳;两岸绿地 2.8 平方千米,桃花、垂柳、桂花、香樟等树木成林,还建造水榭、小亭、红桥,形成"满园春色""红桥垂钓""青枫落羽""碧波观鱼""秋桂飘香""傲雪咏梅"等"曹杨八景"。数十年来曹杨新村先后获得"全国最佳街道""全国街道之星""上海市红旗集体"等数十项光荣称号。新村是全市第一个对外开放的人民新村。从 1953 年开始,曹杨新村接待世界 140 余个国家和地区的友人 8 000 余批、15 余万人次,其中有国家元首,政党领袖,知名人士以及普通游人,发挥了"民间外交"、"上海名片"的积极作用。1981 年 9 月 2 日,美国总统卡特与夫人一行访问曹杨新村之后,高兴地说:"在这次的上海参观中,最令人愉快的事是在曹杨新村托儿所以及在工人家庭里与主人交谈。"2009 年 4 月 25 日,"上海·艺术让城市更美好"曹杨新村公共艺术展开幕,活动宗旨是展示公共艺术在城市发展中的作用,体现城市的人文关怀。曹阳新村是上海工人之家的摇篮,是全国街道工作的典范。至今已有 60 年的历史,在建设文明和谐乐居方面取得了很大的成绩,做出了卓越的贡献,为新村居民创造了幸福的生活,为全国街道同行提供了宝贵的经验。2004年曹阳一村被列为上海市第四批优秀历史建筑,这座上海最早建成的工人新村成为中国"社会主义工人文化"的象征。但70多年过去建筑老化,破损严重,空间拥挤等问题正在影响着居民的生活。自2019年2月起,街道牵头同济大学等单位,经多次研讨,在充分听取居民意见后,启动对曹阳一村旧房成套改造工程。2021年10月底,一村部分居民先行回搬。本轮改造"内外兼修",建于70年前的一村青春再现。

曹杨街道(梅岭南路192号)设置有专门机构,接待来访的中外游人。

(二)临汾街道社区游(阳曲路270号街道办事处)

临汾街道位于静安区之北,始建于1988年10月。面积有2.12平方千米,居民有6.9万余,25 400余户,居住群体主要是以普通的工薪阶层为主。在街道党委坚强领导下,依靠广大党员和社区居民、办事人员上下一心,经过长期而艰苦细致的工作,尤其在荣誉之前,更加努力不懈,整个街道平安和谐,环境整洁优雅,居民之间和睦相处,关心时事,读书成风,群众文艺、体育活动办得如火如荼,有声有色。

1991年以来街道先后建成文明小区25个,因而多次被评为上海市先进街道办事处,获上海市及全国授予的各项荣誉称号有100多项。1995年,街道的临汾小区首批进入上海市十佳文明小区行列;1997年,阳曲小区被中宣部命名为全国创建文明城区、文明村镇示范点;1998年3月临汾街道被中共上海市委上海市政府首批命名为市级文明社区;1999年及2002年又先后被中央文明委评为全国精神文明创建工作先进单位、全国精神文明创建工作先进典型;2000年1月被中宣部确定为全国思想政治工作四个先进典型之一。2002年11月被国家体育总局命名为全国城市体育先进社区;2000年12月街道团工委被共青团中央评为全国"五四"红旗团委标兵;2001年7月街道党工委被中共中央授予"全国先进基层党组织";2002年2月被中央文明办、国家民政部确定为全国文明社区示范点;2004年街道又建成上海市市容环境示范区域。阳曲路、临汾路、安业路和阳泉路分别建成餐饮美食、商业休闲、文化娱乐和绿化休闲特色街;2005年3月中央文明办、国家民政部等联合授予"全国万家社区图书馆援建和万家社区读书活动"先进街道,11月被中国社工协会评选为全国和谐社区建设示范街道。同年正式确定为上海市社区党建、社区建设综合试点单位,在7月16日临汾社区党工委、临汾社区管理和公共服务委员会正式挂牌运行。2005年被评为"全国文明单位"。2020年5月,获得"2018—2019年度上海市文明社区"荣誉称号。

从1996年以来,多位党和国家领导人莅临街道现场视察、指导工作。期间,街道还接待了世界卫生组织总干事、外国贵宾,以及澳大利亚、美国、法国、日本和全国各地800余批中外宾客和游人,对于临汾街道卓越的管理工作,出色的社会环境以及良好的居民风尚都给予极佳的评价和赞赏,街道也随之取得了很大的社会效应。在2010年世博举办期间,临汾街道被确定是旅游接待单位,成为连接中外游客亲近上海市民的一个平台。

第二节　上海节庆文化和主要节庆旅游体验

一、上海节庆文化概述

上海开埠经一百余年之后,人口从1852年(咸丰二年)的54万人,增至1949年的500余万[另说见褚绍唐《上海历史地理》为1949年(3月):5 455 007人],绝大多数是来自全国各省的移民。据 1948 年全市人口统计：上海本地户籍人口是 75 万，占全市人口之 15%，余全为外省移民，最多是江苏占 48%，次为浙江，两省比例高达 73%，因而上海成为典型的移民城市。至于在沪从事金融、商贸、宗教、教育等职业的外国侨民，在 1945 年仅履行登记者多达 12.2 万余众。五方之地，华洋诸国文化、理念之间的冲突、交错，终极归于融合，形成兼容并蓄的海派特质。就上海话而言，受到江苏(苏州吴县)和浙江(宁波)方言的极大影响，时而还会掺杂着"洋泾浜英语"，随着时代变迁又涌现新颖的流行语，于是乎汇集成词汇丰富生动、有悖方言正宗、独具一格的海派"上海闲话"。沪上岁时节令历经百年终归亦然。

(一)上海的传统节庆文化

上海的节庆文化坚守传统，具有极强的传承特征，然而又认同接受外来相异的民俗成分。时令节庆的祭祀、饮食、交往及娱乐等方式自然地融汇于沪城民众的日常生活之中，然而因上海精英荟萃、物竞天择的特定历史环境，亦使节庆文化的具体形式以及内容得以不断更新和扩展，从而获取更丰富的商业效能，以臻完美。当今中国时代发展突飞猛进，作为当代国际大都市、著名旅游城市的上海，势必会出现更多、更具现代特性的节庆项目。

(二)上海的现代节庆文化

上海现代节庆活动在一年之内，有百余项之多，策划缜密、创意新颖，成为体验上海、感受都市文化的旅游品牌。上海现代节庆的创新在于以传统节庆中主流内容和重要元素为基础，将其文化主题发扬到极致境界，并广延诸行百业，涉及于旅游、园林、宗教、农业、商业、教育、文化、金融、交通、通信等层面之中，使之整体充分调动，全力投入，使节庆活动突出主题，过程热闹而又绚丽，从而获得至善至美的效果，譬如"迎新年，撞龙华晚钟"传承沪城"龙华晚钟"之景而创办；龙华庙会也是三月初三纪念汉化弥勒涅槃日集会而延伸举办；同样受到中外游人好评的沪上时尚节庆，往往是依托当地著名的风物，极力展示风情万种的当地景色，从而有效地营销当地的特产。就像上海桃花节(4 月)、奉贤菜花节(3 月)、青浦佘山兰笋文化节(3 月)便是。

上海旅游节庆活动的展开日趋成熟：主题明确，布局合理，举办井然有序，有声有色。这是上海市政府的重点工作，也是上海重大商业节庆活动，由上海市商务委员会，上海市经济和信息化委员会，上海市旅游局，上海市文化广播、影视管理局主办。2016 年上海购物节从 9 月9 日起至 10 月 9 日闭幕，正值是上海购物节十周年，围绕"女人的上海——新消费、新体验、新联动"为主题，推出"玩转购物地、商街联盟秀、购物达人赛、国别商品周、伊人醉时留、特色美食汇、品牌体验月"等七大板块，组织重点活动 100 项，主题活动 500 项，参与企业 2 000 家，涉及门店 2 万家，为广大消费者奉献一场时尚、品质、亲民、互动的购物嘉年华。全市主要商业街、商场举办丰富多彩的专题购物活动外，还利用天时地利的优势，举办非常有特色的旅游购物活动，深受市民和游人的欢迎。古桥之乡金泽办起古镇庙会，朱家角有水乡音乐节，南翔古镇有上海南翔小笼文化展，沃尔玛有山姆商品周、麦德龙有德国商品周、家乐福有国际美食节、新天地旁边的太平湖公园由上海时装周 2017 春夏发布会、崇明有首届东平美食节、上海展览中心有 2016 中华老字号博览会、上海百家药店以"健康商品、健康消费"为主题走进居民社区，全市 50 余家餐饮企业联手办起上海金牌小吃大联展……

原本购物是件寻常之事，运用独到的创意，周密的组织，以至宣传、包装、举办等手段，然后浓墨重彩，将一个单纯的商业行为渲染成富于艺术和人情而且非常精致的旅游文化节庆。在体验其过程之中，才能深刻感受沪上节庆文化的实用、精彩和魅力。

二、上海的传统节庆旅游

上海地处江南,位于古吴越之间,千百年来,先民于斯生存、开拓、进取、发展,同时形成丰富多彩、充满人情的民俗文化。传统的节庆也已自然融入上海人日常生活之中。在春节、清明、端午、中秋、重阳之际,家家清扫门户,或祭祀祖先,或走亲访友,或全家团聚、出游、观景赏鲜、其情切切,其乐融融。现在五大节庆已入围国家级非物质文化遗产名录,并被设为国定假日。

(一) 春节

中国人最大的节庆,入选首批国家级非物质文化遗产名录。原称元旦,民国之后使用公历纪年,定公历1月1日为元旦,农历正月初一则被称为春节。西汉武帝之际,所行"太初历",定其为岁首,遂俗庆活动丰富多彩。唐宋之时则更敷张扬厉,并定为规制。旧时沪城除夕日,置新衣,备年货,张贴对联,吃团圆饭,发压岁钱,通宵守岁。凌晨,雄鸡初啼,家家开门迎新,举爆竹三声。春节期间,祭祖、看戏、逛店、走亲戚,初五接财神,十五上元节之夜(元宵)观赏灯彩。如今的元宵节,豫园灯会格外热闹,吃汤圆和喝奶茶相结合,推出了许多汤圆奶茶新品种,成为年轻一代元宵新时尚。近年沪上民众多以外出旅游度过假期七天。其特色有三:一出境或长线居多;二自助或全家出行居多;三档次豪华居多。

时令食品:元宝菜,汤圆,时尚休闲食品。

(二) 清明

二十四节气之一,公历4月5日前后。入选首批国家级非物质文化遗产名录。秦代已有墓祭之习俗,唐代成为定制。旧时沪上除却扫墓祭祖之外,还有城隍出巡等隆重仪式,求得消灾,以佑百姓。如今上海民众扫墓祀祖多在郊外或江浙各地周边,祭拜之后,举家在附近踏青游览,品尝特色菜肴,购买当地特产。

时令食品:青团,刀鱼,河蚌,各地名小吃。

(三) 端午节

农历五月初五日。入选首批国家级非物质文化遗产名录。初、端同义,按周历岁首为十一月初一,则以地支顺序,五月行午,故名,亦称"重午节"。为夏季重要节日。起源说法多种,一说源于夏、商、周三代夏至习俗;另说因为此日为恶月恶日,因而举行驱瘟辟毒的仪式;汉末出现纪念屈原之说,因而有包粽子,赛龙舟的习俗。旧时沪上家家门上挂有神符,菖蒲、艾叶避邪;小儿以雄黄点额辟毒;民众登城东丹凤楼,观看黄浦江上龙舟竞赛。现在苏州河已成清流,2009年端午节已重现龙舟飞渡的盛况。罗店划龙船习俗已列入国家级非物质文化遗产名录。

时令食品:粽子,大蒜。

(四) 七夕节

农历七月初七日。入选首批国家级非物质文化遗产名录。古时民间有牛郎织女在天河(银河)相会的传说。汉代已成节俗,初以少女在夜间陈列瓜果,拜祭天河,乞巧赛巧,因而亦称女儿节。旧时沪上每家油炸巧果(面食)食用,妇女月下穿针引线,以应乞巧竞赛。时下称之为"中国情人节",确切应称之为"夫妻节"。沪上流行送玫瑰花,情侣相聚。

时令食品:西瓜,咖啡。

(五) 中秋节

农历八月十五日。入选首批国家级非物质文化遗产名录。是日为三秋之半,仲秋之中,故名,亦称仲秋节。起源于周代祀月仪式,两汉及晋魏之际,衍化为赏月、咏月之举,宋初始定中秋节。旧时"沪城八景"有"石梁夜月",是日在小东门外,方浜之陆家石桥(明陆深所建,亦称学士桥)之上,观赏天上明月,水中月影。民众亦有赏桂花,饮桂花酒,品月饼之雅举。中秋至八月十八日,黄浦江秋涛汹涌,动人心魄,"沪城八景"中就有"浦江秋涛"。现在中秋之际正值上海旅游节举行之时,看花车,游桂林公园成为时尚。入夜阖家喜气洋洋共聚,吃团圆饭。

时令食品:月饼,桂花酒,糖芋艿,毛豆。

(六)重阳节

农历九月初九日。入选国家级非物质文化遗产名录。九为阳数,两阳相重,故名。源于战国,成于西汉。亦称登高节,是日有登高之举;因赏菊花,饮菊花酒,又称菊花节;古时有出嫁之女是日归家,父母送其花糕的习俗,因而亦称为女儿节。旧时沪上民众持螯,赏菊,饮菊花酒,食重阳糕。现在又定为老人节,重阳敬老成为新习俗,子女携带各式补品探望父母,或陪其观赏菊展,品尝大闸蟹。沪上流行银发旅游,远则登临佘山,近登金茂大厦、东方明珠,尤其登上环球金融中心第100层观光天阁(474米),为当时世人可以到达建筑物之极致高度,俯瞰浦江两岸,行道纵横,华厦鳞次栉比,尽收眼底。

时令食品:大闸蟹,重阳糕。

三、上海的现代节庆旅游

上海现代节庆有百项之多。每年春秋两季,沪上佳节缤纷多彩,譬如结婚,玫瑰婚典名副其实地使人过个浪漫的节日,乘上高级轿车,在红色玫瑰花丛之中,行驶在高雅的淮海路上,逍遥过市。沪上现代节庆就是凭借旧俗、寺庙、园林,甚至街道的优势,创新策划,秀出个有声有色、引人入胜的狂欢活动,成为上海魅力非凡,具有国际大都市气派的旅游品牌。在举办期间还推出别致新颖的工艺纪念品、色味俱佳的特色食品、现做现卖的各地名特小吃……从而轰轰烈烈地带动起相关行业的发展,这也就是沪上现代节庆的一个重要特质。

(一)上海旅游节

创办于1989年,由黄浦旅游节延伸升级而成,是国家重大节庆活动之一。每年九、十月间举行,历时一个月。它是以"人民大众节日"为定位,以"走进美好与欢乐"为主题,充分调动节庆、展览、表演、比赛、娱乐、观光、购物、美食等形式,集中展示上海都市风光、都市文化、都市商业的旅游资源和优势,从而招徕天下游客游览大上海。在此期间先后开展旅游形象大使评选、十大休闲街评选、导游大赛、市民设计最佳旅游线路等活动,其中最为精彩和亮丽的项目是彩船花车的巡游评比。

2016年9月10日,上海旅游节开幕式暨开幕大巡游在高雅的淮海路上举行。来自9个国家和地区25辆花车和31支表演方队华丽出场。充满特色的精彩表演,多元化的缤纷展示,使淮海路成为欢乐沸腾的海洋、流光溢彩的世界。首辆花车是上海迪士尼度假区的"梦想开幕",花车的主题视觉是以"奇幻童话城堡"作为场景,大主角米奇和12位动画电影《疯狂动物城》中的明星朋友,热情地向沿街游人致以问候;上海野生动物园的花车是以大熊猫作为造型,传达了今年动物园首次成功繁殖了一个熊猫宝宝的喜讯;宝山花车使用国际豪华游轮以破浪远航作为外形,展示吴淞口国际邮轮码头可以停靠7万吨以上的巨型油轮的优势;山西花车以"晋善晋美"作为旅游口号,彰显山西是华夏文明的主要发祥地之一的地位,拥有全国重点文物保护单位(景点)452处,居国内之首;"南通濠河"花车打扮成活泼可爱的河豚模样,展示南通有5A景区称号的濠河两岸迷人风景,濠河是中国保存最完好的四大古代护城河之一,历经千年,周边分布 20 多个各具特色的博物馆、体现了拥有我国第一家博物馆(南通博物苑)的古城深厚的江海文化和历史。在以后的·5 天内,花车队分别在静安区、黄浦区及金山区、崇明区等 11 个区内巡游或停留展示,最终停放在上海东方绿舟内,以供游人观赏,同时开展评比大奖赛活动。

2016 年旅游节共推出有 562 项活动,加大旅游和商业、体育、文化等相关的融合和发展。在活动进行中,还举办"微游上海"的创新活动,增强游人的参与性和娱乐性。在奉贤有风筝节,安亭有赛车节,淀山湖有帆船节,金山的碧海金沙有滑水节,嘉定古镇举办上海孔子文化节,在枫泾古镇举办"吴报越角"水乡婚典(12 届),在静安公园举办国际雕塑展和戏剧艺术节,在上海欢乐谷举办国际魔术节……

9 月 21 日举办浦江彩船大巡游。在黄浦江的外滩和陆家嘴水域内,22 艘浦江游览船列队在江中巡游,历时 90 分钟。停泊在江中的 3 艘烟花船燃放礼花,在缤纷辉耀的景象中,两岸美景交相辉映,非常华丽而且壮观。

在旅游节期间,有适应家庭亲子活动的小主人欢乐游、哈哈音乐师等专题活动。同时上海有 60 个景区和景点门票实行半价优惠。

10 月 9 日,随着上海中心内"空中音乐会"的举行,为期 26 天的 2016 上海旅游节华丽谢幕。这次上海旅游节共吸引游客 1 150 万人/次参与。

2021 年金秋时节,一年一度的上海旅游节如期而至,2021 年上海旅游节的主题为"人民大众的节日",从 9 月 17 日—10 月 6 日,为期 20 天。这届上海旅游节特别推出"建筑可阅读、城市微旅行"主题,用"全城接力、全民参与、全媒体呈现"方式展现上海旅游节"金名片"。

(二)上海桃花节

原为南汇桃花节,每年 3 月 25 日—4 月 16 日在南汇区举办。主题为:亲近大自然,走进桃花源。此时惠南镇郊外田野 4 万余亩桃树林,花色娇丽,如火如荼,菜花金黄,一望无际,交相辉映。在桃园民俗村中开设推磨、织布、踏水车、赶牛车等项目,并划定平安水域,可让游客下水捕鱼;古钟园内装点数以万计的彩灯,洋溢着浓郁的本地风情。游客如云,徜徉其间,陶醉于田园风光和淳朴民情之中。在领略桃花盛开美景的同时,市民可参与"做一天都市村民"等一系列趣味民俗活动。2021 年 3 月 26 日至 4 月 6 日,上海桃花节在南汇桃花村拉开大幕带给游客不一样的桃花之旅。桃花之美与乡野之趣相融合,非遗之精与文创之妙相碰撞,在桃花深处,感受传统文化的魅力是本届桃花节的一大魅力。开幕式当天,南汇桃花村口,桃花酥、桃花酿等桃花伴手礼和特色文创、乡创产品齐齐亮相,有精选出的 18 项非遗项目也在此集结。开幕式后浦东非遗项目将分散在 5 条乡村人文赏花线路中,等待游客的发掘。浦东新区艺术指导中心送戏下乡进行专题演出。在桃林深处,身着汉服的"桃花仙子"翩翩起舞,"三生三世,十里桃花"在现实中情景再现。在此次桃花节中,红色文化主题活动不断再现。

(三)上海国际茶文化节

起始于 1994 年,在 4 月最后一个星期六举行,为期 7 天,以"以茶会友,以茶传情"为宗旨,普及中国博大精深、历史悠久的茶文化。在闸北公园(原为民国名人宋教仁墓地,称宋公园,现为全国首家茶文化主题公园)内举办。在此期间,园内开设展览名茶、名壶、茶艺表演、品茶等项目,还举办中外学者以茶文化为主题的研讨会。在宋园(亚太地区最大的茶艺馆)进行茶艺茶道文化交流。同时还推出丰富多彩的与茶文化相关的评弹、京、越、沪等剧种的名家专题演出;并开设茶乡旅游线路。节庆期间有美国、日本、韩国、新加坡等十多个国家以及全国各地茶界学者及旅游者云集于此,上海市民更是津津乐道,争相参与。2014 年 5 月 30 日以"茶文化、茶健康、茶产业"为主题的第二十一届上海国际茶文化旅游节在上海文化中心开幕。来自全国各地和上海各界、市民、游客 5 万余人参加。同时自蒂芙特国际茶文化广场举行了茶业茶乡旅游博览会,有 70 余家茶叶经销企业参与,展销茶叶多达 200 余种。2021 年第 26 届上海国际茶文化节在上海展览中心开幕,带领大家穿越时空,一睹千年前盛世之中茶文化的风采。如丝路源起是一个汉代情景体验展厅,展现多姿多彩的茶文化;唐宋元明清沉浸式情景体验展厅,通过多媒体技术,给观众一种穿越时空的感觉。展区再现大唐盛世情景,让观众感受盛唐时期的风采。

(四)上海桂花节

始于 1989 年,农历八月十五(中秋)之际举行。此时桂林公园内万株桂花树,花开炽盛,馨香浓郁。上海市民兴致勃勃,游园赏桂观月。公园适时举办摄影、绘画展览,放映露天电影,开设武术、杂技、时装等多项表演;入夜还举办广场晚会。桂花村美食街供应丰富多彩的桂花酒、茶及糖果,深受游人喜爱,踊跃购买。

2015 年,桂林公园举办"唐韵中秋"桂花节,以弘扬中国传统文化为主题,由海派爵士、昆曲名段、静安评弹、海派皮影、现代名乐以及海派茶道、汉服表演等活动项目组成。

(五)中国上海国际艺术节

上海国际艺术节是我国目前唯一的国家级国际艺术节。创办于 1999 年,每年一届。艺术节以展示舞台表演艺术为主,突出其国际性、民族性和经典性。开展的演出有经典名曲、歌剧、中国戏曲、魔术、杂技等多个项目。期间还举办演出交易会,美术展,艺术博览系列论坛会及亚洲音乐节等活动。上海就此对剧场展馆等艺术设施进行了改建,从而形成了国内一流的演剧场体系和展览场所。艺术节的目标:成为广纳中外名流、名作、名剧、名曲的一流艺术节,力争进入世界十大艺术节之列。

第十八届中国上海国际艺术节在 2016 年 10 月 12 日于上海大剧院拉开序幕。这是中国规格最高的对外文化交流活动之一,这次艺术节在展示中华文化传承和创新优秀剧目的同时,引进国际优质演展内容,共同推动世界文化艺术的合作发展。随着压轴曲目《我的祖国》的动人乐章缓缓落下,开幕大戏——上海民族乐团原创演出的《海上生明月》音乐现场圆满落幕。这是首次用民乐作品作为艺术节开幕剧目,借由音乐现场这种多元、跨界、融合的形式,挖掘出了民族音乐更多的魅力和潜力,体现中国的音乐最适合表达"天人合一、世界大同"的理念。艺术节共上演 50 台中外剧目,有歌舞、戏剧、曲艺、音乐等各种艺术形式,原创新作有 25 台。艺术界名家集聚,佳作荟萃。在适用剧目中突出"融合""一带一路"沿线国家 10 多部作品,及服务于"一带一路"国家战略,又展示"一带一路"拥有丰富文化艺术资源。2019 年 10 月 18 日至 11 月 17 日举行第二十一届艺术节。43 台 97 场剧(节)目参演本届艺术节。吸引了来自 40 多个国家和地区的近 450 家机构参与其中。2020 年 3 月 24 日第二十二届中国上海国际艺术节与摩纳哥、德、美、英、日等国的演艺机构举行了首轮"云签约"。并于 2021 年秋在上海举办。中国上海国际艺术节是中国唯一的国家级综合性国际艺术节,多年来坚持"艺术的盛会,人民大众的节日"这一办节宗旨,曾为申城乃至海内外的艺术爱好者带来包括世界十大小提琴家之一平夏斯·祖克曼、知名大提琴家马友友、瑞士洛桑贝嘉芭蕾舞团等名家名团的精彩演出,也是中国对外文化交流的重要窗口之一。

(六)迎新年,撞龙华晚钟

为沪城八景之"龙华晚钟"传承,创新而办。自 1991 年起,每年 12 月 31 日子夜,在江南古刹龙华寺钟楼下举行。在中外游客中,有 108 位幸运者,披红挂彩,在寺院法师陪随下,撞响铸于清末,高 2 米,重 3 吨的青铜大钟,雄浑悠扬的钟声中,送旧迎新,祈百姓吉祥,求国家昌盛;钟声中,殿堂之内香火氤氲,钟磬齐响,百余位法师披袈裟,高唱经文,举行迎新仪式;钟声中,龙华塔下,鼓乐鞭炮轰鸣,彩龙舞,狮子舞,欢声笑语以至通宵达旦。游客还可以参加烧香拜佛,观看"吉祥赛事"、品尝"越年面",在"吉祥树前许愿,参加寺内的发起文物展"等丰富多彩的活动。2018 年龙华撞钟活动祈福迎新,迎来大批游客前往,带来人们美好的期望。龙华寺外传统的武术表演让人们分外开心。

(七) 豫园元宵灯会

1955 年开始举办,至今已是第 25 届。从春节的初一起至元宵节。豫园商城内张灯结彩,展示数十组大型主题灯彩,集南北派风格,融古今之技艺,将已列入国家级非物质文化遗录的上海灯彩推向极致的艺术境界。入夜,九曲桥畔,华灯初上,流光溢彩,荷花池上,放映着水幕电影。此时游人潮涌,豫园商城内全部商场餐馆适时开展全面优惠酬宾。2008 年元宵节入选第二批国家级非物质文化遗产名录,而豫园灯会列入国家级非物质文化遗产名录。2020 年豫园灯会的总主题是"全面奔小康,焕彩中国年"。灯展围绕着两条主线:一是庚子鼠年生肖民俗;二是江南文化、海派文化。灯会共有 41 个灯组,分三大主题展区。中心广场主题是"小康社会、美好中国"。主灯组:2020 属你最幸福;黄金广场主题是"五福迎新,幸福家庭";九曲桥主题是"长三角融通、一衣带水"。2022 年 2 月 15 日的元宵灯会,吃汤圆,喝奶茶,看花灯猜谜谜子等,成为今年灯会的新时尚。

(八) 上海龙华庙会

自明代始已有四百余年历史,现入选国家级非物质文化遗产名录。起先在农历三月初三举行,是日为未来弥勒佛之化身像布袋和尚(大肚弥勒)涅槃日。现为农历三月十五日,延续数天。因十五为每月进香之日,正值龙华三绝之桃花(另有古刹、宝塔)盛开,因而游人可以同时进香,赏花,逛庙会。庙会期间,商贾云集,仅各地特产、小吃就有百余家之多;龙华塔下汇集海内民间戏曲、技艺在做现场表演;寺内能欣赏庄严悠扬的梵乐,品尝素斋素食。举行之日,游人如潮,多至数十余万。至今享有"上海民俗第一游"美称的龙华庙会,以现代海派城市庙会的理念进行打造,推动街乡文化的传播,推进现代都市旅游与民族文化的融合发展。它不仅对上海地区,而且对长三角地区曾经发生过深远的影响。2016 年 3 月 29 日,在龙华旅游区举办庙会,为期 5 天。庙会以"吉祥文化"为主题,有"吉祥出会,吉祥戏台,吉祥庙市"三大活动,体现了历史、宗教、旅游三大文化传承、创新和融合,有 21.5 万人踊跃参与。龙华庙会成为沪上最有影响、最受欢迎的民俗节庆活动。上海龙华庙会列入国家级非物质文化遗产名录。2019 年 11 月《国家级非物质文化遗产代表性项目保护单位名单》公布,上海市徐汇区人民政府龙华街道办事处获得"上海龙华庙会"保护单位资格。

第三节　上海的商业文化和购物体验

一、上海的商业文化概述

(一)"购物天堂"的形成

沪城地处江南。人杰地灵,物产丰美;位于东南之滨,长江河口,自唐宋以来此地万船齐发,商贸繁忙。元初上海镇乌泥泾人黄道婆大力推广先进的弹棉纺织技艺,使当时纺织植棉行业空前繁荣,商业随之突飞猛进。明清之际,上海布棉"衣被天下"远销日本诸国,上海县成为"江海之通津,东南之都会"。上海在开埠之前,已有南、北两市,老城厢内的南市是商业中心。在南门外,道路纵横,百业齐集,临街设店,按行成街的布局至今还体现在路名上,如菜市街、花衣街、筷竹弄、糖坊弄、硝皮弄、豆市街、面筋弄、火腿弄等。黄浦江畔,码头排列,船桅林立,当时称之:万商云集,百货山积。百年上海滩,商界风云变幻,然而沪上商贾凭借气度开阔、机警聪慧的传统优势,充分采纳徽商之信誉、晋商之精明、甬商之灵活的优秀特质,奋发而进,事业兴旺发达。南京路在 1909 年主要商店已有 430 家,(1909 年《上海指南》),5 年之后发展至1 693 家,扩大近 4 倍;其后四大公司拔地而起,百年老牌闪亮登场,百行云集、店招相接、万货琳琅,从而成为中国最为繁华的商街,上海成为远东最大的商城。现今上海在改革开放之后,就旅游业而言,全力营造"购物天堂"。东南西北四方门户雄踞四大商城,成为"购物天堂"坚实的基石。有各类特色街约 50 条,分别分布在餐饮美食、休闲娱乐、商业文化等 10 个领域。游客去体验每条商业街都能感受到其具有的个性和魅力,展示各自商业价值;都在体现着基本商业元素,同时又表达文化创意与演绎的内涵,条条大道通向"购物天堂",成为都市商业繁华的象征。

(二) 商业新时尚

上海拥有数百幢靓丽炫目的商厦,汇成有声有色的豪华商圈;而一些国际大牌却隐身于沪上名宅,赋以为"family(家)"。英国"男装王国"登喜路和瑞士手表大王"江诗丹顿"不约而同都选择了淮海中路 796 号具有新古典主义风格的三层东西连体别墅落户。东楼建于 1921 年,为有 253 年辉煌和梦想的江诗丹顿之家;西楼建于 1927 年,是登喜路王国的地盘。在这里,宾利的古董家具,维多利亚年代的皮质沙发,汉漆木楼梯,黑白相间的意大利式吊灯,彩绘玻璃窗以及大理石地坪,高雅地衬托着在中英两地共同精制的极品西装和古董般价格的手表。登喜路楼上是餐厅,江诗丹顿楼上是酒吧,还有家名为 Kee 的法国餐厅,是为两个大牌的 VIP 服务的。后花园被池水环抱着的又是家艺术画廊。体现了世界流行的"名品(精品)+餐饮"的格局,也是时尚在沪上商界的一个经典创意。

(三) 进一步优化购物环境

近年来上海加强各类商业设施的规划与建设,注重人群与商业的主动及感受,注重购物、旅游、文化等商业概念的创新与融合,使购物环境进一步优化。在商圈建设上,徐家汇商圈"二次创业"升级功能,陆家嘴建内环最大地下商圈,中环商圈打造上海商业新名片;在大型购物中心方面,上海又新增大型购物中心,如上海 K11 购物艺术中心,金沙江路环球港、静安嘉里中心、环球广场 iapm;在品牌店的建设上又新增了一些品牌店,如"意城"落户虹桥高铁站,虹桥机场打造空港商业新地标、连卡佛全球最大门店在沪开业(位于淮海中路大上海时代广场)等。

(四) 海派纪念品

旅游商品是购物旅游最主要的元素,沪上传统土特产及工艺品由于质量上乘、包装精美而受到中外游人钟爱。上海的旅游纪念品更是城市的名片,既要展示时尚符号,又要表达海派风格。为了造就强势品牌,2008 年 10 月举办了上海旅游节"老凤祥杯"旅游纪念品大赛。2 个月之后,收到设计作品 453 件,金点子创意 120 条,在"发现更多""体验更多"的基础上,通过独特的文化(纪念品)传递对上海的印象,诉说这个城市的故事。巴洛克式的石库门门面设计成为金属小挂件,打开门后,又是相框;也有设计成手提袋,将时尚和怀旧和谐结合;世博中国馆色调和构件巧妙地设计为银餐具;"中国风尚"的 U 盘,用以剪纸、青花瓷、檀木雕;奔放的红,深情的蓝,怀旧的黑褐,优雅地包装起来。东方明珠的造型制作成一副眼镜。纪念品的实用和功能被极大强化,并且将海派文化内涵渲染得淋漓尽致。近年来"海派青瓷"申遗成功;连续举办多届的"老凤祥"杯旅游品纪念品设计大赛,强调"坚持创新"的思路,为旅游与设计搭建展示平台,推动上海旅游纪念品产业发展,并为优秀作品和纪念品厂商搭建桥梁,推动大赛作品的市场化进程。中华老字号时尚创意大赛上海作品获奖,上海有 16 件作品获奖,其中金奖 2 名,银奖 4 名,铜奖 10 名;在 2013 年 12 月 19 日,举行 2014 年度旅游纪念品(礼品)流行趋势预测发布会,关注旅游客对旅游纪念品的需求反馈,扩大和嘉庆上海与外地,中国与世界的恒业交流互动,为旅游纪念品创新指明了方向。

(五) 中华老字号

经历百余年风雨的沪上老店,千锤百炼,声名卓著,铸就一个辉煌的金字招牌:中华老字号。上海拥有 286 家商业老字号,有 51 家入选由中国商务部组织评选的第一批"2007—2008消费者喜爱的中华老字号品牌"。中华老字号是当今商业文化珍贵的遗产,是城市的深刻记忆,老字号集聚之地更是体验上海都市购物旅游的地标。南京东路的 3 千米之内,298 家商店中有 196 家百年老店,这就是"中华商业第一街"的精彩之所在。每一个百年老店都是博大精深的上海商业文化中的一段华章,每一个老字号招牌的背后都有一个动人心魄的传奇。这也是上海海派商业文化的精彩之所在。

二、上海的特色商业街、商城购物旅游

上海的商业百年精彩,称为"购物天堂"。十里长街,华丽的商城,幻彩的灯光,典雅的广告,精品荟萃,琳琅满目。豫园旅游商城的传统情调,徐家汇商城的现代气息,新上海商业城的枢纽格局,火车站不夜城的综合功能;南京路的繁荣,淮海中路的精致,四川北路的平实,都成为沪城的标记和象征。至于二十大商业特色街,更是八仙过海,各显神通。

(一) 商业特色街

1. 南京东路商业街

中国最为著名的商业街,有"中华商业第一街"之称,也是全国规模最大、最具魅力的全天候旅游休闲步行街。在 1843 年,上海开埠之后的第八年修筑此路。初称花园弄(派克弄),俗称大马路。1865 年,定名南京路,历时已达 150 余年。此地云集 600 余店家,店招高挂,商品琳琅满目,有数十家声名卓著的百年老店,是中国近代商业之发祥地。从 1917—1934 年间,南京路建起当时国内最摩登的商厦:先施(1917 年建,现时装公司)、永安(1918 年建,现华联、华侨商厦)、新新(1925 年建,现第一食品商店)、大新(1934 年建,现第一百货商店)四大公司,领军中国乃至远东百货商界,遂称"十里洋场"。1998 年,南京东路进行筑路以来最大规模的改造,从河南中路至西藏中路。规划"南京路步行街",全长 1 033 米,由江泽民题字。鳞次栉比的商厦装饰豪华典雅,万货汇集于此;入夜华灯初上,流光溢彩,形成"不夜城"迷人景观。街上人潮如涌,笑语鼎沸,有全日 120 万余人次流量的记录。现在四大公司列为上海市文物保护单位、优秀近代保护建筑而得以精心保护,华联商厦(原永安公司)为折衷主义建筑风格,2004年经 2 个多月的装修改进,拆除楼北沿街立面上的玻璃幕墙,复原了雕花立柱及阳台,重现了具有欧陆风情的铸铁栏杆(原件),在落日余晖中,萨克斯风荡气回肠,重现了永安公司 90 余

年前的高雅风采。之后海仑宾馆等现代建筑拔地而起。2006 年百联世茂国际广场大楼建成，高为 333 米，为浦西第一高楼，成为南京离殇的又一购物天堂。南京路步行街将继续保持以四大公司为首的综合商业的优势，立"一店一品"为发展宗旨，增加旅游、休闲、餐饮、娱乐的元素，从而使南京路成为国际一流的大街，魅力永世长存。2005 年，南京东路步行街被评为上海"十大休闲街"之首。

2. 淮海中路商业街

初建于清同治二年(1863 年)，为通向"八仙桥坟地"(现淮海公园)的简易通道，称坟山路；1900 年称宝昌(法租界公董局总董之名)路，之后为纪念第一次世界大战法军总司令霞飞，改名霞飞路；1943 年又改为泰山路，1945 年又以曾为民国政府主席林森之名称林森中路；1950 年为纪念淮海大步行街上有个世纪广场，每年都有许多大型活动在此举行。广场上有一个非常大的液晶显示屏，经常会滚动播放主题表演节目，这已成为南京南京东路夜晚一道亮丽的风景线。定名为淮海中路。东起西藏中路，西至陕西南路，全长 2 100 米。商业街经营以世界精品、国际名牌、异国餐饮为主流，从而形成以白领以休闲消费为主导的时尚之地。三百余家商店的建筑及其装潢高贵而典雅、布置温馨而精致，店内商品多为世界极致名品，因而有"高雅淮海路"之美誉。街道两旁整齐排列着粗大的梧桐树，绿荫遮地。每年上海旅游节花车大巡游，玫瑰婚典在此隆重举行；而时代广场"迎新年苹果倒计时"，上海新天地"迎新年倒计时"等成为商业街著名休闲品牌。如果说南京路是上海商业的象征，则淮海中路更多地表现为一种品位，一种风格。它的持久生命力，在于自 1900 年以来，始终与时俱进的步伐与海纳百川的胸怀。

3. 四川北路商业街

1903 年名为北四川路，1945 年改称现名。北起四川路桥，南至鲁迅公园，全长 3 700 米。以中外品牌及工薪阶层消费为主。商业街形成特征鲜明的三个布局：南段是以"繁"为特色，商店密集，规模大，以百货、家电、服饰、鞋帽、黄金珠宝及餐饮业为主；中段是以"专"为特色，有 40 余家专业商店，还有 16 家外贸公司的专卖店(厅、柜)；北段是以"雅"为特色，主营文化用品，其北就是环境幽静的鲁迅公园，南则为蜚声中外的多伦路文化名人街，有"一条多伦路，百年上海滩"之称。四川北路与追求豪华消费的淮海中路、南京路形成了鲜明的对照，它迎合了上海市民讲实惠的心理，成为百姓青睐的购物天堂，一条"面向工薪阶层的商业大街"。

4. 福州路文化街

旧称布道街，俗称四马路。道光二十三年(1843 年)在附近创建的墨海书馆是中国第一家机器印刷厂；之后又有百余家书店开设在此路之东，在不足 200 米的路段上，有著名的中华书局，商务印书馆(现上海科技图书公司)，开明书局(今 268 号)，大众书局(今 320 号)，世界书局(今 390 号)，成为沪上出版、印刷、发售书籍的集聚地，因而有"文化街"之雅称。它是上海租界时期最早开辟的马路之一，也是一条具有书香气息的文化街，有"远东第一条文化街"之美称。现在文化街有沪上最大的书店，上海书城，还有上海古籍书店、上海科技书店、外文书店、美术书店、音乐书店等近十家国内著名的专业书店。沿街还有专售文房四宝、名笔纸张等文化用品商店数十家之多，构成了上海一道独特的文化风景线。1999 年，福州路文化用品街被评为上海"十大特色商街"之一。

5. 上海老街

1990 年评为上海"十大特色商街"之一：明清建筑风光特色街；2005 年被评选为上海"十

大休闲街"之一。建于方浜中路上,此路在上海城隍庙之前,旧时被称为"庙前大街",全长825米。老街展示百余年前上海老城厢商肆百业,市井百态的风貌,重现沪城开埠前后的民俗风情。街之东段(全长500米)两侧多为清末民初的老建筑,马头墙、格子窗、黑瓦白墙之间尚存数幢精致的当年洋楼;西端(全长325米)多是新建的仿古楼房,200余家各式店铺依次排列,荣顺馆、丁娘子布店、春风得意楼、沈永和酒店、童涵春中药店、葛德和陶瓷店……金字招牌,五彩店招体现了沪上百年老店非凡的魅力。街口一座重檐歇山顶的红柱牌楼,上有金字"上海老街",是为汪道涵手书。现是一条集旅游观光、购物消费、休闲娱乐、文化展示于一体的仿古多功能特色街。逛老街可品尝这里老字号茶楼的招牌茶或买一些传统的小吃。从这里可去附近的城隍庙和豫园逛逛。来上海,这里也是应该必打卡的地方之一。

(二)四大商城

1. 豫园旅游商城

1995年被评为"90年代上海十大新景观"、上海四大商城(南)之一。现是一个集寺庙、园林、建筑、商铺、美食、旅游等于一体的综合商城。位于上海城700余年历史发祥地的老城厢内,凭借豫园、上海城隍庙、沉香阁等著名景点的优势,成为中外游客必游之地。此地商厦云集,餐馆众多,百货齐全,因而有"旅游胜地,购物天堂"之称。七幢新建的仿古商厦飞檐凌空,富丽堂皇。"天裕楼"(黄若舟题名)主营百货,上层称为"凝晖阁"(启功题名);"华宝楼"(周谷城题名)以工艺古玩而著称;"悦宾楼"(钱君匋题名)是为娱乐、购物场所;"景容楼"就是赫赫有名的"老庙黄金"所在地;"景豫楼"即为豫园商厦;"莳景楼"是国际购物中心;"和丰楼"是集中外风味小吃之大成的自助式餐馆。店名均为沪上著名书家、学者所题,五色店招随风飘拂,正门前镇放有麒麟、大象、奔鹿、龙头龟、石狮等瑞兽,极为渲染海派商业文化和沪上民俗风情。在商城北端是为豫园老街,建于清光绪三十三年(1907年),南与豫园相连,窄仄的街道上集聚30余家极富海派风情的特色商铺,有中华老字号王大隆刀剪店(建于清嘉庆三年,即1798年)、丽云阁扇庄(建于清光绪十四年,即1888年),还有海内独有的筷子、纽扣店……在老店百年之际,重设具有明清风格的花格栅栏,整建45块招牌,18副柱联,提升历史文化格调。老街亦称"名特小商品街",以商品小、土、特、多而著称。小到针头线脑,专营小商品的店铺有50余家;本地土产诸如五香豆、梨膏糖、粽子糖、本帮小吃名点,应有尽有;特殊产品有假发、手杖,设有专卖,花色品种有数万之多。2009年4月24日是老街102岁的生日,明装小贩叫卖巡走,重现百年前的市井风貌。荷花池中,九曲桥畔是具有160余年历史的湖心亭茶楼,可以品茗赏荷。本帮百年老店上海老饭店,以沪上点心著称的绿波廊坐落其间。商城也有"小吃王国"之称,传统小吃有大饼、油条,桂花糖粥、面筋百叶、鸡鸭血汤;外帮还有宁波汤团、云南米线、兰州拉面、常州麻糕;西点就有肯德基、麦当劳、日本料理、韩国烧烤、意大利馅饼、法兰西羊角面包;步入其间,吃遍天下。"小吃王国"里有德兴面馆之麻球,南翔馒头店之小笼,湖滨美食楼之蟹壳黄,乔家栅之八宝饭、鲜肉锅贴、汤团,松月楼之香菇菜包,荣列"中华名小吃"。新年初一到十五日(元宵节)在此举办元宵灯会,彩灯高挂,歌舞升平,洋溢着国泰民安的祥和气氛。2009年,豫园灯会提前亮相,天裕楼前广场上巨型金牛彩灯,背负福字,脚踩元宝,鼻孔喷云吐雾,展示出牛气冲天的壮观景象。2015年5月8日上午,上海印象海派文化庙会在豫园中心广场拉开帷幕,以上海滑稽戏"七十二家房客"为背景,展示沪上百姓日常的吃穿住行玩。庙会期间,不仅使旅游者品尝到五香豆、大白兔(奶糖)、麦乳精等地道上海老"米(味)道";还设立天竺竹筷制作、梨膏糖熬制,女式绢扇制作等现场,以供游客观赏。

2. 新上海商业城

上海四大商城(东)之一。位于浦东中心区域。包括地下面积为 80 万平方米,长 600 米的内环步行街——新大陆广场为中心,环周有 17 幢风格迥异的现代高层商厦。街楼之间底层相贯。楼宇之间天桥、廊道连通,布局合理,四通八达。商城以第一八佰伴商厦(综合百货)为主体,联动专业商厦(家用电器,计算机等),依托陆家嘴金融贸易区的优势,从而形成汇集购物、餐饮、休闲、娱乐、商务等综合功能于一体,具有时代特征的全新商圈。

3. 徐家汇商城

上海四大商城(西)之一。以徐家汇广场为中心,东方商厦、港汇广场、太平洋百货、六百、汇金、汇联、美罗城、太平洋数码广场环列四周。商厦大多是中外合资企业,从整个商场布局和陈列都具有强烈的现代风尚,计有一千余个商业网点体现了多样化、多层次及综合性的经营特色,展示时尚流行的商业文化。现在的徐家汇商城由世界名品汇集的大型购物中心、年轻人喜爱的流行时尚购物中心,也有地铁购物节等廉价特色商业设施,而极具人气的电子产品则是其另一大消费特色。另外商城的周边还有徐家汇天主教堂(圣爱广场)、光启公园(徐光启墓,南春华堂)、上海体育场、上海体育馆、徐家汇公园、衡山路休闲街等景点构成丰富多彩的旅游场所,拓宽了城市休憩空间。在这里可以看到许多不同年代建筑毗邻而立,可以帮助你了解上海过去、现在和未来。

4. 火车站不夜城

上海四大商城(北)之一。以火车站(新客站)为核心建成的新型商圈。不夜城名副其实,上海火车站的交汇之地,南来北往,昼夜人潮汹涌,霓虹灯光照亮夜空,通宵达旦,数百家商店提供丰富多样、价廉物美、包装精致的各式商品,形成了集购物、餐饮、娱乐、商务于一体而且经济效益显著的上海西部中心商城,发挥其上海陆上交通枢纽、上海市商业贸易中心、上海城市游乐活动园区的定位功能,成为来沪过客的必到之地。2020 年 6 月下旬,上海火车站附近的不夜城天桥已经拆除,原因是小小天桥影响北横通道的施工,在拆除之后,再重建天桥。目前火车站不夜城已不存在。

(三) 著名商业广场

1. 港汇广场

港汇广场位于上海徐家汇(虹桥路 1 号)它坐落于华山路、虹桥路交界处,俯瞰上海徐家汇商业中心区域,总面积 40 余万平方米,是一个集商贸、现代化写字楼、商务套间及住宅等功能于一体的,也是一个集购物、美食于一体的大型高档商品购物中心。为国内外著名品牌旗舰店、专卖店的驻地,有 200 余家极具特色的店铺,提供“一次购全”的良好服务。还设有音乐酒吧、特色餐厅、超市及电影院(影城)等休闲、娱乐设施。一楼 168 米长的欧亚式露天步行街——“兰桂坊”为商场增添了异国情调。其中汇聚了十余家餐馆、咖啡吧、点心店、茶坊等,占地 3 500平方米的精品超市及咖啡厅,为港汇恒隆广场购物中心提供多姿多彩的生活经验;楼高 35 米的中厅巨大玻璃采光穹顶,加之中庭两翼跨越整个商场的玻璃采光顶,使顾客可于舒适的环境下尽享购物休闲意趣。

2. 南京西路金三角

金三角拥有三大广场,坐落着众多名特商店,汇全区商业精华。商圈所聚集的知名品牌高达 1 200 多个,国际品牌就有 750 多个,而且 90%以上顶级品牌都在这里开有旗舰店或专卖店。可以说是沪上最高档的购物场所。

（1）恒隆广场(南京西路 1266 号)，2000 年 11 月建成，高 288 米，66 层，是浦西第二高楼。主楼顶部是高 44 米的玻璃光塔，夜间光芒四射，富有现代摩登气息。面积 5.5 万平方米，多为世界一流名品的旗舰或专卖商店，精品荟萃，美不胜收，展现当代时尚潮流的缩影。

（2）中信泰富广场（南京西路 1168 号）面积 10 万平方米，6 层商场，百余家专卖店，汇聚世界顶级品牌，满足高消费层次的个性需求。为提高文化品质，在 LG 层专设有时尚沙龙展区（800 平方米）。

（3）梅陇镇广场(南京西路 1038 号) 面积 7 万平方米，10 层商场，具有购物、娱乐、餐饮、办公综合功能。经营国内外著名品牌的最新款商品，是沪上人气最旺的商场之一。

3. 上海 K11 购物艺术中心

上海 K11 位于(淮海中路 300 号)在 2013 年开业，中心已秉承品牌核心理念，融合多维的艺术欣赏与交流，打造成最佳购物体验和艺术互动的、缤纷多彩的生活区域。这幢相当典型的现代主义摩天大厦，除以提供高档商业办公场所的功能设计，还汇聚世界上数十款顶级品牌二十余家经典食肆，形成了声誉日盛的商业之地。绝佳的购物环境，还有名牌和美味，K11 为公众开启了独具创意的时尚之旅。

满足购物欲望的同时获得艺术享受是 K11 的企业宗旨。K11 的 3 层设有 3 000 平方米的美术馆，定期(3 个月)举办重大的艺术展览。2014 年 3 月 k11 与法国马摩丹莫奈美术馆联手，成功举办在中国大陆首次举办的《印象派大师莫奈特展》，展出有莫奈最为著名的《睡莲》《紫藤》等 40 预付真迹作品，以及 12 幅其他印象派大师的名作，引起沪上轰动。当时在大厦的正门广场上还募集了莫奈的吉维尼花园，波光粼粼的水池里，漂浮着严厉的浅红睡莲，还有精巧的日本桥。与此同时还举办学习研讨会、印象派电影讲座等公益活动。展览期间有 34 万人观战，商场的人流和营业额增长 30% 以上。2015 年 11 月，K11 又与李大基金会合作，举办《跨界大师鬼才达利》超现实艺术大展。西班牙有鬼才之称的萨尔瓦多达利与毕加索，马蒂斯合称 20 世纪世界最有代表性的三位大画家，他们用非凡的才能和想象，将怪异梦境般的创作灵感和深受文艺复兴艺术大师影响的高超绘画技能完美地融合，因而在欣赏达利作品之时，会产生使人感觉颠覆性的震撼。

为了体现天人合一的生态理念，K11 幕墙采用大面积垂直绿化覆盖，并用整栋大厦洗手池水，经过净化后用一灌溉。还设置了高大 33 米的人工瀑布，使人犹如置身丛林之中。在大厦 3 层开辟了 300 平方米的都市农庄，种植时令蔬菜，采用了无土、自动灌溉、补光照射等先进技术，模拟植物在室外有土的生长环境。6 层开设空中花园，形成一片生机勃勃的袖珍绿洲。K11 因而在 2013 年获得美国像色建筑委员会颁发的 LEED 金奖。

K11 凭借独具魅力的商业信念，正式成为上海购物文化的又一坐标。

（四）商业特色社区、街

1. 2006 年商务部"全国社区商业示范社区"

百联西郊购物中心、联洋大拇指广场、大华社区、三林世博家园和瑞虹新城。

2. 2007 年上海社区商业示范区

北京东路生产资料街、福州路文化用品街、豫园老街、上海老街、新天地休闲娱乐街区、绍兴路文化街、铜仁路咖吧街、陕西北路服饰街、滨江大道休闲餐饮街、衡山路休闲街、宜山路建材街、天钥桥路休闲餐饮街、青云路眼镜街、多伦路文化名人街、七宝古街、虹梅路休闲街、十尚坊休闲餐饮街、牡丹路北翼休闲服饰街、奉浦餐饮娱乐休闲街、人民南路服饰街。

3. 新增的商业特色区

（1）2007 年上海社区商业示范社区。农工商打浦社区、碧云社区、百联临沂社区、金杨路商业街、田林街道社区、虹梅路街道社区、浦北路商业街、大宁国际商业广场、临汾路商业街、古北国际社区、曲阳生活购物中心、欧尚中原社区、百联南方购物中心、七宝社区商业中心、春申万科城商业街、银杏社区、兰溪路商业街、家乐福万里社区、光明路商业街、方舟休闲广场。

（2）2008 年确认又增加 7 条"上海商业特色街"。茂名南路以高级服务定制为特点，吴江路、梅川路以休闲餐饮为特色，上海湾是一条集各国风情、休闲娱乐以及个性购物为特色的新海派时尚休闲街区，吴中路以汽车及配件销售和服务为特色，以及洋溢着浓浓江南古镇风情的朱家角北大街和安亭老街。目前"上海商业特色街"有 27 条。

综上所述，为了把上海建设成为国际消费城市，上海进一步推进黄浦和静安西区的国际消费城市示范区建设，加快迈入国际消费城市的步伐。据第三方机构发布的报告，2017 年上海全球零售商集聚度达 54.4%，位列全球城市第三，紧随伦敦、迪拜之后，上海成为全球十大最具吸引力零售目的地之一。2017 年首次进入上海的"首店"有 226 家，其中 134 家为首次进入中国。一些国际高端品牌，如路易威登、香奈儿等，在上海设立中国地区总部、亚太地区总部，国际高端品牌集聚度超过 90%。全国 180 个设计师和 80 个买手店品牌入驻上海。上海正成为国际高端品牌和国内知名品牌集聚地、全国规模最大的进口消费品集聚地。

为此，上海的旅游购物设施大大增加。截至 2017 年底，上海已有 15 个市级商业中心、40 余个地区级商业中心、67 条特色商业街区和首批 9 个"夜上海特色消费示范区"。全市已开业城市商业综合体 230 家，比上年增加 41 家。如静安区南京西路商圈的兴业太古汇中心、徐汇区日月光中心、闵行区爱琴海购物公园、浦东新区唐镇阳光天地、宝山区龙湖宝山天街 4 家购物中心同时开业……

与此同时，旅游购物转型升级，南京路、淮海中路、豫园等商圈结合更新改造，实现转型升级，与美国纽约第五大道、法国巴黎香榭丽舍大街等世界知名商圈商街建立"友好商圈"关系，引进新潮的国际品牌，挖掘上海商圈老字号品牌，打造全球知名商圈和特色街区。如市百一店改造后更名为"第一百货商业中心"，由传统商业向消费+体验的新零售转变，让消费者从"逛商场"转向"玩"商场；在一些新的高档的城市商业综合体升级经营模式，引入一批国际品牌的概念店、体验店、旗舰店，推出"智慧零售"新模式，提升"品质零售"新体验；年内新建的一批购物中心以差异化经营面对市场竞争，以创新转型赢得发展先机……

另外，上海通过旅游购物节庆（如旅游节、购物节和春节、国庆节等节庆举办各类购物促销活动），促进旅游购物消费。

第四节　上海的旅游纪念品观光购物旅游

在国家级非物质文化遗产名录中，上海有 33 项入选，而工艺技能有 10 项，其中，顾绣、竹刻等盛誉历 400 年之久。尚未列入的有近百项之多。如小校场年画，始起于清咸丰十年（1860年），在当时荒废的练兵场一带，形成有近 50 家年画作坊的"年画街"。主体为苏州桃花坞年画业主及工匠，海上画派的主流人物任伯年、钱慧安、吴友如等也参与提供画样，形成富有海派特色的上海小校场年画的品牌，由于体裁广泛，画风清新，印刷精良而盛极一时。小校场年画除传统体裁有《五子日升》《麒麟送子》等，又有反映时事的《上海通商庆贺总统万岁》《西国车利尼大马戏》等,更有体现民意的《新出改良西洋老鼠嫁亲女》《无底洞老鼠做亲》等,表达国人对外国侵略者的强烈憎恨,无情嘲讽走向没落的大清王朝。这种大胆创新的手法在当时各地年画中是绝无仅有的。遗产名录中的珍品将永世传承,使上海旅游的商业文化更具独特魅力。沪上工艺品、土特产都是极好的纪念品,无论体裁、品种、内容、包装都包含浓郁海派文化的情调。

一、上海的工艺品

(一)竹刻

竹刻之滥觞起始于战国,明代成为独立艺术形式而大为盛行,沪城嘉定竹刻高手众多,技艺精致,是当时主要流派,因之称为竹刻之乡。最为著称的是朱氏三代,号称"竹三松",亦称"嘉定三松"。朱鹤字子鸣,号松邻,隆庆,万历间(1567—1619年)本地人。为嘉定派竹刻之创始人,工诗善画,精于雕镂;风格简朴质拙。松邻性情孤傲,传世作品寥寥无几。松邻子名缨,号小松,艺精而高于其父,所刻佛像有"神工"之誉;小松次子稚征号三松,为崇祯时竹刻大家,有"技臻绝妙"(清陆廷灿《南村随笔》)之誉。三松弟子颇多,也多为嘉定竹刻名家。"嘉定三松"刀工精湛,构思奇巧,开创了浮雕和透雕的深刻技法,所刻人物、山水、飞禽走兽、花鸟鱼虫形神兼备,栩栩如生;所雕佛像、笔筒、臂搁、香薰、簪钗、念珠为世人所重,视如家珍。清乾隆帝、嘉庆帝对"竹三松"传世之作更推崇备至,咏诗把玩,收内府珍藏。"嘉定三松"作品至今仅存50余件而已。松邻之《松鹤笔筒》(南京博物院藏)、小松之《刘阮入天香薰》(上海博物馆藏)、三松之《仕女窥简笔筒》(台北故宫博物院藏)等件已成稀世珍品。

当年康乾盛世之际也是嘉定派竹刻全盛之时,领军人物是吴之璠(自号东海道人),师法朱三松,首创薄意阳刻技艺,多用民间故事和人物作为主题。名作有《刘海戏蟾笔筒》(上海博物馆藏)、《布袋和尚笔筒》(嘉定博物馆藏)等。《竹人录》(清金元钰著)称之"秀媚遒劲,为识者所珍"。吴氏兄弟中有两人被清宫诏至养心殿造办处当差。四百余年以来,嘉定派竹刻名家辈出。据《竹人录》记载,在清代达七十人之多。其技法各有千秋,保持全国竹刻工艺中心的地位。竹刻列入首批国家级非物质文化遗产名录。

(二)顾绣

明嘉靖年间松江人顾名世在沪城之北筑露香园,其子姜缪氏首创以彩绘绣法作画,技艺精致,色泽高雅,时人称之"画绣",亦称"露香园顾绣";所绣《八骏图》被书画大家董其昌称为"当代一绝"。顾氏孙媳韩孟希,本就擅长丹青,全面传承"画绣"绝技,绣作以历代名画为范本,技艺高超,具备原作神韵,有"神针"之誉,被称为"韩媛绣",传世作品《宋元名迹册》珍藏于故宫博物院。顾氏曾孙女张玉兰,早年丧夫,以刺绣为生,并传授绣艺30余年,使顾绣得以广泛传播,世称"张绣"。顾绣传至清代依然兴盛,而且价格高昂。道光元年(1821年)松江顾绣名家丁佩著有《绣谱》二卷六篇,总结取材辨色及其技法,得出刺绣工艺的"齐、光、直、匀、薄、顺、密"七字要诀。为后人学绣之经典。顾绣存世真迹不足200件,多为各地博物馆珍品典藏,然声誉卓著,被公认为中国四大名绣之祖。顾绣列入首批国家级非物质文化遗产名录。

(三)金银饰品

上海是中国金银饰品的主要产地。细工制作全面继承传统技艺,件件注重创新、时尚,造型简洁、高雅、新颖。镶嵌珠宝最为著称,技艺精细,有相接无痕的绝技,作品在国际大赛数获殊荣。老凤祥银楼(黄浦区南京东路432号),创业于1848年,是中国金银饰品业世界品牌。

也是中国唯一在原址经历160余年的世纪银楼。老凤祥设计制作的金银珠宝、首饰、摆件，在近三年之中，获国内外大奖120项。金银细工制作技艺列入国家级非物质文化遗产名录。

（四）黄杨木雕

由上海工艺美术研究所黄杨木雕工艺大师徐宝庆首创。上海黄杨木雕与传统黄杨木雕有着显著不同，以圆雕为主，构图雕技取于传统技法之精华，并采纳西方雕塑透视、比例等科学手法，使创作人物、风景等艺术形象精确逼真，形神生动。徐宝庆浙江台州人，幼年学艺于土山湾孤儿院图画间（绘画），得到西洋油画和雕塑的基础教育。19岁创作了具有东方情调的《圣母子》《圣家属》等组雕。之后又以生活为源泉，创作展示沪城风俗及大量儿童体裁作品。徐氏木雕是以整块材质加工，不用拼接，具有极强的整体感。名作有《民间360行》《五子戏龟》《顽皮娃娃》《拔萝卜》《送公粮》等。黄杨木雕列入国家级非物质文化遗产名录。

（五）面人

由面人工艺大师赵阔明开创。赵阔明，北京人，19岁拜师学习面人技艺，25岁时已与当时北京面人高手汤子博（人称"面人汤"）齐名。早年生活贫苦，拉过人力车，放牛，当过仆役。新中国成立后从事面人手艺，1956年任上海市工艺美术研究室副主任职，擅长京剧戏曲人物，而且几分钟内就能捏塑惟妙惟肖的各种不同人物，经多年研制，首创不裂、不蛀、不霉的面人，数十年形色如新。赵氏面人富于个性，色彩绚丽，神态生动，人称"面人赵"。名作有《关公读春秋》《八仙过海》《贵妃醉酒》《钟馗嫁妹》等。面人（上海面人赵）列入国家级非物质文化遗产名录。

（六）剪纸

由特级工艺美术大师王子淦开创。王子淦，南通人。13岁学艺，23岁在上海闹市街口摆摊卖艺。建国之后，王氏技艺形成独特的风格：以江南剪纸的秀巧雅致的技艺为基础，也具备北方剪纸的粗犷敦厚的刀法技艺；体裁丰富，以花卉鸟兽见长，造型洗练，既有乡土气息又有现代装饰情趣。王技能娴熟，擅长即兴创作。名作有《双凤牡丹》《喜鹊梅枝》《十二生肖》《一唱雄鸡天下白》《九龙图》《鹭》等。剪纸（上海剪纸）列入国家级非物质文化遗产名录。

（七）灯彩

由特级工艺美术大师何克明开创。何克明，南京人。12岁学艺，13岁即在上海城隍庙，大世界摆设灯摊谋生。何氏灯彩以铅丝、竹篾为骨，外敷各式绢绸、纸、纱、玻璃，再绘工笔彩画，绚丽典雅，人称"灯彩何"。1953年，何氏扎制巨型灯彩《百鸟朝凤》，以后又有《百花齐放》，造型精巧，瑰丽夺目，禽鸟、花卉无一相似，视之绝品，被誉"江南灯王"。作品多在国外展出，受到高度赞誉；何氏灯彩也多次被选为国礼馈赠友邦。何氏门徒已有四代，上海灯彩作品精益求精，奇幻华美。灯彩（上海灯彩）列入国家级非物质文化遗产名录。

（八）玉雕

为上海著名工艺品。以创意新，构图巧，雕工精而享誉海内。作品有炉瓶、人物、走兽、飞禽四类。以炉瓶最佳，造型古朴典雅，镌刻手法多样，在同业中独树一帜。海派玉雕入国家级非物质文化遗产名录。

（九）地毯

上海织制地毯已有百年历史。以图案绚丽，技艺高超，质量上乘而中外扬名，有"软浮雕"之称。艺术挂毯体裁有风景、人物等内容，首创摹织世界名画，摄影名作的技能，保持原作的艺术神韵。

二、上海的土特产(食品)

(一)丁蹄

产于金山区枫泾。清咸丰二年(1852年),由当地丁氏兄弟开设"丁义兴酒店"所创制。选用杭嘉湖地区的黑毛纯种猪后蹄为主材,配嘉兴特晒酱油、绍兴老窖花雕、苏州优质冰糖为佐料,以三文三旺、以文为主的火功烹煮,因而色泽红亮、皮酥肉嫩,冷吃喷香可口,热吃软糯不腻。丁氏以古时"留宿法"烧制猪蹄,原汤历年保存,有"百年陈汤煮丁蹄"之说。因而,即为盛暑,汤汁亦能凝结成冻,冷食热吃均宜。同治年初,已和镇江肴肉、无锡肉骨头齐名,称江南三大风味美食。1935年荣获巴拿马国际博览会金质大奖。枫泾丁蹄制作技艺入选上海市非物质文化遗产名录。

(二)梨膏糖

是药疗糖食,上海标志性名特产。清咸丰年间(1851—1860年)在上海城隍庙前,大门石狮子旁,由朱品斋创设沪上第一家梨膏糖店,生意大好,名起沪上。于是在其周边又相继开张了数家梨膏糖店与其竞争,朱品斋别有绝招,请制作师傅现做现卖,还边唱,以沪上喜闻的曲调,说明梨膏糖的原料和药性,以此举招徕买客,唱词中有"一包冰(糖)屑吊梨膏,二用药味重香料,三(山)楂麦冬能消食,四君子能打小囝(孩)痨(消化不良,食欲不振),五和肉桂都用到,六用人参三七草,七星炉内开炭火,八卦炉中吊梨膏,九制玫瑰均成品,十全大补共煎熬"。这一"三分卖,七分唱"的说唱形式,也是沪上特有的曲艺形式。目前梨膏糖的开发品种有30余种,以止咳润肺、开胃消食两款最为有名,豫园旅游商城内设有专卖店。梨膏糖制作技艺入选上海市非物质文化遗产名录。

(三)五香豆

上海标志性名特产,始创于1930年。江苏扬州人郭瀛洲精选嘉定特产三白蚕豆,配制茴香、陈皮、桂皮、白糖、精盐及香料佐以烧制。使蚕豆闻有奶油香味,食之则软中带硬,味道咸中有甜。郭氏自称配之五种神秘的香料,因有"奶油五香豆"之称。1937年开办郭记兴隆五香豆店,专营五香豆,数年之后,生意极盛,名声大振,成为沪上百姓常吃的"零食"(休闲食品)。1997年上海旅游节吉祥物"豆豆"的创意即来源于五香豆。五香豆制作技艺入选上海市非物质文化遗产名录。

(四)崇明老白酒

相传在元代,崇明就有以辣蓼草(酒药草)酿制米酒,称之"老(醪)白酒"。康熙年间(1662—1721年)已具有盛誉,并以菜花盛开时酿制称"菜花黄",丹桂飘香时酿制称"十月白"。老白酒低度,醇厚香溢,甜中有酸,四季可饮,冷热皆宜,有"名扬江北三千里,味占江南第一家"之誉。崇明老白酒制作技艺入选上海市非物质文化遗产名录。

(五)鼎丰乳腐

清同治三年(1864年),由奉贤南桥鼎丰酱园创制。用以上等黄豆为主料,又用优质糯米、苏州玫瑰和红曲为佐料特制。除玫瑰之外,还有桂花、白方、糟方等品种,其食味酥软鲜美,是沪上早餐最佳佐食。据史载:清代当地翰林、山西学台陈延庆,归家探亲时,取京城同僚馈赠的乳腐食用,启坛方知就是家乡特产鼎丰乳腐。鼎丰酱园店堂由此高挂"进京乳腐"匾额,声誉因此更盛。本帮名肴"南乳酱肉"即用其汁烹制而成。鼎丰腐乳制作技艺入选上海市非物质文化遗产名录。

（六）高桥松饼

清末浦东高桥镇上，有对赵姓夫妇，妻擅做当地家常面食"塌饼"，夫提篮沿街叫卖。因饼皮薄馅多，松软甜香，颇有口碑。以后就称为"松饼"。1931 年。当地人周存川在镇上开设名为"起首老店松饼专家周正记"的糕饼店，生意兴隆。之后镇上饼店林立，于是松饼风行一时，历经数十年而至今，被评为中国著名的本帮糕店。高桥松饼制作技艺入选上海市非物质文化遗产名录。

（七）好吃来酱油瓜子

1930 年春节之际，上海甬籍呢绒商人戎松年开设瓜子公司（后改名"好吃来炒货食品厂"）。精选甘肃、新疆大瓣西瓜籽，配以茴香、桂皮、麻油、食盐（其实不用酱油），高薪聘用宁波炒货高手制作，取名为"五香酱油瓜子"。当时沪上茶食市场苏式玫瑰及干草瓜子相当热销，为开创局面，公司雇用一群孩子，穿着上书"瓜子大王好吃来"的红马甲，在马路上及大世界游艺场等娱乐场所吆喝，大做广告，取得极好效果，瓜子随之热卖。现在上海的酱油瓜子畅销国内外，声誉极佳。

三、上海的旅游纪念品

（一）金山农民画

农民画是 20 世纪中期产生在中国内地的一种相当独特的绘画艺术形式。金山农民画是继江苏省的邳县、陕西省户县之后出现中国农民画创作的第三次高潮。金山农民画发祥于枫泾古镇，以技艺精湛，色彩绚丽，布局巧妙在画坛独领风骚。在 1963 年当时枫泾公社胜利大队（今枫泾镇中洪村）陈富林等农民，创造性地将乡村的灶壁图画，融合木雕线条、刺绣色彩、印染花纹于一体，并运用于绘画之中，将江南水乡丰富多彩的风俗、起居和劳动场景作为主流题材，创造出质朴而又极富乡土气息的图画。之后又得到国画大师程十发（本镇人）等人的悉心指点，经十余年的探索和创作，画技明显提升，形成鲜明的本土艺术风格。1980 年 4 月《上海金山农民画展》在北京中国美术馆开幕，农民女画家曹秀文的作品《采药姑娘》用作画展海报，金山农民画以独具的江南乡土风韵和魅力，轰动京华，同时也引起世界瞩目，中洪村因之称为"金山农民画村"。1980 年金山农民画首次赴比利时布鲁塞尔国际博览会展出，自此至 1997 年金山农民画先后赴欧、美、亚、澳洲等 17 个国家和地区展出交流，计 2 700 多幅作品。1989 年成立了金山农民画院。2006 年 10 月又荣获"中国十大魅力乡村"，并在镇上设立"金山农民画展示中心"，馆址为原清代状元蔡以台之读书楼，展出当地 20 余位农民画家的 100 余件经典画作，并有现场作画的表演。陈富林一家已是四世同堂，共创作有 700 余件作品，其中，有 500余件在 20 余个国家和地区展出，50 余件获得各类奖项，堪称国内唯一农民画世家。这位金山农民画重要创始人在镇上开设"富林农民画世家展厅"，展出四代 9 人的作品百余件，生动地展示金山农民画辉煌的 40 年艺术演变和发展，同时也展示这个农民画世家不凡的创作经历。至今有 600 多幅作品已进入国际互联网络。

金山农民画入选上海市非物质文化遗产名录，已成为中外游人来沪旅游乐购的上佳纪念品。

（二）钥匙圈

沪上著名景点（或景区），摆设的纪念品中，数量和造型最多的是钥匙圈。诸如海洋水族馆、东方明珠、金茂大厦等处在圈上挂件（以金属材质居多）大做文章，图案有的是景点独有的标记,有的是自身最佳外形,制作考究,图文并茂;上海博物馆独具匠心,饰以明清瓷器的碎片,古朴风雅,具有珍藏价值。

(三) 门券和明信片

沪上著名门券多用磁卡和明信片两种形式,具有入门凭证和收藏纪念的双重功能。画面或用景点标记,或用本身景物。长风公园在花展期间印制十二张的套票,运用十二种名贵花卉作为图案。风姿绰约,色彩绚丽,以简洁文字介绍,这无疑是雅俗共赏的纪念佳品。明信片式门券因有价就可以直接邮寄,东方明珠、金茂大厦(88层)设有空中邮局,游人在俯瞰沪城风貌之后,在上抒发观光感言,或对家人祝福,书写地址,在盖上纪念邮戳,放进空中邮筒,当你回到家中,这份珍贵的纪念品已经端放在你的书桌上了。每年除夕之夜,在龙华寺、玉佛禅寺、真如寺等寺庙中,历有烧头香的风俗,寺院精制新春头香券、金色套印吉祥语,留给民众一份恒久的温馨记忆。

2010年世博门票已成为收藏时尚,门票采用环保(再生)纸质材料,图案以上海世博会的会徽,吉祥物“海宝”和“城市,让生活更美好”的主题为主。门票的温度的承受能力在-20℃至50℃;耐湿度为5%~90%;芯片存贮信息保存三年之上;并且有抗扭曲、静电及电磁干扰的能力。门票主以黄、蓝、红、紫、绿等五色,分别表示平日票、指定日票、多次票、夜间票和团队票五种类型;横版和竖版又表示是优惠或普通票种。门票还具有9种防伪技术,可与北京奥运会门票媲美。世博门票被誉为:通往科技与和谐的门钥匙。

(四) 上海旅游纪念品

上海旅游纪念品包罗万象,新颖别致,构思奇妙,展现的是浓郁的海派风格,体现的是鲜明的上海特色。

2016年(第十一届)老凤祥上海旅游纪念品设计大赛历时150天,于11月30日截止投票评选。大赛秉承“公平公正”“开放创新”的宗旨,以“上海记忆”为主题,宣示上海礼物的技艺是与执着的工匠精神密不可分的;在中国的近现代史中,“上海货”之所以风行四海,就是因为他的精致、精细、精巧和精工。在决赛12强入围作品中获得最具商业价值奖的是作品《微上海》,它是以上海四座超高的建筑,即上海中心、上海环球金融中心、金茂大厦、东方明珠广播电视塔的外形元素巧妙地融入常用的四种文具:转笔刀、订书机、磁铁图钉和圆珠笔之中,即可欣赏又很实用;作品《上海分量》获得“评委推荐奖”,这是一款集合上海记忆和现代化生活为一体的旅行助手产品。它既是行李箱中的挂钩,又可密码上锁,还综合充电宝、U盘、手电筒、卷尺等功能。评委推荐奖还有《海纳百川冰箱贴》。冰箱贴分为五个系列:上海城隍庙——豫园老街,上海石库门——老式里弄,上海陆家嘴、外滩——海派建筑群,上海旗袍——老上海香烟牌广告图,上海金山农民画——金山公益广告故事绘。融合上海风土人情,诠释上海的海派城市精神特质。“文化传承”的作品《申报便利签》,这种记事便利贴以旧时沪上百年老报——《申报》为灵感,将中国名报实时记事与即时贴的功能相结合,在使用过程中增强人与上海文化的互动性体验,从而增强了工作、学习和生活的乐趣。作品《到沪一游》也获得“文化传承奖”,以“向国货经典致敬”“轻松上路”的两个构思,在老回力鞋的鞋底制作“到沪一游”的图案文字,让旅游者行走在上海大街小巷里都能留下“到此一游”的印记。作品《贴出上海话》获得优秀奖,设计者在日常所用的地铁公交卡、标签、包装袋、胶带圈,甚至装饰戒指上都写上一句上海话,不仅时尚酷炫,而且展示沪语的独特魅力。“优秀奖”作品《梦回老上海》将女性发髻以旗袍为主题造型,用红色和卷纹来表达民国时期上海女人的红唇和卷发之妩媚。

作品《儿童餐具》获优秀奖,餐具的手柄制作为著名的上海环球中心、金茂大厦的建筑造型,杯子上印有东方明珠,杯底是黄浦江和游船图案,碗的把手是上海市花白玉兰的花瓣。让孩子们从小开始认识上海、熟悉上海,从而热爱上海。

(五) 上海市旅游纪念品展示中心

上海市旅游纪念品展示中心 (黄浦区成都南路 101 号) 于 2020 年 12 月 18 日开业。建筑面积近 2 000 平方米,共有 260 个展示橱柜。来自北京、上海、浙江、江苏、湖南、广东、云南、四川、贵州、陕西、西藏、台湾以及泰国、捷克等地生产的琳琅满目的系列旅游纪念品,商品种类有陶瓷、金属、琉璃、竹刻、金银饰品、手工艺品、水晶等,丰富多样,构思别具一格,制作精致,具有浓郁的地方色彩。展示中心还具备交易、咨询、设计、专题展览等功能定位。并有旅游经典推荐、新闻发布会、学习研讨会等活动。每年接待约有 10 万余人次。展示中心的建成开业有利于整合上海以及全国各地的旅游纪念品资源、促进我国纪念品市场健康发展。

与发达国家相比,我国这一块的销售收入占旅游总收入的比例很小,不仅生产旅游纪念品的企业规模小,且绝大多数产品缺乏创意,不同地方、不同景点的旅游纪念品千篇一律。故展示中心建成开业后,将通过构筑产业平台、集中发布国内外最新的纪念品设计理念、行业动态,避免同类产品的重复生产和资源浪费。展示中心还将定期组织业内进行主题展览、设计比赛,鼓励产品的原创化。政府和行业协会将提供政策导向和支持、强化知识产权保护,以便把中心建成上海乃至全国的旅游纪念品行业发展的“风向标”。

现在游人来到中心,就能发现两个大大的中国结挂在门口,欢迎前来参观的人们。而中心旁边又能见到装修一新的代表上海老式石库门建筑的淮海巷。进入展示中心大门,发现前台并没有接待员,而正门口的橱窗内摆放着上海旅游节的吉祥物和纪念品。

第七章　上海的历史文化

上海历史悠久,早在6 000年前,上海已有人类活动,上海周边的族民先后带来各处的优秀文化,上海的先民在这片土地上创造了很多重要的史前文物、遗迹、至今出土的"马家浜""崧泽""良渚""广富林"等诸古迹文化,奠定了"海纳百川"的源头,成为海派文化绚烂的晨曦。此后,唐代设置华亭县、宋设上海镇、元代开始正式立上海县,明末清初,上海县已成为中国的贸易大港和漕运中心,被誉为"江海之通津,东南之都会"。近代,上海又因其重要的地理区位和深厚的文化底蕴,被作为通商口岸,对外开埠,西方的文化大举传入,与中国的文化碰撞交流,使上海在短短的数十年间成为远东的金融中心、当代世界六大都市之一。中国甚至远东(亚洲)几乎所有打上近代烙印的东西都最早在上海出现,如第一个电灯、第一份报纸、第一台电话、第一壶自来水……在浦江西岸外滩地区出现了各种西式的建筑,"万国建筑博览群"拔地而起,"十里洋场"成了上海的代名词。上海成为"西方冒险家的乐园"。

与此同时,上海也成了近代中国的文化中心,众多的文艺名流云集于此,他们的故居至今尚存,上海也成了近代中国各种势力角逐的舞台,中国的工人阶级产生在此地,中国共产党在此诞生,五卅运动在此爆发,淞沪会战在此打响……多少英雄人物在此创建了惊天动地的伟绩,英雄虽已逝去,但可供凭吊纪念之地有一百余处,上海成为一个革命的英雄城市,成为当今旅游极具吸引力的红色旅游景点。

上海悠久的历史,特有的地位,加上海人的睿智,使上海在明清以来的历史文化的基础上发展形成自己独具特色的海派文化。众多的明清宗教建筑、民居、老街和园林等名胜古迹,近代的万国建筑博览和石库门民居,以及众多的名人故居、众多的革命遗迹,成为珍贵而又精彩的都市旅游资源。这些文化旅游资源也成为上海开展寻根之旅、宗教之旅、园林之旅、红色之旅、古镇之旅的基础,以满足海内外游客和都市人的需求。

第一节　上海的园林文化和主要园林景观

一、上海的园林文化

上海的园林文化是上海历史文化中的一个重要组成部分。上海的园林种类多,特色名园多,在全国的地位重要。按时间顺序而言,上海既有以豫园为首的五大中国古典园林,有以西方园林风格为主的近代园林,也有大量的现代园林。在现代园林中,大量的是改革开放以后的新建园林,据2015年统计,上海已有城市公园165座,其中127座免费开放。至2020年8月,这一数字已经翻倍,品类也多了:不仅有352座城市公园,还有7座郊野公园和4座国家级森林公园。上海还有一些专业类园林,如上海野生协物园、上海动物园、上海植物园、辰山植物园等。

上海园林从古至今发展迅速,日益体现海派文化的熏陶,带有海派风格,尤其是改革开放后的新建园林,分布广泛,风格多样,体现了海纳百川、兼容并蓄,不断创新的海派特色。

上海园林中有特色的园林多,列入国家 4A 级旅游景区的园林多,大大提高了上海园林的影响力,增加了对海内外游客的吸引力。例如,陆家嘴中心绿地有"城市绿肺"的美称;世纪公园有"假日之园"的美称;广场公园被誉为"蓝绿交响曲";黄浦公园是"上海最早的欧式公园";鲁迅公园是上海主要历史文化纪念性公园和中国第一个体育公园;共青森林公园是上海市唯一一座有森林特色的公园;上海植物园是国内最大的市内植物园;上海辰山植物园是一座集科研、科普和观赏游览于一体的综合性植物园;顾村公园是上海最大的郊野公园等。在上海的园林中,列入国家 5A 级旅游景区的有 1 座;列入国家 4A 级旅游景区的有 7 座;列入国家 3A 级旅游景区的有 1 座等。

二、上海的古典园林文化和上海的主要古典园林景观

(一)上海的古典园林文化

上海在明代开始兴起了造园之风,私家园林如雨后春笋般地出现,直到 20 世纪 20,30 年代,造园之风渐止。上海的古典园林是江南园林(又称私家园林),其主要特点是小巧、玲珑、雅致,山水(池塘和假山)和人文古迹交融,极具吸引力。至今,明清古典园林中名声卓著的就有 5 处,即豫园、古漪园、秋霞圃、醉白池和曲水园,其中,豫园为上海五大古典园林之首,体现了中国江南园林的特色。数十年来,政府对古典园林不断地进行了全面修缮和保护,并加强宣传促销,使它们成为都市人欣赏江南古典园林、游览休闲的王牌景点。

(二)主要古典园林景观

1. 豫园

豫园(黄浦区安仁街 132 号)位于上海老厢的东北部,全国重点文物保护单位。国家 4A 级旅游区。上海五大古代名园之首,有"城市园林"之称。又以"豫园雅韵"之称,获"新沪上八景"之二殊荣。始建于明代截至 2015 年已有四百余年历史了。

原为明代四川布政使潘允端的私人宅园。潘家为上海之望族,三世为官;明有"潘半城,徐(光启)一角"之说。明嘉靖三十八年(1559 年),潘允端会试落榜,便在住宅世春堂之西菜畦"聚石凿池,构亭艺竹",聊以自娱。三年之后,潘中进士,建园因而断续进展。历经十五年宦海沉浮,潘允端在万历五年(1577 年)辞归,从此潘氏全力治园,初有七十余亩,名为豫园,有"取愉悦老亲之意也",由当时著名学者王樨登题写园名。然万历十年(1582 年),其父去世,而娱奉双亲的乐寿堂尚未完工,潘允端叹异"实终开恨也"(以上均取潘允端《豫园记》原文)。因而原名还含有"逸豫无期"(《诗经·小雅·白驹》)的深意,表达潘氏不能尽孝的无奈之情,名园历 470 余年,几经沧桑;明末渐废,清季遭二度兵燹,几成废墟;至光绪元年(1875 年)由 21 家行业公所占据,之后又遭日机轰炸同,时有"东南名园之冠"的豫园内明代旧筑已荡然无存,1956 年起,经 5 年全面修复于 1961 年开始对公众开放。

豫园现为 30 余亩,大致分 6 个景区,(三穗堂、万花楼、点春堂、会景楼、玉华堂和内园景区)。其中有三穗堂、铁狮子、快楼、得月楼、玉玲珑、积玉水廊、听涛阁、涵碧楼、内园景观大厅,古戏台等亭台楼阁及大假山等 40 余处古建筑。正门在荷花池畔,门楣仍用明代名士王樨登所题旧额,一对明代太湖石狮。主体建筑:三穗堂(乾隆二十五年,即 1760 年,在乐寿堂旧址建造)、点春堂(建于道光元年,即 1821 年)、会景楼(建于同治九年,即 1870 年)、玉华堂(原建毁于日寇战火,1956 年仿建)以及涵碧楼(亦称楠木楼,2003 年建)、听涛阁(2003 年建)、以长(水)廊、门洞、曲径相通,布局巧妙。屋宇雕梁栋,有二百余件泥塑、砖雕缀瑛其间,极具海

派艺术风采。

豫园最为精妙的景点是两处假山。一为黄石大假山,高达 14 米,宽约 60 米,纵深 40 米,是明代叠山大家张南阳唯一传世,亦是江南最大、最完整的杰作。潘允端称之"武康黄石(实为黄色石英砂岩,石质坚硬),为山,峻赠秀泣,颇惬观赏"(《豫园记》)。大假山尺度开阔,气势宏大,开合有致,宛自天成,妙在见石不露土,假山似真山,以小见大的手法展现了对"芥子纳须弥"境界的追求;二为玉玲珑,太湖石(实为石灰岩,可形成岩溶景观),高丈余,石质青黝色,形似灵芝,具备皱、漏、秀、瘦佳石特征。潘允端评为"石品之甲",因而石顶原刻"玉华"。为能朝夕相对,潘在石前建书斋取名"玉华堂"。豫园内有五条龙墙,用以分割景区,这也是江南园林中少有的。

豫园内有许多廊、桥、舫等园林的小型建筑,如复廊,中间分隔墙上还建有众多漏窗,两边可对视成景,既扩大了园林的空间,又移步换形,增添景色;复廊北有状如舟船的"亦舫",宛若船泊水中,远航重洋;会景楼有积玉水廊,长达百米,是江南古典园林中最长的一条水廊。

2003 年,在豫园玉玲珑之东,复建有涵碧楼和听涛阁。涵碧楼构件材质为名贵的黑心楠木,纹理美,有芳香,用料 200 立方米。2 层楼阁之梁坊间精雕细刻 40 幅整本《西厢记》图、100 幅百种名卉的《百花图》,细部雕镂寿字,灵芝,园内精美无双,亦称雕花楼。楼额沪上著名书家翁闿运所书,原悬于城隍庙内的清式旧匾"鸢飞鱼跃"高挂临水之楼北。厅内 4 盏清代宫灯亦为楠木制作,全套 30 余件清式楠木家具,为豫园在珍藏千余件家具中精选出而陈设此间。在听涛阁西墙上有四块清代《渔樵耕读》刻石,画境取于潘允端之谓"五可",即:"有亲可事,有子可教,有田可耕,有山可樵,有泽可鱼",四角刻有蝙蝠,雕工相当精致,是晚清海派石刻之杰作。

豫园内的绿化布局合理,植物配置得当,层次分明,其特点是古树名木多,大盆景多,摆花多。全园百年之上古树有 20 余处,有潘允端手植于万华楼前的 430 余年银杏,鱼乐榭边的 300 年紫藤,会景楼北的 230 年紫薇,打唱台(凤舞鸾吟)之西 150 余年的茶梅,号称"江南茶梅王"。

豫园堪称是一部袖珍本的《上海古代文化艺术史》。豫园内匾额楹联辞章瑰丽,意境深邃,蔚成大观,是名园实在的人文记录,富含文化内涵、真实的历史遗存;作者又多系一代书法大家,正草隶篆,满目琳琅,是璀璨夺目的华夏艺苑瑰宝。题额"豫园"的是明代苏州书画家,大诗人王穉登,王 10 岁能诗,30 余年,名满吴门。大假山门额"溪山清赏"是明代"吴中四才子"之一祝枝山手书,笔墨飘逸劲秀祝在江南名园中题书甚少,在沪更是绝无仅有。三穗堂之"城市山林"为清陶澍在道光六年(1826 年)所题,时任两江总督兼江苏巡抚,陶精诗文,工书法,所书劲秀洒脱。此匾点出了造园的理念,也表达了当时造园主人的心愿。"点春堂"额是在任苏淞太兵备道的沈秉成所题,清同治十一年(1872 年),沈走马上任,正逢点春堂落成,欣然提笔,法书清逸秀丽,堂名取自苏轼启句"翠点春妍"。玉华堂为潘氏之书斋,建于玉玲珑之正北,斋额是集吴门四家之文徵明字,酣畅秀丽,浑然天成。得月楼内之藏书楼亦称书画楼,是当年"豫园书画善会"聚集之处,创始人高邕之题书"海天一览",淋漓地展示其高逸洒脱的笔意。绮藻堂东廊有匾题隶书"人境壶天",是近代著名书画僧人苏曼殊手书。廊墙上是有名的"广寒宫"圆形砖雕,其刀功之精湛,画面之绚丽,为清末海派砖雕之佳作。仰山堂楹联为沪上名宿毛祥麟撰书,毛所著《墨余录》,是记录上海史料掌故的名著。打唱台(凤舞鸾鸣)是江南保存完好的清代戏台,对中国戏曲史研究有着非常重要的实物参考价值,戏台四周石柱刻有对联,描绘此地四季之良辰美景。台上挂有郭沫若在 1961 年手书七律一首,字迹显示郭氏刚劲而又妩媚的书法风格。和煦堂挂有对联是海上画派名家徐渭仁新书："六艺笙簧百家枕藉流声金石落纸云烟"，徐氏为海派大家任伯年之师，其联描绘当年雅集园内，挥毫泼墨"落纸云烟"的画坛盛况。在豫园厅堂之间数十余件对联中，能够新睹法书大家的真迹，领略清代大学问家阮元跌宕有致的孩儿体，扬州八怪郑板桥"碎石铺街"式的六分半书之书法风采。三穗堂中有沪上现代书法家潘伯鹰正书潘允端撰《豫园记》全文，八尺见方之巨作，有 1 200 余字，潘氏字迹端庄凝重，一丝不苟。点春堂中堂是由海派名家任伯年所绘《观剑图》，两侧是沪上最著名书家，原上海书法家协会会长沈尹默的对联"胆量包空廊，心源留粹精"，文字简洁，笔力苍劲，是海派书法之精品。玉玲珑之南照壁上，石刻有"寰中大快"四字，石鼓文体，由原上海图书馆馆长顾廷龙所书。著名中国园林专家陈从周在为修复豫园付出辛勤劳苦之外，还留下多处题笔，如会景楼浣云大假石题有"浣云"；走过三曲石板桥，迎面粉墙圆洞门之上，正额"引玉"，背额"流翠"，得月楼还题联："近水楼台先得月，临流泉石最宜人"，墨迹点画之间溢出清丽。所有这些匾额楹联均成为江南园林的构景要素之一。它们不仅抒发了园主人和文人们的审美感受，还令后来的游人激发审美顿悟，保持了对此园的游兴。

豫园是上海画派的发祥地。沪上重要书画会社多设园内及周边。如清同治元年（1862年），园内首设"萍花书画会"；宣统元年（1909年），"豫园书画善会"成立于园内得月楼，海上画派领军人物吴昌硕及一亭先后担任会长，会员几乎全为沪上书画名家，历时 40 余年，会员多达 200 余人。整理出版《海上画林》，是上海唯一且最完整的画史资料。

附：豫园在清代成为城隍庙西园，一直免费开放。当时已成为上海县城内举办各种活动的主要场所，如举办各类花展，重阳节登高望远活动、元宵节灯会等各项游艺活动。平时也常举办奇石、书画展和茶道活动等。1961 年对公众开放以后继续举办各种书画展、奇石展、元宵灯会等等。1979 年以后，花展、灯会、书画展等活动相继恢复。豫园内园建于清康熙四十八年（1709 年），是沪上钱业公所购地 2 亩，用作办事之地，并作上海城隍庙的后园，因在庙东，亦称东园。以静观大厅（又称晴日堂）为主体建筑，大厅梁枋间贴金彩绘及匾文"灵昭渟峙"体现浓郁的道观色彩。厅前假山群石间有百年女贞石梅、黄杨，花草茂盛，景致幽静。因而又有"动观流水静观山"之意。山上有耸翠亭，悬匾"灵木披芳"为清代名臣左宗棠所书。园南有大戏台，建于光绪十四年（1888 年），规制为江南之最，有"江南园林第一台"之誉。2 亩大小的内园，集中了众多的亭、台、楼、阁和奇石、假山，又不显拥挤，可谓豫园又一"以小见大"手法的体现。2022 年 1 月 18 日晚起，豫园彩灯正式点亮，豫园虎年迎新春系列主打"上海老味道非遗新体验"，融年礼、年俗、年味和年趣于一体，将持续至 2 月 18 日。

2. 秋霞圃（嘉定区东大街 314 号）

位于嘉定古镇内，江南著名的古典园林。秋霞圃由明龚弘（字元之）的龚氏园、沈氏东园、金氏园和邑庙组成。龚氏园大致建于正德年间，早于豫园四十余年。至龚氏孙龚可存时，已家道败落，宅园作价卖与徽州盐商汪氏，后龚可学之子乡试中举，汪氏便将宅园归还龚家。清顺治二年（1645 年），宅园重新为汪氏购得，辟为园林。每当秋天晚霞绚丽，园内景色分外明媚，故名秋霞圃（俗称汪氏园）。咸丰年间，园屡遭火灾，秋霞圃几成废园。之后改为启良学校。1960 年恢复园名，又在 1980 年及 1984 年二次修整，秋霞圃重现风姿绰约的风貌。全园有 4 个景区：桃花小潭景区、凝霞阁景区、清镜塘景区和邑庙景区。

桃花潭为全园之精华，也是古秋霞圃所在之处。潭呈狭长形，绿波荡漾，视野开阔。西南有舫称"舟而不游轩"，亦称"池上草堂"。轩内陈设一套仿明家具，并置有大方镜，映照景色，用于借景。丛桂轩在西岸,室小然极幽静,轩前排列福(右)、禄(左)、寿(中)三星石。轩之东植迎春、垂柳,南有芭蕉、翠竹,西为百年桂树,北是青松、腊梅,名花嘉木勾勒四季景色,成为借景中应时而借的经典。东岸 ＊藻风香室,又与丛桂轩互成对景。池北的碧梧轩,亦称山光潭影馆,俗称四面厅。在朝南临水石台上,有两株百年盘槐,亭亭如盖。北院则是两株百年桂花。轩东花丛中一一株百年牡丹,横卧着的一块黄石绝似古琴,即著名的"横琴石";轩西碧光亭临水而建,亦称扑水亭,是赏莲观鱼最佳之处。桃花潭北岸是黄石大假山,是旧园故物。长40米,高仅2米,因遍山青松,称之松风岭。山上山亭是三月探春、重阳登高之处;亭下是归云洞,长12米,洞内一折三弯,洞南有株二百余年的枫杨,依旧枝叶繁茂;南岸为湖石大假山,石壁直插入潭水之中。山上古树成林,绿荫之间,曲径通幽。山之北曲岩石矶,丘壑深涧,玲珑奇石点缀其间,水面上有石板小桥相通,行走其中有如临深山之感。现为上海市文物保护单位。

3. 古漪园

古漪园(嘉定区南翔沪宜公路218号)位于南翔古镇内,上海五星级公园、江南名园之一和国家4A级旅游区。在上海所建的五大古典园林之中,可谓是建造最早的一个。始建于明代嘉靖年间(1522—1566年),为当地人闵士籍(字明卿)所建,全园十亩之地,策划布局出于竹刻名家朱稚征(号三松)之手。园中曲水萦绕,竹影披纷,取《诗经·淇奥》中"绿竹漪漪"之句名为漪园。清乾隆十一年(1846年)冬,苏州东山富商叶锦购得此园,于是修葺拓充,易名为古漪园。1932年,淞沪抗战期间曾被日寇占据,逸野堂(俗称四面厅)竟成日军马厩,古漪园几近全毁。现经历欠整修,全园占地130余亩,园东新建青涛园,遍种绿竹,有方竹、紫竹、弥陀竹、凤尾竹、慈孝竹、四季竹、印度竹黄金、碧玉等20余个珍品,凸显绿竹摇曳的意境,它以绿竹漪漪、静曲水幽、建筑典雅、楹联诗词以及花石小路等五大特色闻名。其中,以竹造景也成为其最大特色。从1998年起,每年十月间,在此举行竹文化节。

园中主要由两块岛屿组成,以五座平桥与两岸连通,以一座曲桥使两岛相接,全国划分为逸野堂、戏鹅池、松鹤园、青清园、鸳鸯湖、南翔壁6个景区。主厅逸野堂,始建于明代。原柱梁用楠木制作,俗称楠木厅,厅堂有四路可以相通,又称四面厅。堂额是沪上书画名家唐云所题,摆设有黄杨木雕九龙屏风、龙椅、茶几,富丽堂皇。堂前两株古盘槐树,右边一株是明代建园时所植,已有四百余年历史。堂右排列形态各异的五座太湖石,似五位老人侧身聆听音乐,称之"五老峰"。左侧堆筑假山,恰似一朵祥云,因名"水云兜"。戏鹅池在园之中央,略呈方形。北岩绿荫之下,静泊双层不系舟(画舫),南岸浮筠阁红柱白墙,倒映于绿波之中,舟阁相望,互成对景。池东浮玉桥和西岸白鹤亭也互为对景。绿竹山在戏鹅池南岸,山上竹影婆娑,摇曳生姿,俗称竹枝山(一说纪念明代书法家祝技山)。山顶可元眺古镇屋宇、田野风光。1933年,当地民众集资建立一座拱顶方亭,当时因痛惜东北沦陷于日寇,有意缺失东北向的亭角,缺角志耻,俟失地收复之后再予补上,故名补阙亭,俗称缺角亭。现缺角仍未补上,就是在警示后人勿忘国耻。原在云翔古寺大殿前的两座唐代陀罗尼经幢已移至园内,另一宋代灵塔(普同塔)也安置在西荷花池中,夏日之际,池内莲花盛开,形成众莲托塔,塔浮间的绝妙景色。古漪园铺地(花石子路)颇具特色,以黄石、青石、白石、红缺片、白碗片、青砖、青瓦作材质,拼镶成暗八仙、蝴蝶、日轮、八卦、走鹿、梅花、冰裂纹、龟裂纹等图案,古朴简单。水云兜处铺排飞龙图形,形成云从龙生的意境。古漪园的亭台楼阁多临水而建,体现了"亭台到处皆临水,屋宇虽多不碍山"的意境,园内的堂、楼、水谢曲廊多为明代建筑,全园猗猗绿竹、幽静曲水、花石小路,皆是其特色。在沪上现存古典名园中,古漪园保存原貌极少,唯有逸野堂,戏鹅池仍在故园旧址。

古漪园的园林文化体现在建筑命名、楹联诗词、园林绿化、服务设施等各方面,是值得游客去体验的。近年,古镇出资 3 000 万元扩建古漪园,除以修复主体建筑,恢复原有旧貌,还规划设计曲溪鹤影,幽篁烟月,花香香仙苑等景区。每年新春之际,在此还举办大型灯谜游园活动。元宵节在古漪园体验古风雅韵,一场以"春回古漪,人约元宵"为主题的沉浸式展演营造了一丝淡雅隐逸的意境。2009 年 2 月 7 日起三天延至晚上九时半,举办"民俗元宵节",除观灯猜谜外,还有滚灯表演、过三桥祈福风俗活动。

4. 醉白池

醉白池(松江区人民南路 64 号)位于松江古城内,始建于清顺治七年(1650 年),是华亭人顾大申的私园。顾为顺治九年(1652 年)进士,官至工部主事,擅长书画,是松江画派的主流人物。其园得名,据当时学者黄之隽在《醉白池论》所称:韩魏公(北宋宰相韩琦)、慕白(唐白居易)而筑醉白堂于私第之池上,水部君(顾大申)又仿韩而以堂名其池。醉白池园址,据称即在明代松江画派创始人董其昌宅园上,顾大申依照白居易《池上篇》描述:"十亩之宅,五亩之园,有水一池,有竹千竿……有堂有庭有桥有船,有书有酒"的格局,亲自规划营造。醉白池布局精巧,景色极具诗情画意,是沪上园林中经典之作,也是唯一园中有宅的名园。现为国家 3A 级旅游景区,上海市市级文物保护单位,上海市四星级公园。

醉白池在抗战时期曾被日寇盘踞,园内亭台楼阁拆改为日式房屋。设立了臭名昭著的"慰安所"。1956 年,醉白池全面修建,并向西扩展 60 余亩。醉白池原址在池之东,是景物精华之所在,全园以池为中心,在池的周围建有精致典雅的厅、榭、亭、轩和长廊。池仅 1 亩,黄石砌岸,一泓碧波,其间锦鳞游泳。北岸为池上草堂,重建于宣统元年(1909 年)。堂中额题"醉白池"是由书画名家程十发所书,堂内陈设 8 把明式紫檀木灯挂椅,这是宅园中稀有之物。檐前大树参天,树影斑驳,堂后挂树成林,窗北则翠竹一片,池水从屋下流过,潺潺有声。草堂之东为挂颊山房,四面置窗,俗称四面厅,是座明式建筑。厅前植有一株古樟,历三百余年,依然绿荫蔽天,生机勃勃。厅后有左藤盘绕,虬枝绿吉,古意盎然。明朝末年,此地是松江当时书画大家和诗人歌唱挥毫之处。厅之东南一丛百年牡丹,仍枝繁叶茂;左侧数株百年女贞。沿池亭子造型典雅,精雕细刻,东南面大湖亭,东北面小湖亭,西面六角亭,有长廊相连贯通。在栏凳上小坐,观赏鱼儿在亭榭古树的水中倒影里游泳。池南岸则是曲廊环抱。池上草堂之西,有一墙之隔为雪海堂,因广植梅花,香雪似海,故名。院中一方水池,夏日荷花盛开,清香四溢。1912 年 12 月 26 日,孙中山先生在此发表演讲。堂前一对 2 米高的青石狮是明代归物。四面厅之东是宝成楼,为园主起居之处。

醉白池藏有历代碑刻颇多。最为著名是《云间邦彦图》,计有 30 块,镌刻明清两朝松江府名流 91 人。清乾隆年间宫廷画师徐璋绘制,后由清末名家改琦补绘,光绪十六年(1890 年)刻石,嵌列在醉白池南岸的碑廊内,此为醉白池之镇园之宝。碑廊还有三国吴皇象《急救章》,元赵孟頫《前·后赤壁赋》,明方孝孺《正方诚意》,董其昌《韩范先声》以及唐吴道子《观音像》,清改琦《钟馗像》等珍贵刻石。由此可见,醉白池虽属私家园林,却与苏州园林相异,是极典型的"文人园林"。与松江画派一样,在艺术上达到很高的境界。

5. 曲水园(青浦区公园路 612 号)

位于上海青浦区城内公园路 612 号大盈浦之西岸。始建于清乾隆十年(1745 年),最初是青浦城隍庙的灵园。据说为建此园,曾向城中每个居民征募一文钱,故有"一文园"之称。就是说,曲水园是青浦每人出一文钱建造的公园。乾隆四十九年(公元 1784 年)开始,拓地池筑堤景石,增建楼台,前后历四十余年建成二十四景,园内一石一水、一亭一阁,令皆成趣,蔚为大观。嘉庆三年(1798年)江苏学正刘云房应青浦知县杨东屏之邀聚会园内饮酒畅述。席间,杨东屏请学正为灵园题名,刘云房以园处有大盈浦,园内有清溪长流,用王羲之《兰亭集序》中"又有清流激湍,映带左右,引以为流觞曲水"之名句,欣然题写"曲水源"。曲水园在咸丰年间及八年抗战中二度遭失燹炮火所毁,也数次改名。1927年增假山,山上筑九峰一览亭,可登高远眺松郡九峰。1980年起全面整修,并恢复曲水园之旧称。

曲水园具有江南园林"庭院深深水重重"的特色,有24景而著称沪上。曲水园以荷花池为主要水景,大假山飞来峰堆筑于水中,使之池水分成南北,此类山水布局方式是在乾隆年间及之后出现的又一艺术手法,一可以障景,二则形成游山须绕水,玩水必游山的格局,增添了景色的层次,提升了园林的魅力。南为荷花池,北称睡莲池。荷花池营造典雅,沿岸西有喜雨桥,北有小濠梁,东有迎曦亭,南有恍对飞来厅(俗称荷花厅),厅三面临水,观鱼赏荷两相宜,又和飞来峰对景;睡莲池体现幽静,南有竹榭,深藏于翠竹之中,东有镜心庐,水月镜花,原来是清静之地,北有九曲桥贴水而建,别有情调。飞来峰西边一条青溪长流,以贯两池相通,沿洒长址,青石驳岸,齐整又平坦,极具江南水乡之风韵。凝和堂位于池之南岸,为全园主景,堂皆涂以紫红色,端庄凝重。面阔七间,原有李鸿章题这额,周边草木复苏,植有金桂、玉兰,称之为"金玉满堂"。朝东而列的花神祠,古木垂荫,东西各有一株百年白皮松,东南方向有一株百年凌霄与一株四百年罗汉相依生长,花开锦绣,形成"凌霄扶松"的景色。两堂之间是绿肥红瘦的芭蕉院。因而,古树名木也是曲水园的一个特色。园内的"自觉堂"是本市仅存的两座无梁殿之一,有较高的江南园林建筑艺术价值,别具一格。

飞来峰之巅为九峰一览阁,建于1927年,四层塔形,高达20米,由当地乡绅张景周之子捐资助建,原称景周楼。登斯楼也,俯览城隍庙内殿宇深重,极目远眺,三泖九峰则在此眼底,是为园林构景最佳手段借景之妙用。

在园之东河岸上,由南而北的长廊,名称绿波廊。廊部有亭有桥,廊壁的窗洞样式各异,形成造型优美的框景。绿波廊青砖粉墙,背景古树蓊郁,倒映在清澈的河水之上,犹如工笔重彩的画卷。曲水园有深厚的文化底蕴。每逢国庆、中秋佳节,曲水园里听评弹也是一桩趣事。秋日菊花展也是吸引游客前来的一大魅力。

三、上海的近现代园林文化和主要近现代园林景观

(一)上海的近现代园林文化

上海的近现代园林也是重要的都市旅游资源之一,是上海都市人进行休闲疗养的喜好之地。从19世纪末英租界设立后,就在市区建造了众多西式公园,如黄浦公园、中山公园、复兴公园、虹口公园等。解放后,市政府又兴建了很多现代公园,注重植树,开辟绿地,让人们可以休憩健身。如人民公园、长风公园、静安公园、方塔园等。近20年来,在规划公园时,注重生态和景观功能齐全,强调文化品位和文化氛围。徐汇公园保存我国首张唱片诞生地百代小红楼和上海轮胎厂的烟囱,成为沪上海派音乐和近代工业发展的重要城市标记;广场公园(卢湾段)开辟百药园;九子公园有上海老弄堂风情的雕塑;长寿公园、古华公园建有广场舞台;荟萃公园、广中公园设有故事长廊和寓言雕塑。2009年基本建成大型公共绿地1 500公顷,并建成30万平方米屋顶绿化和15千米垂直绿化。

至2015年,上海已有国家级森林公园6家,如佘山国家森林公园、上海共青森林公园、

上海海湾国家森林公园、东平国家森林公园、上海吴淞炮台湾国家湿地森林公园、上海滨海森林公园等。其中,上海海湾国家森林公园是上海面积最大的森林公园;上海吴淞炮台湾国家湿地森林公园是上海唯一的湿地国家森林公园。星级公园101家,其中五星级18家、四星级28家、三星信44家。市属星级公园有上海共青国家森林公园、上海滨江森林公园、上海辰山植物园;区属五星级公园有世纪公园、徐家汇公园、长风公园、延中广场公园、静安公园、顾村公园、莘庄公园、闵行体育公园、上海大观园、古华公园等。2010年,上海建成世博公园,绿地面积达58公顷以上,后逐渐建成后滩花园、白莲泾公园、中国园以及滨江绿地、浦西绿地等。

　　上海目前纳入城市公园目录管理的共有165座,其中有111座20世纪90年代以前建造的公园,设施老化,布局规划也不合理。当实行公园免费开放之后,话多公园的设施条件与周边居民的健身、活动的需求已经不相匹配。因而这些公园的改进工程在2006年就已开始,10年间的前5年共改造和完善了53座公园,后5年启动改造了58座;2016年又完成9座公园,启动改造6座。公园的改造主要是提升绿化水平,改造建筑物、道路地坪、监控、广播系统,清淤与调整水系,改造驳岸,增加儿童游乐设施和健身场地、更换座椅、垃圾箱、标识标牌等。改造后的公园除保持原有的风情,景色更加宜人之外,特色更加鲜明。如闵行古藤公园,以紫藤为主,紫藤数量明显增加,470余岁的"镇园之宝"明代古紫藤为能"安居乐业"建起一处挡风避雨的钢结构"新衣";襄阳公园降低围墙,绿意迈出,浓郁的法式风情扑面而来,给高雅的淮海路平添浪漫情怀。今后还会对镇级公园按照城市公园的标准进行提升改造,到2020年使城市公园总数达到300座。从2016年起,公园延长开放的数量和时间都有大幅增加,将原夏令公园延长,从3个月提升到6个月,半数以上的公园已经实施。目前,市民选择到风景如画、环境优良的园林、绿地观花赏草,在闲情逸余中度过节假日,已成为上海市民休闲度假方式中最常见的一种。据新晚报道,未来上海可展望"千园之城"。申城的生态向隔带、城市绿道、开放式休闲绿地、城市公园、郊野公园,加上地区公园、社区公园、街心花园、城市绿地、上海的公园可达千座,足可满足市域居民日常及周末休闲需求。

(二)上海主要的近现代园林景观

1. 黄浦公园

　　黄浦公园(中山东一路28号)位于外滩浦江与苏州河的汇合处。始建于清同治七年(1868年),初称公家花园,后又有大桥公园、外滩公园之称,是中国近代第一个欧式城市公园。当初公园因位于英租界内,而定为侨民花园,仅限于对中国签约国侨民开放,入园规定中就有"华人不得入内"的条文。据学者、作家周建人、陈岱孙、郑振铎等人在当时或以后回忆撰文中指出,直到20世纪初期,亲睹在外滩公园门口白底黑字的告示牌:"华人与狗不得入内"。而且在租界所有公园,将此作为不成文的园规,并立牌示意。1928年租界工部局碍于上海民众激烈斥责反抗,才决定同年6月30日起华人可以购票入内,门票价格十个铜板,次年5月提价为二角银毫。

　　新中国成立以后,改为现名。对市民全面开放,当时门票价仅人民币3分,为沪上公园票价最低者。1950年奠基,在1994年于临江处建立人民英雄纪念塔,塔身是由三根60米高的石柱组成,塔名是由江泽民书题。塔周是主题为"百年风云"的花岗石浮雕,长120米,高3.8米,七组浮雕展示上海近代十五个具有重大意义的历史场景,有97位英雄人物,彰显从鸦片战争以来,在上海为中国人民革命事业而奋斗的英雄先烈们的丰功伟绩。在正门草坪上竖立着铜铸圆雕"浦江潮",塑造一位挣脱了锁链、挥舞红旗的革命者形象,总高 11 米,在上海解放 45 周年之际,即 1994 年 5 月 27 日落成。

黄浦公园是上海首个取消门票的开放式公园,也是中国第一座公共园林。公园把上海市人民英雄纪念塔、外滩历史纪念馆、大型浮雕纪念场等与公园园林景观融为一体,使其集观光、休闲、教育之功能,成为外滩重要景观之一。公园广场是观赏浦江景色和两岸都市风貌的极佳去处。

2. 中山公园

中山公园(长宁路 780 号)位于上海长宁区市中心。清光绪五年(1879 年)美国圣公会主教施约瑟购置英商兆丰洋行地产(84 亩),创建圣约翰书院,即后来的圣约翰大学、现在的华东政法大学。洋行大班霍克(亦称福格)又在所属地产建立私人花园,称之为兆丰花园,因位于极司菲尔路上,亦称极司菲尔花园。1914 年 7 月公共租界工总局向霍克后人征购花园,经过扩建辟为公园。它是当时上海最负盛名的公园。1924 年建造半圆形英国式露天音乐厅,厅前草坪 2 700 平方米,可容纳 4 000 余名听众;草坪北侧,建有大理石石亭(它是 1935 年迁建园内的西方古典主义园林建筑,1999 年列为上海市近代建筑保护单位)。该石亭的台阶、地坪全由大理石铺就,此类建筑在当时沪上确属孤本之作。1925 年,又建中国传统建筑样式的牡丹亭,种植牡丹 300 余株。1942 年改名为中山公园。公园主体为欧式,呈西方几何规则式园林风格,但也有中国式、日本式建筑,颇具海派风格,1949 年之后多次改建,仍完整保存了原有布局和风格,并形成"中山公园十二景观"即银门叠翠、水榭紫雨、绿茵晨晖、芳圃吟红、双湖环碧、荷池清月、林苑耸秀、独木傲霜、石亭夕照、虹桥蒸雪和旧园遗韵,成为沪上以树木花卉品种多、数量大而著称的名园。有观赏树木 70 余科,260 余种,计 2 500 余株。其中沪城最大的一株悬铃木(梧桐树,据称来自意大利,由霍克手植,高 31 米,历 130 年)就生长于斯。花卉以牡丹、樱花、桂花、月季四大名卉为主流。1956 年建立的月季园,植 2 000 余株,品种近 70 个,新建有荷花池、鸳鸯湖、桂花林、棕树林等休闲区域,增设画廊等设施。在大理石亭广场,常有举行市民公益活动和文化活动,提供民众展示技艺的舞台,因而大理石亭广场被中国群众文化学会和中国文化报社授予"全国特色文化广场"的称号。英式园林景观是公园的主体景观。除大理石亭风景区外,还有大石桥景区、后园门景区、开放式广场绿地以及大悬铃木景区等。园内树木、花卉品种之多、草坪面积之大,为全市综合性公园之冠。

今日的中山公园已形成灵巧曲折,地形起伏,坡度自然的园林景色,集欧洲自然式庭院风采和中国古典园林风格于一体。实为闹中取静之佳处,周围是轨道交通 2 号线、3 号线、4 号线,长宁商圈而不为其所染。园内游乐活动内容丰富。它也已成为老人、小孩和上班族休闲放松的地方,景色四季不同,各具诗情画意,后园门面对华东政法大学老校区,又增加了一份文和致远气息。

3. 鲁迅公园

鲁迅公园(东江湾路 146 号)始建于清光绪三十一年(1905 年),在公共租界所属万国商团靶子场所划出的土地上所建,初名"新靶子场公园";1922 年易名虹口公园。周边建有高尔夫球场以及各类球类的运动场。在 1921 年 5 月及 1931 年 5 月,分别举办了第二、第五两届远东运动会,因而有中国第一个体育公园之美誉。因此地与鲁迅先生山阴路住宅相近,鲁迅先生常在闲暇之余湖边散步。1932 年 4 月 29 日,朝鲜抗日义士尹奉吉向园内举行的庆祝日本天皇天长节集会的主席台上投掷炸弹,炸死日寇司令白川、日侨居留团团长河端、炸伤日本驻华公使重光葵乖乖多人,此举轰动全国,乃至东亚,大快人心,国人在园内立碑纪念。园内有株栽于1896年的香樟树,高12米,为沪上香樟之最。

1956年10月,鲁迅逝世二十周年时,鲁迅先生遗骸由万国公墓迁葬于此,毛泽东题写墓名。在墓前草坪花丛之中坐落鲁迅坐像的雕像,建造具有浙越建筑风格的鲁迅纪念馆。这是中华人民共和国成立后建造的第一个人物类纪念馆。该馆陈列鲁迅生前用品、手稿等珍贵文物,以供游人观光、瞻仰。1961年3月4日,鲁迅墓由国务院核定公布为首批全国重点文物保护单位。之后于1988年正式改名鲁迅公园,成为上海的一个主要历史文化纪念性公园。虹口体育场重新改建,并易名为虹口足球场。

鲁迅公园内还有鲁迅纪念馆和震撼近代史的尹奉吉义举纪念地梅园、鲁迅纪念馆是中华人民共和国成立后第一个人物类纪念馆。2009年被评定为全国首批一级博物馆;梅园是尹奉吉义举纪念地,树有碑石;又有山有水有瀑布,山水之间堤桥相连,景色优美。总体上保留了英国风景园的特点。2014年10月,经过一年的改造,具有119年历史的鲁迅公园正式开园迎客。此次改造的目标是还原“英式公园”的风貌。还开发一座“湖心岛”,岛上复制“百草园”和“三味书屋”,与公园的主题相呼应;还新辟“世界文豪广场”,莎士比亚等十位世界文巨人的雕像修整一新。公园里设置于1929年的上海首个沙漏水饮水器也修复到原来的功能,并将原有的200多个植物品种增加到300多个。还增加全长430米长的“环山”塑胶健身步道,有利于附近市民的健身晨练。现在的鲁迅公园既保留了英国公园原有的布局形式,又糅合了中国造园艺术,形成了上海城市公园特色,成为一座名闻遐迩的纪念性文化休息公园。

4. 复兴公园

复兴公园(雁荡路105号)于1909年7月14日建成开放。因处于顾家宅,初名顾家宅公园;当时又属法租界,开放之日又是法国国庆,俗称法国公园。起初园规中有侮辱华人条文,至1928年,在上海市民反对讨伐声浪中,法租界当局才被迫修改,允许中国人购票入园。1945年,抗战胜利之后,取“民族复兴”之意改名复兴公园。公园主体风格具有明显的法国古典主义园林的特征。可以说,它是上海唯一一座保留法国古典式风格的园林,也是近代上海中西园林文化交融的佳作。园内参天而立的悬铃木(梧桐树)生机勃勃,其数量之多列上海公园之首;园内还有一株沪上颇为罕见的菩提树(七叶树),亦列同类之首。齐整而宽阔的草坪,浓绿覆盖的林荫道路展示着高雅、充满魅力的景色。近年来增设了马恩雕像广场、沉床花坛(毛毡花坛)、玫瑰园等新的景点。公园最显著的特点是:中轴对称布局,呈格子化、图案化,以花卉、树木、草地、山池见长。

马恩雕广场位于园北。在1983年5月5日马克思诞生165周年之日奠基,于1985年8月5日恩格斯逝世90周年之际揭幕,像高6.4米,重70余吨,线条刚劲着力,形象伟岸端庄;位于公园中部的沉床花坛,是国内唯一的法式立体式花坛;玫瑰园为每年上海旅游节期间举办“玫瑰婚典”的场所。进入21世纪,复兴公园日新月异,着力加强公园建设和管理,通过专家认证,原2 000平方米水精雕细琢道板改建成花岗岩地坪,大草坪南北建成“花境”,改建2个生态型厕所,整修所有黑色路面,疏通整个排水、排污系统,回空线入地,全部复兴路透绿围墙沿线树坛。2002年被评为上海市四星等级公园。公园也是一个高雅的学习园地“复兴公园科普英语角”是上海第一个有组织、有指导的科普外语会话场所,被列入上海市500个现代都市文明景点之一。广场文化活动成为上海都市广场文化的开端,至今已举办11个年头。目前公园的服务设施也日趋完善,有电马游戏场、游泳吧、文化娱乐中心、激流勇进冲汤设施、儿童乐园、餐厅、酒吧、香格纳花廊等,很受游人的欢迎。

5. 桂林公园

桂林公园(桂林路 128 号)原称黄宛花园,是百年上海滩赫赫有名的三大闻人中资历最老的黄金荣避暑的私人花园别墅。1931 年,黄金荣耗去 350 元大洋将原本仅 2 亩地的黄家坟地扩建为有 34 亩的中式花园。黄金荣的正室名林桂生,江湖人称阿桂姐,黄氏自认一帆风顺,全仗阿桂姐带来的好运,于是为了讨好阿桂姐,在园中种植 600 余棵桂花树,成为沪上著名的以桂树而生的私家花园。之后经历二次兵灾,花园几近全毁。1953 年夏天,黄氏过世,黄家花园收为公有。在 1958 年经全面修葺,花园扩为 52 亩,增植金、银、四季、牡丹等 20 余种桂花名种,计 1 000 余棵桂树,定名桂林公园,8 月 1 日对沪上民众开放。同时也成为中国花卉协会桂花分会的驻地;近年"雪韵中秋——上海桂花节"每年定期在此举办,成为上海江南最佳赏桂之地。

桂林公园的布景艺术主体是传承江南古典园林的构景技法。除了亭台楼阁、小桥流水之外、遍植松、柏、梅、兰、竹、菊,以及牡丹,花开花落,四季有景。四教厅是园内主体建筑,完殿顶,五级万阶,环周回廊,张大江灯笼,四边设置长窗木门 72 扇,气源不凡。整个大厅上下之染枋,门窗雕刻有隋唐英雄、三国故事以及二十四孝图,图纹华美,刀法精湛,厅沿上三盏巨大的西泽黄铜吊灯一字排开,颇为气派。1931 年 11 月 18 日黄家花园开张之际,民国政府主席蒋介石赠送新题"文行忠信(四教)"的一方大理石碑面,由黄氏亲扶供在大厅中间,后又将石碑放置在厅之右侧的六角亭内。原来大厅中心还供放福禄寿三星的瓷像。两边分别十二氢红木大交椅,这是黄氏用重金托人从北平(现北京)皇家大内购得的原株红木精制而成,大厅前排列用矾石精雕的八仙石像。红木交椅,后被日寇盗运日本而不知踪迹;八仙石像也毁于十年之初,当时机智的公园员工用漆刷纸糊的方式,将满堂木雕完整保存。般若舫位在园东的荷花池边上,般若是梵语,意为智慧。舫长 18 米,宽 2.5 米,用花岗石雕砌面成,歇山顶、2 层。舫前为台,前舫为亭,中间是阁,后舱是楼,一舫之上,亭楼阁俱合。荷花池上有双座石梢横跨,有景称之"双虹卧波"。卧亭在园之西处,建在有 3 000 平方米的水池中央,有 2 层,四方攒尖机,铺黑色筒瓦,整体双钢筋水泥砌成,墙体砌红色耐火砖,白色砖成。2 楼四周设阳台,围以黑铁栏杆。亭之南北筑水泥平桥通举,池岸桂树成林。卧亭的门窗,凸花玻璃,铜锁仍是 80 余年之原件原物。心亭原是黄氏接待贵宾密谋议事。还有吞吐大烟的场所。卧亭不中不西,亦右亦左,实属另类,在中式古典园林中独心一座。园内还有鸳鸯楼、观音阁、九曲长廊等中式建筑,构造尚属规范。公园内有两株百年龙柏,枝繁叶茂,生机勃勃。还有一块 2 米多高的木化石(硅化石),树皮斑驳,木纹清晰,和峋磷的假山石相映成趣。桂林公园以桂树取胜,全世界桂花树种有 32 种,我国有 27 种,此地就有 23 个品种。从 1991 年 9 月起举办上海桂花节,主题为"旁韵中秋"。每当秋高气爽,金风飒飒之际,公园馨香弥漫铺天盖地,游人行走在桂花树中赏桂观月,笑语鼎沸,不亦乐乎。桂林公园围以青绿瓷瓦铺成的龙墙,园门黑底金字的园名匾额是由沪上书法家钱君甸所题写。

刚劲着力,形象伟岸端庄。

6. 上海植物园

上海植物园(龙吴路 1100 号)原为龙华苗圃。1974 年筹建为上海植物园,1980 年 1 月正式对外开放。为沪上自然景观最优美、生态环境最良好的植物专类园林,也是国内最大的位于城市市内的植物园。现已被批准为国家 4A 级旅游区。全园面积 81.8 公顷,拥有植物 3 500 余种,6 000余个品种,分为十余个专类园区。园内分植物进化、环境保护、人工生态、绿化示范等4个展出区和黄道婆游览区,各区又分若干小区,各小区以主类植物为主景,配以园林建筑小品,形成不同意境和园林景面和植物季相特色的山水园。2001年又建成国内最大的展览温室,面积为5 000平方米,塔形、铝镍合金架、全玻璃结构,高32米,亦为国内温室高度之最,用"自动环境控制"系统模拟原始热带植物雨林的生态环境,设置"热带雨林和"和"四季花园"2大主题,展示世界各地热带植物3 500余种。在其棕榈园内有2棵贝叶棕,叶子掌状羽毛,长达3米以上,一生仅开花一次,结果后即死。古印度佛经就书其叶上,故称"贝叶经"。热带雨林展区有棵高山榕,重约8吨,形似桂林奇境"象鼻山"。还展出兰花珍品有:卡特兰(兰花之王)、蝴蝶兰(兰花之后)、文心兰(俗称舞女兰),天鹅兰、兜兰等30余品种,600余株;四季花园展区有热带果树40余种,有咖啡树、可可树、树菠萝(俗称菠萝蜜,有水果之后之称)、龙眼(桂圆)树、荔枝树、柚子树等,有种被称为"神秘果"的树,当食其红色浆果后,再吃任何涩苦酸辣的食品,即刻变有甜味。特丹园3.6万平方米,栽有万株牡丹、芍药、春风初起,全园姹紫嫣红;在此一年一度举办"国色天香牡丹花会"。竹园植竹80余种,月明之夜,竹影摇曳,飒飒作响;桂花园在金秋之际,繁花似星,馨香飘溢。还设有杜鹃,蔷薇、玉兰、松柏、蕨类、盆景、草药等园区。在植物一楼常年布置"生命的起源"和"植物的进化"为题的科普展览,二楼是举办大型专题园艺场地。2008年3月8日举办"2008年上海花展",主题为"美化上海,迎接世博"。有70余家国内外著名园林、植物园及花卉企事业单位参展,有51处景点,设有花园街市,展示珍卉奇花3 000余品种,460余万株花卉,其间福娃、海宝、EXPO会徽随处可见。2016年植物园经过30余年的收集,樱花品种多达80余种,栽种1 100株樱花,15 000平方米面积,设置4条最佳赏樱路,并组成有:樱花大道、镜花映月、晚樱夕照、兰宝飞樱、晴雨樱旱、栈桥花影等樱花十景。

　　园内有黄道婆庙游览区(赵朴初题字),由先棉词(黄母祠,上海市文物保护单位)、陈列馆、展廊及休息区等组成。黄道婆(1924—?)元代松江乌泥泾(徐汇区华泾镇人,)她革新纺织工具,改进、传授织布技艺,造福乡里,致使乌泥泾布能"衣被天下",逝世后立祠供奉,世称"纺织始祖"。

7. 共青森林公园

　　共青森林公园(军工路2000号),原是黄浦江西岸滩地。1956年疏浚河道,取泥围垦建成苗圃;1958年在沪开会的全国青年积极分子在此种植果树,建立青春果园,命名共青苗圃,之后义务植树成为传统和时尚。1986年3月苗圃北部改称"共青森林公园";1995年底在南边建成"万竹园"。全园面积124公顷,为沪上市内公园之最。2005年被评为国家级森林公园,成为上海唯一可称为"城市森林"的公园,国家4A级旅游区,上海市五星级公园。共青森林公园以植物造景为主流栽树30万余株,200余品种。盈湖曲曲弯弯,有9万公沙茶面,架桥13座,石板路曲径通幽,丘陵、密林、草地、竹丛、湖泊、溪流和谐地组合成野趣幽静的森林景观,形成丛林原野,翠崖听鹂,秋林爱晚、水乡秀映,盈湖泛舟等12个景点。其中,万竹园富于江南水乡情调,旧宅门楼。青瓦白墙,一对鼓礅。园内翠竹遍地,竹种近百,有毛竹、倭竹、刚竹、凤尾竹、慈孝竹、淡竹、红竹,还有珍品方、湘妃竹等。当街牌坊书有"丝竹镇",清竹塘沿街流淌,两岸仿明清民宅错落有致,竹影桥、竹溪桥双桥相通,步出竹韵阁,走上幽篁桥,墨竹斋进入眼帘,门联:未出土时已有节,及临霄处尚虚心。此地以竹为名,以竹为材,可以观竹景,品竹饭,赏竹饰,荡竹舟,购征器。竹篁之中有一"四境亭",隐喻风霜雪雨之中,园林竹境佳景,风光宜人。2009年3月29日,历时67天的"都市森林百花展"开幕,展出樱花、海棠、二月兰、月季花、郁金香等名品。郁金香展出12万株,有8万档大丛林深处开放,4万株在河堤中随风摇曳,形成森林之中的郁金香花海。2016年,在7 000平方米的桃花林中,又增加50余株新品"帚桃",有扫帚一样外观,绚丽多彩的花色。阳春4月,这里特别呈现"千朵浓芳绿树斜,一枝枝缀乱云霞"的灵景。2016年9月25日,承办了主题是"森林狂欢、缤纷假日"的第十四届都市森林狂欢节。期间安排6天演出,由上海越剧院、上海沪剧院、上海人民滑稽剧团、上海木偶剧团和中福会儿童艺术剧院等团体的名家名角及青年演员及"中国好声音"的学员轮番演出。当开园游人进入之时,数十位化妆演员引领大家巡视狂欢。在狂欢节的同时森林天鹅池畔举办"首届共青森林啤酒节"。

8. 上海动物园

上海动物园(虹桥路2381号)之东南区域,是在清宣统二年(1910年)由英侨集资所建的乡村联谊会旧址。设施仅为一个9穴高尔夫球场;1916年改名虹桥高尔夫俱乐部。1949年之后,改建成为公园,于1954年5月25日正式对外开放,时值上海解放5周年之际。初名西郊公园,1980年改称现名。它属于国家级大型动物园,是全国十佳动物园之一、中国第二大城市动物园。其占地74.3公顷,展养野生动物600余品种,6 000余头(只),八成为珍稀动物;种植树木近600余种,10万余株,百年古树随处可见。此地草坪开阔,湖水荡漾,鸟语花香,为上海市区最佳生态园林之先,也是沪上中年人群最美好的城市记忆。动物园兼有科普、研究、保护等综合功能。50余年来,成功繁殖野生动物200余种,半数为珍稀动物,有熊猫、金丝猴、北极熊、袋鼠等。华南虎历年繁殖数量为全国之最,形成国内最大种群,近10项科研项目获得国家和上海市科技奖项。因对华南虎、金丝猴、东方白颧三种中国珍稀动物有突出研究成果,1999年,上海市建委在园内设立华南虎、金丝猴、白颧学科(专项技术)研究发展中心。动物园与世界上40余个著名动物园有合作、交流,通过动物互换,西班牙山羊、山地水牛、金丝绒猴、澳洲鹦鹉等300余种异兽珍禽落户上海。上海动物园具有三大特征:一是熊猫、华南虎、东北虎、亚洲象、白唇鹿、扬子鳄、丹顶鹤及来自海外的北极熊,长颈鹿、黑猩猩、河马、犀牛、斑马、袋鼠、鸵鸟等设置专馆专房,造型新颖别致,设备齐全;二是游览路线为逆时针向,从而可以了解动物由水生到陆居,从低到高级演化程序。动物园建立国内首座科学教育馆(谈家桢题字)多次举办动物知识普及教育和学术报告活动;三是自然环境与动物栖相互映衬。全园草坪50公顷,巨大垂阴,路边蒔花争艳,四季有景。天鹅湖畔垂柳依依,芦苇丛丛;虎山黑松成林;象宫棕榈、芭蕉;熊猫岭竹影森森。目前,它已成为具有娱乐休闲、动物知识普及、科学技术研究及野生动物保护的四大职能的综合性公园。上海动物园被国家建部评为"十佳动物园",也是国家4A级旅游区。上海动物园将会给游客留下美好的回忆以及对大自然的喜爱。

9. 上海野生动物园

上海野生动物园(宣桥镇原三灶乡南六公路178号)。是由上海市政府和中国国家林业局合作建设的,国家首座野生动物园,国家5A级旅游景区。1995年11月18日正式对外开放。面积16公顷,密林草地占五分之四,水域为十分之一。有200余种,万余头(只)世界各地代表性及珍稀动物栖息其间。动物园放弃笼(圈)养的旧式,采用逆向思维,以动物放养为主,散养和圈养结合的形式,让游客在大自然原生态的环境里,以车入和步入形式进行游览,分车入区和步行区。乘车第一站是食草动物散放区,21公顷。原野上放养动物18种,320头,有麋鹿(俗称"四不像",鹿角、驼颈、牛蹄、驴尾)、金毛羚羊(俗称"六不像"熊背、牛腿、狗脚、鹿脸、羊尾、角马之角)梅花鹿、野骆驼(以上均为国家一级保护动物)、牦牛(高原之舟);还有非洲的斑马、长颈鹿、蓝角马(俗称"二不像"牛头马面)以及由动物园成功繁育的亚洲象,海南坡鹿(国家一级保护动物,世存仅千头)。第二站食肉动物放养区,分豹区、狮区、虎区、熊区。草地上能在 15 秒钟内跑完 500 米,号称"世界短跑冠军"的猎豹会疾驰而过,猎豹的繁殖与熊猫相当,极难成功,动物园从 2002 年起 4 年内成功繁育 31 只猎豹,现总数有 64 只,为国内动物园最大种群;体态特酷的雄狮正懒洋洋地打着哈欠;世间唯一不冬眠的熊——马来西亚熊在享受阳光;东北虎威网凛凛引吭长啸,声传数里之外。狮为草原赢家,虎是森林王者,在狮区幼狮(8 只)和幼虎(11 只)亲密无间,相互戏耍,形成两强同群的奇观。步行区内有众多的馆区,如百兽山、海狮表演馆、小熊猫馆、鹦鹉馆、山魈馆、黑猩猩馆、河骆馆、长颈鹿馆、长臂猿馆、鲸鱼馆、企鹅馆、袋鼠区、鸵鸟区、火烈鸟展区、大食蚁兽区、美洲红鹮区乖等。其中有"迎宾小姐"之称的非洲火烈鸟,"兽中绅士"羊驼,形似妖怪的山魈,澳大利亚国徽上标记鹦鹉,澳国国兽袋鼠、鸵鸟,还有我国长臂猿(国家一级保护动物)有着杂技高手、歌唱家的双重称号。百鸟园放养 40 余品种,2 400 余羽珍禽,有号称"东方宝石"的褐马鸡(国家一级保护动物中国禽鸟学会以此作为会标)、蓝孔雀、太平鸟、白鹇、红腹锦鸡、白冠长尾雉(中央尾羽长 1.5 米,银白色,京剧中武生和刀马旦用之冠饰,称为"翎子");相思鸟,白居易诗中称"比翼鸟",俗称红嘴绿观音,羽色艳丽,啼声清悦,它们成群结队,相伴终生,海外称之"爱鸟"。水禽湖 1 万多平方米,湖中有猴岛,鸟岛,放飞着数千羽如丹顶鹤、黑天鹅、鹈鹕、斑头雁、苍鹭、白鹳等 50 余种水禽。每年引来无数候鸟来此过冬,成千上万只鹭鸟也安家于斯。每当傍晚,就会出现万鸟飞舞的壮观。白犀牛、亚洲象、金丝猴、扬子鳄、黑猩猩、白狮、虎、熊猫都有自己的"公寓别墅",设施齐全的动物医院定期为其检测身体。动物园有海狮、鹦鹉、赛狗演艺场馆,最精彩的是百兽山表演场,在 3 000 余观众面前,狮、虎、象、熊、斑马、羊驼、猕猴、贵妇犬等 20 余头动物闪亮登场,表演精彩的动物运动会,时装秀、新春大联欢等综合节目,内容丰富多彩,演出水准为全国第一。

环园贯通空中游览车,高 53 米。徐行间,野生动物园便尽收眼底;北可远眺浦东高楼华厦,西北之徐浦大桥,东南之芦潮海港,宛若画中之游。

2007 年,上海野生动物园被评为国家 5A 级旅游区。

2008 年,上海野生动物园双喜临门。4 月间,狮虎兽帅帅、靓靓从深圳落户于此,他们为狮父虎母所生,存世仅 20 余头;同时又迎来四川卧龙平平、安安、康康 3 头大熊猫。在 2010 年上海世博会举办之时,又有 10 头熊猫安家园内。

2009 年,野生动物园首次将 4 月 14 日定为"动物情人节"。

2019 年 6 月 1 日,该园举行命名仪式,宣布一只 10 个月大的大熊猫宝宝被正式命名为"tt"。

2021 年 7 月 1 日—8 月 31 日期间,该园火热推出"动物园奇妙夜"园区,吸引了众多市民游客。目前,它是集野生动物饲养、展览、繁育保护、科普教育与休闲娱乐为一体的主题公园。荣获 2015—2019 年度全国科普教育基地荣誉称号。

10. 长风公园

长风公园(大渡河路 189 号)建于 1959 年,初名沪西公园。是一座人工开挖以铁臂山和银锄湖为要素形成的山水为主体的大型的综合性山水公园。银锄湖在公园中央,占全园面积之三分之一,系人工湖;挖出的泥土堆砌成铁臂山,占地 20 亩,是沪上公园之最,山上绿荫深处有青枫亭,朝霞榭等景点。在银锄湖水底 13 米处,建有长风"海洋世界"(进口为大渡河路 451 号)。长风"海洋世界"是隶属于澳大利亚澳洋集团旗下,集大型海洋动物表演情怀水族馆鱼类展览为一体的综合性海洋主题公园。它有极地白鲸表演馆和水族馆两个部分,其中,水族馆是国内首座主题性水族馆,3层主体展示结构建筑。总面积达1万平方米,展示300余种类,万余尾海洋性鱼类和生物。在馆内,可以体验热带雨林风光,探索神秘的亚马逊水生生物,观看加勒比海的异域风光,了解珊瑚鱼与众不同的逃生方式,漫步海底甬道,用心去感觉深海生物,体验鱼群穿过身边的另类感受……极地白鲸表演馆是中国内地最大、华东地区首家拥有白鲸的海洋动物表演馆,可同时容纳2 000人。现在长风海洋世界是全国青少年科普教育基地之一。是国家4A级旅游景点。

1997年4月长风公园成功举办了第四届中国花卉博览会。从1998年开始每两年4月份在此举办上海国际花卉节。

11. 世纪公园

世纪公园(锦绣路1001号)原称浦东中央公园,2000年4月改称世纪公园,并正式对外开放。面积为146公顷,是沪上内环线中心区域内最大的富有自然特征的生态城市公园,国家级4A级旅游区。由英国LUC公司和中国园林设计师协作规划。公园体现了东西方文化的融合、人与自然的融合,是以中国园林风格为主,配置英国园林建筑,局部还用海派园林手法装饰,使之具有独特的艺术魅力;并由宽阔的草坪、茂密的森林、荡漾的湖水、精致的建筑而组合,从而体现了人与自然和谐共处的境界。公园正门(1号门,主入口)设在世纪大道东侧终端,直径12米的世纪花钟是其标志。钟面上瓜子黄杨作为刻度,四季海棠点缀其中,时间非常精准,误差仅为0.03秒。镜天湖面积14公顷,最深处达5米,是人工开挖的水系循环湖,常年开展各种水上活动和表演。每年秋季,在此举办国际音乐烟花节,2009年9月30日晚,作为上海旅游节重要组成活动"绿地之夜——第九届上海国际烟花节"在公园内举办。上半场为中国烟花坟场,东方曼舞;下半场为俄罗斯烟花专场;大地重生。3日、6日分别是日本专场"扶桑画卷"和德国专场"生命的火焰"。当华灯初上,火树银花,璀璨夺目,形成了华丽的奇幻世界。镜天湖水上喷泉由323个喷口及300余盏彩色射灯组成,中央4支冲天水柱高达80米。夜间,水柱,彩灯,月光,景色瑰丽壮观。国际花园区由国家、名卉命名,如中国园、日本园、美国园、菲律宾园、澳大利亚园等,以及玫瑰园、山茶园、菊园等,其间建有一条由色彩艳丽的植搜狗拼音分液器道路相连,名称"友谊续带"。世纪公园四季精彩不断,新春有梅展,5月间有名为"花团锦簇嘉年华"的药展,8月间有国际啤酒节,9、10月间有国际音乐烟花节。公园设置有乡土田园、观景平台、湖滨、疏林草坪、鸟类保护,国际花园和高尔夫球场等区域,并建有十余个特色景观。其中,绿色世界浮雕墙,由花岗石制成,全长80米,总面积178平方米,作品展现了亚洲太平洋地区的29种动、植物。该雕塑集中展示了人与自然和谐的主题。是由著名画家陈逸飞先生担任艺术总监的。乡土田园区有20万平方米,在春秋两季野花烂漫似火。2007年将油菜花引种园区内,面积达1万平方米,被称为"都市里的田园"。世纪公园现已成为市民休闲观光的最为喜欢的场所。2021年7月1日起,浦东新区将其定为新增世纪公园免费开放的城市公园。该公园享有"假日之园"的美称。

12. 顾村公园

顾村公园(沪太路4788号)占地弦乐180万平方米,2011年对外开放,2012年被评为上海市五星级公园,公园的特色是不乏江南园林的"小家碧玉"特色,另一特色是野趣。公园是一座集生态防护、景观观赏、休闲健身、文化娱乐、旅游度假等功能于一体的大型城市郊野森林公园,是上海市外环生态工程的重要组成部分。一期建设布局为"一轴、一带、三区、七园":"一轴"即悦林大道景观发展轴;"一带"即外环高架两侧宽度为 100—200 米的生态防护林带;"三区"即东、南、北三个入口景观及配套服务区;"七园"即为异域风情园、森林烧烤园、郊野森林园、森林漫步园、儿童森林嘉年华、森林运动园、植物观赏园。二期规划有"一弧、一轴、两带、三片区、五心、十区",即特色景观弧生态廊道、悦林大道景观发展轴、规划生态防护林带。同时,公园还将宝山工业文化、国际民间艺术文化融入其中,传承区域历史文脉,彰显具有宝山特色的文化内涵。现已建成是上海市最大的郊野公园,相当于三个世纪公园的大小。它是上海绿色生态核心之一,为上海环城生态乃至整个城市的建设发展增添一个新亮点。公园推出"春赏樱""夏观荷""秋品桂""冬咏梅"等四季赏花游。如"春赏樱",园内栽有白妙等 20 多个品种上万株樱花,面积逾 13 万平方米,春归田园,繁花烂漫。2016 年 3 月,宝山顾村公园的樱花盛开,吸引了上成市民前去观赏,巴士公司从 3 月 18 日至 3 月 25 日开通 2 条"赏樱花、游宝山"旅游专线,市民可免费乘坐旅游专线赏樱花,看田园风光。樱花节、荷花节是其特色。

13. 上海辰山植物园

上海辰山植物园(辰花公路 3888 号)占地面积为 207 万平方米,2011 年 1 月 23 日对外开放。2013 年被评为国家 4A 级旅游景区,2013 年被评为上海市五星级公园。辰山位列松郡九峰之一,属于佘山山系,海拔约 70 米。由于采石,山的南坡已被削去,这一部分被改造成为矿坑花园。公园以"植物与健康"为主题,成为一个融科研、科普、景观和休闲为一体的综合性植物园。它分为四大功能区:中心展示区、植物保育、五大洲植物区和外围缓冲区。中心展示区建造矿坑花园、岩石和药用植物园等 26 个专类园。中心区展示区与植物保育区的外转为全长 4 500 米,平均高度 6 米的绿环围合而成,展示欧、非、美和大洋洲的代表性植物。中心展示区的展览温室是整个植物园的重要组成部分,由热带花果馆、沙生植物馆和珍奇植物馆的 3 个独立的温室组成,室内展示 3 000 余种植物,包括大量色彩鲜艳、植株独特的品种就如兰科植物、多肉植物。辰山植物园联手动物园打造"小小动物园",展示原生动植物和谐共存的状态。辰山的定位以"国内领先,国际一流"为目标,以"精研植物,爱传大众"为使命,立足华东,面向东亚,进行植物的收集研究、开发和利用。2010 年 4 月,园内已收集到植物约 9 000 种,其中最多的属华东地区的植物,有 1 500 余种。辰山植物园由此成为拥有华东区系植物最多的植物园。2012 年 10 月—12 月,辰山植物园先后获得"全国科普教育基地"、国家 4A 级景区、"中国生物多样性保护与绿色发展示范基地"等称号。目前已经成为上海市的一张城市名片,是公众认知植物、贴近自然的文化阵地,为上海 2 500 万居民提供了一个理想的休憩场所。

14. 近年来上海新建 4 座城市公园:

上海汽车博览公园(博园路 7001 号),面积 76.80 万平方米;

奉浦四季生态园(奉浦社区韩谊路 515 号),面积 16.90 万平方米;

新江湾城湿地公园(殷行路 880 号),面积 12 000 平方米;

智力公园(宝山区庙行镇),面积 4.85 万平方米。

15. 廊下郊野公园

该园位于金山区廊下镇西侧,规划建设面积 21.4 万平方千米,一期 5.8 万平方千米,以"生态、生产、生活"为主题,以"农"为特色,是一座现代农业、科普教育、旅游休闲为一体的多功能型郊野公园。2015 年 10 月底,该公园一期建成试开园。公园包括中倾村农家乐,水岸花语、生态涵养林、农家菜园、田园牧歌、金杜飘香、五彩森林、菱荷映蔚、廊下生态园和智慧农业等"廊下十景"。游客按照休闲观光、科普文化、体育运动、水上活动等旅游线路,可以参与农业生产,田园骑行,婚庆观光等25座特色旅游活动,也可在上海首条乡间马拉松赛道体验运动的乐趣。目前公园69万平方米生态片林完成"休闲林地"改造后向市民免费开放。林地内除了樱花大道、"海棠花溪"外,还形成了以春季开花乔木为基调、秋季"红枫浸染"为特色的植物景观。同时,林地内还配备了很多公共配套设施方便市民休闲游玩,市民也可以带宠物过来游览散步。

第二节　上海古文化遗址、红色纪念地和古建筑景观游览体验

上海是具有深厚文化底蕴的古城,由国务院核定公布的全国重点文物保护单位,共有29处。有趣的是可被归纳为4条清晰的线索。一是远古上海先民的遗存4处,但在上海市人民政府核实公布的114处上海市文物保所单位的名录中有14处之多,散布于上海城之四周;二是辉煌的古代建筑,有园林、寺庙、塔幢、古墓等,其中列入上海市文物保护单位的有36处;三是彪炳千秋的纪念地,有革命纪念地、名人故居、名墓等10处,而属于上海市文物保护单位中的纪念地约有30处,专设上海市近现代纪念地点有29处,有关抗日战争的纪念地也有8处;四是典雅精致,极富魅力的近现代建筑,属全国重点文物保护单位的有外滩建筑群(万国建筑博览)、上海邮政总局、国际饭店、马勒住宅等7处,属于上海市文物保护单位中还有40余处。这些极其宝贵的遗存具有知名度高、大致保存完好、保护完善等特点,是上海历史文化的重要载体,是上海人自豪、中国人喜欢,以至吸引全世界目光的旅游项目。

一、上海的古文化遗址游

上海自西部冈身形成,陆地轮廓稳定后不久,就迎来了第一批居民。据对上海各古遗址出土的文化类型分析,青浦崧泽,福泉山,与苏北浙南距今六七千年的"马家浜"文化晚期类型一致,这也是迄今发现的上海最早的文化遗存。可见,上海的第一批居民是由今浙北,苏南移民而来。后经崧泽、良渚时期多有变化,外来族群也在不断增多,他们在这片土地上耕作分别呈现了史前上海先民的历史足迹。我们去参观这些遗址,便可以寻找上海的"根",了解上海先民的伟大。

(一)上海青浦崧泽古文化遗址

它是上海最早进行大型科学考察发掘的古文化遗址之一,也是首先发现的上海最早的先民踪迹。崧泽遗址中的马家浜文化的发现,把上海的史前文化推至6 000年以前。

崧泽古文化遗址(青浦区崧泽村之北)是全国重点文物保护单位。遗址为高4米,长宽90米的土堆,当地称假山墩,遗址还包括墩之周围农田地下。假山墩保存三层古文化堆积:上层为春秋战国时期的戚家型文化;中层是新石器时代墓地,即命之为"崧泽文化",下层是新石器时代马家浜文化村落遗址。在中层崧泽文化的墓地中,发现墓葬136座,分布在五个方位,应该是氏族墓族群。除有2座各葬2人(子女随母合葬),其墓道每座葬1人。死者多为中年人,仰身断肢,头向东南;周边散放斧、石奔等石器以及鼎、壶、罐等陶器,可能是生前使用的器具。有的遗骸口含玉玲,颈佩玉璜,手套玉镯。陶器以灰黑色为主,绘饰多样图纹,壁内残顾虑有谷壳、草屑,可见先人已以稻米为主食,种植水稻已成普及;斧、石奔之类说明当时仍是锄耕方式劳作;遗址中发现多具家猪的残骨,表示养猪亦成氏族的主业。经碳14测定年代距今约为

5 500年。下层发现有储存稻谷的地窖,距今6 000余年,证明当时先民已掌握种植水稻的技能,因而可以说我国是世界上最早培植水稻的国家,两口圆筒形土井,是中国已知最早的水井。是一项伟大的发明。由此可见崧泽村是上海人最早的居住地。崧泽是上海之根、上海历史的发祥地。考古学界以这一遗址的名字将长江中下游地区这一类型定名为"崧泽文化"。

(二)福泉山古文化遗址

福泉山古文化遗址(重固镇之西)是全国重点文物保护单位,是一座东西长94米,宽84米,高7.5米的大土墩,其形似覆舟山,是4 000年前先民堆筑起来的高台墓地。它的古文化遗存层层叠压,几乎每一个文化层都有丰富的文物,重大的遗迹,为世所罕见。其上层为灰及黄褐色土层,有良渚文化时期墓葬18座,其中,良渚文化大墓尤为重要;以下是黑褐色土层,发现17座崧泽文化后期墓葬,其下层灰黑土,属崧泽文化早期先民居住遗址。墩之四周挖掘出吴越、楚、西汉、唐、宋墓共百余处。在良渚文化墓葬中出土的王石器、骨器及陶器,有2 800余件,其制作技能相当精湛。其青玉鸟纹神偈琮,玉质浅绿色半透明,琮之四角各雕一位神像,四周精刻飞鸟,通体细刻曲折纹和鸟纹,乌黑发亮,是当时黑陶工匠之杰作。墓葬形式多为单人,有男女2人合葬,还有子女从父3人合葬,首次发现的有屈肢葬式青年女奴遗骸,表明此时已有人牲祭祀的现象。

福泉山西有马家浜文化层,北是崧泽和良渚文化层,南是马桥和吴越文化层,层层上色则表现出各自特征,生动展示距今6 000余年至2000年之间上古先民生活的承接和进展。

(三)广富林古文化遗址

广富林(松江区广富林村之北)靠近松江佘山镇旁,是一个小村庄。1959年文物普查时发现找到两座良渚文化墓葬和春秋战国时期的文化遗存,1961年起组织多次考古发掘,1999年再次发掘,发现了崧泽—良渚文化过渡阶段和良渚文化的遗存。令人震惊的是在良渚文化堆积层上新发现了一种在时序上与具前后文化没有一点承续关系的非环太湖新石器时代文化类型,暂且称为"广富林"遗存。考察证明,在4 000年之前,先民在此间起居生活,在遗址北面就是先人生活区域。其间当时曾有一片湖泊,体现先民依水而居的择居常规。在方圆500余平方米的泥土上,错落分布着高于地面的木桩,极有可能先民居处已用于栏式建筑;也有可能是先民因洗刷在湖边而设置的立足之处,出土的炊具样式却和良渚文化器具相异,而呈同时中原的陶器非常相似,由此可以推断生活此地的先民原本可能是因发生灾难而从现在的河南、山东之地迁至此处。广富林遗存的发现,让人们可以确信;在距今约4 000年的时段,确实有一批河南人从离此较远的黄淮流域迁徙而来,融入当地。广富林遗存中的文物与河南王油坊遗址的王油坊类型相一致。王油坊的先民为什么要走那么远的路落脚上海?王油坊文化中的石器和陶器简单,远比上海先民经历的良渚文化落后,而且王油坊内的先民到来时,上海的良渚先民早已被洪水灾害逼走他乡。有学者研究认为,油坊先民(鲁南豫东皖北移民)远走他乡的原因似乎与4 000年前在华夏大地发生的剧烈而持续的社会大动荡有关。距今4千年前后,又是历史文献中所记载的洪水大爆发时期,王油坊类型所在地是黄淮河冲积平原,地形平坦,洪水泛滥时首当其部,不少古代遗址被埋藏在洪水过后的泥土和积沙之下,因此洪灾可能是王油坊类型的先民远走他乡的主要原因。不过,王油坊文化的先民来到上海融入当下不久,这里又不断发生水灾,他们似乎只能再次离开这块土地,转移谋生,继续寻觅新的落脚之处。在广富林遗址中发现在广富林类型后面仍是没有出现能与马桥文化直接衔接的过渡类型就证明了这一点。广富林遗存十分稀少,但此类型的存在及重要性已得到学术界的基本肯定,且得出以下结论：考古界过去大都模粗大地将广富林类型归入良渚文化，现在探明它是由豫鲁皖王油坊类型文化南下的外来文化，是王油坊移民带来的黄河流域文化与本地土著文化的交融，上承良渚文化，下续马桥文化。这就为太湖地区良渚与马桥文化之间的空缺填补了重要的一环，也为最后整理太湖地区新石器时代古文化的完整谱系，即填补长江三角洲史前文化谱系的空白创造了条件。广富林文化的出现，说明了上海最早的城镇是汉代，距今已有 4 000 多年历史，从陶片、陶器可以推断出上海人最早的祖先是河南人，而出土的马家浜文化、崧泽文化遗存等，则是史前的上海人生活的见证。2008 年，松江区政府启动了广富林文化遗址的保护性开发建设，逐步建成了广富林遗址公园。2013 年被列为全国重点文物保护单位。2018 年广富林遗址公园开始试运营。现已成为市民游客周末一日游的好去处。

二、上海的近代会馆、革命陵园

（一）三山会馆

三山会馆（中山南一路 1551 号）由旅沪福建水果商人集资，建成于 1909 年，是上海唯一保存完好，并且对外开放的会馆，也是上海文物保护单位。三山者，因旧时福州城中有九仙山、闽山、越王山而得名。三山会馆红砖瓦，由大殿，东西观楼（厢房）及戏台组成，具有典型闽东民居风格。1927 年 3 月 21 日，上海工人第三次武装起义爆发，2 天之后，上海总工会工人纠察队南市总部设在此地。这是上海唯一保存完好的上海工人第三次武装起义革命遗址。会馆东偏殿成为上海工人三次武装起义史料陈列馆，由五个部分组成，陈展文献及照片有 90 组件。西偏殿是王若飞生平事迹陈列馆，在南门庭院西边，大理石基座上放置着王若飞斗身塑像。王若飞在第三次工人武装起义时任南市总指挥。经过 4 个小时激战，他率领工人纠察队占领了上海县署，继之解放整个南市，发队服成员达千余人，成为上海最大一支工人武装队伍。3 月23 日，300 余名工人纠察队成员，在会馆召开沪南总部成立大会，决定总部设置于此，并即对外办公。2005 年 3 月上海市政府公布为上海市爱国主义教育基地。2008 年，三山会馆遵循修旧如旧，原状修复的原则，进行全面大修，对外墙装修，重新铺设大殿及东西观楼的地砖，戏台修复焕然一新，在 2010 年上海世博会举办期间，在此每天演出昆曲。同时新建的上海会馆史陈列馆正式开放。

（二）龙华烈士陵园

龙华烈士陵园（龙华西路 180 号）。园内龙华革命烈址纪念地是全国重点文物保护单位和重点烈士纪念建筑物保护单位。1995 年 4 月主体工程落成，同年 7 月 1 日开放，是一座集纪念瞻仰、旅游、文化、园林名胜于一体的新颖陵园，素有"上海雨花台"之称。陵园之东北即原国民党淞沪警备司令部军法处、看守所、刑场旧址。由大门，岗楼，警卫室。男女看守所（龙华监狱）等组成。烈士就义地即原刑场。1931 年 2 月 7 日，24 名中国共产党重要干部和"左联"著名作家集体枪杀于此。20 世纪 50 年代，挖掘出的先烈遗骸上还戴着镣铐。此地黑漆竹篱，野花芳草，绿树丛生，还有一座三级方形砖塔，旧貌依然，近年只是增立"龙华烈士殉难地纪念雕塑"以作标记。每年清明之际，成千上万的上海市民在此凭吊先烈英魂。

园名由邓小平所题，江泽民题写"丹心碧血为人民"碑文，烈士陵园共有 8 个功能区，如纪念瞻仰区、烈士墓区、遗址区、烈士就义地、碑林区、青少年教育活动区、干部骨灰存放区和游憩区等。龙华烈士纪念馆由陈云题名，高 36 米，呈金字塔状，浅蓝色玻璃幕墙，纪念馆分 8 个展厅，以 1 000 余件文物和大量照片、图片，展示革命先烈的光辉业绩。陈展 235 位从鸦片战争始至建国之后为国捐躯的先烈事迹介绍及遗物。纪念馆壁上有巨大的"7612"的数字,告诉我们:为了上海重生,有 7 612 位中国人民解放军指战员献出自己年轻的生命。烈士就义地之西是烈士墓区,新月形布局,855 位烈士长眠此地,烈士纪念堂的二层墙上是高 2.3 米,长 13.5 米的瓷板画《碧血》,发放 540 位烈士骨灰,圆形的屋面和新月形的烈士墓地,象征烈士精神永垂不朽,如日月同辉,金字塔纪念馆之北是安葬 271 位无名烈士的墓地。2017 年,烈士纪念馆完成基本陈列更新,2020 年龙华革命、烈士纪念地完成升级改造。陵园总面积为 19 万平方米,绿水环绕,芳草似茵,嘉木成林,有十余座洁白的汉白玉大型雕像布置其间。现在它是全国爱国主义教育基地、全国重点烈士纪念设施保护单位、国家一级博物馆、国家国防教育示范基地、全国中小学生研学实践教育基地。

三、上海红色纪念地

(一)中国共产党第一次全国代表大会会址纪念馆

中国共产党第一次全国代表大会会址纪念馆简称"中共一大会址"(黄浦区兴业路 76号),全国重点文物保护单位,1921 年 7 月 23 日,中国共产党第一次全国代表大会在这里召开,是时成为中国的革命圣地,邓小平题写馆名。

会址为典型的海派民居两层石库门样式建筑,建成于 1920 年秋日。外墙主体是青砖砌成,三条红砖腰名,砖间是白色粉线。门楣上是以巴洛克风格浮雕作饰,门框以坚实的条石转成,两扇乌黑的大门,一对锃亮的铜门环,门厅西墙上挂着一面鲜红而又硕大的党旗。二楼是《中国共产党创建历史文物陈列》。陈列展出革命文物、照片 148 修的,其中原件有李大钊在建党初期使用的英文打字机,周恩来主编的《觉悟》杂志,上海党的早期组织创办《劳动界》等极其珍贵的国家一级文物;《共产党宣言》首个全译本(陈望道译,1920 年 9 月出版首版 1 000册),为镇馆之宝。依照历史原貌开辟了"一大会址"的蜡像,当年共有 15 位出席者,13 位来自全国各地代表,2 位共产国际代表,他们围桌而坐,商讨着开天辟地的大事。楼上是当年卧室,底楼客厅就是当看"一大"会场。18 平方米的室内,正中一张长方形的西式餐桌,四周围设12 只圆凳,桌上放置着雅致的瓷质茶具,彩色玻璃花瓶,一对紫铜烟缸。靠东、西两墙各有茶几一只,椅子 2 把。北墙板壁处放着两斗桌一张。客厅内所有的陈设增多按有关当事人的回忆根据原样而仿制,这里就是中国共产党诞生地,星星之之的点燃处。

2021 年 6 月 3 日上午中共一大纪念馆开馆。该馆位于黄浦区兴业路 1 号,与一大会址隔街相望,并延续了青红砖的石库门风格。相比以前的陈列,纪念馆在主题内容、文物运用、空间形式三个方面都有了跨越式提升。展厅面积由原来 1 000 平方米扩展到 3 700 平方米。全新的基本陈列主题为《伟大的开端》,共分序厅、五个部分和尾厅等七个板块。展陈以"初心使命"贯穿全篇,聚焦建党初期中共在上海的革命实践,生动展现中共的诞生历程。展品比老的基本陈列扩容 4 倍多,展品总量由原来的 278 件增至 1 168 件,展览还使用了不少近年来从俄、英、法、日等国来的档案史料,尤其是一批创建史领域的一批红色文物,堪称史无前例的集结展示。

纪念馆珍藏有 10 多件革命历史文物,每件文物都会有个可歌可泣的精彩故事,让这些珍贵文物能直出库房,成为生动而鲜活的历史教材以史鉴今启迪后人。

(二)中国社会主义青年团中央机关旧址

中国社会主义青年团中央机关旧址(淮海中路 567 弄即渔阳里 1—7 号)全国重点文物保护单位。建于 1918 年,两层,石库门建筑。1920 年 8 月至 1922 年 5 月间,这里实际上就是中国社会主义青年团中央机关所在地。1920年9月,上海共产主义小组在此公开创办外国语学社,除学习外语,还研读马列革命书籍,在进步学生之间发展最早的一批团员,挑选优秀的团员、青年送往红色之都莫斯科深造。6号底楼是教室,八张课桌及长板凳,境况上黑板。东厢房的教室,平时也兼作其他活动场所,1920年10月,上海机器工会筹备会,同年11月21日上海机器工会正式成立——标志着中国早期工人运动一个新的起点。翌年3月,上海第一次庆祝"三八"国际劳动妇女节动,同年4月,上海庆祝"五一"国际劳动节筹备会都在此间举行。

楼上堂屋是团中央机关办公室,厢房是外国语学社学员的集体宿舍。团中央书记俞秀松和外国语学社校长斋分别住在楼上两间亭子间内。中国共产党的第一个通讯社——华俄通讯社就设在杨明斋卧室里,专发介绍俄国十月革命情况的稿件。

现在旧址内开设中国青年劳模、上海青年动运史、"渔阳里"团中央机关旧址历史等三个展厅。2021年3月11日入选上海市第一批革命文物名录。

(三) 中国共产党代表团驻沪办事处纪念馆(周公馆)

1946年5月,国民政府还都在南京,为继续同国民党进行谈判,以周恩来为首的中国共产党代表团也从重庆造到南京,同年6月在上海开设办事机构(思南路107号,现73号)。由于当局的阻挠和限制,办事处对外称"周将军私人寓所,以"周公馆"名义对各界联络,开展宣传、统战工作,还编辑出版英文《新华周刊》。

它是一幢建于19世纪20年代初的西班牙式花园洋房,共有一底三层。其北墙满壁绿植,庭园内有水池、百年雪松。初夏,女贞树上白花如星,环境幽雅。周恩来在工作之余,常在园内散步,树下小坐。该幢小楼的一楼是大会客室,周恩来在此会见各界人士和外国友人,并召开中外记者招待会,宣传中共和平、民主、统一的主张,阐述革命形势。东间是周恩来办公室兼卧室;二楼主要是工作人员的办公场所;三楼是宿舍,北间为董必武的办公室,加库里还集放着一辆当年周恩来、董必武合坐的黑色别克轿车。1946年11月30日,在庭院内举行朱德总司令六十大寿庆祝会,招待来宾的是山东花生和烟台苹果。至1947年3月7日,因当局拒绝和谈,限令中共人员撤离,办事处人员撤出上海返回延安,投入了伟大原人民解放战争。

在纪念周恩来诞辰10周年之际,庭院中矗立起周恩来铜像。像高3.5米,重1.8吨,周恩来着西装,手执礼帽,站立、微笑、神采奕奕。周公馆展厅面积约50平方米,共展出照片70余张,概括反映了1946年3月—1947年3月周恩来等在此积极宣传中共坚持和平民主,广泛开展爱国主义统一战线的斗争事迹。内容共分五个部分。1959年5月26日办事处旧址被公布为市级文物保护单位。1998年4月,纪念馆取消独立建制,与一大会址纪念馆合并,划归一大会址纪念馆领导。2019年10月被列入第八批全国重点文物保护单位名录。

(四) 陈化成纪念馆

陈化成纪念馆(友谊路1号)原为临江公园内的原文庙大成殿内,2015年8月改为八一三淞沪抗战公园。陈化成(1976—1842年)字业章,福建同安县人。22岁投营于福建水师,两任总兵,提督。道光十九年(1840年)鸦片战争爆发,陈调任江南提督,主持上海海上防护。1842年6月,英国远征舰队侵犯长江口,陈化成奋起抵抗,在两江总督牛鉴放弃宝山阵列地而溃逃,吴淞口西炮台腹背受敌而阪军作战之际,陈化成临危不惧,手执红旗,指挥将士浴血奋战,3个小时内发炮1000余发,重创多艘英舰,陈身中数弹,血染战袍,几次倒地,仍坚持站立,继续指挥战斗。最后和所部将士壮烈殉国。纪念馆地处英雄牺牲之地——吴淞西炮台遗址旁,东临烟波浩渺的长江入海口。纪念馆设在宝山文庙大成殿,在陈化成殉国15周年之际,1992年

6月16日陈化成殉国150周年时建成开馆,赵朴初题写馆名。现在大殿之北,陈化成石雕立像之前,建造新馆,为江南宅院式新馆。展厅系统又完整地陈列着陈化成生平资料、文献、图片及珍贵的历史文物。有清代将帅出征誓师所穿着的甲胄,由陈化成督造,称之为“平夷靖寇将军”的铁炮,最值得珍视的是陈化成生前画像,陈在驻防大厦门之时,多次击败英军。因有“陈老虎”之称,画像工笔淡彩,陈化成正所凛然,虎虎生威。1996年11月30日,上海市人民政府命名纪念馆为“上海市青少年教育基地”。2003年3月,纪念馆被列为上海市爱国主义教育基地。

(五) 中共“二大”会址纪念馆

中共“二大”会址纪念馆(老成都北路7弄30号)位于延中绿地的绿荫丛中。1922年7月16日,中国共产党第二次全国代表大会第一天会议就在此召开。由于吸收了中共“一大”的经验,为避免引起法租界巡捕注意,中共“二大”的会议中,只有3天全体会议,而且每次都会临时通知更换场所,5天时间都是分组进行讨论。出席会议的代表有陈独秀、张国焘、李达、蔡和森、邓夏、施有统、王尽美、项英、向警予、高君宇、张太雷等12人,代表着全国195名党员。共产国际魏金斯基出席了会议。陈独秀主持大会,张国焘、施有统作了有关报告。毛泽东没有参加这次会议,据毛泽东1936年与美国记者埃德加·斯诺谈话中回忆:“我被派到上海来帮助反赵运动。是冬,共产党在上海召开第二次会议。我心中想去参加,可是我忘掉开会地点的地名,找不到任何同志而失去参加的机会”。其原因实质是与中共“二大”频繁更换会议地点有关。

整幢建筑有8个门牌号码,青灰色墙砖,黑漆大门,镜亮的黄铜门环,大门两侧和顶部砌有红戊装饰,门楣上镌刻“腾蛟凤起”四个字。大会在底层厅里寻开,在16平方米的厅内中央摆放一张八仙桌,四周放置8个方凳,靠墙长几两侧放着仿左靠背椅。八仙桌上放有12个瓷杯,中央有玻璃罩的电灯仍民国初期样式。客厅后的小间是当时印刷书刊之处。楼上是李达的卧室和书房。中共“二大”具有重大历史意义,会议通过了九项议案,在中国共产党历史上具有七个第一:其中,第一次公开发表《中国共产党宣言》、第一次制定《中国共产党党章》、第一次提出毛底反帝反封建的民主革命纲领。大会决定创办中央机关刊物《向导》,由蔡和森担任主编。

现在的32号34号(进口)辟为纪念馆,共有5个展区组成,有1 170平方米,展出珍贵史料300余件。因年代久远,“二大”会议之后留下的历史文物极少,至今首部《党章》单印本尚未发现,参会的代表中有一位已无从考查,还有两次全体会议的召开地点也考证。

第五展区为平民女校旧址(原成都路辅德里632号A,现老成都北路7弄42—44号)基础上设置。平民女校建立于1922年2月,校务主任(校长)先后由李达、蔡和森担任。学生有30多人,基本上是由共产党员介绍进校的:一部分是工厂的女工;还有就是为反抗封建包办婚姻而脱离家庭的女青年,离家后无依无靠,因此除了读书,还得做工维持生活。平民女校实行半工半读,上午学习上课,下午自愿做工,有成衣组和织袜组,以此用来补贴学生学习和生活费用。来校义务授课的老师有陈独秀、李达、陈望道、邵力子、沈雁冰等人,张太雷、刘少奇也做过演讲。女校开办不到一年,由于诸多原因,最后停办。

女校存在时间虽不长,但在中国工人运动史、妇女运动史和教育史都留下了珍贵的一页,学生中有钱花钩(毛泽民夫人)、丁玲、王剑虹(瞿秋白夫人)王会语(李达夫人)、王一如(张太雷夫人)等杰出女性革命者。当时楼上是教室、学生宿舍和教师办公室,课桌椅都是由上海中华女界联合会负责人徐宗汉（黄兴夫人）捐助的；楼下是学生的工读工场和饭厅，工场里放置织袜机、缝纫机。

中国共产党第二次全国代表大会会址现为全国重点文物保护单位。

（六）陈云纪念馆

陈云纪念馆（练塘镇朱枫公路3516号）于2000年6月6日建成开馆，是经中央批准建立的全国唯一系统展示陈云生平业绩的纪念馆，是"全国爱国主义教育示范基地""国家4A级旅游景区""全国特色旅游经典景区。"

陈云（1905—1995年）是伟大的无产阶级革命家、政治家、中国社会主义经济建设的开创者和奠基人之一；他在我国革命、建设、改革的各个历史时期都作出过重大贡献。陈云纪念馆原名陈云故居暨青浦革命历史纪念馆，以纪念馆为主、陈云故居、长寿园等建筑组成。纪念馆之馆高14米、地面2层，展览面积4 500平方米，建设设计体现了清新朴素的江南民居风格，并与周边民宅的风格保持协调和造型相似。主体建筑前为广场，广场正中设陈云同志铜像（于2005年建成）。两侧设长廊和水池，并种满了陈云生前喜爱的方竹和圆竹。门前的广场周边种植花草树木中有梅、兰、竹、菊，还有白玉兰生机勃勃。主馆共有三个展区，陈云生平业绩展览陈云文物展示室，永恒的怀念，立出八个主题。以时间为顺序展示大显照片、电文、手稿、文献及实物等珍贵史料文物，生动而具体地反映陈云一生光辉历程。在底层北厅西侧，放置一辆红旗牌轿车，这是在1987年之后陈云的公务车。

2005年陈云诞辰100周年之际，陈云铜像在纪念馆落成，江泽民同志为铜像题词。2010年是陈云诞辰105周年、逝世15周年，也是纪念馆建成10周年纪念之际，在第四展厅复原了陈云在北京中南海寓所的家境。会客厅中央整齐摆放10只沙发，间隔9张茶几，当年陈云、李先念、邓颖超等人在此热烈交谈。在书房人东侧的一排书橱里摆放着陈云曾阅读过的《鲁迅全集》以及中外古今经济研究专著书籍。橱顶上还放着他常用过的地球仪。两侧齐整地放着20多个长形方木盒，保存着陈云曾多次听过的评弹录音带，最多时有700多盘。陈云从小喜听评弹，书房一台早期钢丝录音机是在新中国成立之初由苏联政府赠送的，陈云常用来欣赏评弹，馆内还展出2把陈云生前所钟爱的琵琶。在陈云卧室里，有他曾用的枕巾，周边起毛，已经泛黄，陈云请夫人于若木洗净缝补，一直用到了人生最后时光。在展出的文物中有3张收据，给我们讲述了3个动人的故事。1张是陈云党费用据，1995年4月10日上午，久病卧床的陈云突然问起秘书，当月党费交了没有，得知未交。于是在他的催促下，当即办妥。就在下午2时，陈云与世长辞，享年90岁。另1张是退款收据，1995年于若木陪同照顾陈云期间，单位仍给他发放工资，陈云认为不妥，于是2 000多元退还给单位。还有1张是在1982年中央文献出版社给陈云文稿的5 000元稿费。他全部交作党费的收费。3张普通收据体现了这位老共产党员的高风亮节。纪念馆中最珍贵的展品是遵义会议后，陈云在各军团干部会议上传达遵义会议精神的提纲手稿，这是至今最完整、最准确的文字材料。陈云故居（下塘街95号）是幢江南百年老宅，临街背河。故居与民宅融为一体，体现了江南水乡小镇独具韵味的特色。陈云2岁丧父，4岁丧母，由舅父母抚养。到14岁就搭上小船，进上海在商务印书馆冰寒徒。故居前宅先后用作裁缝铺和小酒店；此宅为2层小楼，楼上是舅父母居住，现在展出陈云在青浦革命活动时的照片和文献（影印）等物。楼下是陈云居住过，室内还是当年陈设布置。现新增他舅父母及姐姐等亲属的照片。长春园是茶馆，开设于民国初年，有200余个座位，在此可以喝茶听书（评弹），当时生意颇好，少年陈云常在课余常来隔墙听书在当地俗称

"金戈壁书",从而养成一生喜好。他非常关心评弹艺术事业的发展,曾提出"出人、出书、走正路"的正确揭示。下塘街 25 号老宅现为"陈云青浦农村调查旧址",举办《陈云与青浦农村调查》专题展览,详细介绍陈云四次回乡进行调查研究的情况。2017 年 5 月被评为第三批国家一级博物馆。

（七）四行仓库抗战纪念馆

四行仓库抗战纪念馆(光复路 1 号)经过全面整修和重新布置在 2015 年 8 月 13 日上午 10 时 30 分开馆。1937 年 10 月 26 日夜,国民革命军 88 师 262 旅 524 团一宫中校团班谢晋元受命率 452 位官兵进驻上海最后的阵地四行仓库,誓死固守望,以掩护大部南撤。为迷惑日寇,谢营号称 800 人,浴血激战 4 昼夜,击退敌寇 6 次疯狂围攻,击毙 200 余人。10 月 31 日,中国统帅部下令孤军撤退,当日深夜全营有序退入租界胶州路之"孤军营"。四行一战,激励全国抗战,沪上民众称之"八百壮士",1946 年大楼西侧的满洲路命名为"晋元路"以示铭记。

四行仓库是由盐业、金城、中南、大陆 4 家银行合资 20 万元,正式建成于 1935 年,作为信托部物资堆栈(仓库)。楼 5 层。通高 25 米,宽 64 米,进深 54 米,现加建为 6 层。这座原本默默无闻的仓库大楼经过战斗的洗礼,是上海唯一的抗战遗址。1985 年 9 月上海市交通委员会将其列为上海市抗日战争纪念地,及爱国主义教育基地。2014 年进行整体保护修缮,经过整修,恢复了大楼外墙和楼内格局,装饰的原有风貌。西山墙重现当年日寇炮击的 8 个弹洞,及 43 枪弹点。这弹痕累累的高墙就是一座控诉日寇暴行的最好雕塑,歌颂我军英勇的不配丰碑。2015 年 8 月 13 日,纪念馆对外开放。同期,国务院公布为国家级抗战纪念设施。

纪念馆位于四行仓库西侧的 1 至 3 楼内,有 3 800 平方米。展列有关文献资料 1 668 份,历史实物(部分为仿制)280 余件,分为序厅血馨淞沪、坚守四行、孤军抗争,不朽丰碑、尾厅 6 个专题,系统生动地介绍四行保卫战的背景历史经过,在序厅"遗书明志"项目中,展出谢晋元战前寄书妻子凌维诚的信中,表明"为国杀敌,是革命军人素志也;但职责所在,为国当不能顾家也"的心迹。谢在给师长孙元良的信函中,也表述"职以牺牲的决心",奋斗到底的英雄誓言。在"同写遗书"项目中,通过壮士同写遗书誓死抗倭的悲壮场面,展现由普通战士转变为抗日英雄集体的人格升华的过程。在尾厅在"寄语投书"的项目里,观众通过撰写和和平寄语、签名投书的参与,以此表达缅怀壮士,勿忘国耻,维护和平的愿望。纪念馆取材于当年战场史实,布置多个真人版的壮士蜡像和战斗环境的历史场景,再现八百壮士杀敌报国,生死应对的壮烈瞬间。在 2 楼整堵楼墙上,以"英名永存"为标题,展列八百壮士中现已收集到的 323 人名、职务、军衔英名录,供观众瞻仰。在展览中有三卷由美联社记者海岚·里昂当时拍摄的浓烟笼罩的战斗场面和壮士撤退的原始照片 82 张,底片 40 张等珍贵资料。从中可以目睹四行保卫战的激烈情景。还有壮士伯从容凝重的面容。

在四行仓库西侧建造晋元纪念广场,2017 年 12 月 2 日,入选"第二批中国 20 世纪建筑遗产"。

（八）上海淞沪抗战纪念馆

上海淞沪抗战纪念馆(友谊路 1 号,原称临江公园,2015 年 6 月改称淞沪抗战纪念公园)纪念公园濒长江而临东海;公园东侧的纪念馆和宝山孔庙大成殿以及陈化成纪念馆相邻。1999 年 3 月 22 日正式动工兴建,于 2000 年 1 月 28 日建成并对外开放。

纪念馆主体建筑纪念塔是以钢材、玻璃幕墙、花岗岩为主要材料建成,其外观造型运用了中国传统塔的建筑语言,体现了传统建筑美。纪念馆共 11 层,1—2 层为陈列区,3 层为馆藏区,4 层以上为塔式建筑,塔高 53 米,11 层设观景台,可远眺长江口,俯瞰宝山城。外墙以厚实的花岗石叠砌而成,象征坚固的长城城墙。南大门东侧是悼念台,朝北靠墙是用蒙古黑大理石上浅雕《淞沪魂》的线描石刻画卷,长有 29.8 米,高 3.15 米,画面反映出淞沪抗成的历史全过程。西边内墙壁上有幅长 26 米,高 6.4 米的《义勇军进行曲》的一线曲歌谱的雕塑,平整的花岗石壁面上,褐黄铜铸成五线,黑青铜作为音符和歌词,在南门前给绿荫覆盖的草地上,斜置放着"上海淞沪抗战战场旧址的纪念碑"长有 1.5 米,宽 1 米,碑面上是战地浮雕和黄铜浇铸国军钢盔的雕塑。公园西侧的绿草如茵的大草坪土丘上,有两尊采自苏州灵岩山天然花岗岩巨石组成的"姚子青营抗日牺牲处"纪念碑。在宽 5 米,高 3 米,厚约 1 米的大石上镌刻碑文。1937年 9 月 5 日,国民革命军第 18 军 583 团 3 营营长年仅 29 岁的姚子青率官兵 500 余人,接连击退日寇四路的疯狂进攻。中午敌寇集中 30 艘以排炮猛轰,动用 10 余架战机轮番轰炸。之后日军第 11 师团近千人在 10 多辆坦克的掩护之下展开猛烈攻势,姚率兵与敌血战 2 个小时,死宝山城。当晚姚青发出两电报给师部,一份要求援军,另一份表达全营"誓死固守城垣,奋斗到底"的决心,继续血战七昼夜,毙敌数百,直至弹尽粮绝,壮烈殉国。时人评价宝山之战"激烈与牺牲之悲壮,实为沪开战以来最伟大之一幕,亦且为我国民族解放战争史上最光荣之一页"。1992 年 6 月,此地列为"上海市纪念地点",1995 年 8 月 13 日立碑纪念。纪念馆的陈展是以 1932 年"一·二八"和 1937 年"八·一三"两大淞沪战役的历史作为主题。有"抗日战争与上海","上海郊县人民抗日武装斗争大型图片展""血洗淞沪——上海淞沪抗战主题展"等专项展览。2015 年 8 月 13 日,即在纪念中国人民抗日战争胜利暨世界反法西斯胜利之际,"血洗淞沪——八·一三淞沪"会战主题展正式开幕。展览、分为中国抗日战争爆发、"八一三"淞沪会战、弘扬爱国主义精神等 7 个部分,新增历史文物。照片有近千余件(幅),内容有抗战时期国军战时往来密电、手令、战役总结等原始文件,战前敌我又证书军事地图、官兵家书、嘉奖令、记录电影原始胶卷,烈士遗物,以及战时军械、军装、缴获的日寇军旗等大量实物,多数为首次公展。展出有时任中国前敌总指挥兼第 15 集团军总司令陈诚关于指挥保卫罗店作战步骤和策略的手令呈作战具置的原件手稿(1937 年 9 月 4 日);1937 年 6 月由中国军事参谋部情报处绘制的上海地区日方各机构据点及主力分布和我方军队布置的甲级情报要图(原件),文字标注相当详尽。这是中国统帅部制定作战方案,组织大兵团会战的重要依据,也是深入研究淞沪会战的重要参考资料;1935 年姚子青的任官状;还有三卷由日本随军记有拍摄战争实况的纪录片胶卷(30 尺、卷、各 1 分钟)。在公园临江的文化广场,有座"淞沪军民抵抗日军侵略"纪念雕像。2014 年 8 月 24 日被列入第一批国家级抗战纪念设施、遗址名录;2020年入选"第四批国家二级博物馆名单"。

(九)徐光启墓地

徐光启墓地(光启公园内,南丹路 17 号)始建于明崇祯十九年(1641 年)。当时此地属高昌乡二十八保六图地界,墓地主穴葬徐光启及其夫人吴氏夫妇,左右是任何称其 4 个孙子夫妇的墓穴。数百年间,徐氏墓地几经兴废,尤其在 1937 年日寇侵占上海之后,成为荒废之地。1978 年,墓地辟为南丹公园。1981 年,在园北连成有圆形大墓,树碑,碑刻苏步青手书"明徐光启墓"。1983 年,立徐光启丰胸一品官服花岗岩雕像,左右植有龙柏,11 月为纪念徐光启逝世350 周年,易名光启公园。1988 年 1 月 13 日列为全国重点文物保护单位。1983 年,即徐光启逝世 350 周年之际,将明代建筑南春华堂整体移至园,开设徐光启纪念馆。1988 年国务院公布为全国重点文物保护单位。

徐光启官到礼部尚书,兼文渊大学士,为上海历朝从政职位最高者,他也是位科学家,更是爱国者。徐光启提出"富国强兵"的政治主张,即"富国必以本业,强国必以正兵"。他是古代最早提出学习和赶超"而学"的理念。提出"谷求超胜,必须会通""会通之前,必须翻译"。徐光启为官清正,据《明史·徐光启传》记载盖棺之日,裹无余资。死后清点遗物,仅存一两白银,余为文稿。

进园左右各列华表,过小石桥,坊柱顶端雕刻仙鹤云水图信。一座四柱三门的石牌坊,庄严厚重,牌坊正门题额文式之勋,左为王代儒宗;右是熙朝之辅"。中间 2 术还刻有对联,墓道两侧立有石人,石兽,徐光启墓高 2.2 米,墓后土山绿草如茵,银吉松柏树。墓原先上有著名数学家苏步青所题"明徐光启墓"五个大字,墓前原有徐光启像,丰身花岗石材质,像高 1.2 米,底座 1.6 米,刻有周谷城题字"徐光启像",塑像看明朝一品朝服,胸佩仙鹤物饰,神情庄重墓前高矗一座洁白的十字架,镌刻"十字圣架;百世瞻依"。旁坚一块重修墓地的石碑,并附拉丁碑文。墓之左侧是徐光启手迹碑廊,长有 12 米,手迹石碑共 6 块,有《几何原本序》《苣经嫡证序》等部分手迹。计 1 216 个字。廊背刻有明末清初学者查继佐撰写的《徐光启传》及现代著名画家程十发临摹的徐光启画像。园之西即徐光启纪念馆。

纪念馆位于历经 500 余年的明代古宅南青华堂内,这座在沪城年代最久保存最好珍贵文物级的老宅是 2003 年从梅陇整体搬迁过来的。南青华堂建于经治末年至正德年间(为1505—1521 年),为张姓显宦退隐之所,原称裕德营,现存信宅门及第二进厅堂和偏屋。仪门门楣正面刻有篆文"视履考祥",碑刻"克洽雍熙"院内放置徐光启墓前移来的塑像。正厅陈列的全是明式家具布置。厅上悬挂"后乐营"匾额。木桂上刻有对联,梁坊之间精刻花卉云水等吉祥图案。纪念馆以徐光启平生"《农政全书》与《几何原本》""《崇祯历书》与《徐氏庆言》""徐光启与上海"四个主题而展开。展品中有徐光启夫妇写真画像,家书手稿、农业试验"手札(笔记)"、历朝所刻的徐光启著作等珍贵文物资料,尤以明刻本《农政全书》《几何全本》《崇祯历书》更加珍稀。展品中还有上海最早的美术机构——土山湾画作所精心绘制的徐光启、利玛赛、汤若望、南怀仁(后三位为当年来华的外国传教士),且是徐的挚友)四幅彩画。原作现存于美国旧金山大学"利玛赛中西文化历史研究所"。为了展示这段历史,由南京博物院和旧金山大学仿真复制后陈列于此。还有幅最早的手绘世界地图《进点兴万国全图》仿制品,徐光启、冗以图才明白万国臣民原来生息于一个圆球之上。正厅之为歇山顶黛瓦,屋脊略呈弧线,这是明代大宅的典型特征。院内东西两侧为碑廊,东墙碑石上刻有徐氏手迹,西墙上是民国和现代名人的题词。纪念馆仪门南是照壁。正面是于光远题词:科学先驱,背后刻有《明史徐光启传》全文。

四、上海的纪念地旅游

(一) 邬达克纪念馆

邬达克纪念馆(番禺路 129 号)。邬达克(1893—1958 年)出生于奥匈帝国兹活伦州首府拜斯泰采巴尼亚(现属斯洛伐克)的建筑世家,父亲是著名建筑师和建筑承包商,邬氏从小受到熏陶,9 岁参与父亲取建工程的操作,12 岁取得木匠,泥瓦匠的专业证书。1910 年考入匈牙利皇家约瑟夫理工大学(现为布达佩斯理工大学)建筑系,取得学士学位,之后成为匈牙利皇家建筑学会会员。1914 年第一次世界大战爆发,邬氏作为炮兵军官加入奥匈帝国军队,1916

年在战斗中被俄国奇萨克骑兵俘获,关押在西伯利亚战俘营。1917 年邬氏脚部擦伤,以致终生跛足。一战结束邬氏被释放,一说是在战俘转移经至中国边境时,跳下火车逃生。1918 年初,邬氏历经艰难,来到上海,起先在美资克利泽行担任绘图员,期间学习英文和中文,并参与规划建筑设计。1925 年,时年 32 岁的邬达克终于成立自己建筑事务所—邬达克洋行。从邬氏来始到 1947 年邬达克移居瑞士之间近 30 年中,他以卓越的天赋和独特的视角,主持设计沪城 60 余幢经典西式建筑,其中有 25 幢获得上海"优秀保护建筑",其中国际饭店列为全国重点文物保护单位,这幢世界著名高楼的"中国之最"称号,一直保持到 1980 年之前。在邬氏的经典建筑中,有美商花旗总会(1923 年克利洋行)、诺曼底公寓(1924 年、克利洋行,现武康大楼)、哥伦比亚住宅圈(1928 年,现新华路 211 弄、219 弄)、孙科住宅(1928)、慕尔堂(1929 年,现沐恩堂)、邬氏住宅(1931 年)、刘志德住宅(1931 年,现上海作家协会)、大光明电影院(1931 年)、国际饭店(1934 年)、丁贵堂住宅(1932 年,现上海海关专科学校)、美国乡村总会(1936 年)、吴同文住宅(1937 年)。华丽而又浪漫的建筑彰显邬氏的睿智和才华,为上海滩的城市景观涂上了浓墨重彩,邬氏被后人誉为"现代风格先锋"。1950 年又移居美国加州伯克利,在加州大学伯克利分校执教,1958 年病逝。当时奥匈帝国是由奥地利和匈牙利根据协议建立的帝国,邬氏母亲舒特蒂·保拉是匈牙利人,其家庭主语亦用匈牙利语,邬氏使用的也是匈牙利护照,因而邬达克庄是匈牙利人,长期纷争的邬达克国籍问题,由此而作为定论。

邬达克故居现在番禺路 129 号,原为哥伦比亚路 57 号,是英国乡村别墅风格建筑,明显体现 19 世纪英国都锋王朝贵族府邸的形式。外观三体是哥特式风格,尖顶陡坡是最显著的特征,而平面矩形的建筑布局和装饰又表现文艺复兴式风格。邬氏亲自设计了自己住宅建筑,并请好友陶桂林的馥记营造所建造。陶桂林在 25 岁主持中山陵三期工程,按时按质量完工;建成邬宅之后,即主持国际饭店营造。全部家具是由徐家汇土山湾孤儿院打造。邬达克还设计了住宅的窗台,天花吊顶,楼梯、厕所以及部分家具。邬宅屋顶陡坡,红瓦开设平坡式老落窗。底层红砖砌墙,以白色水泥勾缝。二层以上则是白墙,黑色的木构架件外露,是英国乡村别墅的最明显的特点。西门两侧并列二个陡坡屋顶的平房。邬宅屋顶东西两侧高臂用红砖砌成的方形烟囱,西侧的陡峭的屋面几乎及地,钢窗、半拱木门,木楼梯,简朴高雅大厅内柚木护壁,柚木方格吊顶,在木梁上还雕有精致的花卉图案,奢华而不张扬。邬达克非常喜欢鸽子,在西侧山墙上鸽居和鸽子落栖平台;南墙屋檐下,还设置三个展翅飞翔的鸽子雕塑。邬达克故居是上海优秀保护建筑。2013 年 1 月 8 日邬达克诞辰 120 周年之际,邬达克纪念馆在故居启幕开放。邬达克建筑遗产文化月在 2015 年 12 月 5 日正式隆重揭幕,进入正门,一尊半身邬达克青铜塑像,背景是浅黄色浮雕,上面是国际饭店的全图。以纪念这位对上海作出非凡贡献的建筑天才,并表达对他深深的怀念之情。

(二)吴昌硕纪念馆

吴昌硕纪念馆(陆家嘴东路 15 号)设置在中心绿地之南,名为"颖川小筑"的百年老宅内。吴昌硕(1844—1927 年)是中国近代著名书画家、篆刻家,海上画派之领军人物。初名俊,后改俊卿,字昌硕,浙江安吉人,是三十岁始习画,博采明清之际徐渭、朱春、石涛、赵之谦(海上画派创始人)诸大家之长,开创以金石、书法入画之先风,亦是用大写绘制花木山川之第一人,吴的书法、篆刻功力相当深厚,雄浑之中还带妩媚之态。吴在 1911 年,即 67 岁之时,正式从苏州移居沪上,住在山路吉庆里 923 号,直至逝世,此处现为吴昌硕故居。吴在 71 岁出任杭州孤山西泠印社首任社长。吴昌硕的艺术风格对我国及日本的画坛有着极大的影响,吴晶硕纪念馆正门中悬挂金字黑底的馆名匾额是程十发书写,两侧立柱对联,奉爵称寿,雅歌吹笙;是吴80高寿用汉史晨碑笔意书写。进门大厅正中挂有黑底金字由沙孟海所题,一代宗师横匾。下置吴昌硕丰身铜像,铜像铸寿有三尊。另一置于浙江安吉吴昌硕纪念馆内,余一置日本福冈之北九州,由吴氏后人捐赠。铜像基座上镌刻吴之书画署名。背景是吴之大幅作《神仙福寿》,所绘以吴自称为知己的梅花为主等花卉。纪念馆主设三个陈展部分发:其一是吴昌硕生平陈列室,主以吴存世照片,配以文字,简介其卓尔不凡的一生;其二为大师画室吴之画室置于卧室之内,画桌上放置笔墨砚纸等文具,桌前的木橱内是全套《百衲本二十四史》桌有墙上挂有吴手书的"去驻随缘室"的木匾。在吴简单的红木床上方横挂着由吴手绘一幅自高质的《牡丹图》,颇有情趣。室还陈列吴生前原用的油灯,华生电扇等原物;其三艺术展示厅展出吴昌硕不同时期的书屯篆刻佳作。吴昌硕生平爱梅,有诗云:苦铁道人梅知己,苦铁为吴自号,所绘花卉以梅花居多,死后葬于杭州梅花成林的超山。馆内展出多幅以梅为主题的原作,还有夏之荷秋之菊等立轴真迹,不有吴的书法和印拓之精品。还展出吴昌硕的入室弟子或受其亲授的名家,诸如齐白石,徐悲鸿,张大千,刘海粟,傅抱石,沙孟海等的画作;清代指画开山祖高其佩所绘虎是镇馆之宝,其所绘是虎背,虎尾,不见虎首,线条刚劲,仍觉虎虎生威。纪念馆所展陈的书画作品全部为真品。

颖川小筑建于1914年,历3年建成,是当时浦东首富陈桂春住宅。陈桂春(1983—1925年)祖籍福建长汀,浦东料泥渡(现陆家嘴沿江东南处)人,父母早亡,成年之后,陈以借贷100块银圆为本,在黄浦江上摇摆渡谋生,后又以为货船驳运为业,陈桂春先后承接沪宁、沪杭铁路枕木和之后火车燃煤的业务,始成巨富。陈乐善好施,热心公益,为解决当地就医难之苦,在1920年,发起并联络沪上名流募捐创建浦东最早的市民医院,即浦东医院(现为东方国际院)陈为任院长。以史据证,陈始发迹于古之河南颖川(现登封)老宅以"颖川小筑"而名,以示陈不忘祖宗本源之义。1996年浦新区耗资1千万,对老宅进行动迁和整修。陈桂春的颖川小筑的建筑形式是对在江赠流行数百年的"绞圈房子"格局之传承和发展。老宅原是三进二院,现为二进一院,砖木结构,二层,五开间,悬山顶,外墙以青戊砌成,白色门窗上方用红砖以弧、斗圆拱作为装饰。老宅两侧是高臂的山墙,山花是欧式的郁金香,百合花,玫瑰,还饰有板叶,卷温状的巴洛克雕塑,宅顶还砌有西式壁炉的烟囱。北墙一排开设十记百叶窗,东西砖墙各开三个侧门,中间是石库门形式,三级石阶,花岗石条门框,乌黑大门,一对黄铜门环。门额东为居仁,两是由义。南北侧门西式简洁的木板门。正门朝南,三级石阶,左右各开八扇花格木窗,下方墙上铺设青绿色图案的瓷面砖用以装饰,在当时留需进口,而已价格不菲。大门置设雕刻双喜图的木栅,檐下门罩雕花是双凤牡丹莲花图。门厅的花格木门裙板雕刻各式瓶生三戳,平生三的吉祥图案,厅内铺设红绿相间的彩色友地砖枋之间镌刻人物故事,仙鹤,牡丹能让及福寿文字,刀工精细,画面生动是江南大宅之中精品,因有浦东雕花楼之称,门厅之后是长廊,二端开设大门,即东西外墙的石库门,廊北是做功精症状的石库门门楼(俗称仪门)门领是黑色的行书树德务滋,上方塑有盆栽万看青,在六角花盆上有万年青三字,后进是老宅后厅,染栋雕刻更为精美,前后两进之间为大院(俗称天井)。院中一口水井,至今水质清冽,左右有厢房相连,使整个老宅呈方形,如若附则似米斗,有日进万斗之意。老宅除大厅之外,共有房间48个,颖川小筑建造当初欧风时尚,整体建筑体现出强烈的兼容并蓄之海派精神,外墙室内辩同窗,地坪多采用西式的装饰元素,然而大厅的枋全数采用中式饰内格,同声传译有金本三国演义故事等。老宅还根据陈桂春个人喜好和房间之功能采用了不同的装修方式,如卧室,书房是用中式而整个厕所的设施全用西式,非常有趣。颖川小筑已列入上海市重点文物保护单位。2010年5月,设置吴昌硕纪念馆。

(三)中华人民共和国名誉主席宋庆龄陵园

宋庆龄陵园(宋园路21号)原为万园公墓,宋庆龄的父母安葬于此,1981年5月29日,宋庆龄在北京逝世,6月4日其骨灰移送至上海,安葬在此。1981年7月1日始,宋庆龄墓地对外开放。1982年列为全国重点文物保护单位。1984年1月10日启用中华人民共和国名誉主席宋庆龄陵园的名称。1997年6月命名为全国爱国主义教育示范基地。宋庆龄陵园东西间主道中央坚立宋庆龄纪念碑,高3.3米,宽5米青黑色花岗石碑身,枣红色花岗石座,碑面镌刻邓小平题字:"爱国主义,民主主义,国际主义,共产主义的伟大战士宋庆龄同志永垂不朽"。宋庆龄墓在石碑之北侧,道路中央是在1984年1月27日宋庆龄诞辰91周年建立的宋庆龄汉白玉雕像,高2.52米,基座高1.1米;宋庆龄身穿旗袍,外套是圆翻领上衣,头挽发髻,宛如生前神志慈祥。遵照宋庆龄遗愿,宋庆龄墓在其父母墓的东侧,洁白的大理石筑成墓樟,卧式的墓碑上刻着"1893—1981年中华人民共和国名誉主席之墓"。宋庆龄像前是面积1 729平方米纪念广场,花岗石铺世,两侧翠柏相拥,园内有数千平方米大草坪种有众多古树,如300年树龄以上的罗汉松、150年以上树龄的桂花树、100年以上树龄的广玉兰和数百棵高大的龙柏、雪松、中山柏和香樟树千余棵等,一派白鸽飞翔,一年四季树木葱茏,芳草如茵,鸟语花香的景象。主干道两端尽头是她的生平事迹陈列室,外围是室内陈列室。进入陈列室迎面墙上有宋庆龄青铜浮雕。以松枝和白鸽作为衬托背景。陈列室有3个展厅10个主题,其中展示有宋庆龄以前穿过的博士服,非常珍贵。宋庆龄墓为第二批全国重点文物保护单位。2020年11月,评为第六届全国文明单位。

五、上海的博物馆旅游

(一)上海博物馆概述

博物馆是国家历史文化展示的标志,也是国家强盛的反映,作为一个城市则是谥亮的旅游名片。中国设立博物馆最早之地是在上海清同治七年,由法国传教士韩伯创办的自然历史博物院,最初院址在徐家汇天主堂旁侧[今徐汇区蒲西222号,主要用以保藏展出上海地区及长江流域所采集得来的各种动物标本,这是中国历史最悠久的一座博物馆,1930年迁入鲁班路(今重庆南路223号),由震旦大学管理,因之更名为震旦博物馆,被誉为文博之宝。清同治十三年(1874年)由英国主持的亚洲文会创立了五洲语言博物院,址设圆明园路(1886年)改名博物院路,今虎丘路20号,收藏和珍藏稀有动物的标本以及化石]因有关中国历史文化展品很少,故名上海自然历史博物馆,附设以东方历史史料居多的图书馆。三年之后的1936年,上海创立第一家国立博物——上海市立博物馆。位置在当地江湾的大上海复兴计划中的府前左路杨省政府区长海路174号,长海医院影像楼,博物馆仿北京城之鼓楼,正门设置重檐歇山顶门楼,铺设黄色琉璃瓦,高四层,朱色的梁柱外露,四周设有平台,颇为壮观。该馆于1937年元旦正式开馆,馆分设历史,艺术两部,历史馆主要展出上海历史相关的文献和文物;艺术部以青铜器,书法绘画及陶瓷器为主。在国立博物馆建成未开馆之前,曾承办过中国最早的一个全国性的建筑展览会,取得卓越的声誉。

时光荏苒,世事沧桑,在上海建立第一座震旦博物院的百年之后,即在1986年上海被列为国家历史文化名城,同时新建了 23 座博物馆、纪念馆陈列室。2010 年,上海的博物馆有 114 座之多。如今上海的博物馆具有相当规模,科学规范,设施完善的博物馆就有百座以上,小型的专业博物馆犹如雨后春笋层出不穷。上海的博物馆涉及各个领域且内容相当广泛性,上至日月星辰、下到江湖花木、中外古今各行百业,沪上风情市井百态,包罗万象,形成上下五千年,世间大观园的格局。上海的博物馆之普及教育具有严谨的科学性,不仅所有布局图文并茂、实物丰富、内容准确,而且场馆布置形成完整的系统工程。就美术艺术而言,上海博物馆展出 400 件古代绘画和 120 余件古代书法的名家杰作,清晰地介绍了中华美术从古代(唐)至近代(晚清)的历史发展脉络;而中华艺术宫则以海上生明月的专题,展出的是近代(晚清,民国)到现代的名家名作。两个馆(宫)就非常完整地将中国古代绘画书法的集藏和上海美术发展史的体系联系在一起。上海的博物馆设立和分布具有规范的合理性主要反映上海历史文化,重要博物馆都设置在交通便利的市中心(上海博物馆、上海城市规划展示馆等)和浦东新区(中华艺术宫、上海城市历史发展陈列馆、上海科技馆等)。沪上名校都有介绍发展历史和教育成果及校内收集文物的博物馆,还有各项专业的展馆,如武术、印刷、海洋……上海一半以上的区都在区中心建立区博物馆,着重介绍本区历史文化的发展以及名人事迹……还有在历史上发生的重要事件和影响的地点设立,诸如一大、二大会址、《新青年》编辑部原址、四行仓库等处。在毛泽东、孙中山、宋庆龄、张闻天、鲁迅等名人的故居也按原样设置纪念馆,宋庆龄、鲁迅的墓地也建立介绍其生平事迹的纪念馆;也有的就在现场,如崧泽、广富林、福泉山、元代水闸,还有龙华革命烈士纪念地,建立相应的博物馆(或纪念馆),这些场馆资料详尽,布置合理,建筑造型也堪称经典。上海的博物馆大小不一,大有如中华艺术宫有 35 个展厅,展示面积 7 万平方米;而在福州路上海笔墨博物馆占地仅有百余平方米。上海的收藏有占中国半壁江山之说,除了博物馆,更有众多的各种物件的私藏者。他们因地制宜,精心布排,办起出于自己爱好的专题收藏馆,展示藏品,供人欣赏。馆址有极具气势的大楼,也有居家斗室而已。这些展馆大都具有鲜明的单一专题性,如门票,票据,烟标,邮票,书籍,船模,钟表,酒瓶,碗筷,算具,校徽、文房四宝、雨花石,甚至清代三寸金莲绣花鞋等五花八门应有尽有。而且仅其中一项,收藏到极致。这些收藏者对自己的藏品有长期的研究,有的讲学推广,有的出书介绍,俨然成了鉴赏专家。

在 21 世纪初,全世界博物馆的总数约有三万座,其中欧洲有一万,北美(美国,加拿大)在五千所以上,中国就文化系统确定的有一千以上,博物馆是人类精神盛宴之中的美味佳肴,也是人们在旅游行程之中最感兴趣的,最有价值的风景。上海已名列世界国际大都市之列,是中国历史文化名城,最佳旅游城市,因而需要更多、更好、更齐全的博物馆,使上海更加美好!

(二) 上海主要博物馆旅游体验

1. 上海博物馆

上海博物馆(人民大道 201 号)是国家 4A 旅游景区,1996 年 10 月 12 日成而对外开放。主体建筑面积 3.9 万平方米高度 29.5 米,上海博物馆的建筑造型放在世界博物馆之林中风格独树一帜。其主体建筑基座是正方形,顶端呈圆形,直径 80 米,若从远处眺望犹如一尊坚实大气的青铜巨鼎,顶之上方各高台一个拱圈,又如鼎之身。这个不同凡响的视觉效果,准确地体现了中国传统文化中天圆地方的意境。从空中看,外墙用浅黄色调的花岗石通体砌成,表面装饰帛象化了的商周之际青铜器上常见的图饰,显得庄严精致。正中拱门两侧各有 4 尊汉白玉雕成的辟邪、天禄、狮子三种神兽。上海博物馆收藏文物有 100 万件,珍品 14 万件,设有青铜器瓷器书法,绘画玺印,钱币,明清家具等21个门类的12个专馆,以青铜器,陶瓷器,书法,绘画最胜。尤为青铜器,品种之丰,世上少有,西周中期大克鼎,立耳,三足,为鼎中之重器。鼎造型雄浑端重,布纹疏朗畅达,为典型西周中期所铸造的位省。内壁铸造有铭文290字,字体特大,端正遒劲,与众不同之处是铭文中划有齐整的方格,一字一格,布局规整。这不仅是中国书法史上金文之巨制,也是研究当时等社会状况的原始史料。大克鼎和大孟顶(国家博物馆藏)毛公鼎并称为海内青铜器三宝。

上海博物馆收藏有五大名窑的空缺珍品,尤其是存世不足70件的沐窑的稀世之宝,有9件之多。馆藏宋沐盘高2.9厘米,口径17.1厘米,通体施天青色,布满细纹开片,造型华贵黄雅,引盘原为北宋宫廷之物。沐窑烧制历史极短,仅约20年,至南宋板艺已绝,故其器物价值千金,因而五大名窑以沐为魁。2008年6月中国书法已列入国家级非物质文化遗产名录。上海博物馆馆藏的《上虞贴卷》为镇馆之宝。此帖据考证是书圣王羲之所书,唐代摹本,行书七行,至今仍保存北宋内府装帧的原样,因文中有"上虞"二字而为名。此帖虽非真迹,然书体灵动绰约,舒展秀真,透出书圣高超书艺的风貌。古代绘画展品中以年代最早、声誉最高首推唐孙位《高逸图》卷,此卷为《竹林七贤图》的残本,画有七贤中山涛、王戎、刘伶、阮籍四位人物。画卷布局周密准确,着色绚丽高雅,孙位笔下,高逸潇洒的神态栩栩如生。

上海博物馆的玺印馆展出一块中国四大名石之一的鸡血石料,其天然形成鲜红,纯白,乌黑等种色质,恰似我曲中三国人物,刘备(白),关羽(红),张飞(黑)脸谱颜色,故此石俗称"刘关张"。

上海博物馆的钱币馆还设专室展出由上海闻人杜月笙、杜维善捐献的一套古代丝绸之路上诸国所铸造的金银币,存世罕有,相当珍贵。

2002年12月1日为庆祝上海博物馆建馆五十周年,联合故宫博物院,辽宁省博物馆举办晋唐宋元书画国宝展,展出七十二件国宝,历时月余,千年贵珍,旷世大展。展出有晋代书圣王羲之上虞帖卷,中国山水画之祖本之隋代展子虔《游春图卷》,其子王献之《鸭头丸》"三希"之一的王询《伯远贴》、唐代孙位《高逸图》、画图圣手韩滉《五牛阁》、北宋张择端《清明上河图》等。其规模之空前,品质之顶极,观者之众多,在中国书画展览史上开辟了绚丽的篇章。之后又举办了美国、日本等国国家博物馆所藏中国历代书画珍品的展览。2014年6月7日至8月31日,又精心规划特展:《申城踪·上海考古大展》,以三个展厅的容量汇集了纵横6000余年,上海历年出土的500余件文物,用实物和文字阐明"古代文明寻根溯源和城镇社会兴起繁荣"的两大主题。上海博物馆还定期举办各类专题讲座,广受大众的好评;此外,上海博物馆还先后与各国的出版机构联合出版了12种大型图录和专著;还编印了学术期刊;还设立文物修复工场,上博还有许多科研成果获国家科技奖。还利用假期举办"考古夏令营""文物夏令营"活动;还举办"文物知识竞赛"、开展"我心目中的博物馆"征文比赛,增强中学生的文物意识,使学生受到了深刻的爱国主义和革命传统教育。2020年5月,在参加2019年度全国博物馆十大陈列展览精品活动中获得"优胜奖"。

2. 中华艺术宫

中华艺术宫(上南路205号)原是世博会中国馆,现在是展示上海百年美术史诗画卷的艺术宫殿。这座外观全金色为中国红、高69米的恢宏建筑是以"东方之冠"为造型,又有汉字"畢"的形态,表达了中华文化的精神和泱泱大国的气度。中国馆是以北京故宫红为基调,然又分成深浅七种层次,定名七色红。外侧从上而下由3种红色组成,方形四柱又是一种不同的红色,内侧采用了另外 3 种红色,在建筑上还处处融合着斗拱、梁枋、立柱等中国古代建筑构件的要素,简洁大气,高雅端庄。艺术宫台阶宽有 72 米,76 根,以 4 700 块名为"华夏灰"的花岗石制作而成。石料的加工采用了传承千年,流行浙闽一带的绝技"三斩斧"的手段,使之表面出现规整的凹槽,从而确保台阶拼扫坚固,行走舒适,这是由百余名大多有 30 年工龄的老石匠,为此认认真真斩出 54 万刀(斧)。

中华艺术宫的美术作品的展出填补了近现代上海文化艺术,以及上海艺术博物馆体系的空缺,使之与上海博物馆主以展示古代艺术,构成了成熟而又精致的多元文化格局,艺术宫长年展出的是上海经典美术作品,也有介绍世界各国博物馆和著名画家的精品,以展览作品高雅丰富、雅俗共赏备受民众赞誉和喜爱。艺术宫展出面积 7 000 平方米,有 6 个展示层面共有 35 个展台,常设"海上明月共潮生"中国现代美术展;多媒体版《清明上河图》展厅位于 49 米层,自世博会闭幕后多媒体版《清明上河图》就永久落户于此。

中华艺术宫经常举办中国近代艺术名家的各种艺术作品,以及国内外的艺术作品的临展活动,游客可以不定期地欣赏到来自世界各国博物馆的艺术展品。中华艺术宫长期展览的作品也很多,如规模较大的有位于 22、23、24 号展厅的"名家艺术陈列专馆",可以一睹贺天健、林风眠、关良、滑田友、谢稚柳、吴冠中、程十发七位艺术大家的作品;在 0 米层展厅可欣赏到"上海历史文脉美术创作工程成果展""情性之美馆藏贺慕群捐赠作品展""贺友直画故事馆藏捐赠作品陈列展"等展品。可以说,中华艺术宫为上海以至全国提供丰富华丽的艺术盛宴。为促使上海艺术博物馆体系的建立,中华艺术宫与上海当代艺术博物馆两馆成立发展理事会,以监督、管理并推进中华艺术宫、上海当代艺术博物馆的发展创新。

3. 中国航海博物馆

中国航海博物馆(临港新城申港大道 197 号)位于东海之滨滴水湖畔,2010 年 7 月 5 日对外开放,是我国唯一的国家级航海博物馆、国家 4A 级旅游景区。其主体建筑高有 70 米,状如风帆的钢结构造型;三层,外观银白色,优雅大气,显现长风破万里浪的航海主题。其展示面积 21 000 平方米。以航海为主线,博物为基础,设置航海历史,船舶,航海与港口,海事与海上安全,海员,军事航海等六大展馆,两个专题展区,80 余项展项,通过指南针、帆与拨水板、大比例现代钢船模型、海图室、驾驶室、航海模拟器、潜水钟、航海导航技术等展品的组合展示,数千年的中华航海历史如同一幅画卷徐徐展开,使得深奥的航中海文明知识变得生动而又通俗易懂起来,还通过 270 度环幕影院,打水手结,模拟焊接,集装箱吊装,登明代福船等参与项目,并通过模拟天气变换和波浪起伏,形成船体甲板的晃动等仿真科技手段,突破常规固有的静态陈展的模式,让观众颇为真实地体验航海的乐趣。

该馆中央大厅展放一艘仿制明代的福船,船高 9 米,长 31.3 米,外宽 8.8 米,三桅三帆,主桅杆高达 27 米,排水量 224 吨,采用榫卯连接和水密舱等我国传统造船工艺技术,全手工建造,可以下水直接航行。福船是我国古代四大船型之一,为闽、江浙一带所造的尖底海船的统帅。它船头尖,船尾宽,两头上翘,船头及尾彩绘狮首和益鸟的图形,尾处有楼,供奉妈祖的神像。当年郑和下西洋的船队中以此作为标准船型。航海历史馆是重点展馆,分古代,近代,现代三个展区;将为我国发现和发明浮力渡水,独木舟,木板船帆,桨、橹,舵,指南针等航海和造船的技术发展历史,用大量的实物和史料文字展开详尽介绍。有古代独木舟原件,有唐宋之际的古船模型,郑和下西洋的实物史料,清代精美制作的广东十三行外销瓷器等。展出的《大明混一图》高 3.86 米,宽 4.56 米,是我国已知尺寸最大,年代最久,保存最佳的古代世界地图。

全国以大明疆域为中心,东起日本,西至欧洲,南到爪哇,北达蒙古。非洲大陆位于左下方,所描绘的山川河流之方位都与现在测定的地形基本吻合。《大明混一图》堪称国宝,彩绘绢本,原件珍藏于中国第一历史档案馆,复制件存世亦仅 4 幅,中国航海博物馆所藏为其中一件,余存于中国第一历史档案馆,南非和日本。展出的春秋大翼战船(纯金制作)为春秋时期大翼战船缩小制成。船上望楼,战鼓华盖,御庄华盖,绞车,划桨,船舵等部件经科学考证而确定的。甲板上有将军、武士手持钩,弓,矛等兵器,舱内还有 48 名划船桨手。人物高仅 1—2 厘米,然盔甲上的锁片,战袍上的褶皱,精细可辨。在船舶馆展出有以 1:6 比例制成的万吨的货轮仿真的剖面结构,高度占据馆内 2 层空间。还展出以古籍《船政》所记载的图样,以 1:2 比例,复制了明代模型。还可以进入潜水艇(剖面)内,观测潜望镜,测量距离,模拟战斗场景,4D 动感影院采用了最先进的数字放映技术可以随着影片画面情节感受到风暴,雷电,下降及坠落震荡等特技效应。它是目前国内展览内容最丰富的航海主题博物馆。非常适合青少年来学习,增长知识。博物馆在每年 7 月 11 日中国航海日当天通常会免费开放,建议提前关注博物馆官网动态。

4. 上海元代水闸遗址博物馆

上海元代水闸遗址博物馆亦称志丹苑元代水闸(延长路 619 号),是全国重点文物保护单位,是国内考古发掘的规模最大、做工最精、保存最完整的元代水闸。

水闸原建于吴淞江上,吴淞江在近代称为苏州河,源于太湖,流经吴江,昆山及青龙镇,由东入海,在唐代江宽 20 里,由于淤泥流沙堆积,至宋已为 3 里,元代仅是 1 里,于是建闸治水成为历朝当务之急。水闸的功能是汇水挡沙,防淤和疏浚,清关闸,泥沙沉积于闸外,潮退开闸,利用河水落差将泥沙冲走。元代水闸深埋在地下到 12 米地,面积约为 1 500 平方米,由闸门,闸墙,底石,围护桩等组成。经过选址,定位,挠泥,打桩,横梁,铺材石桩,铺石底板,嵌铁锭榫,立闸门柱,砌筑石墙等劳作而建成。元代水闸东西走向,中间为闸门(也称金门),门宽 6.8 米,门框是 2 根 1 米见证书,高 10 余米的青石立衣服,内侧是闸门的门槽。闸门两侧是由青石叠筑的闸墙(俗称金刚墙),长 47 米,残高 1.3 至 2.4 米,闸展平铺齐整的青石板,石板之间以铁锭榫加固。水闸闸道渐作放宽张开,水闸两边由外而内落差 2 余米。闸高打上木桩。元代水闸建筑结构科学合理,工艺相当精湛,石料加工就如工艺般精致。这在中国水利工程发展史上具有报为重要的地位;在江南特殊地貌环境下,是宋代《营造法式》总结之后的官式工程高度发展的唯一实例,也是研究吴淞江水道变迁,了解上海文脉和社会生活最准确的史料和佐证。因而元代水闸遗址的发掘被评为 2006 年中国十大考古新发现,也是上海唯一获得此荣誉的遗址。

水闸的总主持人是任仁发。任仁发(1254—1327 年)字子明,号水月道人,青龙镇(现属上海青浦区)人,官至浙江道宣慰副使,是中国元代杰出的水利家,画家,任四度负责指挥吴淞江治理工程,这座水闸是他在元仄定元年(1324)年在吴淞江上建筑的 6 座水闸之一,任著有《水利集》10 卷,擅长画马,传世作品已列为国宝。遗址还出土铁色、木夯等当时建造工具,还有龙泉青瓷碗盏,陶壶等生活用品。遗址的发现颇为偶然,在 2001 年 5 月志丹苑建筑工程中,对高楼地基钻孔下桩时,在地表 7 米之下深处,钻出带有铁锭榫的石板、木桩等物,于是停工,转为考古挖掘。因而闸底中央偏南处有当时钻孔而成的大圆洞。

该遗址于 2001 年 5 月偶然发现,历经多次发掘整理,于 2006 年完整揭露遗址全貌,因而入选 2006 年度"中国十大考古新发现"。该遗址的发现,为了解我国古代水利建造的工程技术流程提供了直接依据,对研究中国古代水利工程,特别是宋元时期江南地区的水利工程、吴淞江流域的历史变迁、长三角地区的经济成长等,都具有非常重要的科学价值。

上海元代水闸遗址博物馆于 2012 年底建成,并正式对外开放。这对于在城市中进行的考古发掘、遗址保护具有示范作用,它体现了将文化遗产保护与城市建设和谐相融、互相促进的科学发展观,对于探寻、保存、弘扬上海的城市历史文脉和城市精神有着极其重要的意义。

5. 上海科技馆

上海科技馆(世纪大道 2000 号)于 2001 年 12 月 18 对外开放,2005 年 5 月二期展示竣工,展示面积达 6.5 万平方米。现是世界著名科技馆之一,全国科普教育基地,具备国家一级博物馆之资质,5A 级旅游景区。这座立面整体呈螺旋式升腾,外形酷似飞碟的不对称建筑,寓意人类在自然·人·科技(上海科技馆主题)的领域里发现和探索是永无止境的。屋顶从弧线为造型,表示壳断层拔地而起,显示科技馆承担宣扬自然科学的使命,玻璃幕墙中央是一个具有标志性的巨大玻璃球体表示宇宙无限,象征生命的孕育,体现了祖国历史文化的广博和现代科技发展的威力。上海科技馆展示的内容有天地,生命,智慧,创造未来 5 个主题。共有生物万象,地壳探秘,彩虹儿童乐园,智慧之光,机器人世界等 11 个风格各异的主题展区。还有动物世界展和蜘蛛展 2 个主题特展区。馆内的科学影城有 4 座高科技特种影院。还有 3 个古今中外科学家及其足迹的艺术长廊,以及拥有 700 多项各类互动科技展项。上海科技馆建筑面积 9.8 万平方米,主馆占地面积 6.8 万平方米,展示面积 6.5 万平方米。全部投资 17.55 亿元。由中央大厅进入地壳探秘展区。这是以高科技仿真布置,展示了群星闪烁的宇宙中地球的壮丽景色;领略喀斯特溶洞,目睹海底世界的风采,逼真再现火山爆发的惊心动魄的场景,还能真实感受在地下 870 米处 8 级地震的强烈震感。生物万象展区是以云南的热带雨林自然生态环境而仿建,犹如绿色王国;机器人世界展区在 2 楼。在这里可以了解到以自动机械为基础的传统机械人技术发展到基于信息技术的现代机器人技术的历程。在这里机器人成为当之无愧的超级棋手。在机器人剧场里,可以欣赏到京剧中动作名段《三岔口》、江南舞蹈《茉莉花》,在地球家园展区,除了通过体验山洪、泥石流等自然灾变引起人们深切反思之外,还能了解苏州河在百余年间由清变浊、由浊变清的全过程,揭示了天人合一和可持续发展的科学真理;智慧之光展区,以互动为主手段,让小朋友们亲手参与一项简易的设计制造活动;在 3D 打印世界里,能参与 3D 扫描、建模、打印全过程,切实感受“实物数字化、数字实物化”的完美体验,这个展项在国内同类中还属首创。

上海科技馆有 4 个特色影院,其中 2 个是四维影院,是由三维立体视觉画面和一维环境效果组合具有迪士尼概念的国内首个影院;IMAX 立体巨幕影院是中国大陆第一家,有 441 座,银幕相当于 6 层楼之高,有 6+1 声道音响系统,通过 10 余组扬声器播出的配乐和特殊音响,使人有震撼的全新体验;IMAX 球幕影院具有播放球幕电影和天文演示的双重功能,使人具有漂浮在空中的感觉和强烈的视觉动感,四周皆为画面所包容,恍若投身其中。

科技馆的地面三层是二期建成的展馆之一,内有探索之光、人与健康、宇航天地三个展区,其目的是让游客体验到 20 世纪的最重要科技成就,并在各种体验性的活动中,了解和认识与宇航相关的问题。科技馆还举办各种文化活动,如主办《自然与科技》科学杂志、《上海科技馆》专业期刊、《上海科技馆通讯》内部刊物;还参与主办“上海科普大讲坛”,提高公民的科学素养。2018 年被授予“全国中小学生研究实践教育基地”称号。

6. 上海天文馆

上海天文馆(临港新城滴水湖畔)是世界最大的天文馆,2021 年 7 月 17 日正式开馆,18 日对公众开放。它被称为《世界级"星空秘境"》,由顶尖天象厅、珍稀陨石矩阵、黑洞体验等300余件展品展项组成,采用体感互动、数据可视化、AB、VR、生物识别等各类先进技术打造。其建筑外形以引力作用下天体的螺旋运动为形象,选取象征性的"三体"建筑构件,同时可起到大型建筑时钟的作用。

从天文馆入口的地球"家园"出发,穿越两层的浩瀚"宇宙",最终踏上问天地、问科学的沧桑"征途",沿途一个又一个"星结"点令人大开眼界,流连忘返。该馆全新打造了"家园""宇宙""征程"三大主题展区及"中华问天""好奇星球""航向火星"等特色展区,还有8K超高清等多功能球幕影院、星闻会客厅、望舒天文台、羲和太阳塔与星空探索营,全景展现宇宙浩瀚图景,打造多感官探索文旅,帮助观众塑造完整的宇宙观。

全馆运用精心设计的环境氛围、灯光音效和高仿真场景模拟手段,构建沉浸式宇宙空间体验环境;采用体感活动、数据可视化等先进的展示手段,集视、听、触于一体,充分调动观众的情绪和感官,带领他们在神秘美丽、铭刻心动的时空意境中,获得全新的宇宙探索体验。在300余件展品体验中,原创比例高达85%,互动展品占比50%以上。

有十个景点是值得一看的,它们是:仰望星空、日月地展区、珍稀陨石墙、"银河画卷"舒展、飞越银河系、星际穿越、宇宙大年历、走入"黑洞"一瞬间、宇宙"依如"剧场和"天和号"核心舱。

上海天文馆是上海市政府"十三·五"期间建设的一座重要大型科普展馆,既可以营造高精度模拟星空和沉浸式宇宙漫游的场景,还可以通过太阳塔和大型天文望远镜对太阳和众多星体进行实际观测。开馆时,两场特别活动:"星空音乐会"和"天文高端国际会议"也分别举行。在当天的开馆仪式上,与会嘉宾为"天外来物"——月境入馆揭幕。这份珍贵的样品由嫦娥五号带回、中国国家航天局提供。这部分样品被封装在水晶球中,从此入驻上海天文馆"征程"展区,供观众近距离观看。

上海天文馆标志设计基于"连接人和宇宙"的设计理念,结合建筑设计形态特色,体现天体轨道的运行规律。标志中的三个圆形,取自建筑外馆顶部的圆洞天窗、倒转穹顶和天象厅球体三个主体部分,既体现上海天文馆的专属性,也象征三生万物的中国古代哲学宇宙观。标志的形态犹如优美的音乐符号、寓意宇宙如音乐一般美妙。其颜色为星空蓝,代表科技和宇宙,具有神秘和稳重的内涵。

未来上海天文馆将与上海科技馆、上海自然博物馆共同构成"三馆合一"的大科普格局,公众可前往那里观赏"星辰大海"、学习天文知识、体验多种观测仪器。

六、上海的古建筑旅游

1. 唐陀罗尼经幢

唐陀罗尼经幢(松江区中山小学内)属全国重点文物保护单位,此处原是华亭县衙前之通衢道口,经幢建于唐磊中十三年(859年)为千年之物,据明崇祯版《淞江府志》记,相传地有涌泉,云是海眼,(唐)大中十三年立幢镇之。经幢立在华亭县衙彰,经幢为石灰石材质,由于千年风化侵袭,因而出现龟裂残破。现高9.3米,八角,21级。以托座、束腰、圆柱、华盖,腰檐相叠面成,每节大部分作八角形。其是国内唐幢中最为高大而又完整的一座,亦是沪上最为古老建筑文物。石幢第十级幢身八边形,镌刻有陀罗尼经的经文及题记,第九级刻有捐助钱物者之姓名,共140余人。这就表明此举仅为亲属超荐亡灵,无涉海眼之说。第十九级是礼佛图浮雕,有佛陀、菩萨、供养人等十六尊,神态生动,线条流畅;第二十级,八角攒尖盖;第二十一级,棱形平盖,素面,无雕刻。经幢通体雕琢有劳座,蟠龙、蹲狮,郑云,海波,牡丹及四大天王像,刻工精致、比例匀称、相互呼应、细腻生动、线条洗练圆熟、人物动感和面部表情自然生动,显示了盛唐格调和艺术手法,为古代石雕作品的经典。它是在中国的唐代经幢中属最完整和高大的一座。唐幢流云是松江的十二景之一,有诗云:流云衬托唐经幢,丽日映出宫样状。亭亭玉立幽静里,楚楚动人好风光。

2. 兴圣教寺塔

兴圣教寺塔(松江区中山东路是 235 号,方塔公园内)现为属全国重点文物保护单位。兴圣教寺始建于五代之时,宋末毁于战乱,明洪武年间在废址上建造了松江府城隍庙。塔建于北宋熙宁,元祐年(1068—1093 年)间,因该塔建在兴圣教寺中而得名。南宋、元和明清之际多次修葺,保存了宋代建筑的特点。塔呈正方形,四面九级,俗称方塔,楼阁式,砖木结构,木质多用木,高 42.6 米。两层至九层现存有斗拱 177 朵,宋代原物有 111 朵,梁枋亦有宋时旧物,三层壁檐下,两拱之间(古称拱眼)还存在宋代两幅彩绘佛像。方塔每层墙体作有三道井字型木箍,共有 27 道,用以加固塔身。因上海多东南风,塔基就此作西北高,东南低,塔初建成呈东南倾斜。然千年之后,方塔居然挺拔端正,被誉为"上海古建筑的皇冠"

兴圣教寺塔,现称方塔,位于松江方塔园中,国家 4A 级旅游区,该园目前是上海最大的园林之一,园中除方塔外,还有照壁,天妃宫,望仙桥等古迹。方塔之北,有座明洪武三年所立砖雕照壁,就是明松江府城隍庙故物。面阔三间,正高 4.75 米,宽有 6 米,以方砖砌就。正面雕刻龙首,狮尾,鹿蹄,牛身之独角灵兽,俗称其实为麒麟。四足踏着玉杯,元宝,珊瑚,台意,灵芝草,摇钱树,夜明珠环列其周身。照壁左上雕有凤凰口衔天书,称之奉献天书;左下雕宝瓶插上三戟,称之平昇三级;右上雕大树上悬印,坐有一猴,称之封侯挂印,右下雕长脸之兽下临水道,称之长寿有道,鲤鱼跳龙门,八仙过海等纳福图画穿插其间,东侧框边镌刻洪武三年(1370 年)之款识。照壁构图气势宏大,极力营造吉祥富贵的氛围,其雕法丰富多样,技法相当高超,是沪上最精彩,最古老,保存又最完好的大型砖雕之精品杰作。望仙桥为平板石梁,紫石为材,雕饰莲纹,史载为南宋古桥,天妃宫(妈祖庙)大殿,俗称楠木殿,清光绪十一年(1885 年)重建于吴淞江(苏州河)之滨,1981 年移迁于园内,歇山顶,飞檐翘角,精致宏伟,是沪上仅存祭祀妈祖的殿堂。在寺塔塔顶的宝瓶内发现了藏有血写的佛经。这是道光年间(1821—1851 年)的和尚为化缘募捐,用手指血写的。该塔的历史文化丰富,传说故事众多,值得体验。

3. 书隐楼

书隐楼(黄浦区天灯弄 77 号)的楼匾为清乾嘉年间兵部尚书,兼《四库全书》副总裁沈复(浙江平湖人)所书,长期以来,此楼讹传为沈之住宅和藏书楼。近年有学者考证,楼为由明代陈所蕴营建,张南阳策划和督造之日涉园中的藏书楼淞南小隐,此楼为清康熙(1662—1722 年)年间增建,道光年间,(1821—1850)为沪上郭万丰船号主人郭氏购得,今仍为郭家居住。楼之总体布局颇类宁波天一阁格局。围墙高达三丈六尺。书隐楼建筑以砖雕木刻最为出色,也是最为珍贵、最值得一看的。梁枋之间,梧扇群板,施以浮雕及镂空雕,有梅,兰,竹,菊狮,凤等图案及汉宫秋月,滕王阁,福禄寿三星等组图,雕工精致,构思极妙。砖雕以人主,其中三星祝寿,八仙过海两幅砖雕,各高 276 厘米,宽 132 厘米,边框,顶部刻有双龙巴不得珠,周围刻有福寿图案,底部为鸾凤和鹭背景祥云,蝙蝠飞翔。其画面之精美,层次之准确,刻技之高超可称海内珍品第一。船厅（舫）梁间的垂柱雕刻花篮，花卉重叠，雕技细腻，檐枋上雕有一幅"吼狮"图，另有线条细腻的文王访贤、老子青牛、见西王母等砖雕，画面布局雅致，场面生动，亦为江南大宅中所罕见。它是上海市文物保护单位。至今已有 250 多年的历史，是真正的百年老宅。现为国家 3A 级景区。目前书隐楼已由政府收回，正在重新进行修缮。

第三节　上海的宗教文化和主要宗教旅游景观

一、上海的宗教文化

　　宗教文化旅游是指在特定的宗教活动场所，领略有关宗教文化，体验宗教场所的各种宗教旅游活动（如法事、讲经、传道、唱诗班等），包括品尝佛教特有的素斋等等。上海有着丰富的宗教旅游资源，呈现多元并存的特点。中国四大宗教的活动场所，应有尽有，而且它们都得到重视和保护。全市共有 394 处宗教活动场所，其中，以基督教堂、天主教堂、佛教寺院为最多。因而，我们不仅可以组织宗教观光旅游活动，也可去上海这些宗教活动场所中较有代表性的景点，如佛教的龙华寺、玉佛寺、静安寺，道教的城隍庙、白云观，基督教的国际礼拜堂、沐恩堂，天主教的徐家汇天主堂、佘山圣母大教堂，伊斯兰教的松江清真寺、小桃园清真寺等等，进行数天短期的宗教文化旅游，不仅是增进宗教、建筑诸领域文化的知识，还可领略或参与宗教的活动，也是一次很有新意的休闲活动。

二、上海的主要宗教旅游景观

（一）佛教寺庙游

1. 龙华寺

　　龙华寺（龙华路 2853 号）为上海市文物保护单位，而寺内的龙华塔为全国重点文物保护单位。三国东吴赤乌十年（247 年），西域康居僧人会"初达建业（南京），营立茅茨，设像道"（梁·皎慧《高僧传·康僧会传》）。相传龙华寺及塔始建于此时。寥寥数语，不及具体，以至宋元以来，对此众说纷纭。当今学界认为：龙华寺在吴赤乌年间创建，唐垂拱二年（687 年）正式建立殿宇；龙华塔在唐垂拱三年至宋太平兴国二年（977 年）始具规模。宋治平三年（1066 年）称空相寺，明嘉靖三十二年（1553 年）又称万寿慈华禅寺，清代恢复旧称。它是上海地区历史最久、规模最大的丛林，是未来佛弥勒的道场，主修净土宗的寺院。

　　龙华寺规制齐整宏大，塔庙俱存，钟鼓楼齐全，保持宋代"伽蓝七堂制"。堪称是江南地区规模最为完整的古刹。主体建筑是在顺治、康熙年间建造。中轴线上自南向北是山门、弥勒殿、天王殿、大雄宝殿、三圣宝殿、华林丈室（上为藏经楼），两侧为钟鼓楼、观音堂、罗汉堂、客堂及牡丹园。大雄宝殿供奉"华严三圣"，中央为佛之法身像毗卢遮那佛，头戴天冠，妙相庄严慈祥；左右胁侍：大智文殊，大行普贤。两侧站列二十诸天，诸天源起于山西大同华严寺，四大天王位列其中，而沪上寺庙却无天王；之后安坐十六罗汉，罗汉僧服绚丽，华人汉相。殿左铜钟之下，端坐着大 地藏。佛像之后为"五十三参"，俗称海岛观音，观世音执净瓶、杨柳枝、脚踏鳌鱼头上，左右胁侍善财、龙女两菩萨。龙华寺大雄宝殿呈现佛、四大菩萨、十六罗汉、二十诸天，集聚华堂的格局，为国内寺庙之唯一；三圣宝殿供"西方三圣"，阿弥陀佛像及左右胁侍观世音像、大势至像，体现龙华寺属净土宗。殿内"莲风远被"匾文是近代高僧圆瑛手书。龙华寺亦称"人间兜率",即为弥勒道场。弥勒殿供大肚弥勒,亦称布袋和尚,为其化身像;天王殿及罗汉堂供天冠弥勒,是其真身像。"龙华"两字系出于佛经,弥勒菩萨在华林园的龙华树下成佛,并开龙华会,广传佛法。故寺称龙华。

龙华塔位在寺前西侧,是座砖身木檐楼阁式宝塔。高40余米,八角七层,飞檐翘角,由塔砖上文字而知,塔建于宋太平兴国二年(977年)。塔层设置平座勾栏,外檐翘角悬有风铎。塔檐和平座由斗拱层层挑托,为宋塔之主要特征。

钟鼓楼,重檐,始建于明代,分列于东西。龙华寺具备主体以塔庙并存,钟鼓楼齐全的宋代伽蓝七堂制之布局。龙华寺有三绝:其一竹叶玛瑙石,有两块,分别铺在弥勒殿、大雄宝殿像前地上;二是宋空相寺西南角界石,现在塔影苑澄碧亭内;三为百年牡丹,名曰粉妆楼,160余年,曾花开250余朵,植于牡丹园。龙华寺有镇寺三宝:明鎏金毗卢遮那佛铜像、明万历赐寺金印(篆"钦赐承恩堂龙华讲寺之宝印")、明版《大藏经》。

龙华日有临塔听钟,月有佛事节会,四时节庆相连。每年龙华庙会、迎新年撞龙华晚钟等两次重大民俗活动在此举行。游人如对龙华寺有兴趣,来此参加佛事活动,如吃素斋、念佛经、参加撞钟、击鼓等活动,聆听方丈讲经,领会精博的佛教文化,也是一次有意义的宗教文化旅行休闲活动。

2. 静安寺

静安寺(南京西路1686号)为上海市文物保护单位,为汉族地区佛教全国重点寺院。原在吴淞江之滨,初名沪渎重元寺,相传建于三国东吴赤乌十年(247年)。唐代改称永泰禅寺,宋大中祥符元年(1008年)始称静安寺。南宋嘉定九年(1216年)迁建现址。寺宇屡经毁建,著名的"静安八景"早在元代已经湮没。静安寺规模及殿堂大致在清末民初之际所确定和建造;近年进行相当规模的增建,现在寺庙、楼宇相迭,金碧辉煌;主要殿宇有天王殿、大雄宝殿、三圣殿,并设置中国唯一的真言宗坛场(东密密坛)。

原先大雄宝殿供奉释迦牟尼成道相玉佛,高近20米,重达12吨,是为全国最大。新建大雄宝殿为重檐庑殿顶,殿高26米,黄铜为瓦,柚木为架。殿内立有46根柚木大柱,供奉重达150吨纯银释迦牟尼佛像,是为全国唯一。2008年12月28日上午10时,在蒙蒙细雨中,静安寺举行隆重又庄严的命名"静安"千年暨大雄宝殿落成庆典活动。孔雀坛供奉孔雀明王像,左右墙上挂密迹金刚像。护摩坛供奉金刚萨埵像;大坛供奉一佛三明王:中间大日如来,即佛之法身像毗卢遮那佛,左为不动明王,右爱染明王;圣天坛供奉如意轮观音像,三坛之东西壁上挂八大祖师像。诸天坛供奉大黑天像和诃利帝母像,两侧挂十二天(神)像。诸像多面多臂,手执各种法器,具有明显密宗之特点,坛内还保存着多件珍贵密宗历史文物。寺内还珍藏明洪武大钟、明银丝达摩铜像、苏轼《心经》手卷、明文徵明《独乐园图》等珍贵文物。

3. 真如寺

真如寺(真如镇兰溪路399号)是上海著名的佛寺,原名"万寿寺",俗称大庙,其正殿为全国重点文物保护单位。始建于宋嘉定年间,原址在官场(今大场镇),初名真如院。元延祐七年(1320年)移建于桃树浦(今桃浦江)之东现址。另据《真如寺志》(2006年,妙灵主编)对建寺提出新说:寺自建立始,即在现址,历800余年。

真如寺正殿格局和山西芮城永乐宫纯阳殿相仿。其木构件诸如柱、柱础、斗拱及梁枋多为元代之旧物,内额枋底有双钩阴刻墨书:"昔(时)大元岁次庚申延祐七年癸未季夏月乙巳二十乙日巽时鼎建",表明其营造的确切年代日期时辰。是我国寺院中为数很少保存下来的元代建筑。殿内正中供奉释迦牟尼成道像,由整块翠玉雕成,装金彩饰,高2.8米,重有2.5吨。东西两侧壁上悬挂十六罗汉画像拓本,原像为五代画僧贯休所绘。正殿之后,是新建之圆通宝殿及真如塔。圆通宝殿供奉四面观音像,高达5.2米,重有35吨,整块汉白玉雕成。莲花座为青石,雕有"天龙八部"像。藻井之下设置观世音之千手千眼及三十二座身像,四周挂落,精雕三世诸佛。殿之西方墙壁上嵌列青石浮雕观世音的二十八部众像,上方为赵朴初手书《妙法莲花经观世音菩萨普门品》刻石,书法可称上品。真如塔在1999年12月24日落成,高53.6米,仿唐之楼阁式宝塔,四面九层。塔基须弥座,四方设有台阶,寓意佛法四谛;各有八个台阶,象征八正道;石栏杆上雕有十二朵莲花,表示十二因缘;四周设有石灯八盏,意为佛之八成道。塔有地宫,供奉释迦牟尼真身舍利一颗,是镇寺之宝。

真如大殿共有木柱16根,各柱地基以木相连,为古建筑所罕见,是宋元建筑的重要特征。

正殿前广场一株元代银杏,曾遭雷击,树身中空,在树身中竟长出一株朴树,此树已高达10米,亭亭如盖。

4. 玉佛寺

玉佛寺(安远路170号)为上海市的建筑保护单位,为汉族地区佛教全国重点寺院。

玉佛寺是以供奉玉佛而得名。清光绪年间,浙江普陀山僧人慧根云游天下,并由西藏进入印度,终达到缅甸。慧根在当地华侨鼎力资助之下,开山取玉,并请西藏雕像高手精雕五尊佛像。光绪八年(1882年),慧根悉心护送玉佛归山,途经上海留下二尊。由于时局不稳,玉佛经过三次迁徙,终于在1918年,募得盛(宣怀)氏家祠11亩土地建寺。历时10年告成。

寺为三进,斗拱飞檐,殿宇宏伟,是仿宋代宫殿格局。中轴线上排列着天王殿、大雄宝殿、玉佛楼三重殿堂,东西两侧配建有观音堂、铜佛殿、卧佛堂、怀恩堂、禅堂、斋堂等,并开设了文物室、法物流参通处和素斋餐厅,共有堂舍200多间。寺中央为大雄宝殿,是寺内的主体建筑。外观为宋式两层宫殿式建筑,古朴庄严。供奉三方佛,中为释迦牟尼像,左为药师佛像,右为阿弥陀佛像,像高4米,金身,跏趺坐于2米高的六角莲台之上,显得高大宏伟。殿顶藻井塑有九龙,设置欢门及长明灯。两侧二十诸天像,金身,站立。佛像背后为"五十三参"。宝殿东西外墙上嵌列十六罗汉线描刻石,拓自杭州灵隐寺藏五代画僧贯休之绘本。胡貌梵相,是最为接近罗汉之本来面目。般若(智慧)丈室上层即为玉佛楼。供奉释迦牟尼成道相玉佛,当年是由慧根主持用整块美玉琢成。其玉质之优,升相之佳堪称全国玉佛之最。玉佛坐像高1.92米,宽1.34米,重达1吨。玉佛妙相庄严,举止无双,身披袈裟,袈裟以黄金为边,镶嵌钻石;偏袒右肩,右臂戴有臂钏,臂钏以黄金为材质,上饰翡翠、宝石、玛瑙。玉佛庄严华贵,雕琢巧夺天工。玉佛的东西两侧陈置十二口藏经橱,藏有整部《大藏经》,共计718函,7168卷,因是清雍(正)乾(隆)两朝所刻,世称"龙藏"。慧根带来的另一尊玉佛为涅槃相,长0.96米,整块白玉琢成,供奉于卧佛殿内。在玉佛寺里,还珍藏着许多珍贵的佛教经典和文物,如乾隆版大藏经,共178函,7168卷;北魏青铜佛像;北朝石雕药师佛像等。2016年玉佛寺启动史上最大规模的修缮。2017年9月大雄宝殿启动平移工程,平移到位后,在原地向上顶升1.05米。2018年2月起对所有佛像进行修缮装金,这标志着大雄宝殿完成了百年来最重要的一次修缮。目前,大殿前的广场面积也扩大至原先的2倍,可保障广大信众来祈福时的安全。

5. 沉香阁

沉香阁(沉香阁路29号)又称慈云禅寺,初创于明万历二十八年(1600年),是上海著名的佛教比丘尼道场。现为全国重点文物保护单位。以供奉沉香木如意轮观音像而得名。明万历年间,潘允端于淮河督理漕运,得到漂浮水上的沉香木观音佛像,据《隋书》所记载,像为隋代马来诸国中赤土国所赠。奉归上海建阁供奉,原在安仁里门楼之上(今安仁街口)。为潘允端的家庵。明末倾圮。现址寺院是建于清嘉庆年间,1994年,上海市政府将其修复,重现明清旧貌,中轴线上有明代石碑楼、天王殿、大雄宝殿、沉香阁(悬空亭阁)。有四柱三间三牌楼的山门,由著名书法家沙孟海题额:沈香阁;古字无"沉"为沈,沈、沉相通。主要供沉香观音大士像。沉香阁两层,沉香木观音像供于阁上,赵朴初题额:"南海宝筏飞渡观音大士阁"。沉香木像高1米余,屈一足而坐,一手垂于膝上,头稍右侧,若凝思之状,华冠璎珞,端庄慈祥。即为密宗六观音之如意轮观音像。每有雨日,沉香清馥飘溢。原观音像毁于十年浩劫。现在沉香木观音像是依照原样精心重雕。阁下为方丈室,名曰慈云堂。沉香阁为全国最大的比丘尼寺院。1983年被确定为汉族地区佛教全国重点寺院。沉香阁以其古雅,以沉香观音闻名于海内外,又地处上海市中心,现已成为上海的旅游胜地。

6. 东林寺

东林寺(朱泾镇东林街150号)始建于元朝至大元年(1308年),原名为观音堂;元皇庆二年(1313年)改额为东林禅寺。700余年间寺屡毁屡建,1987年,仅存的大殿列为上海市文物保护单位。2007年重修并扩建东林寺,占地有24.07余亩,总建筑面积1.5万多平方米。东林寺之建筑与佛像融合于一体,形成山体,高达57米,因有"佛是一座山,山石一尊佛"之说。现又经过改造重建,拥有亚洲最大的室内佛像,高约34米。为浦南地区单体建筑面积最大的元、明、清建筑群,有很高的文化价值。新寺主供大悲菩萨观世音。恢宏壮丽,构思精巧,具备9项海内第一:① 进寺三桥,中为金愿拱桥,黄铜铸就;左右两座石桥,东为鹤寿桥,寓意人生长寿、活着潇洒,西称虎溪桥,典出庐山东林寺高僧惠远的故事;② 三门高15米,长20米,由60余吨山东汉白玉砌建,顶周雕有汉白玉阿弥陀佛像48尊,寓意阿弥陀佛48宏愿;中央5夺镀金青铜莲花;③ 仿明钟鼓铜楼,高11.5米,长宽各为10米,有12根铜柱,汉白玉栏杆;④ 金莲池为寺内一座景观许愿池,以铜为边,内蓄清水,正中为善财童子,高5米,景泰蓝制作,可360度转动。8条青铜龙鲤,朝其口中投硬币,若中能发出8种吉祥语;⑤ 圆通宝殿内黄铜铸成的殿式佛龛,重150吨,雕琢之"灵雨观音"像,重达108吨;⑥ 山壁上塑着镀金500尊罗汉像;⑦ 千佛门黄铜制作,供奉整块和田玉,高20米,宽9米,门上铸有999尊观音像,排列成为与门等高的"佛"字;⑧ 观音阁高35米,开阔31米,进深42米,有1200平方米,供奉观音像1万尊,中央为贴金喷彩千手观音像,由小叶香樟雕成,高有33米;⑨ 山顶雕塑的佛,头戴五佛冠,总高22米,紫铜铸就,佛鼻为观音莲花座坐像,龙首为鼻孔,飞翔的龙身为眉,飞天为佛之眼珠,莲花组成佛唇,左耳为护法天神韦陀像,右耳是伽蓝神关羽像;双颊上浅雕观音之32应身像,体现佛菩萨的慈悲精神。2012年9月被评为国家4A级景区,是上海第一个创建4A级旅游景区的佛教景区。经过改造,景区灯光工程让山体更加壮观,使寺院更加璀璨、流光溢彩,景区环境更加和谐化、氛围更加幽静化。通过规范经营、优质服务,让游客满意而归。

(二) 道教宫观游

1. 上海城隍庙

上海城隍庙(方浜中路249号)始于南北朝,流行于唐宋之际,普天之下皆有城隍庙。明朝开国帝王朱元璋更是极为提倡,崇奉城隍成为时尚。上海古代为海滩之边的渔村,西南沿海屡遭海潮侵袭,民不堪言,遂建庙以镇之。

起初为金山神庙,位在金山区,祀奉汉博陆侯霍光。于是借助其神力,祀之弥灾,亦称霍光神庙。明永乐年间(1403—1424年),改金山神庙称为上海城隍庙。择址在离上海县署一浜之隔的方浜北岸。大殿祀霍光,二殿供奉由明太祖钦定城隍,即元代良臣秦裕伯。秦为上海人,于是坊间便有"一庙二城隍"之说。此庙因建在市廛之中,屡遭火灾,民国十三年(1924年)连遭两次火灾,殿宇几近全毁。于是海上闻人黄金荣、杜月笙等人发起集资修复,在1927年11月间建成。主殿屋顶为歇山顶,钢筋水泥结构,高16米,宽12米,进深达21米。彩栋画梁,枋间绘制全本《三国演义》故事。

近年,上海城隍庙经全面整修,古庙重光。殿宇翠瓦丹檐,金碧辉煌。殿堂建筑属南方大式建筑,庙内主体建筑由庙前广场、大殿、元辰殿、财神殿、慈航殿、城隍殿、娘娘殿等组成。三门牌楼上有"保障海隅"四个金字,一对石狮雄踞两侧。山门上悬挂由赵朴初之"城隍庙"题额,前院后是戏楼,每逢节庆酬神唱戏,楼檐挂着大算盘,点明"人有千算,不如天(神)之一算"。中院东为慈航殿,西是财神殿,铺地上有"独上鳌头","万象太平","喜上梅(眉)梢","一帆风顺";图案刻有祥云的云道,直通正殿。正殿供奉高达5米的霍光神像,左侧站立善面判官"记善",右侧之凶面判官"录过"。两侧殿壁上为16幅重彩壁画《神仙欣会图》。正殿过道上是元辰殿,供列六十甲子本命神。后院之东为文昌殿,文昌殿内供奉文昌帝君,为主宰功名、禄位之神;西是关圣殿。两(次)殿之楠木神龛中供奉秦裕伯夫妇,秦红脸、长须、一袭红袍,正气凛然。

在1937年,"八·一三"事变中,陈公祠被毁,陈化成像被置之路边,后由民众移至城隍庙内,于是便有"一庙三城隍"之讹言。城隍庙现为上海市文物保护单位,是沪上民众人人皆知的游览去处。上海城隍庙历史悠久,在国内外享有盛名,随着经济的发展,已经成为上海豫园旅游区的部分,城隍庙道观、城隍庙小吃、豫园环在周围。春节、元宵节期间,这儿也格外热闹,成为游客必到之地。

2. 钦赐仰殿

钦赐仰殿(源深路476号)是上海地区最古老的道教宫观之一,有"千年古观"之誉。始建年代不详,相传始于三国时期,乃是三国时东吴孙权为所建家庙。唐朝时,道教及其宫观得到了极大的发展。此时钦赐仰殿为祭祀东岳大帝(泰山神)的行宫。属正一派道观,别名太清宫。在明万历《上海县志》的县境图中,该处明确标记为"金四娘殿"。金四娘,亦称金姑娘,是在明崇祯年间沪上百姓所崇尚的驱蝗女神。殿即初建于明末。至清乾隆三十五年(1770年)重建,取其谐音,易名钦赐仰殿。大殿供奉东岳大帝(泰山神),左为大帝之子炳灵,右是其女碧霞(元君)。故殿称为泰山庙,亦称东岳庙。"文革"中道院全毁,自1983年5月开始修葺,1991年竣工,古老宫观重新焕发出生机。殿堂整修一新。进入重檐歇山顶牌楼,两侧钟鼓楼屋顶呈斗笠状,左钟楼供著名护法天神三眼飞轮王灵官,右鼓楼供财神赵公明。正殿东岳殿悬挂"位级天位"横匾,供奉东岳大帝。左右供炳灵、碧霞。庭院左庑为斗姆院、土地殿;斗姆在道教为北斗七星之母,神位崇高,斗姆之左供观音大士(慈航道人),右为天妃圣母(妈祖);土地殿供杨、金、施三位地方尊神;右庑是三官殿、土地殿及吕祖殿。三官殿供祀天、地、水三官,是主赐福、赦罪、解厄三大尊神;殿之东西供奉关羽、龙王。土地殿则供戚继光、秦裕伯及当境土地正神,吕祖殿供八仙之吕洞宾(纯阳)。后殿称"金阙玉京",即三清阁,底楼供奉神位次于至尊三清之四御(大帝);阁上供玉清元始天尊、上清灵宝天尊及太清道德天尊。藏经楼有三层,底层供六十甲子本命神,中为道教文化陈列馆,上是藏经阁,供奉道教重要经典,展示历代道教重要文献和文物。殿内道教音乐著称于世,优美典雅,保留江南丝竹之韵律。藏经楼东面为道教文化碑廊,雕刻道教字画和神仙画像等,集中展示道教碑刻文化。现为全国重点道观,也是浦东新区文物保护单位。由于钦赐仰殿有东岳、三清、城隍、关帝等十余殿,各种神像600余尊。每年农历三、四、七、九月香客蜂拥不绝,农历三月二十八日,东岳诞辰,举行东岳大帝祭祀法会香火鼎盛。

3. 海上白云观

海上白云观(大境路239号)是上海道教协会和道教文化研究中心所在地,是今日上海道教研究、教派活动、培养人才、对外联谊之中心,为江南少有的全真派道观。始建于清同治十三年(1874年),初称雷祖殿。光绪八年(1887年),全真道士、龙门派21代传人徐至诚移观于上海城西门外肇嘉浜之畔。光绪十四年(1888年),成为北京白云观之下院,故称海上白云观。并得明版《正统道藏》8 000余卷。观为青砖砌成的四合院,2层。底楼灵官殿,灵霄宝殿。灵官殿前供王灵官,后为赵公明(财神),两侧岳、马、温、殷四大元帅;灵霄宝殿供奉玉皇大帝左右为张、许两位天师。其建筑分前后两部分,前殿中为雷神殿、藏经阁,东殿为客堂、丘祖殿,西殿分斋堂、斗姆殿等;后殿为三进,中为三清大殿,南为甲子殿、北为四御殿,东为救苦殿、西为吕祖殿、玉皇阁及钟鼓楼等建筑。白云观以供奉七尊明代鎏金铜像而有盛誉。王灵官及四大元帅五尊铜像,高1.77米,衣褶流畅,形神俱佳;二尊天师像高1.75米,云带飘逸;另有真(玄)武大帝坐铜像,背部有万历末年铸造之铭文。白云观所供奉的铜像铸工精致,为古代铜铸神像之佳品,其数之多亦为海内仅有,属道场文物。

上述道教的宫观庙宇,也经常进行道教的法事活动,而且它们大多在老上海县城附近,离豫园旅游区很近,游客在游览豫园之后,也可到城隍庙、海上白云观等进行道教文化的体验,参加道教法事活动,聆听道教音乐,也是一种体验道教文化的休闲活动。

4. 上海陈王庙

上海陈王庙位于(金桥镇陆行村庙港路1号),始建于明嘉靖(1522—1566年)年间,为道教正一派道观。明万历年间(1573—1620年)重修,清嘉庆年间多次改建、重修。清末民国初,陈王庙开设都川小学堂,1946年易名为安国分校。新中国成立初期,又改名王家村小学,一度内定为戴帽初中。"文革"时,庙内神像皆被毁损,宗教活动全部停止。十一届三中全会后,落实宗教政策,陈王庙于1985年恢复筹备,并相继开放。

陈王庙主供汉代丞相陈平,故称陈王庙。陈王庙还供奉玉皇大帝、东岳大帝、三官大帝、慈航道人(观世音)、关圣帝君、城隍大神、纯阳祖师等神像。

如今庙内还保存有珍贵的明嘉靖年间的《陈王庙斋田碑记》和《重修陈王庙碑记》等两块古石碑。每逢朔望日,特别是农历三月二十八、五月二十一日、六月初四日,信众络绎不绝,香烟袅袅,道乐声声,钟鼓齐鸣,祈福祈生。

(三) 基督教(天主教)教堂游

1. 佘山圣母大堂,正称圣母进教之祐堂

佘山圣母大堂位于松江区佘山之峰巅。该堂于1871年兴建山顶大堂,同治十二年(1873年)落成,呈十字形,为中西混合建筑风格。民国14年(1925年)4月重建,历时十年。由葡萄牙籍神父叶肇昌设计,耗300万银圆。圣母堂雄伟壮观,外形庄严华美。整幢建筑有"四无"之称,即无钉、无木、无钢、无梁,堪称不对称的典范。钟楼之上穹隆顶,大门及长窗呈拱形,长窗嵌饰以圣像为主题的彩色玻璃,都体现了西方罗马风建筑手法。原钟塔上是座青铜圣母像,圣母俯首下视,双手托起小耶稣,耶稣双手展开呈十字形。像高4.8米,重1.2吨,然而毁于

"文革"。现以铜铸十字架代之,至其端堂高38米。圣母堂平面呈长方形,略带拉丁十字状。大堂脊顶高17米,内侧撑列40根花岗石柱,刻有天神和花卉图案,以彩纹瓷砖铺地,面积1 400平方米,最多容纳4 000人祈祷。正祭坛以大理石雕琢,镶金嵌玉,供奉圣母像,台前汉白玉栏杆,设有贴金铁栏门。堂内采光极佳,拱顶又具扩音作用。据称80余年来,顶壁从未清扫,然至今仍一尘不染。每当阳光透过长窗五彩玻璃,地面上色彩斑驳,使人具有神秘、宁静的喜悦。圣母堂之棕红色清水外墙、方石铺地、琉璃瓦顶又具有中国传统建筑的元素。因此,该堂也可谓中西建筑文化兼容并存的典型。当由山下"进教之祐"石坊拾级而上,至半山为中堂,堂前有圆形之场,可容千人;西侧坡地建有"三圣亭",即耶稣圣心亭、圣母亭、若瑟亭,亭内供奉耶稣圣心、圣母及若瑟的塑像,此处为进山朝圣之起始,必经"之"字形的"经折路"。途中每逢拐弯之处,建有中式亭子,塑有耶稣受难的形象,有14座亭子以展示耶稣背十字、行走苦路、遇难的过程,因而"经折路"亦称苦路。信徒们到此朝圣时,沿着曲折的苦路逐级而上,领略耶稣代人受难的经历,也是一种奇妙的体验。1942年9月2日,罗马教廷"敕封"佘山圣母圣殿为乙级"大殿",有"远东第一堂"之美誉。它不仅是我国天主教徒朝觐的圣地,也是市民郊游佘山必去参观之处。每年5月为圣母月,举行朝拜圣母的活动。佘山圣母大堂为上海市文物保护单位,优秀近代建筑。

2. 董家渡天主堂

董家渡天主堂(董家渡路185号)建于清咸丰三年(1853年)。是由西班牙籍教士范廷佐仿照罗马耶稣大学圣依纳爵大教堂格局设计而成。天主堂为砖木结构,有两层面积1 835平方米。外观主体属巴洛克式建筑风格。正立面二道深凹的檐线形成明显的三段式,下段用以四组8根爱奥尼克式双柱分成三间,设有3个大门,中门上端饰三曲弧线,并设曲框方格窗,大门之侧双柱间镶有对联;中段正中玫瑰窗的位置,取代与圆形大钟,山墙两边用对称的曲线作为轮廓线,体现欧美早期天主教教堂的特征,两端建有尖顶四方塔楼,置有百叶窗;上端中间直框塑有阳文"天主堂"三字,顶端竖立拉丁式十字架。室内更多地采用文艺复兴时期的风格,同时室内装饰也添加了中国文化的风韵。整个墙面多处饰有仙鹤、莲花、葫芦等中国道教常见图案。外墙及厅内也饰以多幅对(楹)联,体现了沪上早期西方建筑东西方文化在建筑上的交融。其大门独特的结构对日后出现的上海石库门建筑产生很大的影响。

董家渡天主堂本名为圣方济各·沙勿略堂,是以纪念明嘉靖三十一年(1552年)首位来华传教的沙勿略而命名的,它是沪上现存历史最久的,也是当时中国第一座可容2 000余人的大型天主堂,是上海地区第一座主教座堂,为上海市文物保护单位及优秀近代建筑。

3. 徐家汇天主堂

徐家汇天主堂(浦西路158号)和"土山湾"博物馆是上海天主教区的主教堂,也是上海最大的天主堂。

本名圣依纳爵堂。历时六年,于1910年建成,被称为中国第一座完全依照西方建筑方式而建造的教堂。为砖木结构,平面呈T型,五层,是典型的欧洲中世纪法国哥特式建筑。正立面中间是巨大的玫瑰窗,镶嵌绚丽的五彩玻璃,两侧对称立塔钟楼之尖顶直入云霄,顶端竖立拉丁式十字架,高达57米。整幢教堂以红砖砌成,青石为墙基,以方砖铺作地坪,占地面积6 670平方米。大堂进深83米,面阔28米,可容纳2 500人祈祷,顶脊作尖拱状,高达27米,立柱64根,每根立柱以10根小圆柱拼束而成,中间走道彩色瓷砖铺砌。堂内有祭台19座,后部中央为大祭台,设置耶稣、圣母像,雕琢精致,色质华丽,是1919年在巴黎特制而运至上海安装。徐家汇天主堂宏伟壮丽,规模为沪上最大,其尖顶、尖拱门窗、绚丽的彩色玻璃、精致的圣像浮雕、典雅的宗教壁画,渲染出浓郁的神圣气氛。教堂前的圣爱广场,草地、画廊有规律地排列,白鸽展翅飞翔,与教堂建筑的优美造型,构成了一幅圣洁美好的风景图画。天主教堂可容纳三千多名教徒进行活动,被称为上海的"梵蒂冈"。该堂区每天清晨有多台弥撒,逢星期日及教内主要节日,教友济济一堂。徐家汇天主堂为全国重点文物保护单位及优秀近代建筑。

徐家汇天主教堂之南,有双河交汇,因开挖河道,堆泥于河湾处,日久成阜,俗称"土山湾"。1847年开始,外国传教士纷沓而至,在附近建造天主堂、修道院、博物馆、藏书楼、天文台等,形成天主教社区。1864年,土山湾孤儿院建立,之后创办土山湾工艺厂,设有绘画、雕塑、印刷、照相、五金、鞋作等工坊,以绘画(图画间)最为著名,时称"土山湾画馆"。中国近现代著名画家任伯年、张充仁、刘海粟、徐悲鸿等受教于此,当时称之为"中国西洋画摇篮",公认为是中国有史以来西洋美术教育机构第一家,也是最早的职业教育学校。土山湾制作的彩绘琉璃以及发端于此的海派黄杨木雕名扬中外。目前已在土山湾(现蒲汇塘路)唯一遗存建筑内建立土山湾博物馆。土山湾牌坊曾三次参展世博会,代表中国,现正在整修,准备放在土山湾博物馆内。

(四) 基督教(新教)教堂游

1. 国际礼拜堂

国际礼拜堂(衡山路53号)中文初译为协和礼拜堂,取"协和万邦"之意。是一座闻名中外的基督教堂,始建于1925年。为砖木结构,平面是L型,建筑最高达16米。屋面双坡陡峭,尖拱(亦称剪刀形)木屋架露出墙外,石页(亦称石板瓦)盖顶。外墙以红砖砌成,正门制作成巨大的尖拱窗,以白色石料为框,侧墙设有弧形双联窗,堂内走道以磨石子作为地坪。两边设有尖拱长廊。由于主体建筑不够高直,只是局部带有英国哥特式风格而已。大堂内中央是祭台,设有700余个座位,全部为单座,椅背上方设有可置放《圣经》的小匣。礼拜堂不设圣像,亦无雕像、壁画,以十字架为标记。然祭台前沿放置横幅,上书"圣哉·圣哉·圣哉",语出于《圣经·旧约》,是赞美上帝的颂词,主要体现此处是神圣场所。礼拜堂环境幽雅宁静,绿藤爬壁,浓荫蔽天,极具英国民间乡村建筑风格。堂内有2组近百人的唱诗班,除节庆演奏圣乐之外,还定期(每月第三周的星期日上午)演奏古典金曲,其水准之高誉满沪上。1983年以来,曾接待大批的海外人士,包括一些来访贵宾来此倾听。另一特点是礼拜堂是不分教派国家的基督教礼拜堂。国际礼拜堂是上海市文物保护单位及优秀近代建筑。

2. 沐恩堂

沐恩堂(西藏中路316号)为上海市文物保护单位及优秀近代建筑。前身是美国教会监理公会设的监理会堂,建于清光绪十三年(1887)。新堂建成于1931年。由上海滩当时最为著名的捷克建筑师邬达克设计。1900年为纪念美国信徒慕尔,亦称慕尔堂。是砖木结构,红墙,平面呈形,为哥特式风格建筑。堂之西南向建有塔楼,顶竖有十字架,大堂朝西,分为两层,可以容纳千人。堂内顶部及四周门窗呈尖拱状,镶嵌五彩玻璃,拼制《圣经》中著名人物,色彩以黄色为基调,倘若天阴之时,也似有淡淡的阳光照入,营造出神秘和温馨的氛围。大堂之前端及两侧设置回廊,廊上有楼,是供唱诗班所用,堂柱为长方形,门厅宽敞,铺以当时颇为稀罕的马赛克,厅上是小堂。五年之后(1936年),教堂塔楼顶部安装上有5米之高的霓虹灯十字架。入夜,十字架光芒闪烁,缓缓转动,成为当时沪上时尚景观。1937年在上海爆发"八·一三"事变,沐恩堂收容安置大批难民。1941年,太平洋战争之后,被日寇强占,大堂竟成为马厩,座椅大多被破坏,后又从美国定做了一批座椅。1958 年改名沐恩堂,取义沐浴于主恩之意,又表达中国基督教会自主信念。2009 年,即沐恩堂建堂 80 周年之际,开始全面修缮,并首次配置现代消防,如监控设备,圣台上也安装多媒体系统,钟楼顶部霓虹灯十字架也将依照旧貌复原,恢复旋转。修复工程在同年 9 月 2 日沐恩堂复堂 30 周年前完成,对外开放。可以说,它也是人民广场地区的地标性建筑,邬达克设计。建筑特别漂亮,值得一游。

以上的这些基督教堂,都是很有特色的。但能与休闲活动结合的,就是松江佘山圣母堂可以和来佘山郊游休闲活动相结合,把宗教旅游和休闲旅游结合在一起。

(五)伊斯兰教清真寺游

1. 真教寺

真教寺(松江缸甏弄 21 号)为上海市文物保护单位。又名松江清真寺,是沪上最古老的清真寺,俗称白鹤寺。其始建于元至正年间,由松江府达鲁花赤(官名)纳速剌丁主持建造。明初扩建礼拜殿,嘉靖十四年(1535 年)又建邦克楼。它是一幢以中国传统建筑为主,兼有阿拉伯风格的清真寺。其风格保持了阿拉伯圆柱拱顶式,同中国宫殿式古典建筑相结合的特点。在东西中轴线上,分列邦克楼、礼拜殿及天房(阿拉伯语:克白尔)。天房俗称窑殿,系元代旧物。屋面重檐十字脊,全砖结构,为元代最具特色的无梁式结构。东、南、北三处设拱形门洞,两侧称南北窑,筑有披屋。殿内方形,穹顶(阿拉伯语:拱拜尔)四角以长方形砖和菱角牙子砖相间砌成,清称之"花牙子"。中间藻井以大青砖砌成,镌刻花卉图案浮雕。西壁设神龛,雕琢精致,金碧辉煌。伊斯兰教不设偶像,因而龛内供"玄石",黑石上刻有阿拉伯文,面龛朝拜,正对西方圣城麦加。礼拜殿为教友聚礼之处,三间,系明式江南厅堂建筑。木柱粗大,覆盆式白石柱础,梁枋之间残存明绘云鹤经文浅雕彩画,殿中为宣谕台,台高而狭小,仅容一人可立。庭院南北为讲经堂,北堂藏有多种《古兰经》的珍本。邦克为阿拉伯语音译,意为召唤,亦称宣礼楼。三重檐十字脊砖砌而成,和窑殿相似,柱梁枋椽皆仿木结构,楼顶置金色宝瓶。楼之局部结构用以磨砖对缝的工艺,俗称清水贴面。门额上有阿拉伯文,而明清之际书写的落款却为汉文。邦克楼外形端庄挺秀,做工相当精致,实为上乘之作。正门朝南,北置前列照壁上书"清妙元真"大字,门额悬"敕建真教寺"匾。有内照壁,上书"清真寺"。寺内松柏修竹,石坪曲径,还有三口古井,乃明代所掘;甬道边有阿拉伯式小冢,据碑文记载,为纳速剌丁之墓。我国清真寺之礼拜殿,设置有窑殿(天房)者,仅存松江真教寺与杭州凤凰寺 2 例,为研究中国古代建筑及伊斯兰建筑演变历史提供极为重要的实例。该寺是阿拉伯与我国文化交流的重要遗迹,也是伊斯兰文化与中国文化相结合的标志之一。

2. 小桃园清真寺

小桃园清真寺(小桃园街 52 号)是上海规模最大的清真寺,是上海伊斯兰教协会所在地。始建于 1917 年,1925 年重建,因位于城厢之西,初称西寺;正门开设在小桃园街上,故有现名,是一座具有西亚伊斯兰风格的建筑。立面呈长方形,正门朝北,拱形,装有花格铁门。上方绿底金色:"清真寺",屋檐下金字"1343",是伊斯兰教历,即 1925 年。门额上绿底金字阿拉伯文,书《古兰经》中"真主的宗教是伊斯兰教"的字样。西侧为礼拜大殿,坐西朝东,正方形,上下两层,可容千人同时礼拜。底层正殿大门以柚木制成,门额汉文"显扬正教",两侧挂红木质地镌刻阿拉伯经文的楹联,以白色石板嵌砌天顶,显得朴实清雅。右侧有座五层的小楼台,称之"闵白楼",为教长宣讲教义之处,即宣谕台。上层是二殿,为大跨拱顶结构,气势宏大,在国内清真寺中实属罕见。墙上设置多扇窗户,阳光通明,此处用于教友节庆聚会;殿顶是以石子铺就的平台,中央穹顶之上是望月亭,耸立新月杆,为寺院神圣的标记。四角还有四座阿拉伯式拱顶小亭,西侧南北两亭内置放石方桌及石长凳,以供穆斯林诵读《古兰经》之用。正殿东侧为三层中国传统式楼房,底层是讲堂,设有雕花隔扇长窗,二、三层是图书室、阅览室,陈列各种旧本《古兰经》,其中清版木刻本以乌尔都文注印度版本是稀见珍本。建寺以来,寺内曾经举办各类学校。从1917—1937年,该寺曾经接待来自全国各地汇集上海赴麦加圣地朝觐的穆斯林,为中国穆斯林出海朝觐的聚集地。1993年又建立清真女寺(24号)。新建成的小桃园清真寺为阿拉伯建筑风格与中国传统建筑风格合璧的建筑。小桃园清真寺为上海市级建筑保护单位。

上述这些基督教、伊斯兰教建筑,如作为旅游者要去体验一下这些宗教文化,参加它们的一些活动,也不失为一种有益的休闲体验活动。

(六) 儒教文庙(孔庙)游

1. 上海文庙

天下孔庙,沪称文庙,崇明称学宫。上海文庙(文庙路215号)始建于宋,称为镇学(一说称梓橦祠),元代立县称之县学。是上海城区唯一祭祀孔子的庙宇,有七百多年历史。庙址先后五次迁移,清咸丰五年(1855年)七月重建于现址,历时一年,主要建筑有棂星门、大成殿、明伦堂、魁星阁、放生池。十年浩劫毁损巨大,1983年起全面进行修葺。1989年,为纪念孔子诞辰2540周年,大成殿前立孔子铜像,高1.8米,以唐代大画家吴道子绘像作为范本。大成殿高14米,正背之中"海滨邹鲁"砖刻题字为林则徐手书,殿檐竖匾"大成殿"三字为清雍正帝所书。殿内供奉木雕贴金孔子坐像,两边而站为孔子两大门徒:颜回、曾参。殿之东西两壁有《论语》二十篇碑刻,全文16 400余字,为国内孔庙之中独有。右侧为文庙出土,铸于清同治(1862—1874年)间的全套青铜编钟。殿外庑廊壁上镌刻有上海本地元、明、清三朝进士279位姓名,其中三名为状元。文庙在节庆假日,开设书肆。解放前逐渐成为旧城厢的文化中心,上海的教育事业起源于旧城厢,不少与文庙有关。数十年来,已成为沪上著名文化景观。2002年4月27日成为上海市文物保护单位。

2. 嘉定孔庙

嘉定孔庙(嘉定区南大街183号)被称为"吴中第一"。是江南地区保存较为完整的县学建筑,全国重点文物保护单位。

嘉定在南宋嘉定十年(1217年)立县,故名。孔庙在建县2年之后,即在嘉定十二年(1219年)由第一任知县高衍孙于同年创建,初称文宣王庙。元天顺四年(1460年)重建大成殿,因庙南有留光寺,开门见寺,乡里认为有碍风水,于是在庙前筑土山障蔽。明正德四年(1509年)重筑土山,引水环绕,命名应奎山,万历三十一年(1603年)除整修孔庙殿宇外,又引五河汇流于应奎山周围,寓"五龙抢珠"之意,称之"汇龙潭"。清代孔庙规制具备,雍正初将原训导署改建为兴文书院,乾隆三十年(1765年)又改名为当湖书院。孔庙正门前为甬道,东西有兴贤、育才两座石坊,正中沿潭为仰高坊,4柱3门。沿潭石栏望柱上雕有神态生动的72只小石狮,寓意孔门有72贤人。大成殿为重檐歇山顶,高大恢宏。元至顺三年(1323年)在殿院内种植柏树16余株,现仅1株,历670余年沧桑,枝干虬曲劲遒,绝似龙飞凤舞,当地称之龙凤柏。明伦堂墙外小园有株百年牡丹;西侧建有碑廊,长近50米,汇集散失嘉定境内的碑刻墓志,其间以宋元碑刻最为珍贵。孔庙内设有中国科举博物馆,用大量明清时期的实物、图片,展示了中国科举制度的历史变迁。

2008年10月间,在上海旅游节举办之际,嘉定孔庙举办"孔子文化周"活动。开幕当天,大成殿前琴笛齐奏《将军令》,之后72位身着金黄色汉服,腰系红带的学童,齐声诵读《论语》,书声琅琅,声震殿堂;再由10名来自各个行业的代表,表达"迎世博"的祝福。同时还举行以"练水风雅"为题的嘉定明以来名人书画展览,州桥老街荷花灯盏,传说民间工艺表演等12项活动,体现"人文嘉定"理念。现存建筑仅原来十分之六七,仍不失为目前国内比较完整的孔庙之一,有"吴中第一"之称。

3. 崇明学宫

学宫即为孔庙,古制为祭祀孔子的殿堂,北方称孔庙,南京称夫子庙,上海称为文庙,崇明称为学宫。崇明学宫(城桥镇鳌山路696号)与上海文庙,嘉定孔庙并称沪上三大孔庙。上海市级文物保护单位,国家3A级旅游景区。

学宫始建于泰定轩(公元1227年),由于海潮的侵袭,崇明城曾经五迁六建,现址为明天启二年(公元1622年)所建,学宫南侧建制齐全,构体精良,有宫墙、仪门、棂星门、泮池、登云桥,大成殿,崇经阁,文昌阁等明清建筑,近十年来,又对上述某些建筑作了修复。如大成殿,仪门等,并将崇明化工厂博物馆设于此。

学宫坐北朝南,占地23亩,为沪上文庙之最,门前是二株有350年历史、三人合抱的银杏树。正门之前有两座重檐歇山顶、双柱单门牌坊,位于其东西两侧,安建于康熙二十三年(1684年)棂星门是明代旧物,石制高6.3米,宽6.4米,门彰石狮也是清代衙门前的古物,气势恢宏;学宫最大的建筑是大成殿,大成殿屋脊为重檐歇山顶,殿高达15.3米。8柱7开间,气势恢宏而又庄严,原为祭礼行礼之处,殿前平台之上,有孔子石雕立像,台阶下两侧立有颜加、曾参、孔仍、孟轲四大门徒的石像,古称四配,殿之左右为庑廊,各有七楹,长26米,大成殿两庑现为崇明岛史和古船为主题的展览场所。门前有5株18米左右高的银杏树,树龄已有377年,与树下2座结构奇特、蔚为壮观的石木牌坊相互呼应,营造出一片浓郁的古意,使人顿生一股"念天地之悠悠"的苍然之感。崇明博物馆馆名为著名历史学家周谷城题写。

第四节　上海的名人故居游览体验

上海是中国近代革命的发源地,不少的近代名人都在上海工作和生活过,在上海有了众多的名人故居,在这些名人故居之中,被列入全国重点文物保护单位的有:上海孙中山故居纪念馆,上海宋庆龄故居纪念馆,张闻天故居等三处,列入上海市重点文物保护单位的也有不少,其中比较有名的有王伯群住宅(汪精卫住宅),嘉道理住宅,蒋宋住宅,马立斯别墅,太古洋行大班住宅,张学良公馆、陈云故居、黄炎培故居、蔡元培故居、吴昌硕故居,上海茂名路毛主席旧居,鲁迅故居,韬奋故居等;还有的故居被列入上海首批不可移动文物,上海市优秀保护建筑等称号,凡有明确姓名的故居有80余处,尚有百余名故居未列入其中。

这些名人涉及上海古代、近现代史上的科技先辈,以及技术革新家、革命豪杰、军政要人、实业巨子、文教英杰艺术精英、社会闻人等,范围之广,知名度之高,影响之大,是十分珍贵的,而这些名人故居的建筑多是花园洋房和石库门里弄住宅,风格之多样,建造之精湛,在世界上也属一流的。百年上海,精英荟萃,花园住宅自然就跟名流离不开关系。走进这些经典的花园洋房,里弄住宅之间,就像翻阅着一本装着精美的绝世名著,而不同的建筑风格,精美的柱式,巴洛克式的浮雕,绚丽的窗玻璃就像精彩的文字飘溢着高雅和华丽,发生在这些房子中的主人所经历的故事就像电影中的人物一一在闪烁,诉说着上海近代百年历史的变化,增加了我们对上海逝去历史的了解,也更加使我们对这座近现代的革命城市有了更深的认识。

一、属于全国文物保护单位的名人故居

1. 孙中山故居

上海孙中山故居纪念馆(香山路 7 号,1918 年),占地面积 2 500 余平方米,展示面积 1 100 平方米,主要有孙中山故居和孙中山文物馆两个展示场所组成。孙中山故居是孙中山和宋庆龄唯一共同的住所,是一幢欧洲乡村式小洋房,由当时旅居加拿大的华侨集资买下赠送给孙中山的。孙中山和夫人宋庆龄于 1918 年入住于此,1925 年 3 月孙中山逝世后,宋庆龄继续在此居住至 1937 年。抗日战争爆发后,宋庆龄移居香港、重庆。1945 年底,宋庆龄回到上海将此寓所移赠给国民政府,作为孙中山的永久纪念地。馆由一幢欧式洋房改建而成,共有三层、八个展区,展览面积七百多平方米,共展出文物、手迹、资料三百余件。被国务院列为首批全国重点文物保护单位、上海市爱国主义教育基地。

2. 宋庆龄故居

上海宋庆龄故居纪念馆(淮海中路 1843 号,原林森中路 1803 号)曾经是宋庆龄从事国务活动的重要场所及长期生活的地方。这是一座由浅灰色围墙围着的长方形院子,占地约 6 亩,进院是一大片平整的草坪,四周有四十株终年葱茏苍翠的樟树,对着草坪的是主楼,是一幢假三层红瓦白墙的西式楼房,远远望去整幢那家筑造型就像是一艘停泊着的轮船,这幢洋楼原先是来华经营航中运的希腊籍船主鲍尔的别墅。为了体现原主人的身份标记,鲍尔将壁炉烟囱设计成轮船的通风管状,室内窗户百叶帘等处都镌刻上帆船和铁锚的图案。1948 年民国政府将此所宅院拨给宋庆齿龄居住,在宋庆龄长的革命生涯中,她在这里居住长达 30 年之久,新中国成立,宋庆龄当选为中央人民政府副主席,1963 年她从北京回到上海就住于此。1979 年宋庆龄最后一次来上海并在这里度过春节。1981 年宋庆龄在北京去世后,这里作为她在上海的故居供人瞻仰,2001 年经国务院批准列为全国重点文物保护单位,并列为国家二级博物馆,上海市爱国主义教育基地。2021 年 3 月入选上海市第一批革命文物名录。

进入故居大门,右侧是宋庆龄文物馆,在 1997 年 5 月 29 日,即宋庆龄逝世 16 周年之际开馆,江泽民题字国之瑰宝。馆内文物陈列分为七个部分:一是"异国求学,心系中华";二是"精诚无间,笃爱有缘";三是"捍卫民权,抵御外侮";四是"致力国务,关心妇幼";五是"好友往来,维护和平";六是"思念亲情,期盼统一";七是"伟人长逝,永恒纪念"。这些珍贵文物是从宋庆龄 1 万多件遗物中精心挑选出来的,是宋庆龄献身革命事业的真实记录,展品中有宋庆龄珍藏的孙中山田黄石印章,宋庆龄在 1913 年美国佐治亚州梅肯市威斯里安女子学院毕业所获文学士学位的文凭,1950 年荣获加强国际和平斯大林奖的奖状和奖章及手迹,照片……

故居主楼实际为二层。主楼一层是客厅,餐厅书房和厨房,二层是卧室,办公室和保姆房。过厅中陈设着林伯渠赠送的百鸟朝凤石刻,徐悲鸿双马国画及苏联风景油画冬日。客厅墙上挂碰上孙中山像和宋庆龄在寓所接待毛泽东主席的照片。南墙上挂着宋庆龄在 1956 年所摄半身,手上捧着是新版孙中山的《建国大纲》。在客厅里,宋庆龄曾接待过刘少奇,周恩来,朱德,邓小平等国家领导人,会见过金日成、西哈努克、苏加诺、伏罗希洛夫等很多外国首脑。书房内完整保存着宋庆龄珍藏和阅读过各类中外书籍 4 000 余册,有中,英法,俄,等 19 种版本。

二楼卧室的陈设简朴,典雅。一套油漆有些剥落的柚木家具,是当年宋庆龄父母送给她与

孙中山结婚礼物。这套家具伴随着宋庆龄走过了大半个世纪,墙上挂着一张 1915 年她与孙中山先生结婚时的合影,室内的沙发,茶几以及八音钟都是孙中山先生使用过的遗物,时钟的指针停止在宋庆龄去世的时间——晚上 8 点 18 分,墙上的日历日期是 1981 年 5 月 29 日。

卧室边上是办公室,办公桌上摆放着宋庆龄生前使用过的办公用品,墙上是一幅她在中南海与毛泽东,周恩来,陈毅,张闻天的合影。办公室内放着一架钢琴,伴奏乐曲……这是宋庆龄在工作之余最好的休息方式。办公室的旁边是一生陪伴和照顾宋庆龄生活的李燕娥房间。

楼房外有汽车间,停放着一辆红旗轿车和一辆 1952 年斯大林赠送的吉姆版轿车。东侧是座鸽棚,宋庆龄一生喜爱象征纯洁和和平的白鸽,生前在此常有她亲自喂鸽的身影。

故居庭院里草地如茵,小楼白色的露台前架子上爬满藤蔓,广玉兰,紫藤等花木枝叶茂密,楼边有棵江枫,在深秋之际,艳丽似火。

3. 张闻天故居

张闻天(1900—1976 年)是中国共产党在相当长的时期里重要的领导人,无产阶级革命家;也是一位文学家,外交家,经济学家。张闻天故居(机场镇闻居路 50 号)是座历经百年沧桑的老宅,在 1989 年进行全面整修,采用了落架开顶的方法,将老宅的地基垫高 50 厘米,增设了竹篱围墙。在 1990 年 8 月 30 日张闻天诞辰 90 周年之际对外开放,现为全国重点文物保护单位。故居老宅是上海农郊典型的一所两厢三合院平房民居,面积为 459 平方米,坐北朝南,双披竹木结构的门头(正门俗称秀中亭)上书有张闻天故居字样,是陈云题写。青色方砖铺就的小道。闻正层建于清光绪年间(1895—1909 年),客堂居中,三层石阶,堂内挂有"孝友堂"匾额,放置大八仙桌,两侧摆着雕花清式木椅和桌几,显得农家朴实和庄重,此处原为张家会议室。客堂之西屋是张闻天青少年生活在居住的场所同,分内外两间,外间放置张闻天半身玻璃钢材质的塑像,靠墙是木案,放着碗橱,旁置竹椅和粗质帆布的躺椅,墙边一架小纺车,墙角有木桶瓦坛,墙上挂有竹编箩匾,这也是当年江南农之家的普通摆设。内间为卧室,一张雕花木床,张设纱帐。床上有印花土布为面的被褥,靠床头书写桌上置有煤油灯,以及笔架,笔筒等文房用品,桌下搁脚处还设有脚炉,床边的开门橱里叠放着几个木箱。张闻天革命史迹陈列室分为:青少年时期,遵义会议期间,解放战争时期在东北,在外交战线上,在庐山会议上,"文革"期间,人民怀念等 10 个部分。在 400 多平方米的陈列室里,展示有 280 多幅历史照片,260 余件实物以及张闻天一生中所写的 600 多篇 2 000 多万字的珍贵这文稿。这些文稿是研究中国共产党最真实,也是最为丰富的原始材料,正屋厢房外侧还开设有三烈士陈列室。在张闻天的影响下,胞弟张健尔,族妇张其昌,妻子卫民,先后走上了革命道路,并为了崇高的信仰献出他们年轻的生命。前院是菜地,青菜,莴笋长势很旺,后院竹丛飒飒,橘果硕果累累,宅边砚石沟(河)河水清澈,静静流淌,水桥边停泊一叶小舟,河边有雇佣稻草覆顶的六角木棚,有台中拉水车,岸边还有台脚踏水车,这里在鸟语花香中,满眼青翠之色,是一派田园好风光。2021 年 3 月,入选上海市第一批革命文物名单。

4. 巴金故居

巴金故居(武康路 113 号)是巴金先生在上海的住宅,也是千万读者心目中的文学圣地。也是他在定居上海住得最长久的地方。故居内有 300 多平方米英式大草坪,2 层欧洲独立式花园别墅,叠檐式山墙,檐板为翠绿色,外墙以鹅卵石贴面,开拱券木窗,窗檐之下有 10 个小孔,以利通风。原来是一个英国人的私宅,后为苏联驻沪总领馆商务代表处。1955 年 9 月,文学巨匠巴金(1904—2005 年)由淮海坊搬入定居,直到 101 岁逝世,在此写作,工作,生活,整

50年。巴金原名李尧堂,字芾甘,四川成都人。在 1922 年 5 月,19 岁的巴金随三哥李尧林来到上海,于是就上海结下不解之缘。80 余年巴金城此地写作,成家,定居,并度过人生最后的岁月,上海是巴金的第二个故乡。巴金在上海居所有数十个,而武康路是他生活时间最长,著书立说最丰的地方,是他永生难忘的人生驿站。

巴金故居门厅墙上挂有巴金的照片,这张巴金非常满意的肖像前的花瓶里插入他喜爱的红玫瑰。客厅的东墙一排顶天立地的大书橱,中间摆放一圈由其夫人萧珊购买的沙发。西侧两排窗户的夹墙放置一架钢琴,是由萧珊在 1953 年翻译第一中俄文小说《亚细亚》所得稿费为女儿购买的。琴边有尊黑色大理石雕作的巴金头像,白色的底座上刻有"愿化作泥土——巴金"的字样。南窗下的小书桌上,还放着词典,放大镜,大叠样稿,这是巴金写作翻译的地方,他从 1977 年开始,用了八年时间,完成了用自己的话说是"讲真话,把心交给读"的《随想集》,全书 5 卷,40 余万字,除了讲真实的故事,还犀利地鞭挞小人,而且无情地自我解剖和反思,使自己的思想和人品得到崇高的升华。直棂式的木楼梯通向 2 楼,东面是主卧室,西间为书房。主卧室的大床上方的壁龛上一直放着萧珊的黑白照镜框,床边的五斗橱放满着各类中西文的世界名著,朝南的室内走廊被装上窗门,巴金称之为"太阳间",在明媚的阳光里,巴金在这里沉思况读,伏案疾书,还和老友倾心畅谈,共度美好的时光。书房是巴金最为钟爱之处,在壁炉上放有一尊巴金塑像,这是在 20 世纪 50 年代,由苏联雕塑家谢里汉诺夫所作,巴金生前对此非常满意。巴金一生写书,爱书,读书,在客厅,书房,卧室摆满了心爱的书籍,就连卫生间,过道也堆满了书,3 层小阁楼也是藏书的地方。巴金晓通多国语言,除了大量中文书籍之外,否定仍藏着相当数量的英,法,俄,日等国的文学原版书籍,整个寓所就是书的海洋。

花园的草坪是巴金平日里散步、会友,与亲友合影的地方,种植有他最喜爱的樱花,月季,栀子和牡丹,春暖花开,鸟语花香。两株高大的广玉兰树下曾经寄托着巴金无尽的乡思,在四川老家的院落里也种有广玉兰。

文学巨匠巴金在中国乃至于世界现代文学史上有着极其重要的历史地位。从 1928 年初,在法国巴黎完成第一部中篇小说《灭亡》开始,至 1994 年的 66 年中,巴金共出版有 120 部著作,翻译 62 部外国作品,54 部研究专著,给人世间留下千余万字。其中《激流三部曲》中的《家》《秋》及晚年最重要的著作《随想集 0》就在上海完成。1985 年由巴金首倡建立中国现代文学馆。2003 年 11 月,国务院授予巴金"人民作家"的荣誉称号。2005 年 10 月 7 日,巴金在上海华东医院逝世,享年 101 岁。

二、属于上海市文物保护的名人故居

(一)近代优秀建筑的名人故居

1. 王伯群住宅

王伯群住宅于,又称汪精卫住宅,汪公馆(愚园路 1136 弄 31 号)1934 年建成,建筑面积230 平方米,属英国维多利亚哥特式风格,外观颇似欧式城堡,坚固华丽。主楼中部呈圆弧形,东西两侧成 45 度折角凸出,屋顶四面坡,正面设置老虎窗,登上室外楼梯直进一楼客厅,客厅以中国传统风格装饰,梁枋间饰以彩绘;二楼主卧室,书房四周以柚木护,门窗上紫铜拉手均以梅花作为图形,是西班牙古典风格装饰;整楼厅室有 30 余间,楼前草地有 1.3 公顷;园内绿树葱郁,绿草如茵,有水池、小桥、假山、花坪,园中百花四季吐艳。植有香樟,雪松,绿荫森郁,有株广玉兰高 17 米,树姿优美。此幢别墅原主人是当时民国政府交通部部长王伯群。王也是大夏大学的董事长,为军界要员何应钦之内弟。王中年丧偶,心仪于"大夏校花"何志宁(上海教育局局长侄女),相传何因而提出三个条件:① 存 10 万美元入外国银行,以作保日后生活所需;② 婚礼需极豪华;③ 为之幢经典的花园洋房。王唯恐在沪大兴土木会惹起各方争议,颇难入手。此事被正承建南京交通部大楼的辛丰记营造所老板得知,于是悄然将这座豪宅贿赠于王伯群。王在 1935 年举行婚仪,两年半之后抗战爆发,就迁居重庆。后受贿东窗事发,王终被免职,于抗战胜利前夕病死。1940 年 3 月,汪伪政府在南京成立,此楼就成汪精卫在上海的别墅。抗日战争胜利之后,保志宁将此楼租给英国大使馆文化处,新中国成立后为部队使用。1960 年经过全面整修,成为长宁区少年宫,为上海市优秀近代建筑。上海市重点文物保护单位。

2. 嘉道理住宅

嘉道理住宅(延安西路 64 号)建于 1924 年,占地 1.4 公顷,建筑面积近 4 700 平方米,艾理·嘉道理,英籍犹太人。1880 年在香港沙逊洋行办吾,后其兄馈于 500 元港币,来沪经营房地产业,嘉道理为人正直,而且精明能干,至 20 世纪初,在沪港两地的建筑,地产,橡胶,金融及公用事业(水,电,煤)等都有投资,兴办实业,在香港开创了第一家经纪行。嘉道理热心于慈善事来,在沪出资创办育才公学(现育才中学),捐款创办首座肺结核病院(现上海第一结核病医院)。至 30 年代,形成势力强大的家族集团,和沙逊,哈同等同列最大的沪上犹太财团。在 1919 年,嘉道理原居所失火,其夫人为帮助保姆逃生而丧生火海。嘉道理悲痛之中,携子回到伦敦,同时委托好友建筑师格莱姆·布朗在沪筹建新宅。然布朗酗酒成性,将此事委托马海洋行等办理后,便不多过问,历时 4 年,耗资高达白银 100 万两,这超出当时以豪华著称的哈同花园(爱俪园,造价 70 万两)。1924 年嘉道理住进这座宛如皇宫的花园洋房。

洋楼内外墙面,大厅顶部,整个扶梯以及地坪四周和门口的爱奥尼克柱廊,全部采用由意大利进口的大理石加工雕砌,故而时称"大理石宫"。楼内有厅室 20 余间,浴室 6 处,各个房间装饰风格和色调都不相同,追求欧洲宫廷格调。因二战爆发,欧洲犹太难民潮涌沪上,1938 年 10 月,由嘉道理出面召集在沪所有犹太社团和社会救济组织,决定成立"上海援助欧洲难民委员会"。他还捐助巨额财物,出资创办了上海犹太青年学校。太平洋战争爆发后,日军侵占租界,嘉道理全家被关于港沪两地的集中营,1944 年 2 月艾理·嘉道理病逝,其子劳伦斯和霍瑞斯被关押在此楼内。抗战胜利后,此处成为美英澳军人活动场所,中国福利会也借此举办以游园、舞会为由的义卖、募捐活动,从而救济灾区人民。新中国建立之后,此处成为中国福利会上海少年宫,在半个多世纪中,这幢洁白的宫殿般壮丽的"儿童乐园"几乎给每一个上海人留下了温馨的记忆。1979 年同,劳伦斯·嘉道理及子来华访问,他写信给前秘书说道:"岁月流逝,得知我父亲特别喜欢的这幢建筑现被成千上万的儿童使用着,他们从那里提供的课程中受益,这对我来说是件高兴的事。"1985 年,劳伦斯再次访华,受到了邓小平的亲切见。

嘉道理住宅为上海市文物保护单位,上海市优秀近代建筑保护单位。

3. 蒋宋住宅

1927 年 12 月 1 日,"中(中正)美(美龄)联姻"上午先在西路宋宅(陕西北路 63 号)举行基督教宗教仪式,午后又在戈登路大华饭店(现江宁路,1930 年毁于火)举办中式世俗婚礼,当晚住在拉都路(现襄阳南路)借用新房。蒋宋在沪因无固定住所,以至常在饭店住宿。翌年,宋美龄长兄宋子文终于购得法租界贾尔爱路(现东平路)一幢法式花园洋房,送作宋美龄陪嫁之物。于是蒋宋常居于此中,时人称之为蒋介石官邸(或行宫),蒋题名为"爱庐"(徐汇区东平路 9 号），和杭州西湖畔的别墅"澄庐"，庐山观音桥边的牯岭别墅的"美庐"鼎足为三。

蒋介石对"爱庐"是倍加钟爱，因为主楼很似沪上的中山故居，颇能时显示其是中山先生的"继承人"。上海的"爱庐"坐北朝南，孟沙式屋顶，开老虎窗，铺排红色平瓦，外墙石材贴面，嵌有黑白黄三色的鹅卵石。它由一座主楼与两座副楼组成。主楼面南，副楼位于主楼两侧，东侧副楼底层大客厅，布置雅致，柚木地板，是当年宋美龄观看好莱坞电影之处，二楼为蒋宋卧室，铺有小柚木地板，墙上挂有四季花鸟国画条屏，意境高雅，门口修筑一条暗道，由此直通楼外。卧室之外为阳台，蒋宋常在此眺望花园景色。正房底楼是客厅，二楼为书房，餐厅，为蒋宋起居所用。西侧另建扶梯，是蒋的侍从室，秘书及卫士办公处及卧室。楼内雕花木质扶梯，制作考究。楼南原有 30 亩的草坪，西边历年新建楼房，东面还有池塘，小桥，假山，池岸沿铺鹅卵石道路；一株高约 15 米的雪松，依然苍翠挺拔。丛林后有太湖石堆筑的大假山，设石制桌凳，湖石上蒋介石亲笔题写"爱庐"二字清晰依旧。

现为上海市文护单位，第一批登记不可移动文物。

4. 马立斯别墅

马立斯别墅由四幢雅致的花园住宅组成（瑞金宾馆之 1 号、2 号楼，瑞金二路 118 号），占地 7.7 万平方米，建筑面积为 9 855 平方米，花园 4.8 万平方米。主楼（1 号楼）与辅楼（2 号楼）相连，平面构成 L（曲尺）形，2 层，砖木结构，建筑面积共 1 335 平方米，建于 1917 年，由马立斯洋行设计，是为英国古典主义建筑风格，正门彰一对高大的中国样式的石狮，红砖清水墙面，稍陡的四面坡屋面铺排着齐整的红瓦，开设有相实的老虎窗和壁炉烟囱，错落有致，颇有英国乡村别墅自然而又清丽的情调。主楼底层中间为三开间，外侧为弧形双柱廊采用塔什干柱式，感觉开张有序。2 楼是露天阳台，落地钢窗，柚木百叶窗，室内餐厅，卧室，书房都用桃花木作为护壁，雕有精致的图案，柚木拼花地板同，平顶有精美的浮雕式美人计装饰，窗上镶有花木鸟兽图案的七彩玻璃；主餐厅顶中悬挂华丽的水晶吊灯，大理石地坪，表现出欧式考究高雅的格调，花园芳草萋萋，种栽奇花嘉木，架设紫藤，葡萄等拱形花架，百年樟树之间的道路，曲径通幽，灌木树丛生机益然，宅前还建圆形喷水池的立柱双瓶双盆相叠，顶部雕立可爱的小天使，还有亭台假山小桥流水，风景如画。

亨利·马立斯是英国人，于清同治六年（1867 年）来沪，先在汇丰银行任职，后因赛马中奖获财，于是购地造房出租。5 年之后，马立斯因年迈将在沪产业交于儿子经营。小马立斯出生于上海，14 岁开始环球旅行，22 岁时回沪继承父业。马立斯家族在上海今武胜路、延安东路，重庆北路，大沽路上都投资建造里弄住宅，当年以"马"字当头的里弄，诸如马德里，马东里，马吉里均为其房产。1917 年小马立斯应在法租界的辣斐德路（今复兴中路），金神路（今瑞金二路）之间建立起花园豪宅。1924 年花园住宅的东北处 3 幢任一宅出售给日商三井洋行，筑墙相隔，称之为三井花园，其中有现为瑞金宾馆的 4 号楼，是座独立式的意大利文艺复兴时期风格的庄园别墅。1928 年法国人邵禄用 67 万两白银购得花园住宅之北的土地，建成当年名噪沪上的逸园跑狗场，1949 年后，才改建为文化广场。百年以来，豪宅经历跌宕起伏，抗战之际，小马立斯病故。在 1938 年，住宅是由日本军部扶植的汉奸盛文颐（字幼庵，盛宣怀之侄，人称盛老三）全家入住。劝以"宏济善堂"为名而贩卖鸦片，并将毒资充作日方军费。1945 年归国民党"励志社"使用，之后蒋介石夫妇也在花加元住宅里小住，现在还完好地保存着蒋氏夫妇曾使用过的清式红木座椅。新中国成立之初，这里是华东军区的指挥部的办公地点，邓小平，陈毅曾住过 1 号楼。后来拆除围墙，改为国宾馆，接待来沪访问的外国国家领袖和元首，如印度总理尼赫鲁·甘地夫人、印尼总统苏加诺、谏埔寨西哈努克亲王、越南主席胡志明及朝鲜主席金日成。20世纪80年代,改建为瑞金宾馆,马立斯别墅为1号、2号楼。

瑞金宾馆2号楼现为上海市文物保护单位,上海市优秀近代建筑保护单位。

5. 太古洋行大班住宅

太古洋行大班住宅(兴国宾馆1号楼,兴国路72号)建于1934年,建筑面积1 647平方米,2导砖混结构,文艺复兴时期帕拉迪奥式建筑。帕拉迪奥(1508—1580年)出生在意大利北部的帕瓦多,欧洲学院派古典主义建筑创始人。在1570年出版《建筑四书》,在当时是欧洲建筑学必的入门书籍,他第一次从理论上表述建筑物应主次分明,突出主体,协调搭配的观念。1号楼主楼和辅楼平行组合而成,两侧严格对称。主楼主面简湖南台,典雅,北面中央是正门(主入口),挑出个大门廊,两边是车道。由铺设大理石地坪的大门廊通过小门厅就进入椭圆形的楼梯厅,靠壁的大楼梯随着角度和距离的变化,出现一幅幅炫目的画面,楼南主面呈现左、中、右对称的纵三段,底层采用外廊式,并列的科林斯双柱内设落地钢制统长玻璃门窗;二楼是宽敞的爱奥尼克双柱柱廊,长瓶式栏杆围护。平坡屋面用数十吨紫铜板铺盖,因而有铜顶楼之称。70余年逝去的岁月留给屋顶的是厚重铜锈,沉积着沧桑痕迹。中间正面并列着5座木质的老虎窗,其旁又设置一对壁炉烟囱,显示高雅整洁的气派。楼内壁炉,灯具,墙角线依旧是当年原物,楼前是大片草坪,芳草萋萋,四季花得。在近万种树木之另有江南仅有的2株大王松、百年香樟,还有龙柏雪松、塔枫、五针松以及银杏、金橘、香榧等果树,绿荫蓊郁,景色宜人。

豪宅的建筑设计为苏格兰人柯尔鲁夫·威兼姆斯伊尔斯。他只是在数千里之外"遥控设计"成功完成这件华丽的作品,他本人没到过现场,为了适应举办社交活动和商务会议的要求,因而采用体现代共用空间的方案设计,而非以别墅理念规划。这幢华宅是英商太古洋行大班(总经理)勃勒克·华特的住宅。上海开埠之后,发迹了的太古洋行与怡和洋行,沙逊洋行,英美烟草公司并弄为"四大财团",主营棉毛织品,茶叶,丝绸贸易。后创办太古轮船公司,经营内河、近海航运,则又和旗昌,怡和并称三大航运公司。沪上"咖啡一族"喜好的"太古方糖"就是其麾下的太古塘坊(1883年创建于香港)用广东甘蔗生产的名牌产品。抗战胜利之后,太古洋行为了抽资变卖豪宅,新中国建立之后,由上海市政府军管会接管。1952年后为上海第一任市长陈毅等领导住用。1956年为第一招待所,后又改兴国招待所,主要接待中央领导,毛泽东曾下榻于此。1984年更改为国宾馆,仍承担着接待中央领导的职能。20世纪80年代,太古洋行在1号楼举行董事会议,恍若隔世,感慨万千。而英国和香港太古员工来沪都愿觅求入住1号楼,以圆怀旧之梦。兴国宾馆1号楼现为上海市优秀近代保护建筑。

6. 张学良公馆

张学良公馆(皋兰路1号)建于20世纪30年代中期,是幢3层西班牙建筑风格的独立花园洋楼。红瓦屋顶,白色的外墙,白色的檐下装饰部件凑精巧,整楼高低前后富有层次变化,极有中国传统建筑的情趣。主楼面积800平方业主,楼下为卫道,南有走廊,大厅是宴客之处;二楼是会客之所,有阳台;三楼西班牙式套房门是当年张学良,赵一荻的卧室,放置一张西班牙风格的大床,室内陈列家具及物件,都是依照原样定制,室外阳台有20平方米。楼前花园有千余平方米,才是那个尼拉式样平整的草坪,竖有千秋架,栽种有香樟、雪松、金桂、银桂玉兰、紫藤,如今花叶茂盛,绿荫蔽天,故而显得幽雅恬静。张学良将军曾4次来沪,第三次是在1935年12月间从南京到上海,即住入皋兰路1号。在沪期间,探望过著名爱国人士杜重远,拜访即将出国的义勇军将领李杜,由此结识了中共代表刘鼎。张学良还在公馆宴请友人和旧部,商议求国良策。在沪虽仅数日,张学良开始了和中国共产党的接触,并且积极寻求抗日救国的途径。20世纪90年代,经2次大修,将张公馆的花园命名为荻园,厅室命名为敬学厅,忆卿(汉卿)厅、慕良厅、少帅厅和伊甸厅(赵一荻之名与伊甸谐音),厅壁悬挂张、赵照片及张学良在沪书写笔迹。1994年西安事变45周年之际,远在美国的赵一荻侄子赵允年读到报上介绍张公馆近况的报道,即写信告知在夏威夷的张学良,又给该文作者去信,附寄着张手迹影件,上书"不怕死,不爱钱,丈夫绝不受人怜,顶天立地男子汉,磊落光明度余年"这也正是对张学良一生最确切的自我写照。

张公馆现为上海市优秀近代建筑保护单位,第一批登记不可移动文物。

7. 白公馆

白公馆(汾阳路15号)建于1920年,法国古典主义建筑风格,典雅大气。外墙及大理石材质多为白色,是一幢气势非凡的灰白色洋楼,因之有"白宫"称号。公馆主要形体是方形和椭圆的结合,共三层,立面对称,中间主体突出,三段式处理及罗马古典柱式体现恪守着古典主义建筑构图要素。公馆为平顶,水平出檐颇深,四个转角作明显的凹凸装饰,二层壁柱为爱奥尼克式,窗顶作拱券状,并有券心石,窗柱呈几何划分,相当考究。东端侧楼窗户弧形玻璃全部来自法国,直上二楼的螺旋楼梯以及扶手端部的精美花朵装饰是用白色的大理石雕成,颇具法国宫廷气派。从北门而进,当年底楼是厨房,仓库。二楼椭圆形客厅,兼作舞池,东西两端为餐厅,客厅之南为阳台,眼底就是花园。三楼为主卧室。

豪宅原是法籍荷兰人司比尔门的私家花园。当年司比尔门是法租界首富,他首开有奖储蓄之先河,吸纳存款高达2.3亿元,而中国和交通两个银行发行纸币总和才1.3亿元而已。沪西开司康大楼(今淮海大楼)、毕卡第公寓(今衡山宾馆)、巴黎新村,万宜坊都属其资产。1941年,日军侵入租界,司比尔门被关进集中营。大汉奸梁鸿捷足先登住进此楼梁擅长诗文,精于鉴赏,收集宋人信札33件,最珍贵的是苏东坡,辛弃疾的手迹,于是取书斋名为"三十三宋斋"。之后梁在"三十三宋斋"夜夜豪宴,常和日本主子畅饮,打牌。抗战胜利之后,梁银铛入狱。1946年6月,白崇禧被任命为国防部长,于是安家沪上白宫。直至1948年6月被免职才离开上海。白崇禧在白宫住了整整2年。

白公馆现为台湾凯伦桂"仙炙轩"极品烧肉餐厅,是一家日本料理店。为上海市优秀近代建筑保护单位。

(二) 名人居所

1. 徐光启故居

徐光启故居(乔家路249号)建于明万右历年间(1573—1620年)源是明嘉靖四十一年(1563)。徐光汤唯(1562—1633年)字子先,自幼勤奋,读书,及长博学多才,36岁应顺天府(北京)试,拔置第一,主考称之"名士大儒"后录为翰林院,官至东阁大学士。徐重视经书济世改用,与意大利传教士利玛窦合译欧几里得名著,定名《几何学本》,被梁启超称之"千古不朽之作"。徐在为父守墓之际,在任何氏祖墓之西侧建农庄别业,进行农植试验,并着手著作《农书》,后经其门人编定取名《农政全书》,全书61卷,70余万字,引用文献229种,为世界首部农事百科全书。徐氏老宅位于上海老城厢大南门之乔家浜南岸,为三进三出式住宅,砖木结构,有一百余间,后乐宫城,尊训楼为立体建筑,清顺治二年(1645年)秋,清军南下,老宅遭到宾火,毁掉2进,还存后乐堂,徐宅最后一进。其上下两层名为9间,俗称九间楼。据《淞云闲话》一书记载,徐光启与意大利人龙华民,邓玉涵,罗雅谷,汤若望等一起修订历法,为适应洋人习居楼房而特建此楼。万历三十六年（1608 年）意大利传教士郭居静受徐光启之邀请来沪传教，即居此楼，徐在沪也寓此楼。在抗战初期，又被日机炸毁 2 间，现仅存 2 层 7 间有 685 平方米。1933 年，将宅前的县基路改名光启路。九间楼经多次修缮，已失原貌，但主要梁柱仍是明代硬木（源为楠木）柱础，斗拱、替木以及宽厚的楼板亦为明代遗物；明代绘制在梁椽上的卷水花纹的彩画也依稀可见。和故居一街之隔的光启南路（原名阜民路）上，是徐氏祠堂（250 弄6 号）所在地。前后各有 4 间房屋，建于崇祯元年（1628 年）。原来堂额明相园徐文定公祠，及祠内徐光启塑像和牌位均在"文革"期间被毁。九间楼已列为上海市文物保护单位，在 1983年 11 月 7 日，徐光启 350 周年纪念之时，在徐之故居前立有明徐光启故居石牌以作永久纪念。

　　2. 上海毛泽东旧居陈列馆

　　毛泽东与上海有着十分密切的联系，他一生来沪 50 余次，早期有 10 次居于上海，甲秀里（现位于茂名北路 120 弄 7 号）是毛泽东和杨开慧在沪居住时间最长的地方。1977 年 12 月有 7 日，这里列为市级保护单位，1999 年 12 月 26 日纪念毛泽东诞辰 106 周年之际，经扩建对外开放。

　　1924 年 1 月，标志国共两党合作第一次全国代表大会在广州召开，毛泽东当选国民党中央执行委员会候补委员。国民党在上海，北京等地设立国民党执行部，之后毛泽东是上海执行部的组建成员，后又任该部文书科代理主任（后为主任），并兼任组织部秘书，同年 2 月，毛泽东从安义路 63 号（原为民厚南里 29 号）哈同路搬至甲秀里。同年 6 月初（端午节前），杨开慧携子岸英和岸青以及母亲向振熙一起从长沙来到了上海，协助毛泽东工作。

　　甲秀里是沪上早期石库门建筑，2 层，马头墙，一排 3 个门号，两侧是厢房，楼以青砖铺就，檐线、腰线用红砖砌成；花岗岩条石的门框，黑漆大门，铜铸造门环，门框之上用红砖砌三角装饰，中间有组以椭圆及卷涡、枝叶的白色雕塑。

　　西侧墙下设置"毛泽东一家"的青铜铸造像，毛泽东时年 31 岁，坐在藤椅上，右手执书，左手扶烟，侧身回望左后侧的杨开慧，杨怀抱幼子岸青，2 岁的岸英绕膝欢跑。铜像重一吨，在毛泽东诞辰 110 周年（2003 年）铸造就落成。铜像后翠竹茂密，墙上布满青藤，显示温馨而又宁静的氛围。

　　走进当年的甲秀里 7 号，客堂（厅）前挂置由奚文渊绘制"毛泽东一家"的淡彩水墨画，毛泽东手执蒲扇坐在藤椅上，角排凳上放置有《申报》《前锋》及《上海追悼列宁大会突然方法刊》，身边是抱着马年生的岸青的杨开慧，膝下是挂着香袋的岸龙。客堂靠壁当中放着四方桌，一对硬木圈椅，两边是茶几，一对有靠背书椅，家具原是百年前旧物。此地是毛泽东会见朋友、研讨工作之处，堂后为厨房，东前厢房是毛泽东、杨开慧卧室兼书房。房内家具简朴，现置一组蜡像，毛泽东坐在邻近窗下的三屉书桌前提笔侧身回望，似乎向坐在床上的杨开慧征询意见。怀抱着岸英，身边甬式木制小人摇床熟睡着的是岸青。后厢房是向振熙老人的卧室。5 号楼一楼陈列 10 幅毛泽东一家的家庭照片及 24 幅"1924 年毛泽东在上海"的历史照片，这些照片真实记录了毛泽东当年的革命经历；二楼是《毛泽东在上海》陈列展，共 6 个部分，展览有 12 幅毛泽东在沪期间主要居住地及活动处工作的珍贵照片。毛泽东早期来沪先后有 3 次居住在原静安区域内，其中茂名路及安义路 63 号（旧称哈同路民厚南里 29 号）已列为市级文物保护单位。这里还陈列展示有毛泽东的部分手迹，题字及生前用的一些物品。其中有一条浅褐色的羊毛裤（由毛泽东卫士田云毓捐赠），因穿着很久，边际已经磨断起毛。

　　旧居还设置《毛岸英史料实物陈列馆》。毛岸英 2 岁随母来沪，8 岁与母一起坐牢，杨开慧

牺牲后,送至苏联学习,回国之后的 1950 年 10 月 7 日参加中国人民志愿军,赴前线作战,同年
11 月 25 日英勇牺牲。馆内展示了毛岸英一生中所摄的数十帧照片及有关档案,其中有一毛
岸英牺牲地的泥土(由刘思齐捐赠),令观者无不为之动容。

毛泽东在此期间做了大量具体而有实效的工作。为维护国共合作,积极贯彻孙中山的三
大政策,也为坚决反帝反建的民主革命,毛泽东与国民党右派进行了不懈斗争。杨开慧除料理
家务、照看孩子、协助毛泽东收集整理资料、誊写文稿及文字校对等事务工作之外,还和向警予
以半工半读女子职业学校为掩护,积极参加妇女运动。她每周两个晚上风雨无阻为小沙渡
(现西康路)纱厂区的工人夜校上课,向工人宣传革命道理。为了亲近工作,便于交流,她还坚
持学习上海话,深受工人群众爱戴和欢迎。旧居大门外的青砖墙上有八块青砖石刻,为毛泽东
的八首诗词手迹。2020 年旧居陈列馆又增补了 34 件珍贵的史料,更加全面地讲述革命者舍
家为国的忠贞信仰和家国情怀。

3. 鲁迅故居

鲁迅故居(山阴路 132 弄 9 号,原施高塔路大陆新村 9 号)是鲁迅在上海的最后一处住所,
鲁迅在此度过了他人生最后的 3 年半时间。

这是一幢三层的新式里弄楼房,闹中取静。进门通道西侧的小庭院内鲁迅亲自种的夹竹
桃、石榴、紫荆和桃花,底层前间为客厅,放着一张黑漆长方西式餐桌,5 只靠背椅,会客时鲁迅
常背朝外坐在靠窗座椅上,要是重要客人来访,鲁迅会预约至内山书店会晤或四川路咖啡馆交
谈。南窗下放着许广平用过的缝纫机。窗边挂着周海婴孩儿时的照片。西墙放着瞿秋白用过
的一张拉盖式的书桌。隔着花玻璃屏风门就是餐厅,当年鲁迅一家饮食十分简朴,只有在周末
或接待客人时,才多做几个小菜。

二楼前间是鲁迅和许广平的卧室兼工作室,靠东墙是一张黑铁床,南窗糊着半透明的彩色
龙纸,窗下是不大的书桌,放文房四宝、台灯、烟灰缸、茶杯。鲁迅的那支金不换毛笔仍然插在
陶龟笔插上,仿佛随时听候主人的吩咐。1935 年鲁迅在这书桌上用毛笔写信祝贺红军万里长
征胜利到达陕北的壮举,书桌上放着当冯雪峰赠送的台灯,瞿秋白译作《海上述林》的编校稿
件。在这间卧室兼书房里,鲁迅在三年之内写了 280 篇深刻犀利的杂文,翻译了《死魂灵》,辑
成《且介亭杂文》三集,鲁迅会见过瞿秋白、矛盾、冯雪峰、史沫特莱、内山完造等中外著名人
士。书桌前有一张旧藤躺椅他在逝世前一天还躺在这张藤椅上,窗边挂着的日历永远翻在
1936 年 10 月 19 日的那一天,桌上的时钟也永远指在清晨 5 时 25 分鲁迅逝世的那一刻。

二楼后间贮藏室放着鲁迅曾介绍中国新兴木刻的两幅艺术作品。所用书橱里还放着修书
的工具、备用蜡烛盘、鲁迅病中服用的三七粉和八宝丹。三楼前间是周海婴和保姆的卧室。后
面的小客房供外来友人临时住宿,客人多为中国共产党的地下工作者,其中的瞿秋白、杨之华
夫妇,冯雪峰等也曾在此住过。

鲁迅存书在溧阳路 1359 号内,是民航局的红瓦灰墙的三层新式里弄房屋的 2 楼东间,面
积 20.5 平方米,有两扇门,朝北的门通向楼梯间,平时由旧门进出;另一门可到中间阳台,长年
不开。靠墙是用本色的厚木板制作的箱叠式的书架,由下而上即能达顶,有放着社会科学、文
学、文艺评论、美术等类书籍约有 6 千册,并珍藏着瞿秋白、柔石等人的手稿和纪念物。

1949 年后,有的部门和人士提出恢复鲁迅故居,建立纪念馆。1950 年在党和政府关怀下,
大陆新村 9 号恢复了鲁迅故居,鲁迅夫人许广平献出珍藏 14 年之久的鲁迅全部遗物,使鲁迅
故居的恢复迅速完成。1951 年 1 月 7 日鲁迅故居正式对外开放,同时在大陆新村 10 号建立产

了纪念馆,并于 1956 年迁入不远处的虹口公园内的新馆。

鲁迅墓在鲁迅公园虹口公园内,是在 1956 年鲁迅逝世 20 周看时营造的。四周绿树环抱,环境幽静肃穆,墓区草坪中央矗立一座高 2.2 米的鲁迅塑像,鲁迅安详坐在藤椅上,左手执书,右手搁在椅子扶手上,目光深邃有神,神色坚毅又亲切,体现了鲁迅"横眉冷对千夫指,俯首甘为孺子牛"的精神。墓前平台上种有鲁迅生前喜爱的两棵广玉兰。平台前面是具有民族风格的大墓碑,刻着毛泽东亲笔题字"鲁迅先生之墓"。1961 年国务院公布鲁迅墓为全国重点文护单位。

4. 蔡元培故居

蔡元培故居(华山路 303 弄 16 号)是一幢三层花园住宅,占地 2 亩多,建筑面积为 526 平方米,这座独门独院浅黄色的小楼,红瓦屋顶两侧深灰卵石墙面上树影斑驳,显得雅致而又静谧的情调。南面是花园。一楼是陈列馆,陈放蔡元培手稿,书信,相片,书籍和其他文物。二层中间为客厅,东间是藏书室,保存着蔡元培生前的部分书籍往来信件。

20 世纪初卓越的革命家、教育家的蔡元培。蔡元培(1868—1940 年)出生于浙江绍兴府山阴县城内笔飞弄蔡平摊(现为 13 号)字鹤卿,后号子民。1898 年从事教育工作。蔡提倡教育救国,科学救国,历任民国政府教育总长,北京大学校长,中央研究院长等职,为我国教育,文化,科学事业的发展作出开创性的贡献。在联合国教科文组织 1993 年至 1994 年送出全世界100 位著名人物中,蔡元培名列其中,中国占有 5 位,余为孔子,孟子,孙中山,毛泽东。陈列馆展出了中华民国政府任命蔡元培为教育总长的任命书,由其制是和颁布中国第一部老育的教育制度时所摄的照相,1917 年蔡担任北京大学校长,贯彻"兼容并包,思想自由"的办学原则,使北大成为各方学者会聚之地和民主思想的摇篮。毛泽东亲笔题写"学界泰斗,人世楷模"高度评价蔡元培的历史地位。二楼他当年所住的房间,仍然保持原样,现在其他房间居住着他的一些子女和亲戚。

这所住宅是蔡元培在上海居住的最后寓所,1937 年"八·一三"事变后,上海沦陷。当时蔡元培居住在愚园路 884 号寓所不安全,同年 10 月蔡元培迁居到华山路新址。华山路属于法租界,相对安全。

在上海,蔡元培的住所曾多处次迁居,凤阳路(原白克路)的登贤里、泥城桥福源里,武定路鸿庆里 833 号,南京西路(原极司菲尔路)1025 弄 54 号、愚园路 884 号,都曾经是蔡元培的寓所。华山路的故居是蔡元培在沪居住的最后寓所,实际上他在这里仅住了 28 天,1937 年 11月 27 蔡元培就由丁西林、庄长恭陪同前往香港,1940 年蔡元培在香港病逝以后,许德珩、茅以升、萨空了、叶圣陶等人提出建议修复蔡元培在上海的故居。

现在位于华山路 303 弄 16 号的蔡元培故居,是上海市文护单位。

在这栋小楼中仍然居住着蔡元培的弟弟和蔡元培的子女,他们同时承担着保管这栋作为蔡元培故居的责任。

第八章　上海城乡休闲文化和主要旅游景观

第一节　上海城乡休闲文化概述

上海自元代建县以来,发展很快,至明清时期已逐渐成为我国的贸易大港和漕运中心,被誉为"江海之通津、东南之都会"。1843 年上海开埠之后,上海迅速发展,是近代上海于 20 世纪二三十年代成为当代世界六大都市之一,有了东方巴黎之称,但上海市郊各县之小镇依旧是水乡泽国,富有江南秀丽的田园风光,民间传有"金罗店、银南翔、铜嘉定、铁大场"之说。至今为止,这些古镇已成为上海市民休闲旅游活动之场所。改革开放以后,尤其是上海定位为"都市旅游业"以后,上海建立了一大批主题公园,开发了一批旅游度假区,又充分地利用上海的文体和养老保健优势,发展了康乐文化,推出了文艺展演旅游、体育赛事旅游、医疗保健旅游、游船水上旅游等都市旅游的休闲品牌,以进一步满足市民和海内外游客的休闲旅游需求。

第二节　上海的古镇旅游

在古镇上漫步,无论风和日丽或是细雨迷蒙,总会有一种温馨而又愉悦的心情,这青砖铺就的街道,泥墙斑驳的旧宅,简约的石桥,清澈的河水,风姿绰约的垂柳,还有破篱竞放的花花草草,就像是寻觅童年的梦境,似曾相见之余还是觉得陌生。软糯的乡音,别具风情的服饰,还有一杯甜醇的米酒,几盆色香味俱全的农家菜肴,从容地享受着朴实的格调,品尝着正宗的江南味道,对走出豪华之中的每一个游人,都会是一种刻骨铭心的记忆,这就是上海古镇的魅力和精彩。上海现有朱家角、枫泾、嘉定、新场、南翔、罗店、七宝等十个中国历史文化名镇。它们具有江南古镇共同的风光,又各有特色,值得人们一游。

一、朱家角古镇游

位于青浦区淀山湖之东,地处苏州、松江、上海之间,是中国历史文化名镇。2004 年被评为国家级 4A 级旅游区。朱家角之地大约成陆于七千年前,在淀山湖底发现有新石器时代至春秋战国时代的遗物。历史悠久,据明崇祯《松江府志》载:"朱家角镇,商贾辐辏,贸业花布,京省标客往来不绝,今为巨镇。"当时松江特产标土布,誉满海内,有"衣被天下"之说,所谓标客即来自各地购买标布之客商。至清末米市油坊崛起,镇上漕港河(淀浦河)里商船云集,两岸街市百业兴旺。于是 200 余年来便有"三泾不如一角"说法,即朱泾、泗泾、枫泾三地之繁华还不及一个朱家角。朱家角成集市于宋元之际,初称朱家村;明设镇,称珠里;然在 1930 年镇东的祥凝浜发现东吴大将军甘宁之墓,表明在三国之时已经有人居住。朱家角"水木清华,文儒辈出"(清宋如林《珠里小志》),自古就有相处和睦、读书成风的风尚。

朱家角面积为 1.5 平方千米,地势平坦,平均海拔高度在 2.8—3.5 米之间。漕港河由西而东分其北为井亭镇,南岸是珠里。古镇小河曲折悠长,形成街市依河而建、民宅枕水而建的格局。沿河驳岸齐整,雕琢有多种样式的揽船石,当地俗称牛鼻头,有如意、灵芝、象鼻、宝扇、花瓶、宝剑、葫芦以及平(瓶)生三级(戟)、必(笔)定(锭)如意等图形,古朴可爱,饶有趣味。周边巷弄幽深,老屋相连,豪宅深藏之中,有"二十六弄"之称。有的宽仅2米余,有的则不足1米,青石板铺地,砖墙斑驳,青苔点点,绿树长出墙外,鲜花盛开门口。漫步小巷,宛如在江南风情画中游览。2017年11月获博鳌国际旅游传播论坛2017年度文旅小镇。

1. 古镇最著名的景色是横跨漕港河之上的放生桥

放生桥高大凌空,是古镇的标志。桥始建于元朝,明嘉靖年间(1523—1565年)毁于倭寇之乱。桥之南岸原为慈门寺,桥北原属昆山界井亭,当时两岸频繁往来仅系渡船。寺僧性潮募化集款,于隆庆五年(1571年)建成五孔联拱石桥。全长72米,宽5米,高7.4米,中孔拱跨13米,桥之中央四角竖柱上刻有石狮,桥面龙门石上刻有八条蟠龙,环绕明珠,形象逼真。桥顶4角有迎客石狮4只,仰头张嘴,憨态可掬。乡里还立桩为界,禁泊船只及禁捕鱼虾;每月初一进香之前还须在此放生,遂有现名。放生桥为沪上最长之石桥,如长虹卧波,成为"珠里十景"之"井带长虹"。1987年,放生桥被评为上海市市级文物保护单位。

2. 古镇最使人留恋的景色是北大街

北大街在朱家角北面,2005年被评为上海"十大休闲街"之一。北临镇中漕港河,东以放生桥起,西至城隍庙桥止,全长800米。大街历四百余年沧桑,是沪上保持最完整的明清建筑第一街,亦最能体现江南水乡风韵的一条明清老街。沿街相连灰瓦粉墙的旧时宅楼,屋檐几能相接;青石板路曲折狭窄,抬头只见青天一线,俗称"一线街"。街边店铺鳞次栉比、南北杂货、米行酱园、酒楼茶馆、百业兴隆,有"长街三里,店铺千家"之说。店面泥墙斑驳,红灯高挂,彩幡飘扬,供应有当地青豆、粽子、扎肉等特产,还有用以木、竹、草等制作的生活日常用品。泰安桥处的百年老店涵大隆酱园,店堂布局依旧,自制双套晒油(酱油),香郁味鲜。在1915年荣获巴拿马万国博览会金奖。

3. 古镇最精彩的景点是课植园

该园位于西井街,始建于民国元年(1912年),历时15年,耗银30余万,由当地富商马文卿所建,俗称马家花园。园名有"课读之余,勤于耕植"之意。相传马某遍游江南,每见有佳构美景,就刻意仿建园内。花园南北有四进厅堂,即轿厅、前厅、茶厅及正厅。正厅称迎客厅,庭院有金、银两株桂树,银桂即迎贵之谐音。厅后荷花池,开窗临水,景色宜人。厅之东是书城,外设城堞式矮墙,上额"月洞门"。正中筑有桥梯,具有西洋建筑风格,然其栏杆及扶手饰以绿色琉璃瓦,楼上是藏书楼。青松翠柏间时有桃、李、杏、橘、枇杷、石榴等果树,应时硕果挂枝。园南是望月亭,五层方形盝顶,中间是四角攒尖方亭,高17米,为全镇之最高。亭上有"三河一览"匾,在此远眺,淀山湖,大淀湖,漕港河之波光水色,尽在眼底。课植园还建有打唱台、唱戏楼、观戏厅以及碑廊,碑上刻有明代大家文徵明,祝枝山,唐伯虎,周天球等诗文信札手迹,显示马氏颇有儒商格调。在九曲桥畔有五角亭,五角之下雕有倒挂金狮各一,生动活泼,惟妙惟肖。课植园体现中西合璧,江南大宅和西洋楼宇结合的形式,具有民国初西洋为时尚的时代特征。

4. 古镇之寺庙故居

朱家角城隍庙是具备园林格局,旧有十二胜景之说。正殿坐东朝西,殿檐挂有大算盘,意在人算不如天算。算珠拨为"六六六,一二三四五六七八九,八八八",其意为:六六大顺,诸事如意,发发再发。城隍爷居然也在玩时尚。正梁悬"(敕封)福佑显灵伯"黑底金字匾,传为清乾隆所赐。庙门正对市河,临河照壁前为戏台,台上藻井以160朵斗拱组成,构作精致。镇西之淀山湖畔报国寺是玉佛寺下院,原祀关公,旧称关王庙。以白玉佛像,观音玉像和千年银杏合称镇寺三宝。古镇之南,雪葭浜畔有清著名学者王昶故居三泖渔庄,王所著《金石萃编》为研究金石文字之经典巨作,官至刑部右侍郎,作风清廉。晚年上书辞官,乾隆亲谕"岁暮寒,且俟春融归"以示挽留。王昶回乡手书"春融堂"制匾悬堂。王宅对岸席氏厅堂是镇上仅存明代宅第。在西湖街上的大清邮局,建于清同治年间(1862—1875 年)两层砖木结构,旧貌依然,是江南唯一留存的清朝邮局遗址。

5. 古镇有明清古桥 20 余座

平安桥建于明,相传是明代抗倭名将戚继光因行军之需而建,石作基,砖砌栏,木扶手,俗称戚家桥。惠民桥为唯一木桥,设廊,原桥危败已拆,1996 年由镇民出资重建。最小之桥是课植桥,全长 5 米,然石桥构件一应俱全,小巧玲珑。

朱家角有名小吃是熏青豆,扎肉,粽子;涵大隆乳腐,酱菜是著名特产。

二、枫泾古镇游

枫泾位于金山区之西,与浙江嘉善相连,因有"吴根越角"之称。是上海第一个中国历史文化名镇,国家 4A 级旅游区。金山农民画的发祥地中洪村被评为中国十大魅力乡村,全国农业旅游示范点。枫泾古称荷叶地,南北朝之时名白牛(集)市,在上海设镇后八年,即元至元十二年(1275 年)建镇,明末正式定名枫泾,历代还有清枫泾、芙蓉镇、枫溪之别称。枫泾河港纵横交错,桥梁众多,俗称三步两座桥,一望十条港,清末尚有 52 座石桥,是相当典型的江南水乡;全镇有 29 街坊,84 街弄,旧宅面积 4.8 万平方米,是沪上建筑格局完整的古镇;自唐以来史载当地名人 600 余人,有一代名医、围棋国手、国画大师,至明代出了 2 位状元。亦称上海文化之根。

1. 两条市河

枫泾的旅游景点丰富而又别致,集中于相交的两条市河上,十字河道上有北丰、清风、竹行三桥贯通,江南历来就有走三桥习俗,以求平安吉祥。三桥之东,枫泾市河南岸是一排逶迤相连的黑瓦黑柱的廊棚,一串串大红灯笼展示妩媚的水乡风韵。清末民初,这里是米麸生产贸易一条街,现名生产街。长廊宽 3 米余,长达 268 米,是江南古镇之最。廊之东端是民国初期的东区火政会(124 号),为沪上仅存尚属完整的近代消防机构的旧址,正门是上海石库门格局,大厅内展放当时救火设备,早期水龙被称为洋龙,岸边还停泊着上海仅存的消防船。过了泰平桥,是旧时太平坊(现和平街),上海中国画院院长、已故国画大师程十发祖居(151 号)坐落此处。程氏三代名医,且好书画,对程十发影响很大。程十发在沪工作期间,先后三次回枫泾,对金山农民画家把手而教。程氏祖居为三进,宅后是花园,现在恢复了程家行医时诊室,程十发出生及居住的卧室,展出其生活、创作用具及画作。西行至古戏台,正对是富林农民画世家展厅(107 号)展出金山农民画最早作者陈富林一家四世 9 人,40 年所创作的 700 余幅画中,选出的精品 100 件画作,全面生动反映金山农民画发展的历史过程。1958 年枫泾外围地区成立火箭人民公社,次年改名枫围人民公社,85 号是原公社办公大院历时 26 年。尤其是"文革"期间,这里的口号标语到处可见,公社主任室、贫协会、知青办、妇联、武装部的办公场所再现旧貌,办公用具,手摇电话机,工作统计表还按原处放置,报架上发黄的报纸是 40 多年前的《人民日报》。后院是在 1971 年挖建的防空洞,里有指挥室、弹药库、会议室等战备设施,洞旁展出一架米格 15 战斗机及 57 高射炮。再行 50 米是毛泽东像章珍藏馆(51 号)隔墙是称之为"三百园"的民俗收藏馆(49号),收藏馆是座三进大宅,有5 000平方米,三百指百篮,百灯,百业。江南多树竹,江南人家多木竹用具,篮是必需的,可以说一生与百样篮相伴:出生时睡摇篮,上学时书篮,定亲时礼篮,成亲时花篮,祝寿时寿篮,祭祖时香篮,平时饭篮,菜篮,针线篮……千百年来,篮和百姓平民生活息息相关,从中还体现了先人的智慧和情趣。在南大街市河上的致和桥,古朴坚实,是水乡39座石桥中历史最久的,建于元致和年(1328年),因之得名,亦称圣堂桥,桥下古有圣堂玉虚观,桥长15米,宽2米余,高有5米,是单孔石拱桥,相传曾有小庙建于桥上,台阶有2块石板拼成,俗称夫妻石,桥下刻有"双龙戏珠",当地有"庙连桥,桥里庙"之说,致和桥是全镇之宝,每年节庆庙会就在此间举办。

2. 读书楼

在桥西的圣堂弄内是清乾隆二十二年状元蔡以台故宅,俗称读书楼,现为金山农民画展示中心,由程十发题额,有10个展室,陈展金山农民画家30余人的代表作100余件,全面体现金山农民画非凡的发展历史和卓越的艺术成就,这是必游之地。枫泾历有"棋镇"之号,镇上对弈成风,近代"代表着中国围棋的最高水准"(陈祖德语)的一代国手顾如水(1892—1971年),出生在镇南米筛桥西下塘(现友好路228号)的围棋世家中。1914年顾氏在北平(京)一举击败国内围棋第一高手汪云峰,2年之后东渡扶桑学习日本棋艺。1949年后,顾在陈毅市长推荐下任上海围棋学校校长。顾氏桃李满天下,最为著名的是日本棋界巨擘吴清源,中国首位九段高手、中国棋院院长陈祖德。顾如水故居保存完好,院内一株百年天竺,绿意盎然,故居为上海首批不可移动文物,镇内还立有顾如水纪念碑。已故著名漫画家丁聪陈列馆在北大街(421号),丁聪曾任全国漫画艺术委员会主任,笔名小丁,其父丁悚是著名漫画家,创办中国第一个漫画协会——漫画会。陈列馆有7个展室(包括丁悚作品展室),展出作品100余件。《人物有像》作品以艺术界著名人物为主,惟妙惟肖,最是精彩。馆楼庭院有株400余年的银杏,在旁种植紫薇、芭蕉、桂花、蜡梅,四季各展风采。

金枫黄酒、天香豆腐干、状元糕、丁蹄为枫泾四宝。

当地人称"我的家"为唔嗵喔哩,已成独特的旅游广告语。

三、嘉定古镇游

嘉定古镇是中国历史文化名镇、国家4A级旅游景区。在1 500年之前,即在梁天监年间(503—519年),练祁塘(河)畔聚有人家,称之练祁市(属昆山东乡)。南宋嘉定十年(1217年)立为县治,以宋宁宗赵扩之年号为名,建城辟巷,至今800年。嘉定古镇占地4.17平方千米,位在当年护城河之中,原来城墙几近全毁,仅在西门、南门尚留有宋之城墙,元之水关的遗迹,然东南西北四门名称仍然存在。东西走向的练祁河和南北走向的横沥河相交于镇之正中,水网呈田字状,被称为十字加水,四方四街也汇集于此。

1. 法华塔

南宋开禧年间(1205—1207年),在镇中建起一座七级方塔,名称法华塔,亦称金沙塔,俗称文笔峰,旨在振奋文风,倡导学子应试,当时嘉定尚未建县。在塔北的练祁河上也建造坚实高大的单孔石桥,名为登龙桥。烟水之间,塔影秀丽,桥形似虹,相映成趣。元代嘉定立为州治,登龙桥随之改称州桥。至明代法华塔毁坏严重,仅存塔基,万历三十六年(1557年),知县陈一元发愿重修,之后又几经修葺。1924年(民国13年)又由学校发起大修,拆除腰檐。平座、栏杆等物件,改用钢骨水泥结构,法华塔虽失却古意,然而风采依旧。法华塔高40.8米,四面七层,飞檐翘角,门额红底黑字:法华塔,为"嘉定四先生"之一娄坚所书。塔内石级可盘旋而上,凭栏眺望,四方景色,历历在目。法华塔和州桥(登龙桥)已成古镇之象征,也是嘉定人文之坐标,现代旅游之标记。在塔院里设有"顾维钧陈列室"。顾维钧(1888—1985 年)是嘉定西门人,从 1912 年在美国取得博士学位回国后起,至 1967 年以海牙国际法庭法官兼副庭长职上退休,其间历任中华民国外交总长,派驻多国公使之职,服务于外交界长达 55 年,在世界上亦属罕见。1919 年在巴黎和会上,顾维钧义正词严,以代表身份痛斥日本要求,阐明中国立场,大义凛然,拒签对德和约,是位勇于任事,真正的爱国者。1945 年 6 月,顾出席旧金山会议,代表中国参与组建联合国,在《联合国宪章》中国代表团签字名单上,顾维钧名列第一。顾被誉为"民国第一外交家",是当之无愧中国近代最卓越的外交家之一。顾勤于日记,直至辞世,用 17 年完成 13 卷计 500 万字的回忆录,成为世界现代外交史上的珍贵学术材料。陈列室陈展出顾维钧生前照片、奖状、勋章及所批注文件、日记等手稿,还有外交礼服、文具等实物。顾晚年寓居美国,思乡心切,写下杜甫《月夜忆舍弟》中"露从今夜白,月是故乡明"的名句及李白的《静夜思》全诗,手迹被放在显著位置展出。

2. 陆俨少艺术院

陆俨少艺术院(东大街 358 号)。陆俨少(1909—1996 年)是嘉定南翔人,以画书诗印俱精著称,是当代画坛最著名的文人画画家。陆俨少独创山水画中"留白"和"墨块"等技法,渲染出"陆氏云水"的神韵。陆与著名画家李可染合称为"南陆北李",加之国画大师黄宾虹号称"当代山水三杰"。艺术院是在陆氏九十诞辰之际的 1999 年 6 月 26 日所建,现代江南庭院式建筑,2 层。院内小桥流水,几簇翠竹,芳草如茵,一方名为"两老峰"(高 2 米)的佳石,是陆氏画坛挚友刘旦宅所赠。此间展出陆氏不同时期所绘的精品 75 件,有丈二长巨幅《三峡图》气势磅礴,运笔精细,墨彩高雅,堪称"陆氏云水"之杰作宏制。厅北复制陆氏书房"晚晴轩",宽大的画桌,平铺着羊毛毡,放置陆氏生前所用的文房四宝,粉墙上挂着陆氏手书"晚晴轩"的斋匾。晚晴取自唐李商隐"天意怜幽草,人间重晚晴"诗句。

3. 嘉定竹刻博物馆

嘉定竹刻博物馆(南大街 321 号)是嘉定竹刻博物馆。明朱鹤(号松邻)祖孙三代,以竹为材,以刀代笔,竹刻书画。历 400 年的传承、高手辈出、佳作传世,使嘉定获得"竹刻之乡"的称号,竹刻技艺也列入国家级非物质文化遗产名录。博物馆展出明清以来竹刻杰作 120 件,展现竹刻艺术的历史文化及其独特的书卷气和金石味之魅力。

4. 州桥老街

州桥老街(嘉定区沙霞路 68 号),是国家 4A 级旅游景区。州桥系嘉定之根,八百年未移,是嘉定历史文化的发祥地,汇聚了宋、元、明、清历代古迹,底蕴深厚。练祁河上原有石桥 66 座贯通南北,现仅存 13 座,有宋之登龙桥、元之永宁桥、明之聚善桥……河道两侧是坚固齐整的石驳岸,建有马鞍水桥和河埠,岸壁上雕有精巧、图形生动的系揽(船)石(牛鼻孔)。老街是以江南民宅和传统店铺相间为特质,旧宅墙体斑驳,错落有致,马头墙之间深藏着名人故居。顾维钧故居(镇西大街 949 号)称"厚德堂",原系清末民初交通银行总裁顾晴川所建,现为嘉定区登记不可移动文物。厚德堂有房屋 30 间,分布于街之南北,老屋略有破败,然屋檐板上雕饰依然清晰可辨,地面铺有连环金钱纹饰的青砖,颇有气派。清康熙五十二年(1713 年)癸巳科状元王敬铭旧宅俗称状元楼,其实是沿街而建的数楹平屋,质朴无华,然而金丝楠木雕花厅依旧显现当年状元府第尊贵高雅的格调。原建于此的清各国事务大臣廖寿恒宅第中缀华堂、怡安堂经整修如旧之后已迁移至汇龙潭；老街还保存着民国政府驻欧公使吴宗濂故居崇德堂，近代化工先驱者、味精大王吴蕴初故居，吴宅也经全面修整，四张格扇门雕满纹饰，刻工精致，是江南大宅门窗之中的极品。老街还完好地保存着足有六里之长的弹硌路，由碎花岗岩石片铺就，路面拼出七星会聚、梅花等图案，石缝间还生长青苔野草，在秋霞圃和应奎山等处都还有原生态的弹硌路，甚至在石桥上也铺上此路。

5. 汇龙潭

应奎山位在五水交汇的汇龙潭之中，应奎寓意"应试中魁"，与孔庙一水相隔，有石拱桥相通。北正门称畅观楼，门前一对元代石狮，门额"汇龙潭"。为张爱萍所书。魁星阁初建于清雍正十二年（1734年），位于潭之东岸，阁有2层，底楼四面有门，玲珑雅致，倒影潭中，别具风韵。应奎山高40米，绿荫掩映，风光宜人，山顶筑状元钟楼（原为四宜亭）。缀华堂，又称花厅，建于光绪二十二年（1896年），堂梁枋间雕刻精致华美，置有清式红木家具、名人字画，庭院内多桂花树，秋来香飘四方。怡安堂建于光绪十二年（1886年），五楹，前后二进，以挂落、地罩分隔，雕镂考究，堂前有翥云峰，高丈余，俊秀雄奇，右上角书小篆"翥云峰"，为明代书家宋珏所题。万佛宝塔，俗名石塔，是嘉定石塔寺旧物，系宋塔，二级正方形，莲花瓣塔刹，高4.3米，东、南、西刻有佛像，下级为莲花座坐佛，上为莲花座立佛，北面竖刻"万佛宝塔"，南檐盖下还刻有云龙。宝塔镌刻精美，线条流畅。在南草坪中央是百鸟朝阳台，气势轩昂、装饰富丽堂皇。原为上海沪北钱业会馆的戏台，建于光绪十四年（1888年），本有二座，另一迁至于豫园之内园。百鸟朝阳台藻井由20道由小斗小拱拼成的弧线汇至于中央园镜（旧称明镜），每个拱头雕有小鸟、全数440只；藻井之四角（旧称角蝉）雕有凤凰，台之额坊精雕12幅三国演义故事，全部贴金。百鸟朝阳台是江南最精致、也是最大的戏台。在草坪之西，立有"明忠节侯黄二先生纪念碑"，高7.62米（25英尺），建于1936年。侯黄是指顺治二年（1645年）清军南下，为守卫嘉定城而壮烈殉节的义师领导者侯峒曾，黄淳耀两位英雄。

6. 秋霞圃

嘉定的秋霞圃（东大街314号）是沪上五大名园之一，由三座私家园林和邑庙（城隍庙）合并而成。建于明代，为上海园林之最先。以桃花潭，黄石大假山构成山水景致，圃内布局精致，环境幽雅、小巧玲珑，景物与色彩变化不大，使此间风光旖旎，灿若秋日霞光，好像笼罩着一层淡淡的秋意，让人充满遐想。由此得出园名。

7. 嘉定道教音乐

嘉定道教（洞泾）音乐起始于宋代，至今古风犹存，乐曲悠扬婉转，雄浑古雅，广泛流传于民间。现为上海道教音乐列入国家级非物质文化遗产名录。江南丝竹是古镇民众所好，名曲《三六》《行街》即起源于此。

考（炸）巧果、包粽子、定升糕、朝板糕为州桥老街4种特色小吃，坊间各取一字联成吉语：考中定朝。

四、新场古镇游

新场位于原南汇区之中部偏南，现归属于浦东新区。新场东接惠南，北通川沙，南与奉贤奉城相通，是由长江夹泥沙东流时沉积成陆，唐天宝十年（751年）隶属于吴郡（苏州）之华亭县。为御海潮冲击，当时在海滩边布立石桩，久之被淤泥所没，后在疏浚时显露石桩，其状如春笋破土，就取地名为石笋滩。南宋建炎二年（1128年）建治，称之为石笋里。据史载，元初，下沙(上沙位于崇明)盐场(老场)迁至石笋里,因而称之为新场。明清之际,新场盐业兴旺,漕运繁忙,因而商贾聚集,人文蔚起,历年所建造牌坊有 13 座之多,以至有"十三座牌楼(坊)九环龙,小小新场赛苏州"之说。原建于明代的"三世二品坊"是由朱国盛及祖朱镗、父朱泗所建,朱国盛为新场人,万历三十八年(1610 年)进士,官至太常寺太卿,善画山水,松江画派大家董其昌观其画作有"阅此欲焚吾砚"之评语。朱氏三代宦位二品,故立坊荣耀。坊二年建成,上额题书"九列名卿",左右镌刻"七省理漕"及"四乘问水",梁柱间雕刻佛像人物,车马舟楫,草木花鸟,功力相当精湛,是江南牌坊之精品。然沧桑变幻,至今 13 座牌坊全毁。2003 年,依照旧制重建"三世二品坊",成为千年古镇景区的标志。

1. 古镇民居

新场古镇面积为 1.48 平方千米,核心保护区域 0.48 平方千米,国家 4A 级旅游景区,2008年 3 月,被命名为中国历史文化名镇。古镇民居半数之上为明清及民国初期之时所建,沿市河而展开的三里老街(新场大街),就有 10 万平方米以上的旧宅,还有 69 处保存尚好的江南门楼(当地称之为仪门)。新场旧宅有百余处,豪门大院有 20 余座,漫步于古镇老街上,老屋鳞次栉比,观音兜、马头墙高低错落有致,犹如上海老浦东原住民生活的市井画卷。旧宅布局多为对称,中设天井;宅前临街设店,屋后辟有河埠;门楼大都呈元宝形,寓意"招财进宝";厅堂雕梁画栋,两侧是"过廊"(俗称备弄);厅堂之中挂有字画,正中设置长案,摆放自鸣钟、瓷瓶、明镜,以求"终身平静";宅后多有庭院,假山鱼池,种植奇花异草,景色宜人。新场老宅最有气派的是奚家厅(洪东路 122 弄 1 号),奚家祖业即是于明开设的"长生药材",明末清初,迁设在新场,为沪上最早之国药号。奚家厅建于清代,占地 1 250 平方米,有屋 35 间。临街面阔 5 间,2 层,门檐木雕有 4 层,上为"平(瓶)昇三级(戟)",中为麒麟戏珠,三层双凤牡丹,四层戏文人物,雕技卓越。宅有三道门楼,均设有天井,正厅设在二道门楼内,阔为 3 间,门额上雕工精巧,为弯椽荷船顶,檐口设花边滴水瓦;三道门内为起居住处,2 层、槛窗、格扇门,装饰雅致。奚家厅是颇为规范的江南大宅。张氏宅第(俗称张厅,新场大街 271 弄 1 号—15 号),建于清末民初,四进,颇具海派建筑中西贯通的风格,体现当时特有的装饰格调。门楼歇山顶,人物砖雕,然两侧设立罗马式柱,正厅及左右耳房为 2 层,上层有回廊相连接,原为西式铸铁花样栏杆,现改为木制,门窗由红、黄、绿、蓝四色凹凸玻璃镶嵌,格扇图案为日本式,楼面是由花旗(美国)松企口板铺就。正厅是江南大户民宅装饰,然平顶却饰西式石膏线条,地面铺法国马赛克,据称同一样式材质,沪上还另有一处,即在外滩沙逊大厦(现和平饭店,中山东一路 22 号)一楼原荷兰银行的大厅里。陆氏住宅(洪东街 80 号)建于民国初期,为正宗的石库门建筑,门框条石相接处,钉以长腰形铁块固定,是早期石库门建筑常用手法。陆宅过廊狭长,时有穿堂风,因而廊顶挂满盛鱼肉或菜肴的竹篮,用以保鲜。然而猫在下只闻其香而不得其食,当地戏称此为"气煞猫"。

2. 古镇的石桥和南山寺

新场河道密布,呈井字状,河上小桥,河畔人家,展现江南水乡的诱人风光。南北走向、穿镇而流的市河两旁,垒筑朴实坚固的石驳岸,全长 5 千米,其中有 1 532 米是经历元、明、清及民国四代垒建而成,青灰色的石灰岩石材是明之前所用的垒石,棕褐色花岗岩为明及之后垒石,所需石料约 1.5 万吨。齐整的岸边琢有系船揽石,当地称为牛鼻孔,图形有莲蓬,暗八仙等,玲珑可爱。新场石驳岸是沪上现存历史较早,也是唯一的此类文物,被称为"家门口的文物";洪东街东端的千秋桥是镇上保存最好的古桥,建于康熙年间(1662—1722 年),单孔石桥,东西石阶各有 22 级,南北桥身镌有对联,南联是"愿天常生好人,愿人常行好事";北联为"济人即是济己,种福必须种德";古镇仅存佛教净土南山寺,位在新场大街南端,始建于元大德十年(1306年),当地俗称南庵。主供毗卢遮那佛,香火兴盛。寺后有二棵银杏树,高有30米,虬枝新叶,已历700余春秋。1992年10月,上海园林局在此立有"古树名木保护碑"。南山寺地势开阔,每当雪后初霁,风光无限,为笋山十景之南山雪霁。镇北原有永宁教寺(亦称北山寺),建于元至元年(1219年),寺已毁,唯存一棵700余年银杏(沪上古树名木编号为0047),至今仍然傲然挺秀。

3. 独特的民俗文化

新场地灵人杰,独特的民俗文化和独门绝技异常丰富。四大名绣之祖的顾绣的杰出代表人物韩孟希出生在新场千秋桥东金建村之绣花铺,韩为刺绣世家,韩孟希嫁于沪上露香园顾名世之孙,精于"画绣",当时有"神针"之誉;200余年前,花鼓戏(东乡调)趋于流行,在新场已出现民间艺人组织"花容会",至2003年,新场排演采用花鼓戏男女两人对唱形式的《卖桃子》,荣获了上海市第十届"十月歌会"二等奖,在第二年的"五一"文艺晚会上,登上上海大剧院舞台表演;江南丝竹在新场流行发展有百余年历史,1992年9月,在上海音乐学院内举办,有49个国家和地区参与"第二届海内江南丝竹创作曲目比赛"上,来自上海郊区唯一农民乐队——南汇新场乐队,演奏《浦东欢乐》,获得创作第五名、演出第七名的2个奖杯;锣鼓书,起始于宋代,旧称太保书,1963年镇文化馆创作演出的《王婆骂鸡》入选参加"上海之春"演出,获得优秀创作奖、演出奖,新场锣鼓书名扬上海滩,在以后20余年里,创作演出数十个节目,造就大批艺术人才,为南汇被文化部命名为"中国民间艺术锣鼓书之乡"作出重大贡献;浦东派琵琶是明代南派琵琶"武林逸韵"的重要流派,兴于南汇而盛于新场,1923年新场琵琶高手一曲《平沙落雁》轰动日本大阪城。现在江南丝竹,锣鼓书,浦东派琵琶三项已入国家级非物质文化遗产,成为新场极其可贵的人文旅游资源。古镇在新场大街原中华楼(江南茶楼)改建为"中国锣鼓书艺术馆"(145号),又创建"浦东派琵琶馆"(琵琶国手林石城题字,112号),成为游人必到之地。

锣鼓书、浦东说书、琵琶艺术等已列入国家级非物质文化遗产名录。

椒桃片,塌饼(香瓜塌饼为佳,当地俗称南瓜为香瓜),老八样(当地八种冷菜拼盘)为当地特色小吃。

五、金泽古镇游

金泽位于青浦区之西南,在江苏、浙江两省之间,是江浙两省进入上海的唯一西入口。有108.42平方千米。北枕淀山湖,西依元荡湖,南流太浦河,镇内湖泊星罗棋布,河港纵横,水域占有三分之一。上海1平方千米以上的自然湖泊有21个,其中19个在金泽境内,它是上海郊区水质和大气环境质量最好的地区之一。金泽兴于宋而盛于元,有1300多年的历史。古称有42座虹桥,现存古桥21座,因而有"江南第一桥乡""古桥梁博物馆"之美誉。在镇南水光一色的湖荡边的石亭内,有著名书法家钱君匋所题"淀山湖畔一颗明珠——金泽镇"的碑石。2015年11月2日在贵州举行的第三届"中国梦,村镇梦"市长论坛暨"迅猛2015中国最美村镇"颁奖典礼上,青浦区金泽镇获2015"中国最美村镇"称号。2020年5月13日荣获2018—2019年度上海市文明社区荣誉称号。

1. 金泽的"桥"

据《金泽小志》记载:"金泽多佛刹,四十二虹桥,桥各有庙",俗称:桥桥有庙,庙庙有桥。

普济桥在镇南绕镇而流的市河上,桥东就是颐浩禅寺山门,俗称圣堂桥,又因雨后桥体石质泛紫,亦称紫石桥。此桥单拱,建于宋咸淳三年(1267年),拱圈内券石上镌刻有莲幡及"咸淳三年"款识。桥长26.7米,宽2.75米,拱径10.5米,两端原设引桥,现已不存。此桥坡度缓,拱跨大,桥面窄,具有宋代桥梁的特征,为沪上著名古桥之一;迎祥桥位于金泽南栅罗田浜,桥西原是万寿庵,此处河道宽阔,水波荡漾,"迎祥夜月"向是金泽八景之一。桥建于元至元年间(1335—1340年)。桥长34.25米,宽2.14米,六柱五孔梁架式,是砖、木、石组合结构。以五块长条青石并列成为壁式桥柱,四组桥柱立于水中。桥梁为楠木,桥面齐整铺以青砖,无栏杆。当地传说是为便于元军骑兵策马疾驰。桥身极薄,略呈弧线,外观相当美观。以材质造型而言,迎祥桥在世上堪称是绝无仅有。

在镇南之市河上,有宋、元、明、清四朝古桥,其间相隔不足200米。宋有普济桥,元有迎祥桥;明代放生桥建于崇祯年间(1628—1644年),桥北原有座总管庙,故俗称总管桥;清代如意桥建于光绪年间,桥南曾有祖师庙,俗称祖师桥。四桥桥体坚固,保存完好。镇北万安亭桥(亦称万安桥)建于宋景定年间(1260—1264年),桥上设置廊亭,俗称"亭桥",当地谚云:四十二虹桥,万安为首。桥长29米。桥之两岸,东有佛阁(寺),西为财神庙,一桥担当两庙,当地戏称"桥挑庙"。万安亭桥历代毁损甚大,经多次修复,其价值已不及和其类似的普济桥(当地称两桥为姐妹桥),然因建造先于其数年,仍列沪上古桥之最。天王阁桥(俗称天王桥)始建于元代,清康熙三年(1644年)重建,因桥北有天王阁而得名,是镇上仅存的三孔石桥。桥体雕刻图纹繁复,有法轮、宝幡、莲座,还有八仙之法器(暗八仙),生动地体现了古人道佛一家的理念。普庆桥又称汴水虹桥,建于1999年,是美国公共电视公司为制作世界名桥的专题纪录片,再现北宋张择端所绘《清明上河图》中东京(今开封)汴水之上虹桥的风姿,选择在桥乡拍摄架设虹桥的整个过程。虹桥无墩,亦不用铁钉,造型优美而坚固,是中国桥梁之绝技和艺术精品。

2. 颐浩禅寺

颐浩禅寺位于镇之中央,建于宋景定元年(1260年)占地近4万平方米,规制宏伟,有"古殿巍峨插半云"之称,元代时成为著名的江南佛寺,规模为苏杭之首。在1930年之前,大雄宝殿已毁于兵燹,然大山门(上有元赵孟頫题额:云峰),小山门天王殿,鸳鸯殿,毗卢阁,梅云堂等仍存。现在寺址上仅有一株银杏树,高25米,绿荫遮天,是元西域僧人奔聂卜西纳手植;两块称之为"不断云"石,长分别为16米和15米,高均为0.66米,刻有祥云图形,舒卷奔涌,凹凸有致,史载是依照元赵孟頫手迹而雕;一幢元至大三年(1301年)由牟巘所撰《颐浩寺记》石碑。

3. 街市

金泽河道驳岸齐整,两侧就是街市,是典型的江南古镇的布局,老宅旧屋鳞次栉比,错落有致,路面是有百年以上的青砖铺成,河边垂柳依依,野花点点,具有水乡风韵。

金泽状元糕和赵家豆腐干是当地特产,也是百年名产。

六、南翔古镇游

南翔古镇是国家4A级旅游景区,上海四大历史文化名镇之一。位于南翔镇之中心,是一个集美食小吃、土特产、购物、休闲娱乐、民俗体验等为一体的千年古镇。南朝梁天监四年(505年),僧德齐云游经过此地,见巨石上一对白鹤起舞,尔后南翔而去。德齐视此为吉祥之地,于是发愿建寺,寺成取名白鹤南翔寺。唐开成年间(836—840年)扩建,咸通八年(867年)

在主殿前增置一座尊胜陀罗尼经幢,唐乾符二年(875年)又置一座,一对石幢大致相同,今高约有10米,7级,三层莲座,柱身八角,浮雕天王、力士及尊胜陀罗尼经文,石幢现已安置在古猗园内了。五代北宋之间(970—1126年)建立一对砖塔,南宋绍定年间(1228—1233年)理宗赐名"南翔寺"。清康熙三十九年(1700年),康熙帝赐"云翔寺"匾额,寺遂易名为"云翔寺"。当时山门前有双塔,双井,主殿有观音宝殿,大雄宝殿,大悲阁等,西北处九品观荷花池。池中竖立宋代普同塔(现移入古猗园内)。规制齐全,殿宇壮丽,已成江南名刹。清乾隆三十一年(1766年)正月,民宅起火,因之云翔寺尽数焚毁,几成废墟。

1. 古猗园

南翔因寺成镇。由于水陆交通便利,通商四方,物产丰富,店坊兴旺,市井繁荣,在明朝南翔就是个风景美丽的江南大镇,旧有"银南翔"之说。明嘉靖年间(1522—1566年)由嘉定派竹刻名家朱稚征(号三松)策划布局,建成猗园,清乾隆十一年(1846年)猗园易主,经整葺之后,改名古猗园。为上海古镇中最大的古典园林。

2. 留云寺

2000年,万象太平,始起移址重建云翔寺,历时3年5个月而成,缘于云翔四海,根留祖基,因此两寺合一,改称留云禅寺。民国期间,留云寺是沪上最大的丛林道场,始建于清末,位于老城厢内,亦称海潮寺,后毁于日寇炮火。新建留云寺殿宇恢宏,结构简洁古朴,富于盛唐建筑气派。山门玄瓦粉墙,褚褐色大门,直棂窗,金匾黑字:留云禅寺,是台湾高僧、原留云寺主持悟明题写,门前一对铜狮。山门内正中佛龛供奉弥勒真身坐像,高2米,以香樟木雕成,真金镏身,左手执千叶宝莲,右手接引势,神态飘逸,是盛唐造像风格。左右站立密迹金刚,俗称哼哈二将。观音殿供奉四面千手千眼观音,十一面四十手,顶上是现如来全身金像,发髻之上为阿弥陀佛,每手一眼,都执法器,形象庄严慈悲。观音像是参仿日本大孤葛井寺的观音造像而塑,体现唐初造像艺术风格。观音四周为天王,这是留云寺一大特色;四大天王戎装,各执长叉,利剑,头顶火轮,特色之二;四大天王举手站立,脚踏命兽,从而体现其护法之神圣职责和地位,特色之三。大雄宝殿为庑殿顶,重檐,出檐深远,正脊两端金色螭吻。正中供奉释迦牟尼佛像,左为东方药师佛,右则西方阿弥陀佛,三佛安置须弥座上,全身贴金,慈祥端坐,气势宏伟。大殿两侧是清铸十八罗汉的青铜坐像,形态逼真,栩栩如生。佛像之后为彩绘壁画《释迦牟尼说法图》,有108平方米,绘制佛、菩萨六十余尊,中央在金叶菩提树下,佛祖当众说法,两侧文殊,普贤,画面金碧辉煌,技艺卓越。留云寺还建有文殊,普贤两殿,伽蓝殿及大势至殿,其后有八功德水和七宝池。钟楼,鼓楼建于高台之上,不设门窗,四方攒尖顶,其造型取于莫高窟第217窟经变图中唐代建筑的形式。在寺内花木丛中散放有20块规格不一的武康石,分别镌刻古今书法大家所书的"禅"字,黄底绿字,独具一格。通向留云寺的老街,恢复了弹硌路的旧貌,两边建筑古色古香,鳞次栉比,极富怀旧情趣。

3. 五代双塔

在南翔寺原址上,五代双塔依旧傲然挺立。从塔的形制考量,具有五代至宋初之时特征。在原山门之外,为南翔古镇八景之"双塔晴霞"。双塔高11米,七级八面,底径1.86米,青砖结构,飞檐斗拱,每层四面为直棂窗,门窗朝向各层互换,每层设腰檐,平座,栏板。顶部塔刹:刹杆、相轮(7级)、宝瓶均为铁铸,构作精巧而典雅,沪上百岁老人苏局仙题有"南翔双塔"。南翔寺双塔成为古镇之象征,现为上海市文物保护单位。2008年,在双塔附近整理出宋景祐十年(1037年)所建山门的遗迹。在瓦砾灰烬中清理出石础,八角石柱,夹柱石等物;还有建寺初期挖掘的八角井,青石井圈上石质开裂,有10余条绳槽,井身砖砌圆形,石板盖在井底,水深约3.5米,经历1500年之后,井水依旧清澈。

南翔小笼是当地特色小吃,也成为上海著名小吃。

七、七宝古镇游

七宝位于闵行区之西,是沪上唯一的都市里的古镇,2020年5月13日荣获2018—2019年度上海市文明镇荣誉称号。此镇汉代称丁家庄,宋初松江七宝寺移建于蒲汇塘之北。大中祥符元年,真宗赐额为"七宝教寺",于是镇缘寺得名。七宝河道纵横,蒲汇、横沥两河连接江、浙,最终汇入黄浦江,水路通达,舟楫繁忙,商贸便利。明清之际镇内布店米肆,酒坊茶馆,百行兴旺,建有寺庙10余座,天主教堂,清真寺是沪上最早的布道场所。千年七宝,其名坊间传为因七件宝物,即飞来佛,氽来钟,神树、金鸡、玉筷、玉斧、金字莲花经之由而得。据清《七宝镇志》等记载:七宝禅寺初为云间陆宝庵,一说后得吴越王钱镠赐其妃历时5年用金粉在蓝绀纸上正书《莲花经》一卷(现藏于上海博物馆);另说钱镠见庵内藏唐金粉所书佛经,因而言:"此乃一宝也",故改七宝寺。

2000年,以南北大街为主体重新整修,称之七宝老街,成为沪上胜景。2005年被评为上海"十大休闲街"之一。七宝中心广场是其标志性设施,还拥有钟楼广场、蒲溪广场、古戏院等群众文化活动场所。

1. 南大街

七宝古镇南大街全长360米,保持着古代"非"字商街格局,以传统餐饮小吃为主。街边小店连绵不断,香气四溢,非常热闹。最为有名的是七宝羊肉,还有糟肉,肉粽、方糕、海棠糕等特色小吃。七宝在明清之际就以酿酒出名,江南以产黄酒声誉天下,七宝却以烧(白)酒而独具一格,这与当地早期有颇多北方移民有关;七宝地势偏高,不宜种植水稻,而烧酒则以高粱、麸皮等原料酿造,成本亦低,应是因地制宜的两全之举,建国之后,烧酒"七宝大曲"风靡沪上。"七宝酒坊"现做现卖,展示制酒工艺全过程,还设品酒宴席,烧酒羊肉成为美食绝配,因而生意兴隆。"老行当"重现旧时百业兴旺景象,以作坊实景,人物蜡像以及当时实物,生动展示铁匠、竹匠、银匠、木作(匠),加工豆腐等传统行业的劳作场面。"棉织坊"展示当地纺织历史及纺、染、织工艺技能。明清两代,七宝棉织行业趋于繁荣,以致出现"比户织作"的情景,南东街成为专门制作、销售纺机和布机的"纺车街"。所产棉布称之"七宝尖",尖即顶尖之谓,曾在英伦大英博物馆设专柜展览。大街南端,富强街上的"蟋蟀草堂"是国内唯一展现历代蟋蟀文化现象的展馆。七宝蟋蟀名噪沪上,尤以名种"铁砂青"饮誉江南。草堂将蟋蟀捕捉、饲养、竞斗的技巧及其器具作了详尽而又生动的介绍。每年秋季,在此举行妙趣横生的蟋蟀节。

2. 北大街

七宝古镇北大街是以展示民俗文化和旅游购物为特色,以旅游工艺品、古玩、字画为主。当地特色商品汇集于此,满目琳琅。著名雕塑大师、画家张充仁(1907—1998年)纪念馆建于蒲汇塘桥之畔。张充仁,七宝人,青年时代求学于比利时皇家艺术学院,其作品在国外多次获得殊荣,曾与漫画大师爱尔热合作编绘《兰莲花——丁丁在中国》风靡欧洲。1992年,创作聂耳铜像(放置在淮海中路、复兴西路口的街心花园里)。1993年雕塑邓小平铜像。纪念馆以"东方英才","雕塑春秋",及"德艺流馨"等5个展区,图文并茂,生动地介绍张充仁生平事迹和艺术成就。

3. 七宝教寺

七宝教寺在蒲汇塘东侧。原名福寿庵,为晋陆机、陆云(世称云间二陆)之家祠,俗称陆宝庵(院),原址松江(云间),在宋初三移于此地,已易名陆宝寺。元代已具规模,赵孟頫诗赞有"探奇来宝地,名刹冠丛林"之句;明万历十三年(1585年)重修,寺舍有千余间,号称郡东第一刹,清咸丰年间(1851—1860年),毁于兵燹。2000年移址重建,历时2年而成,新寺建有山门、钟鼓楼、天王殿、大殿、藏经楼,并建七层宝塔,辟牡丹园,规制宏大壮观,具有盛唐建筑风格。

4. 蒲汇塘桥

蒲汇塘桥是七宝古镇的标志,俗称七宝塘桥,始建于明正德年间(1506—1521年),原是5拱有桥廊,现建成了拱石桥。桥之东、西各有平安、康乐双桥并列。立于桥上,远眺七宝塔,两岸民宅青瓦白墙,错落有致,鳞次栉比,红灯高挂,游船荡漾,橹声欸乃,极具水乡的风韵。

七宝皮影戏是当地民间艺术中的奇葩;"十条筋黄金瓜"是著名特产。

八、高桥古镇游

高桥古镇位于(浦东新区东北部、长江口沿岸)。在上海众多古镇中,相比朱家角、七宝等古镇,高桥应该是非常低调且默默无闻的。高桥又名"清溪",原为渔村荒滩,屯垦开发,捍海自卫,农桑既兴,市集渐成。为避战乱,南渡居此者颇多,自此建镇。南宋建炎三年(1129年),始建临江乡,为高桥建置之始。清(1910年)设高桥乡,经历这八九百年的历史,也为古镇留下众多古迹,如宋黄俣墓、顺济庵、法昌寺、明永乐御碑、老宝山城及双孝坊等文物。高桥老街上有不少老建筑,如西街饭店,古色古香;高桥人家陈列馆是民国初期建筑,借用凌氏民宅,再现了当时高桥一个大户人家的生活与居住情景;古镇西街的黄氏民宅,建于20世纪初,现为"高桥绒绣馆",陈列国家级非物质文化遗产名录——上海绒绣作品。高桥是中国绒绣的发祥地,也称"绒绣之乡";老街上还有三峡石图艺术馆,是一座有着百年历史的老式四合院,极具江南水乡风格的典型民国古建筑。该馆内收藏众多来自长江的天然卵石,拟人似物,惟妙惟肖。石头上有图文,称为石图。展馆收藏了300余枚石图,让参观者感受三峡的微观之美。

高桥港上有一座万寿桥,是一座仿古三孔石拱桥,高耸在河上,与古街名宅巧妙融合,成为高桥镇标志性建筑之一;长兴菜馆是有百年历史的老字号,是本帮菜的发源地,高桥特有的三宝特产:松饼、薄脆和松糕。其中高桥松饼风味独特,余味无穷。起源于光绪二十六年,皮薄层多,馅足,酥松,甜而爽口,香气浓郁。

可见,高桥古镇的文化底蕴也较深厚,如建筑文化、土布文化和本帮菜文化等各具特色。其中高桥松饼制作技艺、上海绒绣制作技艺都已列入国家级非物质文化遗产名录。

九、张堰古镇游

张堰古镇位于金山区域中部、上海的西南部,南接杭州湾大桥,北望上海市中心,是金山区中部的经济文化重镇,更是规划中的金山新城区"后花园"。2010年获"中国历史文化名镇"荣誉称号。2017年11月获评为第五届全国文明村镇。

该镇旧名赤松里,相传汉留侯张良从赤松子游曾居此,故又称留溪、张溪,晋朝已形成商市,时称留溪镇。唐代为御海潮置华亭十八堰,其中之一为张泾堰,镇袭堰名,俗称张堰。张堰镇之名,从唐末五代沿袭至今已有一千一百年。

张堰镇位于长江三角洲南翼,太湖流域碟形洼地东南端、全境地势低平,自北西至东南略有升高,河渠交织成网,有利于农业经济的发展。改革开放以后,张堰的工农业(一、二、三产业)都有了飞速的发展。由于该镇历史悠久、文化厚重、古建筑众多,老镇区原有大小弄巷29条,有保存较好的清代以前建筑4大块:破弄、政安弄、西河沿和南社纪念馆建筑群。此外还有白蕉故居和高天梅故居,在高天梅故居中有清代金、银桂各一株,已有150年历史,至今仍生机勃勃。在百家村有建于1933年的百家天主堂(现为金山区天主教总堂)。旧港村有保存完好的清代单氏节孝坊。

张堰镇有深厚的文化底蕴,据《重辑张堰志》载,有明清两代所著书目269种。民国期间姚石子编著的《金山艺文志》更为方志界、学术界所推崇。

2020年5月13日,张堰荣获2018—2019年度上海市文明镇荣誉称号。

目前值得一游的景点有张堰公园(原为明代吴家花园)、张堰玉兰园(属金山万亩生态林之一部分)。

第三节　上海主题公园旅游

主题公园是现代人文旅游景观中的一个重要组成部分,是用现代高科技武装起来的大型游乐场所。如全球闻名的迪士尼乐园,深圳的四大主题公园(中华民俗文化村,锦绣中华,世界之窗、欢乐谷),香港的迪士尼乐园,宋城等均属于主题公园的范畴。而上海自改革开放以后,也陆续出现不少的主题公园,其中比较有吸引力的是已于2016年6月开始运营的上海迪士尼乐园,上海欢乐谷,新江湾城的安徒生儿童文化公园,东方绿舟,上海大观园,上海浦东凌空农业大观园,申隆生态园等。它们都是市民和海内外游客进行休闲旅游的热门场所,必将给游客带来更多的快乐和享受。

一、上海迪士尼乐园

目前全球有6家迪士尼主题公园,美国本土两家:洛杉矶迪士尼乐园,奥兰多迪士尼乐园;日本东京迪士尼乐园,法国巴黎迪士尼乐园,中国香港迪士尼乐园和中国上海迪士尼乐园。

(一)上海迪士尼乐园概述

上海迪士尼乐园,位于浦东新区川沙镇黄楼社区旗杆村和赵行村,是中国第二家,亚洲第三家,全球第六个迪士尼主题公园。迪士尼落户上海,是看中了上海的优越的地理区位,经济区位和人口规模条件,上海是中国第一大都市,全国的经济中心,金融中心,商业中心,长三角区域的龙头;它位于我国东部海岸的中部,长江的入海口交通方便,腹地广大,游客的可进入性强;其人口规模条件也是其他迪士尼所在城市无法比拟的,2010年上海全市常住人口约1 900万,2015年全市常住人口2 300多万,长三角约有2 500万,客源充足;选地位于浦东郊区,动迁压力相对较小,且无需填海。另外,据统计分析,目标市场人口,距上海三小时火车或自驾车路程内有3.3亿人,因此,上海迪士尼未来的发展前景是极其光明的。其占地面积,上海迪士尼乐园(包括后勤区域)大约为910 963平方米(225英亩),若加上停车场则为1 160 000平方米(287英亩),主题乐园投资为245亿人民币(或37亿美元),酒店及零售餐饮娱乐投资45亿人民币(7亿美元)。主题园区有米奇大街,明日世界,梦幻世界,探险岛,奇想花园,宝藏湾,星愿湖等景区。其中,有些是上海迪士尼所特有的,如宝藏湾,星愿湖等。

上述6个迪士尼乐园如加以对比,可知:上海迪士尼规模大小、入园动机在全球第三,门票与其他乐园基本持平,从人均开销,如门票,住宿等比较,上海迪士尼最具竞争力,花费是最低的,美国的奥兰多迪士尼乐园规模最大,共有 12 228 公顷,相当于 168.7 个故宫或 218.4 个欢乐谷那么大。上海迪士尼的规模相当于 7 个欢乐谷大小,排在第三名。上海迪士尼乐园里有诸多全球首发游乐项目,精彩的现场演出带来多种奇妙体验,无论男女老少或年龄大小,都通能在这里收获快乐。

(二)上海迪士尼乐园的特色

上海迪士尼乐园既体现了全球迪士尼乐园的共同特色,又体现了中国传统文化和上海地方特色的内容,即乐园在体现原创文化的同时,也结合了中国传统文化中的一些传说故事,有些项目也是全球首发游乐项目。如迪士尼小镇是迪士尼创立的一个新概念,它不同于一般的市集小镇。它是专门为迪士尼乐园配套服务的区域,人称乐园外的乐园。据悉,上海迪士尼度假区的面积已达 3.9 平方千米,它包括迪士尼乐园、两座主题酒店以及零售、餐饮、娱乐等多个区域,浦东的迪士尼小镇,其风格和形式比较接近奥兰多迪士尼的迪士尼小镇,也是个依湖而居的风水宝地,不失为一个人气颇旺的集购物,餐饮,娱乐一体的世外桃源。小镇里没有居民,只有游客,而且无需购票入内,是对浦东迪士尼乐园的一种补充,并让游客在出园之后可以继续在此得以休闲娱乐,同时,也会吸引大量没有时间进入迪士尼乐园的游客来此感受迪士尼的氛围。小镇的设计充分考虑中国游客的喜好,将迪士尼佳境与经典中式设计及海派文化元素进行了完美融合。佳境海派石库门建筑风格被充分运用于迪士尼小镇,代表了迪士尼对这一上海独特传承的敬意。小镇由五个各具特色的区域组成,即小镇湖畔、小镇市集、百食香街、百老汇大道与百老汇广场。每个区域依靠各自的特点为游客提供丰富多彩的独特体验。

又如上海迪士尼乐园米奇大街,是全球迪士尼乐园中第一个以米奇和他的欢偿伙伴们为主题设计的迎宾大道,米妮、唐老鸭、黛丝、高飞以及布鲁托等一众伙伴将在这里欢聚,让游客们在进入其他主题景区前就有机会了解关于经典的迪士尼朋友和他们的故事,例如在帕帕里诺冰激淋店内的壁画上,会看到冰激淋店老师唐老鸭的意大利家族族谱。米奇大街有许多美丽的马赛克拼瓷,拼瓷上描绘了很多迪士尼明星。大街也是一个热闹的集市,游客步信步漫游,尽情地挑选精美的商品,其中有许多商品是特为中国游客而设计的,大街分为四个街区,游客可在此与喜爱的迪士尼朋友热情拥抱,合影留念,这四个街区是欢乐广场街坊的中心花园广场邻近奇想花园,市集区位于街外围,剧院区位于规范市集区对面,每个街区都带着迪士尼特有的积极乐观迎接着四面八方的游客。游客在米奇大街可以体验的亮点有大钟塔,M 大街购物所,米奇好伙伴美味集市,小米大厨烘焙和甜心糖果,代表着米妮童年的家,该店是为了庆贺迪士尼第一对情侣米奇和米妮。

米奇大街作为独一无二的入口迎宾大道,成为迪士尼度假区全球首发亮点,蒸汽船米奇喷泉在上海迪士尼乐园首次亮相,该喷泉运用了比华特早期原版动画更为现代的米奇造型,并赋予其时尚风格。喷泉位于乐园入口处,指引游客进入米奇大街。

另外,特别为上海迪士尼乐园打造的"奇想花园"赞颂着大自然的奇妙和想象力带来的快乐,它包括七座风格各异的花园,十二朋友园、音悦园、浪漫园、碧林园、妙羽园、幻想曲园和童话城堡园,分别呈现了亲情、友情与欢乐的主题。每座花园都充满了趣味盎然的活动。花絮叶锦的景观设计,以及欢乐谷的合影机会。其中十二朋友园是全球首创。在这里有 12 幅大型马赛克壁画,生动描绘出化身中国十二生肖的迪士尼及迪士尼皮克斯动画的角色,游客在此可以找到属于各自的生肖形象,在这个由中国手工艺匠建造的生肖壁画墙前合影留念。十二朋友园,将迪士尼标志性的故事讲述和传统中国元素完美融合,为游客创造与本命年生肖合影的绝佳机会,与亲朋好友一起在此留下永恒的美好回忆。在上海迪士尼度假区精选出 12 位迪士尼动画明星:鼠年—小米;牛年—宝贝蓝牛;虎年—跳跳虎;兔年—桑普;龙年—木须龙;蛇年—卡奥;马年—桿马,羊年—欢乐小羊;猴年—阿布;鸡年—阿伦;狗年—布鲁托;猪年—火腿。幻想曲园中的幻想曲旋转木马是由中国手工艺匠打造,72 种颜色美妙的交织,62 匹飞马爸爸和飞马宝宝与两辆马车在其中回旋翱翔。它是全球迪士尼乐园中第一座缤纷多彩的旋转木马。童话城堡园中的漫月轩,是一间以中国建筑风格为基调,配以装饰着山,海,漠,林,河的符号的餐厅,向中国文人墨客恬适又充满创意的精神致敬,也赞颂这壮丽山河所带给他们的灵感。它首次在迪士尼乐园融入了漫月为主题的故事。

上海迪士尼名园梦幻世界,是上海迪士尼乐园中最大的主题园区,宏伟壮丽的奇幻童话城堡,坐落其中。游客可以在城堡上俯瞰童话村庄和神奇森林,也可以在各类精彩有趣的景点中沉浸于游客喜爱的迪士尼故事。其每个角落都将深深吸引各年龄层的家庭成员。游客们也可乘坐晶彩奇航经历熟悉的迪士尼故事,这一体验也将成为上海迪士尼乐园又一全球首发游乐园项目。梦幻世界的体验亮点有:晶彩奇航,七个小矮人矿山车,旋转蜂蜜罐,爱丽丝梦游仙境迷宫(第一个以帝姆、波顿的真人电影《爱丽丝梦游仙境》为主题的景点)小飞侠天空奇遇,冰雪奇缘:欢唱盛会,老藤树食栈,皮诺丘乡村厨房,梦幻世界中的奇幻童话城堡,不仅是上海迪士尼乐园中的最高建筑,也是世界上最高最大、最具互动性的迪士尼城堡。它是乐园中最引人注目的地标,城堡的高雅的塔楼直指云霄,代表着憧憬,希望与童地心的奇顺颂商棋,城堡的制高点是一枚融合独特中国元素的金色装饰光顶,为这座神奇王国增添一份异彩;其顶端是一朵金色的中国名花牡丹,牡丹花下方一簇簇迪士尼神奇之星从中心圆杆向天空四射绽放;另一枚金色尖顶则特别呈现了代表上海市花的白玉兰,以及象征着迪士尼各位公主的迪士尼皇冠。

城堡矗立于上海迪士尼乐园的中心,是浪漫、欢乐、探险和圆满的幸福起源。在城堡舞台上演的日间秀将上演全部迪士尼公主的故事,绽放迪士尼的神奇魅力,传达坚定的信仰—梦想一定会实现。宏伟蜿蜒的城堡阶梯将引领游客踏上漫游童话时光之旅。这个特别为上海迪士尼乐园设计的游乐项目将带给游客难忘的体验。游客将第一次在全球迪士尼乐园中与动画版的白雪公主互动,漫步于她的故事世界。

上海迪士尼乐园探险岛也是全球首发亮点之一。它将带领游客进入新发现的远古部落中,还有隐秘的宝藏。巍峨的雷鸣山令人一眼就能找到"探险岛园区,"而它也是一则古老传说的发源地,在山脚的游客可以去古迹探索营走出自己的探索之路,证明自己是真正的冒险家,还可登上惊险的战艇历险雷鸣山漂流,深入探险岛腹地,上海迪士尼乐园是全球首座拥有古迹探险营的迪士尼乐园。

上海迪士尼乐园"宝藏湾"是全球天南海北的迪士尼乐园中第一个以海盗为主的园区,这是特别为上海迪士尼乐园打造的。"宝藏湾"的传说要追溯到十七世纪,整个园区融合了多种建筑风格,有两艘巨型海盗船、海盗主题餐厅及一个欢乐的游水区。无论老少都将赞叹"加勒比"海盗——沉落宝藏之战中的场景,或是在凡迭戈剧院近距离观赏特技表演与杂技。

上海迪士尼乐园明日世界,是迪士尼公园为上海迪士尼乐园打造的全新明日世界,展现了未来的无尽可能。它选用了富有想象力的设计,尖端的材料和系统化的空间利用,体现了人类、自然与科技的最佳结合。它所传达的希望、乐观和未来的无穷潜力,正是迪士尼乐园最初的三大主题,也将与中国游客进行分享。明日世界的体验亮点有:创极速光轮、巴斯光年,星际营救,星球大战远征基地,漫威英雄总部,太空幸会史迪奇,星露台餐厅等。

上海迪士尼乐园的神奇之旅,不仅包含了激动人心的游乐项目和景点,更充满了精彩纷呈的娱乐演出。从中国的杂技演员到舞者和音乐主持人,充满活力、多才多艺的表演者们将用迪士尼经典的现场娱乐演出使海内外广大游客流连忘返。这种娱乐演出的演出亮点有:精美绝伦的舞台秀,宝藏湾的风暴来临——杰克船长大惊天特技大冒险,探险岛的人猿泰山,奇幻童话城堡的日间舞台秀。梦幻世界的冰雪奇缘,欢唱盛宴,点亮奇梦,夜光幻影秀,米奇童话专列日间主题巡游,上海迪士尼乐园乐团的街头表演等。

上海迪士尼乐园已于 2016 年 6 月 16 日正式开园,平日门标价格为人民币 370 元,高峰日门票价格为人民币 499 元,适用于节假日、周末(双休日)和每年 7—8 月的暑假。按照迪士尼惯例,乐园门票提供多种优惠:儿童(身高 1.0 米以上至 1.4 米),65 周岁以上老年人,残障游客购买门票可享受七五折优惠,身高 1.0 米及以下的婴幼儿可免票入园。此外,购买两日门票可享有总价九五折的优惠。

按照迪士尼度假区的惯例,游客持 11 张上海迪士尼乐园的门票可全天通行乐园内所有的游乐项目和娱乐演出,包括六大主题园区和全部娱乐演出。

二、上海欢乐谷

上海欢乐谷(松江区林湖路 88 号)地处松江佘山国家旅游度假区,位于佘山之东,是华侨城集团投资 40 亿元,历时 3 年,于 2009 年 9 月 12 日建成开业。全园占地面积 65 万平方米,拥有 120 多项老少皆宜丰富多彩的游乐体验项目,50 余处人文生态景观,8 大艺术表演系列和 7 大主题娱乐区,是国内占地面积最大,科技含量最高,活动设施最先进,文化活动最丰富的主题公园之一,是中国首个连锁主题公园品牌,国家 4A 级旅游景区,完全能满足不同层次人群的娱乐需要。

全国共有 7 大主题娱乐区:分别是阳光港、欢乐时光、上海滩、香格里拉、欢乐海洋、金矿镇和飓风湾。这里的观赏我是个验设施多是从欧美国家引进的世界顶尖科技娱乐项目,如全球至尊无底板跌落式过山车绝顶雄风,国内首台木质过山车谷木游龙,世界最高落差的激流勇进,全球最受欢迎亲子悬挂过山车大洋历险,国际经典旋转类亲子游乐项目小飞鱼,亚洲惊险之塔,天地双雄一,国际领先级 4K 高清飞行影院,最新 4D 过山车模拟体验馆海洋之星……荟萃大型多媒体歌舞秀《欢乐之旅》、原创魔术剧《奇幻之门》,影视特技实景剧《上海滩》,气势恢宏的大型马戏实景表演《满江红》、零距离海狮互动等精彩演艺,上述七大主题区由长约 2 千米的主环道和 2.5 千米的游览水路串联起来,成为当时中国南方规模最大、项目最多、景色最美、科技含量最高的原创型的上海旅游胜地。2012—2016 年上海欢乐谷连续五年荣获"问鼎旅游行业大赏"年度"最受欢迎景区"。

欢乐谷中最有刺激性的游玩项目是"谷木游龙""绝顶雄风""天地双雄";最浪漫的莫过于"旋转木马";最痛快的是"欢乐对对碰";最盼望的飞行梦想是"摇摆伞"。此外,还有"大摆锤",全面长虹级的海盗船,以 110 千米/小时将你送达 15 层的高空,尽览水天一色的风景,"四柱影院"带你身临其境进入一场奇幻的冒险之旅,"蓝月飞车"从 30 米高空俯冲,带给你自由飞翔的美妙感受,矿山历险,以速度快,提长虹高,围转多闻名的巷道式矿山车,带给你历险般滑行体验;峪谷漂流,让你进行一场浪漫的漂流奇遇;激流勇进让你享受畅恰似淋漓的勇敢之旅,还有水上飞艇,海岸蚁兵队,海洋之星,疯狂精灵,完美风暴,等游玩项目也很有浪漫性和刺激性。

三、锦江乐园

锦江乐园(虹梅路 201 号)是上海创办的第一家大型游乐型主题公园,也是集旅游,娱乐,休闲餐饮于一体的全天候游乐城,占地 10.3 万平方米,于 1985 年 2 月 1 日正式开放。现为国家 4A 级旅游景区。乐园分成"陆上世界"和"水上世界"两大部分,共有 40 余项刺激惊险或休闲娱乐的游乐项目,适合各种年龄游客游玩。其中有 18 项大型机械旋转型的项目是从国外引进。1998 年乐园投资 9 000 余万元,引进国内最先进的"欢乐世界""峡谷漂流"2 项大型游乐设施;2000 年又引进目前世界上流行的极刺激、极富娱乐性、极安全的"探空飞梭",并改建了高架观光列车,并命名为"锦江新干线"。上海大转盘之顶点距地为 108 米,有中国第一天轮之称。晚间巨盘七彩灯光变幻闪烁,成为乐园标志性景观。欢乐世界是目前国办唯一的,具有中国特色的迪士尼娱乐项目建筑造型别致,色彩绚丽,游人乘着游船缓缓而行,一路能欣赏到 26 个中外著名童话故事的卡通画面;峡谷漂流;激流勇进是让人乘坐从 15 米高台上伴着惊叫疾速而下。乐园中超级千秋,海盗船,豪华双层转马(供 116 位游人进行)步步惊魂、遥控赛艇等是游人举家同乐的项目,有惊无险,深受好评。乐园的现代游乐设施之间有草坪、绿树、环岛河、欢乐岛,还架设欧洲风情桥,布局独具匠心,景色宜人。并营造了"喀斯特溶洞""古董相机楼""灿影剧院"等富于特色的游乐场所。乐园内建有餐厅、茶室、咖吧、休闲室等。正大门之北还有锦江之星,可供游人休闲度假。获得首批"上海市诚信服务先进单位"称号。

四、上海大观园

上海大观(青商公路 701 号)位于淀山湖畔,为国家 4A 级旅游景区。1979 年始,历 9 年建成,面积 9 公顷。1991 年定名为上海大观园。大观园运用中国古典园林的所有艺术手法,完美地再现《红楼梦》大观园的格局和意境。既有北方园林富丽华贵的所派,又兼江南园林的典雅精致的情调。因地制宜,匠心独具,院落居室,家具,陈设,楹联,题额都能有据可依,准确反映出主人的性情识见及为人之首。它是根据清代名著《红楼梦》的描写设计而成的大型仿三园林,曾获国家鲁班奖,上海市"白玉兰奖""上海市十佳建筑","新中国 50 周年上海优秀建筑",被评为国家 4A 级旅游景区。上海市五量级公园。"十佳休闲新景点"等项,也是国内外影视最佳取景,拍摄基地。自开放以来,接待游人达 1 600 万人次。主要景点"照壁"大观楼(省亲别墅)、怡红院、潇湘馆,蘅芜院,秋爽斋,稻香村,梨香院,拢翠庵,红香圃,青云塔等 20 余处。大观园楼宇有序,绿荫深重,碧波水光,奇石嶙峋;春有桃,夏有莲,秋有桂,冬有梅,四季风光宜人。照壁高 3 主有余,宽达 7.2 米,加之两边牡丹花饰砖雕翼墙共有 17 米,南壁由 18 块花岗石组成,镌刻女娲补天,宝石下凡的故事;背面汉白玉浮雕金陵十二钗,线条流畅,人物神形俱佳。大观园利用江南水乡特点在园中布置了大面积人工湖。以大门—体仁沐德—大观楼为中轴,有 10 多组建筑、20 多个景点,建筑面积共 7 837 平方米。其中大观楼是主体建筑,在湖之北,位于中央,双门楼、二进,两侧厢房,主楼(题额顾恩思义)重檐歇山顶,绿瓦飞檐,2 层。楼内陈设百鸟朝凤立屏,铜铸造麒麟,凤凰,立鹤灯台,落地香亭以及玉如意沉香拐杖,伽佛珠都是宫中之物,点明此是王妃元春省亲别墅,也是元春节首家亲国礼之处;后堂(题额:辅仁谕德)便是元春向长辈行家礼的地方。怡红院在西,门额怡红快绿,进院右见海棠,左是芭蕉,隐喻贾宝玉之高雅和脂粉气;正屋绛芸轩内嵌玉地屏背后不是当年刘姥姥酒醉误人,照见满头插花的老婆子的穿衣镜。园东原是竹林,潇湘馆意境,因而将馆从怡红院旁移建于此。林黛玉卧室在东屋,塌几上药罐汤碗,地上放着炭盆,展示黛玉抱病焚稿的悲凉场面。潇湘馆之北即稻香村,是金钗之一李纨寡居之处。柴门相引,井台轳辘,泥墙农舍,一派水乡景色。

淀山湖畔的梅坞春浓植梅4 000余株30余个品种,是沪上探梅胜地,为江南四大梅园(杭州超山,苏州香雪海,无锡梅园)之一,梅坞之南是金桂飘香,植桂3 000余株,是金秋赏桂佳处。

每年上海旅游节在大观园举办独具魅力的红楼艺术节。

五、东方绿舟

东方绿舟(沪青平公路6885号)坐落于碧波荡漾的淀山湖畔,面积为5 600亩地,水域占其三分之一,淀浦河穿园而过。是上海唯一的集拓展培训青少年社会实践、团队活动以及休闲旅游为一体排在型公园,是全国最大的青少年校外活动营地。园内有大树12万余棵,种类400余个;绿竹10万株,38个种类;大草坪四季青翠,是沪城之最。整个绿化面积也占全园三分之一。东方绿舟平面形如张帆之舟,行驶于淀山湖上,故名。它由智慧大道区、勇敢智慧区、国防教育区、生存挑战区、科学探索区、水上运动区、体育训练区、生活实践区等八大园区组成。入正门是地球广场,由北而上是长700米的智慧大道,石砌大道宽25米,两侧芳草地间安置着有82组,162位世界著名思想家,科学家及艺术家的塑像,造型栩栩如生。大道北端是风帆港湾广场,有一座巨大的白色风帆雕塑耸立于中央,为东方绿舟的标志。地球村有30幢依照世界各地不同风格营造的民居建筑,形成五彩缤纷、童话世界般的别墅群。在此入住的学生以自主管理为原则,以培养独立自主的能力。淀浦河之北建有篮球、排球衣、乒乓球、室内足球及游泳等8个大型现代化训练馆。在室外还有田径、网球、足球、篮球训练比赛场所。勇敢者的道路,拓展园区、趣桥世界和攀岩广场组成了以"勇敢智慧"为主题,形成适合青少年磨砺意志、发挥才干的专题区域。攀岩墙高16米之上,正背两面有9个攀道,号称华东第一。利用园内丰富的森林、湖泊、草地等生态资源,引导青少年开展生态调查、水质测度、地形测量、天文观测(星空观摩)及科技制作等动脑用手的活动,让学生在教室里所学的书本知识,实践于广阔的天地之间。淀山湖是进行水上运动的最佳场所,园内开设龙舟竞渡、帆板、皮划艇及水上游艇等赛事项目,从而锻炼青少年的胆量和耐力。

仿真航空母舰是全园最精彩,对青少年最具吸引力的。一层是武器装备馆,二层是国防教育馆及国防安全教育馆,底舱是陆海空模拟训练厅,能参拟射击。航母的周边置放全真的飞机、大炮、水陆两用汽车等,都是从军营退役的。

东方绿舟作为上海最大的生态休闲及青少年实践活动为主题的公园,全园道路纵横,水域浩渺,有21座造型各异的桥梁贯连相通。游人可以选择四轮休闲车、双人自行车以及观光电瓶车悠闲地来往各景点之间。该园现为国家4A级旅游景区。

六、上海浦东凌空农艺大观园

凌空农艺大观园(华州路1号)占地1 030亩,是个以高科技农业、珍稀动物养殖、休闲旅游及宾馆餐饮为一体的农庄式的公园,是浦东新区最大的"农家乐"旅游景点之一。园内有沪上唯一的云集了160余个国家和地区各种珍异的瓜果型植物,茂盛的绿荫之中,生长着印度的蛇瓜、荷兰的青瓜、美国巨型南瓜、日本卡罗樱桃等。动物乐园内鸵鸟与骏马齐奔,百鸟欢鸣,百余只孔雀张屏迎客,狗、猴等动物明星为游人献演妙趣横生的节目。在奇石岩洞中,展放数万块(树)木化石、钟乳石,它们曾经与恐龙朝夕相处过。游人可以在碧波荡漾的河里泛舟;可以在树枝摇曳的岸边垂钓;可以在齐坦的道路上策马。在瓷艺馆里,游人惊叹于曾获吉尼斯世界纪录的双龙戏珠瓷塑由数万件瓷器巧妙组合而成;精致而又生动的水泊梁山 108 将的彩塑瓷像。智力迷宫更是青少年之所爱。农艺园由 500 个现代化智能大棚组成,茁壮地成长着纯绿色的菜蔬瓜果。大观园内还有中国历代钱币馆让游人观赏;农家怀旧馆让游人徘徊。走进鸵鸟农村酒家还能端出大盆小碟丰盛味正的农家菜肴。目前该园已被命名为上海市科普教育基地、全国农业科普示范基地等。

七、申隆生态园

申隆生态园(青浦区青村镇沿线公路上)坐落于奉贤区钱桥镇青村镇、奉城镇的交界处;和碧海金沙相连,占地 1.1 万余亩,为全国农业旅游示范点。是以绿色生态(森林)为主题,具有江南水乡特质,集休闲度假、健身康复、会务于一体的综合性公园。全园湖泊水面占五分之一以上。森林覆盖面为 70%,有"南上海天然氧吧"之称。进园道路两侧是百余棵粗壮的银杏树,绿荫蔽天。草坪上灰白相间的鸽子展翅翱翔,欢快地迎接游人;天鹅湖里鸳鸯戏水,天鹅优雅地在漫游。百鸟园是一大特色,园内有近 90 种世界上珍稀鸟类集栖,在此云雀鸣叫嘹亮,丹顶鹤舞姿潇洒,孔雀开屏争艳,还有艳丽的虎皮鹦鹉、浪漫的相思鸟、机灵的画眉、乖巧的喜鹊等。园内还有草莓、葡萄、苹果、橘、梨、枣等果园,此地四季飘香,硕果满枝,满目琳琅。儿童乐园内有阿拉伯飞毯、风滚绳、骑木马等 13 项少儿们乐此不疲的游戏设施,尤其是海盗船、滚珠滑梯更让他们流连忘返。湖畔、绿荫之中是供游人度假、休养的别墅群,白墙,蓝色屋顶,造型简洁雅致。生态园还开设土鸡岛、野兔林,让游人在此亲手去捕猎,由餐饮中心烹煮,然后细细品尝,定然是更有滋有味。还有"农家乐"文化一条街,为该园二期工程,2007 年正式开放。还有教育培训中心,接待学生来此参加军训、学农劳动和社会实践活动。

申隆农耕文化馆富有知识性、趣味性及参与性,是科普教育的新景点。

八、上海九子公园

九子公园(成都北路南苏州路口)是以上海老式弄堂传统游戏为主题的公园,展示海派弄堂文化丰富而有趣的风采活动的公园,2006 年 1 月竣工开园。所谓九子就是掼结子、抽陀子、跳筋子、滚轮子、打弹子、套圈子、顶核子、扯铃子、造房子等 9 种孩童时代的游戏。这种不奢华、少耗费、方法易、参与强的上海小囡惯常的老好白相(很好玩)的游戏,几乎是所有在上海长大的市民,都会和九子中的某子有过一段缘分,在白相过程中的那种认真和执着,甚至于争吵和赌气也都能记忆犹新,以致乐于作为茶余饭后谈笑。公园的外墙上悬挂有 9 幅不锈钢网画,总称为《弄堂里的记忆》,生动地记录并且保存着沪城独具魅力的弄堂文化风情。公园内有花岗石材料的硬质场地和塑胶地坪的软质场地,以适应九子运动的不同需要。

九、马陆葡萄主题公园

马陆葡萄主题公园(嘉定区浏翔公路大治路 27 号)在镇之东北,始建于 2005 年 3 月,2007 年正式开放,是一个集葡萄种植、生产、科研、示范和旅游休闲于一体的葡萄产业基地。马陆镇有"葡萄之乡"的名称,公园以葡萄为主题,紧扣葡萄文化,浓墨重彩地着力展现休闲葡萄园、水上葡萄园、葡萄科普园、蔬菜园、水果园、葡萄酒堡、葡萄盆景、葡萄长廊等 8 大景区的独特魅力,从中生动介绍葡萄种植、葡萄品类、葡萄名酒、葡萄园艺有关专业的知识。由于布局合理,环境优美,富于创意,2006 年就被评为全国农业旅游示范点。游人漫步其间,能够体验亲手采摘葡萄的乐趣,享受品尝极品葡萄的情调,也能领略到正宗农家菜的美味。2012 年 7 月 8 日上海马陆葡萄节在此隆重开幕,举办至今已是第十二届。现为国家 4A 级旅游景区。

十、上海的体育主题公园

1. 闵行体育公园

闵行体育公园(农南路 55 号)现为国家 4A 级旅游景区。2004 年 1 月正式开放,占地 1 260 亩,总投资 5.7 亿。公园突显体育特色,将体育运动、休闲娱乐的项目融于独特而优美的景观之中。设有体育场馆区,热带风暴水上乐园,青少年活动中心以及湿地,卵石溪流,锦绣湖,翡翠山林等 10 个景区,景区之间由 18 座风格迥异的桥梁连接贯通。正门对着高 20 米,全国公园中最高大的亭子——膜亭。站在亭下观景台,眼前呈现百余亩终年翠绿的大草坪及高 25 米的翡翠山,左侧锦绣湖里有栽种 10 种果树的花果岛,湖面上开展各种水上活动。湖西木栈道长有 400 米,为沪上公园最大。公园还设置沪上民众老少咸宜的山坡长滑道,迷你高尔夫球场,游艇,水上自行车,垂钓,足球,篮球及儿童自行车等单项体育活动的设施是上海市民举家参与和体验体育,健身乐趣的综合性场所。2005 被评为上海市五星级公园。

2. 普陀体育公园

普陀体育公园(金通路 158 号)位于人口稠密的桃浦地区,占地 100 亩。公园拥有一个依照国际标准建造的足球场以及规范的 500 米划艇河道等一流体育设施,是青少年健身及体育比赛非常理想的场所。该公园全年全天免费对公众开放。

十一、长兴岛郊野公园

长兴岛郊野公园(崇明区长潘圆路 1999 弄 9 号)是上海规划建造的青西、浦江,松南,嘉北等首批七个郊野公园之中规模和面积最大的。规划总面积为 29.69 平方千米,约占长兴全岛的三分之一,现已建成的一期工程面积为 5.58 平方千米。长兴岛位于上海市区之北、长江之入海口,盛产柑橘,有橘乡之称,天净水清,称之净岛;岛上长寿老人数众,因而也有长寿岛之美誉。长兴岛郊野公园就建造在原前卫农场 5 000 亩橘园之内,所以每当橙黄橘绿之际,相比地橘香四溢,硕果累累;完整地保存着建成 30 余年同,以有活化石之称水杉树防风标,所以有着杉树王国之称,现在密林深处许多林荫小道,盛夏之时,供游人漫步纳凉。又新增种植桃,梨,樱桃,葡萄等果树,形成生机勃勃的绿色海洋。郊野公园由橘园风情、农事体验、文体活动、森林涵养、综合服务等五大板块,使之成为设施先进齐全的现代化大型园林。2016 年 9 月一期完工,10 月 22 日长兴岛郊野公园免票试开园,当天泰和杯 2016 崇明森林半程马拉松赛鸣枪起跑,以作开园庆典,长兴岛郊野公园之大,摘得上海之家的桂冠,然而也无疑是其一抹亮色。橘植之乡、杉树云园,还有 960 公顷浓郁的生态林地,浓绿重彩,绘制出江南水乡郊野美丽的风貌。走进长兴岛郊野公园绿树成荫,满目苍翠,到处鸟语花香,芳草如茵。花溪湖拓波荡漾,水色清净,阵阵自然清纯的郊野风韵扑面而来,名为梦幻花海的玫瑰园,每当 4—10 月间的青变之际,各种墨江竞相开放,争奇斗艳,玫瑰墨江可作观赏,也可食用,百果天地园区有 400 亩遍种樱桃,黄桃,香梨,葡萄等等,依照时令节气开花结果,绚丽的景色轮换不断,同时游人在不同的季节享受着不同的采摘乐趣;柑橘采摘园面积有 600 余亩,种植柑,橘,柚,橙四大类有 60 多个品种的果树,集园内柑橘品种之大全,堪称长江第一园。采摘园中间建有休憩长廊,游人可驻足观景,品尝柑橘。阳光草坪,是郊野公园主要景点,占地面积 150 亩。在这里游人可以感受杉林叠翠、体验林下烧烤。在大草坪上,没有警示标牌,游人可以随意行走坐卧,要是愿意甚至乱蹦乱跳。更为稀罕的是,可以带着自己的宠物在草坪上尽情撒欢,园内还开辟帐篷露宿营地,让游人享受宁静的自然野趣。沿着花溪湖设置简洁的灰黑色栅栏,铺上横向排列的木质地板,确保游人行走安全。在湖畔建有珊瑚馆的右船木馆,两馆毗邻,建筑造型别致时尚。郊野公园水网密布,水道畅通,设有个船坞码头,有水道上建有 24 座形态各异的拱桥,桥名取自中国特有的 24 节气的名称,桥栏的造型是当今的蔬菜瓜果,夏至是冬瓜,小满是麦穗,芒种是玉米等,真是一桥一特色,桥桥有新意。每当风和日丽,成群的白鹭会在林间草地,或者湖畔水塘栖息,会驻足,会行走,也会展翅飞翔一,展现天人合一的和谐景象。郊野公园有一条长达 10 千米,宽为 4 米的红黑相间的彩色健身步道路,路面以环保材质建成,称之万米步道,宛如一条缀带将园内景点项目串联起来。黑色路面是供电瓶车和自行车行驶,红色步道是跑步爱好者行走。郊野公园开辟农事体验区高台有农家菜园,有专为游人定制的蔬菜加工和售卖,农家菜园有创意体验项目,农场菜园每块菜地约 50 平方米,游客认领之后就可享受园方提供的从品种选择、种植栽培至配送系列服务,使游客能体验农耕收获的乐趣。农场食堂主营本帮菜及江浙农家菜。时令蔬菜来自农事体验区,鸡、鸭、鹅是在橘园散养的,鱼、虾、蟹则捕之于长江。

相距长兴岛郊野公园东约 10 千米处,是占地有 5 平证书千米的长江第一滩的新建景观,也是集休闲,经贸,港口,餐饮为一体的地标性地带。长江第一滩包括了渔港核心功能区,特色滨江带和周边配套设施,其中横沙渔港是国家一级渔港,也是国内唯一的一个集渔业,鱼产品进口贸易为主的开放性口岸。主体建筑是设施齐全而且先进的码头冷库大厅。横沙渔港也兼有提供国外运泽贸业船只卸货交易的功能,为上海的菜篮子工程增添丰朐的国外高端的海鲜产品。

长兴岛离上海市区不足 1 小时的行程,是游客品海鲜、逛公园的最佳之处,也是上海城市的世外桃源。

长兴岛郊野公园内分为综合服务区、文化运动区、农事体验区、橘园风情区、森林涵养区五大区域,还有梦幻花海、花溪湖、农场菜园、林下烧烤、上海植物园花卉基地、珊瑚馆、古石木馆等让你休闲娱乐两不耽误。该园 2018 年入选全市首批 50 家市民好去处。

十二、上海的两所世界级乐园

1. 上海海昌海洋公园

上海海昌海洋公园(南汇新城镇银飞路 166)位于上海临港新城滴水湖畔,紧邻轨交 16 号线终点站,项目总用地面积 29.7 公顷,总建筑面积约 22 万平方米。2018 年建成开放,该项目定位为目前世界上最先进的第五代大型海洋公园,包括 9 个大型展示场馆,围绕海洋文化特色,将分为五大主题区和富有特色的海洋主题度假酒店。其中六大动物展示场馆:南极企鹅馆、海兽探秘馆、冰山北极馆、海底世界馆、火山鲨鱼馆、珊瑚水母馆。另外还有九大明星剧目;六大游乐设备等。

上海海昌海洋公园的一大亮点是,拥有全球独创的南极企鹅展示形式——企鹅"超级碗"展池,该展池应用的亚克力玻璃,能够实现全方位、高清晰、近距离地观赏企鹅等海洋极地动物。乐园于 2018 年暑期正式开园,每年可接待 500 万—600 万人次。2020 年 6 月 4 日经评定被新评定为国家 4A 级景区。现在公园已成为四大基地:全国海洋意识教育基地、全国海洋科普教育圣地、生命长江研究和科普基地和浦东新区科普教育基地。

2. 上海冰雪世界主题公园

上海冰雪世界主题公园这是继上海海昌极地海洋世界之后，落户临港主城区的又一大体量、综合性旅游项目，标志上海在发展旅游产业、打造新的旅游目的地的道路上实现了新的跨越。

冰雪世界选址于上海临港主城区，占地面积 107 000 平方米，毗邻海昌极地海洋世界，与开业的迪士尼公园仅有 30 分钟车程。冰雪世界建筑面积 213 000 平方米，常年为周边居民及游客提供媲美奥运会的冰雪游乐设施、比赛设施、冰雕展示、纪念品零售和餐饮服务。冰雪世界以滑雪度假为特色，包含一个全冰酒店，若干个包含各类演出、音乐会、多维电影放映的剧院。总目总投资 25 亿元，于 2016 年初动工，工程周期 40 个月，预计 2022 年底将对公众开放，预计上海将拥有世界最大的冰雪之星（全球最大室内滑雪场），每年将为临港新城带来 230 万人次的游流量。

第四节　上海的休闲度假旅游

当前上海旅游业发展的一个重点项目是休闲度假旅游。都市人出门满眼摩天大楼，路上车水马龙，工作繁重，又来去匆匆。度假当然成为休闲最乐意选择的方式，故而度假村应运而生。度假村的选址大都是远离尘嚣，介乎青山绿水之间，或于古镇茂林之中，而且需要健身、娱乐设施一应齐全，餐饮当属高档。佘山九峰挺秀，风情万种，此间度假村星罗棋布；沪上古镇以及城市森林边沿都建置一流的度假村，成为中外游人休闲的绝佳去处。2009 年夏，在东海之滨的三甲港新建有海滨乐园，也是游人休闲度假的理想之地。园内有黄金沙滩达万余平方米，海边筑堤拦水围起海水浴场。清晨游人能观赏东海日出，白天能进行安逸舒适的日光浴，还能进行排球、摩托等富于刺激的体育竞技活动；海堤上可奔马，沙垭可攀岩，夜间有篝火派对，品味烧烤，月下夜泳，或者帐篷露宿。游人还能漫步到夏威屿海鲜城，在此间享用丰富而又正宗海鲜；在海边别有情趣的海景小木屋里住宿，月映海面，听一夜涛声。

一、上海国际旅游度假村

上海国际旅游度假村位于浦东新区的中心，规划区域有 24.6 平方千米，核心区域有 7.5 平方千米。度假区的核心区域依据上海迪士尼乐园的优势，组建发展主题游乐、休闲度假、文化创意、体育娱乐、商务会议、商业零售等旅游产业，整合带动周边旅游资源的联动发展，从而使之形成中国上海的世界高端顶级旅游品牌。迪士尼度假村是上海国际旅游度假村最重要的组成。除了金字招牌上海迪士尼乐园，还有迪士尼小镇，星愿公园，相关的酒店和商场以及生态园、香草园等精品旅游设施。

1. 迪士尼小镇

迪士尼小镇是依照迪士尼元素而建造的童话世界，其标志是坐落在百老汇广场上的华特、迪士尼大剧院。大剧院有 1 200 个座位，在五彩缤纷的美式大道人物的装饰之间，隔音板，地毯以及前门都用中式传统文化来点缀。这里每周有 5 天演出世界上首个中文版的百老汇音乐剧王者之作的《狮子王》。从 1997 年 11 月《狮子王》首演以来，一直风靡全球，在全民界 20 多个国家里拥有超过 8 千 5 百万观众，总票房超过娱乐业历史上任何一部舞台演出剧目之所获，该剧先后获得 70 余个主要艺术奖项，改编自同名的迪士尼动画电影曾获奥斯卡奖，中文是有

9 个语言版本,也是全球第 23 个制作版本。在中文版的《狮子王》剧中还出现齐天大圣小司空的身影,并运用四川,东北,江浙方言来表述台词。自迪士尼乐园开幕之日起,就有 50 答道家国际知名购物和餐饮品牌入驻迪士尼小镇。有的是首次进入中国大陆市场,造型奇异的商店珍珠般地洒落在小镇湖畔,小镇集市万食香街,以及百老汇大道和广场上。迪士尼世界商店有 3 000 平方米,是座具有美国早期铁路机库风格的复古建筑,这里表达了迪士尼之父华特·迪士尼先生情有独钟的情感。商品琳琅满目,体现了迪士尼乐园六大主题公园的各种文化元素,涵盖卡通玩具,T 恤,服装,纪念品,配饰,文具,家具,食品和饮料还有独具创的中国风和复古上海等系列商品……应有尽有,尽善尽美。甜蜜满勺糖果店提供各式卡通造型的精美糖果和饮品,是小朋友的快乐天堂,有 200 多家商铺,占地 5.5 万平方米的奕欧来上海购物时,则是以低你方式营销精品商品。

2. 星愿公园

星愿公园建造的创意灵感来自迪士尼经典动画片《木偶奇遇记》里的台词:当你向星星许个愿。占地有 40 公顷,在波光粼粼的星愿湖边有长 2.5 千米的环湖步道,浪漫而优雅,有小朋友垮台的乐园—小蜻蜓园地,还有星光露天剧场……同学古当华灯初上,未来米奇城堡上的绚丽礼花倒映在平静似镜的星湖上,出现了梦想成真的美妙画卷。

3. 上海迪士尼乐园酒店和玩具总动员酒店

上海迪士尼乐园酒店(申迪西路 1009 号)和玩具总动员酒店(申迪路 360 号)的建筑形式、室内装饰、环境营造,甚至家具、档上用品、洁具、窗帘、地毯以及食品餐具等物件和细节无不深深打上了迪士尼文化的印记。酒店的所有奇思妙想全部来自迪士尼经典动画片(包括音乐片《幻想曲》里出现的场景以及道具,当游人在酒店里漫步,用餐或者购物之时,都可衔邂逅的卡通人物招呼、合影,以及互动,还可以欣赏到他们的专题精彩表演)。

上海迪士尼乐园酒店有客房 420 间,以新艺术风格装饰,体现了简湖南台和原生态的时尚理念。每当在豪华的绚景楼餐厅品尝西式美点之时,还可以浏览窗外奇异的迪士尼乐园全景。玩具总动员酒店(申迪路 360 号)有 800 间客房,酒店之名和装饰灵感取自迪士尼·皮特斯系列动画电影《环具总动员》。酒店的外形类似数字 8 及"无限"符号,整个蔚蓝色的外墙体上的图案是朵朵祥云。酒店内没有家庭活动中心,可以直接参与电影里的卡通人物的互动,进行手工制作,儿童游戏,讲故事等专项活动。阳光食汇餐厅取名于《玩具总动员》中的阳光幼儿园园名,餐厅悬挂着中国潍坊风筝,画有动画影片中卡通明星的面孔。

4. 香草园

香草园占地 30 万平方米,薰衣草花田是园中之园,有正宗法国薰衣草等 5 个品种,20 余万株,形成一幅法国普罗旺斯美丽而又芬芳的景色。玫瑰园有 2 万平方米,520 个品种,还百万朵玫瑰花,花期从夏天延续到冬季,极目望去,就是玫瑰之海,长达千米的海棠花廊穿梭于花海之中,园内还有七彩花田,模纹园艺,景观草坪;开设香草科普园,用于购物的香草集市和香草小街,历时 2 个月,生态园有 70 万平方米,就在原有的农村乡间,小桥流水的生态环境规划成有序的全新的绿色景观。原生树林呈绿色草坪占全国面积九成以上,樱花林,百花争芳斗艳,风景似画。园内还开设邻家农庄,儿童乐园,还有供游人休闲的垂钓之家,皮划艇之家;生态园收集了438 万个废弃的年奶饮料纸包装盒,用科学的方法再生制成 500 条环保长椅(3 700 个废盒),250 组环保垃圾桶(900 个)325 米河边围栏,还有 19 匹木马雕塑,最高的有 6 米,这种时尚实用的环保理念势必在上海国际旅游度假村后续建设中会得到推广和普及。

二、上海滨海旅游度假区

上海滨海旅游度假区位于浦东新区之东,濒临东海,南北长有 19 千米,是上海十佳休闲新景之一。

1. 滨海世外桃源

滨海世外桃源(老港镇玉兰路 3 号)是华东地区最大的观赏桃花之处。世外桃源有小桥流水、田埂农舍、江南水乡风光,种植有 30 余个品种,计有 3 000 多株的桃花,三春之际,此地桃花缤纷,灿若朝霞,桃文化博物馆设置在一座高 28 米、三层八角楼阁式的宝塔型建筑里,每层分别陈列展出桃树的历史,品类,文化的相关实物和文字照片。登楼远眺,可以欣赏到东海和长江口的壮丽景色。桃园里河塘边杨柳依依、鸟语花香,塘内放养鲫鱼、草鱼、鳊鱼、鲢鱼等鱼种,可供游人垂钓。

2. 浦东射击游乐俱乐部

浦东射击游乐俱乐部(通源路 1 号滨海旅游度假区内)创办于 1992 年,是集国防训练,实弹射击,以及休闲,会务于一体的现代化,多样性的旅游场所。有真枪实弹射击、彩弹对抗等项目,还有功能齐全的洗浴和歌舞等娱乐设施。在波光涟漪之中的湖心岛的临水之处,建有 30 座造型各异、装饰多样的别墅,提供给游人住宿。

3. 海滨农家乐

海滨农家乐(火箭路 169 号)曾列为业博巾帼农家乐示范基地,这里有一派沪郊原始的田园风光。在这里可以吃正宗的浦东农家菜,住正宗农家房,田间小河可以垂钓,路边果林可以采摘,可以漫步在滴水湖畔,遥望洋心岛,还可以在东海湿地逐浪奔跑……,是现代休闲旅游好去处。

4. 葵园

葵园(书院镇东大公路 4677 号)是以向日葵为胜的农家乐为主题的、具有江南水乡风采,集吃住游三位于一体的旅游休闲之地。因园内种植大片的金色向日葵得名。葵园所提供的餐饮是以自种自收自加工的绿色农产品为主的原始本帮菜肴;住宿是当地原有的传统农舍民居。这里还完好保存着乡间灶头、水井。游乐项目还有射箭、骑马、沙滩车等,适合各年龄段人群休闲娱乐。

5. 滨海森林公园

滨海森林公园(东大公路 5366 号)在度假之南,公园体现了建园宗旨:以人为本,与自共存,成功地打造了一个将森林,草地,沿泽,滩涂,河湖组成了可观赏可娱乐,可学习的完整生态旅游系统。全园占地 5 380 亩,其中森林面积占全园的 70%,河湖只有 25%,道路及建筑仅 5%,全园成为绿浪翻滚的海洋。公园内建有国内发风电科普馆,全面而又系统地介绍风力发电的科学知识;侏罗纪恐龙世界进而是以仿真机械恐龙吸引着游人,老少咸宜。公园还建有森林浴场,高尔夫球练习场等休闲设施。公园还揸供游船—水上自行车,电动摩托艇,还有步行街,骑马,骑自行车等休闲娱乐活动,还可以进行疗浴,河边垂钓,还能边尝烧烤,边看斗鸡表演。

6. 黄金滨海度假村

黄金滨海度假村(海滨镇通辽东路 69 号)原称白玉兰度假村,是上海郊区首家三星涉外旅游饭店,和世外桃源、射击游乐俱乐部相毗邻。此处有 1 万平方的大草坪,大树 3 000 余株,树荫深沉,一片苍翠,其间还有 2 株 200 年以上树龄的桂花树和银杏树。除了有标准客房 150

间之外,还有10幢欧式别墅错落有致地建造在草坪边,密林中,显得浪漫而又别致。度假村拥有标准的游泳池、台球、网球等体育设施,还有一条长有1200米,沪上唯一的卡丁车赛道。

7. 上海鲜花港

在滨海森林公园南端相邻景点有上海鲜花港,这是中国和荷兰两国合作组建的上海园艺培训示范中心,主要培植荷兰国花郁金香,有500个品种,320万株。还有书院人家,这也是以农家乐为主题的旅游场所,建有猪文化展示馆,介绍普及有关乎猪的科学知识,目前是国内唯一。

第五节　上海休闲度假区旅游

当前上海旅游业发展的一个重要项目是休闲度假旅游。都市人出门满眼摩天大楼,路上车水马龙,工作繁重,又来去匆匆。度假当然成为休闲最乐意选择的方式,故而度假村应运而生。度假村的选址大都是远离尘嚣,在乎青山绿水之间,或于古镇茂林之中,而且需要健身,娱乐设施一应齐全,餐饮当属高档。佘山九峰挺秀,风情万种,此间度假村星罗棋布;沪上古镇以及城市森林边沿都建置一流的度假村,成为中外游人休闲的绝佳去处。2009年夏,在东海之滨的三甲港又新建的海滨乐园,也是休闲度假的理想之地。园内有黄金沙滩达万余平方米,海边筑堤拦水围起海水浴场。清晨游人能观赏东海日出,白天能进行安逸舒适的日光浴,还能进行排球,摩托等富于刺激的体育竞技活动;海堤上可奔马,沙垭可攀岩,夜间有篝火派对,品味烧烤,月下夜泳,或者帐篷露宿。游人还能漫步到夏威夷海鲜城,在此间享用丰富而又正宗海鲜;在海边别有情趣的海景小木屋里住宿,月映海面,听一夜涛声。

一、上海佘山国家旅游度假区

位于松江区,其定位于"回归自然,休闲度假",是沪上唯一的山林休闲旅游胜地,主体是佘山国家森林公园,还有佘山森林百鸟园、佘山月湖等景点(区)。每到盛夏季节,松江区推出"激情盛夏,狂欢佘山"系列主题活动,佘山国家旅游度假区个景点和酒店推出一系列夏季主题优惠活动,并推进佘山国家旅游度假区创建"全国知名品牌、创建示范区"建设活动。

1. 佘山国家森林公园

佘山国家森林公园有401公顷,由"云间九峰"为主流组成。1993年6月经原国家林业部(1998年3月改为国家林业局)批准建立国家级森林公园,首批4A级旅游景区,2007年被评为全国首批生态文化教育基地。

佘山6000余亩林涛竹海,终年常绿。有高等植物788种,所涉216科,578属,江南已几临绝迹的灵芝,明党参,六月雪等,在九峰之间仍可寻觅,低等植物还有104种。漫山遍野绿竹猗猗,摇曳生姿,林间野兔出没,飞禽候鸟有250余种,具有优良的原生态环境。森林公园内景色最美的是西佘山区有800余亩山地,主峰98米。茂林修竹之间有建于宋太平兴国三年(978年)的秀道者塔(亦称月影塔),七层八面,总高29米,原砖木结构,然而塔上木构俱毁,仅存砖身、娇小秀丽、体现江南古塔独特风姿。山之巅就是宏伟壮丽的圣母堂,旁侧有建于1900年的天文台,是上海市文物保护单位,上海市优秀近代建筑保护单位。在平面呈十字架状、具有欧式风格的楼房中央安装着当时亚洲口径最大、最新的望远镜。百年之来,天文台在研究太阳、哈雷彗星等过程中,积累的原始资料和照片,被视为世界天文学界的珍宝。建国以来,天文台取得了27项国家科研成果,是中国参与国际地球自转联测的唯一单位。台内的光学折射望远镜具有世界一流水平,国内仅此一架。山之西南坡是龙井茶园。在 20 世纪 60 年代,从杭州龙井、梅家坞引来茶树良种,培育成"佘山绿茶"名牌,被誉为"上海龙井"。中外游人可在有 30 亩梯田形茶园内体验采摘、烘制茶叶的乐趣。山之北大门处为竹海乐园,有 2.5 公顷,设置了 80 余项娱乐活动,是中外游人乐意参与和体验的休闲场所。左侧为 A—A 赛车场,车道参照欧洲同类赛车场标准设置,赛车由英国制造,车速 80 千米/时,可让游人体验和感受车赛时的激奋。东佘山区有 850 亩,主峰 72 米,以竹取胜。在北峰有森林浴场,翠竹丛中建有小竹楼,游人可以野餐烧烤,也可竹林漫步,还可接受气功健身疗法。西坡建有蝴蝶园,每天放飞缤纷飞舞的彩蝶,有 20 个品种、2 000 羽之上。是华东地区最大的蝴蝶观赏之地;天马地区有 1 800 亩,主峰天马山高 98 米,是沪城本土最高之峰,以护珠塔最为著名。塔建于宋元丰元年(1079 年),七层八面,相传塔内藏有五色舍利,亦称宝光塔。清乾隆五十三年(1788 年),当地因燃放爆竹引发火灾,塔上木件全毁。之后发现基座砖缝中有西夏贞观钱,有人挖砖取钱,久之竟拆掉塔基一角,加之地基松弛,因而塔身倾斜,塔轴朝东南偏 2.27 米,倾斜度为 6°52′52″,比意大利比萨斜塔还倾 1°之多,号称"天下第一斜塔"。现为上海市文物保护单位。斜塔之东,有株古银杏,植于宋代,历时 700 余岁,当地曾传敲打此树便可得子,致使树干密布铁钉,大多枝叶都已枯萎,仅有一根枝干树叶依然苍翠,生机勃勃。百鸟园在东佘山之西,占地 2 公顷。此地青山环绕,林木翳然,有 50 余种鸟类、5 000 余羽栖息其间,其中有白鹳、丹顶鹤等珍贵禽类。远处的北竿山上,聚集着白鹭及灰鹭有 10 万余羽,游人在晨昏之间会看到鹭飞则似云翔,栖则似雪盖的壮观。百鸟园是当今国内最大的鸟类景观之地;月湖有 456 亩,是沪上最大的人工湖。翠峰三面环抱,茂林修竹,湖光水色,沿岸花草丛中,点缀假山、亭台、小桥,景色宜人。湖北筑有 800 余米的翠堤直伸碧波之中,凤凰山之东南,辟建"佘山夕照""青山翠竹""湖山石斋""春水清池""金秋新韵"等十景。湖东岸边建有太阳广场,设建灯光音乐喷泉,周边建有商业、文化、科技、体育及娱乐等区域。

2020 年上海森林旅游节以"灵动天马"为主题,结合佘山国家森林公园的自然、人文旅游资源,配合上海旅游节推出"天马听音山林音乐会""山林人文市集"两大活动,邀请艺术家共同演绎山林之音,森林市集开展"入山听竹、风铃制作和竹之微景——盆景制作"体验活动……佘山亦称兰笋山,据清《松江府志》称:康熙南巡经佘山,当地贡献春笋,笋味鲜可口,隐有兰花之香,康熙回京赐书"兰花笋",又书"兰花笋"匾,兰笋之名誉满江南。在森林旅游节期间,中外游人拎起笋铲,提着竹篮,在专人指导下,在山间竹林挖笋;欣赏笋雕,竹制工艺品及竹文化书画展;品尝主料用兰笋烹制的各式菜肴,观看采茶表演,品味"上海龙井",还采办当地土特产;游得不亦乐乎。

2. 佘山国家旅游度假区

佘山国家旅游度假区建立于 1995 年,核心区面积为 10.88 平方千米,规划面积为 64.08 平方千米。位于上海市西南、松江区西北,距市中心约 30 千米。拥有十余家宾馆饭店。它是沪上唯一国家级的旅游度假区,拥有上海陆地唯一的自然山林资源、九座大小山峰,构成上海地区"九峰十二山"的独特风景,是一个以山见长、以水为辅、中西合璧、古今交融的自然人文游览区。它以"最高雅的会务之旅"作为服务理念,定位在高级会务游,豪华休闲游。除提供有住宿、美食、旅游、会议场所、娱乐健身,交通等完整的服务,还开展有佘山游、高尔夫运动、高级冷餐会、舞会等休闲项目,还有供游人旅游纪念所需的如佘山绿茶、九亭酱菜、泗泾脱水蔬菜,九峰鹿茸、松江牛肉酱、马弄口豆腐干、松江眉公酒和乡下咸菜毛豆等当地土特产。度假村著名的美食鲈鱼烩,鲈鱼羹,是以产于松江秀野桥下的松江鲈鱼烹制,自古就有"东南佳味"之称。现有若干个旅游景区,如 4A 级的佘山国家森林公园、4A 级的月湖雕塑公园、4A 级的上海欢乐谷、4A 级的辰山植物园、佘山圣母大殿、佘山国家高尔夫俱乐部、天马高尔夫乡村俱乐部、天马赛车场等。还有一批高、中档的旅游接待设施,能满足各类会务、商务、休闲度假的需求。现已确立了作为上海最大的旅游度假基地的地位,吸引了大量游人前来度假游览。

3. 佘山森林宾馆

佘山森林宾馆是沪上唯一建于山上的三星级宾馆。游人推窗可见万竿翠竹、十字架耸立云端的圣母堂。阳光餐厅位于半山,供应地道的山菜,游人还可参与百笋宴(3—4 月),土菜美食节等美食项目。兰笋山庄(三星级)是由各具风采的别墅小楼组成,清晨游人在山间竹边漫步,午间在鱼塘垂钓,黄昏在露天花园品茶,在休闲之余还能体验享受浪漫情调。

4. 世茂佘山艾美酒店

世茂佘山艾美酒店是度假区内唯一五星级宾馆。酒店装饰豪华,周边风景如画,休闲设施齐全,如有水疗中心、室内游泳池、健身房、网球场、桌球室、迪斯科舞厅、卡拉 OK 厅、高尔夫(附近)等。是享受高档服务的度假理想之地。

二、其他旅游度假区

1. 横沙岛旅游度假区

横沙岛位于崇明区之长江口,为崇明三岛之一。面朝东海,天然细沙滩 40 万平方米,是江南最大的海滨浴场。空气纯净居上海之首,素有"水净,土净,空气净"的美誉。游人在岛上健身区域内能展开高尔夫、棒球、网球、跳伞等体育活动;海上游览区能体验滑板冲浪、摩托艇、水上降落伞及情侣划艇等娱乐项目的情趣;在疗养区内可以接受休养,保健服务。当然还能享受喝老白酒,吃农家菜,遍尝海鲜,野炊烧烤的快乐。横沙岛天使度假村,临海有欧美及日式别墅30 幢,并设别有情趣的"水上人家"特色客房。

在上海的"十三五"规划中,规划横沙岛为森林生态岛,森林覆盖率达 70%,使之成为上海中心城市的"绿肺"。

2. 上海太阳岛国际高尔夫温泉度假村

上海太阳岛国际高尔夫温泉度假村位于青浦区沈大路 2588 号,建在由大泖、园泖和长泖(三泖)交汇的泖河之中沙洲上,沙洲有 1.6 平方千米,棒槌形。东北处青峰起伏,称之为"云间九峰"。度假村由新加坡国际元力集团投资 1 亿美元建造,1993 年竣工。集度假,高尔夫,温泉,会展,体育休闲,美食,古迹于一体,为亚洲五大高尔夫度假村之一。2002 年评为国家 4A旅游区。同年,岛上的唐代"泖塔"评为世界历史文化灯塔。度假村 36 洞国际高尔夫球场由著名设计师 NELSON&Haworth 精心设计,面积 2 450 亩,"洞洞沿湖"的布局别具特色,1998 年举办了中国第一届"富豪公开赛"。度假村北欧风情的别墅群共有 453 个房间,温馨舒适服务可满足中外游客休闲度假的需求。国际会议中心有 16 间不同的会议室,设施齐全先进,多功能宴会厅容纳 600 人,阳光会展厅可容 800 人,550 人可在"孔雀王朝"中餐厅同时进餐,还有具有东南亚风味的西餐厅,在注重保健强身药膳的养心殿,韩国菜肴,川菜,农家土菜,中西烧烤,自助餐,汇成了美食大观。度假村有沪上唯一的天然养生馆,由设备一流的室内天然温泉游泳馆,温泉水疗中心,网球场等组成。岛上还设置卡丁车,遛马,水上摩托艇,游艇,射箭,乒乓球,桌球,沙滩球,垂钓等体育休闲项目。太阳酒吧,陶艺馆是深受游人喜爱的休闲场所。

2006 年在人造波沙滩浴场上,举行上海第一个沙滩婚。

在岛的西南处有座五层四面、砖木结构的泖塔。塔建于唐乾符年间(874—879 年),历时5 年,每层相对设有,并逐层转换方向的壶门,壶门的过道上有以砖砌成的叠涩藻井,具有典型的唐塔风韵。泖塔也是我国最早的交通航标之一,1962 年列为上海市文物保护单位。1997 年入选《世界历史文物塔 100 强》图集;2002 年选为国家邮政部门印发的 5 枚一套邮票《历史文物灯塔》之首。

3. 浏岛度假村

浏岛度假村位于嘉定区浏岛风景区内,在浏河中的小岛上,为国家 3A 级旅游景区。全岛有 108 公顷,绿化占地 27 公顷,植花木 84 种,达 10 余万株,有银杏、桂花、蜡梅、罗汉松、白玉兰等 20 个林园,其中白玉兰树林占地 1 公顷,为沪城之最。度假村由造型新颖的欧美式别墅群组成,拥有各种花园草坪 1 万平方米,旅游设施完善。在周边有高尔夫球场、赛马俱乐部等高档次休闲娱乐场所。原在嘉定城内的清代老宅相继迁移于此。有清著名学者钱大昕的潜研堂,清乾隆二十八年(1763 年)状元秦大成的状元楼,供奉唐代名臣狄仁杰的伏虎祠。数百年老宅朴实端庄,古意盎然,与浪漫雅致的西式建筑自然相映成趣。

4. 大千庄园

大千庄园坐落在江南水乡上海淀山湖畔,青浦朱家角古镇近在咫尺(朱家角西洋淀 1 号,靠近东方绿舟)。其占地 600 余亩,湖泊 400 亩、陆地 200 余亩,这里空气清新、森林茂密、蔬菜瓜果飘香,有生态十八岛及芦苇千鸟林,是上海集自然风光、田野野趣、生态环境、农家生活等有机结合的大型户外活动场所。

大千生态庄园园内浓荫滴翠、廊桥曲回、花茂果盛、鸟语蛙鸣,为上海近郊一处集自然风光、田园野趣、生态环境、农家生活于一体的大型户外休闲娱乐场所。大千生态庄园水网密布、湖面宽阔,放养着成群的白天鹅、黑天鹅、大雁、赤麻鸭、绿头野鸭、鸳鸯等多种珍贵野生飞禽,姿态万千。湖中央有一处近百亩的天然芦苇荡,栖息着数百只野生白鹭、灰鹭。巨大的天然湖生养着鲫、鲤、青、草、鲢、鳙等鱼类达百万斤,是上海近郊超大型天然钓鱼场之一。庄园四周均有天然河道与园内湖水相连,直通淀山湖水系,可根据需要调节水位高低。

园内农庄生趣盎然,郁郁葱葱的丛林间,梅花鹿、孔雀、锦鸡、火鸡、珍珠鸡和谐相处;牛、羊、马、驴、牦牛、骆驼悠闲散步。庄园饲养了近万只美国白羽王鸽,还有一个世界名犬观赏园,深得孩子们的喜爱。农田里种植有卷心菜、芹菜、青菜、马铃薯等新鲜蔬果,让都市的孩子大开眼界。每逢夏日来临,百米葡萄长廊硕果累累,百亩菏池塘花团锦簇,无不令都市人心旷神怡,流连忘返。

大千庄园水面水质优良,水域辗转迁绕面积巨大,野趣盎然。沿岸水深高低悬殊。建有宽大木结构钓台。塘底复杂,水草丰富但淤泥较少,鱼种以鲫鱼、鲤鱼、草鱼、鲢鳙为主,密度很高,质量上乘,个体中等。还有虾、大闸蟹等。这里非常适合偏爱野钓趣味的钓友娱乐。

第六节　上海康乐文化和文体、医疗保健旅游

一、上海康乐文化概述

康乐文化是休闲旅游文化中的一个重要组成部分。它所打造的旅游产品范围广泛,吸引

力巨大。如文艺展演旅游、体育赛事旅游、医疗保健旅游和观灯夜景游船水上旅游等。这些产品观赏性强,参与性也强,极易引起市民和旅游者的热情,调动他们参与的积极性。它们大大丰富了上海都市旅游的休闲品牌,更能满足市民和旅游者的精神需求。

(一) 有雄厚的文化基础

上海的康乐文化有着雄厚的文化基础,以文艺体育娱乐方面而言,上海是我国电影事业的发源地,有许多杰出的电影艺术家和知名演员(谢晋、吴贻弓等名导演、白扬、秦怡、黄宗英、赵丹、祝希娟等著名演员),拍摄出大量的著名影片,如《女篮五号》《红色娘子军》《天云山传奇》《高山下的花环》《鸦片战争》《巴山夜雨》《城南旧事》等。20世纪三四十年代拍摄的老电影,如《天涯歌女》《八千里路云和雨》《家》《春》《秋》等更是扬名海内外;上海的戏曲也不断在创新,除京剧、昆剧、越剧在不断发展外,由上海浦东民歌发展而成的地方戏沪剧的发展也引人注目;滑稽戏、评弹等也推陈出新。其中京剧、昆剧和沪剧已列入第一批国家级非物质文化遗产名录。上海的戏曲界也出现了不少代表人物,如周信芳、盖叫天、俞振飞、袁雪芬、丁是娥、姚慕双、周柏春、蒋月泉、筱文艳等;演出了不少著名的剧目,如越剧《香妃》《梁祝》《祥林嫂》,沪剧《罗汉钱》《鸡毛飞上天》《芦荡火种》,滑稽戏《名地堂倌》《宁波音乐家》《英文翻译》,苏州评弹《玉蜻蜓》《文武香球》,淮剧《白蛇传》《婵》《海港的早晨》等。上海的话剧为中国话剧的首创,于“五四”运动以后由欧洲传入中国,现代话剧在上海兴起。其代表人物有洪深、欧阳予倩等。上海的音乐也居中国的前列,现当代的音乐创作和演唱,成为激励人们奋发前进的动力。其代表人物有著名的作曲家贺绿汀和女高音歌唱家、音乐教育家周小燕。贺绿汀所作的乐曲《春天里》《天涯歌女》在群众中广为传唱,所作的《游击队歌》鼓舞着人们抗日的热情,是中国优秀的革命歌曲。

(二) 有著名的文化艺术体育活动场所

上海有许多著名的文化艺术活动场所,可供各种节目展演,如上海大剧院,上海影城、上海音乐厅、大光明电影院、美琪大戏院、兰心大戏院、中国大戏院、京剧福地天蟾舞台、上海东方艺术中心等,是上海国际艺术节、上海国际电影节、上海之春国际音乐节等各类国际文艺盛事的活动场所,吸引了国内外知名的文艺团队、音乐家、艺术家来上海演出,如德国的爱乐乐团、美国芝加哥交响乐团、俄罗斯芭蕾舞艺术团、世界三大男高音歌唱家卡雷拉斯、帕瓦罗蒂、多明戈等均来上海献艺,也受到了上海市民及旅游者的热烈欢迎。

上海的体育赛事旅游也是一种新兴的康乐休闲时尚产品,受到越来越多体育爱好者的喜爱。近年来,上海举办了世界夏季特奥会、女子世界杯网球大师杯赛、2007中国石化F1中国大奖赛、上海国际马拉松赛、上海国际田径黄金大赛等重大赛事,每次比赛都吸引了大批市民和国内外游客前来观看。把这些赛事和旅游结合起来,则可以大大推动都市旅游的发展。因此,这些体育赛事已成为上海的一个重要的休闲旅游品牌。开展赛事旅游,上海有众多的硬件优势,尤其是体育场馆设施种类繁多,设施完备,可以满足各种赛事活动的需要。目前上海已有很多标志性的体育设施,如上海体育场(俗称八万人体育场)、上海体育馆(功能已调整为以大型演出为主,取名为上海大舞台)、虹口足球场、源深体育发展中心、江湾体育场、上海国际赛车场等。为上海发展体育赛事旅游打下了良好的基础。

(三) 有许多康乐养生休闲的新产品

上海中医药养生保健旅游也是康乐休闲旅游产品中的组成部分。它深受市民和海内外游客的欢迎,已成为市民和旅游者喜爱的时尚旅游产品之一。发展这项产品,上海也有很多优势,如上海有众多的名中医、名中医院、名国药店,有中医博物馆,为上海发展此项产品奠定了基础。目前已经开辟了中医保健养生之旅,运动健体游,举办健身博览会,吸引了大批市民和旅游者的参与。

上海的观灯、夜景、游船水上旅游也是康乐休闲旅游产品的一个组成部分,已受到广大旅游者的青睐。上海拥有丰富的水上旅游资源,有美丽的城市灯光夜景景观,为发展都市旅游创造了良好的条件。尤其是苏州河的开发、改造,使苏州河两岸的景观不断变得丰富多彩,游船、游艇的旅游环境得以不断完善,使得这项旅游产品不断地得到优化和提升,将对国内外广大游客产生更大的吸引力。

二、上海文艺展演旅游

文艺展演旅游是康乐文体旅游的一个组成部分,最易激发市民的热情。其中尤以各种文艺节庆活动最为轰动。如上海国际电影节,这个中国唯一的一个 A 类国际电影节,汇集了世界一流的影片,吸引了全球众多的知名人士的参与。这样的文化盛事,极大地推动了上海都市旅游的发展。上海人对艺术的要求高而执着,追求时尚又要实用,注重精致又不失高雅,因而在上海出现了上海音乐厅、兰心大戏院、上海大剧场、京剧福地天蟾舞台等堪称世界极品的演艺场所,它既是演出场所,又可作为旅游观光的对象。

(一)上海国际艺术节

1.上海国际电影节

上海国际电影节(Shanghai International Film Festival)是中国第一个国际电影节,每年 6 月在中国上海举行,历时 9 天。上海国际电影节由中国国家广播电影电视总局及上海市人民政府联合举办,上海文化广播影视集团国际大型活动办公室承办。1993 年首次举办,在 1994年,获得国际电影制片人协会承认,是中国唯一的一个 A 类国际电影节,最高奖名称为"金爵奖",下设 8 个奖项,都由来自世界各国的国际评委评审产生。至 2008 年,已完满举办了十一届。

上海国际电影节共有 4 个部分内容,包括:竞赛部分金爵奖、国际电影展览放映、国际电影交易市场,及金爵国际电影论坛暨亚洲新人奖评选。上海国际电影节举办至今,已经吸引了世界各州六十多个国家和地区、3 823 部影片的报名,有 959 部影片展映,累计票房 2 770 万人民币。这是尚没有完全开放的中国电影市场每年度唯一的一次世界影片集萃,因此,电影节对上海及中国的观众是一次难以忘怀的世界文化饕餮大餐,共有 150 多万人次参与电影节活动中。成为沪上乃至全国一个重要的文化景观。以第 24 届上海国际电影节(2021 年)为例,上海国际电影节的各种奖项见表 8 - 1。

表 8 - 1　第二十四届上海国际电影节(2021 年)获奖电影

奖　项	获　奖　者	影　片	国　家
最佳影片		东北虎	中国
评委会大奖		野蛮人入侵	马来西亚
最佳导演	阿伯法周·贾利里	反身曲径	伊朗
最佳男演员	普彦·谢卡里	反身曲径	伊朗

（续表）

奖　项	获　奖　者	影　片	国　家
最佳女演员	马泽娜·加耶夫斯卡	业余爱好者	波兰
最佳编剧	阿列克谢·维克托洛维奇	良心	俄罗斯
最佳摄影	维切斯洛夫·德林	良心	俄罗斯

第 24 届上海国际电影节在 2021 年 6 月 11 日至 20 日举行。本届电影节设置了"礼赞时代""逐梦"等主题和篇章。本届金爵奖主竞赛单元国际评委会主席黄建新,中国主竞赛单元最佳影片:是中国的《东北虎》。

2021 年 5 月 23 日,电影节公布了电影项目创投"制作中项目"入围名单;6 月 10 日公布开幕影片为《1921》;6 月 12 日晚上于上海国际传媒港拉开帷幕。由中央广播电视总台上海总站举办的"中国影视之夜",在传媒港圆满落幕。这一届"中国影视之夜"已经步入第二个年头。

2021 年 6 月 19 日,入夜华灯初上,满天星光璀璨,第 24 届上海国际电影节在上海举行闭幕式的红地毯仪式及颁奖典礼。

2. 上海之春国际音乐节

在 2001 年,创办于 1960 年 5 月的上海之春音乐舞蹈月和在其 20 年后始办的上海国际广播音乐节正式合并为上海之春国际音乐节。规定每年春季举办,至 2021 年,已成功举办了 21 届。以"和平,交融,和谐"为宗旨,坚持"力推新人新作"和"群众性音乐活动"两大传统特色。2021 年的上海之春国际音乐节,有 20 多个国家和地区的音乐团体、音乐家共聚上海舞台推出 28 台主体演出项目。秉持以"人民为中心"的办节理念,以建设具有世界影响力的社会主义国际文化大都市为发展目标,进一步夯实上海"源头""码头"建设,着力打造集创作、交流、研讨和公共服务为一体,名家新秀云集、经典佳作涌流的艺术交流平台,推动城市文化事业的繁荣和发展。此外,还将举行上海交响乐团红色巡演、竹笛艺术节、"春之声"城市草坪音乐节、手风琴艺术节等 4 项节中节,开展各种征集活动,并举办上海五所高校艺术展示。办节时长也由往届的三周压缩至两周,旨在聚焦主题,重点打造有亮点有特色的节目。2021 年音乐会闭幕演出于 5 月 10 日晚在上海交响乐团音乐厅举行。音乐会以"百年潮""中国梦"为主题,以艺术语言诠释党的百年奋斗史。

（二）上海演艺的场所

1. 艺术殿堂上海大剧院

上海大剧院(人民大道 300 号)其院徽是个变体的"艺"字,独特的造型雅俗共赏,高雅者以之为飞檐翘角,民俗者却认定是聚宝盆。在歌剧艺术诞生 400 周年之际,1998 年 8 月 27 日至 31 日中央芭蕾舞团的《天鹅湖》作为首场开演。在总面积 1 700 平方米以上的舞台上,精彩演绎欧洲四大歌剧流派的经典《阿依达》(意大利)、《浮士德》(法国)、《漂泊的荷兰人》(德国)、《叶甫盖尼·奥涅金》(俄罗斯);世界三大男高音卡拉雷斯、多明戈、帕瓦罗蒂在 1 800 位中外游人之前引吭高歌,荡气回肠的歌声倾倒所有观众。在 2007—2008 年度 100 台 400 场的节目单上,最为出彩的是纽约爱乐乐团,阿姆斯特丹皇家管弦乐团及英国皇家芭蕾舞团等世界顶级艺术团到访上演。2008 年芭蕾舞剧演出有《蝴蝶夫人》(英国芭蕾舞团)《天鹅湖》(俄罗斯莫斯科芭蕾舞团)、(中国上海芭蕾舞团)《梁山伯与祝英台》(中国上海芭蕾舞团)、《白毛女》(中国上海芭蕾舞团)《红色吉赛尔》(俄罗斯圣彼得堡艾夫曼芭蕾舞团)、《曼侬》(英国皇家芭蕾舞团)《安娜·卡列尼娜》(德国巴登国立芭蕾舞团)、《仲夏夜之梦(现代剧)》(瑞士苏黎世芭蕾舞团)、《胡桃夹子》(俄罗斯巴什基里亚国立歌剧芭蕾舞剧院)等;演出歌剧有《江姐》(上海歌剧院)、《图兰朵(国家大剧院版)》(上海歌剧院)、《托斯卡》(上海歌剧院)、《唐·卡洛》(上海周小燕歌剧中心);话剧有近30台,其中有的是当代百老汇经典剧,还有推理,悬疑,浪漫爱情,情景喜剧等形式佳作,经典舞台剧《暗恋桃花源》是由中国国家话剧院和台湾地区表演工作坊联合演出。大剧院还推出具有海派风情《梁祝》《花样年华》《上海回响》《雷雨》等魅力原创系列的演出。2009年初,大剧院有《小泽征尔音乐塾音乐会》《情迷探戈—阿根廷探戈音乐歌舞秀》《俄罗斯国立小白桦歌舞团晚会》《野斑马(舞剧)》等精彩纷呈的演出。2014年重新大修以后开放,2016年10月大剧院举办"辉煌俄罗斯"马林斯基艺术节;2017年11月举办马林斯基艺术节,节目为芭蕾舞剧《灰姑娘》,以及"斯特拉文斯基之夜"音乐会;2018年7月1日至2日,大剧院举办"2018世界剧院运营及发展高层论坛"。2000—2017年,大剧院连续九届荣获"上海市文明单位"称号;2012年被命名为首批"上海市国际文化交流基地";2016年获上海市五星级诚信创建企业;2020年1月6日,入选"上海新十大地标建筑"。

上海大剧院每年有50场以上名为"上海大剧院艺术课堂"及30场"相约上海大剧院——名团名剧名曲公益演出"的演出,已经构筑成了系统而又完整的公益艺术教育的平台,展示着充满魅力的影响。

2. 上海音乐厅

上海音乐厅位于黄浦区延安东路523号,旧称南京大戏院,新中国成立后改北京电影院。因在1959年新中国成立10周年时,举办首届"上海之春"需要有固定的音乐演出剧场,经专家多次认证确定,因外形高雅,音响最佳而入选。经改建,改称现名。从1960年起,成为沪上历届"上海之春",国际广播音乐节首选演出场所。改革开放之后,太平盛世,世界乐坛顶级乐团及音乐家在此献演,取得极大成功。2001年,上海音乐厅建成70周年之际,波兰国立肖邦音乐学院携团来沪演出,在音乐厅分12场次演奏肖邦毕生全部作品,开创在中国演出世界音乐巨匠作品全集之先河。沪上主要音乐表演团体如上海交响乐团,上海民族乐团,上海广播交响乐团等,在音乐厅展示高超艺术才华,将最佳作品奉献给上海市民和中外游人;我国年轻的音乐人也从这里起步,从容地走向世界大舞台。音乐厅底层751个座席,楼上522座,共有1273座(包括站位),镜框式舞台供演出使用面积有100平方米,备有斯坦威D-274三角钢琴1架,24路雅马哈调音音响1套。1995年因延安路高架建成,产生的车声及地基震动,给对环境需绝对安静的音乐厅带来困扰,因而在2003年6月11日,历时14天,将重5千吨的音乐厅成功地向东南整体移动了66.4米,地基抬高3.38米,成为沪上当年十大新闻之一。周边铺设四季翠绿的草坪,竖立音乐雕塑作为标记。并东与大世界,北和上海博物馆及上海大剧院形成上海城市华丽而又高雅的文化名片和标志。

上海音乐厅建于1930年,由中国第一代留美归国建筑师范文照(美琪大戏院首席设计师),赵深主持设计,也是中国人设计的第一座戏院,属于西方古典主义风格建筑。正门有雨篷,台阶,六扇木框玻璃门,设有爱奥尼克式柱。二三层的外立面3个半圆大拱窗,别致高雅,4根爱奥尼克石柱,柱头之上是高达3米横幅巨型浮雕,出于当时著名诗人,留法雕塑家李金发之手,人物取材西欧神话故事,由音乐、舞蹈、戏剧情节组成,强调抒情和诗意。厅内墙壁,地坪,圆柱,扶梯全部采用大理石材质。剧场内地板有视之坚硬,踏之则软,步履无声的绝佳效果。南京大戏院在1930年3月25日晚9时首映美国环球电影公司的歌舞片《百老汇》,成为沪上首演西方影片的戏院。之后又获得美国福克斯·雷电华以及联美,第一国家,米高梅等电影公司的专映权,尤其以放映美国巨片《泰山》(系列)而名声大盛,几乎场场客满。当年《纽约时报》誉之为"亚洲的洛克赛",而洛克赛是美国设施最佳戏院。2004年10月1日音乐厅经过平移和修整之后,在英国皇家爱乐乐团华丽的音乐声中举行首场演出。2019年3月1日至12月31日,音乐厅进行修缮。2020年9月6日,以上海音乐厅员工为班底组成的重奏乐团"厅然森"在音乐厅北厅奏响开厅第一曲。当日,音乐厅重新向公众开放,并举办"相见"主题开放日特别活动。

上海音乐厅(南京大戏院)现为上海市文物保护单位,上海市优秀近代建筑保护单位。

3. 兰心大戏院

兰心大戏院(茂名南路57号)。其兰心为英文 LYCEUM 的音译,意是学院或文艺团体,它是上海开埠至今历史最久的剧场之一,当时作为各国驻沪领事、各界名流的聚会场所。清道光三十年(1850年),英侨自组"浪子""好汉"剧社,搭台演绎话剧,自娱自乐。1866年,又组合成"爱美剧社",简称 A.D.C,亦称大英剧社,在上海圆明园路(今虎丘路)建造较为简陋的木结构剧场,这是中国第一座西式剧场,演出《势均力敌》《梁上君子》等剧,开中国话剧之先河。1929年爱美剧社择址在蒲石路、迈而西爱路口(今长乐路、茂名南路)建造新式剧院,翌年竣工。钢筋混凝土结构,三层,是意大利文艺复兴时期府邸式风格(一说装饰艺术派风格)。外墙为棕色面砖,立面设横竖分明的轮廓线,二楼有3个券窗,三楼有并列3个方窗,都设置精致的铁栏杆阳台。窗栏、窗框及墙角都以假石装饰,显得典雅华贵。当年此间演出西洋话剧或音乐会,进出多为洋人以及沪上绅士淑女,为上海顶级"贵族剧场"。

兰心大戏院有723个席位,楼上233个,底层有490个。舞台面积有195平方米,与观众席间隔相近。剧场总体设计相当科学,观众无论坐在何处,视线都对舞台正中,发出轻声话语,全场都能听得清楚,场内装饰富丽堂皇,冷风暖气俱全,奢华而舒适。大戏院首场演出是美国派拉蒙公司出品的电影《女儿经》,之后仍以演出话剧及歌舞剧为主流,曾演出《雷雨》《日出》《秋》《文天祥》《岳飞》《夜店》等名剧。

1945年抗战胜利,在10月10日,蓄须明志而离开舞台有10年之久的京剧大师梅兰芳复出在此首演《刺虎》。在1953年兰心改名上海艺术剧场,为上海人民艺术剧院、青年话剧团的专用演出场所,戏目主以中外名剧。

1960年毛泽东、周恩来、刘少奇等来剧院观看由上海歌剧院演出的国内第一部大型历史舞剧《小刀会》。兰心以名副其实的演出精品剧场享誉全国。1991年大戏院恢复原名。兰心大戏院为上海市近代优秀建筑保护单位,第一批登记不可移动文物。

4. 京剧福地天蟾舞台

天蟾舞台(福州路701)是上海历时最久,规模最大,声誉最高的京剧演出场所,有"远东第一大剧场"之称。"天蟾"取神话月精蟾蜍拆食月中桂枝的典故。现址剧场建成于1926年,由三元公司投资,时称大新舞台,1930年,大新舞台移名"天蟾"舞台。在此之前,有名为新新舞台,醒舞台,竞舞台,迎仙新新舞台之称。观众席3层,共有3 917个座位,是沪上戏院剧场之最。当时大江南北之菊坛名伶,竞相在此粉墨登场,红氍毹上有着梅兰芳,荀慧生,高庆奎,马连良,周信芳,盖叫天等京剧大师之足迹,每日满座。以至梨园流传"不进天蟾不成名"之说,是为国粹京剧终成国剧之坚实依托。1936年由江北大亨顾竹轩接办,改名天蟾舞台,以演出连台本戏而著称,于是精英荟萃,好戏连台,海派京剧誉满天下。天蟾舞台建筑面积为 6 200 平方米,4 层。1989 年归属上海京剧院。后又经香港邵逸夫等人捐资改建,1992 年改名逸夫舞台,属于同时成立的"天蟾京剧中心"之下的演出场所。改进后的天蟾舞台设施先进,装饰高雅,底层 812 座,楼上 116 座,有 928 个席位,舞台宽 14 米,高 16 米,有 196 平方米。墙面材料具有声学功能,台侧有电子显示屏,演出时显示字幕,于 1994 年开台,1995 年创下了全年公演 300 场之佳绩,沪上为之轰动。2004 年,在逸夫舞台原有的基础上进行全面翻新;2007 年舞台的正门再次进行整修,正门配有数字滚屏,及时提供演出信息,方便观众。

逸夫舞台定位是戏曲专业的演出场所,以京剧演出为主,其他戏曲剧种如越剧,沪剧等演出为辅。有"看戏曲,到逸夫"之称。平均每年演出场次 450 场,年均邀请全国各地及港台各种戏剧剧团有 50 余个,是沪上演艺界演出场次之最。在各种艺术节庆活动期间,还举行国内各剧种精品剧目汇演。现在逸夫舞台已成为全国戏曲之中心、中国京剧演出大舞台。

5. 东方艺术中心

东方艺术中心(丁香路 425 号)是上海的标志性文化设施之一,它与毗邻的世纪公园、上海科技馆确立为浦东新区文化中心的标志性地位。艺术中心创意设计来自法国著名建筑师保罗·安德鲁的手笔,此人在 29 岁时设计法国戴高乐机场而一举成名,在中国此项为第四件杰作,另三项为上海浦东国际机场,广州体育场及北京国家大剧院。安德鲁设计方案标题设定为"这是什么?答案是音乐",并称艺术中心是东、西方艺术"非常温柔的融合"。艺术中心投资逾 10 亿元,建筑面积 39 964 平方米,外形宛如蝴蝶兰盛开的花朵,其 5 片花瓣分别是正门入口及冠以"东方"之名的歌剧院,展览厅,音乐厅、演奏厅。东方音乐厅安装国内唯一的数字音乐系统和环绕式观众席位,拥有高约三层楼,宽 10 余米,重约 40 吨,全国之最的 88 音栓管风琴,(由奥地利里格尔管风琴制造公司定制)。舞台可容纳四管制交响乐团和 120 人的合唱团同时演出,有 18 个升降台能自由组合成不同台阶,或者形成一个完整的平台。舞台之下储藏有国内最齐备的各类型号的钢琴,可以快速地完成乐队合奏和钢琴独奏的转换。1 953 个木质座位环台而设,因经特殊处理,没有声场反射或吸声之虞。东方演奏厅玲珑精巧,厅中为直径分别是 8 米、4 米的两个旋转舞台,阶梯式观众席仅 333 座,设计颇具古罗马剧场的意韵,880 盏嵌入式顶灯,随乐而动,变幻绚丽的光彩。为了体现中国韵味,艺术中心内墙由 12 万块椭圆形有深浅褶皱的陶砖饰面,由浅黄赭红、灰色和棕色来区分不同的空间。大厅入口处墙体以灰色为主色,用近似"山西黑"天然石铺地,愈上愈淡,顶部渐变为灰白色,形成柔和优雅的视觉效果。艺术中心的外墙是由 4 000 块夹金属玻璃组合成幕墙,夹层是极薄,与玻璃同色的多孔金属网,安装在顶部及上层,从而有效阻挡阳光的照射,下层采用晶莹剔透的透明玻璃,隐约能见彩陶内墙。远眺东方艺术中心是个一片深沉的灰蓝球体;入夜之后,犹如一颗流光溢彩的"夜明珠"。

2004 年岁末,在艺术中心举办"华人盛典——2005 年上海新年音乐会",指挥家余隆、钢琴家郎朗、大提琴家王健等杰出的华人音乐家在灯火辉煌的舞台用华丽的音乐,迎接元旦黎明的来临。2006 年 1 月,艺术中心入选"上海十大时尚地标",被誉为"上海最新的高雅艺术发布地"。2006 年 11 月艺术中心通过 ISO9001 质量管理体系认证和 ISOI - 4001 环境管理体系认证。2018 年 3 月 1 日—4 月 10 日和 7 月 1 日—9 月 10 日进行大修。

2014 年 5 月在中国剧场综合体活力排行榜中位列第二;2015 年 4 月获评"2013—2014 年度上海市文明单位";同月,又被评为上海市公共文化建设创新项目。

6. 新潮时尚上海话剧中心

上海话剧艺术中心(安福路288号)是上海唯一一家国家级专业话剧团体,也是中国最优秀的话剧团体之一。组建于1995年。由上海人民艺术剧院和上海青年话剧团联合组成。话剧中心大厦建于2000年,高18层。主体为艺术剧院,戏剧沙龙多功能厅及"D6空间"4个剧场。艺术剧院正厅有530个座位,其中有7个豪华包厢,是沪上话剧演出最佳场所。戏曲沙龙有450平方米,是国内最先进的小型剧场;多功能厅(450平方米)适合于多样化演出的需要;"D6空间"有300个席位,是沪上唯一一个观众席能够任意移动的剧场。十几年的时间,中心已先后上演了古今中外作品100余部,与全球十六个国家及港台地区的艺术家们开展各种形式的合作及互访演出,获得海内外艺术界的高度评价。中心自2004年以来,组织一年一度的上海市大学生话剧节;2005年起,自筹资金开始举办一年一度的亚洲当代戏剧季。它的话剧演出是上海的一道独特风景线,去安福路看话剧成为当代上海青年的一种时尚文化。

7. ERA——时空之旅

被称为超级多媒体梦幻剧,是沪上文艺舞台上的一颗璀璨明星,入选(2006—2007年)国家舞台艺术精品工程。利用中国民族艺术元素,集杂技,音乐,现场乐队,舞蹈,武术于一体,充分运用高科技手段,采用特殊的装置以及声、光、电、水幕、烟雾、特效等方式,使舞台立体化,多维化,从而创造充满奇异和魔幻的神奇效果。以穿越时空的表现手法,展现中华民族悠久的历史和灿烂的文明。"时空之旅"由九大部分组成:序幕 时空盛会,时空镜幻 一枝独秀,时空漫步时尚戏车,时空秀水碧波轻舟,时空庆典华彩乐章,时空天象流星异象,时空极光平地惊雷,时空豪情彩蝶舞花,尾声时空之恋。"时空之旅"由中外编导集体创意策划,体现"中国元素、中外合作"的理念。整个演出中,出色的效果始终让观众处在悬念、感悟、惊奇、愉悦之中,随着精彩的剧情展开让观众体验了一次独特的经历。截至2007年6月间,共演700场,观众65万人次,绝大多数是中外旅游者,博得相当广泛而且极高的好评。被称为"华丽时尚""不可思议"的"时空之旅",时空之旅有八大看点:其一是梦幻之境;其二是"时空秀水";其三是"碧波轻舟";其四是"千古绝顶";其五是"生命之轮";其六是"天籁之音";其七是"时空之恋";其八是"时空穿梭"。当之无愧地成为上海城市的"文化名片",也成为旅游绝佳的名牌项目。

ERA-时空之旅在上海马戏城演出。2020年9月27日,时空之旅迎来了9周岁生日。9年来,此剧连演了3500场,人气高、口碑好,被认为是"演出市场的奇迹"。

由上可见,上海的文艺展演旅游不仅提高了城市的文化品位,培育了市民的文化素质,也推动了中国与世界的艺术交流。与此同时也展示了真正的海派精神,体现了海派文化。而被称为"阿依达现象"的具有轰动效应的文化现象,也成为大众旅游休闲文化的热点显示了一种新型的文化生态。

三、上海体育赛事旅游

体育赛事旅游是指将参与观赏的体育比赛活动与旅游相结合、相融合形成的一种旅游体验。这是目前国际上颇为流行的一种时尚。上海有顶级的世界级赛场,有完善的体育设施,通过举办各种赛事活动和节庆活动,如F1比赛、国际网球大师杯赛、世界田径黄金大赛和体育节等,不仅可以让上海市民一饱眼福,激发市民的空前热情和精神风貌,也可让世界各地的旅游者了解上海。将上海的景观风貌、文化内涵展示在世人面前,这会大大促进都市旅游的发展。

1. 上海国际大众体育节

2009 年举办首届,是中国首次以"体育节"名义举行的大型国际群众体育交流盛会,以"体育让生活更精神"为主题,传递出竞技体育已向群众体育融入、经常锻炼、健康生活的观念深入人心,从而持续全面开展大众体育、全面健身活动的信息。体育节会徽是欢腾的 5 个人物剪影作为视觉重点,主调红色体现快乐活泼的动感。本届体育节有 20 项国际性赛事和活动,其中国际性大众体育赛事有 162 项。有亚洲极限运动锦标赛、国际攀岩大师赛、国际飞镖公开赛、世界斯诺克上海大师赛、中国壁球公开赛等专业很强的大赛;还有百姓赛事,如世界龙狮锦标赛、苏州河城市龙舟国际邀请赛、国际风筝邀请赛、国际健身气功赛、世界华人龙舟邀请赛等,还举办 2 个健康论坛、2 个体育模型和用具展览。时间从 5 月至 12 月,体育节还在 5 月1 日(世博会开幕倒计时一周年)、6 月 16 日(上海市民体育健身日)、8 月 8 日(全国全民健身日)、10 月 1 日(新中国成立六十周年)、11 月(上海市全民健身节)等重要节庆,开展丰富多彩的"以全民健身与世博同行"为主题的群众体育活动。预计有 50 余个国家和地区的 6 000 余名运动员及相关人员来沪参加。由国家体育总局社会体育指导中心、上海体育局、上海旅游局联合举办。2009 年 5 月 10 日中国上海国际大众体育节暨"浦东·三林"杯第四届世界龙狮锦标赛在东方明珠塔下隆重开幕。当时火箭(模型)呼啸飞天,在绚丽的白色烟雾之中,蛟龙飞舞,猛狮腾跃,各路健身团队以全新演绎伴舞助威,全场响彻喝彩,欢呼之声。

太平洋保险·2020 上海国际大众体育节在浦东陆家嘴滨江拉开帷幕,来自全市的 200 余组企业、家庭和市级体育社会组织参与了赛事和相关的嘉年华活动。本届以"闪耀浦江一起同行"为主题,围绕"免疫力、凝聚力、企业"三大元素,号召全民参与健身运动,为上海市民增加"免疫力",提升"战斗力",展现体育社会组织、企业团体和体育爱好者之间的"凝聚力"。此外,体育节还邀请在和疫情防控医护人员及家属参赛,为在疫情防控期间冲锋在一线的白衣天使送上了体育人的敬意。所有赛事和相关活动严格执行疫情防控要求,参加选手和工作人员在经过体温检测和查看随申码之后方可进入赛事区域。2020 年恰逢浦东开发开放三十周年,本届体育节特别将徒步大赛全线设置在滨江陆家嘴段,将文化、旅游、科创、经济、城市建设等元素融合起来,让参加者感受城市活力,享受运动之美。

2. 上海国际赛车场

上海国际赛车场(伊宁路 2000 号)是世界赛车顶级赛事 F1 世锦赛中国大奖赛、Moto CP 中国大奖赛、A1 世界杯汽车大奖赛等比赛场所。

所谓 F1 就是一级方程式赛车。方程式(formula)意为"一个对所有参赛车辆的限制标准",F1(formula one)是国际汽联(F1A)所命名的最高级别赛事,这是挑战车手技能和心态,引发观众激情和狂热的惊心动魄的比赛。F1 在每年全世界的运作费用高达 500 亿之巨。第一场 F1 比赛是在 1950 年。2009 年 4 月 17 日至 19 日在上海国际赛车场举行,赛场位于江南古镇安亭之东北,与著名的上海国际汽车城相邻。最后一天,在赛前下起雨,赛车在水花与雾气中呼啸飞驰,激起全场雷鸣般的呼声。红牛车队的德国车手互特尔最终赢得分站赛冠军,这也是红牛队进入 F1 四年来,在 74 次分站赛中首次夺魁。

水景广场,开设 5 000 平方米作为宝马主题公园的活动现场,有车辆展示及专业驾驶表演,因而成为 F1 车迷的欢乐派对。餐饮美食一条街台湾美食琳琅满目,宝岛小吃应有尽有。北京旅游局搭起销售京华之旅的展台,其侧是澳门旅游局展台。

4 月 26 日,F1 抵达巴林站。

上海国际赛车场占地 5.3 平方千米,主体建筑及其他主要建筑约有 15 万平方米,即由主副看台(可容纳 20 万人),赛场指挥中心,新闻中心,车队生活区,维修站等组成。它是上海国际汽车城营造汽车文化的重要组成部分。赛道区域为 2.5 平方千米,赛道全长 5 451.24 米,宽度平均为 14 米,弯道处为 20 米。赛道和主建筑设计由国际汽联指定的专业 F1 赛车场设计公司——德国惕克公司承担。上海赛道由赛道设计权威霍曼·提尔克设计,整体形状是从中文"上"字得到灵感而成。具有 7 处左转弯道及 7 处右转弯道,位于 T13 和 T14 之间,直道最长为 1 175 米,其允许时速为 327 千米/小时,给车手及 F1 迷同时带来极其强烈的兴奋和震撼。

3. 上海旗忠村体育城网球中心

它是上海旗忠村体育城网球中心是世界顶级男子网球比赛之网球大师杯赛举行赛事的场所。

网球大师杯赛在 1999 年 12 月 9 日诞生,由四大满贯赛委员会、ITF(国际网球联合会)及 ATP(男子职业网球选手协会)经过整合而终结 ATP 年终总决赛和男子四大满贯杯赛,取而代之的是一项新的赛事,也是三个组织共同拥有的男子职业网球巡回赛的年终总决赛——网球大师杯赛。大师杯赛荟萃世界排名前八位的网坛顶尖高手,争夺男子职业网坛年终第一的至高殊荣以及 445 万美元的总奖金。从 2002 年起,上海已经完美举办了 5 届精彩纷呈的赛事,向上海、中国以及全世界热爱网球者提供了一份无与伦比的体育大餐。

旗忠网球中心位于闵行区马桥镇,占地 508 亩,总建筑面积 8.5 万平方米。设一座主赛场,18 片室外网球场。主赛场有 30 649 平方米,可容纳 1.5 万人,设观众席,记者席(150 席位,其中 60 席配有工作台)及贵宾席;还设残疾人席位。空中包厢有 24 个,这是继美国阿瑟·阿什中央球场之外,旗忠村是第二座拥有空中包厢的网球场地。设置 2 块电子大屏幕,高 4 米,宽 20 米;现场转播室 20 间,另设有运动员更衣室,休息室,餐厅,会议室,信息处理中心,新闻发布厅等用房,设施齐备而且先进。主赛场屋顶为钢结构,高约 40 米,可以开启,启动之时就像白玉兰含苞开放,奇妙无比,创下运用此类形式和技术的世界首创。除网球赛外,还可适用篮球,排球,体操,乒乓球等高档次的比赛。旗忠村网球中心总投资 2.5 亿,是当时中国在球类场馆建造中投入之最。

2005—2007 年连续三年举办了网球大师杯赛。2009 年 10 月,举办上海 ATP 大师赛。它有 15 000 座位,是亚洲最大、世界第三(并列)的网球场。

四、上海医疗保健旅游

中医医疗保健具有方法独特、医治根本的特质,其历史可上溯于 5 000 年之前。先人们完全利用天然的植物、动物以及矿物质成分,神奇地组合成为药方,有序地进行根本性地治理病患,还辅以针灸、推拿、气功等奇妙手段,使已经不能自理的患者逐渐康复。中华历朝名医辈出,宗派荟萃,然而其治病理念之科学和准确却是一致的,处方也被称之"神方",或者"千金方"。上海的医疗设施先进,名家聚集,当属国内一流。就中医而言,在 1995 年及 2004 年,国家正式公布的"名中医"有 77 位,龙华医院有 14 位。沪上名中医石仰山自曾祖父石蓝田(江苏无锡人)起,历四代,传承百余年,"石氏骨科"成为金字招牌,誉满天下。名中医陈又平用针灸对延缓衰老,消除恶性肿瘤的治疗有相当显著效果。陈还参照在浙江嘉兴一带流行的"化脓灸"的土法,结合自己丰富的经验,以此来根治顽症哮喘。

外国游人对中医药充满好奇和神往,来沪旅游之余,也非常乐意感受和体验这种"东方的神奇"。

（一）中医药体验之旅

1. 上海中医博物馆

上海中医博物馆（蔡伦路1200号，上海中医药大学校园内）于2004年12月建成，展览面积4000平方米，中医史博物馆（建于1938年），中药标本列馆（有近50年历史），校史陈列馆（建于2004年）三馆组成。为使教学和科普及景观能协调融合，并和标本馆相互辅成，在2006年6月又建成"百草园·杏林苑"，占地有16亩，使之成为园林式的博物馆，为游人提供学习休闲的生态空间，上海中医博物馆旨在全面展示5000年辉煌的中医药历史，弘扬博大精深的中医药文化；通过丰富多样的珍贵展品，包括有古代医具实物，出土的药材丹丸，以及珍本典籍，系统而又生动地向游人传授中医科学知识。博物馆以"天圆地方"的理念设计而成。大厅中央是阴阳五行雕塑，这是中医学理论之根本；三字浮雕：精、气、神，是点睛之笔，诠释健康的标准；正面墙体上的青雕浮雕"中医药千年回响"标立博物馆的主题。医史馆陈展文物14000余件，其中《黄帝内经》《伤寒论》《本草纲目》等经典医籍就有6000余册，还有3000余册医学报刊，不少是存世孤本。标本馆展出药材标本和成药有3000余种，介绍形态、功效等实用知识，陈列麝香、野山参、冬虫夏草等珍稀全件标本，开辟专栏详解名贵中药真伪鉴别方法。镇馆之宝是清乾隆九年（1744年）铸制的针灸穴位的铜人，原件十尊，是乾隆特赐编著《医宗金鉴》的人员，此尊是唯一存世的。最原始的医具是5000年之前，先人制作的骨针、砭石，从此"针砭"一字成为中医诊断和医疗的同义之词。百草园由荫生、水生、丹桂、木兰、红豆、品菊、芳草、茶艺、果树、盆景、菜蔬、引种园等组成，种植药用植物400余种，有称之"中华九大仙草"之首的铁皮石斛、百年首乌等。杏林园栽种320余株杏树，杏林典故出于《太平广记》，相传三国吴董奉隐居匡山（今江西庐山），为人治病，不收取钱，仅要求重病愈者需植杏5株，轻者植杏1株，之后得杏树竟10万余株，蔚然成林，董亦得以成仙。于是以"誉满杏林"称颂医师高明。而杏坛相传为儒家先哲孔子讲学之处，这就表明中医药教授有数千年的溯源，百代之传承，永世而不绝。整个园区设计为八卦之形和馆内正厅雕塑"阴阳鱼"造型组合成中国传统文化中具有魅力、内涵极其丰富的"阴阳八卦"图形，凸显中医学基础理论"天下万物，阴阳平衡"的最大特色。上海市中医药博物馆是全国科普教育基地、上海市科普旅游示范基地、上海高校民族文化博物馆、浦东新区科普教育基地。漫步于博物馆，游人会对中国三大国粹之首的中医中药有了清晰的理解和认同，感受着中国中医药无穷的魅力。

2. 上海中医药大学附属龙华医院

上海中医药大学附属龙华医院（宛平南路725号），创建于1960年7月。它是一所集医疗、教学、科研为一体的三级中医医院，是上海市医保定点单位。是我国建立最早的四大中医临床基地之一。龙华医院办院宗旨是"质量第一，病人至上"，坚持中医为主的办院方向，走名医、名科、名院之路，已成为中医特色鲜明和中医优势突出的全国示范中医院、上海市三级甲等医院、上海市精神文明单位8连冠。2008年12月被国家中医药管理局确认为国家中医临床研究基地建设单位，承担恶性肿瘤和骨退行性病变的研究。

龙华医院总院占地面积52.3亩，编制床位7.3张；全院现有高级职称医务人员215人，全国老中医学术经验继承工作导师11名，上海市名中医16名，博士生导师32位。医院科室设置齐全，有临床科室34个，医技科室5个，药剂科室3个以及心导管室、TCU、CCU、血液净化中心等，拥有DR、CT、ECT、MRI、数字胃肠机等大型设备。有4个国家级重点学科、7个国家中医药管理局重点专科(专病)、5个国家中医药管理局三级实验室、1个国家中医药管理局重点研究室、2个上海市临床医学中心、5个上海市优势专科、9个上海市中医特色专科。

龙华医院的中医特色鲜明,中医药在治疗恶性肿瘤、骨退行性病变、肾病、肝病、胆结石、风湿病、眼病、乳腺病、肛肠病、脾胃病、呼吸病、疮疡病等有显著的疗效;同时医院有冬令进补膏方门诊、冬病夏治门诊、中医特色门诊等,每年都有大批患者,其中相当数量是全国各地及外国旅游者前来就诊,咨询或者保健。目前医院年门诊量达166万人次,年膏方门诊量18 739料,一年中药饮片使用量达到3 000余吨,年饮片配方890万帖,均位居全市医疗机构之首。龙华医院承接国家科研项目百余项,获得国家、上海市科研奖项23项。进行临床前新药研究约有20项。

中医治疗的价低、便捷、安全、神效等独具特质,在社会上,包括旅游行业中,产生巨大的影响,深入人心,并引起广泛的呼应。龙华医院凭借优势,灵活多样,就能在具有中医特色的治病、保健、强身等医疗领域内,做出卓越的贡献,从而实现"上海领先、全国一流、世界著名"的宏大目标,成为中外游人在休闲旅游中必选的金牌项目。

3. 海派中医内功推拿流派传承工作室

2021年10月24日"海派中医内功推拿流派传承工作室"在上海市中医医院(普安路189号)挂牌成立,标志上海中医医院在中医药传承发展上又迈出新步伐,对推动中医药继承创新和人才培养具有重要意义。该工作室指导专家为原上海中医药大学推拿学基础教研室主任、中华中医药学会推拿分会秘书长、副主任委员;现任上海市中医药学会推拿分会副主任委员赵毅教授,是沪上知名名中医和该流派代表性传承人,享誉海内外。

内功推拿是全国知名的推拿流派之一,强调在指导患者习练少林内功的基础上再做推拿治疗。该流派重视"温法",常采用温热效应明显的平推法和湿热敷,擅长治疗慢性疲劳综合征、劳倦内伤、慢阻肺、哮喘、小儿腺样体肥大、过敏性鼻炎、鼾症、高血压、胃和十二指肠溃疡、泄泻、便秘、失眠、痛经、近视、湿疹以及肌肉骨关节疼痛、软组织损害慢性疼痛等病症。

4. 四大国药号

自先秦以来,历史上的名医扁鹊、华佗、张仲景、孙思邈,尤其是医圣李时珍,在几十年治病救人的实践过程中,拟定了具有特效的处方,是中华医药中极其珍贵的财富。之后医家药店精选药方,采用地道药材,通过精细的工序制作为成药。于是从清朝始,各地药房逐鹿于海上,在二百年间,优胜劣汰,终于形成四大著名国药号雄踞沪上的局面,其独家、价值连城的品牌深受上海民众的信赖和赞赏;也博得了中外游人的青睐。

(1)雷允上(药城),静安区华山路2号。清雍正二年(1724年)由雷允上创建,店在苏州天库前。雷少年受业于苏州名医王晋山之门。后研制丹丸膏散,精于麝香,牛黄,珍珠,蟾酥等名贵药材之应用,其最著名秘传成药即为"六神丸"。咸丰年初,老店毁于战火,咸丰十年(1860年)雷氏设雷允上诵芬堂药铺于沪上新北门外兴圣街(今人民路)制售成药,并对"六神丸"之药方进行精确修正,治疗神效,从而行销与日本及东南亚各地,称之"神药"。

(2)童涵春(国药号),黄浦区豫园新路20号。清乾隆四十八年(1783年)由童善长创建,店址在沪城小东门附近,即现上海老街上。原称竺涵春药店。其名药"人参再造丸",因选料道地,加工精细,而且恪守信誉,为医师及病家赞赏。

(3)胡庆余堂(国药号),黄浦区新闸路370号。　清同治十三年(1874年)有徽商胡雪岩开设,地址在杭州清河坊大井巷,店名从"积善人家庆有余"取字。1914年在上海设分号,除经营传统丹丸饮片之外,自产虎骨木瓜酒,杞圆酒,紫雪丹,辟瘟丹等著名药酒成药,另售有吉林人参、梅花鹿茸、上等银耳等名贵药材。因重质量,守信誉,百年以来,生意兴隆。

（4）蔡同德（国药号）,清光绪元年（1875 年）由蔡嵋青创建于湖北汉口,7 年之后迁于上海,店址在抛球场（今河南中路和南京东路交汇口）附近。以独家配制"洞天长春膏"而著名。为制虎骨木瓜酒,遂请绍兴酿酒师傅,自建酒厂,制售杞菊地黄丸,六味地黄丸等 30 余种成药。

5. 中医保健养生之旅（一日游）

上午：（1）游览世纪公园,在园内学习（练习太极拳）。

（2）参观上海中医药博物馆。

（3）欣赏中国武术表演。

午餐：品尝中医养生药膳。

下午：（1）参加中医讲座。

（2）体验中医特色保健服务,有中医诊查、健康咨询、按摩、推拿、拔火罐、中药（足）浴等。

晚餐：（1）饮用中华养生类酒,品尝养生药膳。

（2）餐后细品中华养生茶。

6. 休闲+养身+保健引领旅游新趋势

随着物质生活水平的提高,人们对健康、愉快、长寿的欲望越来越强烈。将"养身、保健、医美"融合休闲旅游,是当前在国际范围内的一种趋势,发展潜力巨大。为旅创景结合多年来实战经验,做了深入的研究和分析,在旅游产业系统升级的大背景下,开展如何推广养生休闲,并通过其提升旅游品质,是一个极其具有现实意义的课题。

2008 年成立于上海的薇凯国际医美集团,是一个集医疗美容、健康管理、医疗资源整合等与休闲旅游相结合的集团性公司。其拥有来自全球的医美团队、海外奢华疗养医院,以及遍布各大城市的可以接待客户的五星级酒店;有向全球提供海外特检服务和结合养生休闲旅游等医美旅游资源。

该集团在上海崇明岛东平国家森林公园内建有健康疗养基地,把休闲养生和旅游相结合,把健康、养生和休闲旅游相结合,开辟和引领休闲旅游新的方向。是旅游在大健康领域平台下,更多地与老百姓切身的需求行业相融合。该集团正在研究如何开拓具有中西医结合特色的融治疗、保健、养生、休闲等高端服务领域中新的应用场景,以适合市场新的发展需求。

五、上海观灯游船夜景旅游

1. 上海迷人的夜景

上海有"东方不夜城"之称。在上海游览会惊异地感受到,在迷人的夜幕下,火树银花,具有能比白昼更觉动人心魄的魅力。1989 年上海启动城市灯光工程,外滩先起,惊艳海上。26 幢高雅精致的大楼,在当今最先进的泛光灯照明之下,极致渲染"万国建筑博览"无与伦比的风采：汇丰银行大楼雍容华贵,显示西方宫殿的气派;海关大楼钟楼高耸,气度轩昂;和平饭店金字塔顶在绿光的照耀下,流露怀旧的情调;中国银行蓝琉璃四角尖顶,在浅蓝色灯光之中,显示端庄、坚实的气度。之后南京东路成为霓虹闪烁,流光溢彩,名副其实的"中华第一街"。从此沪城每幢华厦拔地而起,随之都有其量身定做的灯光色调,从而形成独特的、凸显美感的外观。在人民广场,在淡绿光照之下,树林绿荫深沉,草坪如茵;上海大剧院在辉煌的白色灯光衬映下,宛若水晶宫;上海博物馆在浅黄的灯光中,仿佛一尊珍贵的宝鼎;上海城市规划展示馆在光照之下,像似一座中国三门城楼;人民大厦采用洁白的光源,营造出庄重、朴实、方正的氛围;

音乐旱喷泉水花飞溅,恍若仙境。陆家嘴灯火璀璨,在数十种灯式照射之下,东方明珠擎天柱上的三个红色圆球熠熠生辉;金茂大厦晶莹剔透;上海国际会议中心东西双球灯彩绚丽;环球金融中心就像透明的蓝宝石。此刻登上环球金融中心的 472 米观光天阁,黄浦江波光粼粼,五光十色的游船江上游曳;新月般的外滩上精彩纷呈的外滩西式建筑群,金碧辉煌,展示一幅宏阔、华丽的油画杰作;中心绿地周边玉楼琼宇,光彩夺目,显露出心旷神怡的迷人风采。浦江两岸,灯光通明,犹如遍洒明珠,形成灯世界、光海洋的景色大观。

在黄浦江上游览是富有吸引力的旅游项目,江上夜游更博游人青睐。游船有龙舟式、宫殿式、豪华游艇式……船上设施良好,供应颇丰。游览中,还有文艺表演助兴。每当月照中天,游人可伫立船头,或坐在舱内,饱览绝美的江岸风情,充满了浪漫的情怀。如果南京路夜景是繁华、炫目的,淮海路夜景就是高雅和经典的,树灯若星,霓虹相接,商店橱窗布置前卫,柔和的彩色灯光之中,飘来优雅的乐曲声,散发时尚艺术的气息;衡山路的梧桐树荫下,月光斑驳,街边酒吧、咖啡屋发出幽雅的灯光,充满了醉人的宁静。而老城厢豫园旅游商城飞檐翘角、红灯高挂、灯火映天、游人如云,具有浓郁的民族韵味。

上海城市夜景是这个国际大都市一道亮丽迷人的风景线。

上海十大夜景:① 浦东陆家嘴夜景;② 外滩夜景;③ 南京路夜景;④ 人民广场夜景;⑤ 淮海中路夜景;⑥ 豫园旅游商城夜景;⑦ 四川北路夜景;⑧ 徐家汇商城夜景;⑨ 静安寺商圈夜景;⑩ 不夜城夜景。

2. 浦江游览

线路 1:从外滩码头起航,朝北向黄浦江下游行驶。

沿江景色有:① 浦西是"万国建筑博览"的外滩,东岸是"世界名楼画廊"的陆家嘴,交相辉映;② 在与黄浦江交汇的苏州河上,是上海人的外婆桥、经全面整修在 2009 年 4 月初通车的百年老桥:外白渡桥,桥畔耸立着上海标志性建筑上海大厦;③ 气势如虹的南浦大桥飞架两岸,天堑变通途;④ 西岸共青森林公园,绿荫深重;⑤ 西岸张华浜港区,数十座巨型龙门吊车林立江边,这是中国最大、世界一流的集装箱码头;⑥ 西北岸是高楼鳞次栉比的吴淞古镇;⑦ 吴淞口:黄浦江由此流入长江,西岸江边建有双层信号楼,高 45 米,指挥进出繁忙的船舶,还有测量水位的潮汐钟;⑧ 西岸吴淞西炮台遗址(东炮台已淹没在长江之中),沿(长)江开辟为湿地森林公园,东岸为上海滨江森林公园,占地 1 800 余亩,由于位于长江之边,地理位置优越,加之生态环境极佳,建园未满 2 年,就成为"飞禽乐园"。已发现珍稀鸟类 102 种,成为沪上野禽品种最多的森林公园。在夏天的晚上,此地萤火虫星星点点。"听 蛙声一片",白天还能听到啄木鸟的啄木之声。2007 年 8 月获得国际风景园林师联合会(IFLA)颁发的"2007 年 IFLA 亚太区风景园林设计优秀奖和纪念奖"。同时获得殊荣的还有苏州河上的梦清园;⑨ 最后驶入长江,江天一色,可看到著名的"三夹水"壮观。所谓"三夹水"说法有二:一是浅灰色的黄浦江水,带有泥沙而黄浊的长江水,泛蓝色的东海水,三水并列,色界分明;二是黄浦江之浅灰色,长江之青灰色,东海之蓝色。后者说法颇为流行。

线路 2:以外滩为起点,北至杨浦大桥,南达南浦大桥,是条经典的夜游线路。入夜,月照浦江,浦东是气象万千的陆家嘴,浦西是经典的庄重的外滩万国建筑群。两岸华灯初上,五光十色,星汉灿烂。双桥横架,犹如飞龙在天,陆家嘴被誉为"东方明珠",与杨浦、南浦两座大桥形成沪上称之"双龙戏珠"的壮观景象。在优雅的音乐声中,游人一杯咖啡,浏览江流、华厦、光影组成的瑰丽景观,仿佛置身于神奇世界之中。

3. 苏州河之旅

苏州河全长 125 千米,发源于太湖之瓜泾口,在上海境内有 53 千米,河均宽为 60 米。在上海境内于外白渡桥处向东汇入黄浦江。20 世纪 20 年代,苏州河随着河岸工厂增多而污染急剧,水质严重恶化,成为上海城抹不掉的大污斑。2003 年经过综合整治后,苏州河之水清澈,两岸绿荫,成为一条美丽的水上景观画廊。

苏州河在明隆庆四年(1570 年)建起闸桥起,先后建架 30 余座桥梁,现存 26 座,其中有 4 座是经典景观桥梁。历史最早的是外白渡桥(清光绪三十三年,即 1907 年,亦称头摆或白渡桥)。游程由此西行。河岸左侧是黄浦公园,挺拔耸立着上海人民英雄纪念碑,再前是上海滩百年之前所建的花园洋楼,即开埠之后的英国领事馆。右岸红顶白墙的精致洋楼是俄罗斯领事馆(上海市文物保护单位,上海优秀近代建筑保护单位),其后是为沪上最早,但是最豪华的礼查饭店(建于清道光二十六年,1846 年),现名浦江饭店。上海城首用 15 盏电灯、7 盏安装于此;首部电话通话于此;中国首部露天电影的公映,正式交际舞会的举办都在此,国际名流来沪亦宿住于此。沿河高 78 米的摩天大厦是上海大厦,这是上海过去的标志性建筑(1934 年建成,旧称百老汇大厦,属于全国文物保护单位的外滩建筑群之一)。再行是苏州河上的经典景观桥有四川路桥、西藏路桥、乍浦路桥、河南路桥,它们是典型的欧式风格桥梁,桥体线型优美流畅,桥身细部刻画丰富,桥梁整体与该段苏州河两岸建筑风格十分协调,是苏州河上重要的景观桥梁。其一是乍浦路桥,亦称二(里)摆渡桥,建于 1927 年,长 72 米,因体现上海典型城市风貌,属上海优秀近代建筑保护单位。桥南是上海国际贸易会堂,原是建于 1925 年的光陆大戏院,当年以放映英美电影和演出西方歌剧为主,中国最早的有声电影也在此放映,1982 年改为现名。在乍浦路附近有 5 个电影院,其中虹口大戏院原称虹口活动影戏院,建于光陆大戏院所在的 1908 年,是中国第一家电影院,因而此地被誉为中国电影发祥地。乍浦路北端饭店(娱乐)有 112 家,被称为"美食一条街";其二是三摆渡桥,即四川路桥,欧式风格,建于 1922 年。桥北是上海邮局总局,1924 年建成,是当时国内最大的邮政局,英国古典主义风格,高 51 米。中央钟楼高 13 米,塔楼 17 米,为 17 世纪意大利巴洛克式,顶端旗高 8 米,现属全国文物保护单位。前面是建于 1933 年的河滨大楼,三楼是公寓,主以洋人居住,当时美国环球、米高梅、哥伦比亚、联美等著名影片公司之上海分公司设置于此,现为上海市优秀近代建筑保护单位;其三是河南路桥,也是景观桥梁。其右岸是原上海总商会大楼,建于 1884 年,其西式装饰和雕刻相当精致和考究,是上海优秀近代保护建筑单位。福建路桥位于明代闸桥的位置,因而旧称老闸桥。从此始至西藏路桥,两岸还保存着沪上早期石库门民宅。浙江路桥因原有垃圾码头,因称为老垃圾桥,建于 1908 年,是苏州河上第二座全钢结构桥梁,其结构和材质与郑州黄河大桥(1905 年建成)、兰州黄河大桥(1909 年建成)类似,又和早建成一年的外白渡桥都通行过有轨电车;西藏路桥是苏州河上处于市中心繁华热闹位置,历史上又称新垃圾桥,亦称泥城桥,是第四座苏州河上的景观桥梁。从浙江路桥起经此,到乌镇河桥,约 1 千米路是云集仓库及码头的仓栈区,最为著名的是西北岸的四行仓库。1932 年由盐业、金城、中南、大陆四家银行联合建造。1937 年 10 月 26 日夜,国民革命军孙元良部二六二旅五二四团第一营中校团副谢晋元率英雄 400 余抗击日寇,坚守四行仓库四天四夜,他们冒着密集的平射炮轰击,六次击溃数倍于己的日寇疯狂进攻,歼敌 200 余人。现在正门"上海四行仓库"金字为汪道涵手书。

乌镇路桥为 1998 年由原水泥桥改进。1949 年 5 月 26 日凌晨,解放军已控制苏州河南岸的市区,接着率先跨过此桥,冲到岸北,27 日,占领河北岸区域,因而成为迎接上海解放的第一桥。

　　苏州河两岸旧楼相继推倒,摩天大厦拔地而起,鳞次栉比,精彩纷呈。北岸是平坦的道路,南岸绿树垂荫,狭长草坪相接,地面铺排富于现代感的浅黄色彩砖。苏州河畔,水景住宅已开发30余个,沿岸建立亲水平台。解放前因由苏州河上三个弯道而形成的三湾一弄(潘家湾,潭子湾,朱家湾,落水弄)是又脏又破的棚户区,现已彻底拆除,成为现代居民住宅区。原潘家湾,潭子湾处建成中远两湾城,高楼林立,2千米长亲水景观岸线风景如画,还利用河道折弯形成的8.6公顷的半岛土地上,建造梦清园环保主题公园。引苏州河水环岛而流,流入蝴蝶泉人工湿地,最后形成小溪流入绿荫广场前的清漪湖里。在形似白玉兰花蕾的地块上遍种水杉、桂花、翠竹成林,夹道种栽芙蓉、樱花。漫步在沿岸欣赏水中游鱼;观看气势磅礴的龙舟竞赛。与之毗邻的旧时工厂、仓库楼房,已营造起浪漫清新的艺术工坊。在游程中,可以了解上海的水文化、桥文化、近代建筑文化、现代楼宇建筑文化,还可了解与之相关丰富多彩的逸闻趣事,可体验苏州河变清之百年梦想成真的喜悦。

　　2009年5月28日(农历五月初五)端午节,第六届上海苏州河城市龙舟国际邀请赛鸣锣开赛,36支中外划桨高手团队参赛。龙舟赛由华彩水章(水上表演)、海宝憧憬(文体表演)、城韵激扬(开幕仪式)、群龙竞渡(龙舟比赛)等精彩项目组成。苏州河中远两湾城小区河道两岸彩旗飞舞,金鼓齐鸣,成千上万的民众呐喊助威。

　　2021年10月23日至4日"2021上海赛艇公开赛"在苏州河开赛。苏州河4.2千米赛道如同一条斑斓的时光隧道,串起满是历史印痕的苏州河众桥,串起邮政博物馆、划船总会、四行仓库等诸多历史街区和景点,它们遥遥相望,见证上海的百年变迁。这次赛艇公开赛在上海苏州河上举行,对运动员来说,除了比赛,更是一次非常新奇和特别的体验。

　　此外,为进一步拉近赛艇运动与城市、自然、人的关系,苏州河赛道沿岸设有5个观赛点,市民可通过"上艇"小程序选择不同比赛日和场次进行预约各场次观赛点观赛,其中500米城市冲刺赛第二轮的角逐最受市民的关注,北苏州路亲水平台观赛点预约人数单个观赛点预约人数超过千人。

　　在2009年10月之前,苏州河上开通水上巴士,游船从长寿路桥可至真北路桥。其后苏州河会和长风公园的银锄湖相通,游船可直航湖内。随着苏州河游览的开发研究,苏州河沿岸的景观将不断增加。如苏州河两岸的博物馆(建成的、在建的和筹划建造的将有20座),苏州河上的桥梁,龙舟赛事和夜景灯光,等等,为苏州河增添了多种景色,并将对海内外游客产生更大的吸引力,已成为上海的另一条景观河流。

第九章　借鉴国际大都市经验推动
上海都市旅游大发展

　　旅游活动本质上是一种人类对地理空间选择、经历和体验的过程,随着当代社会信息化程度的高涨,人们的旅游消费观念不同程度地带上了形象消费的特点。不同旅游目的地形象直接影响旅游者的旅游决策和行为选择。众多的研究证明,旅游形象对于旅游目的地的选择和后续活动起着非常重要的作用,旅游形象的竞争直接影响着旅游地之间的竞争。如何构建富有特色和吸引力的旅游形象并适时加以提升是推进当地旅游业发展的重要问题。

　　1997 年 3 月,上海市政府正式提出了上海应发展"都市型旅游"。十多年来旅游业被作为上海第三产业中重点发展的行业之一,得到了快速的发展;上海的都市旅游发展也正逐步向区域性的国际旅游中心城市迈进,上海都市旅游形象渐入人心。荣获中国优秀旅游城市的上海,近几年在国际上影响不断扩大,'99《财富》论坛和 2002APEC 会议都为上海赢得声誉,被世界各国领导人和媒体舆论盛赞为"最安全的旅游城市"和"最有朝气的城市",2010 年世博会也为上海都市旅游的发展带来了新的机遇。但现阶段上海与纽约、伦敦、巴黎、新加坡、香港等大都市相比,旅游形象建设还有较大差距。随着上海都市旅游的发展,上海都市旅游形象的研究也被国内外学者关注。因此在现阶段,如何紧抓后世博所带来的机遇,提升上海都市旅游形象,深化上海都市旅游的发展,无论在理论研究还是实践行动上都具有非常重要的现实意义。

第一节　五个国际旅游大都市的分析借鉴

一、"优雅之都"巴黎

1. 巴黎概况

　　巴黎是法国传统文化和城市文明的典范,一贯保持着自己的文化风格和高贵品质,传统古老的巴黎和新兴现代的巴黎结合在一起,使其都市旅游资源更多地渗透出优雅的文化气质。两岸风光明媚的塞纳河是巴黎的母亲河,串联着众多的古迹胜景,各种建筑确是"石头的历史""凝固的音乐";一座座桥梁就是一件件艺术品。

2. 巴黎旅游特色

　　卢浮宫、巴黎圣母院、埃菲尔铁塔、凡尔赛宫、凯旋门、爱丽舍宫、卢森堡宫、波旁宫、圣母玛利亚大教堂、枫丹白露城堡、蓬皮杜文化中心,香榭丽舍大街、雄狮大道等,将巴黎从过去引向未来,将游客从世界各国引到这里,使巴黎风情深深渗进人们心田。"优雅"的城市特质是吸引力游客的核心所在。

二、"万城之花"伦敦

1. 伦敦概况

　　古迹的引人入胜和泰晤士河的豪迈,使伦敦成为驰名世界的旅游城市,每年接待外国旅游者达 800 多万人。

2. 伦敦旅游特色

白金汉宫(王室居留地)、唐宁街 10 号(首相府邸)、伦敦塔、伦敦桥、威斯敏斯特宫、维多利亚塔、97 米高的钟楼和其上的大本钟、特拉法加广场、牛津街、摄政街、蜡像博物馆、圣保罗教堂、西敏寺、坎特伯雷大教堂、大英博物馆、牛津大学、剑桥大学、温莎乐高乐园、海德公园、格林尼治山、格林尼治天文台、伦敦动物园、皇家植物园等无不透出"万城之花"迷人的气质。塞纳河为巴黎带来恋人般的浪漫,而泰晤士河(river Thames)两岸景色迥异,高楼大厦、皇宫苑圃,鳞次栉比,为伦敦带来武士般的豪迈。

三、"万国之都"纽约

1. 纽约概况

纽约是个大熔炉,近 800 万人口中来自世界各地近 100 个以上民族。兼容并蓄、多元复合、开放自由的纽约大都市构成了五彩缤纷的多元化都市风貌,自然地流露在都市景观、都市生活、都市文化和宗教艺术等都市旅游资源上,形成纽约旅游吸引力的核心。

2. 纽约的旅游特色

著名的自由女神像、华尔街、"苏荷"(SOHO)区、联合国总部、时代广场、大都会艺术博物馆、中央公园、第五大道商业区、洛克菲勒中心、百老汇歌剧院、唐人街等都对游客有着独特的吸引力。

四、"活动之都"柏林

1. 柏林概况

柏林是一座古老而美丽的城市,位于东西欧交通要道,地理位置对城市的发展具有重要意义。

柏林都市旅游的发展,注重与会展、文化娱乐(博物馆、剧院表演、节庆娱乐、艺术)、体育、商业购物、工业等相关行业结合产生互动,通过政治因素的良好配合,形成共赢。

2. 柏林旅游特色

"活动之都"之一为"会展之城",拥有的主要会展场馆有柏林展览中心、国际会议中心和欧洲中心,举行了著名的国际无线电展,国际旅游交易会和绿色周等;"活动之都"之二为"体育大都市",许多国际赛事如国际田径比赛(ISTAF)、德甲足球队柏林赫塔队的比赛、世界第三大马拉松赛事的柏林马拉松,还有 2006 年足球世界杯的决赛等都在柏林举行;"活动之都"之三为"文化大都市",这里经常举办画展、艺术展,并定期举办爱情大游行、森林舞台露天音乐会、柏林艺术节、柏林电影节、文化狂欢大游行、柏林亚太周等及高尔夫比赛和赛马等,还有享誉全球的柏林爱乐乐团。

各领域、多层次的活动提升了柏林的知名度,也增强了旅游吸引力,在此基础上,柏林注重加强都市形象宣传,如"新首都、新柏林""二十一世纪经济大都市""体育大都市""音乐之城""绿色都市""健康之城""水滨城市"等。游客在柏林的活动主要有访问博物馆、购物、观看表演、城区环游、景点观光、城市散步、餐馆咖啡厅休闲、去剧院音乐厅看文化节目、柏林郊游等。

五、"动感之都"中国香港

1. 香港地区概述

中国的香港地区是一个繁荣且具有多元文化的先进亚洲城市,位于世界上最具潜力、发展速度最快的经济及旅游区域之中;1092平方千米的狭小面积上景观并不丰富,然而经过香港旅游界及有关各界人士的努力开发,已具有许多有吸引力的旅游资源。

　　2. 香港地区旅游特色

　　塑造了海滨、沙滩、岛屿、山林等自然景观;太平山、宋王台等名胜古迹;佛教、道教、天主教、回教等寺庙建筑,维多利亚公园、海洋公园、香港迪尼斯乐园、宋城等娱乐场所;形形色色的博物馆、科学馆、艺术馆、会议展览馆等;各种文化艺术节,中国民间传统节日及西方节假庆典活动;号称"购物天堂""美食之都"的世界各地商品和美食佳肴;缤纷多姿、活力十足的"动感之都"独特城市形象等。这些各具特色和优势的旅游资源反映出自由活泼、富有创造性、不受任何约束的构思特点,给游客提供了一流难忘的旅游经历,尤其是在娱乐、游艺、休闲方面。

　　卓越的基础设施,熟练及有文化的劳动者,良好的操作环境,政府的支持政策,充足的资金积累,健康庞大的市场是香港成为旅游枢纽的关键,更是其发展旅游业的成功经验。香港旅游业的发展历程告诉我们:一座城市自然旅游资源和历史人文资源的多寡并不决定旅游业的兴衰成败,成功关键要归功于政府的正确决策和大众的智慧和劳动。

第二节　与上海的比较分析

　　上海要建成国际化旅游大都市,就必须着眼世界,借鉴世界著名旅游大都市的成功经验,来提升上海都市旅游形象。

　　在形象建设中国际影响力因素很重要。纽约、伦敦、巴黎都具有深厚的历史文化底蕴,在世界上享有盛誉(见表9-1),而且在现代国际政治经济生活中分别以联合国城、国际中心、联合国教科文组织总部,发挥巨大影响。巴黎、伦敦和新加坡被国际协会联合会(UAI)评为世界五大会议城市之列。新加坡还连续17年被评为亚洲举办会议旅游的第一名城市。香港连续多年被英国《会议及奖励旅游》杂志评为"全球最佳会议中心"。上海是中国优秀旅游城市,近几年在国际上影响不断扩大,'99《财富》论坛和2002APEC会议都为上海赢得声誉,被世界各国领导人和媒体舆论盛赞为"最安全的旅游城市"和"最有朝气的城市",但与其他城市相比,显然还有较大差距。

表9-1　各主要都市旅游理念形象一览表

城市	称号	吸引力	影响力
纽约	万国之都	五彩缤纷的多元化文化气息组合成的都市风貌	联合国城,世界三大表演艺术中心之一,被称为"一生中至少必须看一次的地方"
巴黎	优雅之都	浓郁的优雅的文化气质形成的"优雅"的城市特质	国际中心,世界最受欢迎的五个国际会议城市之一,欧洲最安全最友好的城市
伦敦	万城之花	引人入胜的古迹和豪迈的泰晤士河	联合国教科文组织总部,连续21年居世界第一大国际会议中心,世界最受欢迎五个会议城市之一
新加坡	旅游之都	"无中生有"的资源创造性开发;城市生态环境、法治环境的营造	"花园城市",世界最受欢迎的五个国际会议城市之一,连续17年保持亚洲会议旅游城市第一名

（续表）

城市	称号	吸引力	影响力
香港	动感之都	旅游资源的人为创意性开发；旅游形象的塑造和旅游产品的营销	亚洲最佳旅游点，全球最佳机场，全球最佳会议中心，3—4家世界十大最佳服务酒店
柏林	活动之都	旅游与体育、文化娱乐等相关行业互动良好，通过各领域、多层次的活动来提升知名度	最有动感和活动的城市
上海	精彩之都	中国百年发展史，亚太地区旅游服务中心	最安全的旅游城市，最有朝气的城市

一、给上海都市旅游发展的借鉴

从以上五个世界旅游名城可以借鉴都市旅游资源许多宝贵的经验。

"万国之都"纽约来看，他的多元文化的气息和组合，散发出勃勃生机。

上海以海派文化著称，正可借鉴此种精神，进一步形成"海纳百川""兼容并蓄"的都市旅游文化特色。

巴黎的浓郁的优雅的文化气质、伦敦的重视古迹而表现出的文质彬彬，正是上海在旅游资源开发时，需要高度重视的。又如巴黎依托塞纳河、伦敦依托泰晤士河，将城市主要景观组合开发，对上海依托黄浦江、苏州河，开发和利用江河两岸旅游资源，有很大的启迪。

新加坡和香港注重人的创意，进行"无中生有"的创造，对上海都市旅游资源的创造性开发，也提供了新的思路。此外，新加坡重视城市生态环境、城市法治环境的营造也值得借鉴；香港重视旅游形象的塑造和旅游产品的营销也值得借鉴。柏林注重旅游与体育、文化娱乐、会展等相关行业的结合互动，通过各领域、多层次的活动来提升知名度，增强旅游吸引力，在此基础上进行整体形象塑造和多层次的全方位营销也非常值得借鉴，上海都市旅游应注重与相关行业的互动共赢，开创出多层次的经济发展模式。

二、上海都市旅游形象的科学定位

（一）上海都市旅游发展借鉴

都市旅游理念形象设计的核心应当是解决城市旅游的基本定位问题，即上海将在旅游者心目中树立并传播怎样的一种形象，它到底是怎样的一座旅游城市，这种形象如何成为吸引人们前来旅游的动力源泉。总体来说，上海都市旅游理念形象已初步定位，但有待明确、优化。

1. 设计旅游宣传口号和标识

回顾上海都市旅游开发历程，上海市文化和旅游局对上海都市旅游形象定位问题相当重视，2001年6月中旬开始，公开征集旅游口号和旅游标识以来，在国内外引起广泛的关注，各地各行各业的群众都踊跃参加这次活动，反响强烈。到活动截止日，上海市旅游宣传中心已收到中文旅游口号10 750条，英文旅游口号590条，旅游标识373件，其中包括国外作品2件。"东方魅力之都""阿拉上海""上海风，世界情""上海——变幻之都"等口号，相当引人注目。经过一番评选，在2001年底，"上海，精彩每一天（7 Wonders of The World，7 Days in Shanghai）"

正式成为上海市的旅游口号。同时推出的还有凸显上海市市花白玉兰的七彩上海旅游标识，是"洁白的上海市花白玉兰与火红的太阳"组合图案。口号和标识的作者分别是上海龙华医院护士王健文和上海力山广告公司设计师王玲。而后在上海市文化和旅游局主持开展的"关于上海城市形象推介的研究"的课题报告中，再一次改良提出了具有概括性的"活力上海，精彩每一天"的宣传口号。

上海旅游口号和旅游标识的征集活动的开展，是上海都市旅游形象建设的标志性工作，极具意义。但是，随着时代的发展，也面临着问题：这一口号和标识是否真正准确体现上海作为东方国际旅游都市的形象定位？而在逐步发展中，对比其他国际旅游大都市，它的形象特质到底在哪？具体来说："精彩每一天"的"精彩"到底投射出怎样的内涵？作为上海市市花的白玉兰在国内外是否具有足够的心理召唤力量和视觉冲击力量？都还需要进一步探索。

2. 旅游综合形象模糊

如表9-1所示，世界著名国际大都市，旅游综合形象明确且被广为接受。纽约为"万国之都"，巴黎为"优雅之都"，伦敦为"万城之花"，新加坡为"旅游之都"，香港为"动感之都"，柏林为"活动之都"，还有许多著名旅游城市也有着鲜明的形象，如"水城"威尼斯、"音乐之都"维也纳、"世界艺术之都"巴黎、"会议之都"达沃斯，以及"滑雪胜地"瑞士和"圣诞老人故乡"芬兰。可见，都市旅游形象定位和塑造是否仅仅局限在旅游口号和旅游标识的设计。

上海至今没有一个明确的综合形象定位，有人提出既然口号为"上海，精彩每一天"，那么何不把上海定位为"精彩之都"。这样，至少在表象化的旅游宣传上，上海有别于世界上具有一定可比性的大都市；同时也并不排斥博采众家之长，荟萃百家。

但是"精彩"是一个抽象的词汇，若说"精彩"，到底"精彩"在什么地方？"精彩"到底能否涵盖了上海都市旅游形象的特质？从这个意义上来说，这个定位也较模糊。

(二) 上海都市旅游形象的重新定位

当前上海都市旅游开发进入"整合提升"阶段，要求上海都市旅游凸显一个国际化、融合东西文化精粹、极富发展潜力的形象，因此要做好上海都市旅游形象的重新定位。

上海曾经根据在中国和世界的地位，从"窗口"角度着手，提出：上海是中国人看国外的窗口；上海也是外国人看中国的窗口，但是并没有很好地挖掘出"看"点——海派文化东西交融的特色与内涵。因此，上海应研究国内外游客的兴趣点，继续深入地挖掘"看"点，真正地让上海成为国内外游客不可不看的"窗口"风景线。而且，随着中国和上海在国际事务上的作用和地位的提高，特别是申博的成功，可以提出把上海打造成亚太区域旅游服务中心，力争把上海在长三角和国内的影响力扩大至亚太地区，继而扩大到全世界。

如说"上海，精彩每一天"，将"精彩"进行到底的当务之急是"精彩"投射出的内涵到底是什么？"精彩"也是一个综合的词汇，要兼具"优雅""动感""活力"等特质。朝着现代化国际性大都市目标迈进的大上海，其画龙点睛的"精彩"之处，当然毫无疑问体现在"海纳百川、五方杂处、中西融会"上。移民城市的基因决定了上海有几分像纽约，"有容乃大"，但是，上海的犹如沧海般的文化"容量"，不仅是纽约版的空间（地理）上的广度概念，更重要的是中华版的时间（历史）上的深度概念。上海的大熔炉文化是博大精深的，华夏方圆5 000千米的河山在5 000年历史进程中层叠垒创而成的文明成就，理所应当在大上海得到精美的反映。因此，上海的吸引力之一是"中国百年发展史"，投射上海的过去，在近百年来，上海是一个革命的英雄城市：中国共产党的诞生地、上海工人起义的发生地、中国工人阶级的觉醒地。"不忘初心"，不能忘记上海对中国革命的贡献。据此,可以提出上海是一座百年发展史的丰碑,在中国共产党领导下的新民主主义革命和社会主义革命的建设光辉历程中留下众多实物见证。可以说上海的革命文物资源源远流长,点多面广,在中国革命史上的位置举足轻重;在中国近四十年的改革开放历史上,也能够体现中国改革开放的伟大成就;当然,上海过去是、今后将更是世界的上海,汲取一切来自整个人类世界的文明成就。大上海的另一个值得发扬光大的“精彩”之处,是其不俗的文化品位和文明水准,是上海的城市建筑承载着红色文化、海派文化和江南文化交相辉映的文化特质。此外,上海要虚心向巴黎学习,学习她的时尚摩登,学习她的诗化浪漫,学习她的整体化的高雅格调,学习她已经深入普通老百姓心中的对于自身民族文化的高度自豪感。但是,上海旨在“高雅”的都市文化形象,当务之急,是出一批经得起时间考验的、为中国老百姓所喜闻乐见同时又为国际社会所认同的文化“精品”,唯其“精”,才有“彩”,给人以“出彩”的绚烂多姿而不单调的印象。那照此分析,“精彩”还有着比较的意味,若具“优雅”,“优雅”要胜于巴黎;若具“动感”,“动感”要胜于香港;若具“活力”,要胜于柏林。只有这样,才能将各特质熔于一炉,构筑符合国际惯例但又不落俗套,真正属于自己的旅游形象定位。因此如说“上海,精彩每一天”,应打造的是“活力、时尚、韵味、典雅”的“精彩之都”。

当前制约上海都市旅游城市形象建设的两大因素有:第一,上海的开放度不够,不能适应一个国际化旅游大都市的要求。出入境的便利程度、对外联系的开放程度和国际通行做法尚有一定距离,上海甚至还很难找出相称的国际组织和机构总部驻地;第二,上海城市影响力不够。上海在世界的辐射力及覆盖面相当有限,这与中国及上海的经济实力有关,也反映出外界对中国和上海了解不够,因此要从主观上加强自身对上海形象的宣传、加强向国外促销的力度;上海在区域内的辐射力及覆盖面也显得不足,要在做好长三角区域合作的基础上,逐步向外扩大影响。

要克服上述两方面的不足,完成将上海建成“亚太地区旅游服务中心”的目标,着力打造“最安全的旅游城市,最有朝气的城市”,就要着力塑造一个“发展无限”的形象。而随着上海发展潜力的无限展示,正成为吸引越来越多海内外精英纷沓而至的“发展之都”,考虑上海的旅游形象理念为“无限发展,无限旅游”,具体涵盖以下三方面。

第一,“把上海带给世界”:透视中国发展的历史,特别是殖民者入侵,从“十里洋场”到浦东改革开放的腾飞;从不忘初心、英勇奋斗,建立新中国、到成为改革开放的领头羊,是一部“中国百年发展史”。

第二,“把世界带到上海”:上海作为旅游目的地和投资地,应加强吸引力和竞争力,吸引世界各地的来访者和投资者;应着力提供一个总体的商务环境、一流的交通条件、尖端的通信技术,着力体现出“海纳百川,中西合璧”的“成功者的理想家园”。

第三,“超越上海的旅游”:采取一种超越边界的态度,从国内的长三角旅游合作参与到亚太地区的发展中来,朝着“长三角旅游龙头”“亚太旅游服务中心”的目标奋进。

综上所述,当前阶段,上海都市旅游的理念形象重新定位为“活力、时尚、韵味、典雅”而又“发展无限”的“精彩之都”,着力打造“上海,精彩无限,发展无限”的口号。当然,理念形象并不是一成不变的,要随市场变化和时代发展作调整,做到与时俱进和创新,具体把握两大原则:第一,简洁凝练,概括特色,体现文化气息;第二,体现旅游地的旅游资源特色、旅游文化背景,反映形象定位、产品卖点、促销策略。

第三节 上海都市旅游的视觉形象建设

一、上海都市旅游视觉形象建设现状评述

上海都市旅游视觉形象建设初成体系,亟待规范化。

1. 旅游地徽标

旅游地的徽标随着旅游业的发展,已渐渐为人们重视,发展成为旅游地形象的标志。如中国"马踏飞燕"的旅游标志成为代表中国旅游形象的图案之一。在大都市旅游形象中,比如香港在 2005 年 4 月 1 日起易名为香港旅游局所使用的新标志,新标志在香港旅游协会"红帆船"图案上加入富有现代感的设计,寓意"千帆并举,环抱世界"。上海曾经设计并评选出七彩上海旅游标识,是"洁白的上海市花白玉兰与火红的太阳"组合图案,但是这一图案并没广泛应用于上海都市旅游形象的宣传,而且白玉兰图案的知名度与国际化也有待提升。

2. 旅游地象征性吉祥物

国际著名企业和主题公园都有自己的吉祥物,来传达独特的个性,世界性的体育赛事也都会设计吉祥物。人们也倾向于以吉祥物指代企业、地区等的形象,例如唐老鸭和米老鼠传达了美国迪士尼的形象,福娃代表了中国 2008 年奥运会,在大多数西方人的眼中,中国的大熊猫可传达中国的形象。当前阶段,上海旅游节有"乐乐"为吉祥物,2010 年上海世博会的吉祥物是"海宝",那么上海都市旅游的吉祥物如何设计? 要传递什么信息?

3. 旅游地象征人物

将真实的人成为旅游目的地象征性和符号化的人物,可增强旅游地的形象感召力,使旅游者再认知接触名人时想起旅游地。当前,国际上流行的是通过"旅游大使"来进行宣传推广。比如,香港于 1995 年就特别邀请国际巨星成龙担任旅游大使,传播香港旅游形象,取得了较好的效果。上海在每年的旅游节中,有一个活动是评选"旅游形象大使",从民间评选出相貌、气质、学识、应变等综合素质较高的人来担任,代表上海到各地进行旅游推广。这一项活动兼具选秀功能,对推动上海旅游形象宣传有一定的作用。但是每年推选出的大使都是年轻人,相比其他城市的旅游大使而言,知名度欠缺,因此宣传的效果不如其他城市。

4. 旅游地户外广告

户外广告因其分布于旅游地各处而构成旅游地视觉景观的一部分,户外广告的普及成为旅游地形象塑造的重要元素。一般来说,旅游地的户外广告包括招牌、旗帜、标志牌或路牌广告、方向牌、条幅等。相对来说,上海在旅游景点交通指引标志方面基本规范化,采用了红棕底白字的标牌,而且从 2008 年 1 月 1 日起,江浙沪三地根据《旅游景区(点)道路交通指引标志设置规范》实行统一化。标准规定,旅游景点由远至近连续引导,在距离景点 500 米处设置方向距离标志,内容有景点名称、方向、代表图案、距离。在距离景点 500 米以内,还有设置指示方向的标志。统一旅游景点的图案。景区分为江南古镇、山水、生态湿地、寺庙、农家乐、科普馆、动物园、森林公园、高尔夫球场 9 大类,其图案各具特征,像生态湿地的图案便是一只站在水洼旁边的仙鹤。但是,旅游地的旗帜、条幅等的统一化和规范化就有所欠缺。

5. 旅游地纪念品

除了照片和经历外,旅游纪念品或商品或许是旅游者从目的地几乎唯一可购买、带走的有

形东西。因此,旅游纪念品成为旅游地的实地形象传播的符号和向外传播的形象符号。上海目前已建成了旅游纪念品展示中心,建筑面积近2 000平方米,其功能定位为旅游纪念品展示、交易、设计、咨询、信息交流、小型展览等。此外,展示中心内还可进行旅游景点推荐、新闻发布会、学术研讨会等活动。上海旅游纪念品展示中心于2005年12月18日开业。这标志着我国首个专业定位于旅游纪念品展示、营销的平台正式形成。目前,展示中心共有260个展柜,来自上海、北京、福建、陕西、山东、江苏、江西等省市展商踊跃参展,陶瓷、金属、琉璃、竹刻、金银饰品、手工艺品、水晶等各种系列的旅游纪念品令人赏心悦目。展示中心的建成开业有利于整合上海以及全国各地的旅游纪念品资源、促进我国纪念品市场健康发展;但是,很难说出真正有代表性的上海旅游纪念品。

6. 旅游地交通工具

有些特殊旅游目的地或者以交通工具为主要吸引力的目的地,往往因其所提供的独特交通工具而给人留下深刻印象。不论是传统、乡土的交通工具,还是现代主题公园内的观光车、高架缆车,或像香港太古广场大型商场电梯或世界顶级豪华邮轮,都可以成为旅游地形象开发的成分,是普遍的、遍在性的交通工具性化,就成为形象设计的符号。上海目前已开设的有:旅游专列,上海铁路旅行社有限公司全年公开行旅游专列90趟,开往全国各地景点,其中20趟为红色旅游专列;磁悬浮列车,上海磁悬浮快速列车线是全新型地面高速轨道交通系统,其商业运营在世界尚属首例,2002年12月建成开通,投入观光试运行,2003年9月投入商业试运行,既是连接机场和市区的大运量高速交通线,也是一条旅游观光线。旅游专线车;旅游专线,至2006年底,上海旅游集散中心旅游线路增至161条,涉及景点270个;市内观光巴士,游客在本市观光旅游可供选择的有10条旅游专线,11条自助游线路,4条导游服务线路;观光巴士,双层观光巴士主要出现在南京路步行街和陆家嘴环线,主要提供外地游客进行市景观光,此外还有淮海路的免费观光车,免费观光车运行在环绕淮海中路、西藏南路、复兴中路、茂名南路、长乐路和陕西南路组成的环状线路,全程近10千米;外滩观光隧道,外滩观光隧道西起南京东路外滩陈毅广场北侧绿化带,东至浦东陆家嘴东方明珠广播电视台西侧公共绿地;浦江邮轮,上海浦江游览项目集水上旅游、特色船餐、歌舞娱乐、船舫茶座和旅游购物等项目于一体,其中上海浦江游览公司因其历史最久、规模最大、品牌最佳、游船最多、服务最全,成为众多经营黄浦江水上旅游业务企业中的翘楚。

7. 旅游地人的视觉形象

在这方面,人也成为与风景一样的可设计的形象元素,主要包括旅游行业员工和当地居民。在旅游行业员工方面,上海较好地做好了员工培训和人才管理工作,目前已建成了上海市旅游培训中心和上海旅游人才交流中心。但是旅游行业员工的形象设计方面尚无特质,而且市民对上海旅游的关注度方面也有待提升。

8. 旅游企业的视觉形象

旅游的综合性使得旅游目的地的整体形象与众多提供各种服务产品的旅游企业的形象分不开,个别旅游企业的形象会给目的地形象带来正的或者负的光环(晕轮)效应。因此,旅游企业的形象设计对目的地整体形象建设非常重要。例如广州市旅游公司就率先在国内旅行社行业导入了CI设计,简约的花瓣加"广之旅"的标志已成了广州旅游公司的代表。而上海,目前尚无统一的旅游企业的形象标志。

综上所述,上海都市旅游地符号解释系统设计已初步进行,但在除了旅游地户外广告和旅游地交通工具外,其他方面都缺少上海都市旅游特质,亟待完善。

二、上海都市旅游视觉形象的优化

上海亟待构建视觉识别符号系统,加强统一化和规范化,体现上海特质。都市旅游视觉形象建设主要在于旅游地的视觉识别系统,是一种符号解释系统。一方面在塑造和强化地域差异的形象凸显方面,通过理念一致的设计,使众多、分散的人工符号在确定空间范围内形成统一的形象特征;另一方面,要能帮助解释旅游地感知环境,引导和帮助旅游者更清晰、易懂地实地感知旅游形象与活动功能。

1. 上海旅游地徽标

七彩上海旅游标识,"洁白的上海市花白玉兰与火红的太阳"的知名度与国际化不够,且难较直观地反映出上海的特质。结合上海都市旅游形象理念策划,可对上海都市旅游形象标志作如下思考:左边西部石库门,指代浦西,寓示老上海;往右贴近中部外滩,指代近代发展史,寓示中西文化风情;右边东部东方明珠,指代浦东,寓示蓬勃发展的新上海。中间母亲河黄浦江呈飘带状,蜿蜒前伸的飘带寓示着上海都市旅游业的无限发展。

在设计的基础上,要将这一标志广泛应用于上海都市旅游形象的宣传。

2. 上海旅游大使

上海目前已在每年的上海旅游节中有旅游大使的评选,但跟作为形象大使的宣传效应还是有一定的距离。上海可考虑本土或外地(但与上海关联度高)人士担任,但要知名度高、形象健康、号召力强。比如姚明、刘翔都在上海宣传世博的资料片中担任过宣传大使,可以继续从文、体、艺明星中挑选相应的人选。当然人员并不是单一的,可以根据不同的客源市场选派不同的大使,根据他们在当地的知名度和美誉度进行。

此外,也可以根据不同的旅游推介重点选派不同的人员。比如 2006 年是"精彩香港旅游年",香港以一连串崭新的旅游项目,为旅客缔造更精彩不凡的旅游体验。在宣传中,香港凤凰卫视制作了《星星细语香港情》电视专题片带领观众从历史、文化、风光、建筑及生活方式等层面,全方位解读香港这个"亚洲国际都会"。本节目最吸引力之处,是邀请到内地及香港 11 位影视界、商界及体坛名人担任嘉宾主持,通过他们的亲身经历和体会、细致而感性的解述,观众将对香港有更深入、更真切的认识。这套电视专题片的成功之处在于引领旅游者追随名人红星的推介,尽情赏风景、尝美食,全情投入,玩遍香港。比如伏明霞夫妇主持"亲子家庭乐","刘德华"情系中华历史文化,在每一个专题中,出席的嘉宾都是该版块的形象大使。

3. 规范旅游地户外广告

上海要继续执行江浙沪三地制定的《旅游景区(点)道路交通指引标志设置规范》,做到全市旅游景点的指引标志统一化;此外旅游地的旗帜、条幅等的统一化和规范化也应加强,而且要统一加载旅游宣传口号和旅游徽标。在这方面,还有一个工作重点是旅游公益设施标志,主要在旅游景区(点)公厕和旅游团队车辆上、下车客泊点。上海目前已统一设计了旅游公厕出入后图形标志(分公共厕所标志、残疾人设施标志、男厕标志、女厕标志)、旅游公厕门头图形标志参考、旅游公厕中英文参考,要尽快规范地加载至全市 229 座达标公共厕所,涵盖 13 个旅游景区,33 个旅游景点和 25 家大商场。上海在黄浦、虹口、卢湾、徐汇等四区主要旅游路段的 12 个景区(点)设有 13 处旅游团队车辆上、下车客泊点,要做到上述点标志牌的统一化和规范化。

4. 上海旅游纪念品

上海目前已建成了旅游纪念品展示中心，因此上海旅游纪念品开发要借助这一平台，整合上海以及全国各地的旅游纪念品资源，通过构筑产业平台，集中发布国内外最新的旅游纪念品设计理念、行业动态，避免厂商间同类产品的重复生产和资源浪费，目标是建成上海乃至全国的旅游纪念品行业发展"风向标"。最终将上海打造成"中国旅游纪念品集散中心"，使海内外游客纷沓而至来选购旅游纪念品。

另一方面，上海缺乏真正具有本土特色的旅游纪念品。因此要通过有针对性地引入一些国际流行的旅游纪念品设计理念、设计工艺，通过定期组织业内的主题展览、设计比赛，发掘设计构思新颖的优秀设计人才，鼓励旅游纪念品的原创性。2008"老凤祥杯"上海旅游纪念品设计大赛的开展宣告这一项工作已经启动，接下来应该有序进行。

5. 上海旅游交通工具

上海在继续规范旅游专列、磁悬浮列车、旅游专线车、观光巴士、外滩观光隧道、浦江邮轮的基础上，借鉴其他旅游大都市的经验，着力开拓新型的交通工具。不论是传统、乡土的交通工具，还是现代主题公园内的观光车、高架缆车，或像香港太古广场大型商场电梯或世界顶级豪华邮轮，都可以成为旅游地形象开发的成分，是普遍的、遍在性的交通工具性化，就成为形象设计的符号。

上海目前已建成邮轮母港基地，要大力发展邮轮旅游，要着力打造浦江邮轮这一工具，使其成为上海旅游交通工具的典范。改善的重点是两岸景观的游览设计：一边是外滩巍峨仁立的建筑群、高耸的人民英雄纪念塔、著名的外白渡桥和上海最早的公园——黄浦公园；一边是东方明珠广播电视塔、开发中的浦东新区、陆家嘴高楼群。雄伟的杨浦大桥和南浦大桥连接着浦江两岸，大桥上左右两面扇形斜拉索，像是巨大的琴弦在为奔腾不息的黄浦江伴奏迈向新世纪的进行曲。放眼而望，让游客看到来自世界各地的大小巨轮千姿百态，点缀江面，十分壮观。沿江而行，还可以看到繁忙的上海港国际客运站、鳞次栉比的码头、中国最大的钢铁厂——宝山钢铁总厂、吴淞古炮台遗址，以及长江入海口由绿色的海水、黄色的长江水和青灰色的黄浦江水构成的"三夹水"，观赏三种水泾渭分明、互不融合的奇观。

6. 上海旅游企业及旅游信息传递媒体

上海目前尚无统一的旅游企业的形象标志，可先从旅游企业宣传资料上加载旅游宣传口号和旅游标志开始，逐步像广州一样进行"广之旅"的设计。此外，旅游信息的传递媒体也是重要的视觉材料，具体可包括有：旅游宣传、促销材料：宣传册、广告，并从文艺作品、信笺、T恤衫等日常物品着手；旅游产品的品牌标识；游览、服务指示标识；旅游景观外观设计和室内环境装饰等等。要在上述的视觉材料中，尽可能地加载旅游宣传口号和旅游标志；并且注意色调和色彩尽可能统一，给人统一性和规范性，便于公众识别，形成鲜明的形象特征。

7. 其他感知形象的提升

除了视觉形象要素的设计以外，其他感觉形象要素也非常重要，从视觉到听觉乃至嗅觉，一个旅游地的形象越丰富、越全面，它的形象力也就越大，不仅能广泛吸引潜在旅游者，也能给予实地旅游者以深刻的形象。

（1）听觉形象的提升。从听觉方面来看，一般包括旅游地的语言和方言、地方名歌、旅游区的背景音乐、主题曲、宗教音乐等。旅游者往往对地方语言很感兴趣，甚至以学会当地的一两句口语为炫耀的谈资，当地的音乐也是一样，这些听觉感知的部分，具有很强的印象感染力。

比如广州的地铁,以粤语、普通话、英语三种语言报站,既符合了国际化,也有效地进行了地方话宣传,达到了良好的效果。上海可以借鉴广州,在公交车实习普通话和上海话"双语报站",而在地铁站、机场、火车站、码头实行普通话、上海话和英语的"三语报站"。

此外,上海也缺乏旅游推广的主题音乐和歌曲,可在全球范围内进行征集,设计并评选出具上海特色的形象主题音乐和歌曲,当前还可以结合世博歌曲的征集活动进行宣传。

(2)嗅觉和味觉形象的提升。嗅觉和味觉方面,最普遍的是食品的味道。"吃"是旅游活动六要素中非常重要的一个方面,游客满意度的重要来源就是食物的享受水平。上海餐饮业通过100多年的发展,不仅云集国内各帮派菜系,也汇集意、法、日、韩、泰、新等各国风味名菜,在空间上也形成云南路、黄河路、豫园旅游城等集聚区。上海的风味美食有独特的创造。"和菜"是上海菜馆的首创(把冷盘、热炒、大菜和汤配成一组供应);具有多样化和时尚化特点的"海派菜",是体现开拓创新精神的上海菜的特色。来自全国各地的16种地方风味菜,经上海人汲取和创新,既保持了原有的地方风味菜的特色,又适合来自五湖四海共聚上海的"移民"们的口味。这"和菜"和"海派菜"构成上海都市饮食旅游的具有独特吸引力的资源,使上海成为"美食世界"。在上海能吃到全国乃至世界各地的美食。虽然发展如此,但在集聚规模、餐饮品位上尚有欠缺,特别餐饮服务上还有很大的提升空间,以致知名度不高。上海餐饮设施的建设应朝着打造"美食家的乐园"的目标迈进,使得旅游者在上海能吃到中外高档、中档、低档不同的美食,不愧"美食之都"的称号。

(3)营造良好的旅游环境。上海旅游环境有待于改善。良好的都市旅游形象要求有:良好的绿色环境质量、好客的环境氛围、高品位的旅游环境、良好的购物环境质量。

一方面要着力增强服务意识。世界上国际化程度高的城市,服务业在GDP中所占的比重都在70%以上,香港达到了82%,而上海仅为51%。上海的都市旅游,首要在于提供国际性的项目和国际级服务。要继续做好旅游行业服务标准化工作,只有优质服务才能保持城市旅游消费特色长久不衰,在宾馆饭店业、旅游交通运输业、旅行社业、旅游商品业、景点景区服务业方面树立上海城市国际旅游消费形象。

另一方面要推进市民素质建设。目前上海城市旅游形象在硬件上已经达到世界城市的标准,但在软件上即城市精神形象有待于提升。乱扔垃圾、随地吐痰、乱闯红灯、抢占座位等不文明现象时有发生,影响上海的都市形象。要加快城市精神建设,把旅游形象贯穿到各个具体环节中,与每一个部门、行业、岗位的职责联系在一起,与每一位市民紧密联系在一起,做到人人都是上海城市旅游形象的宣传员和代言人,形成规范化、高质量的旅游社会环境。此外,应抓住申办"世博"的机遇,继续激发市民对上海的关注,通过各项活动把市民的热情引发至关注上海都市旅游发展,把握时机进行素质培养和教育。

第四节　上海都市旅游的行为形象建设

一、上海都市旅游的行为形象建设评述

当前,上海都市旅游行为形象建设初见成效,但尚缺乏反馈和调整机制。

1. 建立了上海旅游形象推广机构

旅游形象的推广要成立专门的旅游形象推介机构或指定专门机构负责。比如香港于

1957 年成立了香港旅游协会,实行会员制度,将香港的旅游咨询和资源集中,以最优秀和最专业的途径推广香港。该协会有六大工作目标,其中有一项就是策划和传播香港旅游形象。此后,于 1993 年又成立"珠江三角洲推广机构",通过联合网络推介区域旅游形象。

上海旅游会展推广中心于 1984 年 8 月成立,原名"上海旅游推广服务公司",后改名为"上海旅游声像公司"(1986 年 4 月)和"上海旅游宣传中心"(1990 年 8 月),2003 年 12 月更名为"上海旅游会展推广中心"(以下简称"中心")。上海旅游会展推广中心的主要职责有:整合上海旅游会展资源,推广适销对路的会展旅游产品,树立上海会展旅游目的地的鲜明形象;会同航空公司、饭店和其他相关机构,形成市场营销合力,不断开拓上海国际会展市场;积极参加国际专业活动及业内合作,组织相关业务交流;汇集上海会展信息资料,为旅游企业和海内外会展客商提供资讯及相关服务;根据市场发展动向,组织、主办及承办各类引领市场的会展活动;旅游宣传品资料、资料架的更新维护以及开拓,促进外宣工作的良好运行和发展。

上海各区的旅游推广工作由各区文旅局负责,职责相同。但是与香港比较,旅游形象推广机构的区域合作还有所欠缺,此外会员制和客源市场的办事处的推广力度还不够。

2. 初步启用了高科技的支撑的快捷资讯进行广告传播

国际电脑网络是直接向消费者传达信息的有效途径。比如香港于 1995 年推出"香港魅力网",先后在美国、日本、澳洲、德国、英国、法国等地赢得极高声誉和推介效果。

21 世纪以来,上海市文旅局在旅游信息网络体系基本建成的基础上,继续加大信息化发展的力度,推进旅游行业信息化的规范发展,对网格化体系不断进行完善和优化。市文旅局根据《上海旅游信息化 2006—2010 实施纲要》的要求,编制了《上海旅游信息数据交换规范》;对本市部分区的旅游咨询服务中心进行了升级改造;建设了上海旅游企业管理系统、上海旅游行业管理短信群发系统。上海旅游 GIS 地理系统;完成了旅游多媒体触摸屏的升级还贷。强化了政府的服务功能,改善了公益设施和环境,规范了旅游市场,为旅游市场管理提供了快捷、有效的网络支撑手段,进一步提升了为游客和旅游企业提供优质服务的能级。主要的设施有:上海旅游(lyw.sh.gov.cn)、旅游多媒体触摸屏信息系统、导游网上报名系统、千景旅游网(www.qjtrip.com)、遨游旅行网(www.ouryou.com)、携程旅行网(www.ctrip.com)、艺龙旅行网(www.elong.com)。

总体而言,上海已初步构建了上海旅游信息网络。但是,上海在网络与旅游者的互动以及网络的生动、丰富性方面还有待完善。

3. 文、体、艺全方位的节事传播

节事旅游目前日益成为各个地区发展旅游业,振兴旅游经济的重要方式。在国际旅游研究中,节事旅游专指以各种节日、盛事的庆祝和举办为核心吸引力的一种特殊旅游形式。大型事件有助于吸引客源,改善都市配套设施,提升都市知名度,甚至旅游节事本身就是旅游地形象的塑造者,举办大型的旅游活动和盛事就是形象塑造的过程。

近年来,上海在国际国内经济、文化、体育竞技、外事等活动方面呈现出繁荣景象。比如:99 财富论坛、APEC 会议、上海国际艺术节、上海国际电影节,还有世乒赛……但是上海利用大型事件宣传自我、提升知名度的力度还不够。

特别要提出的"国际都市旅游研讨会",在 1996 年就有成功举办的经验,被视为中国都市旅游发展史上的标志性一页,应该在基础上继续举办,具有非同寻常的效应。另外一个重要的大型事件就是 2010 年世博会,有助于进一步完善都市旅游支撑体系,提升上海知名度。上海

已抓住机遇,面向世博,做好都市旅游支撑体系的规划引导,并加快建设城市形象工程和扩大影响。当前更重要的是如何进一步做好世博会的后续利用、使效益最大化。这是目前面临的一大挑战。还有在黄浦区旅游节基础上发展的上海旅游节,节目越办越丰富,影响力也越来越大,但是市民和游客的参与度、国内外的知名度方面都还有待提升。

综上而言,上海都市旅游行为形象建设建立了较为完善的机构,初步做好了广告传播和节事传播,但推介力度不够,而且缺乏形象建设的持续机制,没有适时地反馈和调整。

二、加强上海旅游形象的传播推广

1. 优化旅游形象推介机构,加大营销力度

上海目前已建成旅游会展推广中心。上海旅游行业协会和会展行业协会是目前两大旅游业相关行业协会。但上海行业协会在行业管理的广度尚不够,行业协会的服务深度也有待挖掘。旅游会展推广中心要加大旅游形象推介力度,并不断优化上海旅游行业协会和会展行业协会的功能,着力于能为企业和有志于投身旅游行业的企业提供有针对性的、及时准确的信息。在上海旅游会展推广中心的指导和协调下,各区旅游行政管理部门成立相应的"推进都市旅游形象建设工作小组"。初步建立"市—区—企业"自上而下的分级管理体制,各机构和单位要指定专人进行指导和管理,明确职责。

旅游形象推介机构要加大对客源市场的营销力度。具体可包括:第一,在各地设立办事处或工作小组,集中于主要客源市场并逐步扩展。第二,策划并开展多元化推广活动。出版多种语言的宣传刊物、录像带和幻灯片,寄发给世界各地旅游部门和旅行社;在主要的国际旅游展览会上安排和策划促销活动;邀请各地区主要旅游代理商、旅游记者、专栏作家等传媒抵港访问考察。第三,评选"区域旅游形象大使"。上海目前已在每年的上海旅游节中有旅游大使的评选,但作为形象大使宣传效应还是有一定的距离。上海可考虑本土或外地(但与上海关联度高)人士担任,但要知名度高、形象健康、号召力强。

2. 完善高科技支撑的快捷资讯进行广告传播

随着科技的发展,国际电脑网络成为直接向消费者传达信息的有效途径。因此要促进信息产业融入旅游产业的发展,全面更新旅游配套服务体系,形成旅游电子商务,引发旅游代理方式的变革,延伸旅游产业链在空间的拓展。

上海可借鉴香港构建"香港魅力网"的经验并加快上海旅游营销信息网络的建设,以达到通过高科技支撑的快捷资讯进行推介的效果,要求有互动形式,丰富的影像、悦耳的旁述和音乐、明确的文字叙述。上海还可借鉴香港拍摄风情片《星星细语香港情》的经验,主拍上海都市旅游风情片,按照吃、住、行、游、购、娱各要素,制定不同的主题,每个主题请来一二位名人嘉宾,与观众细说旅游感受、生活点滴和个儿体会。

上海应采取各种方法,多方位、多形式、多渠道地构建上海旅游信息网络。凭借上海在国内外的知名度和经贸优势,分别针对主要客源市场组建国际、国内旅游信息网络。要组建与消费者即时互动的网络信息交流系统。已建成的"旅游多媒体触摸屏信息系统"为旅游者在信息咨询等方面提供了极大的方便,在此基础上,通过布告栏、电子邮件等方式与旅游者进行双向互动的即时交流,使旅游者不仅能够选择现有产品和服务,还可以参与旅游产品设计,提高他们的满意度和忠诚度。

要进一步搭建旅游产业管理与经营信息化平台。"上海旅游政务网"推进了政府信息公

开,在此基础上,全方位地组建"政府—行业—企业"、"行业—行业"、"企业—企业"这一立体化的旅游产业管理与经营网络,其特点是上下互动、左右联动,纵横交错,为旅游产业集群提供信息保障,使得旅游产业链有效延伸。

3. 系统化构建节事传播体系

近年来,上海虽在国际国内经济、文化、体育竞技、外事等活动方面呈现出繁荣景象。但是上海利用大型事件宣传自我、提升知名度的力度还不够,可以把举办过的大型事件资料加以总结整理,制作成精美的图册、光碟等向世界宣传实力,借以扩大影响,甚至可以朝"大型事件之都"的目标迈进。特别要提出的"国际都市旅游研讨会",在1996年就有成功举办的经验,被视为中国都市旅游发展史上的标志性一页,应该在此基础上继续举办,具有非同寻常的效应。在主办上海"国际都市旅游研讨会"研究的基础上,利用会议契机,加大与国内外同行业的交流,制定研讨会运行机制,做好传承。

再者,要构建上海定期举办的节事活动开发体系:第一梯队为国际大型节事,包括上海国际电影节、上海国际艺术节等,重点在于邀请高知名度的明星数量要多,征集质量好的精品节目,吸引世界各地的媒体跟踪报告,扩大上海的宣传力度和公众的关注度;第二梯队为大型节庆活动,比如上海旅游节、上海国际茶文化节等,重点在于开发品位高或互动性强的产品,可邀请一定量的明星进行代言或表演,关键在于提高公众的参与程度。

要着力把握一些重要的大型事件,如2010年上海世博会期间上海就做了不少提升上海都市旅游形象的工作,如争取"服务世博,亮相世界":第一,结合世博,加大宣传,积极把"上海都市旅游形象建设"融入市政府对世博的宣传和营销工作中,全方位、多角度地建立"本市—国内—国际"的营销体系;第二,备战世博,做好服务与接待的培训,围绕"世博"主题,开展"我为世博做贡献"的系列活动,激发行业内员工的积极性和责任感。并制定服务规范与标准,自上而下,重点做好行业员工在服务和接待方面的培训;第三,融入世博管理和服务网,力争使上海都市旅游成为上海2010年世博会的一个亮点;第四,推出精品,走向世界,凭借上海工业旅游的影响力,联合国内其他工业旅游精品,借助世博,向国内外游客展示中国工业旅游的独特魅力;第五,发挥市场优势,借世博完善市场体系,特别是针对国内市场和国际市场,选定目标,吸引"入境""入沪"游客,为吸引7 000万人次游上海做出贡献;第六,推出精品,走向世界,凭借上海都市旅游的影响力,联合国内其他旅游精品,借助世博,向国内外游客展示中国旅游的独特魅力,并借世博之机,与世界各地旅游发展机构交流,进行业务磋商,联合开发世界级的产品;借世博营销,扩大国际影响力,"世博"是一个很好的助推器,借机营销,结合"世博"制定营销战略与策略,旨在于"最好的亮相",可以针对世博嘉宾,开展"看世博,游上海"活动,利用网络、电视、电台等媒体联合跟踪报道,在特殊时期的宣传效果多倍优于平时。近年来,在上海举办的进口博览会,是世界上第一个以进口为主题的国家级展会,已连续三届成功举办。进博会让展品变商品,让展商变投资商,交流创意和理念,联通中国和世界,成为国际采购、投资促进人文交流、开放合作的四大平台,成为全球共享的国际公共产品,这一大型事件大大扩大了上海在国际上的影响,增长了国际大都市的地位,加强了上海的核心吸引力。会上首次集中亮相的非物质文化遗产和"中华老字号"展示活动积极展现中国传统文化特色,进一步促进中外文化交流。

4. 加强长三角一体化的区域合作

区域合作是21世纪经济的主要特征之一。旅游业因其特殊的产业特性,更需要打破行业之间、地区之间的隔阂,实施跨行业、跨地区的合作互动。江浙沪三地具备旅游协同发展的自然基础,客观上存在着经济大三角、文化大三角、地缘大三角和血缘大三角的架构,上海都市旅游的快速发展要求建立旅游大三角的架构。"长三角"地区的旅游合作已有了较好的开端,三地的务实合作为协同发展建设奠立了良好条件,三地的合作空间拓广、领域拓宽、层面提高,为协同发展战略的实施作了合作体制、协调机制上的有益探索,提供了组织方式上的准备。但是,由于跨行政地区所存在的合作难度,将会影响到进一步合作的深度与广度。而在共享世博效应的旗号下,三地有可能越过行政鸿沟,在互惠共赢的理念下,使得"长三角"旅游合作完全变成现实。

"长三角"旅游一体化具有良好的基础分析:旅游资源差异明显,互补优势明显;地域邻近,能展开全方位的整合合作;客源市场,需要对内和对外联合开拓;2010 年上海世博会,进一步催化"长三角"旅游合作。从发展现状来看,上海、浙江和江苏互为重要的客源市场,也是游客旅游线路进一步延伸或经停的主要配套旅游目的地,产生了"长三角"内部互为客源市场的要求。由于资源、知名度等各自不同的因素制约,江浙沪旅游业发展各自和共同面临着一些问题。例如,浙江和江苏需要借助上海在国际上的知名度和影响力开拓国外客源市场,需要学习上海的旅游经营和管理经验;上海地域空间有限,需要借助浙江和江苏扩大旅游纵深。三地的旅游业一直互相依存、共同发展,应该进一步加强合作,充分发挥三地各自具有的优势,形成合力,共同开拓内地其他省份和海外客源市场,推动旅游业的持续、健康、快速地发展。

当前"长三角"旅游合作初见成效。自 1992 年"江浙沪旅游年"活动开办以来,"长三角"的旅游合作不断得到加强,合作内容更加广泛,合作层次不断提升。2003 的 7 月上旬举办的"长三角旅游城市 15+1 高峰论坛",共同发表了《长江三角洲旅游城市合作宣言》,提出打造"中国首个跨省市无障碍旅游区";两月一次的江浙沪旅游联席会议已连续召开 5 次。每次会议着重解决两至三件实事。可见,"长三角"包括所在的江浙沪三省市旅游合作已由务虚向务实迈进。"长三角"旅游合作如火如荼,取得了较大进展,从而为世博旅游服务资源的进一步整合奠定了良好的实践基础,具体做好了以下几方面:第一,旅游交通方面,无障碍旅游交通得到实质性进展,杭州、南京、苏州、无锡、绍兴等城市的集散中心将构成一体网络,实现联网售票、班车连接。第二,旅游线路方面,在保留传统线路同时,三省市联手推出新华东旅游线路。第三,服务设施方面,"长三角"的上海、苏州、南京、无锡、常州、南通、扬州、镇江、泰州、杭州、宁波、舟山、温州、绍兴、嘉兴、湖州、舟山等 17 座城市中将实现城市交通"一卡通",为上述城市居民之间的流动带来较大的便利。第四,宣传促销方面,编辑出版江浙沪全套旅游手册;适应私家车旅游的兴起,联合绘制江浙沪旅游交通地图,编制出版介绍三省市重点节庆活动的年历本,联手制作了中、英、日文的光碟,联手向海内外开展系列促销活动。第五,会议合作方面,三省市已开展了多次大型会议成功的合作,如 AEPC 的周庄会议就是一个非常成功的先例。

当前,"长三角"旅游一体化要继续做好以下重点工作:第一,统筹旅游规划,对"长三角"地区的区域旅游定位、资源整合、产品开发、形象塑造、市场促销、政策配套等进行科学、全面的规划研究,以指导未来区域旅游有效合作;第二,统筹交通供给,做到"长三角"各主要旅游城市、景区在公路、铁路、水路、空路等客运方面的全面对接。第三,统筹客房供应,协调"长三角"地区的饭店建设,防止客房建设盲目无序,从而避免出现床位过剩的昆明"世博现象";统筹使饭店客房等级结构控制在 2∶3∶5。协调"长三角"地区的房价,大力发展"长三角"地区的经济等连锁饭店,成立客房预订中心,对包括上海在内的"长三角"地区旅游客房进行统一受理预订业务;第四,统筹信息服务,开播"长三角"旅游频道,设立"长三角"旅游网,及时、全面、准确地公布"长三角"旅游及其世博会的各种信息;在"长三角"设立统一的旅游咨询中心,开设统一如114类的旅游咨询电话,以消除旅游者在"长三角"地区的旅游咨询及投诉的时空障碍;第五,统筹支付手段,扩大交通卡功能,建设旅游金卡工程,在"长三角"地区实行铁路、公路、公交、景点、住宿、餐饮消费的一卡通;第六,统筹设施规范:在统一旅游景区(点)指示牌的基础上,继续统一规范公共场所图形标志,如旅游城市指示牌、旅游公厕指示牌、停车场指示牌等;各类指示牌的图文、大小、材质、色彩等都应采用统一格式或要求;第七,统筹服务标准,成立"长三角"地区旅游服务标准制定与管理机构,统一实施对标准的执行,包括旅游汽车标准、游船旅游标准、绿色饭店标准、度假区标准、旅游信息服务、旅游购物点、特色商业街、分时度假标准、工业旅游标准、农业旅游标准、会展旅游标准、渔业旅游标准等,检查标准落实情况;第八,统筹产品开发,从空间层面上,根据距离上海的远近,分别打造世博一线旅游产品、二线旅游产品、三线旅游产品,即上海、苏州、无锡、杭州、嘉兴、湖州范围内的金线旅游产品,常州、镇江、南京、扬州、南通、绍兴、宁波范围内的银线旅游产品,淮安、连云港、徐州、金华、温州、台州范围内的铜线旅游产品;第九,统筹宣传促销,彻底改变三地以往"画地为牢"的营销模式,构建"长三角"旅游联合营销机构与机制;在国内外主要客源地设立"长三角"旅游营销分支机构,编制"长三角"旅游宣传资料,在国内外媒体、公共场所、大型文体活动上进行"长三角"旅游宣传与促销;第十,统筹人力资源,在"长三角"范围内统一培训导游人员、营销人员,在"长三角"范围内对旅游从业者进行统一考核与等级评定,提高整个"长三角"地区的旅游服务水平,以保证会展旅游产品的质量。另外,要参与长三角旅游合作的联席会议,开展长三角区域旅游合作联动。

第五节 未来上海都市旅游发展的方向

未来上海的旅游业要怎样发展,朝何方向发展?习总书记在视察宁夏时曾说:"发展全域旅游,路子是对的,要坚持走下去。"李克强总理在世界旅游发展大会开幕式中指出:"深入推进全域旅游和'旅游+'行动,与'互联网+'相结合,在促进旅游中实现……产业融合发展"。"全域旅游"是一种新的旅游发展模式,是当前也是今后一段时期我国旅游业转型升级的重要方向。因而,上海作为未来的国际旅游大都市,要深入推动都市旅游的发展,也要考虑这个方向。

一、全域旅游概述

1. 全域旅游是顶层设计和地方实践良性互动的产物

改革开放以来,我国的经济迅速发展,"让一部分人、一部分地区先富起来"的观念深入人心,也影响着旅游规划和旅游政策的制定。随着社会经济发展水平的不断提升,区域旅游的发展既需要寻找空间和产业上新的增长点,也需要兼顾地区间的平衡增长。统筹发展。在上述背景下,需要有一个新的理念,即既包含"平衡发展"又具有"包容性增长"的理念,全域旅游的概念则应运而上。

2. 全域旅游概念的提出,源于旅游规划的实践

2015年"全域旅游"的发展模式,由国家旅游局自上而下提出。这之前,2008年浙江绍兴在制定旅游规划时,提出了《绍兴全域旅游区总体规划》;同年四川阿坝藏族羌族自治州在制

定灾后重建的规划中提出"全域景区"概念,这些地区的实践工作逐渐为旅游规划界认可。原国家旅游局采纳了这些看法,从而在2016年1月,在全国旅游工作会议上提出了此概念,并在《全域旅游大有可为》一文中又把全域旅游业概念进行了表述。

3."全域旅游"的概念

全域旅游是指在一定区域内,以旅游业为优势产业,通过对区域内经济社会资源,尤其是旅游资源,相关产业、生态环境、公共服务、体制机制、政策法规、文明素质等进行全方位、系统化的优化提升,实现区域资源有机整合、产业融合发展、社会共建共享,以旅游业带动和促进经济社会协调发展理念和模式。

与传统的观光旅游模式相比,这种全域旅游概念是从地区整体角度切入旅游发展,而不仅是旅游产业部门。这也暗示我们:要推行全域旅游概念,必须对旅游管理体制要进行创新。它包括:资源、产业的全域整合,要素的全域配套,结构全域优化,社会全域参与,市场全域管理,营销全域统筹,服务全域提升,环境全域协调等。

4. 全域旅游的特色

与传统"景点旅游"模式的本质特征相比,全域旅游的本质特征显然不同。传统模式的特征是"主客分离",即旅游空间与本地生活空间分离;门票经济是其主要商业模式,大巴和单反相机是它的象征物。它们的旅游空间是由景区(点)、酒店、大巴、旅游购物店组成的,旅游者就穿行于这种空间之中。这样的旅游空间与本地生活空间是分裂的,若将这种旅游小环境称为"气泡",则旅游者来到异国他乡,就等于说是进入了一个为旅游者精心定制的"气泡"里。旅游者沿旅游路线观光就是从一个"气泡"进入另一个"气泡"。从时空行为上看,它呈现出高度的规律性。旅游者如果参加组团旅游,其规律性则更明显。

在这种模式下的旅游,旅游者就是"气泡里的凝视者",隔着玻璃和相机取景框。它们的旅游与其周围的城市生活无法接触,更无法体验,这就导致了给旅游者带来的仅是"到此一游"的记忆。对于地方政府和企业而言,则将景区开发和饭店建设视为区域发展的重点,努力去提高它们的旅游服务标准和服务水平。这些开发者希望把游客留在气泡里,一旦游客走出"气泡",就意味着地方政府要在全境范围内为旅客提供安全、卫生、交通、信息等高水平的公共服务和商业服务。这就对地方政府提出更高的要求,要完成这样的任务是不易的。

对我国旅游业的发展而言,发展全域旅游就是要从"主客分离"的传统模式向着"主客共享"的全域模式转变,这是我国旅游业转型升级的方向。

"主客共享"就是要打破"旅游"与"非旅游"围墙,实现旅游空间与本地生活空间的融合。打破围墙首先是旅游需求升级的要求,因为旅游者已不再满足于"旁观者"身份,而是要到那种"扬旗排队到不了的"地方,成为"异乡生活"体验者。这样的游客要去的目的地不再限于景区,而是景区以外的任何地区,尤其是博物馆、公园、商业街和商城、剧院等场所;他们不再搭乘大巴,而是城市中的其他交通工具,如地铁、出租车、自行车,甚至徒步形式;他们不愿去导游带去的旅游购物商店,而是选择购物中心、超市和菜场;他们会拒绝为旅游者准备的团餐,而是热衷于当地人喜欢的小吃店、酒吧和咖啡馆;他们不想住原已订好的酒店,而去住民宿或客栈。总之,他们要像当地人一样参与城市生活,要与当地人互动、在互动中获得意想不到的体验;要在跨文化体验中感受城市的"原真性"。从空间而言,旅游者的分布更分散,也更趋混沌特征,即个体完全无规律,但整体又呈现大致的规律性。全域旅游正是对这种需求和空间行为变化的响应。

5. 全域旅游视角下的目的地开发

所谓"目的地开发"是指要建设当地人与旅游者共享的城市和乡村。具体要求是包括以下三个方面。

一是以"+旅游"促进产业融合。通过"旅游服务标准""示范点评定"等手段引导非旅游产业部门或企业进行"旅游化转型"。这是旅游行政管理部门的重要工作之一。这种产业融合在客观上会促进旅游收入来源的多元化。

二是要把对旅游公共服务设施的配套完善优先于景区景点的开发。这种公共服务设施配套包括：步道系统、自行车旅游系统、旅游信息引导系统、旅游志愿者动员系统等。

三是加强政府部门之间的协作与行业、企业的管理要同时进行、并重。旅游者的公共安全与企业的规范经营原由不同部门管理,而现在游客的公共安全保障需由当地公安部门提供,而非旅游行业的企业监管;旅游者投诉与纠纷的处理也需要相关部门协同。

由上可见,实现主客共享也是社会经济发展水平与公共治理水平持续提升的结果。

二、上海的都市旅游发展向全域旅游转型升级

1. 上海都市旅游的发展和深化过程

1997年,上海首次提出"都市旅游"的概念。2000年,在《上海旅游业发展"十五"计划》中将上海旅游业的发展定位为"都市型旅游业",即融都市风光、都市文化和都市商业为一体的都市型旅游。其后,上海的都市旅游迅速发展、逐步深化;2011年,在旅游业发展的十二·五规划中进一步从空间角度提出,要在上海基本形成"与世界著名旅游城市相匹配的都市旅游中心圈"、要将"旅游业发展与城市化进程相结合";2016年在十三·五规划中又将上海旅游业发展的目标定位为"具体全球影响力的世界著名旅游城市"、要努力成为"21世纪海上丝绸之路旅游枢纽城市、长江黄金旅游带龙头城市和国际休闲度假旅游目的地城市"。至今随着上海都市旅游的深化发展,上海"都市旅游产业链(三位一体)"和"都市旅游中心圈"已基本形成。上海要从"旅游目的地城市""高度整体发展"都市旅游,要在更广阔区域定位上海都市旅游的功能和产品等级。这意味着:上海旅游业将以全新发展模式深入拓展都市旅游的广度和深度,也就是说要从传统的"景区旅游模式"向"全域旅游模式"转变,促进上海旅游业的转型升级。

2. 认清上海发展全域旅游的独特优势和存在的差距

上海是我国经济中心城市,是我国高收入、高学历人群和外籍人口最集中地区之一,是全球人口最密集地区之一。与世界上一些著名的国际旅游大都市一样,上海正在朝建设国际旅游大都市的方向努力,正在成为全球互动性和多样性最丰富的城市。这种多样性和互动性,通过城市的人、建筑、节事活动、商业服务、公共服务等不断呈现在我们面前,这就是上海最迷人之处,也是上海的独特优势,是上海都市旅游发展的根本基础。

世界上一些旅游大城市比如,巴黎、纽约、伦敦等都已成为消费城市,成为国际消费中心之一,上海与它们相比还存在差距。因此,上海正在朝打造国际消费中心城市而努力。2021年7月31日上海举行建设国际消费中心城市动员大会,市委书记李强在会上强调,培育建设国际消费中心城市是深化扩大内需战略、推动经济高质量发展、构建新发展格局的重要举措。指出,消费作为最终需求,是经济增长最基础、最稳定、最持久的动力。建设国际消费中心对上海意义重大,这在于它是打造国内大循环中心节点和国内国际双循环战略链接的必然要求,是对

城市核心功能的叠加和放大。近年来,国家在上海成功举办中国国际进口博览会,上海创办"五五购物节",持续打响"上海购物"品牌。上海要抓住机遇,乘势而上,不仅要满足全市实有人口的消费需求,而且要为长三角和全国人民的消费活动服务;不仅要成为商品与服务的集散地,而且要成为消费潮流的引领地、优质商品和服务的标准定义地;不仅要繁荣国内消费,而且要对内引流全球商品和服务,对外导出国潮国货,成为"中转站"和"桥头堡";不仅要促进商业本身的繁荣,而且要有力赋能上海"五个中心""四大功能""五型经济"。国际消费中心城市的建设是国家赋予上海的一项重大任务,也是上海发展全域旅游的必然要求,即要让旅游者共享都市消费空间。为此,上海要全面打响"上海购物"品牌,不断提升全球影响力、竞争力、美誉度,努力在建设国际消费中心城市上走在世界前列。

3. 上海发展全域都市旅游应坚持"四化转型"

从全域旅游的发展理念出发,上海应面向"世界著名旅游城市"和"国际文化大都市"的目标任务,发展具有"卓越全球城市"和"国际消费城市"特点的全域都市旅游。为此,上海都市旅游发展应坚持"四化转型",即"产品体验化、空间连续化、城市旅游化"和"治理协同化"。

一是产品体验化。都市旅游本质上是一种体验旅游,多样性反映体验的客体特征,互动性反映体验的过程特征。这要求上海的旅游开发者要像"讲故事"一样开发旅游产品,要通过情境营造、构建具体、真实的地理环境与人物、故事的联系,促使旅游者移情于上海。讲述上海的故事一定是一个众创的过程,需要像张爱玲、陈逸飞这样的创作者,因为素材来自文学作品和艺术创作;需要众多对生活有独特理解的人、有"工匠精神"的人,因为只有他们才能通过一家咖啡店、一家早餐店营造出饱含故事与情感的情境。由此可见,开发体验旅游产品超越了旅游产业的边界,要去引导产业融合,鼓励文化产业发展,鼓励商业领域小微企业创业;

二是空间连续化。从空间角度讲,上海应在"三圈三带一岛"的空间大格局下,重点突出"网""区""点"三类全域旅游的空间要素。首先,应构建覆盖全市的旅游公共服务网络;其次,在产业资源与公共服务密集的地区,从概念整合,配套完善入手,重点打造一批全域旅游特色产业区与自行车友好型社区,使之发展成上海全域旅游发展的主要载体。此外,还要引导全市的"主客共享示范点"与"主客共享节事活动"的建设,将非旅游的生产要素引入旅游部门,实现发展主体的多元化;

三是城市旅游化,这要求上海在城市功能的完善中应充分考虑旅游者的需求,将5A景区和高星级酒店在运营中形成的服务标准向城市延伸,实现旅游服务从景区、酒店向整个城市空间溢出。此外,还要把面向本地居民的游憩系统及各类节事活动,如十大歌手比赛、社区音乐会等纳入都市旅游体系之中;

四是治理协同化,即治理方式必然从单一企业管理和行业管理转向属地化公共治理与产业协同促进,如与绿化市容局研究完善城市公园旅游功能,与民政局研究建立旅游志愿者制度等。

总之,上海正在大力推进全域旅游发展。从2017年开始召开全市全域旅游工作推进大会,鼓励上海黄浦、青浦、崇明、松江四区结合区域特色,形成各自创建规划和创建方案,推动传统景区旅游模式向"全域旅游"发展模式转变。目前正在抓城市休闲化,如推出城市旅游发展的浦江战略,打造贯穿长江口水上旅游中心、北外滩航运中心、浦东外滩金融中心、前滩跨国公司总部到徐汇滨江的城市旅游服务与经济核心轴,建设大容量地面电动轨道交通连通,浦江上下形成人流的场效应,调整沿途街区功能与业态增加城市休闲广场、博物馆、剧院等文化娱乐设施,惠及酒吧、特色餐饮、咖啡馆等娱乐休闲要素。让炫彩的浦江背景与旅游节水上文体赛事活动交相辉映,不断地开展一些展览演出、节庆比赛等高质量的娱乐体验活动,运用节能科技、组织两岸楼宇灯光秀,塑造国际旅游大都市的经典形象,以建设世界级旅游目的地为目标,强化全球化城市旅游形象,从战略和能级上提升上海全球旅游城市的地位。另外,在市郊打造一批像泰晤士小镇一样的特色旅游小镇,开发一批滨海森林、湖滨、水乡、温泉等休闲文化旅游等特色小镇,使它们成为上海休闲旅游的新去处,产业新亮点和产业融合的示范。

参 考 文 献

[1] 都大明,金守郡.中国旅游文化[M].上海：上海交通大学出版社,2008.

[2] 章海荣.旅游文化学[M].上海：复旦大学出版社,2004.

[3] 孙振华,吴国清.上海都市旅游[M].上海：上海人民出版社,2002.

[4] 上海市旅游事业管理委员会.导游基础知识(下册)[M].上海：东方出版中心,2008.

[5] 《上海旅游年鉴》编辑委员会编.上海旅游年鉴(2017)[M].上海：上海辞书出版社,2018.

[6] 《上海旅游年鉴》编辑委员会编.上海旅游年鉴(2015)[M].上海：上海辞书出版社,2016.

[7] 上海市地方志办公室,上海名建筑志[M].上海：上海社会科学院出版社,2005.

[8] 沈福煦,黄国新.建筑艺术风格鉴赏[M].上海近代建筑扫描,上海：同济大学出版社,2006.

[9] 沈山洲,王思敏.上海旅游产业报告(2008—2009 年度)[R].上海市旅游局,上海市信息中心,2009.

[10] 上海市旅游事业管理委员会,现场导游[M].上海：东方出版中心,2008.

[11] 叶汀,严莉.穿越百年的盛事繁影(世博档案)[M].上海：上海书店出版社,2009.

[12] 王怡然,姚昆遗.上海都市旅游的理论与实践[M].上海：上海辞书出版社,2007.

[13] 陈素洁.如何开发乡村旅游[M].北京：中国旅游出版社,2008.

[14] 叶树平,郑祖安.百年上海滩[M].上海：上海画报出版社,1990.

[15] 上海市旅游事业管理委员会.上海工业旅游、乡村旅游景点导读[M].上海：上海人民出版社,2007.

[16] 张维俊.外滩传奇[M].上海：上海文化出版社,2007.

[17] 孙杰.古代上海艺术[M].上海：上海大学出版社,2000.

[18] 薛理勇.上海掌故辞典[M].上海：上海辞书出版社,1999.

[19] 杨嘉祐.上海老房子的故事[M].上海：上海人民出版社,2006.

[20] 陈从周.中国园林鉴赏辞典[M].上海：华东师范大学出版社,2001.

[21] 阮仁泽,高振农.上海宗教史[M].上海：上海人民出版社,1993.

[22] 《上海文物博物馆志》编纂委员会.上海文物博物馆志[M].上海：上海社会科学出版社,1997.

[23] 汪福宝,庄华峰.中国饮食文化辞典[M].合肥：安徽人民出版社,1994.

[24] 杨嘉祐.上海风物古今谈[M].上海：上海书店出版社,1991.

[25] 李天纲.人文上海[M].上海：上海教育出版社,2004.

[26] 李天纲.文化上海[M].上海：上海教育出版社,1998.

[27] 金岳春.上海陈年往事[M].上海：上海辞书出版社,2007.

[28] 黄国轩,沈福煦.老建筑的趣闻[M].上海：同济大学出版社,2005.

[29] 黄国轩,沈福煦.名人·名宅·轶事[M].上海：同济大学出版社,2003.

[30] 薛理勇.食俗趣话[M].上海：上海科学技术文献出版社,2003.

[31] 阮仪三.朱家角[M].杭州：浙江摄影出版社,2004.

[32] 刘建良.秋霞圃志[M].上海：学林出版社,2008.

[33] 慧禅.千年古寺云翔寺[M].上海：上海人民出版社,2006.

[34] 何惠明.松江文物胜迹志[M].上海：华东师范大学出版社,1991.

[35] 张文俊.话说新场[M].北京：中国文史出版社,2006.

[36] 骆平.古镇七宝[M].上海：学林出版社,2000.

[37] 本书编委.江南第一桥乡：金泽[M].上海：百家出版社,2001.

[38] 黄萍.无越古镇枫泾[M].杭州：西泠印社：2003.

[39] 上海嘉定街道,嘉定古镇申报文件：中国历史文化名镇[CD],2008.

[40] 中共上海市委宣传部.历史的足迹[M].上海：上海书店出版社,1999.

[41] 薛顺生.上海革命遗址及纪念地[M].上海：同济大学出版社,1991.

[42] 范能船等.城市旅游学[M].上海：百家出版社,2002.

[43] Duncan Tyler, Yvonne Guerrier, Martin Robertson.城市旅游管理[M].陶犁,梁坚,杨宏浩,译.天津：南开大学出版社,2004.

[44] 楼嘉军.论休闲与休闲时代[M].上海：上海交通大学出版社,2013.

[45] 聂献忠.现代城市旅游业经营[M].北京：社会科学文献出版社,2003.

[46] 许峰.城市产品理论与旅游市场营销[M].北京：社会科学文献出版社,2004.

[47] 李蕾蕾.旅游目的地形象策划：理论与实务[M].广州：广东旅游出版社,2006.

[48] 姚昆遗.机遇与支撑：2010年世博会与上海都市旅游业[J].上海大学学报(社会科学版),2003(6)：89-93.

[49] 楼嘉军.对上海都市旅游发展的战略思考[J].桂林旅游高等专科学校学报,2003(1)：37-41,67.

[50] 白竹岚.关于上海发展都市旅游的思考[J].江西财经大学学报,2003(4)：55-57.

[51] 张文建.上海都市旅游的跨文化体验与影响[J].上海：上海师范大学学报(哲学社会科学版)2004(1)：46-51.

[52] 张凌云.试论有关旅游产业在地区经济发展中地位和产业政策的几个问题[J].北京：旅游学刊,2000(1)：10-14.

[53] 张明清,刘超.旅游产业国际竞争力的理论思考与竞争态势分析[J].经济问题探索,2000(4)：116-119.

[54] 刘恒江,陈继祥.世博会与上海旅游产业簇群化发展研究[J].上海管理科学,2004(3)：14-15.

[55] 王慧敏,王泽光.旅游业——上海新一轮发展中的主导产业[J].上海综合经济,2004(10)：46-50.

[56] 刘德艳.体验经济时代下的上海旅游形象定位更新[J].桂林旅游高等学校校报,2005(2)：45-48.

[57] 国家信息中心中国经济信息网.中国行业发展报告——旅游业[M].北京：中国经济出版社,2004.

[58] 惜珍.梧桐深处的别恋——上海的公园和古典园林[M].上海：上海东方出版中心,2010.

附　录

一、上海的全国重点文物保护单位

1. 上海孙中山故居(黄浦区秀山路 7 号)

1918 年建,欧式风格的小洋房。1961 年 3 月列入全国重点文物保护单位。

2. 中国社会主义青年团中央机关旧址(黄浦区淮海路与杨丽 567 弄 6 号)

这是一栋老式石库门房子,1920 年 3 月作为上海共产主义小组的活动场所,8 月建立中国共产主义青年团,团中央机关设于此。1961 年 3 月列入全国重点文物保护单位。

3. 中国共产党第一次代表大会会址(黄浦区兴业路 76 号、78 号)

建于 1902 年的石库门楼房,1921 年 7 月 23 日中国共产党第一次全国代表大会在此召开。1961 年 3 月列入全国重点文物保护单位。

4. 鲁迅墓(虹口区四川北路 2288 号鲁迅公园内)

1956 年鲁迅逝世 20 周年时,鲁迅墓由万国公墓迁葬于此。鲁迅公园始建于 1896 年,是上海主要的历史文化纪念公园和中国第一个体育公园。鲁迅墓于 1961 年 3 月列入全国重点文物保护单位。

5. 豫园(含沉香阁)(黄浦区老城厢,黄浦区沉香阁路)

豫园始建于明嘉靖年间(公园 1577 年),为上海五大古典园林之首,有"奇秀甲江南"之誉。1982 年 2 月被列入全国重点文物保护单位(包括湖心亭、荷花池、九曲桥)。

沉香阁为全国著名的比丘尼寺院之一,始建于明清,重建于嘉庆二十年,即 1815 年。归属全国重点文物保护单位豫园(1966 年 11 月 20 日)。1983 年 4 月列入全国 142 所汉族地区重点寺院。

6. 宋庆龄墓(长宁区宋园路 21 号)

始建于 1981 年,为全国重点文物保护单位。

7. 松江唐经幢(松江区松江镇中山东路小学内)

始建于唐大中十三年(公元 859 年),佛教纪念性建筑,是全国最古老的经幢之一。1988 年 1 月列入全国重点文物保护单位。

8. 徐光启墓(徐汇区南丹路公园内,始建于 1614 年)

徐光启是中国近代科学先驱(1562—1633),去世后葬于上海法华浜汇合处,以后其子孙居此,地名遂称徐家汇。新中国成立后多次整修其墓地,墓前有徐光启花岗岩雕像,东侧是碑廊,有徐光启画像、手迹和传记石刻,墓园内环境幽静,庄严肃穆。现称为光启公园。1998 年 1 月,徐光启墓被列入全国重点文物保护单位。

9. 龙华革命烈士纪念地(徐汇区龙华路 2591 号和 2501 弄 1 号内)

它位于龙华烈士陵园内。龙华历史陵园是培育爱国之情,激发报国之志的全国爱国主义教育示范基地。陵园中的革命烈士纪念地是 1927—1937 年秘密杀害革命志士的刑场。1988 年 1 月被列入全国重点文物保护单位。

10. 兴圣教寺塔(松江方塔)(松江区松江镇中山东路方塔园内)

兴圣教寺塔始建于北宋熙宁年间(1068—1093 年),宋代方塔,砖木结构的楼阁式塔,是方塔园的镇园之宝。1996 年 11 月被列入全国重点文物保护单位。

11. 真如寺正殿(普陀区真如镇后山门 5 号)

该殿建于元延祐七年,即 1320 年。元代木结构构件至今尚存。殿内正中供奉释迦牟尼成道像,整块翠玉雕成高 2.8 米,重 2.5 吨。1996 年被列入全国重点文物保护单位。

12. 外滩建筑群(上海大厦至延安东路中山东一路)

该建筑群建于清末至 1949 年,具有西方多种建筑风格的建筑群。它们错落有致、气势雄伟、庄重结实、装饰豪华、色调和谐、线条挺拔、形成一道"万国建筑博览"风景线。它们是人类建筑史上一份宝贵的财富,是上海近代史的载体。1966 年 11 月被列入全国重点文物保护单位。

13. 上海邮政总局(虹口区四川北路 1761 号)

建于 1924 年,是西方古代晚期折衷主义建筑风格在上海的代表,其中的塔楼属于西方巴洛克式建筑风格,塔楼两侧属于古典主义建筑风格。1996 年 11 月被列为全国重点文物保护单位。

14. 上海宋庆龄故居纪念馆(徐汇区淮海中路 1843 号)

原是一个德国人的私人别墅,建于 1920 年,从 1948 年到 1963 年,宋庆龄在这里生活和工作达 15 年之久。1981 年宋庆龄在北京逝世,这儿就作为在上海的故居对外开放。2001 年 6 月被评为全国重点文物保护单位、国家级博物馆、国家 4A 级旅游景区,上海爱国主义教育基地。

15. 张闻天故居(浦东新区机场镇等三村北张家宅)

建于 1892 年,是一幢有江南农村特色的一正两厢砖木结构的民宅。1900 年 8 月 30 日张闻天在此诞生,17 岁离开家乡去南京读书之前均住在这儿。2001 年被列入全国重点文物保护单位。

16. 福泉山古文化遗址(青浦区重固镇西福泉山周围)

福泉山不是山,是由良渚文化时期的先民在崧泽文化遗址上作为墓地堆积的一座大土墩。该遗址古文化遗存层层叠压,最下面的一层是距今五六千年前的新石器时代。1982 年开始经多次发掘,几乎每一层都有丰富的文物、遗迹。1894 年被列为上海市文物保护单位,2001 年被列入全国重点文物保护单位。

17. 龙华塔(徐汇区龙华路 2853 号)

现龙华塔为宋太平兴国二年(公元 977 年)吴越王钱俶重建,它是一座砖身重檐的楼阁式塔,被列入全国重点文物保护单位。

18. 国际饭店(黄浦区南京西路 170 号)

落成于 1934 年,高 83.8 米,是当时亚洲最高的建筑,也是旧上海的标志性建筑,属西方现代主义建筑风格,2006 年被列入全国重点文物保护单位。

19. 马勒住宅(静安区陕西南路 30 号)

落成于 1936 年,主楼为北欧挪威风格的三层建筑,宛如童话世界的城堡。原来是英籍犹太人马勒的私人花园别墅,现是衡山马勒别墅饭店。2006 年 5 月被列入全国重点文物保护单位。

20. 崧泽遗址(青浦城东 5 千米赵巷镇崧泽村)

距今约五六千年,分上、中、下,是上海地区迄今为止最早的古文化遗址,最早的上海人就生活在这片土地上。2013 年 3 月公布被列入全国重点文物保护单位。

21. 上海马桥遗址(闵行区马桥镇俞塘村)

1959 年发现后经多次发掘,发现有三层:上层吴越文化,中层马桥文化,下层属良渚文化。整个遗址叠压在上海 6 千年以前的古海岸上。马桥文化的年代距今 3 900—3 200 年,与夏商时期相当。2013 年 3 月公布为全国重点文物保护单位。

22. 广富林遗址(松江区佘山镇广富林村)

1959 年考古发现,1999 年再次发掘,发现了崧泽—良渚文化的过渡阶段和良渚文化的遗存,还发现了一种非环太湖传统的新石器时代文化遗存(成为广富林遗存)。2013 年公布为全国重点文物保护单位。

23. 志丹苑元氏水闸遗址(普通区志丹路和延长西路交界处)

遗址为元代建造,距今有 700 年历史。2001 年 5 月发现,2002 年 5 月正式发掘。我国第一座考古发现的古代水闸。水闸总面积 1 500 平方米,由闸门、闸墙、底石、夯土等部分组成。他是迄今为止我国保存最好的古代水利工程之一。2013 年 5 月被列入全国重点文物保护单位。

24. 嘉定孔庙(嘉定区嘉定镇川桥景区)

始建于南宋嘉定十二年(公元 1219 年),称"文宣王庙",其"规模崇宏、甲于他邑",有"吴中第一"之称。2013 年 3 月公布为全国重点文物保护单位。

25. 杨浦水厂(杨浦区杨树浦路 830 号)

(880 年,上海英商在英国伦敦成立上海自来水股份有限公司,并于次年在黄浦江边建造了自来水厂。水厂设址于杨树浦路 830 号,由英国设计师哈特设计,开工于 1881 年,两年后竣工。1883 年 6 月 29 日,时任北洋通商大臣的李鸿章拧开阀门开闸放水,标志着中国第一座现代化水厂正式建成。20 世纪 30 年代,该水厂不断扩建,占地面积增加了三倍,成为远东第一大水厂,现为杨树浦水厂。厂内各类建筑的总面积达 1.28 万平方米,砖混结构,朝向各异。建筑的外形为英国传统城堡形式,承重墙用清水砖墙,嵌以红砖腰线,周围墙身压顶雉堞缺口,雉堞的压顶及窗框、腰线等均用水泥粉出凸线,墙面转折交界处为水泥隅石形状,如同一座中古时代的英国城堡,尤其是那些装饰性元素,使这座建筑成了沪上工业厂房中的异数。)2013 年列入全国重点文物保护单位。

26. 佘山天文台(松江区佘山景区)

始建于清光绪二十五年(公元 1899 年),是我国最早的现代天文观测台,内设一架家口径40 厘米、聚焦 7 米的双筒折射望远镜。2013 年 3 月公布为全国重点文物保护单位。

27. 提篮桥监狱早期建筑(虹口区长阳路 147 号)

始建于 1901 年,启用于 1903 年 5 月。起初有两幢监房,按美国监狱样式设计,每层 60间,背靠背排列,每排监房有铁门。1916 年起陆续扩建、重建,直到 1935 年形成如今规模,并使用至今。拥有 10 幢 4—6 层监狱,近 4 000 间囚室。他是近现代历史的见证地,还是一处重要的世界反法西斯战争纪念地(2013 年 3 月)被列入全国重点文物保护单位。

28. 徐家汇天主教堂(徐汇区蒲西路 158 号)

始建于 1907 年,上海最大的天主教堂,正式名称为"圣母为天主之母之堂"。为哥特式建筑风格在上海的代表,2013 年 3 月公布为全国文物保护单位。

29. 中国共产党第二次全国代表大会会址(静安区原南成都路辅德里 625 号,现为老成都北路 7 弄 30 号)

1922 年 7 月在此召开了中国共产党第二次全国代表大会,原为上海市文物保护单位。2013 年 3 月被评为全国重点文物保护单位。

二、上海的国家级(5A、4A)旅游景区

(一) 5A 级旅游景区

1. 上海东方明珠广播电视台(浦东新区浦东世纪大道 1 号)

落成于 1994 年,现代海派建筑风格,高度达 468 米,是上海的标志性文化景观之一,上海最为著名的地标性建筑,2007 年评为国家 5A 级旅游景区。

2. 上海野生动物园(浦东新区三灶镇)

建成于 1995 年,中国首座国家级野生动物园,放养着世界各地具有代表性的动物和珍稀动物 200 多种,上万头(只),2007 年被评为国家 5A 级旅游景区。

3. 上海科技馆(浦东新区世纪大道 2000 号)

建成于 2001 年,是以现代化手段展现科技内容的科普教育基地,主体建筑呈现出东高西底、螺旋式盘升状的腾飞之势,现代海派建筑风格。2010 年被评为国家 5A 级旅游景区。

(二) 4A 级旅游景区

1. 金茂大厦 88 层观光厅(浦东新区浦东新世纪大道 88 号)

大厦于 1999 年 8 月 28 日正式开业,主楼 88 层,高 420.5 米,大厦将东方传统文化元素和世界现代高科技的建筑艺术相融合,为现代海派建筑风格,2001 年大厦 88 层观光厅被评为国家 4A 级旅游景区。

2. 上海博物馆(黄浦区人民大道 201 号)

建于 1996 年,是一座大型的中国古代艺术博物馆,建筑造型是方形基座与圆形出挑相结合,寓意天圆地方。2001 年评为国家 4A 级旅游景区。

3. 上海豫园(黄浦区安仁街 218 号)

建于 1559—1587 年,是典型的私家园林,上海五大古典园林之首。1982 年被评为国家重点文物保护单位,1955 年荣获 20 世纪 90 年代上海十大新景观美誉,2001 年授予国家 4A 级旅游景区。

4. 上海佘山国家森林公园(松江区松江城区北)

它以自然资源山林资源为主,是佘山国家旅游度假区的核心区域。2001 年被评为国家 4A 级旅游景区。现是全国文明森林公园,全国生态教育基地。

5. 上海城市规划展示馆(人民广场东部,黄浦区人民大道 100 号)

主体建筑像一座中国传统的高大城楼,6 层楼,顶部犹如四条正在盛开的白玉兰花。它是一座全面展示上海形象的专业性场馆,运用高科技手段全面、生动、形象地展示了上海至 2020 年的规划蓝图,是目前世界上最大的城市规划展示馆。2002 年授予国家 4A 级旅游景区。

6. 陈云纪念馆(青浦区练塘镇朱枫公路 3516 号)

2000 年 6 月建成开馆,是一座经中共中央批准建立的系统展示陈云同志生平业绩的传记性专馆。建筑设计体现了江南特色,即故居和主馆为轴心,形成前街后河的水乡格局。它是爱国主义教育示范基地。2002 年被授予国家 4A 级旅游景区。2021 年 3 月 11 日入选上海市第一批革命文物名录。

7. 上海大观园(青浦区金泽、杨舍、淀山湖旁)

始建于 1971 年,是上海的一座专业性园林,分东、西两部分,东部是展现江南水乡的自然风貌和民俗文化的;西部是著名的展现红楼文化的仿古建筑群体大观园。2002 年被评为国家 4A 级旅游景区。

8. 上海世纪公园(浦东新区浦东花木地区芳甸路 666 号)

始建于 1994 年,2000 年 4 月对外开放,是上海内环线中心区域内最大的富有自然特征的生态型城市公园,体现了中西方园林艺术和人与自然相互融合的理念,有浓郁的现代气息和海派风格。2002 年被授予国家 4A 级旅游景区。

9. 上海太阳岛旅游度假区(青浦区朱家角镇山台路 2588 号)

建于 1993 年,坐落于青浦泖河之中泖河岛上,这是一个有东西泖河、拦路港、太浦河所环抱的呈棱字形的岛屿,岛上建有 453 栋幽静的欧式度假温泉别墅。2002 年被评为国家 4A 级旅游景区。

10. 上海动物园(长宁区虹桥路 2381 号)

原为西郊公园,1954 年改建开放,1980 年改称上海动物园。院内野生动物多,树木多。古树多,为上海市区最佳生态园林之首。2002 年被评为国家 4A 级旅游景区;被国家建设部评为"十佳动物园"。

11. 上海东平国家森林公园(崇明区中北部)

其前身是东平林场,1989 年作为旅游景点对外开放,1993 年国家林业局正式批准成立"东平国家森林公园",是上海最大的森林公园之一,也是华东地区最大的人造平原森林。2002 年被评为国家 4A 级旅游景区。

12. 上海共青森林公园(杨浦区军工路 2000 号)

原黄浦江西岸滩地。1950 年建成苗圃,1958 年命名共青苗圃,1986 年改称"共青森林公园",为上海市内最大的公园,也是唯一可称为"城市森林"的公园。2003 年被评为国家 4A 级旅游景区,2005 年被评为国家级森林公园。

13. 上海朱家角古镇旅游区(青浦朱家角镇)

三国时期,朱家角逐渐形成村落,始名为"朱家村"。明代万历年间,名珠街阁,本地话就是"朱家角"。它是上海保存最完好的江南水乡古镇。2004 年被评为国家 4A 级旅游景区。

14. 上海古猗园(嘉定区南翔镇)

建于明嘉靖年间(1522—1566 年)为上海古典园林中规模最大的一座,有古朴、素雅、清淡、洗练的艺术风格。2005 年被评为国家 4A 级旅游景区。

15. 上海青少年校外活动基地——东方绿舟(青浦区沪青平公路 6888 号)

建于 2000 年,毗邻淀山湖,水域浩渺、植被苍翠。园内有众多经典和运动度假设施,是全国首屈一指的青少年校外教育基地。2007 年被评为国家 4A 级旅游景区。

16. 上海松江方塔园(松江区中山东路 235 号近方塔南路)

建于 1978 年,是一座以观赏历史文物为主题的文物园林,依据园内中心位置的宋代方塔而命名。园内有全国级、市级、区级文物建筑 7 处,被誉为"上海的露天博物馆"。2007 年被评为国家 4A 级旅游景区。

17. 上海枫泾古镇旅游区(金山区亭枫公路 8588 弄 28 号)

枫泾古镇始建于 1275 年,至今有 1 500 多年历史了,是上海的一座典型的江南水乡古镇,周围水网遍布,镇内河道纵横,桥梁众多,素有"三步两座桥,一望十条巷"之称。现是上海市第一个中国历史文化名镇,2008 年被评为国家 4A 级旅游景区。

18. 上海锦江乐园(闵行区虹梅路 201 号)

1985 年 2 月 1 日正式开放,是上海创办的第一家大型游乐型主题公园,是集旅游、娱乐、休闲、餐饮于一体的全天候的游乐城。2008 年被评为国家 4A 级旅游景区。

19. 上海市金山城市沙滩(金山城区的最南端,浩源路 289 号)

整个沙滩由东北向西南延伸,因紧邻金山城区而得名。它是一条集海景、海趣、海乐、海韵为一体的城市景观海岸。2008 年被评为国家 4A 级旅游景区,也是上海市第一个 4A 级滨海旅游景区。

20. 上海市奉贤碧海金沙(奉贤区南部的海湾旅游区内,南滨杭州湾,海鸥东路 1288 号)

始建于 2004 年,2006 年 7 月对外开放。它是在上海最早圩堤而建的一处碧波荡漾的蓝色海域上的水上乐园。2008 年被评为国家 4A 级旅游景区。

21. 上海海洋水族馆(浦东新区陆家嘴环路 1388 号)

始建于 1997 年,2002 年 2 月对外开放。它是目前世界上最大的人造海洋水族馆之一,也是上海最大的文化合资项目,被授予"科普教育基地"称号。建筑造型别致,为两幢硕大的不对称三角形建筑,好像一大一小两座金字塔。采用高科技手段,展示世界上五大洲四大洋的各种珍稀鱼类。2009 年,被评为国家 4A 级旅游景区。

22. 上海鲜花港风景区(浦东新区东海农场)

因处于航空港与洋山深水港之间,且以花卉的科研、生产为主,故取名"鲜花港"。建于 2002 年,现已被评为上海郊区精品旅游示范点,上海市科普教育基地和上海摄影家协会创作基地。2009 年被评为国家 4A 级旅游景区。

23. 上海月湖雕塑公园(松江区林荫新路 1168 号)评为国家 4A 级旅游景区。

该园始建于 2003 年 4 月,占地 1 300 亩 2005 年正式对外开放。园内以月湖为主题,创作雕塑品 60 余件,沿湖岸错落有致摆放,是一座集现代雕塑、自然山水、景观艺术于一体的综合性艺术园区,知性、感性的艺术桃花源。2009 年被评为国家 4A 级旅游景区。

24. 上海嘉定州桥景区(嘉定区嘉定古镇内沙霞路 68 号)

自 1218 年嘉定建县作为县治中心至今已有 800 年行政中心历史,是嘉定历史文化发祥地之一。州桥景区内汇聚了宋、元、明、清历代古塔、石街、老桥、文庙、园林等古迹。如嘉定孔庙、会龙潭公园、法华塔、秋霞阁等。2009 年被评为国家 4A 级旅游景区。

25. 上海嘉定马陆葡萄艺术村(嘉定区马陆镇大裕村沪宜公路 2228 号)

建于 2007 年,是一个以葡萄为主题,集科研示范、培训、休闲为一体的马陆葡萄公园。它以 500 亩葡萄园为依托,采用现代化农业设施栽培技术,着力向游人展现十大景观。2008 年 5 月被评为"上海市科普教育基地",2009 年升级为"全国科普教育基地",2010 年被评国家 4A 级旅游景区。

26. 上海都市菜园(奉贤区海湾镇海兴路 888 弄 1 号)

始建于 2007 年,是中国最大的蔬菜主题公园之一,其主要特色是:菜园蔬菜爬上墙,菜园番茄变成树。在蔬菜树下漫步,观赏长成"大树"的番茄、南瓜、茄子等草本蔬菜。城里人来到菜园。会有全新的体验和感受。2007 年被评为全国农业旅游示范点,2010 年被评为国家 4A 级旅游景区,全国农业旅游示范点、上海市科普教育基地。

27. 长风公园,长风海洋世界(普陀区大渡河路 189 号)

长风公园建于 1959 年,是一座人工开挖以铁臂山和银锄湖为要素,形成的以山水为主题的大型公园。在银锄湖水底 13 米处建有"海洋世界"是国内首座主题性水族馆。2010 年被评为国家 4A 级旅游景区。

28. 崇明暨新镇前卫村(崇明区暨新镇)

建于 1969 年,是上海市最早的农家乐景点之一,其特色:让游客住农家屋、干农家活、吃农家菜、享农家乐。2003 年被评为首批全国农业旅游示范点之一。2010 年被评为国家 4A 级旅游景区。

29. 上海海湾国家森林公园(奉贤区随塘河路 1677 号)

建于 2009 年,为上海最大人工"绿肺",2011 年 8 月 23 日被批准为国家 4A 级景区,2012 年入选上海市"十大新景新貌"。2011 年 10 月,公园获得"上海市文明公园"称号。

30. 中国航海博物馆(上海市浦东新区临港新城申港大道 197 号,近滴水湖)

2010 年 7 月对外正式开放,是中国第一座国家级的航海类主题博物馆。它以"航海"为主题,"博物"为基础,分设 6 大展区和两个专题展区,天象馆、4D 影院、儿童活动中心的设施,让观众即可参观,游客参与,享尽航海的乐趣。2011 年被评为国家 4A 级旅游景区。

31. 上海南翔老街(嘉定区南翔镇)

老街坐落于古镇的中心区域,现已恢复了清末民初的"银南翔"的历史风貌。粉墙黛瓦。屋舍参差林立,大小商铺鳞次栉比;小桥流水、花园、长廊、画店各具风韵。界内还有众多文物古迹和传说,是古镇南翔历史、商贸、文化的缩影。2011 年被评为国家 4A 级旅游景区。

32. 上海环球金融中心观光天阁(浦东新区陆家嘴金融贸易区的中心部位,世纪大道 100 号)

该中心与 2008 年 8 月正式竣工,总高度为 492 米,是目前世界上最高的平顶大楼。其 100 层观光天阁,距地面 474 米,是目前世界上最高的观光设施。2011 年观光阁被评为国家 4A 级旅游景区。

33. 上海欢乐谷(松江区临湖路 888 号)

建于 2007 年,中国首个连锁主题公园品牌,是集旅游休闲、会议度假等功能于一体的主题公园,有七大主题区,通过一条主环道和一条水上游览线将个景点串联在一起,惊险的游乐设备,美轮美奂的各类场馆,异彩纷呈的特色表演,丰富多彩的主题商品,为游客提供全方位的便利服务。2011 年被评为国家 4A 级旅游景区。

34. 明珠湖·西沙湿地(崇明区三华公路 333 号)

该景区有明珠湖和西沙湿地两个景点组成。明珠湖是岛上最大的天然淡水湖;明珠湖以西是西沙湿地,于 2005 年 9 月建成,是典型的长江河口滩涂湿地,也是上海目前唯一具有潮汐现象和成片滩涂林地的自然湿地。2011 年被评为国家 4A 级旅游景区。

35. 东林寺景区(金山区朱泾镇镇区中心东林街 150 号)

东林寺始建于元至大元年(1308 年),现在的东林寺建筑群是经过扩建后形成的。2007 年正式对外开放。主体结构像一座山,整座山体高达 57 米,远望像一座大佛,佛是一座山,山卧一尊佛,山佛一体,佛山一气。该寺创下了三个吉尼斯纪录(最高室内观音像,佛教第一铜门,景泰蓝佛像善财童子)。2012 年被评为国家 4A 级旅游景区,也是上海第一个国家 4A 级佛教旅游区。

36. 顾村公园(宝山区顾村镇,沪太路 4788 号环岛路 1 号)

顾村公园是宝山区生态专项工程,也是外环生态休憩绿地的重要组成部分,分两期建设。建成后,它将成为上海的一座全新概念的大型城市郊野森林公园。一期工程已完成,并于 2011 年 1 月 1 日全部对外开放。它包括七大主题园区,是集生态保护、景观观赏、休闲健身,文化娱乐,旅游度假等功能于一体的大型城市郊野森林公园。2012 年被评为国家 4A 级旅游景区。

37. 徐家汇源(徐家汇地区—零陵路 373 号)

徐家汇源是以徐家汇为中心的既有古迹、近代西方建筑,又有现代海派建筑和博物馆的开放式综合景区。主要有上海交通大学徐汇校区内的钱学森图书馆、徐汇中学内的近代西方建筑、徐家汇天主教堂、光启公园(内有徐光启墓),土山湾博物馆,徐家汇旗袍文化沙龙和上海电影博物馆等景点。2012 年被评为国家 4A 级旅游景区。

38. 上海辰山植物园(松江区佘山镇辰花公路 3888 号)

2011 年 1 月 23 日正式开园,是一座集科研、科普和观赏游览于一体的综合性植物园。矿坑花园是其最大的看点。2012 年被评为国家 4A 级旅游景区。

39. 吴淞炮台湾湿地森林公园(上海市宝山区塘后路 206 号)

公园原址为长江滩涂湿地,始建于 2005 年,2011 年 10 月建成开放。它已成为集科普、教育、休闲娱乐、观光旅游等功能于一体,将人文景致与自然野趣相结合的旅游新景区,并形成上海水上门户的亮丽风景线。最具特色的是:滨江湿地、吴淞炮台红色纪念广场、长江口水文馆。2012 年被评为国家 4A 级旅游景区。

40. 上海宝山国际民间艺术博览馆(沪太路和外环线交界处,近顾村公园 1 号门)

上海宝山国际民间艺术博览馆是上海大学与宝山区政府合作建设的上海第一家非物质文化遗产的展示、研究和保护为一体的博览馆,也是国内规模最大的世界非物质文化遗产展览馆。展览馆的设计理念啊取自传统文化形象"中国结",是名副其实的"文化大观园",分上下两层:一层展现亚洲文化、四海风情,尤其是宝山民间文化,二层为博览馆,举办特定主题的艺术作品展。2013 年 1 月被评为国家 4A 级旅游景区。

41. 上海罗店美兰湖景区(宝山沪太路 6655 号)

美兰湖是宝山区罗店北欧小镇的核心景观,以纯生态的绿色环境、茂密的森林覆盖,清新自然的空气,浓缩的北欧建筑群落为特色,由美兰湖休闲文化区、高尔夫运动文化体验区,宝山寺佛教文化区组成,被誉为"北上海最美丽的地方"。2013 年 10 月被评为国家 4A 级旅游景区。

42. 上海汽车博览公园(嘉定区墨玉南路 888 号 21 楼)

上海汽车博览公园是一座以汽车娱乐、汽车展览、汽车文化为主题的科技综合公司,由会展博览区和旅游休闲区构成,将汽车文化和园林景观文化相结合,给人们以丰富的体验。2013 年被评为国家 4A 级旅游景区。

43. 上海闻道院(宝山区罗镇义品村,潘泾路 2888 号近沪太路)

上海目前规模最大的艺术文化园林之一,园内种植名木名树 5.6 万棵。收藏奇石 100 多万方,宋代巴蜀石刻 100 多块。园内以古徽派建筑为主要特色,是集古民居、生态观光、休闲旅游、文化艺术交流、餐饮等于一体的上海旅游文化园区。2014 年 4 月获评国家 4A 级旅游景区。

44. 上海江南三民文化村景区(崇明区林枫公路 2201 号)

景区人文荟萃,风清水秀,意江南地区传统的民间、民俗、民族文化元素为主题,以衣、食、住、行、艺、玩、商为分类,是物质文化遗产展示和传承的重要基地。原为国家 3A 级旅游景区,2014 年 4 月 4 日获国家 4A 级旅游景区。

45. 上海宋庆龄故居纪念馆(徐汇区淮海中路 1843 号)国家 4A 级旅游景区

三、上海国家旅游度假区

佘山国家旅游度假区:上海市唯一的国家旅游度假区。它包括佘山国家森林公园、上海欢乐谷、月湖雕塑公园等国家 4A 级旅游景区,拥有十余家宾馆饭店,其中佘山森林宾馆是上海唯一建于山上的三星级宾馆;世茂佘山艾美酒店是度假区内唯一的五星级宾馆,是享受高档服务的度假理想之地。

该度假区是以"最高雅的会务之旅""贵族休闲好去处",作为服务理念,其定位是高级会务游,豪华休闲游。除提供吃、住、游、娱、行等完整的服务,还有高尔夫运动、高级冷餐会、舞会等休闲项目,还有供游人旅游纪念所需的佘山当地土特产等。

四、上海国家级森林公园

附表-1　上海国家级森林公园一栏

名　　称	位　　置	评定年份
上海佘山国家森林公园	上海松江区佘山	1993 年
东平国家森林公园	上海市崇明区	1993 年
上海共青森林公园	上海市杨浦区	2005 年
上海海湾国家森林公园	上海市奉贤区	2004 年

五、上海的中国历史文化名镇

1. 朱家角古镇(青浦区淀山湖之东)

宋元时期朱家角已成为集市。初称朱家村;明代开始设镇,清末已有了"三泾不如一角"的说法,即朱泾、泗泾、枫泾三地之繁华不如一个朱家角镇。2004 年被评为 4A 级景区,2007 年被评为中国历史文化名镇;2012 年被评为长三角十大古镇之一。

2. 枫泾古镇(金山区之西,与浙江嘉善相连)

元至十二年建镇(1275 年),明末正式定名为枫泾,该镇河巷纵横交错,桥梁众多,典型的江南水乡古镇。2005 年被评为中国历史文化名镇,成为上海第一个中国历史文化名镇;2008 年被评为国家 4A 级旅游景区;2012 年被评为长三角十大古镇之一。

3. 嘉定古镇(嘉定区嘉定镇)

南宋嘉定十年(公园 1217 年)立为县治,以宋宁宗之年号嘉定为名,至今 800 多年。镇中有众多古迹,如古塔法华塔,古桥州桥(登龙桥)、古园林、古文庙等。2008 年 3 月被评为中国历史文化名镇;2009 年被评为 3A 级旅游区。

4. 南翔古镇(嘉定区解放街 206 号)

位于嘉定区南翔镇之中心,南朝(505 年)建寺,是一个集美食小吃、土特产、购物、休闲娱乐、民俗体验等为一体的千年古镇,现为国家 4A 级旅游景区、上海的中国历史文化名镇之一。

5. 新场古镇(浦东新区新场镇镇海泉街 128 号)

位于浦东新区原南汇区文中部偏南、唐代立桩,南宋建治,元初名新场,明清时期商贾云集,人文蔚起,牌坊众多,有"十三座牌楼九环龙,小小新场赛苏州"之说。十三座牌坊已成为千年古镇的标志,现为国家 4A 级旅游景区、上海的中国历史文化名镇之一。

6. 张堰古镇(金山区张堰镇东贤路)

位于金山区中部、上海市区的西南部。唐代建镇,至今已有一千多年的历史。该镇历史悠久,文化厚重,古建筑众多,2010 年获中国历史文化名镇荣誉称号,2017 年获评为第五届全国文明村镇,2020 年 5 月荣获"上海市文明镇"荣誉称号。

六、上海的国家级、市级非物质文化遗产名录

附表-2　上海的国家级非物质文化遗产名录

类　别	名　称	地　区
江南丝竹	江南小调名曲	与太仓合作
码头号子	上海港码头号子	浦东新区、杨浦区
琵琶艺术	瀛洲派、浦东派	崇明区,上海浦东新区
锣鼓一书	什锦细锣鼓	松江区泗泾
上海道教音乐		上海道教协会

附表-3　传统戏曲

类　别	说　明
昆　曲	与中国艺术研究院、江苏省、浙江省、北京市、湖南省合作
京　剧	于北京、天津、辽宁省合作
越　剧	与浙江省合作
淮　剧	与淮剧团合作

表附-4　传统美术类

类　别	说　明
上海面人赵	徐汇区
徐行草编	嘉定区
上海剪纸	徐汇区
黄杨木雕	徐汇区
上海灯彩	黄浦区

表附-5　传统技艺类

类　　别	说　　明
乌泥泾手工棉纺织技艺	徐汇区
木板水印技艺	上海书画出版社
金银细工制作技艺	黄浦区
上海鲁庵印泥制作技艺	静安区
钱万隆酱油酿造制作技艺	浦东新区
功德林素食制作技艺	上海功德林素食有限公司

表附-6　曲艺类

类　　别	说　　明
锣鼓书	浦东新区
浦东说书浦东新区	浦东新区
独角戏	黄浦区
苏州评弹	苏州欧平滑、苏州评弹；上海市市场工作者协会

表附-7　上海地区传统文化类

类　　别	名　　称	说　　明
民俗类	龙华庙会	徐汇区
民俗类	罗店化龙船习俗	宝山区
民间文学类	吴哥	青浦区
民间艺术类	顾绣	松江区
民间艺术类	竹刻	嘉定区
传统舞蹈类	舞草龙	松江区
传统舞蹈类	奉贤滚灯	奉贤区
传统医药类	中医正骨疗法	石氏伤科疗法

七、上海高星级公园名录

表附-8　上海高星级公园名录

类　　别	说　　明
上海共青国家森林公园	杨浦区军工路 2000 号
上海滨江森林公园	浦东新区高桥镇凌桥高沙滩 3 号
上海植物园	徐汇区龙吴路 111 号

（续表）

类　　别	说　　明
上海动物园	长宁区虹桥路 2381 号
上海古漪园	嘉定区沪宜公路 218 号
上海辰山植物园	松山区辰花工路 3888 号

八、上海市都市旅游精品线路推荐

（一）特色旅游产品

表附-9　上海海洋旅游产品（写出具体旅游项目）

线　路　名　称	旅　游　方　式
起航,驶向蔚蓝大海	邮轮之旅
眺望,站在金色沙滩	海冰之旅
遨游,蓝色知识海洋	科普之旅
体验,风光奇异湖泊	湖泊之旅
穿行,城市黄金水道	黄浦江水上之旅
回归,古朴水乡人家	古镇水乡之旅

表附-10　"四季上海"推荐

	名　　称	旅　游　地
1	城市"绿肺"春季踏青旅游产品	辰山植物园、上海鲜花港、上海海湾国家森林公园、佘山国家森林公园、上海植物园、世纪公园、大宁灵石公园
2	春来嘉定踏青	古漪园
3	看樱花游宝山	顾村公园
4	倡导夏季健康休闲的"发现蔚蓝、发现风韵、发现内涵"发现之旅	
5	夏季亲水休闲旅游	奉贤海湾旅游区、金沙城市沙滩、浦东滨江大道、徐汇滨江休闲区、松江玛雅水公园等景区
6	夏季夜秀产品	实景昆曲牡丹亭、ERA 时空之旅为代表
7	夏季夜游产品	新天地、老外街为代表的
8	夏季夜娱	丽酒店露天花园,浦东丽思卡尔顿 FLAIR 酒吧等为代表的
9	秋季上海旅游节经典品牌游	旅游节开幕大巡游,浦江彩船巡游,玫瑰婚典,都市咖啡文化节,唐韵中秋,旅游风筝会等
10	老上海文化体验游	和平饭店"老克拉乐队"、兴国宾馆魔都之夜
11	上海西岸音乐节	上海音乐广场音乐会

（续表）

	名　称	旅　游　地
12	购物	环球港旅游文化购物节
13	金秋"两节四赛"文体游	上海旅游节、上海国际艺术节，上海劳力士网球大师赛。F1中国大奖赛
14	圣诞狂欢，圣诞集市、圣诞晚宴体验游	欢乐谷，环球港，音乐谷风
15	古刹钟声体验游	龙华寺、宝华寺、东林寺等古刹
16	迎新灯光秀	外滩灯光秀，浦东迎新倒计时体验
17	迎新年的旭日阳光游	东方明珠，东方绿舟，崇明东滩等
18	欢欢喜喜过大年等系列活动	豫园灯会

表附-11　上海各区的特色产品

	名　称	内　容
1	奉贤——海湾"赶海乐"	春天赶海
		下天脑海
		秋天戏海
		冬天拜海
2	徐汇——寻访海派文化之旅	寻访围绕海派文化底蕴丰厚的老房子
		寻访代表海派文化之称的徐家汇源
		象征海派文化未来的滨江西岸文化走廊
3	崇明——端午节单车骑游	明珠湖畔赏天鹅，观龙舟，瀛东村渔趣，唱山歌，放风筝，观鹭鸟；到高家庄园品龙虾，到前卫村享农家乐；带一份粽子回家
4	金山——绿色乡村游	互动体验：廊下自费游，农民画村游
5	静安——弄堂风情游	文化弄堂游，体育弄堂游，老城厢弄堂游，社区活动观光游
6	长宁——小主人欢乐游	面向6—12岁的儿童及其家长，乘坐双层观光大巴游览市容。聆听上海传奇故事；徒步行走外白渡桥，外滩源，饱览浦江两岸风光，参观上海邮政博物馆，畅游巧克力开心乐园

（二）上海一日游产品

表附-12　上海一日游景观

	名　称	内　容
1	漫游慢品武康路	老房子故事会(每月风第一个周六举办)
2	上海民俗第一游	龙华庙会游(重温三月三，上龙华的传统风情，感受传统民俗文化)
3	唐韵中秋游园会	在徐家汇桂林公园举行(以赏桂赏月为特色)邀请专业团队演出

（续表）

	名　　称	内　　容
4	探访徐汇之旅	
5	迎新春龙华撞钟	12 月 31 日晚,在龙华寺跨年举办
6	小主人"我爱上海一日文化地图活动"	沪上亲子游的首选品牌
7	长宁微旅行	最美的礼物,优雅的秘密和遇见邬达克,开启都市旅游节奏(从中山公园出发,途经愚园路、镇宁路、万航渡路、秀水路、杨思站,最后抵达华东政法大学)
8	苏州河一日游	
9	上海玉佛寺素斋节	借助玉佛寺品牌,宣传和展示传统美食品牌"玉佛素斋"弘扬经典餐饮文化内涵,推广绿色环保的健康生活方式
10	上海国际茶文化旅游节	每年 5 月底 6 月初举办
11	宝华寺新年撞钟活动	12 月 31 日至次年 1 月 1 日凌晨 2 时在宝华寺举行
12	"秀.虹口"元宵与 5D 创意灯光秀活动	元宵节当晚在音乐谷"1933 老场坊"举行
13	都市森林狂欢节	由共青国家森林公园,新民晚报社共同举办,以"都市森林、绿色狂欢"为主题
14	豫园新春民俗艺术灯会	2 月份在豫园旅游商城举行
15	"黄浦印象"漫步 3 千米,城市微旅行	以新天地—思南路—田子坊为主要目的地的为旅游线路
16	"大富贵杯"九子大赛	9 月 15 日在九子公园举行
17	欢购乐游黄浦行	
18	外滩新年倒计时迎新活动	
19	上海弄堂风情游	了解静安寺社区,感受浓郁朴素的上海民俗风情
20	静安都市之旅环线观光游	以商旅文联动,游购娱融合为主题,将商业街区、旅游景区,创意园区,居民社区融为一体,有机结合
21	浦江赏月话中秋活动	
22	上海樱花节	在宝山区顾村公园举办,每年 3 月中旬—4 月中旬
23	淞沪抗战纪念活动	
24	"中秋月浦江情"拜月活动	在韩湘水博园举行
25	闵行召家楼金秋系列活动	在古镇牌楼广场,浦江玫瑰园等地举行(时间)
26	走进闵行,亲近网球大师活动	在旗忠网球场举行(时间)
27	上海汽车文化节	在上海国际赛车场举行(时间)
28	上海荷花节	每年 6 月下旬—8 月下旬在南翔镇古漪园举行

（续表）

	名　称	内　容
29	上海马陆葡萄节	以品尝马陆葡萄,游嘉定新城为主题(时间)
30	上海捆子文化节	风雅嘉定,儒韵州桥(时间)
31	上海南翔小笼文化	9月下旬—10月下旬在南翔古镇
32	金山草莓节	1月—3月末在金山草莓研发中心等地举行
33	上海枫泾灯谜艺术节	每年2月下旬在枫泾镇举行
34	金山海鲜文化节	6月下旬—10月上旬在金山嘴渔村举行
35	上海金山蟠桃节	7月20日—8月20日在金山举行
36	吴根越甬枫泾水箱婚典	9月2日在枫泾古镇举行
37	余天成堂佘山元旦登高	每年1月1日在佘山举行,以迎新祈福为主题,倡导都市健康生活旅游理念,扩大展示松江旅游目的地的旅游形象
38	松江春游节	3月28日—4月28日在松江举行主题为“寻春赏花,问山挖笋,踏青风车游”
39	松江端午节龙舟赛	在松江新城泰晤士小镇的花亭湖和滨湖广场隆重举行
40	上海之根文化旅游节	9月17日—10月17日在松江举行,由景点松江,时尚、文化、田野四大板块组成
41	上海定山湖梅花节	2月22日—3月18日在东方绿洲,大观园梅园举行
42	上海白鹤草莓节	3月1日—5月15日在青浦区白鹤镇举行
43	青浦练塘茭白节	6月9日—12日在青浦练塘镇举行
44	上海定山湖旅游节	9月10日—10月7日在青浦环定山湖内旅游的景点举行
45	二月二龙抬头文化旅游节	3月13日—17日在崇明区江南三民文化村举行,旅游节主题为龙腾东海瀛洲,祈福健康长寿
46	崇明森林旅游节	9月29日在崇明东平国家森林公园举行
47	崇明湿地文化节	9月25日—10月10日在崇明西沙国家湿地公园举行
49	崇明区特色菜肴大奖赛	10月15日在锦绣宾馆举行
50	横沙岛自行车骑游大会	10月26日在横沙岛举行

（三）上海都市风光一日游

表附-13　上海都市一日游线路

线路一		
上午	从停车场出发,乘车前往浦东陆家嘴	从外面观赏金茂大厦、环球金融中心、上海中心等现代海派建筑的造型
中午	午餐	

（续表）

下午	乘外滩观光隧道至外滩陈毅广场	站在广场的观光大道上，观赏浦西外滩的万国建筑博览群和浦东现代找高层建筑群； 比较两岸景色欣赏，欣赏着独特的一江两岸风光 去豫园旅游商城，感受外古内洋的仿古建筑，品尝上海美食南翔小笼，排骨年糕等小吃，去老城隍庙感受道教文化
傍晚	漫步滨江大道	
晚上	晚餐	夜游浦江，乘船夜游，感受浦江两岸夜景
线路二		
上午	从停车场出发，乘车前往人民广场	参观中国古代艺术博物馆——上海博物馆，该馆一青铜器、陶瓷器、书法和绘画为特色，有"文物半壁江山"之誉 游览南京西路新世界内的杜莎夫人蜡像馆，游客除了可与80多尊足以乱真的中外明星蜡像留下亲密合影外，还可以加入与明星对歌、拍电影，打篮球等互动体验中去
中午	午餐	
下午	乘车前往外滩陈毅广场	观赏浦江两岸风光—两岸的建筑群—由外滩观光隧道至浦东陆家嘴 登亚洲第一，世界第三的东方明珠广播电视塔，登上球体至玻璃长廊观看上海美景 至底层的上海历史发展展示馆，看上海近百年的发展历史 远观金茂大厦、环球金融中心，上海中心等上海最高的标志性建筑；游览附近的陆家嘴中心绿地
傍晚	漫步滨江大道	步行观赏浦江晚景
晚上	乘坐浦江游轮	水上观赏浦江两岸夜景 约2小时结束，返回酒店
线路三		
上午	从某停车场出发	乘车前往延安东路外滩 由南向北边走边看外滩万国建筑群，其主要代表建筑有：上海总会大楼、中国通商银行大楼、海关大楼、原汇丰银行大楼、汇中饭店、沙逊大厦、中国银行大楼、光大银行大楼、上海大厦 越过中山东一路到浦江两岸参观四大广场；黄浦公园广场、陈毅广场、金融广场和延安路广场
中午	午餐	
下午	外滩观光隧道至陆家嘴地区	参观金茂大厦：远眺金茂大楼外观造型，认识东方塔形建筑风格和现代高科技完美结合的现代海派建筑，登上88层观光厅（当今世界最高最大的观光厅，国家4A级旅游景区），俯瞰浦江两岸景色 游览正大广场，品尝其中的美食小吃
傍晚	漫步浦江大道	观赏浦江美景，尤其是浦西万国建筑
晚餐		
晚上	也有浦江	乘浦江游轮感受 浦江两岸独特的夜景美色

（四）上海都市休闲购物一日游

附表-14　一日购线路（3条线路）

线路一		
上午	从某停车场出发乘车前往徐家汇	参观徐家汇源景区：徐家汇天主教堂、徐汇中学、光启公园等 友链光辉钢厂、美罗城、数码广场、东方商厦、太平洋百货
中午	午餐	
下午	乘车去人民广场	游览南京路步行街（全国规模最大，最具魅力的全天候旅游休闲步行街），参观20世纪二三十年代的四大公司和一些著名的百年老店，浦西第一高楼百联世贸广场；游览福州路文化街
晚餐		
晚上	上海大剧院	观看文艺演出 晚9点结束返回，送回酒店
线路二		
上午	从某停车场出发乘车前往淮海中路黄陂南路	参观新天地（以上海石库门建筑旧区为基础，改造成为集国际水平的餐饮、购物、演艺等功能于一体的时尚、休闲文化娱乐中心），体验20世纪二三十年代的上海附近的红色景点有：中共一大会址，新天地广场，太平桥公园，大韩民国临时政府旧址
午餐	新天地"新吉士"用餐	尝上海本地特色的"本帮菜"
下午	游览淮海中路商业街	雁荡路异国棕榈风情街，体验淮海中路的高雅、繁华，雁荡路的万国风情的休闲餐饮
晚餐		
晚上	观看文艺表演	在复兴中路的文化广场（绿化丛中的艺术殿堂，世界上最大最深，座位最多的地下剧场）观看文艺演出 九时半结束，送回酒店
线路三		
上午	从某停车场出发乘车前虹口区鲁迅公园	参观鲁迅公园（上海主要历史文化纪念公园，中国第一个体育公园），拜谒鲁迅墓（全国重点文物保护单位）；参观鲁迅纪念馆（新中国成立后第一个人物型纪念馆）； 游览多伦路文化名人街（名人故居，海上旧里，"现代文学重镇"）
午餐		
下午	游览四川北路商业街	四川北路商业街（面向工薪阶层的商业大街），与追求精品豪华消费的淮海路，南京路形成鲜明的对照，迎合上海人讲究实惠的心理，成为上海人青睐的购物天堂
晚餐		
晚上	虹口体育场	观看中超足球比赛 9点结束，返回酒店

（五）上海专项旅游一日游（3 条线路）

线路一		
上午	从某停车场出发乘车去宝山——工业旅游第一站	参观上海宝山钢铁(集团)股份有限公司(首批全国工业旅游示范点之一)亲历钢铁是怎么炼成的
午餐	在宝钢餐厅用餐	
下午	乘车前往安亭	参观大众汽车股份有限公司(中国目前生产规模最大的现代轿车生产基地)
晚餐	吃小笼	乘车去南翔老街品尝著名的南翔小笼 驱车上海马戏城观看时空之旅 晚 9 点结束,送回住宿地
线路二		
上午	从某停车场出发乘车去上海黄浦区建国中路	参观"八号桥"创意园区(上海创意产业旅游的典型代表,首批全国工业旅游示范点之一)看旧厂房改造、保护、再利用的新模式,展示无处不在的"创意"
中午	吃本帮菜	
下午	乘车区莫干山路50号	参观春明都市工业园区(上海创意产业聚集区之一,全国工业旅游示范点之一)许多艺术家及创意设计机构的入住为这座曾经破落的工程注入了生机,营造了浓厚的文化气息,成为年轻人最喜欢的去处,许多青年人来这里拍婚纱照、写真照,使其成为上海最负盛名的文化创意园。其中有众多的看点:如莫干山 50 号涂鸦、香阁娜画廊、山水传画廊、承林艺术中心、铁哥们——创意铁艺店、半度雨棚——很有情调的店铺等
晚餐		
晚上	夜游苏州河	漫步苏州河,观赏两岸风光,乘水上巴士,观苏州河两岸夜景 9 点结束旅程回酒店
线路三		
上午	从某停车场出发乘车去杨树浦路	参观上海近代工业产业遗存 上海自来水公司(杨树浦水厂),参观上海自来水展示馆;上海煤气公司自来火房(现杨树浦煤气厂),曾为远东第一大煤气厂(1882 年建立);英商正广和股份有限公司(现上海梅林正广和集团公司),建国前卫国内最早最大的专业生产饮料的工厂之一
午餐		
下午	乘车去上海城南高昌庙	参观江南制造局(江南造船厂原址),接受一次近代史的教育,该厂历史悠久,规模宏伟、上产发达,可谓江南第一,是我国近代造船是的缩影,也是中国第一代产业工人的摇篮;认识这段历史,有助于增强建设新上海实现中国梦的信心
晚餐		
晚上		游览外滩,观赏从南浦大桥向北至上海市旅游集散中心(新十六铺)的一段浦江夜景

（六）上海三日欢乐游

表附- 16　三日游线路

D1　　中午接团
午餐、餐后乘车前往浦东
参观上海野生动物园,我国首个野生动物园,首批 5A 级旅游景点之一。 这里是国际大都市的氧吧,野生动物的王国,有人的乐园。野生的动物以散放养为主,展出动物达 191 种,10 166 头(只),特别是集中了大量的珍贵重点保护动物,汇聚了中国四大珍稀国宝(大熊猫、金丝猴、金毛羚羊、朱鹮)。 园内分车入区和步行区两大参观区域,先车入区→步行区→动物运动表演场馆。在百兽山表演场旁有大型游乐设施,让你亲身体验精彩刺激。在 6D 动感特效影院,引人入胜的情景,身临其境的画面与全方位交融,互动的体验,令游客兴趣益然,流连忘返。
晚餐、后入住酒店
D2　 酒店自助早餐,餐后前往浦东,车游浦东新区,观赏浦东新区景色
参观东方明珠广播电视塔,登上球体玻璃长廊俯瞰上海美景。 至底层上海城市历史发展陈列馆,通过珍贵的文物、文献、档案、图片,以先进的影视和影像设备,形象生动地反映上海城市发展的历史。 远观金茂大厦,环球金融中心和上海中心(欣赏最高的标志性建筑); 漫步滨江大道
午餐
下午游览上海海洋水族馆(世界最大的人造海水水族馆之一,世界第二,亚洲第一)
上海海洋水族馆建筑造型奇特,外观形似两座大小金字塔,其内部设有 28 个大型主题生物展示区,让游客感受水底世界的新奇。
晚餐　 夜游浦江,感受浦江两岸夜景;晚 21 点返回酒店
D3　 酒店自助早餐,餐后乘车参观上海科技馆(全国科普教育基地,上海中药科普教育基地和爱国主义教育基地,也是国内唯一一家具有国家一级博物馆和国家 5A 级旅游景点资质的科技馆; 上海科技馆以"自然、人、科技"为主题,融展示与教育、收藏与研究、合作与交流、休闲与旅游等功能于一体,主要含 11 个主题展览,2 个专题特展,3 个科学家艺术长廊,5 座高科技特种影院及张江创新成果展,拥有各类互动科技展品 700 多项,现荣获上海市科技进步一等奖,国家电视艺术最高奖"星光奖"等诸多荣誉); 参观程序参考:动物世界→动物万象→四维电影→机器人世界→信息时代→地球家园→宇航天地→太空影院→人与健康→探索之光→地壳探秘→彩虹儿童乐园→智慧之光→设计师摇篮→巨幕影院→球幕影院
午餐　 餐后结束 3 天愉快旅程

（七）上海市休闲度假三日游(3 条线路)

附表- 17　三日休闲游线路

线路 1
D1　中午接团、午餐
餐后乘车前往人民广场 参观 1. 国家 4A 级旅游景区——上海博物馆(中国古代工艺美术博物馆,1996 年 10 月正式对外开放),现有馆藏文物 100 余万件,其中珍贵文物 14 万件。其青铜馆、陶瓷馆、绘画馆与书法馆的藏品最具珍贵。

(续表)

参观 2. 国家 4A 级旅游景区——上海城市规划展示馆。这是中国首家以"城市规划"为主要展示内容的专业性场馆,全面展示上海发展变化的昨天、今天和明天。对于首次来沪的游客,这是了解上海城市历史、人文风情和城市精神的第一选择。游览路线:序厅(大堂)→历史文化名城厅(夹层)→总规划厅(三层)→专业和重点建设规划展区(四层)→休闲观光厅→1930 风情街(地下一层/出口)
晚餐,后至上海大剧院观看文艺演出(21 时结束)乘车返回酒店
D2　酒店早餐后乘车去上海松江国家旅游度假区
参观佘山国家森林公园,佘山天主教堂,佘山天文台
午餐
下午　游览欢乐谷(一个动感时尚、欢乐梦幻的主题乐园),体验各种刺激或漫步 20 世纪二三十年代的老上海,感受青砖灰墙、石框、里门的石库门民居带给你的怀旧心情
晚餐　返回酒店　自由活动
D3　酒店早餐后乘车穿过上海松江大学城,观赏大学城的全貌
参观辰山植物园(上海最大的郊野植物园),该园是一座集科研、科普和观赏游览于一体的综合性植物园。矿坑花园是该园内最大的看点。
午餐　餐后乘车返回,结束愉快的行程
线路 2
D1　中午接团,午餐,餐后乘车前往外滩
活动 1　参观外滩万国建筑博览群,介绍其中的一些代表性建筑。如上海总会大楼原汇丰银行大楼、海关大楼、汇中饭店、沙逊大厦、中国衣怒昂大楼和上海大厦等 活动 2　参观中山东一路东侧的四大广场(黄浦公园广场、陈毅广场、金融广场和延安路广场) 活动 3　漫步浦西外滩观光大道,欣赏浦江两岸风光
晚餐　餐后返回酒店
D2　酒店早餐后乘车去崇明岛前卫村农家乐
上午前往前卫村参观农家乐景点,干农活,摘农家菜
午餐 吃农家饭
下午　欣赏田园风光,享农家乐 参观前卫村史馆,"二十四孝",游"生态主题公园"
晚餐　吃农家饭　饭后去多功能厅活动
住农家屋,体验农家生活
D3　农家乐早餐　餐后驱车东平国家森林公园(全国农业旅游示范点之一)游乐
参加骑马场、休闲广场活动; 参观百花园等活动
午餐　在烧烤场自助烧烤
餐后返回,结束愉快行程

（续表）

线路 3
D1　中午接团,午餐
餐后驱车前往徐家汇商城,游览徐家汇源景点(徐汇中学、徐家汇天主教堂、光启公园、土山湾博物馆等); 大都市商场购物休闲游:徐家汇商城——港汇广场,东方商厦,太平洋百货等
晚餐　餐后回酒店
D2　酒店早餐后乘车去青浦
参观上海大观园,领略红楼文化
午餐　餐后参观 活动 1.万寿塔俗称南门塔[建于清乾隆八年(1743),当时青浦文人绅士为庆得朝廷蠲免,并为祝乾隆皇帝长寿而集资兴建,故名万寿塔,之后又营造堂、殿、庑、室等建筑,占地 2 万余平方米,遂称万寿塔院。光绪九年(1883)失火,塔刹、腰檐、平座、塔内楼板扶梯皆失,仅存塔身,塔系砖木结构方形塔,七级四面,残高24.53 米,边长 4.35 米,1992年对塔身进行抢修加固,2009 年对古塔进行修复,保护和再现了万寿古塔的历史原貌。]活动 2 游朱家角古镇
晚餐　朱家角古镇农品尝青浦家菜
餐后乘车入住太阳岛
D3　早餐　餐后在太阳岛活动
活动 1　在太阳岛养生圣地学习体验一些有效的养生活动
午餐　享受太阳岛的中西美食
餐后乘车返回,结束愉快行程

（八）上海五日游(3 条线路)

表附–18　上海五日游线路

线路 1
D1　中午接团,午餐,乘车前往浦东 参观上海野生动物园,我国搜集啊野生动物园,首批 5A 级旅游景点之一。 这里是国际大都市的氧吧,野生动物的王国,有人的乐园。野生的动物以散放养为主,展出动物达 191 种,10 166 头(只),特别是集中了大量的珍惜重点保护动物,汇聚了中国四大珍稀国宝(大熊猫、金丝猴、金毛羚羊、朱鹮)。 园内分车入区和步行区两大参观区域,先车入区→步行区→动物运动表演场馆。在百兽山表演场旁有大型游乐设施,让你亲身体验精彩刺激。在 6D 动感特效影院,引人入胜的情景,身临其境的画面与全方位交融,互动的体验,令游客兴趣盎然,流连忘返。
晚餐、后入住酒店
D2　酒店自助早餐,餐后前往浦东,陆家嘴地区参观东方明珠广播电视塔,登上球体玻璃长廊俯瞰上海美景。 至底层上海城市历史发展展示馆,通过珍贵的文物、文献、档案、图片,以陷阱的影视个影像设备,形象生动地反映上海城市发展的历史。 远观金茂大厦,环球金融中心和上海中心(欣赏最高的标志性建筑)

（续表）

午餐　餐后在酒店会议室举行学习活动	
傍晚　漫步滨江大道欣赏浦江两岸风光	
晚餐　餐后夜游黄浦江 乘浦江游轮夜游黄浦江,观赏浦江两岸夜景,感受上海魔都魅力(21 点结束回酒店)	
D3　早餐　餐后乘车前往浦东	
参观上海科技馆(全国科普教育基地,上海中药科普教育基地和爱国主义教育基地,也是国内唯一一家具有国家一级博物馆和国家 5A 级旅游景点资质的科技馆)	
午餐　餐后乘车前往东方绿洲	
东方绿洲是上海青少年活动营地,位于淀山湖畔,水面积占 1/3,先后被命名为中国国际青少年活动中心(上海),全国科普教育基地,国家国防交通示范基地,国家环保科普基地等。东方绿洲由八大员组成	
晚餐　餐后返回酒店	
D4　早餐　餐后乘车前往松江国家旅游度假区	
上午　游览上海欢乐谷(一个动感时尚、欢乐梦幻的主题乐园),大成国内首个木质过山车,在丛林里穿梭飞跃,在娱乐中体验冒险的真实,在自然中感受野趣,乘坐特制船只,激流勇进,体验 26 米浪尖飞驰而下的刺激,漫步 20 世纪二三十年代的老上海,感受青砖灰墙、石框、里面的石库门民居带给你的怀旧情趣	
午餐　餐后游览月湖雕塑公园 参观佘山圣母大教堂,佘山天文台等景点	
晚餐　晚餐后自由活动(晚 9 点 30 分)回宾馆	
D5　早餐　餐后乘车前往往普陀区	
游览长风公园海洋世界(国家 4 级旅游景区),是一集大型海洋动物表演与水族馆鱼类展览为一体的综合性海洋公园,全国青少年科普教育基地,内有各种海洋动物的表演	
午餐　餐后送机场(火车站)结束愉快的行程	
线路 2	
D1　中午接团,午餐,午餐后乘车前往豫园地区	
游览上海的古典园林,江南五大古典园林的豫园(全国重点文物保护单位,国家 4A 级旅游景区),始建于明嘉靖年间,园主人潘允瑞为让父亲安享晚年所见的私家园林,园林小巧玲珑,景色秀美,为"东南名园之冠";五条龙墙把园林划分成七大景区,黄石大假山,奇石玉玲珑为镇园之宝;砖雕、泥塑多;古树名木多,值得一游	
傍晚　参观上海老街,豫园旅游商城 晚餐　在豫园商城美食世界品尝上海小吃 餐后入住饭店休息	
D2　酒店自助早餐,餐后乘车前往外滩陈毅广场	
在陈毅广场的观光平台眺望浦江两岸景色;浦西近代西方建筑群与浦东现代超高建筑遥相呼应,一江两岸美景,世上少有;后沿浦江西侧游览四大广场(黄浦公园广场,陈毅广场,金融广场和延安路广场)	
午餐　餐后乘外滩观光隧道至陆家嘴地区	

（续表）

下午
活动 1　陆家嘴地区参观东方明珠广播电视塔,登上球体玻璃长廊俯瞰上海美景 活动 2　至底层上海城市历史发展展示馆,通过珍贵的文物、文献、档案、图片,以先进的影视个影像设备,形象生动地反映上海城市发展的历史。让游客穿越时空,置身于富有故事性街道,追寻老上海旧梦,品味上海悠久文化的同时,享用咖啡,选购特色纪念品 活动 3　远观金茂大厦,环球金融中心和上海中心(欣赏最高的标志性建筑)
傍晚　漫步滨江大道观赏浦江两岸美景
晚餐　晚餐后乘浦江游船,观赏浦江两岸美景(21 点结束返回酒店)
D3　早餐　餐后乘车前往浦东地区
游览上海海洋水族馆(世界最大的人造海水水族馆之一,世界第二,亚洲第一国家 4A 级旅游景区)是上海最大的一站式海洋生物、生态为主题的旅游景点,汇集了来自五大洲、四大洋的珍稀活体水生动物 450 多个品种,还逐年推出主题展览,各类主题展的活体展品极具地方特色和环保教育意义
午餐　餐后游览世纪公园
世纪公园是上海内环线区域内最大的富有自然特征的生态型城市公园,国家 4A 级旅游景区。公园内建有 11 座不同风格的桥梁,种植 10 万余株各类乔木,铺种 70 万平方米的植被草坪,建有 5 个主要景区,设有游乐园,休闲自行车,观光车,游船等游憩区,足球场等参与性游乐项目,陆续举办了许多知名的活动,被评为"上海市科普教育基地""青年人最喜爱的上海十大公园之一"
晚餐 餐后到东方艺术中心观看文艺节目 (晚 21 点结束)　返回酒店
D4　早餐　餐后乘车前往崇明岛
上午　游览东平国家森林公园(华东地区最大的人造平原森林。2002 年被评为国家 4A 级旅游景区)。该园植物资源丰富,野生动物资源也极为丰富,又有众多的人工设施和娱乐项目,如彩弹射击,歼六型飞机,森林蟹舫、百竹园、骑马场,滑草场,卡丁车,荷兰风车,休闲广场,娱乐广场,野趣园、攀岩场,滑索,观鸟台、露营、烧烤场、知青广场等。公园是水的海洋,花的世界,参天水杉是公园的标志和象征。在这里悠闲地散步,呼吸新鲜空气和草木芬芳,洗"森林雨",对游客有很大的吸引力。公园获得了"人造仙境,天然氧吧"的声誉和"秀色可餐,乐不思归"的口碑
午餐
下午　乘车至前卫生态村(全国生态农业示范区,国家级生态村、国家 4A 级旅游景区、全国特色景观村,中国最具魅力的休闲乡村,全国五星级农业旅游企业)四十年前这里是一片不毛之地,前卫村人用智慧降服了盐碱地,用石坝关注了江潮,把它治理成花繁树茂,庭院怡静的农民乐园,并在上海郊区首开农家乐旅游,目前已经形成了民俗风情、科普文化、休闲度假,农耕情趣,自然风光,生态低碳等六大旅游功能的生态人文景区。每年有成千上万的游客来此休闲度假,吃农家饭,住农家屋,干农家活,享农家乐,回归大自然,享受田园风光
下午参观前卫村史馆,生态主题公园,瀛农古风园等景点
晚餐去村内的古瀛饭庄,享受自产的无公害蔬菜,引领绿色消费
晚上住农家屋
D5　农家早餐

（续表）

餐后去上海明珠湖、西沙湿地景区(全国休闲农业旅游示范点,上海市科普教育基地、国家4A级旅游景区)参观。它由明珠湖和西沙湿地两个景点组成 上午参观西沙湿地景区,看滩涂湿地和潮滩地貌,到观鸟台观鸟等
午餐　餐后乘车至机场,结束5日换开的行程
线路3　五天透透游
D1
清晨抵达上海,乘车抵达人民广场:人民广场→南京路步行街→福州路文化街
午餐
下午:外滩→乘渡轮过江至陆家嘴地区→东方明珠广播电视塔→远观金茂大厦
晚餐
晚上观赏外滩夜景→夜游浦江
21点入住饭店,休息
D2　早餐后乘车至豫园地区
上午:参观豫园→城隍庙→沉香阁
午餐
下午:乘地铁至新天地
游览新天地→复兴中路→思南路(旧法租界街区,被誉为上海城市历史的标本,众多名人故居)
傍晚游览淮海中路商业街(时尚购物天堂)
晚餐
餐后回饭店
D3　早餐后乘车至打浦桥
参观泰康路田子坊→绍兴路(梧桐掩映幽静街道,弥漫浓浓书卷气)→永康路→康平路(老洋房、漂亮花园,幽静而有情调)→东平路→汾阳路老洋房散步
午餐　乘车至徐汇区
下午:参观龙华寺(江南古刹,千年古塔,龙华庙会,龙华晚钟)→上海体育场→徐家汇天主教堂(上海典型的哥特式风格的天主教堂) 傍晚:游览徐家汇商圈
晚餐　餐后乘车去人民广场
大剧院观看文艺演出(21点结束返回酒店)
D4　早餐后乘车至虹口体育场
参观鲁迅公园→山阴路(鲁迅故居)→甜爱路(上海最浪漫的马路)→多伦路文化名人街(老公馆、老式里弄、名人故居)
午餐　餐后乘车至愚园路
参观愚园路洋房→武康路→静安寺

（续表）

傍晚：游览南京西路静安寺商圈（南京西路金三角、时尚购物的最新选择）
晚餐后返回酒店
D5　早餐后乘车至外滩
参观外白渡桥→外滩源（上海繁华的源头，两江围绕出来的三角区）
午餐
下午：参观上海北外滩杨浦滨江段、观尚上海工业遗存旧址
晚餐
餐后启程踏上归程

（九）上海文化之旅（5条线路）

表附-19　上海文化之旅线路

线路1
上午：从某停车长出发至淮海路→武康路
第一站：武康路之旅（领略欧式风情老房子的建筑之美，感受沿线老上海的风情）游览武康大楼（20世纪20年代上海出现的第一批高档公寓住宅，属法国文艺复兴建筑风格，又名诺曼蒂克公寓）→黄兴故居（辛亥革命两大元勋，"孙黄"友谊的纪念地）→390号洋房（迪总还兼职风韵的花园洋房）→376号（新天地时尚商业小区）→开普敦公寓（船形建筑）→密丹公寓（具装饰主义艺术风格的现代派建筑）→巴金故居（被誉为"千万读者心目中的文学圣地"）→99号（英国乡村别墅）
第二站：乘车至泰康路
游览田子坊艺术节（创意产业之旅），从日月光中心（田子坊的百货中心）→气味图书馆→动物工坊→陈逸飞工作室→上海尔冬强艺术中心→南希艺术画廊→琉璃艺术博物馆
午餐
第三站 游览多伦路文化名人街
关注鲁迅、内山完造、茅盾、郭沫若、丁玲、叶圣陶等人物的文人足迹，品味白公馆，王造时旧宅，宋子文旧宅的建筑特色 游玩结束返回酒店
线路2
第一站：复兴公园周边名人故居之旅
上午：从某停车场出发至圣尼古斯教堂→张学良故居（西班牙等国的洋房）→孙中山故居（欧洲乡村风格的小洋房）→周公馆（西式花园别墅）→复兴公园（上海唯一的法式公园）
午餐　午餐后乘车至黄陂南路太仓路
第二站：新天地休闲之旅
游览新天地广场（休闲文化娱乐广场）→中共一大会址→大韩民国临时政府旧址（韩国政府在上海办公时间最长，保存最完整的旧址，被称为：韩国民族独立运动的圣殿）→太平桥公园 游览结束返回酒店

（续表）

线路3
第一站：静安历史文化名人故居之旅
上午：乘车至静安寺（江南古刹）→静安公园（城市山林）→百乐门舞厅（东方第一乐府）→上海展览中心（原名：中苏友好大厦，俄罗斯古典主义建筑风格，20世纪50年代上海市建造的首座大型建筑，其所在地原为上海首富哈同的私宅——爱俪园）→上海商城（又称：波特曼大楼，综合性商贸大楼）
午餐
第二站　海派都市建筑风光之旅
常德公寓（张爱玲旧居）→马勒别墅（北欧挪威建筑风格，原是英籍犹太人马勒的私人别墅，现为衡山马勒别墅饭店）→蔡元培故居（英式风格小洋房）→毛泽东旧居陈列馆（两层砖木结构的石库门建筑，毛泽东在上海住的时间最长的地方）→恒隆广场（云集世界顶级品牌的现代超高层建筑，浦西最突出的现代建筑物之一）
游览结束回酒店

线路4
第一站：人民广场海派文化之旅
乘车至人民广场（城市中心广场）→上海博物馆→上海大剧院→上海城市规划展示馆
午餐
第二站：南京路休闲文化之旅
步行至上海美术馆→五卅运动纪念馆→人民公园→杜莎夫人蜡像馆、上海市工人文化宫→大世界→上海音乐厅
游览结束回酒店

线路5　徐汇——寻访海派文化之旅
之1：围绕海派文化底蕴丰厚的老房子之旅
参观武康路巴金故居→复兴西路柯林故居→永嘉路、岳阳路的一些老房子
之2：代表海派文化之源的徐家汇源之旅
之3：参观上海交通大学钱学森图书馆→徐家汇天主教堂→光启公园→土山湾博物馆→徐家汇旗袍文化沙龙→上海电影博物馆
之4：象征海派文化未来的滨江西岸文化走廊之旅
参观西岸音乐节场地（徐汇新地标之称）——东方梦工厂选址→亲水平台→海事塔→龙脊桥→徐汇滨江规划展示馆

线路6　外滩记忆之旅——打造外滩文化漫步的游览新方式
参观市档案馆→点心博物馆→邮电博物馆→外滩美术馆

（十）上海红色旅游线路三日游

表附-20　上海红色旅游线路

D1　上午乘车至外滩
上海人民英雄纪念塔→八百壮士"四行仓库"抗日纪念地→上海工人纠察队总指挥部旧址→上海总工会旧址（湖州会馆）

（续表）

午餐
下午乘车至
中共一大会址纪念馆→中国社会主义青年团中央机关旧址→中共第二次全国代表大会旧址
晚餐　餐后返回酒店
D2　上午乘车至龙华
龙华烈士陵园→邹容墓→宋庆龄故居
午餐
宋庆龄陵园→思南路周公馆→邹韬奋故居→香山路孙中山故居
晚餐　餐后返回酒店
D3　上午乘车至虹口体育场
鲁迅故居→五卅烈士墓遗址→中共第四次全国代表大会遗址
午餐
下午乘车至宝山
吴淞炮台遗址→小川沙侵华日军登陆地点→罗店红十字纪念碑
晚餐　餐后返

九、上海十大休闲聚集地

1. 上海田子坊

田子坊是由上海特有的石库门建筑群改建后形成的时尚地标性创意产业聚集区,也是不少艺术家的创意工作基地,人们往往将田子坊称为"新天地第二"。

田子坊展现给人们的是上海亲切、温暖和嘈杂的一面。只要你在这条如今上海滩最有味道的弄堂里走一走,就不难体会田子坊与众不同的个性了。走在田子坊,迂回穿行在迷宫般的弄堂里,一家家特色小店和艺术作坊就这样在不经意间跳入你的视线。从茶馆、露天餐厅、露天咖啡座、画廊、家居摆设到手工艺品,以及众多沪上知名的创意工作室,可谓应有尽有。

旅游贴士:田子坊周边可逛的地方很多,有黄浦区另一创意园区八号桥、建国中路、步高里、思南路。思南路上有好多名人故居。您可根据自己的兴趣,略选一二。

田子坊交通:乘坐公交 17,236,304 路到瑞金二路建国中路下车,步行可到。

2. 上海泰晤士小镇

上海郊区的泰晤士小镇建筑都很像英国,仿佛将一个英伦小镇整体搬迁到现实中。从进入小镇的那一刻起,便会不由自主地被小镇绮丽梦幻的英伦风情所吸引。英伦的各时期建筑在街区徐徐展现,仿佛迂回在中世纪的街巷,狭窄曲折的台阶,石板路,街头的雕塑,叠彩的墙面,维多利亚式的露台,哥特式建筑风格的教堂。

在这里,仿佛时光倒流,一切都回到了从前,一步步深入这个专为"踱步遐思"者而建的美丽小镇,在流动的建筑中仿佛穿越了时空,莎翁剧中的场景在移步换景中更迭。

小镇的脊梁是一条英伦风情商业步行街,通往英式大工业时期风格的沿岸码头,沿路有旧镇市场、画廊、英式瓷器、小酒吧等镇区标志性建筑。

景区交通：乘坐松江13路,在玉树北路文诚路站下车或乘坐松江19路,在文诚路玉华路站下车。

3. 衡山路

上海是一个很有情调的城市,这种情调是融入这座城市的骨子里的,体现在这座城市居民的生活品质和文化意识里,"海派"这个词来就是褒扬上海的这种"小资情调"的,而上海的衡山路无疑是最富"海派情调"的一条街,小资得很彻底,很完全。春日的傍晚时分,随时都可见三两对情人,漫步于梧桐大道之下,鱼贯而过的基督教堂,欧式咖啡馆,还有茂密的法国梧桐稠密树叶也锁不住西式花园小楼里那一派精心雕琢的浪漫,恍如置身于巴黎香榭丽舍大街。夜色将至,鳞次栉比的灯火阑珊初上,为衡山路的精致装点上优雅,飘荡着朦胧,上海四月天,衡山路和衡山路上的情侣,共同倾诉这座城市的爱恋!

闻名遐迩的衡山路,最美丽的时光不是午夜,而是傍晚。这时候,街上华灯初上,行人稀少,沿着宽宽的梧桐大道轻盈漫步,只见西式的洋房、古典的教堂、街头的公园、私人的小院,还有那散落各处的酒吧和咖啡馆,全都披上了一层迷人的华彩,让你仿佛身处静谧的仙境。

4. 新天地

这个以上海典型民居石库门旧宅改建而成的文化休闲地带,是上海小资们津津乐道的一个休闲场所。中国人认为这里"怀旧又洋气",外国人却认为这里"时尚又中国风"。漫步新天地,仿佛是进入了时光隧道,回到了旧上海。然而当你进入到建筑内部,则又马上回到了21世纪的现代都市生活,画廊、时装店、餐厅、酒吧、咖啡馆……一门之隔、一步之遥,却恍如隔世,还真有穿越时空之感!

5. 东篱文艺沙龙

位于复兴中路的老式花园洋房,复古的红砖,在阳光下,显得沉淀,显得深邃,让人遐想。而上海老洋房的特质,也让这里成了上海小资的地标,每周末的文艺沙龙,被都市白领追捧。在老师的指导下,画画素描、油画;DIY一些小东西:软陶、手工银饰;累了的时候,斜靠在舒适的布艺沙发上,品着茗,在满是阳光的窗边是绿色植物掩映下的悠然小径……

地址:复兴中路1363弄1号104

6. 汉源书屋

由摄影家尔冬强创建的汉源书屋,隐藏在行人稀少的绍兴路上,它集书店和咖啡屋于一体。这里面不仅收藏着许多20世纪二三十年代的老式物品,还有整墙的落地书架和琳琅满目的艺术书籍。你可以要一杯绿茶,选一本史书,把身体窝在法式雕花木圈椅里,惬意的度过一个轻松的下午。

地址:绍兴路27号

7. 香樟花园

衡山路上的香樟花园,可能是上海最有气质的咖啡馆。这里临街的一面,拥有明亮通透的开放式玻璃窗,你可以找一个阳光明媚的下午,选一个靠窗的座位,点一杯蓝山咖啡,把思绪抛到九霄云外,只管看着窗外发呆,让路人成为自己的风景,也让自己成为路人的风景。

8. Park97

作为夜上海最IN的时尚前沿,开在复兴公园内的Park97,具有得天独厚的清幽环境,公园里枝繁叶茂的法国梧桐,为这里的火红气氛招来几缕清风。夏日夜晚,如果厌倦了酒吧里喧器,可以坐到外面的露天吧里,听着迷幻的音乐,喝着冰爽的啤酒,让自己游离在繁华与宁静的边缘。

地址:皋兰路 2 号复兴公园内

地址:衡山路桃江路口

9. 1931'S 酒吧

位于茂名南路酒吧街的 1931'S 酒吧,努力保存着旧上海的几丝辉煌印记,其装饰主要以旧上海风情为主,墙上挂着许多 20 世纪 30 年代的日用品,老电话、留声机、明星海报……使得小小的酒吧有点像上海的旧里人家,坐在这里,你可以感觉到老上海全盛时期的几分风流遗韵。

10. 宝莱纳餐厅

由白崇禧旧居改造成的宝莱纳餐厅,坐落于环境幽雅的汾阳路上,是上海最出名的酒吧式德国餐厅,这里 68 元一杯的现酿德国黑啤,口感醇厚,香浓爽口,恰似黑色的天鹅绒,绝非一般的瓶装啤酒可以比拟。而且,这里的木制家具和彩色玻璃,全部出自巴伐利亚古教堂,让人有置身德国啤酒屋的感觉。

十、上海大都市建筑风光旅游线路

上海作为未来的现代化国际旅游城市值得一看的东西很多,但从建筑角度而言要观光上海的大都市建筑风光,必定离不开以下几点:一是漫步外滩,观赏万国建筑博览群,寻找历史印记;二是站在浦东新外滩或黄浦江的游轮上对比一江两岸都市风光,感受陆家嘴时代气息;三是逛逛繁华依旧的南京路,看上海滩延续百年的繁华;四是看看上海的城市中心广场绿色的海洋和造型独特的现代海派建筑;五是在衡山离老房子里,在百乐门的无此种体验老上海的风情;六是漫步复兴路、武康路、新华路,经历老上海的历史,观看欧式建筑风情;七是来一次磁悬浮列车之旅,参观一下磁悬浮列车科技展示厅,急速体验上海的腾飞;八是享受大上海的瑰丽夜色,尤其是外滩、陆家嘴一带的浦江夜景,甚至登高上海中心,环球金融中心,俯瞰上海的辉煌全景。

上海大都市值得观光的建筑风光旅游线路如下。

线路一:徐家汇源景区

武康路→衡山路→淮海路→人民广场→南京东路→外滩

(1)徐家汇的近代西方建筑和现代海派建筑。

(2)武康路的近代西方建筑,异国建筑展示厅(现为中国历史文化名街)。

(3)衡山路休闲街两侧的西方洋房别墅住宅。

(4)淮海中路上的近代西方建筑,现代海派建筑和新天地石库门里弄建筑。

(5)人民广场地区的现代海派建筑和近代西方建筑。

(6)南京东路的近代西方建筑。

(7)外滩的万国建筑博览群和一江两岸建筑风光。

线路二:浦东陆家嘴金融中心地区

浦东陆家嘴正大广场→东方明珠广播电视塔→金茂大厦→上海国际会议中心→环球金融中心→上海中心→陆家嘴中心陆地(站在绿地中可眺望周围又代表想的超高层建筑)。

该线路主要观赏新上海的标志性建筑和其他现代海派建筑,领略改革开放以来上海的巨大变化——新上海的大都市风光。

路线以观赏结束后,可通过外滩观光睡到创业黄浦江到达陆家嘴;也可以到十六铺码头乘摆渡船过江至浦东陆家嘴,将两者连为一体。

路线三:大虹桥地区观光游览

中三公园→古北新区→世贸商城→虹桥开发区→龙柏饭店内的沙逊别墅→虹桥交通综合枢纽。

该线路主要浏览改革开放以后,上海浦西的风貌,如古北新区,虹桥开发区等现代开发区的建筑风貌和上海的重大交通设施工程,如高架、地铁,虹桥交通枢纽等兼具客体性质的介体,以及少数西方建筑等风貌。

线路四:经典老上海风情游

静安寺→南京西路→天潼路→四川北路→多伦路→鲁迅公园→五角场

该线路主要是观赏散布在这些马路段的万国建筑,名人故居等,如百乐门、愚园路洋房弄堂区,铜仁路的"绿屋"、著名建筑师贝聿铭之父的旧居、上海展览中心、高等石库门住宅四明邨,上海市少年宫,多伦路文化街上的名人故居,拉莫斯公寓、山阴路鲁迅故居、上海邮政总局大楼、天潼路新亚大酒店等建筑。

最后到五角场地区,主要参观上海于 20 世纪二三十年代所见的中国"复辟"建筑。如原市立博物馆,市立图书馆等。

线路五:世博展览馆遗留与开发的建筑景观

(1)世博轴→世博展览馆→中华艺术宫→世博中心→世博文化中心→世博公园→后滩公园

(2)白莲泾公园→世博文化中心→世博轴→中华艺术宫→世博展览馆→世博中心→世博公园→后滩公园浦江夜游

十一、上海新十大地标建筑

1. 东方明珠广播电视塔

超高层海派建筑、上海人气最旺的景点

2. 上海大剧院

按照中国古典建筑(亭)的外形设计,屋顶两边反翘和天空拥抱的白色弧形,寓意天圆地方之说,象征各国灿烂文化的"聚宝盆"。

3. 上海东方体育中心

充分体现水的灵性和动感,建筑宏伟大气,造型优美飘逸,上海市民给予"海上皇冠""玉兰桥"和"月亮湾"的美名。

4. 世博会文化中心

世界一流水准的现代文化演艺综合场馆,造型呈飞碟状

5. 上海虹桥枢纽中心

城市交通建设上的一大创新,它包括将航空、高铁、磁悬浮、地铁等多种交通方式结合在一起,其汇集数量和规模在国际上都是前所未有的。

6. 金茂大厦

中西合璧、传统与现代完美的结合、超高层海派建筑。

7. 上海国际传媒港

采用峡谷状围合空间汇聚合力,亭列式串联功能地块,构筑多层次阶梯状城市天际线

8. 进博会展览馆(上海国家会展中心)

进博会是集展览、会议、办公及商业服务等功能于一体的会展综合体,采用优美而具有吉祥寓意的"四叶草"原型,以中央广场为花心,向四个方向伸展出四片脉络分明的叶片状主体,形成更具有标志性和视觉冲击力的集中式构图,充分体现出功能性、标志性、经济性和科技性的设计原则和造型理念。

9. 上海中心大厦

上海中心大厦是一座超高层地标式的摩天楼。其螺旋式上升的造型延缓风流,使建筑经得起台风考验。是上海最高,世界第三的高楼。

10. 上海新天地

中西历史风貌结合的休闲文化娱乐广场

十二、展望上海"千园之城"(上海的五大新城)

(一)上海的五大新城

上海的五个新城是指嘉定新城、松江新城、青浦新城、奉贤新城、临港新城。

1. 嘉定新城

离市区最近的新城板块,直线距离市区 24 千米左右。新城规划配套较为成熟。因为北部城区与嘉定老城相邻,罗宾森购物中心、嘉定中心医院等配套设施都可以近距离享有。

新城生态环境良好,内有紫气东来公园,周边建有生态间隔带,大大增加绿化面积

2. 松江新城

它是离市区第二近的新城板块。它和老城无缝衔接,配套完善。松江大学城的建设给整个片区带来活力。新城内有中央公园(中央绿地)(现状提升)。周边有佘山国家森林公园,居住环境优越。将建淀浦河生态间隔带、九亭科创公园。

3. 青浦新城

后起之秀,距离市区近 40 千米,新城建设紧紧包裹老城区,新旧融合形成了更广阔的生活圈。内建上达河公园。但因距离市区较远,通勤时间较长,新城东面的工业片区没有搬迁计划,淀山湖区域的工业密集,这些都会影响居住环境。

4. 奉贤新城

它距离市区也达 40 千米,和青浦新城距离市区相当,内有宝龙城市广场、万科金域广场,能满足基本购物需求。内建金海湖公园(现状提升),上海之鱼基本建成,可以辐射新城范围内的老城、城北、城南三大综合片区。由于新城离市区较远,生活氛围较差。

5. 临港新城

它是距离市区最远的新城,直线距离 58 千米。该区域自然环境较优美,周边有滴水湖、外侧有赤风港湿地公园。将建绿丽港楔形绿地及顶科"绿心"公园,形成二环公园带(现状提升)。

(二)未来的"千园之城"

按照十四·五规划,上海将绿野新踪,未来成为"千园之城"。

1. 2021—2025—2035 规划

2021 年:计划新建绿地 1 000 公顷,新增各类公园 120 座以上

计划推进浦东新区森兰、碧兰、三林和普陀区桃浦楔形绿地建设,建成楔形绿地130公顷以上,并启动浦东金海湿地公园等7个地块改造。

推动"五个新城"绿心公园建设,松江新城中央绿地、青浦新城上达河公园,奉贤新城中央森林公园、临港新城绿丽港楔形绿地及顶科"绿心"公园项目争取开工。

2025年:全市各类公园数量达1 000座以上,建成世博文化公园、北外滩中央公园、前湾公园、马桥人工智能体育公园等一批大型标志性公园。

新建新城绿道1 000千米(骨干绿道500千米),郊区依托绕城森林、生态廊道初步建成"一区一环";主城区沿骨干河道两侧20米构筑连续开放的公共空间。

"一大环、五小环"环城生态公园带体系基本形成。外环绿带"环上"改造14个已建成公园、新增36个公园;"环内"推进10个楔形绿地建设;"环外"以闵行区吴淞江生态间隔带为试点,探索生态间隔带建设。建设环五个新城森林生态公园带,建成一批100公顷以上的"绿心"公园。

2035年:公园城市基本建成,生态空间占比达60%以上,力争建成公园2 000座。

以外环绿带为骨架,向内连接10片楔形绿地,向外连接17条生态间隔带,与"五个新城"环城森林生态公园带密切衔接的宜居宜业宜游大生态圈基本建成。

总之,未来的上海水泥森林变成真正的森林;繁忙道路,点缀绿道和绿廊;边角碎料,添上绿荫及花香。上海的绿色空间则大大扩大,且类型多样:

① 楔形绿地　② 生态间隔带　③ 城市绿道　④ 开放式休闲林地

⑤ 城市公园　⑥ 郊野公园　⑦ 其他公园(地区公园、社区公园和街心公园)。

2. 外环绿带—翡翠项链镶玉盘

若从高空俯瞰上海,可清晰地看到,有一圈郁郁葱葱的大型绿化带沿着外环线,环抱上海,宛若一条翡翠项链戴在这位东方美人的脖颈上,这就是上海环城绿带。

加上这条4 038公顷的绿项链,上海人均公共绿地面积从20世纪90年代的1.69平方米,增加到2020年末的8.5平方米,让上海从原本的"园在城中",变成了如今的"城在园中"。

"十四·五"期间,项链还会戴上新的翡翠宝石;在现有14座公园的基础上,新增36座公园,30—40个绿道驿站。未来98千米环城绿带上平均2千米一处公园,3千米一座驿站,绘就一幅"城周十里、林风斜阳"的美好图景。

3. 规划中的14个公园

这14座公园具体如下。

(1) 滨江森林公园(浦东吴淞口畔)

面积:约120公顷

特色:自然湖岛、沼泽湿地、芦苇丛、森林等形成都市难觅的乡土野趣。

(2) 白沙公园(宝山杨行镇)

面积:约33公顷

特色:海洋文化为基调。

(3) 虹桥体育公园(长宁区外环外侧北翟路南侧)

面积:约13公顷

特色:运动体育为主题。

(4) 闵行文化公园(闵行区七宝镇)

面积:约83公顷

特色：以文化为主题，以玉兰为特色。

（5）黎安公园（闵行区莘庄镇）

面积：约24公顷

特色：运用地带性的特色植物，作为基调树种和骨干树种，形成浓密绿荫。

（6）顾村公园（宝山顾村镇）

面积：约180公顷

特色：园内樱花种植面积、品种、数量均为上海之最。

（7）闵行体育公园（闵行区七宝镇）

面积：约55公顷

特色：上海市首个体育主题公园。

（8）莘庄梅园（闵行区莘庄镇）

面积：约11公顷

特色：营造生态自然、山水相间的园林景观，以梅花为特色。

（9）高东公园（浦东高东镇）

面积：约14公顷

特色：高东匾额艺术馆内陈列着我国各个历史时期的匾额。

（10）高东生态园（浦东高东镇）

面积：约38公顷

特色：运用200多种适生植物，形成"春花、夏荫、秋果、冬姿"的景观效果。

（11）华夏公园（浦东张江镇）

面积：约17公顷

特色：设獐园等7大特色区域，充分展示"春花秋叶夏荷冬禽"的四季之美。

（12）周浦公园（浦东周浦镇）

面积：约13公顷

特色：展示周浦地方特色文化。

（13）港城公园（浦东高桥镇）

面积：约9公顷

特色：设置篮球场、羽毛球场、儿童乐园、木栈道、亲水平台、跌水溪流等配套设施。

（14）梅馨陇韵（闵行区梅陇镇）

面积：约2公顷

特色：整体布局动静结合，将跳舞、健身的动态空间和观景、休闲的幽静空间合理融合。